結網二編

周樑楷 編

東大圖書公司

國家圖書館出版品預行編目資料

結網二編／周樑楷編.－－初版一刷.－－臺北市；東
大，2003
　　　面；　　公分－－(滄海叢刊. 史地類)
　ISBN 957-19-2744-9　（精裝）
　ISBN 957-19-2745-7　（平裝）

　　1.史學－中國－論文,講詞等 2.中國－歷史－論

文,講詞等

617　　　　　　　　　　　　　　　　　　92011821

網路書店位址　http :// www. sanmin. com. tw

© 　結　網　二　編

編　者　周樑楷
發行人　劉仲文
著作財　東大圖書股份有限公司
產權人　臺北市復興北路386號
發行所　東大圖書股份有限公司
　　　　地址／臺北市復興北路386號
　　　　電話／(02)25006600
　　　　郵撥／0107175-0
印刷所　東大圖書股份有限公司
門市部　復北店／臺北市復興北路386號
　　　　重南店／臺北市重慶南路一段61號
初版一刷　2003年7月
編　號　E 61046-0
基本定價　玖　元
行政院新聞局登記證局版臺業字第〇一九七號

ISBN　957-19-2745-7　（平裝）

逯耀東教授七十歲

煙雨江南：逯耀東教授在蘇州拙政圖

逯耀東教授與師母在壽宴上

逯耀東教授在糊塗齋

歷史意識與生命意識的交融——代序

謹以《結網二編》恭賀逯耀東教授七秩榮壽

周樑楷

一、

　　一九九八年逯耀東老師從臺大歷史系退休，教學生涯告一個段落，開始邁入他學術領域的新境界。我們學生分別撰寫論文，編成《結網編》，作為逯老師榮退的紀念。

　　《結網編》的名字是老師所定，典出《漢書‧董仲舒傳》：「臨淵羨魚，不如退而結網。」後來他更寫〈結網〉一篇以釋其義，並勗勉我們，還請師母李戎子女士篆刻印章一枚，作為紀念。《結網編》初編由黃清連兄主編，清連與我都是老師三十多年的學生，直到現在還堅持在史學領域拾荒。匆匆五年易過，逯老師相繼出版《糊塗齋文稿》五種、《糊塗齋史學論稿》四種，而《抑制與超越——司馬遷與漢武帝時代》及相關史學論稿，也將陸續殺青出版。過去五年，《結網編》撰稿弟子雖分散各地，沉潛於各人的專業領域；彼此雖未謀面，卻時有函電相磋，討論《結網二編》論文撰寫事宜。

　　《結網二編》由我負責主編，適逢老師七十華誕，因此《結網二編》集稿側重於老師主要研究領域之一的中國傳統史學與近現代史學方面，約請十四位作者提供學術論文。清連兄特撰〈和而不同——逯耀東教授的史學和文化關懷〉一文，並特別邀約梁庚堯、李東華兄撰

文，他們二位都是老師的後輩學友，結合史學領域志同道合伙伴，不斷擴大網罟，正好切合「結網」本義。謹以《結網二編》恭賀逯耀東老師七秩華誕。

二、

　　老師與我結緣，可以溯自大二暑假，當時我心中湧現一股熱流，認定「史學史和史學思想」將是個人終生探索的領域。開學時，選了老師的「魏晉南北朝史」。由於是門斷代史，當初並未準備在此用心。初見老師講課，頗為驚訝，他不像其他先生那樣儒雅，一支香煙在手，喝一口茶，就開講了。聽了十幾分鐘之後，就被他的言談舉動吸引住了。老師講課，前兩、三週最好聽，往往是長篇的「不直說」，結果蘊含著歷史的美感，引人無窮的聯想，彷彿感受到歷史脈搏的跳動。過了數週，他開始寫黑板、抄材料，就有些枯燥了。但我可以了解他是在以金針渡人，從材料間的片語隻字，或在材料與材料間的銜接處，點出問題所在，引領我們進入那個時代。他往往提綱挈領，幾句話就指出要點。這才使我瞭解，老師討論問題是大處著眼、小處著手。

　　不過，課堂上的講授，並不能滿足我的求知慾，於是我就登門求教。往往是一大早，我從新莊乘車，穿過大半個臺北縣市，到老師住在臺大附近的家中。老師應門，常剛起身，在客廳裡，一面吃著早點，就談起來了。我將準備好的問題一個接著一個提出來，他耐心聽著，然後說出他的看法和意見。從那時開始，我們這樣對談了三十年，主調似乎離不開史學史和史學思想。

　　三十多年來，我們見面的次數並不頻繁。先是他去香港，我到美國；後來他在臺北，我在臺中。而且他研究的是中國的學問，我始終在西方歷史中打轉。雖然東西雙方對許多事物的觀察和論點並不相同，但談論到最後，我們的心靈是相通、沒有隔閡的。我們相聚的時候不

多，但每次都相談甚歡。往往是在糊塗齋中，他一煙在手或把盞淺酌，我則雙手捧茶。促膝相談，不覺窗外暮色已深。這是一種歷史意識與生命意識的交融，省略不必多說和不必解說的，很快就切入問題的核心，往往是只可意會、不可言傳，深厚的師生情誼，就是在這樣的談論中建立起來的。我稱他「老師」不具姓，雖然我已年過半百，有時他還叫我「這孩子」。他常在與學生聚會時，笑著說：「和周樑楷談話最無聊了，見面就談學問。」

三、

老師的學問不斷精進拓展，我能領悟的十分有限。數十年來，覺得他始終如一，個人的歷史意識與生命意識已經相互和諧共鳴。在分析漢唐之間的史學變遷時，他從目錄學上著作的數量、圖書分類的改變，看出魏晉士人「個人意識」的覺醒，而這種生命意識又與當時各種人際關係、種族遷徙、政治風暴等息息相關。同樣地，如果缺乏敏銳的洞察力或詩人般的直覺，根本難以理解人們的心思和生命。但老師在討論近代中國史學思想時，卻能掌握每位學人的「文化意識」。近代中國社會已經沒有漢唐之間的世家大族，老師只轉個彎，從近代學術機制、人際關係及現實問題等，也能異曲同工，講出史學發展的趨勢。有些人偏好從「愛國主義」細數近代中國史學的發展。這是「不錯」的，但只差沒有對準，始終隔了一層；推究其因，可能有些人的歷史意識與生命意識一直脫鉤，未曾交融在一起。

老師看得到、抓得住「傳統文化」是什麼、在哪裡。同時，他也頗能體會古今史家的「困、苦」如出一轍。所以，七十歲的他，仍然直接扣問司馬遷的心靈世界和「逢變之際」的辯證關係。憑著這種功力，他更能牛刀小試，以輕鬆活潑生活化的文學筆觸，接二連三撰寫有關飲食文化的文章。在他這一層歷史知識之下，正好隱藏著個人的

懷舊之情和「文化意識」。顛沛流離的世代,豪情中卻傳承著司馬遷的「困、苦」。如今E世代也在結「網」,結的竟是滿天看不見的資訊網路的「網」;他們也在談說飲食的樂趣,談說的卻是美國漢堡。古代圖書目錄和史著一變再變,如今「只剩」另類的「網」咖和飲食。老師當然是當今「逢變之際」中芸芸眾生之一;但「和而不同」的是,退而「結網」的呼聲,卻是對兩千年前某個生命的迴響。

最後,我得感謝《結網二編》的每一位作者,深深了解「結網」更深層的涵義,盡心盡力編織新的網罟。我也感謝東大圖書公司編輯同仁的同心協力,使本書的編排臻於善美。本文既為代序,自然也代表《結網二編》的每一位作者、內子四德和我,獻上對老師和師母由衷的祝福。

結 網 二 編

目 次

和而不同

——逯耀東教授的史學和文化關懷

黃清連

一、前言

　　「和而不同」，是逯耀東教授為臺北某家食堂的題辭。

　　「和而不同」，典出《論語・子路》篇：「子曰：君子和而不同，小人同而不和。」歷來注疏家對於這個典故，有許多闡釋。擇要來說，何晏(190–249)《集解》指出君子和小人的差異，說：「君子心和，然其所見各異，故曰不同。小人所嗜好者同，然各爭利，故曰不和。」❶朱熹(1130–1200)從三十歲起就對《四書》下工夫，花費大量心血於後半生，反覆修改注釋。他的意見，成為元、明以後士人參加科舉考試必讀之書，影響非常深遠。朱子對這句話的注釋是：「和者，無乖戾之心。同者，有阿比之意。」又說：「尹氏曰：『君子尚義，故有不同。小人尚利，安得而和？』」❷朱子的注釋，如果再參照他死後七十年(1270)黎靖

---

❶　何晏集解、邢昺疏，《論語注疏》，卷十三，頁2508中，〈子路〉（收入阮元勘，《十三經注疏》本；臺北：大化書局，1982）。

❷　朱熹，《四書章句集注》，卷七，頁147，〈論語集注・子路〉（收入《新編諸

德蒐集朱子和門人論學記錄所編的《朱子語類》，可以得到更清楚、更親切、更有現實意義的解釋：

> （門人）問：「諸說皆以『和』如『和羹』為義，如何?」（朱子）曰：「不必專指對人說。只君子平常自處亦自和，自然不同。大抵君子小人只在公私之間。和是公底同，同是私底和。」……立之問：「『君子和而不同』，如溫公（司馬光）與范蜀公（鎮）議論不相下之類。不知『小人同而不和』，卻如誰之類?」（朱子）曰：「如呂吉甫（惠卿）、王荊公（安石）是也。蓋君子之心，是大家只理會這一箇公當底道理，故常和而不可以苟同。小人是做私意，故雖相與阿比，然兩人相聚也便分箇彼己了；故有箇小利害，便至紛爭而不和也。」❸

朱子對君子、小人之不同與「和」「同」之差異的解釋，基本上是從公、私之分與義、利之辨，來加以區別。這些都與個人的修身有關，是理學家所極力主張的道德觀課題之一。但值得注意的是，在朱子之前，一般對孔子所說「君子和而不同」的「和」，大都從「和羹」等道理進行闡釋，所以朱子的門人才有疑問。例如左丘明(519?–447 B.C.)《左傳・昭公二十年》引春秋時人晏嬰論「和羹」之義說：

> 齊侯至自田，晏子侍于遄臺，子猶馳而造焉。公曰：「唯據與我和夫!」晏子對曰：「據亦同也，焉得為和?」公曰：「和與同異乎?」對曰：「異。和如羹焉，水火醯醢鹽梅，以烹魚肉，燀之以薪，宰夫和之，齊之以味，濟其不及；以洩其過，君子食之，

子集成》本（第一輯）；北京：中華書局，1983、1996）。

❸ 〔宋〕黎靖德編、（今人）王星賢點校，《朱子語類》（北京：中華書局，1986），卷四十三，頁1111，〈論語二十五・子路篇・君子和而不同章〉。

以平其心。君臣亦然。……故《詩》曰:「亦有和羹,既戒既平;
鬷假無言,時靡有爭。」先王之濟五味,和五聲也,以平其心,
成其政也。聲亦如味……若以水濟水,誰能食之?若琴瑟之專
壹,誰能聽之?同之不可也如是。」❹

東漢的荀悅(148–209)也說:

君子食和羹以平其氣,聽和聲以平其志,納和言以平其政,履
和行以平其德。夫酸鹹甘苦不同,嘉味以濟,謂之和羹。宮商
角徵不同,嘉音以章,謂之和聲。臧否損益不同,中正以訓,
謂之和言。趨舍動靜不同,雅度以平,謂之和行。……孔子曰:
「君子和而不同。」晏子亦云:「以水濟水,誰能食之?琴瑟一
聲,誰能聽之?」《詩》云:「亦有和羹,既戒且平。奏假無言,
時靡有爭。」此之謂也。❺

　　以上晏嬰、荀悅、何晏、朱熹等從不同角度對「和而不同」的解
釋,如果選擇其中二義,即「君子心和,然其所見各異,故曰不同」
及「和如羹焉」、「君子食和羹以平其氣」,來概括說明逯耀東教授平生
的學術與關懷,應當是貼切的。

　　從學術領域來說,逯先生的主要研究範圍在於中國史學和中國文
化。在史學方面,特別專注於魏晉史學與近代史學。在文化方面,除

---

❹ 〔春秋〕左丘明傳、〔晉〕杜預注、〔唐〕孔穎達疏,《春秋左傳正義》(臺北:
大化書局,1982;清阮元校勘《十三經注疏》本),卷四五九,頁391中–392下,
〈昭公二十年〉。按:本段傳文亦為《晏子春秋》所錄,見:吳則虞,《晏子
春秋集釋》(北京:中華書局,1961),下冊,外篇卷,頁442–443,〈景公謂
梁丘據與己和晏子諫第五〉。

❺ 〔漢〕荀悅撰、〔明〕黃省曾注,《申鑒》(臺北:世界書局,1967),卷一,
頁23,〈雜言上〉。

早年注意胡漢文化異同，近年則留心於飲食文化問題。他的許多論述，的確與諸家「所見各異」，「故曰不同」。至於從探索農耕與遊牧文化異同，轉向飲食與文化關係的討論，則又與「嘉味以濟，謂之和羹」的個人興味有關。逯先生深悉「和羹」之義，瞭解中國菜餚的烹治是各味並存，特別注重「五味調和」，因而就以此為新著《肚大能容》開拓另一個學術與文化視野。

因此，「和而不同」可以作為審視逯先生史學與文化關懷的切入點。以下試從這個角度略做討論。

二、學術歷程的展開

逯先生是江蘇豐縣人，1933年生。年少時歷經抗戰與內戰，隨家轉徙，倉皇渡臺。1949年考入嘉義中學，遇寧鄉魯實先先生授國文，「兩年的時間……讀了半本《左傳》、十多篇《史記》、近十篇的《史通》」等，奠定日後習史，尤其是史學史的基礎。❻但他真正接觸到歷史、接受史學的訓練，並且「選擇歷史這個營生」，❼則始自1953年考入臺灣大學歷史系，1957年，由勞榦先生指導，以論文〈北魏與西域的關係〉❽畢業。

---

❻ 逯耀東，〈一盞孤燈——弔實先師〉，收入氏著，《胡適與當代史學家》（臺北：東大圖書公司，1998），頁357–363。又參：李廣健、陳識仁編，〈逯耀東教授簡傳〉（以下簡作〈簡傳〉），收入黃清連編，《結網編》（臺北：東大圖書公司，1998）。

❼ 逯耀東，〈走過舊時蹊徑——代序〉（以下簡作〈蹊徑〉），收入氏著，《魏晉史學及其他》（臺北：東大圖書公司，1998），頁1。

❽ 本文略經修改，三年後出版。這是逯先生第一篇正式出版的學術論文。見：逯耀東，〈北魏與西域的關係〉，《幼獅學報》，2卷2期（臺北：幼獅文化公司，

　　「西域」和逯先生日後的研究，並沒有密切關係；但「北魏」這個課題，則促使他至少寫下一本半的書（《勒馬長城》中「第一輯」、《從平城到洛陽——拓跋魏文化轉變的歷程》）和多篇論文。更重要的是，魏晉南北朝這個歷時將近四個世紀的動盪時代，成為他此後學術生涯的出發點和主要研究領域之一。

　　「西出陽關無故人」的「西域」，雖然後來並未成為逯先生研究的領域，但「西域」對他在大學畢業工作四年(1957–1961)後，再申請入香港新亞研究所，卻有「很大的幫助」。❾他以大學論文為基礎，擬定「西域——文明的驛站」的研究計畫，而被錄取。1961年進入新亞研究所，從錢賓四、牟潤孫、嚴耕望等先生治魏晉南北朝史，並以論文〈拓跋氏與中原士族的婚姻關係〉，❿獲碩士學位。新亞的求學過程及畢業後留任助理研究員，對他的學術研究方向的影響，可以說既深且遠。除了確定對「魏晉歷史」領域的探索之外，他更「讀了不少雜書」，因而開闢了「中國大陸史學」的一片新拓墾地。

　　「當時新亞研究所有個不成文的規定，助理研究員留所五年，必須自謀出路」。⓫1966年，逯先生離開香港，返回母校臺灣大學歷史系擔任講師。授「中國近代史」及「史料舉隅」等課，又至輔仁大學歷史系授「魏晉南北朝史」。⓬我就在1968年選修「魏晉南北朝史」，而與逯先生結緣，入門至今竟已匆匆三十五秋了。

　　1968年，臺大歷史系為了培養師資，籌設博士班，僅錄取逯先生

　　　　1960）。

❾　逯耀東，〈蹊徑〉，頁2。

❿　本文後來曾修改出版，見：逯耀東，〈拓跋氏與中原士族的婚姻關係〉，《新亞學報》，7卷1期（香港：新亞研究所，1965）。

⓫　逯耀東，〈蹊徑〉，頁11–12。

⓬　李廣健、陳識仁編，〈簡傳〉。

一人。並針對他的研究範圍,由沈剛伯、李宗侗、姚從吾、夏德儀、楊雲萍等先生,設計了一系列與中國史學史相關的課程。起初,論文題目暫定為「裴松之《三國志注》研究」,由沈、李、姚三先生共同指導。學科考試通過後,他在1970–1971年獲一年出國蒐集資料機會,至日本京都大學人文科學研究所,得入平岡武夫研究室任研修員。❸返臺後,再與沈先生討論,並確定以〈魏晉史學的特色──以雜傳為範圍所作的分析〉為博士論文題目。期間分別在臺大、輔仁講授「魏晉南北朝史」。隨後即至香港,在新亞研究所任訪問副研究員,並於1972年完成博士論文。後來《魏晉史學的思想與社會基礎》❹一書,就是以它為底本,「陸續改寫或重寫結集的」。這是他在此後學術研究的重要領域之一。但從「魏晉歷史」轉治「魏晉史學」,其實也有著許多學術上思辯的曲折歷程,後文將再深論。

自1972年至1977年,逯先生即在臺大、輔仁授課。1974年,他在輔仁的課程,由我接任,專心在臺大教書。此一期間,他二度跨出杜鵑花城裡的書齋「望月小樓」,希望將所學回饋社會。其一是主編《中華文化復興月刊》,其二是主編《六十年大事紀》。這二件事,我也都參與。對於他的理想,略知一、二。在史學的研究之外,對文化與知識分子的另一種關懷,正是促成他接受這二件「雜務」的主因。《文復月刊》原為暮氣較深的刊物,但二年的整頓,竟將該刊變為活潑可讀。他在該刊開闢許多專欄,後來在1977年主編出版的《拓墾者的畫像》回憶說:

> 我接編《中華文化復興月刊》的時候,曾有一番躊躇,因為我不知道如何著手去編這份雜誌。經過一段時期的考慮以後,我

❸ 逯耀東,〈蹊徑〉,頁12–14。

❹ 逯耀東,《魏晉史學的思想與社會基礎》(臺北:東大圖書公司,2000)。

選定了「傳統與現代銜接，文化與社會結合」的目標。而且在這個目標下，嘗試開闢了幾個專欄。「拓墾者的畫像」就是其中之一。⓮

《拓墾者的畫像》描繪了十三位中國近代學術園地的開拓者，如錢賓四、李濟、陶希聖、凌純聲等。他也開闢了「西方學者論中國」的專欄，論述韋伯(Max Weber, 1864–1920)、艾伯華(Wolfram Eberhard, 1909–)等人的學術成就。至於接受一位執著於文化事業者張任飛先生的委託而主編《六十年大事紀》，則更是逯先生將其史學與文化關懷緊密結合的結果之一。新亞時代所讀的「雜書」，使他接觸到中國大陸史學、中國近代學術史，再擴及於近代史。就像他目前正在進行的對司馬遷的研究總結一樣，他認為太史公不僅探尋「過去」，也在描述「現在」，這是「通古今之變」的意旨所在。因此，《六十年大事紀》雖然沒有出版，但堆積十餘尺的稿件，正代表了史家對他生長時代的文化關懷。

1977年是逯先生學術生命的一個轉折年代。牟潤孫、嚴耕望先生甫自新亞退休，他接受另一個母校的聘請，直到1991年都在新亞歷史系任教。十四年間，先後講授了「中國史學史」、「中國近三百年學術史」、《史記》、《漢書》、《三國志》等「史學名著」及「中古史料」等課程。⓰這段期間，除了繼續傳統中國史學的研究外，面對大陸在文革後新的轉變情勢，他認為「這種轉變不僅表現在政治上，而且反映在意識形態領域裡」。⓱當時文革風暴乍歇，但十年動亂已使歷史領域

⓮ 逯耀東編，《拓墾者的畫像·導言》(臺北：中華文化復興月刊社，1977)。
逯先生接編《中華文化復興月刊》前的躊躇，另見：逯耀東，〈燈下書簡〉，收入氏著散文集《似是閒雲》(臺北：東大圖書公司，2000)，頁84–87。

⓰ 李廣健、陳識仁編，〈簡傳〉。

成為重災區，史學家與歷史工作被污辱、被迫害、被摧殘。於是，他重拾關注中國大陸史學和近代史學發展的「舊業」，寫出了《中共史學的發展與演變》、《史學危機的呼聲》⓱及《且做神州袖手人》⓲三書。但在另一方面，他對魏晉史學乃至上古史學的「本業」當然不會忘懷，時時縈繞於胸。他在一篇散文中寫下在香江幾年的心境：

> 這裡，石林矗立，紅塵滾滾，真不該是一個為往聖繼絕學的地方。但「世路如今已慣，此心到處安然」，這幾年來，寄跡於市井之中，自逐於紛紜之外。雖無菊可賞、南山可觀，而生活卻已接近無友、無信、無電話的「三無」境界。……漸漸地，我讀通了《史記》〈伯夷列傳〉，進一步對《漢書》〈王貢兩龔鮑傳〉，也有了某種程度的了解。現在又低迴在《後漢書》〈儒林〉〈逸民〉〈方術傳〉之間。⓴

　　不過，縈繞於胸的「本業」在「紅塵滾滾」的香江，畢竟仍只在醞釀，尚未結實纍纍，必須等到1991年返臺之後的下一個階段，才大幅展開。但1982年中的一段機緣，卻促成他此後和周一良先生多年的情誼，也是他寫成〈且做神州袖手人——陳寅恪先生的「不古不今之學」〉(1988)和〈舊營壘過來的人〉(2001)兩文討論陳寅恪和周一良兩先生師生之誼的動機。更重要的是，周先生此後對他的鼓勵，的確使他重返魏晉乃至兩漢史學「舊領域」的信心，更加堅定。說來，和我略有關係。

⓱ 逯耀東，《中共史學的發展與演變》(臺北：時報文化出版公司，1979)，〈堅持歷史獨立的尊嚴——代序〉，頁4。

⓲ 逯耀東，《史學危機的呼聲》(臺北：聯經出版事業公司，1987)。

⓳ 逯耀東，《且做神州袖手人》(臺北：允晨文化公司，1989)。

⓴ 逯耀東，〈似是閒雲〉，收入氏著散文集《似是閒雲》，頁39–40。

　　1982年周一良先生得美國盧斯(Luce)基金會之助訪問美國。周先生回憶說：「五月下旬至六月下旬，到東部訪問。先應劉子健教授之約，赴普林斯頓大學。」㉑逯先生也回憶和一良先生的情誼說：

> 我拜識一良先生，是在1988年5月，「紀念陳寅恪教授國際學術討論會」上。會議在廣州召開，聽說一良先生南來參加，當時我在香港教書，臨時決定參加，想在會上拜見一良先生。因為1982年冬天，我從香港回臺北辦點事，恰巧我的學生黃清連在美國普林斯頓大學……也回來了。他說……劉子健先生囑他陪一良先生各處看看，前後有三天時間，他向一良先生請教了許多問題。最後他問一良先生臺灣魏晉南北朝研究的情況。一良先生舉了兩個人，其中一個是我，並且對我稱贊尤多，最後他又說我做問題，只是點到為止。我聽了著實高興了一陣，因為一良先生是當今魏晉南北朝大家，陳寅恪先生的嫡傳，自恃甚高，不輕易許人，得他青睞，能不雀躍。而且他說我「點到為止」，這批評真是一針見血。「點到為止」，說白了就是懶；我在魏晉拾荒多年，很少有學術的激情和激動，因此我將這份知遇之情藏在心底，希望有一天能拜見向他請教。……㉒

　　1991年夏，逯先生再到北大朗潤園拜見周一良先生。他感受到了

㉑　周一良，〈畢竟是書生〉，收入氏著，《周一良集》(瀋陽：遼寧教育出版社，1998)，第五卷，《雜論與雜記》，頁414–415。

㉒　逯耀東，〈舊營壘過來的人〉，原載2001年12月25–27日《聯合報·副刊》，收入周啟銳編，《載物集：周一良先生的學術與人生》(北京：清華大學出版社，2003)，頁32–44，引文部分見：頁33–34。另外，逯先生讀畢周先生自傳〈畢竟是書生〉後，曾作〈書生〉一文，也詳述他和周先生結識經過。該文收入：逯耀東，《似是閒雲》，頁7–9。

一位銀髮老者在歷經百劫磨難後，還有那種摧殘不去的「溫文儒雅的
中國書生的風骨」。❷就從這一年秋天起，他辭去新亞，返回母校臺大
歷史系任教，並曾在政大歷史系兼課，直到1998年夏退休。這段期間，
講授的課程主要有「中國飲食史」、「中國大陸史學」及「傳統史學序
論」等。學術貢獻隨著歲月增長而累積，從1998年開始迄今，臺北東
大圖書公司也集結了逯先生的「糊塗齋史學論稿」四種：《魏晉史學及
其他》、《胡適與當代史學家》、《魏晉史學的思想與社會基礎》、《從平
城到洛陽——拓跋魏文化轉變的歷程》。另外，再集結「糊塗齋文稿」
五種：《那年初一》、《窗外有棵相思》、《出門訪古早》、《似是閒雲》、
《肚大能容——中國飲食文化散記》。這些論稿，雖有不少舊作，但有
許多刪改、新增的部分。更重要的是，返臺之後的三個學術方向基本
確立：一、堅守魏晉及近現代史學的「舊領域」，二、拓展兩漢史學的
「新陣地」，三、開闢飲食文化的「新視野」。第一個方向透過舊作的
整理及研究所的授課與論文指導而持續，第二及第三個方向，則值得
特別提出說明。逯先生目前正集中精力於撰寫《抑制與超越——司馬
遷與漢武帝時代》一書，這將是他返臺之後展開對於司馬遷的一系列
研究的總結，全書已進行至最後階段，不久當可出版。至於前文所謂
逯先生深悉「『和羹』之義，並以此為新著《肚大能容》開拓另一個學
術與文化視野」，則可以從下引三則逯先生的自序看出：

> 十年前（按即1991年）我從香港中文大學，再回到臺灣大學歷
> 史系教書，先後在系裡開了「中國飲食史」、「飲食與文化」、「飲
> 食與文學」等課程。這是第一次將不登大雅的問題，帶進歷史
> 教學的領域，沒有想到這門課程頗能起學生的興趣，去年最後
> 開「飲食與文化」，選課的竟有三百多人……過去十年來，我一

---

❷ 逯耀東，〈書生〉，收入氏著，《似是閒雲》，頁9。

直想將中國飲食文化的討論，從掌故提升到文化的層次……㉔

書出一年，北京三聯書店據以發行，他在〈又記〉說：

> 《肚大能容》出版後，頗膾人口，更得三聯書店青睞，在大陸發行。㉕

今年初，他在〈糊塗有齋〉一文中，述說這些年來的讀書與寫書的生活：

> 不論風雨晴陰，我每天都到糊塗齋裡坐坐，摸摸索索，或整理舊稿，或另撰新篇。三四年下來，出版了四本「糊塗齋史學論稿」、五本「糊塗齋文稿」，尤其去年新出論飲食的《肚大能容》，頗膾人口，更得三聯書店青睞，去年十月在大陸發行，至今十周，竟繼續列於北京暢銷書榜的前茅。……㉖

拓展兩漢史學的「新陣地」與開闢飲食文化的「新視野」，當然是一種學術關懷的轉折。其實，這樣的轉折，如同逯先生早年學術興趣的轉變一樣，必然牽涉到如何尋求研究興趣和個人理想平衡點的問題。每一次的轉折，也都意味著學術領域的開拓與創新。例如香港執教十四年，雖然「寄居塵囂之中，自逐紛紜之外」，卻有更多思考與自我肯定的時間，成為醞釀開拓與創新學術領域的契機。下節試略作討論。

㉔　逯耀東，《肚大能容——中國飲食文化散記・序》（臺北：東大圖書公司，2001），頁2。

㉕　逯耀東，《肚大能容——中國飲食文化散記》（北京：三聯書店，2002），〈又記〉，頁2。

㉖　逯耀東，〈糊塗有齋〉，2003年1月21日《中國時報・人間副刊》。

三、史學與文化關懷的轉折和創新

從上節簡述，大致可以歸納出逯先生學術歷程的四個階段：一、初窺門徑時期(1953–1966)；二、研治魏晉史學時期(1966–1977)；三、探討近代史學時期(1977–1991)；四、拓展史學與文化領域時期(1991–)。從一個階段轉向另一個階段，除了居處與生活方式略受影響外，主要還是學術興趣的重大轉變。但即使在這四個階段內的學術關懷，其實也都不斷在醞釀著轉折、開拓與創新。轉折、開拓與創新，正是在「和而不同」中蘊含了他的學術特色。綜觀逯先生的學術著作特色，似可從以下四點探討。

㈠文化邊際、文化長城與歷史解釋體系

在初窺門徑時期(1953–1966)中，逯先生的學術興趣從「西域」轉向「拓跋」，意義極大。從「西域」到「拓跋」，在研究的對象來說，轉變的幅度不小，但大體上仍屬在史學訓練過程中以「魏晉歷史」為基地的學習和研究。不過，其間卻牽涉到他的思想受到外在學術思潮影響而轉變的問題。他在撰寫「西域──文明的驛站」研究計畫時，除了參考許多日本著名的北亞民族史學者如白鳥庫吉、羽田亨、箭內亙等人的相關論著外，更運用了湯恩比(Arnold J. Toynbee, 1889–1975)《歷史的研究》(*A Study of History*)文化挑戰與回應的理論，處理「西域」介於草原與農業文化之間，如何緩和兩種文化接觸與挑戰的衝擊。類似的概念，如拉鐵摩爾(Owen Lattimore, 1900–1989)的《中國的邊疆》(*Inner Asia Frontier of China*)以及美國西部開拓歷史解釋中的邊疆理論，❷都醞釀並產生了他在求學時期最關切的一個課題。他說：「當我

---

❷ 即所謂Turner Thesis，參：George Rogers Taylor, ed., *The Turner Thesis: Con-*

還是歷史學徒的時候，有個問題常縈胸際，那就是兩種不同類型文化接觸時，最初往往會出現一個文化的邊際。這個文化的邊際，對文化接觸後的衝突、調和與融合會發生很大的影響。」❷這樣的一個課題，是1960到1970年代臺灣史學領域內普遍關切的問題之一。以臺大來說，勞榦、姚從吾等先生以及逯先生的同學金發根、孫同勛、何啟民等先生的研究，或多或少都與之相關。❷他們四人同班，是臺灣培植的第一代魏晉南北朝史學者。

但逯先生可說「和而不同」，他的「所見有異」，所行也有異。他說《從平城到洛陽》一書所討論的「這些問題是香港新亞研究所五年讀書與工作，與後來回到臺灣大學歷史系任教最初幾年相繼完成的」。❸所謂「所見」和「所行」有異，可以從他先自「西域」轉向「拓跋」探索問題的切入角度、堅持程度並最後形成他自己的歷史分期和歷史解釋體系，略加討論。

文化接觸和文化邊際等理論，在〈試釋論漢匈間之甌脫〉❸一文中，首度得到發揮。該文檢討史書所載漢匈之間，的確有類似邊荒、緩衝地的甌脫存在，他在對甌脫進行詮釋後，再論述漢匈對甌脫的爭奪及甌脫對兩國文化的貢獻，最後總結說：

cerning the Role of the Frontier in American History (Lexington, Mass.: D. C. Heath, 1971)。

❷ 逯耀東，《從平城到洛陽——拓跋魏文化轉變的歷程·序》（臺北：東大圖書公司，2001），頁1。按：本書原由臺北：聯經出版公司，1979年3月出版。東大版「糊塗齋史學論稿」本新增〈《崔氏食經》的歷史與文化意義〉一章。

❷ 逯耀東，〈蹊徑〉，頁5–7。

❸ 逯耀東，《從平城到洛陽——拓跋魏文化轉變的歷程·序》，頁2。

❸ 逯耀東，〈試釋論漢匈間之甌脫〉，原載《大陸雜誌》，32卷1期(1966)；又收入氏著，《從平城到洛陽——拓跋魏文化轉變的歷程》，頁393–410。

綜觀居於甌脫中之匈奴華化過程，前後可分兩階段，初則與漢
人混居雜處，互相來往，再則因了解而仰慕農業社會之生活方
式，遂漸放棄牧畜，而定居農耕，則其原有之遊牧經濟與社會
結構解體，盡習華俗，亦變為中國人矣。❸

　　漢匈間的甌脫，事實上就是長城之外農業與草原的過渡地帶。要
討論草原與農業文化交流、滲透及草原文化、社會的轉變過程，甚至
後來的五胡十六國及北朝時期華北政權的性質，都可以從上述論點出
發，再進行驗證。逯先生後來討論拓跋氏文化的轉變，其觀點就是從
草原文化與農業文化間相互激盪與調整出發。《從平城到洛陽——拓跋
魏文化轉變的歷程》一書，討論的課題如：北魏前期的文化與政治形
態、崔浩世族政治的理想、《崔氏食經》的歷史與文化意義、北魏孝文
帝遷都與其家庭悲劇、北魏平城對洛陽規建的影響、拓跋氏與中原士
族的婚姻關係、北魏與南朝對峙期間的外交關係等，就是一系列地以
文化接觸、文化邊際的概念進行深入的探討。這樣的研究取徑，與陳
寅恪先生以「種族」與「文化」觀點，討論中古時期的胡漢關隴集團、
分析隋唐制度的淵源，可以說有異曲而同工的地方。

　　上述拓跋魏文化轉變的課題，基本上是在逯先生學術歷程第一個
階段初窺門徑時期(1953–1966)內的新亞時期完成的。他在1979年出版
該書，在〈導言〉的開首，就清楚地表明了全書的主旨、分析的角度
及其與中國歷史文化的關係。他說：

討論近代中國以前的歷史，無可否認地，邊疆民族與漢民族以
長城為基線所發生的衝突與鬥爭，對彼此歷史形成的激盪，是
一個非常重要的課題。尤其邊疆民族進入長城之內後，在中國
建立統治政權，與廣大的漢族人民、基礎深厚的漢文化直接接

---

❸　同上，引文部分見：頁410。

觸，促使其自身文化發生轉變，經過不同階段的衝突與調整，最後融合為一。對中國歷史與文化的演變與發展，產生了重大的影響和積極的作用。❸❸

值得注意的是，當他提出「邊疆民族與漢民族以長城為基線所發生的衝突與鬥爭」這個命題前，已經發表過三篇文章對「中國長城文化」進行過討論。從文化邊際再論文化長城，其轉變的原因，順理而成章，但也有外界的刺激。他說：

> 至於我對中國長城文化的探索，那是因為一個日本人上了長城……並大放厥辭。這個日本人就是日本首相田中角榮。因此我……開始關心那條橫臥在西北邊疆的沉默巨龍。中華民族是個農業民族。築城不僅是農業民族特殊的技巧，也是農業文化發展必經的階段。因此，我以城的形成與發展，將中國歷史文化的發展與演變分成築城、衛城、拆城三個階段，也可以說是我個人對中國歷史分期的看法。❸❹

引文中所述的論點，在〈勒馬長城〉、〈城裡城外〉、〈長城與中國文學〉三篇文章中，敘述更詳，❸❺不必摘述。但他的歷史分期看法，逐漸形成體系，並影響他日後對魏晉史學的考察。可以說，這樣的三階段內在思路的發展歷程，亦即從文化邊際，到文化長城，再到歷史

---

❸❸ 逯耀東，《從平城到洛陽——拓跋魏文化轉變的歷程·導言》，聯經版，頁1；東大版「糊塗齋史學論稿」本，頁1。按：本篇〈導言〉，原載《食貨月刊》，8卷9–10期合刊（1979年1月）。

❸❹ 逯耀東，〈蹊徑〉，頁9。

❸❺ 以上三文，收入逯耀東，《勒馬長城》（臺北：言心出版社，1977），頁3–73。又收入：逯耀東，《魏晉史學及其他》，頁189以下。

解釋體系的建構，形成了他的學術著作的第一項特色。對這個歷程，他自己也曾反省過：

> 我從最初漢匈間的「甌脫」，最後擴展到中國文化疆界的長城，其中經歷了許多的轉折……漸漸形成對歷史考察的自我體系。至於後來再轉向魏晉史學的領域，也和我這個歷史考察體系有關。因為我認為當長城邊界受外力的影響，被迫消逝的時候，是中國政治社會動盪紛亂的時代，也是中國文化自我反省後開始蛻變時期，同時也是中國史學的黃金時代。中國文化形成迄今，曾經歷三次文化的蛻變，一在魏晉，一在兩宋，一在近現代。這三個時代同時也是中國史學的黃金時代。因為史學必須在政治權威干預減少，而且文化理想又超越政治權威之時，才有蓬勃發展的生機。魏晉正是中國史學發展的第一個黃金時代。❸❻

怎樣發展出這樣的思維，並拓展他的魏晉史學研究領域呢？以下試再繼續討論。

(二)從目錄學開拓史學領域

從1966年起至1977年，可以說是逯先生學術歷程中的研治魏晉史學時期。如上節所述，這段期間他在臺大歷史系博士班進修，1972年完成以《魏晉史學的特色——以雜傳為範圍所作的分析》為題的博士論文，後來《魏晉史學的思想與社會基礎》（「糊塗齋史學論稿」第三冊）一書，是以它為底本，「陸續改寫或重寫結集的」。此外，《魏晉史學及其他》（「糊塗齋史學論稿」第一冊）一書中第一輯所收的七篇論文，基本上也是在這個時期中醞釀。這二本書所討論的魏晉史學的各項課題，是他的學術研究重要領域之一。

---

❸❻　逯耀東，〈蹊徑〉，頁10。

　　但從初窺門徑時期(1953–1966)探討「魏晉歷史」，至此期而轉治「魏晉史學」，其中也有著許多學術上的偶然以及思辯的曲折歷程。所謂「偶然」，至少有二次，第一次是指他在新亞任助理研究員時，返臺度暑假為人代教《三國志》，備課之餘，順便統計裴松之注所引的魏晉材料。他說：「後來報考臺大歷史系博士班，就以這個無心插柳的成果，寫成〈裴松之《三國志注》研究〉的研究計畫提出申請。」❸雖說「無心插柳」，但證諸他此後的學術關懷與成就，不得不說「無心插柳柳成蔭」。因此，他對「魏晉史學」的一些思辯歷程，就值得討論了。

　　《三國志》與裴注，在乾嘉之後是顯學，錢大昕、趙翼、沈家本等許多有名學者都有專著。於是，他從清代考據，尤其是與裴注相關的目錄學入手，廣泛蒐集研究材料。進入臺大歷史系博士班後，起初也一直以這個課題為研究重心，但1970–1971年前往日本京都大學的另一個「偶然」，卻促使他必須嚴肅地正視「史注」與「經注」的異同問題。他回憶這一段學術的「偶然」，說：

　　　　我選擇去日本，到京都人文研究所的平岡武夫先生研究室掛單。我所以作這個選擇，因為平岡先生曾在北京大學顧頡剛門下讀過書，並且寫了一本《中國經學史》。因為當時我認為魏晉時期的經注與新興的史注不同。經注透過訓詁或音義明其義理，史注則是詳其事實。但裴松之的《三國志注》的形式，又與當時新興的史注不同，其淵源或與漢晉間經注的轉變有關，尤其杜預的《左傳集解》。可能平岡先生可以幫助我解決這個問題。但這時平岡先生的研究已轉向白居易。中國經學對他已經是非常遙遠的名詞。所以，一次在平岡先生研究室，遇見當時日本漢學研究的活國寶吉川幸次郎，他聽了我的研究情況，就說：「你

<hr>

❸　逯耀東，〈蹊徑〉，頁11。

的研究，我們無法幫助。」我隨即回答：「我知道，我原本也沒
有打算你們幫助！」的確，我的想法已經改變，如果將裴注和經
學糾纏在一起，是非常麻煩的事，首先必須轉向經學研究。不
過，一旦陷於經學就難以自拔了……**❸**

「轉向經學研究」，窮首於「訓詁或音義」，對於一個史學工作者
來說，當然是極大的挑戰。除學術訓練的改弦易轍外，轉移興趣與壓
抑個性，也非易事。因此，逯先生從日本返臺後，和指導教授沈剛伯
先生詳論進行裴注研究所面臨的經注及其他問題，決定變更論文題目
為《魏晉史學的特色——以雜傳為範圍所作的分析》。論文題目雖然變
更，但未「離題太遠」，他在裴注研究的準備工作中，早已注意到裴注
所引用的魏晉雜傳，並曾對這批材料的目錄做過集釋的工作。從目錄
學入手而不陷於目錄學的泥沼，**❸**並發現其中的歷史與學術的意義，
這是他魏晉史學論述中的一項創新。乾嘉以來的學者尚少有人將目錄
學應用到學術史或史學史的探討，這是一個嘗試。從目錄學入手，猶
如從馬步而學工夫，是「登堂」的必經之途，須有毅力和耐心；但若
要進一步「入室」而窺其玄奧、論其精微，則並非徒具耐心而可得，
「史識」之有無，就成為判定的一個標準。逯先生從裴注而論魏晉史
學，他的「登堂」和「入室」過程，大致如他自述：

　　在我統計裴松之引書資料時，發現裴松之所引用的魏晉史學著

---

❸　逯耀東，〈蹊徑〉，頁13–14。

❸　逯先生曾談到大學時代讀書的方法，說：「我也有我自己的一套而且是相當
　　落伍的方法……那就是從目錄學入手……我的一位老師常常說：『不通目錄
　　無以治史學。』豈止史學而已，治任何學問，都該了解自己本行的目錄學……
　　不過，祇翻目錄，不讀書也是沒有用的……。」見：逯耀東，〈書到用時〉，
　　收入氏著，《似是閒雲》，頁93–95。

作中，其中有許多是《隋書·經籍志》所沒有著錄的，尤其是別傳。這種別於正史列傳的個人傳記，出現於東漢末期，盛行於兩晉。裴松之《三國志注》引用了眾多的別傳。別傳在《隋書·經籍志》史部分類中，納入雜傳一類，雜傳包括了別傳、類傳、家傳、地域性人物傳記，以及超越現實世界的志異小說。劉知幾將這類著作稱為「雜述」，是魏晉時期新興的史學寫作形式，正反映了魏晉史學特殊的時代性格。因為一個時代的史學，生存在一個時代之中，和這個時代發生交互的影響。所以透過一個時代的政治、社會、經濟與文化的變遷，可以了解這個時代實際的歷史面貌。因此，我準備以魏晉時期的社會與思想變遷為基礎，探討這批在正統史學以外的新興史學著作，形成的背景及特殊的性格……❹

就是透過這樣的思辯過程，他完成了博士論文。但並未立即出版，其中固然有工作等因素的羈絆，但他認為必須等思慮更加成熟之後而付梓，才是最大的考量。《魏晉史學的思想與社會基礎》（「糊塗齋史學論稿」第三冊）一書，是在他戲稱「原地踏步」❹一三十年之後出版的，書中收錄「導言」及十六篇環繞於魏晉史學相關課題的論述，包括：《隋書·經籍志·史部》的形成及其〈雜傳類〉的分析二篇；魏晉別傳、人物評價、個人意識等三篇，《世說新語》與魏晉史學二篇，志異小說與魏晉史學一篇，史學評論與魏晉史學二篇，裴松之《三國志注》與魏晉史學六篇。至於《魏晉史學及其他》（「糊塗齋史學論稿」第一冊）一書中第一輯所收的七篇論文，他雖謙稱該書「不是一本嚴肅的學術著作，祇是我這些年在史學領域裡踟躕些微的痕跡」，❹實際上卻

---

❹　逯耀東，〈蹊徑〉，頁15。

❹　這是該書作者序文的標題。

是他從更宏觀的角度探索魏晉史學特色的論述。

　　如果說「魏晉處於兩漢與隋唐之間，是一個解構與重組的時代。在解構與重組的過程中，許多矛盾現象也隨著出現」，而且「有更多非儒家價值體系的新史學寫作形式湧現，形成魏晉史學發展的雙重性格」，❸構成了逯先生在以上二本魏晉史學論著的中心議題。那麼，在完成魏晉史學（以及下文所要討論的近代史學）的研究之後，要繼續拓展中國傳統史學研究的領域，從時間的脈絡看，不論往上追溯或往下探索，他就面臨在「兩漢或隋唐」之間進行選擇的問題。就中國史學傳統來說，往上追溯《史記》比往下探究《史通》，意義更大；而且他在處理魏晉史學評論問題時，已討論過劉知幾及其《史通》。或許基於這樣的考慮，當他處於拓展史學與文化領域時期(1991–)中而努力重拾史學研究的「舊業」時，拓展兩漢史學的「新陣地」成為他的新研究領域。在此期稍前的1988年，他曾寫成〈史傳論贊形成與《左傳》「君子曰」〉，❹這是他處理魏晉之前史學傳統的第一篇論文，但它可說是早期研究史評、史論問題的延續，尚未進一步集中研究焦點於兩漢史學。但自返臺定居而邁入他的新學術階段後，在最初兩年，即完成相關論文三篇：1991年寫成〈漢武帝封禪與《史記·封禪書》〉，❺1992年寫成〈史傳論贊與《史記》「太史公曰」〉、❻〈論司馬遷「成一家之

---

❷　逯耀東，〈蹊徑〉，頁18。

❸　逯耀東，《魏晉史學的思想與社會基礎》，〈序：原地踏步〉，頁2。

❹　逯耀東，〈史傳論贊形成與《左傳》「君子曰」〉，收入《王任光教授七秩嵩壽論文集》（臺北，1988：4）。

❺　逯耀東，〈漢武帝封禪與《史記·封禪書》〉，收入《第三屆史學史國際研討會論文集》（臺中：中興大學歷史系，1991：2）。

❻　逯耀東，〈史傳論贊與《史記》「太史公曰」〉，《新史學》，3卷2期（臺北：新史學雜誌社，1992：6）。

言」的兩個層次——〈太史公自序〉的拾遺補藝〉。❹至此，他的研究課題就明確地集中於《史記》。此後，他幾乎每年都發表《史記》研究的新作，討論的課題，包括：論司馬遷的「通古今之變」、❹論巫蠱之禍與《史記》的成書、❹論司馬遷對匈奴問題的處理、❺論《史記·匈奴列傳》的次第問題、❺比較沈剛伯論「變」與司馬遷的「通古今之變」❺等等。目前他正集中精力於撰寫《抑制與超越——司馬遷與漢武帝時代》一書的導論和序文，殺青之日可期。

學術上的「偶然」，使得逯先生從「魏晉歷史」轉向「魏晉史學」的研究領域，也使得他「偶然」地從目錄學入手，試圖一窺裴松之《三國志注》的奧祕。但是，「和而不同」畢竟是他整個史學研究思辯歷程的主導力量，他終於從目錄學「登堂」，未受目錄學與經學的糾纏，而入魏晉史學乃至兩漢史學之室。

更意外的是，當年逯先生因為無法深究《三國志注》的淵源，轉

❹ 逯耀東，〈論司馬遷「成一家之言」的兩個層次——〈太史公自序〉的拾遺補藝〉，《國立臺灣大學歷史系學報》，第17期（臺北：臺灣大學歷史系，1992: 12）。

❹ 逯耀東，〈司馬遷「通古今之變」的「今」之開端〉，《輔仁歷史學報》，第5期（臺北：輔仁大學歷史系，1993: 12）。

❹ 逯耀東，〈「巫蠱之禍」與《史記》的成書〉，《國立臺灣大學歷史系學報》第18期，（臺北：臺灣大學歷史系，1994: 12）。

❺ 逯耀東，〈司馬遷對匈奴問題處理的限制〉，《輔仁歷史學報》，第6期（臺北：輔仁大學歷史系，1994: 12）。

❺ 逯耀東，〈《史記·匈奴列傳》的次第問題〉，《中國歷史學會集刊》，第27期（臺北：中國歷史學會，1995: 9）。

❺ 逯耀東，〈剛伯先生論「變」與司馬遷的「通古今之變」〉，《「史學：傳承與變遷」學術研討會論文集》（臺北：臺灣大學歷史系，1998: 6）。

向探討魏晉史學中一些新興的寫作形式。前些年他研究傳統史學的論
贊，發現蕭統編《文選》，將褒貶是非、紀別異同的記事之史、繫年之
書摒而未選，但卻認為「錯比文華，事出沉思」的史傳論贊，表現出
作者個人的才思，是一種具有文學性質的史學寫作形式。因此，《文選》
闢〈史論〉一目，選錄了班固《漢書》、范曄《後漢書》、沈約《宋書》
等的論贊，但司馬遷《史記》的「太史公曰」卻不在其中。

　　逯先生認為《史記》「太史公曰」是司馬遷的自注，不但包含對歷
史人物的評價與史事的議論，也有材料的取捨與考辨。這種自注的形
式，後來為裴松之《三國志注》的「自注」所繼承。所謂裴松之的「自
注」，即「臣松之以為」與「臣松之案」，前者是對歷史人物的評價與
史事的議論，後者則是對材料的考辨。裴松之評論與考辨的對象，並
不侷限於陳壽《三國志》，還對他所徵引的魏晉其他史學著作，提出總
結性的討論與批評。劉知幾的《史通》，即由此而出。其後司馬光修《通
鑑》，其「臣光曰」就是對漢唐以來的史傳論贊做出總結，但另著《通
鑑考異》，專論材料的取捨與考辨，即援裴松之「自注」而來。中國史
學的兩司馬，一為紀傳體的創始者，一為編年體的功臣，其間經過裴
松之《三國志注》的轉折，脈絡相承，隱然可見。真是踏破鐵鞋無覓
處，得來全不費功夫，不僅可以解決裴注的淵源問題，同時也將兩司
馬聯繫起來。❸這是逯先生對研究未決的問題，時繫於心，讀書得間
的具體表現。

　　不過，另一個學術上的「偶然」，卻使得他關心另一個和他在學院
內所受到的訓練並無直接關係的課題，即下文所要討論的近代史學的
研究。

---

❸　以上論點，參：逯耀東，〈司馬光《通鑑考異》與裴松之《三國志注》〉，《慶
　　祝鄧廣銘教授九十華誕論文集》（河北教育出版社，1997），頁517。

㈢近代史學發展的詮釋

用「另一個學術上的『偶然』」來形容逯先生跨越學院的羈絆，開拓一片有關中國大陸史學與當代史家的拓墾地，是有根據的。他在《中共史學的發展與演變．代序》的開首，清楚地表明了「闖入」這個園地的緣起：

> 1961年，我到香港新亞研究所讀書，最初接觸到中共史學工作者寫的一些中國歷史的著作。但我竟無法讀懂這些中國人用中國文字所寫的中國歷史，的確使我這個科班出身的歷史工作者，非常震驚……於是，我開始注意這個問題，同時決定進一步研究這個問題。❺❹

於是，逯先生蒐集了關於中國上古史分期、中國近代史分期、封建土地所有制、資本主義萌芽、漢民族形成、農民戰爭性質等「五朵紅花」歷史解釋的論文214篇，以「土法煉鋼」的方式，統計這些論文引用的馬、列、史、毛放諸四海而皆準的「經典著作」，共計2500餘次，並依時間先後予以分類。然後，根據他們所引用的「經典」為索引，核對原典，因而「對於那些過去無法讀懂的歷史著作，突然豁然貫通」。❺❺

1963年第三屆亞洲史學會議在香港召開，他提出一篇英文論文 "An Analysis of Chinese Communist Interpretations of History"（中共歷史解釋的分析），❺❻這不僅是他第一篇討論中國大陸史學的論文，也是

---

❺❹ 逯耀東，《中共史學的發展與演變》，〈堅持歷史獨立的尊嚴──代序〉，頁1-2。

❺❺ 同上，頁2。

❺❻ 本篇原稿刊入臺北中國文化學院出版的英文《中國文化季刊》(*Chinese Culture*)，第6期第1卷。中文稿收入：逯耀東，《中共史學的發展與演變》，頁55-

將這種歷史解釋作為研究對象的第一篇論文。這篇論文不但引起與會者的興趣，當地《南華早報》更全文刊載，並因而受到美國方面的重視，派人與逯先生接洽，擬以他當時薪金的十倍，聘請到美國繼續研究。但，逯先生拒絕了，並且對他們說：「我不贊成這種歷史解釋是一回事，但我不能幫助你們反對他！」

當時逯先生在新亞研究所另有研究計畫，對中國大陸史學的探索，僅在工作之餘進行。新亞研究所圖書館向來又不收這種「時文」，所有資料都出自他微薄的薪金，艱辛困苦，可以想見。逯先生回憶起這一時期的研究，是「資料不足，初窺門徑，而且主觀意識強烈」。他謙虛地說：這個時期所寫的論文，「錯漏的地方也很多」，❺但他畢竟跨出了第一步，並且是拓荒的第一步。

之後，他又寫成〈中共的上古史分期問題〉，❺這時已屬逯先生學術生涯第一個階段初窺門徑時期(1953-1966)的尾聲，即將返臺教書，所蒐集的資料無法攜入，於是擱置繼續討論中國大陸史學「五朵紅花」的計畫。

1966年逯先生整理行裝準備返臺，正是中國大陸「山雨欲來風滿樓」之際，他驚覺一場政治風暴即將掀起，可能和過去一樣，風暴的前沿掃入史學園地，許多史學家與史學工作者，都將受到摧殘。於是暫緩行程，遷居九龍鄉間，閉門讀了三個月兩報一刊的社論。他曾對我說：「那是非常痛苦的事，每天讀整版的社論，文章長、字句長，又強詞奪理。」雖然如此，他還是在離港前夕寫成〈無產階級文化大革命中的史學與史學家〉❺一文，就回臺灣了。返臺時不能攜帶片語隻字，

69，〈對中共「歷史解釋」的分析〉。

❺ 逯耀東，《中共史學的發展與演變》，〈堅持歷史獨立的尊嚴——代序〉，頁5。

❺ 本稿收入：逯耀東，《中共史學的發展與演變》，頁141-166，〈中共的上古史分期問題〉。

他辛苦蒐集的兩架書籍和資料，留在他工作的研究室中。

返臺之後，逯先生學術生涯進入第二個階段，即研治魏晉史學時期(1966–1977)，一則由於研究及工作重心轉變，再則由於當時客觀環境不易獲得大陸資料，因此，中國大陸史學這一個「偶然」被他開拓的園地，只有任其荒蕪。到了1977年，他學術生涯進入第三個階段，即探討近代史學時期(1977–1991)，他對中國大陸史學與當代史家的研究，終於開花結果。本文第二節所提到的《中共史學的發展與演變》(1979)、《史學危機的呼聲》(1987)、《且做神州袖手人》(1989)三書，基本上就是在這個階段內完成的，後來的《胡適與當代史學家》(「糊塗齋史學論稿」第二冊，1998) 一書，雖有不少篇章寫於第四個階段內，但只能說是這個研究興趣的延續而已，並未構成他在1991年返臺定居之後的工作重心。

1977年，逯先生重臨香江，文革風暴乍歇，災難卻已形成。如他當年所料，歷史園地成為重災區，史學工作者受到空前的傷害與摧殘。因此，在文革集團瓦解後，大陸史學工作者立即對文革集團及其製造的儒法鬥爭解釋體系，進行批判。他說：

> 雖然，批揭和聲討是每次政治鬥爭結束後，必然出現的場景，祇是這次的調子格外淒厲。當然這種情形是很容易理解的。因為在這些淒厲的聲調中，還參雜著史學工作者個人十年積怨的宣洩。但經過一陣情緒的宣洩之後，在批揭的過程中，必然會通過理性的判斷而冷靜下來，而且從各個不同的角度，對這種解釋體系的批揭，漸漸發現問題所在了。❻

---

❺ 本稿收入：逯耀東，《中共史學的發展與演變》，頁71–107，〈無產階級文化大革命中的史學與史學家〉。

❻ 逯耀東，《史學危機的呼聲》，〈自序〉，頁2。

所謂「發現問題所在」，是指在「經過這次批揭之後，不僅發現儒法鬥爭歷史解釋體系脫離了歷史實際，歷史工作者也自覺到，他們長久以來，也完全將歷史依附政治，而為了遷就某個階段的政治情況，難免對某些歷史事實作某種程度的曲解。所以，由歷史工作者批揭儒法鬥爭歷史解釋體系，而產生了自我的反省與檢討。由自我反省與檢討，激起對歷史客觀的自覺，認為不僅批判儒法鬥爭歷史解釋體系，並且對歷史研究必須實事求是的要求，也在史學領域裡漸漸擴大開來」。❻❶但是，歷史事實如何突破經典框限解放出來，是一個費盡思量的問題。文革之後的十年，大陸史學工作者陷於「泥裡爬山難上下、冰上過河進退滑」的困境。

對於大陸史學工作者的困境，逯先生以「瞭解之同情」，重新搜羅過去散軼的資料及新出的相關書籍，在課餘之暇，撰寫探討中國大陸史學發展的相關論文多篇，並先後集結為《中共史學的發展與演變》(1979)、《史學危機的呼聲》(1987)二書。

構成《中共史學的發展與演變》一書的論文，共有五篇，其中三篇即上文所說是在1963–1966年間寫成的，逯先生自認是「業餘閒時為之」。1977–1991年間，在新亞曾講授「中國史學史」課程，其中現代史學部分，因為學生找不到參考書籍，於是將這三篇論文，連同二篇於1979年在香港《中國人月刊》發表的〈從五四到中國社會史大論戰〉及〈批孔：中共史學的革命樣板戲〉合成一集出版。❻❷中國大陸史學研究的基本問題，在這本書中都已涉及。

由於身居香江，取得資料占有地利之便，於是他更進一步由「業餘」而走向「專業」，並將研究領域從中國大陸史學擴及於當代史家。

---

❻❶ 同上。

❻❷ 逯耀東，《中共史學的發展與演變》，〈堅持歷史獨立的尊嚴——代序〉，頁3-5。

1977–1991年間，他所發表的27篇論文中，和這二個課題相關的共有14篇，可見在他學術生涯進入第三個階段(1977–1991)時，稱之為「探討近代史學時期」，應該是恰當的。這一時期，他對中國大陸史學的研究更加深入、細緻，討論的主要課題從批孔揚秦、儒法鬥爭到郭沫若與古史研究，再由郭沫若論及胡適，並討論中國大陸對辛亥革命的研究、中國近代史研究的線索等問題。❻當然，他也發現了中國大陸史學中以馬克斯、毛澤東思想為歷史解釋體系的危機。他曾用中國傳統經學的發展比喻說：

> 回顧過去半個世紀中國大陸史學的發展，前後經歷了最初的漢儒注經，文革後的宋明儒解經，以及文革風暴歇後的調和漢宋的三個不同的發展階段，使中國大陸史學工作者遭遇泥裡爬山難上下的困境，也使史學領域受到嚴重的摧殘。❻

於是，他將這一系列討論中國大陸史學危機的論文集結，出版了《史學危機的呼聲》(1987)一書。在本書中，他從更深的層次討論中國大陸史學的問題，在收錄的八篇論文中，他分析了批孔、儒法鬥爭、歷史發展的基本線索等課題，也對大陸史學專業刊物《歷史研究》進行剖析，更就批判胡適、郭沫若的古史研究及大陸史家對辛亥革命的解釋等發表專論。

1988年5月逯先生到廣州參加紀念陳寅恪討論會，見到周一良先生，前文已經提到。他「從廣州回來，心緒久久不能平復，又重讀寅

---

❻ 以上1977–1991年間發表的27篇論文以及和這二個課題相關14篇論文，篇幅甚多，本文無法一一列舉。請參：〈逯耀東教授著作目錄〉，收入黃清連編，《結網編》(臺北：東大圖書公司，1998)。

❻ 逯耀東，《胡適與當代史學家》(臺北：東大圖書公司，1998)，〈現代史學轉折中的尋覓——代序〉，頁3–4。

恪先生的論著，草成〈且做神州袖手人〉。❻這篇文章，除了論及寅
恪與一良先生的師生情誼外，也談到寅恪先生的「不古不今之學」，他
認為「一般解釋是指寅恪先生後來專治的魏晉隋唐而言。不過，對於
『不古不今之學』，或可另作超越今古文經學，專治乙部之學解」。❻關
於寅恪先生的「不古不今之學」，一般的通解的確有窒礙之處，最近已
有學者指出，❻我也擬另文討論。不過，逯先生的「和而不同」，卻可
以從此處清楚看出，他不輕易隨聲附「和」，更能從深入的考辯之中，
提出「不同」之見。「且做神州袖手人」是寅恪先生父親散原老人的詩
句，描述的是一種袖手閒步江湖或山林的意境，但逯先生學術生涯的
第三個階段(1977–1991)是在新亞度過，那裡的滾滾紅塵，讓他不斷追
問近現代的史家，像錢賓四、沈剛伯、胡適、郭沫若等人，他們的山
林又在那裡？於是，他在告別香江前，將這些探討當代史家的文章，
集為《且做神州袖手人》(1989)一書。不過，逯先生顯然對該書未能集
中於當代史家的深入探討，頗以為意，在返臺定居邁入學術生涯的第
四個階段(1991–)，終將他過去探討中國近現代史家，包括胡適、郭沫
若、陳寅恪、傅斯年、錢賓四、沈剛伯，以及追憶姚從吾、魯實先、
唐君毅、徐復觀、歐陽無畏等當代學者的文章，集為《胡適與當代史
學家》(「糊塗齋史學論稿」第二冊，1998)一書。

　　逯先生認為：「不論贊成或反對，都無法否認胡適對中國近代史的
貢獻。」❻討論中國大陸史學，不能缺少胡適。1954年進行的胡適思想

---

❻　逯耀東，《且做神州袖手人》(臺北：允晨文化公司，1989)，〈序〉，頁3。

❻　逯耀東，〈且做神州袖手人——陳寅恪先生的「不古不今之學」〉，《且做神州
袖手人》，頁70。

❻　例如：桑兵，〈陳寅恪與中國近代史研究〉，收入中山大學歷史系編，《陳寅
恪與二十世紀中國學術》(杭州：浙江人民出版社，2000)，頁128–156。

❻　逯耀東，〈現代史學轉折中的尋覓——代序〉，氏著《胡適與當代史學家》，

批判，雖然有不同的政治目的，但就史學領域而論，他們以為如果不將胡適「經過實證的知識，才是真正的知識」的思想徹底剷除，那麼以馬克斯、毛澤東思想為普遍真理的歷史解釋體系，是無法建立的。基於這樣的理解，逯先生轉向對胡適及五四文化運動問題的探索，前後寫了〈胡適身在此山中〉、〈胡適逛公園〉、〈胡適溯江河而行〉、〈把胡適當成個「箭垛」〉、〈清算胡適的幽靈〉、〈郭沫若吻了胡適之後〉、〈郭沫若在日本千葉縣〉，以及一系列懷念師長和前輩的文章，集結為《胡適與當代史學家》一書。

　　值得一提的是，《胡適與當代史學家》一系列懷念師長和前輩的文章中，魯實先是他的啟蒙師，沈剛伯是他博士論文的導師。沈先生最後十年與逯先生非常親近，沈先生的「量才適性」對逯先生做人處世發生很大影響；沈先生「變」的史學思想，是逯先生探索司馬遷「通古今之變」的動力。在〈「量才適性」的沈剛伯先生〉、〈百年俯仰感多端〉、〈風雨箋〉三文中，逯先生詳述了沈先生的史學思想和無盡的追思。錢賓四先生晚年定居臺灣，逯先生常去外雙溪素書樓聆教，向他請益先秦學術、《史》《漢》及《世說》等問題。在〈「素書樓」主人的寫作環境〉、〈讀書種子未絕〉、〈「四部」絕唱〉、〈夫子百年〉等四篇文章中，逯先生除了詳述錢先生的學術歷程外，還記下錢先生自己的一些回憶，可以視為近代學術史的一手史料。**❻❾**

　　但是，就逯先生的史學關懷來說，《胡適與當代史學家》一書只是他整理中國近現代史學發展的一部分而已。他在這本書的「代序」說：

頁5。

❻❾　2000年重陽，逯先生到蘇州西山晉謁賓四先生基園，返臺後寫下〈錢賓四先生與蘇州〉，收入氏著，《肚大能容——中國飲食文化散記》，頁78-96。本文是討論錢先生與蘇州關係最深入的一篇文章。

> 我搜羅有關他們的著作，為將來透過他們尋覓中國現代史學發
> 展過程中，那個轉折點的所在。書中寫的一系列有關胡適與郭
> 沫若的著作，祇是開始，不過是對他們的材料作初步了解與應
> 用而已。❼⓿

的確，在逯先生的藏書中，胡適與郭沫若的著作搜羅較多，他也
廣蒐許多當代史學家的論集和回憶錄。就我所知，他一直準備對中國
現代史學進行系統的討論。

細究起來，逯先生在學術生涯的第三個階段(1977–1991)開拓中國
大陸史學及當代史家研究領域，有幾個原因，除上文所說的「另一個
學術上的『偶然』」外，香港的地利之便，使他易於掌握資料並與大陸
學人交往，而備課、師長等因素，也都多少與之相關。然而，「紅塵滾
滾」的香江，雖然使他暫輟魏晉史學的研究，轉向近現代史學的探索，
卻也不免引得他要追問〈香港問題與川味〉、〈港人食七嘢〉❼❶這樣一
些與「和羹」文化有關的問題。

㈣從「和羹」到「和羹」的文化

如果說學術上的「偶然」，曾經或多或少地影響過逯先生對魏晉史
學和近代史學的研究，那麼，他在拓展史學與文化領域時期(1991–)中，
致力於飲食和文化的探討，就不是用學術上的「偶然」可以解釋了。
相反地，倒可以用「必然」來加以說明。所謂「必然」，正如他自稱「我
自幼嘴饞，及長更甚」，❼❷常常「兩肩擔一口，臺北通街走」，❼❸表面看

---

❼⓿　逯耀東，〈現代史學轉折中的尋覓——代序〉，氏著《胡適與當代史學家》，
　　頁5。

❼❶　這兩篇文章都收入逯耀東，《出門訪古早》(臺北：東大圖書公司，1998)，
　　「第三輯」。

來，這是個性和興趣使然。但就我所知，「過舌不忘」，才是旁人難及的「本事」。也正因為如此，再加上歷史工作者的學術訓練，他「特別留心身邊的飲食變遷」，並因而發現「中國飲食文化是一個還未拓墾的領域」。

逯先生「從開始對於中國飲食發生興趣，就認為是一種外務」。**❼**因此，在他學術生涯的第一至第三階段(1953–1991)中，雖因學業及工作關係，臺、港時見往返，大陸、日本、韓國亦偶造訪，卻也曾以擅運濃厚感情與豪邁之氣於筆端的散文，對「飲食」民生大事留下追憶和感觸。例如：1970–1971到日本京都大學人文科學研究所訪問，1971年末他寫下〈陶淵明喝的酒〉**❼**一文，記下平岡武夫先生請他喝濃似白乳的春醪的經過。1989年到西安，次年也寫下〈更上長安〉一文，記下西安的古早味。這些早期所作和飲食相關的散文、雜記極多，他曾輯為《衹剩下蛋炒飯》、**❼**《已非舊時味》**❼**及《出門訪古早》三本書。

透過嚴謹的學術論述來處理飲食文化的問題，始自1989年9月在臺北舉行的「第一屆中國飲食文化學術研討會」，逯先生提出〈北魏《崔氏食經》的歷史與文化意義〉一文，後經修改，收入《從平城到洛陽》一書。**❼**該文從《崔氏食經》與崔氏《食經》、《齊民要術》與《崔氏

---

❼ 逯耀東，《肚大能容——中國飲食文化散記·序》，頁2。

❼ 逯耀東，〈兩肩擔一口〉，收入《肚大能容——中國飲食文化散記》，頁218–219。

❼ 逯耀東，《肚大能容——中國飲食文化散記·序》，頁3。

❼ 逯耀東，〈陶淵明喝的酒〉，收入《且做神州袖手人》，頁101–106。

❼ 逯耀東，《衹剩下蛋炒飯》(臺北：圓神出版社，1987)。

❼ 逯耀東，《已非舊時味》(臺北：圓神出版社，1992)。

❼ 逯耀東，〈《崔氏食經》的歷史與文化意義〉，收入《從平城到洛陽——拓跋魏文化轉變的歷程》，「糊塗齋史學論稿」本，頁101–147。

食經》、《崔氏食經》與胡漢雜揉的文化形態等三方面進行討論。他在結論中說：

> 清河崔氏是北方第一流的世家大族，崔浩則是自東漢以來，經西晉末年五胡之亂，留居北方未能南渡的世家的代表。在動亂中維繫世家持續的，則賴其家教……他撰《食經》的目的，為了保存其家族中，婦女「朝夕養舅姑，四時祭祀」的飲食資料。這正是魏晉以來世家大族家風的實踐，也是他世族理想之所繫。當然，他撰《食經》還有另一個目的，那就是在胡漢雜揉的社會中，使代表農業文化特質中的中原飲食傳統，得以持續……所以，《崔氏食經》不僅是中國最早的烹飪之作，同時也反映了當時歷史與文化的實際情況。❼⑨

逯先生在發表這篇深深觸及飲食與北魏時期黃河流域社會中的胡漢文化關係的論文之後，飲食與文化的嚴謹討論，就成為他在學術生涯的第四個階段拓展史學與文化領域時期(1991–)的一個主要課題。他陸續在此期中討論〈食譜和中國歷史與社會〉、❽⓪〈「寒夜客來茶當酒」——魏晉隋唐間茶文化轉變的歷程〉、❽①〈茶香滿紙——論《紅樓夢》裡的茶〉、❽②〈明清時期的文人食譜〉❽③等問題，基本上已將「飲食」

---

❼⑨ 同上，頁147。

❽⓪ 逯耀東，〈食譜和中國歷史與社會〉，中國歷史學會年會發表論文，（臺北：輔仁大學歷史系，1992：7）。

❽① 逯耀東，〈「寒夜客來茶當酒」——魏晉隋唐間茶文化轉變的歷程〉，《茶藝文化學術研討會專刊》，（臺北，1993：6）。

❽② 逯耀東，〈茶香滿紙——論《紅樓夢》裡的茶〉，《中國烹飪》，（北京，1994：12）。

❽③ 逯耀東，〈明清時期的文人食譜〉，《中外文學》，31：3（臺北，2002），頁27–

問題從「文化」的角度來立論了。即使在《肚大能容》這本未被列入「糊塗齋史學論稿」的文集中，也可以發現他的觀察角度多從「飲食」與「文化」、「社會」變遷進行探討，但因它的性質仍屬雜記，所以只將它列入「糊塗齋文稿」，不過他將該書副標題題作「中國飲食文化散記」，由此可見他的志趣所在。所以，他在該書序言說：

> 現在這本《肚大能容》是過去兩三年在報紙副刊發表的讀書劄記，及探訪飲食的隨筆，和過去寫的飲食文章（按指前述《祇剩下蛋炒飯》三書）相較，已經向社會文化領域邁步，但還不成體系，希望以後繼續在這個領域探索，將飲食與社會文化的變遷結合，以歷史的考察、文學的筆觸，寫出更有系統的飲食文化的著作來。❽❹

的確，逯先生在拓展史學與文化領域時期(1991–)中，與前述各期相較，史學和文化的關懷更加深入了。姑舉一例說明，2000年清明前後，逯先生率同林能士、周樑楷、邵台新等先生及我，前往上海復旦大學參加一項史學研討會，會後在上海、蘇州等地盤桓十天，飲食是民生大事，無可避免。諸友與我，除說菜餚極佳外，莫明「名堂」何在。但逯先生返臺後，除了寫下〈多謝石家〉、〈煙雨江南〉❽❺二文記述石家美食及緬懷往事外，另寫〈去來德興館〉❽❻一文，深論上海本幫菜與弄堂文化的關係。文中不僅討論上海本幫菜的變遷，更指出它的生存環境——弄堂的生活和文化。他還透過蕭乾、郭沫若等人在上

40。

❽❹ 逯耀東，《肚大能容——中國飲食文化散記·序》，頁3。

❽❺ 逯耀東，〈多謝石家〉、〈煙雨江南〉二文，收入《肚大能容——中國飲食文化散記》，頁55–77。

❽❻ 逯耀東，〈去來德興館〉，收入《肚大能容——中國飲食文化散記》，頁15–37。

海弄堂的生活，而做出這樣的觀察：

> 上海的弄堂和亭子間是近代知識分子留滯在上海的棲息之所。
> 清末科舉制度廢除後，斬斷了千多年中國知識分子前進的利祿
> 之途，而且，自不平等條約之後，通商口岸出現，都會迅速發
> 展，使城鄉之間的差距增大，同時由於帝國主義的通商侵蝕，
> 沿海的農村經濟瀕臨破產，使得中國傳統知識分子樹高千丈、
> 落葉歸根的還鄉之途又被阻塞，即使放洋東瀛，也是前途茫茫，
> 因科舉形成的社會流動因此淤塞，中國知識分子前進無路，後
> 退無門，使他們飄泊在大都會之中，侷促在弄堂的亭子間裡，
> 覺得自己懷才不遇，窮愁潦倒，於是他們怨憤、頹廢、思想激
> 狂，形成中國近代學術思想與文化變遷中的特殊現象。**⑧⑦**

這是逯先生多年研究近現代史家與深悉「和羹」之義所做的觀察，
它已將「飲食」與「文化」、「社會」變遷融合為一。本文前引荀悅說：
「君子食和羹以平其氣⋯⋯夫酸鹹甘苦不同，嘉味以濟，謂之和羹」，
僅能用來說明逯先生對史學和文化關懷的一個側面而已。

事實上，逯先生是第一個將「飲食文化」引進大學歷史系講堂的
人，他一直想將中國飲食文化的討論，從掌故提升到文化的層次，雖
然他說這是他的「外務」，但討論中國飲食文化仍然是他學術體系的一
個環節。從他早年的文化長城、歷史解釋體系的理論，以及從目錄學
拓展史學研究等方面觀察，他在「飲食文化」方面的論述，依然可以
清楚看出他的「史學」與「文化」關懷所在。例如他在〈海派菜與海
派文化〉一文中，對於「飲食文化圈」及「菜幫」的形成，提出分析
深入、迥異於通說的看法：

---

⑧⑦ 同上，頁27。

以長城之內的黃河、長江、珠江三條水系為區分，黃河流域的包括甘肅、山西、陝西、河北、山東、河南的飲食習慣與口味相近，形成一個飲食文化圈，是為華北菜系。長江流域上游包括雲南、貴州、四川、湖南可為一個飲食文化圈，是為西南菜系。長江下游的長江三角洲，包括……是華東飲食文化圈，是為華東菜系。珠江流域……則為華南飲食文化圈，是為華南菜系。……在同一個飲食文化圈，由於地理環境與物產風俗的不同，出現地區飲食習慣的差異，而有京、滬、川、粵、蘇、揚、閩、魯等菜系之稱。不過，即使以同一個地區為名的菜系，往往是由幾個不同的地方風味結合而成的……同時一個菜系與另一個菜系飲食習慣相近，又發生飲食文化圈重疊的現象。……當一個菜系向另一個都會發展與流行，為了強調其所代表的特殊風味，而形成不同地方的菜幫。❽❽

除了注意到區域文化差異之外，逯先生對於飲食文化的研究，也往往從目錄的分類進行分析。例如：〈《崔氏食經》的歷史與文化意義〉一文，即從儒家和道家飲食觀念的異同、農家與方技家的分類展開討論。〈明清時期的文人食譜〉一文，即從《四庫全書總目提要》將飲饌之書著錄於「譜錄類」開始探討，並進一步分析、討論明清文人的飲食生活。

四、結語

1930年陳寅恪先生在〈馮友蘭《中國哲學史》上冊審查報告〉曾

---

❽❽ 逯耀東，〈海派菜與海派文化〉，收入《肚大能容——中國飲食文化散記》，頁38–54。引文部分，見：頁40–42。

說:「凡著中國古代哲學史者,其對於古人之學說,應具瞭解之同情,方可下筆。」⑧1939年錢穆先生在《國史大綱》書首〈凡讀本書請先具下列諸信念〉共列四條,其中一條說:「所謂對其本國已往歷史略有所知者,尤必附隨一種對其本國已往歷史之溫情與敬意。」⑨陳氏、錢氏之說有他們立論的學術背景,不待詳論,但他們的說法是可以接受的。其實,對古人著書立說要有真瞭解才可下筆,對今人又何嘗不然?對古人已往歷史要有溫情與敬意才能瞭解其歷史,對今人現在的歷史又何嘗不然?本文從逯先生浩瀚的著作中,簡單歸納他的史學和文化關懷的若干特色,妄加疏解,也許有違陳先生「真瞭解」、「真同情」之義,「隔閡膚廓之論」,⑨難以避免。但錢先生所論,則謹記遵行。

逯先生曾感慨:「歷史是沉默的,史料又是沉默的,史學工作者伴著青燈殘卷沉默的工作著。他們卑微的願望,祗是拂一拂縈繞在歷史四周的霧,重建一個接近事實的過去,這種工作是非常寂寞蕭條的。」⑨的

---

⑧ 陳寅恪,〈馮友蘭《中國哲學史》上冊審查報告〉,據北京三聯書店本《陳寅恪集》編者繫年,稱:首載《學衡》,第74期(1931:3)及馮友蘭《中國哲學史》(商務印書館,1934:8),收入:《陳寅恪集》(北京:三聯書店,2001:7),《金明館叢稿二編》,頁279。但,蔣天樞,《陳寅恪先生編年事輯(增訂本)》(上海:上海古籍出版社,1997),頁74稱該文作於1930年;頁194,〈陳寅恪先生論著編年目錄〉更明載作於民國19年6月11日。陳氏本篇之著作年代,本文初稿原據三聯本繫年作1931年,陳以愛小姐指出其誤,並檢得1930年7月21日天津《大公報·文學副刊》所載陳寅恪之審查報告,該文文末並註明於1930年6月11日寫畢。蔣氏之說或即據此。本條資料承陳以愛小姐惠示,特此誌謝。

⑨ 錢穆,《國史大綱》(臺北:臺灣商務印書館,1966:10,臺十版;據1940:6初版影印)書首〈凡讀本書請先具下列諸信念〉。

⑨ 以上引號部分為陳氏文字,見⑧。

⑨ 逯耀東,〈歷史是沉默的〉,收入氏著,《似是閒雲》,頁105–107。

確，本文的目的也同樣「袛是拂一拂縈繞在歷史四周的霧」，讓事實重建，使逯先生在「沉默的工作著」的成果，得以較為清晰而完整的呈現。但要我達成這分「卑微的願望」，恐怕也力有未逮。其原因可以從陳先生說要達到真瞭解，必須「神遊冥想」，與立說之人「處於同一境界」❸說起。

逯先生的學術歷程共有四個階段：一、初窺門徑時期(1953–1966)，二、研治魏晉史學時期(1966–1977)，三、探討近代史學時期(1977–1991)，四、拓展史學與文化領域時期(1991–)。屈指算來，從初窺門徑至今，恰恰半世紀。僅以學術著作而論，從1998年開始迄今，「糊塗齋史學論稿」即已出版《魏晉史學及其他》、《胡適與當代史學家》、《魏晉史學的思想與社會基礎》、《從平城到洛陽——拓跋魏文化轉變的歷程》四種，它們的篇幅就已經可用「浩瀚」二字形容。至於「糊塗齋文稿」五種之中《出門訪古早》與《肚大能容——中國飲食文化散記》二書，雖是雜文、散記，也多半牽涉到飲食文化的問題。近年來，他的三個學術方向基本確立：一、堅守魏晉及近現代史學的「舊領域」，二、拓展兩漢史學的「新陣地」，三、開闢飲食文化的「新視野」。

逯先生目前更集中精力於撰寫《抑制與超越——司馬遷與漢武帝時代》一書，展開對於司馬遷的一系列研究的總結，全書已進行至最後階段。從過去已經發表與現在正撰寫的稿件中，可以瞭解：逯先生認為司馬遷對中國學術與史學的貢獻，具體表現在其兩個「成一家之言」中。前者是指〈太史公自序〉所說的「拾遺補藝，成一家之言。厥協六經異傳，整齊百家雜語」，這是孔子第一次對上古文獻作總結性整理五百年之後，司馬氏父子對周秦的文獻進行第二次的整理，他們的目的是「究天人之際，通古今之義」。但司馬遷更將「通古今之義」轉變為「通古今之變」，這就是他在〈報任安書〉中所說的「欲以究天

❸ 以上兩處引號部分也是陳氏文字，見❸。

人之際，通古今之變，成一家之言」，這是司馬遷所說的第二個「成一家之言」。

逯先生從這二個「成一家之言」開始探索，並發現「義」與「變」雖僅一字之異，但「通古今之變」的真正意涵，卻使司馬遷超越了對上古學術的整理層次，進入拓創史學領域的新境界。所謂「變」，是漢代建國以來存在著的思想，但直至司馬遷所生存的漢武帝時代，才發生真正的轉變。司馬遷所要探索的是「今變」，但在當時現實政治環境的抑制下，直敘「今變」是非常困難的。於是司馬遷採用了孔子修《春秋》詳隱公、微哀公的「《詩》《書》隱約，遂其志思」的方法，超越了現實政治的抑制，創立了中國傳統史學。逯先生認為這就是「通古今之變」之說不見於〈太史公自序〉，而保存於《史記》之外的〈報任安書〉中的原因。因為〈報任安書〉可能是司馬遷借他人酒杯，澆自己塊壘，是他的絕筆。逯先生一系列關於司馬遷與《史記》的討論，都是環繞著這個主題而進行。這樣的研究取徑，正如逯先生常說「論其人，當知其世」。因為他認為一個時代的史學和史學家生存在一個時代之中，史學、史家和時代之間發生交互的影響。

對於以上這些累累的結實，本文試從逯先生所關懷的「史學」與「文化」兩大課題進行歸納。本文在第三節中，從四個方面，即：一、文化邊際、文化長城與歷史解釋體系，二、從目錄學開拓史學領域，三、近代史學發展的詮釋，四、從「和羹」到「和羹」的文化，分析了他在這兩大關懷中的轉折和創新。從學術領域來說，他的主要研究範圍在中國史學和中國文化。在史學方面，特別專注於魏晉史學與近代史學，近年更拓展至兩漢史學的研究。在文化方面，除早年注意胡漢文化異同，近年則留心於飲食文化問題。事實上，從探索農耕與遊牧文化異同，轉向飲食與文化關係的討論，他已經開拓了另一個學術與文化視野。他的許多論述，的確與諸家「所見各異」。

　　「所見各異」，「故曰不同」。這是本文用「和而不同」來論述逯先
生的學術關懷的理由之一。但他深悉「和羹」之義，致力飲食文化問
題的討論，卻非我「神遊冥想」，也非我虛擬「處於同一境界」而可得。
無論如何，荀悅對「和而不同」中「和羹」之義的闡釋，他是可以當
之無愧的。

論《漢書・董仲舒傳》「皆自仲舒發之」的記述

李廣健

一、前言

漢武帝一朝,是中國歷史上的轉折時期。在此期間,政治上實行中央集權,經濟上推動連串新政,外交上終止漢匈和親,改採主動出擊。學術思想上,則漸次確立以儒家作為教育和考選制度的去取標準,為中國日後學術思想的發展跨出重要一步。

學術思想可說是帶動武帝眾多興革的總樞紐。因為漢初採用黃老,影響遍及政治、經濟、外交等領域。儒家的抬頭,勢必牽動全局。肇始於司馬談、竣工於司馬遷的《史記》,由於橫跨景、武兩朝,適值黃老與儒家此消彼長的時期,故書中多處留下這種交替之跡。逯耀東師研究《史記》「通古今之變」、「成一家之言」時,就已指出這種時代的烙記。❶

---

❶ 逯耀東師,〈論司馬遷「成一家之言」的兩個層次——〈太史公自序〉的「拾遺補藝」(上)〉,《國立臺灣大學歷史學系學報》17期,頁43–64。又,〈司馬遷「通古今之變」的「今」之開端〉,《輔仁歷史學報》5期,頁1–41。

繼踵《史記》的《漢書》，上距《史記》約兩百年。當時，儒家已成為主流。《漢書》追述儒家興起的過程時，分別於不同地方，用「為世純儒」、「為儒者宗」，來評論董仲舒在漢代儒學的地位，❷可說推崇備至。《漢書‧董仲舒傳》便具列他對當時儒學的貢獻和影響：

> 及仲舒對冊，推明孔氏，抑黜百家。立學校之官，州郡舉茂材、孝廉，皆自仲舒發之。❸

這顯示書中對董仲舒的褒揚，並非純粹出自班氏個人偏好，而是建立在一定的客觀事實之上。

然而，自宋代司馬光於《通鑑考異》指出，〈董仲舒傳〉「皆自仲舒發之」一語，與《漢書‧武帝紀》所述，❹有時間上的矛盾後，歷代學者便開始對董仲舒《天人三策》的寫作時間，以及「皆自仲舒發之」的幾件事，提出種種論述。翻閱前人研究，頗呈眾說紛紜之象。本文撰寫目的，是希望在前人的基礎上，稍事整理爬梳，並略抒管見，希望能釐清問題的焦點，並試圖解決這個問題。

二、《通鑑考異》對《漢書》董仲舒對策時間的質疑

〈董仲舒傳〉在「武帝即位，舉賢良文學之士前後百數，而仲舒以賢良對策焉」的話之後，❺接著迻錄詔策與董仲舒《天人三策》內

---

❷ 〔漢〕班固，《漢書》（北京：中華，1976），卷100下，頁4255。又卷27上，〈五行志序〉，頁1317。

❸ 《漢書》，卷56，頁2525。下文為行文簡便起見，正文中把《漢書‧董仲舒傳》簡稱為〈董仲舒傳〉。

❹ 下文為行文簡便起見，正文中把《漢書‧武帝紀》簡稱為〈武帝紀〉。

容,最末並指出:

> 對既畢,天子以仲舒為江都相,事易王。易王,帝兄,素驕,
> 好勇。❻

〈傳〉中對這次對策舉行的時間,沒有明確記載。

雖然,〈董仲舒傳〉沒有提及對策的時間,但〈武帝紀〉卻這樣編排:

> 元光元年冬十一月,初令郡國舉孝廉各一人。……
>
> 五月,詔賢良曰:「朕聞昔在唐虞,畫象而民不犯,日月所燭,
> 莫不率俾。周之成康,刑錯不用,德及鳥獸,教通四海。海外
> 肅眘,北發渠搜,氏羌徠服。星辰不孛,日月不蝕,山陵不崩,
> 川谷不塞;麟鳳在郊藪,河洛出圖書。嗚虖,何施而臻此與!
> 今朕獲奉宗廟,夙興以求,夜寐以思,若涉淵水,未知所濟。
> 猗與偉與!何行而可以章先帝之洪業休德,上參堯舜,下配三
> 王!朕之不敏,不能遠德,此子大夫之所睹聞也。賢良明於古
> 今王事之體,受策察問,咸以書對,著之於篇,朕親覽焉。」於
> 是董仲舒、公孫弘等出焉。❼

這段記述,似乎指出了對策的時間。這裡要先說明一點,就是〈武帝紀〉記載時間的方式。因在《太初曆》頒行以前,歲首為十月,所以元光元年(前134年)先載十一月郡國舉孝廉,然後才記述五月詔舉賢良對策。這段記載,不僅收錄了詔策內容,而且指出「於是董仲舒、公孫弘等出焉」,似乎解答了董仲舒、公孫弘對策時間的問題。

---

❺ 《漢書》,卷56,頁2495。

❻ 同上,頁2523。

❼ 《漢書》,卷6,頁160–161。

若比較《史記》、《漢書》，可以發現公孫弘曾兩度被舉。《史記·平津侯主父列傳》記載公孫弘初次參加賢良對策，在武帝剛登基時：

> 建元元年，天子初即位，招賢良文學之士。是時弘年六十，徵以賢良為博士。使匈奴，還報，不合上意，上怒，以為不能，弘迺病免歸。❽

十年後，公孫弘再次被舉：

> 元光五年，有詔徵文學，菑川國復推上公孫弘。弘讓謝國人……國人固推弘，弘至太常。太常令所徵儒士各對策，百餘人，弘第居下。策奏，天子擢弘對為第一。召入見，狀貌甚麗，拜為博士。❾

可見〈武帝紀〉「於是董仲舒、公孫弘等出焉」，是一種概括性的說法。王先謙在《漢書補注》中，便認為這種寫法「特史家綜述此舉得人之盛，非謂董與公孫皆出是年」。❿意指元光元年（前134年）及其後的詔策賢良，導致董仲舒、公孫弘等人受到提拔起用。實際上，公孫弘是於元光五年（前130年）被武帝選擇為第一。而董仲舒則是在四年前，即元光元年（前134年）參加對策的。

但是，司馬光對〈董仲舒傳〉「皆自仲舒發之」的記述，卻表示懷疑。《資治通鑑》把董仲舒對策的時間，繫於建元元年（前140年）十月。《通鑑考異》為此特別解釋道：

❽ 〔漢〕司馬遷，《史記》（北京：中華，1982），卷112，頁2949。另參《漢書》，卷58，〈公孫弘傳〉，頁2613。下文為行文簡便起見，正文中將把《漢書·公孫弘傳》簡稱為〈公孫弘傳〉。

❾ 《史記》，卷112，頁2949。另參《漢書》，卷58，〈公孫弘傳〉，頁2613–2617。

❿ 〔清〕王先謙，《漢書補注》（北京：中華，1983），卷6，〈武帝紀〉，頁85下。

按《考異》曰：「《漢書‧武紀》：『元光元年五月，詔舉賢良，董
仲舒、公孫弘出焉。』〈仲舒傳〉曰：『仲舒對冊，推明孔氏，抑
黜百家。立學校之官，州縣舉茂才、孝廉，皆自仲舒發之。』今
舉孝廉在元光元年十一月，若對策在下五月，則不得云自仲舒
發之，蓋〈武紀〉誤也。然仲舒對策，不知果在何時；元光元
年以前，唯今年舉賢良見於〈紀〉。三年，閩越、東甌相攻，莊
助已為中大夫，故皆著之於此。〈仲舒傳〉又云：『遼東高廟、長
陵高園災。仲舒推說其意；主父偃竊其書奏之，仲舒由是得罪。』
按二災在建元六年，〈主父偃傳〉，上書召見在元光元年。蓋仲舒
追述二災而作書，或作書不上，而偃後來方見其草薰也。」❶

司馬光把董仲舒對策的時間，從元光元年（前134年）五月，往前移到
建元元年（前140年）十月，因他相信〈董仲舒傳〉既能明確列出「皆
自仲舒發之」的幾件事，這段記載自應較〈武帝紀〉一語帶過的敘述
方式可靠。而且司馬光認為，〈武帝紀〉在元光元年（前134年）十一
月明載「初令郡國舉孝廉各一人」，這事較詔舉賢良早半年發生，按理
說董仲舒還未參加賢良對策，他的建議怎麼可能一下子先行推出？這
種邏輯上的錯誤是相當清楚的。司馬光遂據〈董仲舒傳〉的話，來調
整〈武帝紀〉的時間記載。甚至從《資治通鑑》把「丞相衛綰奏：『所
舉賢良，或治申、韓、蘇、張之言亂國政者，請皆罷。』奏可」這件事，
放在《天人三策》之後，❷反映司馬光似乎認為，應該把董仲舒「今
師異道，人異論，百家殊方，指意不同，是以上無以持一統，法制數
變，下不知所守。臣愚以為諸不在六藝之科、孔子之術者，勿使並進，

---

❶ 〔宋〕司馬光，《資治通鑑》（北京：中華，1985），卷17，「建元元年冬十月」
條，頁556，《通鑑考異》。

❷ 同上。

邪辟之說滅息，然後統紀可一而法度可明，民知所從矣」的主張，❸放在丞相奏罷治申、韓、蘇、張之言者的前面，方能符合〈董仲舒傳〉「抑黜百家」的話。

簡而言之，司馬光所作的改動，乃是依據他對〈董仲舒傳〉和〈武帝紀〉的認知，將他覺得不合邏輯的地方重新調整，以便讓《漢書》的記載與評論更為一致。

三、各家對董仲舒《天人三策》上奏時間的主張

由於《漢書》的記述看來自相矛盾，加上缺乏其他載籍佐證，以致經過司馬光質疑之後，歷代學者對董仲舒對策的時間便展開了熱烈討論，可謂眾說紛紜。

對於董仲舒對策時間的歧見，不僅存在於民國以前學者中，甚至還延續至今。這可從下面三種現象反映出來：首先，在一般通論性的著作中，這種情況普遍存在於不同時期以至海峽兩岸的中國通史、文化史或思想史著作中，更有同一作者在不同時期持不同說法的情形。❹這類著作因採取平鋪直敘的論述方式，故作者大多不會說明其中理由，但相關論述仍可視為作者個人的主張。其次，在考訂董仲舒對策時間或相關問題的專業論文中，這類著述因寫作形式含有論辯和考據的意味，故往往

---

❸ 同上，頁555–556。

❹ 郭沫若便是一個例子。施丁先生在〈董仲舒天人三策作於元光元年辨〉指出，郭氏《中國史稿》的觀點，便先後持不同的看法，「也有人先是建元元年說，後來轉而為元光元年說了」（參見郭沫若主編：《中國史稿》第二冊，人民出版社，1964年版第81頁；1979年版第186頁）。《社會科學輯刊》1980年第3期，頁91。

羅列各種理由，甚至提出異於常說的新論。最後，在有關董仲舒的傳記專書中，於對策時間亦有不同說法，其中既有羅列證據的撰寫方式，也有一筆帶過的敘述。從上述情況可以看出，董仲舒對策時間的問題，從司馬光迄今，仍然未有一致的看法。

由於涉及這個問題的著作數量繁多，在此勢難盡覽無遺，而為方便參閱起見，遂不得不採用較為折衷的方式，即僅就寓目的國人著作，製成舉要式的「董仲舒《天人三策》上奏時間各家主張一覽表」，附於文末。

概略而言，在紜紜眾說中，大致可以歸納為七種主張：

(1)建元元年（前140年）說；

(2)建元五年（前136年）說；

(3)元光元年（前134年）二月說；

(4)元光元年（前134年）五月說；

(5)元光二年至四年（前133年－前131年）之間說；

(6)元光五年（前130年）以後說；

(7)元朔五年（前124年）說。

這七種不同主張中，支持董仲舒在建元元年（前140年）詔舉賢良的學者，包括司馬光、❶❺王楙、❶❻馬端臨、❶❼沈欽韓、❶❽蘇輿、❶❾夏曾

---

❶❺　《資治通鑑》，卷17，「建元元年冬十月」條，頁556。

❶❻　〔宋〕王楙，《野客叢書》（北京：中華，1987），卷21，「董仲舒公孫弘」，頁239–240。

❶❼　〔宋〕馬端臨，《文獻通考》（北京：中華，1986），卷33，〈選舉考〉六「賢良方正」，頁309下–頁310上。

❶❽　轉引自《漢書補注》，卷56，〈董仲舒傳〉，頁1152上–1152下。

❶❾　〔清〕蘇輿，〈董子年表〉，《春秋繁露義證》（北京：中華，1992），頁492–493。

佑、❷史念海、❷余又蓀、❷范文瀾、❷侯外廬、❷傅樂成、❷翦伯
贊、❷李國祁、❷張大可、❷潘國基、❷張傳璽、❸樊樹志、❸徐高祉、❸
魏文華、❸馬勇。❸

　　支持建元五年（前136年）和元光元年（前134年）二月這兩個時
間的學者，各有一位，前者為齊召南，❸後者為王益之。❸

　　支持元光元年（前134年）五月的學者，有洪邁、❸王先謙、❸嚴

❷　夏曾佑，《中國古代史》（香港：大通，1962），頁255。

❷　史念海，《天津民國日報》1947年9月1日第6版〈史與地〉第33期。

❷　余又蓀，《中國通史綱要》（臺北：商務，1965），頁175。

❷　范文瀾，《中國通史簡編》（北京：人民，1965），第2冊，頁110。

❷　侯外廬，《中國思想通史》（北京：人民，1980），第2冊，頁96–97。

❷　傅樂成，《中國通史》（臺北：大中國，1969），上冊，頁144。

❷　翦伯贊，《中國史綱要》（北京：人民，1979），第2冊，頁197。

❷　李國祁，《中國歷史》（臺北：三民，1974），頁73。

❷　張大可，〈董仲舒天人三策應作於建元元年〉，《蘭州大學學報》1987年第4期。

❷　潘國基，《秦漢史話》（北京：北京，1992），頁197–198。

❸　張傳璽（主編），《簡明中國古代史》（北京：北大，1994），頁164。

❸　樊樹志，《國史概要》（上海：復旦大學，1998），頁103。

❸　徐高祉，《中國古代史》（上海：華東師大，2000），上冊，頁192。

❸　魏文華，《儒學大師董仲舒》（北京：新華，2000），頁44。

❸　馬勇，《曠世大儒——董仲舒》（石家莊：河北人民，2000），頁54、327。

❸　轉引自《漢書補注》，卷56，〈董仲舒傳〉，頁1152上–1152下。另參「四部備
　　要」版《漢書》（北京：中華，1989），卷56，〈董仲舒傳·考證〉，頁837上。

❸　轉引自施丁，〈董仲舒天人三策作於元光元年辨〉，《社會科學輯刊》1980年
　　第3期，頁91–92；〈董仲舒天人三策應作於建元元年〉，頁40。

❸　〔宋〕洪邁，《容齋續筆》，收《容齋隨筆》（上海：古籍，1978），卷6，「漢
　　舉賢良」，頁286–287。

可均、❸施之勉、❹徐復觀、❹郭沫若、❹于傳波、❹施丁、❹岳慶
平、❹虞雲國、❹金春峰、❹林瑞翰、❹章權才、❹羅世烈、❺唐贊功、❺
白壽彝、❺王永祥、❺邱樹森、❺周桂鈿。❺

---

❸ 《漢書補注》，卷56，頁1152上–1152下。

❸ 〔清〕嚴可均（撰），陳延嘉（等校點），《全上古三代秦漢三國六朝文》（石家莊：河北教育，1997），第1冊，卷23，頁469。

❹ 施之勉，〈董仲舒對策年歲考〉，《東方雜誌》第40卷第13號。施之勉，〈董仲舒對策在元光元年〉，《大陸雜誌》第8卷第5期。

❹ 徐復觀，〈先秦儒家思想的轉折及天的哲學的完成〉，《兩漢思想史》（臺北：學生，1976），第2卷，頁429–430，註9。

❹ 郭沫若，《中國史稿》（北京：人民，1979），第2冊，頁186。施丁先生指，是書的觀點曾作修正，「也有人先是建元元年說，後來轉而為元光元年說了」（參見郭沫若主編：《中國史稿》第二冊，人民出版社，1964年版第81頁；1979年版第186頁）。〈董仲舒天人三策作於元光元年辨〉，頁91。

❹ 于傳波，〈董仲舒對策年代考〉，《學術研究》1979年第6期。于傳波，〈從董仲舒在膠西的年代看元朔五年對策說〉，《學術研究》1990年第3期。

❹ 施丁，〈董仲舒天人三策作於元光元年辨〉，頁90–91。

❹ 岳慶平，〈董仲舒對策年代辨〉，《北京大學學報》1986年第3期，頁117。

❹ 虞雲國，〈董仲舒上《天人三策》的年代〉，《中國哲學史研究》1989年第1期，頁62。

❹ 金春峰，《漢代思想史》（北京：中國社科，1987），頁146。

❹ 林瑞翰，《中國通史》（臺北：三民，1988），上冊，頁123。

❹ 章權才，《兩漢經學史》（廣東：人民，1990），頁77–78。

❺ 羅世烈，《中國小通史‧秦漢》（北京：中國青年，1994），頁155。

❺ 唐贊功（總纂），《中華文明史》（石家莊：河北教育，1994），第3卷，〈秦漢〉，頁455。

❺ 白壽彝，《中國通史》（上海：人民，1995），第4卷下冊，頁311。

此外，還有戴君仁提出的元光二年至四年（前133年－前131年）之間、**⑤⑥**莊春波提出的元光五年（前130年）以後，**⑤⑦**以及蘇誠鑒提出、蔣方附和的元朔五年（前124年）三種主張。**⑤⑧**

四、本文立論的前提

各家主張中，支持建元元年（前140年）及元光元年（前134年）兩說的學者，無疑是其中主流。他們一方面提出對己有利的證據，一方面指出對方主張不合理的地方。因此，下文將利用這部分前人研究的成果，加以引申發揮，以便作進一步的探討。

一般而論，認為《天人三策》上於元光元年（前134年）五月的學者，主要的根據有兩點：首先，〈武帝紀〉有明確繫年，〈紀〉中元光元年（前134年）詔舉賢良後清楚指出：「於是董仲舒、公孫弘等出焉」。其次，〈董仲舒傳〉收錄的第一道對策中，有「今臨政而願治七十餘歲」一語；**⑤⑨**第二道對策又提及「夜郎、康居，殊方萬里，說德歸誼」。**⑥⓪**如果《天人三策》上於建元元年（前140年），距離高帝元年（前206年）

---

⑤③ 王永祥，《董仲舒評傳》（南京：南大，1995），頁415。

⑤④ 邱樹森（等），《中華古代史》（海南：南方，1999），上冊，頁206。

⑤⑤ 周桂鈿，《秦漢思想史》（石家莊：河北人民，2000），頁131–132。

⑤⑥ 戴君仁，〈漢武帝罷黜百家非發自董仲舒考〉，《孔孟學報》第16卷。

⑤⑦ 莊春波，〈漢武帝「罷黜百家，獨尊儒術」說考辯〉，《孔子研究》2000年第4期。

⑤⑧ 蘇誠鑒，〈董仲舒對策在元朔五年議〉，《中國史研究》1984年第3期。蔣方，《中國文化史九繹》（武漢：湖北人民，2000），頁134。

⑤⑨ 《漢書》，卷56，頁2505。

⑥⓪ 同上，頁2511。

只有六十餘歲，**❻**加上當時夜郎未通，所以對策之中，沒有理由出現
這些話。

至於主張建元元年（前140年）的學者，則有以下三點根據：首先，
他們依據司馬光提出的理由，認為〈武帝紀〉與〈董仲舒傳〉前後不符，
因此據〈董仲舒傳〉的說法糾正〈武帝紀〉的記載。其次，《史記》、《漢
書》均記載董仲舒居家推說遼東高廟、長陵高園殿災，書稿後來給主父
偃竊取上奏，董仲舒下吏當死獲赦，從此不敢復言災異。**❻**而〈武帝紀〉
記載「遼東高廟災」、「高園便殿火」都發生在建元六年（前135年），**❻**如
果董仲舒在翌年參加對策，《天人三策》不應存在談論災異的文字，這
與《史記》、《漢書》描述董仲舒獲赦後「不敢復言災異」牴觸。而且，
〈董仲舒傳〉的詔策中有「敬聞高誼」之語，若董仲舒曾經下吏，詔策
內不應出現這話。第三，《天人三策》中討論《春秋》謂一為元，說明
對策時間當在武帝登基第一年的建元元年（前140年）。**❻**

從雙方的持論看來，兩說似乎都有相當理據。為了方便討論，在
此先列出六項兩種說法的支持者都共同接受之事實，然後再擬定三項
假設，作為本文分析董仲舒對策時間的前提。這些前提，主要出自〈武
帝紀〉、〈董仲舒傳〉和〈公孫弘傳〉：

  1.景帝崩於後三年（前141年）正月二十七日，**❻**武帝同日登基，

---

❻　〈董仲舒天人三策作於元光元年辨〉，頁93。

❻　《史記》，卷121，〈儒林・董仲舒傳〉，頁3128。《漢書》，卷56，〈董仲舒傳〉，
　　頁2524。

❻　《漢書》，卷6，頁159。

❻　這些觀點，主要是綜合蘇輿與錢穆先生的討論而成。〈董子年表〉，頁492–493。
　　錢穆，《秦漢史》，收《錢賓四先生全集》（臺北：聯經，1998），第26冊，頁
　　83–87。

❻　本文干支紀日的換算，乃是據陳垣，《二十史朔閏表》（北京：中華，1978），

年十六，景帝二月六日下葬陽陵。

> 《漢書·武帝紀》記載：「十六歲，後三年正月，景帝崩。甲子，太子即皇帝位……。」**⑥⑥**

> 《漢書·景帝紀》記載：「甲子，帝崩于未央宮。……二月癸酉，葬陽陵。」**⑥⑦**

2.武帝自正月二十七日登基至同年十月改元，在此八個多月期間，仍沿用景帝後三年（前141年）紀年。

3.建元元年（前140年）十月詔舉賢良方正直言極諫之士，公孫弘與嚴助均曾參加對策。

> 《漢書·武帝紀》記載：「建元元年冬十月，詔丞相、御史、列侯、中二千石、二千石、諸侯相舉賢良方正直言極諫之士。丞相綰奏：『所舉賢良，或治申、商、韓非、蘇秦、張儀之言，亂國政，請皆罷。』奏可。」**⑥⑧**

> 《漢書·公孫弘傳》記載：「武帝初即位，招賢良文學士，是時弘年六十，以賢良徵為博士。使匈奴，還報，不合意，上怒，以為不能，弘乃移病免歸。……凡為丞相御史六歲，年八十，終於相位。」**⑥⑨**

> 《漢書·百官公卿表》記載：「（元狩二年）三月戊寅，丞相弘薨。」**⑦⑩**

下文不另標示。

⑥⑥ 《漢書》，卷6，頁155。

⑥⑦ 《漢書》，卷5，頁153。

⑥⑧ 《漢書》，卷6，頁155–156。

⑥⑨ 《漢書》，卷58，頁2613–2623。

《漢書‧嚴助傳》記載:「郡舉賢良,對策百餘人,武帝善助對,繇是獨擢助為中大夫。」**❼**

《漢書‧武帝紀》記載:「(建元三年)閩越圍東甌,東甌告急。遣中大夫嚴助持節發會稽兵,浮海救之。」**❼**

4.董仲舒上奏《天人三策》時,是賢良中的「舉首」,即賢良之首。公孫弘曾先後兩次被舉,第一次在建元元年(前140年),當他第二次被舉賢良時,獲武帝擢為第一,亦即「舉首」。

《漢書‧董仲舒傳》記載:「武帝即位,舉賢良文學之士前後百數,而仲舒以賢良對策焉。制曰:『……今子大夫襃然為舉首,朕甚嘉之。』」**❼**

張晏曰:「襃,進也,為舉賢良之首也。」**❼**

《漢書‧公孫弘傳》記載:「時對者百餘人,太常奏弘第居下。策奏,天子擢弘對為第一。」**❼**

《史記‧平津侯列傳》記載:「上方鄉文學,招俊乂,以廣儒墨,弘為舉首。」**❼**

5.董仲舒上《天人三策》後,為江都相,事易王劉非。

---

❼ 《漢書》,卷19,頁774。公孫弘年八十薨於相位,逆推至六十歲,即建元元年。

❼ 《漢書》,卷64上,頁2775。

❼ 《漢書》,卷6,頁158。嚴助於建元三年已為中大夫,故此〈嚴助傳〉稱郡舉賢良與建元元年舉賢良當屬同一事情。

❼ 《漢書》,卷56,頁2495。

❼ 同上,頁2496。

❼ 《漢書》,卷58,頁2617。

❼ 《史記》,卷112,頁2963。

《漢書·董仲舒傳》記載:「對既畢,天子以仲舒為江都相,事
易王。易王,帝兄,素驕,好勇。仲舒以禮誼匡正,王敬重焉。
久之,王問仲舒……。」**⑦**

6.董仲舒因遼東高廟、長陵高園殿災推說其意,被主父偃竊其書
上奏,當死而幸得詔赦,此後不敢復言災異。

《漢書·武帝紀》記載:「(建元)六年春二月乙未,遼東高廟災。
夏四月壬子,高園便殿火。」**⑧**

《漢書·董仲舒傳》記載:「先是遼東高廟、長陵高園殿災,仲
舒居家推說其意,中薰未上,主父偃候仲舒,私見,嫉之,竊其
書而奏焉。上召視諸儒,仲舒弟子呂步舒不知其師書,以為大愚。
於是下仲舒吏,當死,詔赦之。仲舒遂不敢復言災異。」**⑨**

除了上述事實,還有以下三項假設:

a.〈董仲舒傳〉載董仲舒上《天人三策》時間,當在公孫弘第二
次舉賢良之前。**⑩**

b.除非有充分證據支持,否則不得擅自增刪或挪動史籍中詔舉賢
良的次數與時間。設定這樣的限制,是基於以下理由:歷史記錄固然
有可能出現遺漏,但若因此而置現存記載不顧,任意添補刪減,勢必
導致漫無節制、任情發揮的結果。例如有學者認為,除了建元元年(前

---

⑦ 《漢書》,卷56,頁2523。

⑧ 《漢書》,卷6,頁159。

⑨ 《漢書》,卷56,頁2524。另參《史記》,卷121,〈儒林·董仲舒傳〉,頁3128。

⑩ 持有這種意見的學者,計有馬端臨、蘇輿、夏曾佑、張大可先生和周桂鈿先
生。《文獻通考》,卷33,頁309下–310上。〈董子年表〉,頁492。《中國古代
史》,頁255。〈董仲舒天人三策應作於建元元年〉,頁44。《秦漢思想史》,頁
126。此外,至今未見有學者認為公孫弘第二次舉賢良的時間早於董仲舒的。

140年）之外，元光年間只舉行過一次詔舉賢良；有人認為在元光元年
（前134年）；❽有人則認為在元光五年（前130年）。❽但是，〈武帝紀〉
元光元年（前134年）五月條下，明確收載了賢良詔策，而〈公孫弘傳〉
又清楚指出「元光五年，復徵賢良文學」。❽若隨意否定其中任何一條
記載的可靠性，無論認為只有元光元年（前134年），抑或只有元光五
年（前130年）舉行過賢良對策，均會導致唯一的結論：董仲舒在建元
元年（前140年）對策。這是因為基於第4項事實，即董仲舒與公孫弘
分別是兩次賢良對策的第一名，故兩人不可能在同一次對策中都名列
第一；加上 a 項假設，即董仲舒上《天人三策》早在公孫弘第二次舉
賢良之前；於是只有得出一個推論，就是董仲舒僅能在建元元年（前
140年）參加對策。這個推論若成立，本文便可就此結束。故此，在展
開討論前，定下這個假設是合宜且需要的。

　　c.《天人三策》中「今臨政而願治七十餘歲」和「夜郎、康居，
殊方萬里，說德歸誼」兩處地方，除非有其他證據配合，否則不能單
獨使用作為支持或反對某種主張的理由。這兩句話本來是支持元光元
年（前134年）對策說的有力證據，然而以蘇輿為代表的反對者指出，
「疑冊中語有衍字，其文當云：『古人有言，臨淵羨魚，不如退而結網。
臨政願治，不如退而更化。』皆古語也。淺人妄加數字，則不成文
理」。❽更有學者認為，「七十餘歲」是「六十餘歲」的筆誤。❽又或
主張「『七』字是衍文」。❽而史念海先生更指出，「若武帝初年果有一

---

❽　這種主張以王楙為代表。《野客叢書》，卷21，頁239–240。

❽　這種主張以馬端臨為代表。《文獻通考》，卷33，頁310上。

❽　《漢書》，卷58，頁2613。

❽　〈董子年表〉，頁492。

❽　〈董仲舒天人三策應作於建元元年〉，頁40。但是，作者也承認「本文提出
　　的間接論證還只是一種假說」，頁41。

使人，先張騫而至西域，且能令康居報聘中國，則其人當已先張騫而享大名，何至史書不著一筆，而埋沒數千年不為後人所知耶？」❽蘇輿等學者運用文法的排比或文字的近似，來理推《天人三策》這兩句話的原文或原字，本來只是一種臆測，很難以此作為否定「今臨政而願治七十餘歲」這句話的證據。但反過來說，許多主張元光元年（前134年）的學者，都會提出「今臨政而願治七十餘歲」作為論據，卻對蘇輿等學者提出的質疑和假設視若無睹，因此在缺乏支持或推翻這句話的佐證出現前，不宜單獨引用這句話作為證據。另一方面，部分學者有時又不無片面地拈出漢通夜郎作為主張元光元年（前134年）的證據。可是對於同一句話有關通康居的問題，卻又避而不談；甚或只能像王先謙那樣，提出一些無法證明的假設。這類避重就輕，只提對己說有利，無視不利證據的作法，不僅違背客觀原則，而且無助於問題的解決。因為反對者只需採取同樣辦法，便可獲致另一個截然不同的主張，從而聚訟紛紜。現在為免無謂的爭論和猜測，《天人三策》這個地方列為存疑的證據，不得單獨使用。

基於上列各項，現存學界對董仲舒對策賢良時間的七種主張，便可刪去建元五年（前136年）、元光元年（前134年）二月、元光二年至四年（前133年－前131年）之間和元朔五年（前124年）等四種。因為按假設b的標準，建元五年（前136年）、元光元年（前134年）二月、元光二年至四年（前133年－前131年）之間三種主張，均缺乏史籍的支持。而元朔五年（前124年）易王劉非與主父偃均早已去世，明顯違背了事實5與6的記載，故此不能成立。至於元光五年（前130年）以後說，由於「以後」乃含糊其辭的說法，既未確指一個時間點，同時

❽　〈董仲舒對策在元朔五年議〉，頁91。

❽　〈董仲舒天人三策不作於武帝元光元年辨〉，轉引自〈董仲舒天人三策應作於建元元年〉，頁42。

違背了假設 b 的標準。然而,元光五年(前130年)與〈公孫弘傳〉的記載吻合,故此說在以下討論時,僅保留元光五年(前130年)的部分。經過篩選以後,原來的七種主張,僅剩下建元元年(前140年)、元光元年(前134年)五月和元光五年(前130年)三種。故此,下文會把討論範圍縮窄,僅限於這三種主張,其他說法則略而不論。

除此之外,在此可進一步得出下列兩項推論:

推論一,如果公孫弘在元光五年(前130年)第二次參加對策的話,則董仲舒上《天人三策》的時間,便有兩個可能:即建元元年(前140年)或元光元年(前134年)。

推論二,如果公孫弘在元光元年(前134年)第二次參加對策,則董仲舒上《天人三策》的時間便只剩下建元元年(前140年)一個可能。

按這兩個推論來分析,若董仲舒未能在建元元年(前140年)十月對策的話,則《天人三策》上奏的時間,便只剩下元光元年(前134年)五月一個可能。下文便將從這個角度出發,先行提出董仲舒不可能在建元元年(前140年)十月對策的各個原因,然後進一步討論否定這個說法的種種質疑應當作何解釋。

五、董仲舒對策於建元元年存在的問題

南宋洪邁在《容齋續筆》中,以〈董仲舒傳〉詔策和對策的內容,提出董仲舒對策時間不在建元元年(前140年)的看法:

> 漢武帝建元元年,詔舉賢良方正直言極諫之士。丞相綰奏:「所舉賢良,或治申、商、韓非、蘇秦、張儀之言,亂國政,請皆罷。」奏可。是時,對者百餘人,帝獨善莊助對,擢為中大夫。後六年,當元光元年,復詔舉賢良,於是董仲舒等出焉。《資治

通鑑》書仲舒所對為建元。按策問中云:「朕親耕籍田,勸孝弟,崇有德,使者冠蓋相望,問勤勞,恤孤獨,盡思極神。」對策曰:「陰陽錯繆,氛氣充塞,群生寡遂,黎民未濟。」必非即位之始年也。**❽❽**

洪邁指出詔策有「朕親耕籍田,勸孝弟,崇有德,使者冠蓋相望,問勤勞,恤孤獨,盡思極神」的話,而董仲舒對策又有「陰陽錯繆,氛氣充塞,群生寡遂,黎民未濟」之語。雙方問答,似是國君執政一段時間後的說法,而不像登基未久的言論,因而主張董仲舒對策時間「必非即位之始年」。

晚清學者蘇輿在〈董子年表〉中,認為「洪氏所舉,不足為非元光元年之證」。**❽❾**可是,蘇輿並沒有進一步加以論證。張大可先生則指出:

皇帝「親耕籍田」始於漢文帝前元二年。「勸孝弟,崇有德」,以及遣使存問孤獨等等,是西漢一朝經常性的公事,尤其是新君即位之初總是例行這一套政治儀式來籠絡天下臣民。西漢以孝治天下,繼位之君當年不改先君紀年。漢景帝於景帝後元三年(前139年)正月甲子(二十七日)駕崩,當天漢武帝繼皇帝位。所以建元元年實際是漢武帝繼位的第二年了,因此洪邁揭示「必非即位之始年」與史實並不矛盾。又建元元年春二月、夏四月漢武帝連續發佈「勸孝弟」、「崇有德」的政令,雖在舉賢良之後數月,而這一工作當在即位之年早已施行。舉賢良本

---

❽❽ 《容齋續筆》,卷6,「漢舉賢良」,頁286–287。文中引用策問提及之「籍田」,部分文獻作「藉田」,兩者通用。今為使行文一致,除引用資料時保留原來寫法外,一概作「藉田」。

❽❾ 〈董子年表〉,頁492–493。

身就是「崇有德」。可見洪邁的舉證不足以動搖《天人三策》作於建元元年說。至於對策中有「陰陽錯謬，氛氣充塞」等語，乃是承轉詔策中的武帝自謙之詞，並未指實，更不能成為推翻建元元年說的證據。**❾⓪**

這段解釋相當詳細，可是細加推想，便可發覺洪邁的論點仍有合理之處。

首先，〈董仲舒傳〉收載的第二道詔策，有「今朕親耕藉田以為農先」的話。如果考察兩漢君主親耕藉田的情況，再配合武帝登基時的環境，便可發覺若把《天人三策》撰寫的時間放在武帝即位八個多月後的建元元年（前140年）十月，則似乎頗有問題。

漢代君主親耕藉田，始於文帝。《漢書・食貨志》記載：「於是上（文帝）感（賈）誼言，始開籍田，躬耕以勸百姓」，**❾①**文帝在前二年（前178年）正月丁亥下詔時，提及「夫農，天下之本也，其開藉田，朕親率耕」，**❾②**顯示文帝在當日或稍早曾親耕藉田。此後，兩漢君主親耕藉田見於史冊者，有武帝、昭帝、**❾③**明帝、章帝和獻帝五位君主，總共計有九次。**❾④**

在這九個案例裡，於正月親耕的有三次，二月的有五次，三月的只有一次。而有明確日期記錄的有六次，其中兩次在正月，四次在二月。在二月親耕的時間，分別是十一日、十五日、二十七日、二十八

---

❾⓪ 〈董仲舒天人三策應作於建元元年〉，頁40。

❾① 《漢書》，卷24上，頁1130。

❾② 《漢書》，卷4，頁117。另參《史記》，卷10，〈文帝紀〉，頁423。

❾③ 《漢書》，卷6，〈武帝紀〉，頁210。同書，卷7，〈昭帝紀〉，頁219、223。

❾④ 〔南朝宋〕范曄，《後漢書》（北京：中華，1982），卷2，〈明帝紀〉，頁107、116、118。同書，卷3，〈章帝紀〉，頁149、154。卷9，〈獻帝紀〉，頁375。參見「兩漢國君親耕藉田表」。

日，另有一次日子不詳。二月十五日和二十七日兩次親耕，均在京師以外的地方舉行。至於二月二十八日的一次親耕，則在昭帝初即位時。當時昭帝只有九歲，似屬特例。而另一次親耕時間較晚的，是武帝征和四年（前89年）三月。這次是在遠離長安、地近東海的鉅定舉行，也是特例。從這些記載，特別是有明確日期的敘述來看，可以歸納出一個現象：除非國君在首都以外的地方親耕，否則大都集中於正月和二月中旬以前舉行。這個現象很明顯是為了配合農時。後漢崔寔撰寫《四民月令》正月和二月的部分時，便指出這段時間的農務範圍：

> （正月）雨水中，地氣上騰，土長冒橛，陳根可拔，急菑強土黑壚之田。糞疇。可種瓜。可種瓠。可種葵。可種韰韭芥，大小蔥、蒜、苜蓿及雜蒜。可種蓼。可蒔芋。……正月自朔暨晦，可移諸樹竹、漆、桐、梓、松、柏、雜木。唯有果實者，及望而止，過十五日，則果少實。
>
> （二月）昏參夕，杏華盛，桑椹赤，可種大豆，可種胡麻，謂之上時。可種穬禾，美田欲稠，薄田欲稀。可種苴麻。可種瓜。❾❺

《四民月令》成於東漢，但基本上仍可反映兩漢的農作日程。國君親耕的象徵意義明顯大於實質作用，但也不能無視實際的農作限制，在過早或過晚的時間舉行。因此，通觀兩漢國君親耕藉田的時間，都有一定的規律可循。

接下來再看看武帝登基的時間。景武崩於後三年（前141年）正月甲子，即正月二十七日。武帝同日繼位，並於二月癸酉即二月六日葬景帝於陽陵。❾❻景帝從逝世到安葬，僅用了十天時間。從理論上說，

---

❾❺ 〔東漢〕崔寔，《四民月令》，收《全上古三代秦漢三國六朝文》，第2冊，頁448。

❾❻ 《漢書》，卷5，〈景帝紀〉，頁153；卷6，〈武帝紀〉，頁155。

武帝仍可在景帝安葬後舉行親耕。然而，先帝屍骨未寒，新君在喪期親耕，對以孝治天下的西漢而言，無論就人情事理來說，都有所不宜。再者，《漢書·景帝紀》記載：景帝駕崩前，恰好在正月發佈了一道要郡國務勸農桑的詔令。❾武帝在這個背景下是否需要一面服喪一面親耕藉田，是值得懷疑的。

　　另一方面，如果參考日後武帝駕崩、昭帝繼位的時間和經歷，亦可佐證上述看法。因為〈武帝紀〉並未清楚記錄武帝在位初期有親耕藉田的事，但是〈昭帝紀〉卻在昭帝即位屆滿第一年即始元元年（前86年）二月（己）〔乙〕亥下，記載「上耕于鉤盾弄田」。❾一年前為武帝後元二年（前87年），武帝在二月丁丑即二月十四日駕崩，太子翌日繼位，但仍沿用後元二年（前87年）年號以迄年終。❾自從武帝頒佈《太初曆》，改歲首為正月，所以昭帝是在九個多月後改元。武帝和昭帝登基的時間與作法，都有一些相似的地方。〈昭帝紀〉記載昭帝改元後，亦即在先帝駕崩一年左右親耕藉田，正好與〈武帝紀〉記載改元後，即建元元年（前140年）春二月、夏四月先後發佈「勸孝弟」、「崇有德」的政令，❿時間相當接近。顯示新君在政治上循例施行的一些儀式，似乎並不必然在登基之後改元以前馬上實施，而是等到改元以後才頒佈執行。這一做法，無論從時機、環境來看，似乎都較繼位之後隨即實行來得合理。

　　所以，在〈董仲舒傳〉第二道詔策中出現「今朕親耕藉田以為農先，勸孝弟，崇有德，使者冠蓋相望，問勤勞，恤孤獨，盡思極神，功烈休德未始云獲」的話，❿而董仲舒對策又有「陛下親耕藉田以為

---

❾　《漢書》，卷5，〈景帝紀〉，頁153。

❾　《漢書》，卷7，〈昭帝紀〉，頁219。

❾　《漢書》，卷6，〈武帝紀〉，頁211–212；卷7，〈昭帝紀〉，頁217。

❿　《漢書》，卷6，頁156。

農先，夙寤晨興，憂勞萬民，思惟往古，而務以求賢，此亦堯舜之用心也，然而未云獲者，士素不厲也」的答覆，⑩顯示君臣之間都意識到武帝親耕是確曾發生的事，因此不能把這兩段話視為泛泛之論。另一個問題是，就算武帝登基後馬上親耕藉田，並積極推行新政，又大量起用人才，但在他即位僅八個多月，而朝中新晉人員甚至任職還不到八個月時，就在作為「崇有德」的賢良對策中，說出「功烈休德未始云獲」的話，簡直是剛表現出「崇有德」便即刻要看到「功烈休德」的果效，未免予人急躁和不近人情的感覺。

其次，從同一道詔策中出現「今陰陽錯繆，氛氣充塞，群生寡遂，黎民未濟」的話，⑩雖然張大可先生認為「乃是承轉詔策中的武帝自謙之詞，並未指實，更不能成為推翻建元元年說的證據」，可是蘇誠鑒先生卻主張「『今陰陽錯繆』以下文字，乃自責之詞，不可能當建元元年初即位時所宜用，否則豈不啻數其父祖之過」。⑩翻閱相關資料，可以發現從景帝後元年（前143年）至武帝建元六年（前135年）間，確曾出現「陰陽錯繆，氛氣充塞」的事，這可以從文末「景、武之際災異記錄表」中看出。

在「景、武之際災異記錄表」中，景帝後元年至後三年（前143年－前141年），共有七次「陰陽錯繆，氛氣充塞」的記載。而武帝建元年間，則有十二次記載。因此，無論景帝末年或武帝即位初期，都有充分證據說明〈董仲舒傳〉記載的詔策所言不虛。

但是，有一個值得注意的地方，就是景帝在後三年（前141年）正月駕崩後，直至武帝建元元年（前140年）九月，這一年又八個多月的

---

⑩　《漢書》，卷56，頁2507。

⑩　《漢書》，卷56，頁2512。

⑩　同上，頁2507。

⑩　〈董仲舒對策在元朔五年議〉，頁91。

時間裡,《漢書》均無「陰陽錯繆,氛氣充塞」的記載。這或許是由於
期間的確沒有發生災異。又或是雖有災異,但因程度輕微,故未記錄
在案。此外還有一個可能,就是《漢書》故意不載。對於這個假設,
如果比對《漢書》其他帝紀,便可看出這種可能性甚低。這裡可舉兩
例來說明:一是文帝在後七年(前157年)六月己亥駕崩,景帝九天後
即位,[105]至同年十月方才改元。〈景帝紀〉裡就記載了改元前一個月,
即「九月,有星孛于西方」。[106]二是武帝駕崩太子即位,昭帝在九個多
月後改元始元元年(前86年),而〈昭帝紀〉卻在武帝死後五個多月,
但仍沿用其後元二年(前87年)的七月,記載「有星孛于東方」;[107]
又在始元元年(前86年)七月記錄「大雨,渭橋絕」,[108]以及「冬,無
冰」。[109]這些例證都發生在緊接武帝前後的國君身上,似可說明若景帝
駕崩後至建元元年(前140年)期間確曾發生災異,《漢書》應當會有
記載。

　　審視《漢書》對「陰陽錯繆,氛氣充塞」的記載後,便可看出董
仲舒若在建元元年(前140年)舉賢良,詔策內容便相當耐人尋味。換
言之,這道詔策是專門針對在此之前發生的事。考慮到武帝從後三年
(前141年)正月甲子登基直至舉賢良這八個多月中,史書並無「陰陽
錯繆,氛氣充塞」的記載,詔策中的話無疑是就景帝一朝而發的,並
具有鮮明的批評意味,而不能說是武帝自責之詞。可是,景帝晚年既
無重大缺失,加上武帝即位時景帝的母親竇太皇太后、妻子王皇太后
仍健在,十六歲的武帝兼具人子人孫的身分,是否會在自己祖母和母

---

⑩　《漢書》,卷4,〈文帝紀〉,頁131;卷5,〈景帝紀〉,頁137。
⑩　《漢書》,卷5,頁137。
⑩　《漢書》,卷7,頁218。
⑩　同上,頁219。
⑩　同上,頁220。

親剛經歷喪子、喪夫之痛的時候批評先帝，實在值得懷疑。而且，從日後竇太皇太后的表現來看，她似乎不會任由武帝做一些她不能忍受的事而置諸不理。**⑩**

在此，持異議的論者或許會提出以下設想：假如新繼大統的武帝因少不更事或其他原因，堅持在先帝屍骨未寒之時舉行親耕，而史籍又恰巧把這段記錄漏載。又甚至是武帝因年少氣盛或急於求成，遂在起用一批新人施行新政八個多月後，便要看到成效。加上景帝死後確有許多「陰陽錯繆，氛氣充塞」的事而史籍均未收載，再加上適好詔策中的話並未引起其他人注意，甚或在武帝剛即位之際，其他人不便對新君種種有違常情的舉措提出糾正或批評。簡而言之，武帝作為國君使他可以任情發揮。但本文則是從親耕、災異、用人與成效等角度，討論董仲舒對策時間當不在建元元年（前140年）十月一事，乃是按理而言，假如武帝挾持國君之威一意孤行，則上述種種情況，自非可按一般常理推斷。

在這些極端的假設下，似乎甚麼事情都可能發生。但是換一個角度看，從董仲舒的地位來思考，便可發現即使這種極端情況真的發生，前述推論仍然可以成立。因為武帝作為國君，即使個人意志能在較大的範圍內自由施展；但董仲舒作為一名薦舉的賢良，其身分地位卻不能與國君同日而語。而董仲舒在《天人三策》中附和詔策的言論，無

---

⑩ 據《史記‧魏其武安侯列傳》的記載，武帝未立為太子前，竇太后對於儲君人選曾另有目標，「梁孝王者，孝景弟也，其母竇太后愛之。梁孝王朝，因昆弟燕飲。是時上未立太子，酒酣，從容言曰：『千秋之後傳梁王。』太后驩。竇嬰引卮酒進上，曰：『天下者，高祖天下，父子相傳，此漢之約也，上何以得擅傳梁王！』太后由此憎竇嬰。竇嬰亦薄其官，因病免」。雖然，武帝登基時已事過境遷，但卻讓人了解到武帝與竇太后之間的關係乃是相當微妙的。卷107，頁2839。另參《漢書》，卷52，〈竇嬰傳〉，頁2375。

疑是對先帝極大的不敬，旁人根本沒有必要予以容忍。更進一步看，董仲舒的第三道對策中有「今世廢而不脩，亡以化民，民以故棄行誼而死財利，是以犯法而罪多，一歲之獄以萬千數」。⑪如果把對策時間定在建元元年（前140年）十月，董仲舒所指的「今世」，便不難讓人聯想到景帝的時代。然而《漢書・景帝紀贊》卻稱「孝景遵業，五六十載之間，至於移風易俗，黎民醇厚」。⑫《鹽鐵論・國疾》又指出「今以近世觀之，自以目有所見，耳有所聞，世殊而事異。文、景之際，建元之始，民朴而歸本，吏廉而自重，殷殷屯屯，人衍而家富」，⑬顯示當時情形和董仲舒對策內容差距太大。就算這是描述武帝登基以來至改元之間的情形，但只有八個多月的統治而竟說成「一歲之獄以萬千數」，未免予人誇張失實的感覺。故此這番話無論是對剛死去的景帝，抑或是對剛即位的武帝而言，都有誣蔑之嫌。這種不合理的現象，正好說明《天人三策》在建元元年（前140年）上奏的說法，確實存在可疑的地方。

因此，就〈董仲舒傳〉記載的詔策及《天人三策》的內容，再配合武帝登基前後的情況來看，若說《天人三策》上於建元元年（前140年）十月，實在是有問題的。

六、董仲舒元光元年對策及其質疑的解釋

此外，《春秋繁露》保留了一條重要的線索，足以說明董仲舒上《天人三策》的時間。《春秋繁露・止雨》記載：

---

⑪　《漢書》，卷56，〈董仲舒傳〉，頁2515。

⑫　《漢書》，卷5，頁153。

⑬　〔漢〕桓寬，王利器（校注），《鹽鐵論校注》（天津：古籍，1983），頁335。

> 二十一年八月甲申，朔。丙午，江都相仲舒告內史中尉：陰雨
> 太久，恐傷五穀，趣止雨。⓫

施之勉先生在四〇年代曾據這條資料，提出董仲舒於元光元年（前134
年）對策的說法，⓯後來又寫成〈董仲舒對策在元光元年〉一文。⓰可
惜他提出的證據，較少受到學者注意。就筆者所見，只有岳慶平先生
撰寫〈董仲舒對策年代辨〉時曾經引用，⓱其他學者都未見對此說作
出討論。

《春秋繁露·止雨》清楚提及董仲舒為江都相。後人注釋「二十
一年八月甲申，朔」時，認為是「武帝二十一年，從建元元年起數之，
則元狩四年。時仲舒免歸家居。元鼎以前紀元並追稱，故此不列年號
耳」，⓲主張二十一年是指武帝元狩四年（前119年）。施之勉先生卻認
為，「二十一年者，江都易王之二十一年也。《史記·漢興以來諸侯年
表》，元光二年，實為江都易王二十一年」，⓳主張二十一年即江都易
王在位的二十一年，換算為武帝年號應該是元光二年（前133年）。

分析兩說，可以發現元光二年（前133年）的看法較為合理。首先，
〈武帝紀〉元朔元年（前128年）十二月記載「江都王非薨」，⓴從江
都易王劉非逝世到元狩四年（前119年），還有九年的時間。而且，根

⓫　《春秋繁露義證》，卷16，頁438–439。

⓯　施之勉，〈董仲舒對策年歲考〉，《責善半月刊》第2卷第15期。是文發表於1941
　　年10月。其後又在1944年7月發表於《東方雜誌》第40卷第13號，頁43–45。
　　筆者所根據的是稍後發表的一篇。

⓰　〈董仲舒對策在元光元年〉，頁24。

⓱　〈董仲舒對策年代辨〉，頁118–119。

⓲　《春秋繁露義證》，卷16，頁438。

⓳　〈董仲舒對策年歲考〉，頁44。

⓴　《漢書》，卷6，頁168。

據《史記・漢興以來諸侯王年表》「江都」條下元狩二年（前127年）記載，是年「反，（王建）自殺，國除為廣陵郡」。[121]所以，元狩四年（前119年）江都國根本早已不復存在。可知《春秋繁露・止雨》原來的注釋認為「二十一年」是指武帝元狩四年（前119年）的說法，是不能成立的。[122]

《春秋繁露》的記述，再配合前列的第5點事實，即董仲舒上《天人三策》後，「對既畢，天子以仲舒為江都相，事易王」，這些記載與〈武帝紀〉元光元年（前134年）五月詔舉賢良一事，從時序上看頗為吻合。

然而，若把董仲舒的對策時間定在元光元年（前134年），還有一些問題需要解決。首先，是前面所列的第6點事實，即董仲舒因遼東高廟、長陵高園殿災，居家推說其意，被主父偃竊書上奏，當死而獲赦，此後不敢復言災異。〈武帝紀〉明白記載兩事的發生時間，一在建元六年（前135年）二月，一在建元六年（前135年）四月。如果董仲舒在一年後的元光元年（前134年）五月參加賢良對策，寫成《天人三策》並獲任為江都相，部分學者便指出董仲舒的對策中，不應該還有討論災異的地方，這現象與上列第6點事實似乎存在矛盾。所以，他們認為元光元年（前134年）五月董仲舒上《天人三策》的說法不能成立。蘇輿在〈董子年表〉中便提出這樣的看法：

---

[121] 《史記》，卷17，頁861–862。另參《漢書》，卷14，〈諸侯王表〉，頁411。

[122] 岳慶平先生便指出，「蘇輿在〈董子年表〉建元元年條下，卻認為董仲舒此年『以對策為江都王相』，又認為『《繁露》中所著〈求雨〉、〈止雨〉及言陰陽五行諸篇，皆當在此時』。蘇輿此說有兩點疑問：其一，建元元年和元狩四年相差二十多年，如董仲舒真在建元元年為江都相，則怎能在元狩四年仍為江都相呢？其二，如董仲舒真在建元元年著〈止雨〉篇，則怎能預知二十多年後的元狩四年事呢？」〈董仲舒對策年代辨〉，頁120，註12。

> 建元六年，遼東高廟災，生（董仲舒）且下吏。若如〈武紀〉
> 在對策前，則名尚未顯，主父偃何自嫉之？而兩史並云：「不敢
> 復言災異。」對策推災異乃甚切。冊中又有「敬聞高誼」之語，
> 若曾受拘繫，不合為此言，斯明徵也。〈劉向傳〉又言：「仲舒
> 坐私為災異書下吏，復為大中大夫、膠西相。」不云下吏後對策
> 為江都相，尤其較然無疑者。❿

蘇輿的質疑，主要是認為董仲舒在高廟、高園災後不久便居家推說其
意，後被主父偃竊取上奏而下吏獲罪。蘇輿先指出董仲舒「名尚未顯，
主父偃何自嫉之」，顯示主父偃竊書上奏時，董仲舒已經顯名當世。其
次，他用《史記》、《漢書》異口同聲指董仲舒獲赦後「不敢復言災異」，
而《天人三策》出現討論災異的言論，所以董仲舒對策時間應在下吏
之前。再者，他又指出詔策出現「敬聞高誼」之語，說明董仲舒對策
之時，尚未發生竊書事件。最後，蘇輿引用〈劉向傳〉的話，指出董
仲舒下吏後出任大中大夫、膠西相，而沒有提及出任江都相，所以董
仲舒對策任江都相等事，都應在下吏之前。

　　蘇輿觀察細密，論證也很緊湊，但他卻百密一疏，忽略一個重要
地方，《漢書·主父偃傳》指出：

> 主父偃，齊國臨菑人也。……游齊諸子間，諸儒生相與排儐，
> 不（客）〔容〕於齊。……以諸侯莫足游者，元光元年，乃西入
> 關見衛將軍。衛將軍數言上，上不省。資用乏，留久，諸侯賓
> 客多厭之，乃上書闕下。朝奏，暮召入見。❿

主父偃在高廟、高園災後翌年的元光元年（前134年）入關，從他入關

---

❿　〈董子年表〉，頁492。

❿　《漢書》，卷64上，頁2798。

到上書闕下，中間經過衛青「數言上，上不省」，又經過「資用乏，留久，諸侯賓客多厭之」，及至他被武帝召見，在時間上應該過了好一段日子。而董仲舒在此期間參加元光元年（前134年）對策，在時間上既與主父偃的經歷並無衝突，且〈主父偃傳〉記載武帝召見主父偃後便任他「為郎中。偃數上疏言事，遷謁者，中郎，中大夫。歲中四遷」，㊄直到「主父偃候仲舒，私見（其書），嫉之，竊其書而奏焉」，期間董仲舒和主父偃都有充分時間各自發展，結果董仲舒的聲名更在主父偃之上，所以才招致主父偃妒忌。換句話說，董仲舒居家推說高廟、高園之災的時間，大可不必硬放在建元六年（前135年）四月至元光元年（前134年）五月之間，反而可在災異發生一段時間後，才推說其事。因此，主父偃在元光元年（前134年）入關，到他竊書上奏，其間還有一段充足的時間，讓董仲舒參加元光元年（前134年）的對策。

基於以上考慮，蘇輿的質疑便可迎刃而解。董仲舒在元光元年（前134年）參加賢良對策時，尚未推說高廟、高園災，故詔策中有「敬聞高誼」之語，自然不足為奇。而且，《天人三策》出現災異言論，也不會與其他地方的記載有牴觸。再者，主父偃和董仲舒在元光元年（前134年）之後，有充足時間各自發展，董仲舒聲名日高，才會使主父偃嫉妒而竊書上奏。最後，〈劉向傳〉董仲舒下吏後出任大中大夫、膠西相而不聞任江都相，亦可得到圓滿的解釋，因為董仲舒在下吏前早已出任此職，所以不聞任江都相的事。

而且，《西京雜記》收錄了董仲舒的〈雨雹對〉，㊅指出元光元年（前134年）七月鮑敞因京師雨雹而請教董仲舒。《漢書・五行志》便有雹的記載，㊆且在文中引用「《左氏傳》曰：『聖人在上無雹，雖有

㊄ 同上，頁2802。

㊅ 〔漢〕劉歆（撰），〔晉〕葛洪（輯），《西京雜記（外二十一種）》（上海：古籍，1991），卷5，頁1035-22下–1035-24上。

不為災。』說曰：凡物不為災不書，書大，言為災也」。❿可知漢人會
視乎情況把雹列為災異。而董仲舒在〈雨雹對〉中，就有這樣的一段
話：

> 政多紕繆，則陰陽不調，風發屋，雨溢河，雪至牛目，雹殺驢
> 馬。此皆陰陽相蕩而為袄沴之妖也。❿

董仲舒明顯把雹視為災異，並用陰陽變化來解釋其成因。這些資料可
以佐證董仲舒在元光元年（前134年）對策之後兩個月，仍有「言災異」
的事。他既然可以在元光元年（前134年）七月談論災異，便證明這時
尚未發生主父偃竊書上奏之事。而他當然也可在兩個月前的對策中，
寫出《天人三策》討論災異的內容來。

　　總之，董仲舒推說高廟、高園之災與他於元光元年（前134年）對
策，在時序上並無矛盾。蘇輿提出的疑點，都是由於他認定董仲舒是
在高廟、高園災後馬上推說其意，沒有考慮到董仲舒可以在元光元年
（前134年）五月對策後，以至在元光二年（前133年）甚至是好幾年
以後，才推說這次災變。❿因此，董仲舒《天人三策》討論災異與他
下吏獲赦後「不敢復言災異」，其實並無牴牾。

　　此外，王楙從另一個角度支持建元元年（前140年）對策的說法，
他在《野客叢書》指出：

---

❿　《漢書》，卷27中之下，頁1427–1428。

❿　同上，頁1427。

❿　《西京雜記（外二十一種）》，卷5，頁1035-23下。

❿　于傳波先生便以為武帝召見主父偃「可能是元光六年底，甚至是元朔元年的
　　事」，他的理由是《漢書‧主父偃傳》提及「見衛將軍」，而衛青拜將軍是在
　　元光六年。但是，史家對歷史人物的稱謂有時會沿用大家熟知的習稱，所以
　　筆者對于先生的主張採取審慎保留的態度。〈董仲舒對策年代考〉，頁30–31。

元光元年賢良制，正係弘所對者。而仲舒所對，有及於《春秋》謂一為元之說。益知仲舒之出在建元元年，可無疑者。❸

關於〈武帝紀〉元光元年（前134年）詔策與〈公孫弘傳〉、〈董仲舒傳〉所收錄的詔策之間的關係，歷來學者的看法互有不同。如果說董仲舒在元光元年（前134年）上《天人三策》，則這幾道詔策的關係，便有必要加以討論。

學者對〈武帝紀〉、〈公孫弘傳〉和〈董仲舒傳〉三處記載的詔策之關係，向來眾說紛紜。簡單的說，第一種主張是認為〈武帝紀〉所載詔策，與〈公孫弘傳〉的詔策相同或相近。又或從另一角度，認為〈武帝紀〉所載與〈董仲舒傳〉所載的詔策並不相同。提出此說的有王楙，他認為〈武帝紀〉與〈公孫弘傳〉所載是同一道詔策。而張大可先生也認為，「考〈武帝紀〉元光元年五月所載舉賢良詔與《天人三策》中所載詔文內容不同，可見二者不能混同。相反，元光元年五月詔與公孫弘元光五年對策詔內容是完全一致的」。❸與此說接近的，是認為〈武帝紀〉的詔策與〈公孫弘傳〉的詔策相類，例如司馬光認為「〈弘傳〉……策文頗與〈武紀〉（元光）元年策文相類」。❸而馬端臨更換一個角度，認為「〈武帝本紀〉言元光元年策賢良，所載制策與〈公孫弘傳〉所載小異」。❸驟看之下，馬端臨好像強調了〈武帝紀〉與〈公孫弘傳〉兩道詔策的不同之處。但細加分析，便可發現他的行文雖云「小異」，其實卻隱含著「大同」的意思，所以馬端臨的基本立場與司馬光相似。蘇誠鑒先生亦指出，「試將本傳（〈公孫弘傳〉）所錄武帝詔

---

❸ 《野客叢書》，卷21，頁239–240。

❸ 〈董仲舒天人三策應作於建元元年〉，頁43。

❸ 《資治通鑑》，卷18，「元光五年八月」條，頁595，《通鑑考異》。

❸ 《文獻通考》，卷33，頁310上。

策與〈武帝紀〉元光元年（前134年）詔核對，除文字略有刪改、出入外，內容基本相同，當是同一道詔書」。[135]表面上認為兩道詔策的文字稍有不同，但實質上採用與王楙、張大可先生相同的看法，認為〈武帝紀〉與〈公孫弘傳〉所載屬同一道詔書。除此之外，史念海先生從另一個角度出發，認為〈董仲舒傳〉的詔策與〈武帝紀〉的詔策不同，指出「仲舒所陳《天人三策》，詳載《漢書》仲舒本傳，每策之前皆錄武帝制詔原文，與〈武紀〉元光元年五月詔書不同，明見其非同時之事，不可混為一談」。[136]也可視為這種主張的一個變相說法。

　　至於持第二種看法的學者，其觀點與上述第一種主張的學者完全相反，認為〈武帝紀〉所載詔策與〈董仲舒傳〉的詔策相同。虞雲國先生便認為，「從《漢書・董仲舒傳》所載武帝策問的制詔原文與〈武帝紀〉所舉賢良詔文作比較，許多句式是完全吻合的……。這些都是董仲舒上《天人三策》應是元光元年的佐證」，[137]從而否定上述第一種主張，認為〈武帝紀〉與〈公孫弘傳〉所載詔策並非源出於一。

　　第三種主張認為，〈武帝紀〉、〈公孫弘傳〉和〈董仲舒傳〉中所載的詔策各不相同，持有這種看法的是戴君仁先生。他認為元光元年（前134年）五月詔策「是一個篇幅很短，而內容很簡單的詔策。只問如何能臻唐虞三代之治，不但比策董仲舒的三篇簡短得多，也比策公孫弘的內容簡略，雖然篇幅差不多，而那個策裡問題較多。策問賢良，是集體受策的，非個別出題，觀乎〈公孫弘傳〉『時對者百餘人，太常奏弘第居下』可見。所以三個詔策，就代表了三次考試。董仲舒所受之策，和元光元年的詔策不同，可也決不是簡化〈仲舒傳〉之策，而成

---

[135]　〈董仲舒對策在元朔五年議〉，頁89。

[136]　〈董仲舒天人三策不作於武帝元光元年辨〉，轉引自〈董仲舒天人三策作於元光元年辨〉，頁94。

[137]　〈董仲舒上《天人三策》的年代〉，頁62。

為元光元年之策，因為內容大不相同」，⑱從而認為三道詔策代表三次考試。

最後一種主張則認為〈武帝紀〉、〈公孫弘傳〉和〈董仲舒傳〉所載詔策相類或相一致，施丁先生指出「不僅〈弘傳〉元光五年的策文與〈武紀〉元光元年的策文『相類』，就是〈仲舒傳〉的第一策文也與〈武紀〉元光元年的策文在內容上頗為一致。對於〈仲舒傳〉的策文和〈武紀〉的策文，忽視其內容上的一致，苛求其要有相同的文字，否則就得出『明見其非同時之事』的結論，這是不合適的。退一步講，即使是兩個毫不相同的策文，也不能貿然斷定其『非同時之事』」。⑲

從上述四種主張可以看出，學者間對〈武帝紀〉、〈公孫弘傳〉和〈董仲舒傳〉記載的幾道詔策之關係，不僅持論差距甚大，甚至有截然相反者。第一種主張認為〈武帝紀〉與〈公孫弘傳〉的詔策相同或相近。第二種主張則否定這種看法，而認為〈武帝紀〉所載詔策即〈董仲舒傳〉的詔策。第三種主張認為〈武帝紀〉、〈公孫弘傳〉和〈董仲舒傳〉三處記載的詔策各不相同。可是第四種主張卻認為三者頗為一致。以上四種說法，雖然基於同一批資料進行觀察，但結論卻是南轅北轍，迥不相同。

在此先把〈武帝紀〉收錄的元光元年（前134年）詔策內容，與〈公孫弘傳〉所載的作一比較，以說明兩者之間的關係。〈武帝紀〉的詔策，在上文第一節已經引錄，在此不再贅述。至於〈公孫弘傳〉所記載的詔策，則抄錄於下：

> 制曰：蓋聞上古至治，畫衣冠，異章服，而民不犯；陰陽和，
> 五穀登，六畜蕃，甘露降，風雨時，嘉禾興，朱中生，山不童，

---

⑱　〈漢武帝抑黜百家非發自董仲舒考〉，頁173。

⑲　〈董仲舒天人三策作於元光元年辨〉，頁94。

澤不潤；麟鳳在郊藪，龜龍游於沼，河洛出圖書；父不喪子兄
不哭弟；北發渠搜，南撫交阯，舟車所至，人跡所及，跂行喙
息，咸得其宜。朕甚嘉之，今何道而臻乎此？子大夫修先聖之
術，明君臣之義，講論洽聞，有聲乎當世，〔敢〕問子大夫：天
人之道，何所本始？吉凶之效，安所期焉？禹湯水旱，厥咎何
由？仁義禮知四者之宜，當安設施？屬統垂業，物鬼變化，天
命之符，廢興何如？天文地理人事之紀，子大夫習焉。其悉意
正議，詳具其對，著之于篇，朕將親覽焉，靡有所所隱。**⑭**

現將〈武帝紀〉和〈公孫弘傳〉的詔策，製成「〈武帝紀〉、〈公孫弘傳〉
詔策比較表」附於文末，從中可發現兩者間同時存在相異與相同的地
方。

　　兩道詔策既有類似之處，也有歧異地方。若是加以分析，可發現
兩道詔策相類地方，主要集中在詔策前半部即引言部分，以及詔策的
結束地方。至於不同之處，則是中間的問題部分。換言之，兩道詔策
考問的重心各有不同。

　　值得注意的是，詔策的問題部分，乃是全策的核心。現在比較兩
道詔策相異的地方，可以發現〈公孫弘傳〉收錄的詔策，提出的問題
較多。而〈武帝紀〉記載的詔策，問題較少。合理的推斷是：〈武帝紀〉
的記載，可以把〈公孫弘傳〉的詔策內容加以刪削或濃縮而成。但是，
若比較兩道詔策的問題，就可發現兩者的問題重心並不相同。即使從
公孫弘對策的內容來看，也只專門針對〈公孫弘傳〉的詔策問題作答。
一旦改用〈武帝紀〉的詔策配合著公孫弘的對策來看，便可發現有文
不對題的情況，因此兩道詔策並不是同出於一。

　　至於兩道詔策出現相類情形的原因，司馬光以為「其策文相類，

⑭　《漢書》，卷58，頁2613–2614。

蓋出偶然；或者此策乃弘先舉賢良時所對，班氏誤以為此年之策。疑未能明」。⑭但是卻無法提出證據證明。導致出現這種情況的原因，可能是由於後來一次舉賢良時，在擬定詔策的過程中，參考了從前詔策的行文，因此才會在引言和收結的部分，出現相類的文字。而兩道詔策的行文處處顯出大同小異之處，或可說明兩道詔策之間既有因循亦有改動的關係。這種現象，在考試擬定題目時，是常見的事。〈武帝紀〉與〈公孫弘傳〉收錄的兩道詔策既相同又相異，應該是在這樣的情況下造成的。這也解釋了為何不同學者在考察同一批資料後，竟會得出大不相同的看法。正是由於這批資料既有相同之處，亦有相異的地方，學者如果只留意其中一端，便可能得出與其他學者相反的結論。

　　至於〈武帝紀〉元光元年（前134年）詔策，與〈董仲舒傳〉附在《天人三策》前面的詔策，兩者之間的關係，似乎可作這樣的解釋：從《天人三策》第一道詔策中出現「今子大夫襃然為舉首」的話來看，董仲舒在此之前應參加過另一輪對策，因此才會成為「舉首」。⑫故此，〈武帝紀〉元光元年（前134年）記載的詔策，是董仲舒與其他賢良一起對策時的詔策。等董仲舒被選為「舉首」之後，武帝再擬定三道詔策深入提問。因此，〈武帝紀〉與〈公孫弘傳〉所收錄的，應該是兩次舉賢良時的不同詔策，但都是提供給百餘位賢良對策之用的。而〈武帝紀〉與〈董仲舒傳〉所收錄的，則同是在元光元年（前134年）五月舉賢良中先後兩個不同場次的詔策。董仲舒就〈武帝紀〉的詔策作答後，成為「舉首」，接著再參加第二輪對策。〈董仲舒傳〉的三道詔策，便是專門針對「舉首」而提出的，所以當時只有董仲舒一人對策。

---

⑭　《資治通鑑》，卷18，「元光五年八月」條，頁596，《通鑑考異》。

⑫　這種說法可以從第二道詔策有「今子大夫待詔百有餘人」一語獲得旁證，也就是說董仲舒是從待詔的百有餘人中脫穎而出成為「舉首」。《漢書》，卷56，〈董仲舒傳〉，頁2507。

其次，關於王栞認為《天人三策》提及《春秋》謂一為元之說，從而肯定對策時間當在建元元年（前140年），即武帝登基之第一年。按董仲舒第一道對策的原文為：

> 臣謹案《春秋》謂一元之意，一者萬物之所從始也，元者辭之所謂大也。謂一為元者，視大始而欲正本也。**⑭**

董仲舒對策中提出「視大始而欲正本」，固然可以說「大始」就是武帝剛即位的建元元年（前140年）。董仲舒希望新君在此時「正本」，也是合理的推斷。但是，如果考察建元年間的政治發展，了解當時的實際情況，則董仲舒這句話用在元光元年（前134年），亦未嘗不可。

武帝登基的時候年僅十六，上有祖母竇太皇太后、母親王皇太后。而《史記·儒林列傳》記載：

> 及今上即位，趙綰、王臧之屬明儒學，而上亦鄉之，於是招方正賢良文學之士。**⑭**

武帝即位後起用一批崇尚儒學的大臣，並施行連串新政。《史記·魏其武安侯列傳》對當時的情況有進一步的描述：

> 魏其、武安俱好儒術，推轂趙綰為御史大夫，王臧為郎中令。迎魯申公，欲設明堂，令列侯就國，除關，以禮為服制，以興太平。舉適諸竇宗室毋節行者，除其屬籍。時諸外家為列侯，列侯多尚公主，皆不欲就國，以故毀日至竇太后。太后好黃老之言，而魏其、武安、趙綰、王臧等務隆推儒術，貶道家言，是以竇太后滋不說魏其等。及建元二年，御史大夫趙綰請無奏

---

⑭ 《漢書》，卷56，〈董仲舒傳〉，頁2502。

⑭ 《史記》，卷121，頁3118。

事東宮。竇太后大怒,乃罷逐趙綰、王臧等,而免丞相、太尉,以柏至侯許昌為丞相,武彊侯莊青翟為御史大夫。魏其、武安由此以侯家居。⑭⑤

〈武帝紀〉指出建元「二年冬十月,御史大夫趙綰坐請毋奏事太皇太后,及郎中令王臧皆下獄,自殺。丞相嬰、太尉蚡免」。⑭⑥可見武帝初年起用竇嬰、田蚡、趙綰、王臧等人,以及推動連串措施,觸及諸竇利益,導致尊崇黃老的竇太皇太后不滿,最終以趙綰、王臧下獄自殺,竇嬰、田蚡免職收場,成為武帝初年的一場政治風暴。

此後直至竇太皇太后於建元六年(前135年)五月逝世,⑭⑦武帝雖是一國之君,然而卻沒有實權,就算「欲正本」而無從。董仲舒討論《春秋》謂一為元之意,其實可視為對這種情勢所作的回應。因為「《春秋》以道名分」,⑭⑧非常重視名分問題,竇太皇太后就算沒有重演漢初呂后干政的往事,但從她誅殺罷逐一批崇儒大臣來看,武帝在建元年間縱有人主名位,卻未有國君權力的職分,可說是名分不符。及至竇氏去世,武帝大權在握,他一方面馬上起用田蚡為丞相,另一方面立刻重新改元。即使這時已經是武帝在位的第七年,可是從權力和改元這兩個角度看,這一年也是天下大權真正落入武帝手中的新開始。與建元時期受制於人的情形比較,元光元年(前134年)對武帝而言,也是一個「大始」。因此,董仲舒「視大始而欲正本」的話,在這裡亦可得到充分的解釋。

---

⑭⑤ 《史記》,卷107,頁2843。

⑭⑥ 《漢書》,卷6,頁157。

⑭⑦ 同上,頁160。

⑭⑧ 郭慶藩(集釋),《莊子集釋》(北京:中華,1985),卷10下,〈雜篇・天下〉,頁1067。

七、〈董仲舒傳〉「皆自仲舒發之」存在的問題

如果承認董仲舒對策時間是在元光元年（前134年），便會面對另一個問題，那就是〈董仲舒傳〉提到「及仲舒對冊，推明孔氏，抑黜百家。立學校之官，州郡舉茂材孝廉，皆自仲舒發之」，然而在元光元年（前134年）五月之前，這幾件事顯然早已提出，顯示〈董仲舒傳〉的話有問題。

第一，是「推明孔氏，抑黜百家」的問題。〈武帝紀〉記載：

> 建元元年冬十月，詔丞相、御史、列侯、中二千石、二千石、諸侯相舉賢良方正直言極諫之士。丞相綰奏：「所舉賢良，或治申、商、韓非、蘇秦、張儀之言，亂國政，請皆罷。」奏可。❿

按理說，若董仲舒廁身建元元年（前140年）十月賢良的行列，又在對策中提出「今師異道，人異論，百家殊方，指意不同，是以上亡以持一統；法制數變，下不知所守。臣愚以為諸不在六藝之科、孔子之術者，皆絕其道，勿使並進」，似乎與「所舉賢良，或治申、商、韓非、蘇秦、張儀之言，亂國政，請皆罷」的話調子相近，卻會產生一些問題。史念海先生曾指出，「丞相衛綰奏請罷黜申、商、韓非、蘇秦、張儀之學，係見董仲舒於是時對策，深為武帝所激賞，因而陳奏」。❿但是，史念海先生似乎沒有考慮到事件發生的先後次序。因為按程序而

---

❿ 《漢書》，卷6，頁155–156。

❿ 〈董仲舒天人三策不作於武帝元光元年辨〉，轉引自《中國思想通史》，第2冊，頁97。

言，董仲舒若與其他賢良一起參加對策，從丞相奏言來看，很明顯是建議武帝採取一個評核對策的標準，即把「治申、商、韓非、蘇秦、張儀之言」的賢良對策一概罷黜，然後才會選拔出董仲舒為「舉首」。如今假設丞相是因為看到武帝激賞董仲舒的對策，揣摩上意而陳奏，然而武帝所激賞的對策內容，顯然不是〈董仲舒傳〉中的《天人三策》，而是在此之前董仲舒與其他百餘人一起舉賢良時的對策。但是，這道對策的具體內容在大家都無法知道的情況下，這一假設不免予人過度臆測的感覺。加上董仲舒被薦舉參加賢良對策時，若在第一輪考試中便建議有關方面應採用何種標準取錄考生，這就好比一個考生參加考試時，建議閱卷考官應該如何評分一樣，豈不是既狂妄又不合理的做法？及至撰寫《天人三策》時，董仲舒已經成為「舉首」，即使他此時提出「諸不在六藝之科、孔子之術者，皆絕其道，勿使並進」的建議，時間上亦已明顯地晚於丞相的奏言。可見即使好像司馬光等學者那樣，把董仲舒對策時間移至建元元年（前140年）十月，仍然無法解決〈董仲舒傳〉「皆自仲舒發之」所存在的問題。

第二，是「立學校之官」的問題。這裡同樣存在一些疑點，《漢書‧循吏‧文翁傳》：

> 景帝末，為蜀郡守，仁愛好教化。……又修起學官於成都市中，招下縣子弟以為學官弟子，為除更繇，高者以補郡縣吏，次為孝弟力田。常選學官僮子，使在便坐受事。每出行縣，益從學官諸生明經飭行者與俱，使傳教令，出入閨閤。縣邑吏民見而榮之，數年，爭欲為學官弟子，富人至出錢以求之。繇是大化，蜀地學於京師者比齊魯焉。至武帝時，乃令天下郡國皆立學校官，自文翁為之始云。⑮

---

⑮　《漢書》，卷89，頁3625–3626。

這裡出現與〈董仲舒傳〉「立學校之官，……皆自仲舒發之」的話相牴觸的地方。若以兩者出現的時間來說，文翁在景帝末年便出任蜀郡守，故此他修起學官的時間明顯早於董仲舒。此外，〈武帝紀〉元朔五年（前124年）之下記載：

> 夏六月，詔曰：「蓋聞導民以禮，風之以樂，今禮壞樂崩，朕甚閔焉。故詳延天下方聞之士，咸薦諸朝。其令禮官勸學，講議洽聞，舉遺興禮，以為天下先。太常其議予博士弟子，崇鄉黨之化，以屬賢材焉。」丞相弘請為博士置弟子員，學者益廣。❿

這裡指出直接倡議置博士弟子員的是公孫弘。❿戴君仁先生便根據這些記載，主張立學校之官一事，「遠說是始自文翁，近說是發自公孫弘」，雖然他也不無保留地認為，「但如云武帝下詔，是受董仲舒對策的影響，則亦無不可」。❿可是，文翁開創性的規劃早在董仲舒對策之前便已出現，則是不爭的事實。

第三，是「州郡舉茂材孝廉」的問題。從〈武帝紀〉的記事順序來看，「元光元年冬十一月，初令郡國舉孝廉各一人」。其後到五月才出現「詔賢良……。於是董仲舒、公孫弘等出焉」。可見「州郡舉茂材孝廉」初次提出時，董仲舒尚未參加賢良對策，這也是明顯的事實。

由此可知，在〈董仲舒傳〉所提三件「皆自仲舒發之」的事，其中兩件事，也就是「推明孔氏，抑黜百家」以及「立學校之官」，從嚴格的意義看，無論董仲舒對策的時間是在元光元年（前134年）五月，抑或建元元年（前140年）十月，都無法說「皆自仲舒發之」。至於「州郡舉茂材孝廉」一事，雖然從表面上看，董仲舒對策時間若在建元元

---

❿　《漢書》，卷6，頁171–172。

❿　有關此事的更詳細記載，可參《史記》，卷121，〈儒林傳〉，頁3118–3119。

❿　〈漢武帝抑黜百家非發自董仲舒考〉，頁177。

年（前140年），便不存在像元光元年（前134年）五月那樣明顯的漏洞，然而若考慮到〈董仲舒傳〉所提的三件事中，依舊有兩件事難以自圓其說，這種情況對主張《天人三策》上於建元元年（前140年）的學者而言，仍然是無法清楚解釋的問題。可見把對策時間提前，照樣無助於解決〈董仲舒傳〉所面對的問題。

八、「皆自仲舒發之」的檢討

承認〈董仲舒傳〉「皆自仲舒發之」這句話錯誤，似乎是處理〈董仲舒傳〉與《漢書》其他地方存在矛盾最簡單的辦法。蘇誠鑒先生就認為「錯誤導因始於班固張冠李戴，把一些並非『自仲舒發之』之事列其名下，造成一個『眾美皆歸』、『為群儒首』的假象」。❶❺❺張大可先生亦提出質疑，認為「到了元光元年，百家已經罷黜，五經博士已立，郡國孝廉已舉，董仲舒對策豈不是無的放矢？」❶❺❻此外，王先謙主張採取另一種角度來理解「皆自仲舒發之」，他指出「立學校之官，州郡舉茂才、孝廉二事，文與〈武紀〉不盡符合，或因仲舒對策推擴規模，抑或後世緣時事相當，傳疑附會，班氏未審，因而歸美，未可知也」。❶❺❼王先謙的解釋雖有其道理，但「皆自仲舒發之」這句話，似乎還可以從其他角度來作解釋，所以仍是一個值得探討的問題。

這裡首先從「州郡舉茂材孝廉」一事展開討論。于傳波先生認為「董仲舒對策之前，西漢政府已有舉孝廉的活動。既然如此，董仲舒自然不會再提出舉孝廉來。班固可能在（〈武帝紀〉）寫『州郡舉茂才』時無意中加了『孝廉』兩字，也可能是訛傳」。❶❺❽除了用誤加訛傳來解

---

❶❺❺　〈董仲舒對策在元朔五年議〉，頁87。

❶❺❻　〈董仲舒天人三策應作於建元元年〉，頁41。

❶❺❼　《漢書補注》，卷56，頁1152下。

釋外，施之勉先生在〈董仲舒對策年歲考〉中曾指出：

> 疑之者，以……元光元年十一月令郡國舉孝廉，其事皆在元光
> 元年正月仲舒對策之前，則何得云皆自仲舒發之。余案〈武紀〉，
> 元光元年十一月令郡國舉孝廉各一人，此令等於具文，未能切
> 實施行。其後六年，即在元朔元年十一月，重復下詔，切責二
> 千石不舉孝廉。詔書略曰：「朕深詔執事，興廉舉孝，今或至
> 闔郡而不薦一人，其與中二千石禮官博士議不舉者罪。」有司奏
> 議曰：「不舉孝，不奉詔，當以不敬論。不察廉，不勝任也，
> 當免。」奏可。闔郡不薦一人，其時各州郡視元光元年一詔為具
> 文可知也。則州郡舉孝廉，謂為始於元朔元年，亦未嘗不可。
> 此班氏所以歸美仲舒歟。❺❾

關於這個問題，虞雲國先生亦提出類似的看法：

> 元光元年十一月「初令郡國舉孝廉各一人」，似仍為一般性號召。
> 武帝痛下決心命州郡舉孝廉，還是在元光元年董仲舒對策後六
> 年，即元朔元年，詔書明令「不舉者罪」，這與仲舒對策提到的
> 「所貢賢者有賞，所貢不肖者有罰」倒是一致的，因此說州郡
> 舉孝廉的賞功罰罪制度，自仲舒「發之」，似也無不可。對〈董
> 仲舒傳〉「州郡舉茂材孝廉，皆自仲舒發之」的評語，恐怕不能
> 理解得太執實。茂材、孝廉往往連稱用以代表整個漢代選舉制
> 度，這句評語實際是說西漢選舉制度的奠定，董仲舒是有發軔
> 之功的，而不應該拘泥於將「孝廉」作為具體的選舉科目來加
> 以理解。何況，即使把這裡的「孝廉」視為具體科目，也極有

---

❺❽　〈董仲舒對策年代考〉，頁30。

❺❾　〈董仲舒對策年歲考〉，頁45。

可能是班固據習慣的連稱而趁手書入傳文的。**⑩**

他們分別從政策的落實執行，以及附帶的賞罰制度來認定《天人三策》的建議所產生的作用，這種解釋對〈董仲舒傳〉的說法，是頗能自圓其說的。

　　至於「立學校之官」，前人對其含意曾經出現誤解。齊召南認為「計漢元年至建元三年為七十歲，而五年始置五經博士，即傳所謂推明孔氏，抑黜百家，立學校之官也」，**⑯**故此主張董仲舒對策於建元五年（前136年），以便協調他所認為〈董仲舒傳〉與〈武帝紀〉之間的矛盾。但是，施之勉先生卻指出，「建元五年置《五經》博士，非立學校之官也。元朔五年為博士官置弟子員，漢始立學校之官矣」，**⑯**所以齊召南因誤解文義，而把董仲舒上《天人三策》的時間移到建元五年（前136年），對解決「立學校之官」並無幫助。施之勉先生又指出：

> 〈武紀〉贊所謂孝武初立興太學，〈宣紀〉詔（本始二年）所謂孝武皇帝建太學者也。……博士無分於諸子經傳，要其職掌，為通古今，建元五年，置《五經》博士，亦猶是耳，不掌教授，非學官也。自元朔五年，詔令禮官勸學興禮，以為天下先。於是丞相公孫弘等奏為博士官置弟子五十人，復其身，第其高下，以補郎中文學掌故，即有秀才異等，輒以名聞（《史記‧儒林傳》）。自是而博士兼為學校之官矣。**⑯**

---

⑩　〈董仲舒上《天人三策》的年代〉，頁64。

⑯　《漢書補注》，卷56，頁1152下。施丁先生也認為「建元五年『置《五經》博士』（即立學校之官）」，〈董仲舒天人三策作於元光元年辨〉，頁95。

⑯　〈董仲舒對策年歲考〉，頁45。

⑯　同上。

至於《漢書‧循吏‧文翁傳》「至武帝時，乃令天下郡國皆立學校官，自文翁為之始云」的記載，與〈董仲舒傳〉「皆自仲舒發之」所存在的問題，這裡嘗試作三點解釋。

首先，〈文翁傳〉提到「自文翁為之始」的為「武帝時，乃令天下郡國皆立學校官」，實際上屬於地方郡國的學官。而〈董仲舒傳〉「皆自仲舒發之」的「立學校之官」，是指《天人三策》中「養士之大者，莫大（虐）〔虖〕太學；太學者，賢士之所關也，教化之本原也。今以一郡一國之眾，對亡應書者，是王道往往而絕也。臣願陛下興太學，置明師，以養天下之士，數考問以盡其材，則英俊宜可得矣」的話，❶❽❹亦即在中央興辦太學設置博士弟子員。如果用這個角度來理解上述兩處記載，則文翁與董仲舒的作為與建言，乃是各自針對地方與中央不同層面的學官而言，故此「自文翁為之始」與「皆自仲舒發之」兩者間並無矛盾。

其次，〈文翁傳〉的說法為「自文翁為之始云」，「云」字在古代漢語有一種用途，乃是「句末語氣詞，表示不肯定」，❶❽❺這句話附上一個「云」字，便產生了據說、傳言之意，表示《漢書》撰者對這種說法也不能完全確定，但由於有此一說，於是立此存證，故此〈董仲舒傳〉提到「皆自仲舒發之」，從編排的邏輯上看，就沒有自相矛盾的地方了。

再進一步說，從上文引述《漢書‧宣帝紀》本始二年（前72年）五月的詔書內容，❶❽❻以及〈武帝紀贊〉的話來看，兩漢時期人們似已習慣把興太學一事歸為武帝的功業，〈文翁傳〉的記述乃是學究式的溯源說明，旨在提醒讀者大眾習非成是的事實。這情況類似蒙恬製筆、蔡倫造紙，長期以來成為人們心中毛筆和紙張的發明者，然而近年的

---

❶❽❹　《漢書》，卷56，頁2512。

❶❽❺　張永言（等編），《簡明漢語字典》（香港：中華，1987），頁890。

❶❽❻　《漢書》，卷8，頁243。

考古發掘卻可將毛筆和紙張出現的時間大幅提早一樣。因此,〈董仲舒傳〉所稱乃是漢人普遍的說法,而〈文翁傳〉所記則屬精準的說法。

總而言之,如果採取較為彈性的看法來解釋,〈文翁傳〉與〈董仲舒傳〉之間的說法,似乎並非互不相容的。

最後是「推明孔氏,抑黜百家」的問題。前面已經提過,〈武帝紀〉記載建元元年(前140年)舉賢良之後,緊接丞相綰的上奏,謂「所舉賢良,或治申、商、韓非、蘇秦、張儀之言,亂國政,請皆罷」,錢穆先生在《秦漢史》中引用前人「或謂是年所舉賢良,董仲舒亦預其列。罷申、韓云云,其議實發自仲舒」,**⑯**然而正如前面指出,董仲舒上《天人三策》是獲選「舉首」之後的事,而奏罷申、商、韓、蘇、張之言乃是選拔「舉首」之前的事,即使董仲舒廁身建元元年(前140年)賢良之中,在事件發生的先後次序上,仍然不能說「皆自仲舒發之」。如果採用前面解釋「州郡舉茂材孝廉」和「立學校之官」的方式,來處理〈武帝紀〉與〈董仲舒傳〉存在的問題,似乎可以從兩個不同的角度來解釋。

首先,丞相奏罷的範圍,只涉及「申、商、韓非、蘇秦、張儀之言」,即法家與縱橫家。至於文、景以來流行的黃老之學,並不屬於這次奏罷的範圍。雖然《漢書·田蚡傳》提到「太后好黃老言,而嬰、蚡、趙綰等務隆推儒術,貶道家言,是以竇太后滋不說」,**⑱**可是若配合《史記·儒林列傳》「及竇太后崩,武安侯田蚡為丞相,絀黃老、刑名百家之言」的記載來看,**⑲**則可發覺建元元年(前140年)所抑黜的只有法家和縱橫家,及至竇太皇太后在建元六年(前135年)死後,原來被她保護的黃老以及刑名之學才真的遭受抑黜。**⑳**在此之前,黃老

---

⑯ 《秦漢史》,頁84。

⑱ 《漢書》,卷52,頁2379。

⑲ 《史記》,卷121,頁3118。

學說受到竇太后支持，不大可能成為公然罷黜的對象，這只要從建元二年（前139年）十月發生的政治風波，便可看出竇太后在武帝初年仍是大權在握的。《漢書‧禮樂志》便記載：

> 至武帝即位，進用英雋，議立明堂，制禮服，以興太平。會竇太后好黃老言，不說儒術，其事又廢。後董仲舒對策……。**⑰**

可見竇太后對武帝初年學術和思想的發展深具影響。因此，武帝建元、元光年間曾經歷過兩次抑黜先秦特定學說的行動，第一次是建元元年（前140年）丞相奏罷的法家和縱橫學說，第二次是竇太后死後田蚡為丞相時的「絀黃老、刑名百家之言」。〈董仲舒傳〉所說的應該是指第二次的行動而言，董仲舒在元光元年（前134年）對策，不排除其中的言論激發了後來的「絀黃老、刑名百家之言」行動，故此遂有「皆自仲舒發之」的說法。

其次，〈董仲舒傳〉明白指出，「及仲舒對冊，推明孔氏，抑黜百家」，但建元元年（前140年）的奏言，除了只列明請罷申、商、韓、蘇、張之言外，並沒有片言隻語涉及提倡孔氏，所以從整體性的意義來看，〈武帝紀〉建元元年（前140年）的記載，仍未達到〈董仲舒傳〉所說的「推明孔氏，抑黜百家」。因此，如果以一個較寬鬆的立場來考慮〈董仲舒傳〉「皆自仲舒發之」的意思，這句話仍然是可以成立的。

---

⑰ 孫景壇先生就曾指出「僅有『申韓蘇張之言』被罷和『置五經博士』兩事，是不是僅有這兩件事就算『罷黜百家，獨尊儒術』了呢？回答是否定的。『申韓』等當時不是正統思想，罷了它對尊儒不起甚麼作用；『置五經博士』時竇太皇太后還活著，並且也未同時『絀抑黃老』，『絀抑黃老』非要等她死後不可。孫景壇，〈漢武帝「罷黜百家，獨尊儒術」子虛烏有——中國近現代儒學反思的一個基點性錯誤〉，《南京社會科學》1993年第6期，頁105。

⑰ 《漢書》，卷22，頁1031。

九、結論

經過以上的討論，這裡可以把結論分成兩部分來處理。首先，就董仲舒對策時間而言，結論是當如〈武帝紀〉所記載的，在元光元年（前134年）五月。

其次，就〈董仲舒傳〉「皆自仲舒發之」這句話能不能成立的問題來說，須分別從兩個不同層次考慮。若是從嚴格的定義來看，則〈董仲舒傳〉「皆自仲舒發之」的話，明顯地不能成立。但是，若採用較寬鬆的角度來看，則可發覺〈董仲舒傳〉「皆自仲舒發之」這句話，其實言之成理。司馬光以來的學者，每每根據〈董仲舒傳〉來調整〈武帝紀〉的時間記載，假使後世讀者能清楚自己所持的標準到底是嚴格的，抑或是寬鬆的，便可擺脫學者之間的爭議。因為若採取嚴格的標準，則〈董仲舒傳〉「皆自仲舒發之」一言，根本不能成立，所以無法用以作為否定〈武帝紀〉的證據。惟若採取較寬鬆標準的話，則〈董仲舒傳〉與〈武帝紀〉的記載並無矛盾，自然不需要再作任何調整。

董仲舒《天人三策》上奏時間各家主張一覽表❿

對策時間	民國以前學者	通論著作學者	專業論文學者	傳記專書學者
建元元年	司馬光、王楙、馬端臨、沈欽韓、蘇輿	夏曾佑、余又蓀、范文瀾、侯外廬、傅樂成、翦伯贊、李國祁、潘國基、張傳璽、樊樹志、徐高祉	史念海、張大可	魏文華、馬勇
建元五年	齊召南			
元光元年二月	王益之			
元光元年五月	洪邁、王先謙、嚴可均、	徐復觀、郭沫若、金春峰、林瑞翰、章權才、羅世烈、唐贊功、白壽彝、邱樹森、周桂鈿	施之勉、于傳波、施丁、岳慶平、虞雲國	王永祥
元光二年～四年			戴君仁	
元光五年以後			莊春波	
元朔五年		蔣方	蘇誠鑒	

❿ 本表乃是在前人的統計基礎上，補入新出的若干研究而成。其中參考的資料包括：〈董仲舒天人三策作於元光元年辨〉，頁90–91；〈董仲舒對策年代辨〉，頁117；〈董仲舒上《天人三策》的年代〉，頁62；《秦漢思想史》，頁131–132。

兩漢國君親耕藉田表

國君	年	月	日	親耕地點	
				京師	外地
武帝	征和四年	三月			鉅定❼
昭帝	始元元年	二月	（己）〔乙〕亥（二十八日）	未央宮❼	
昭帝	始元六年	正月		上林❼	
明帝	永平四年	二月	辛亥（十一日）或之前	○❼	
明帝	永平十三年	二月		○❼	
明帝	永平十五年	二月	癸亥（二十七日）		下邳❼
章帝	元和二年	二月	乙丑（十五日）		定陶❼
章帝	元和三年	正月	辛丑（二十七日）		懷❼
獻帝	興平元年	正月	丁亥（查無此日）	○❼	

---

❼ 《漢書》，卷6，〈武帝紀〉：「（武帝征和四年）三月，上耕于鉅定。」頁210。

❼ 《漢書》，卷7，〈昭帝紀〉：「（昭帝始元元年二月）己亥，上耕于鉤盾弄田。」頁219。按始元元年二月無己亥，疑「己」字為「乙」字之誤，乙亥為二十八日。又，應劭曰：「時帝年九歲，未能親耕帝籍，鉤盾，宦者近署，故往試耕為戲弄也。」臣瓚曰：「《西京故事》弄田在未央宮中。」師古曰：「弄田為宴游之田，天子所戲弄耳，非為昭帝年幼創有此名。」同上。

❼ 《漢書》，卷7，〈昭帝紀〉：「（昭帝始元）六年春正月，上耕于上林。」頁223。

❼ 《後漢書》，卷2，〈明帝紀〉：「（明帝永平）四年春二月辛亥（十一日），詔曰：『朕親耕藉田，以祈農事。京師冬無宿雪，春不燠沐，煩勞群司，積精禱求。而比再得時雨，宿麥潤澤。其賜公卿半奉。有司勉遵時政，務平刑罰。』」頁107。

❼ 《後漢書》，卷2，〈明帝紀〉：「（明帝永平）十三年春二月，帝耕於藉田。禮畢，賜觀者食。」頁116。

❼ 《後漢書》，卷2，〈明帝紀〉：「（明帝永平十五年春二月）癸亥（二十七日），帝耕于下邳。」頁118。

❼ 《後漢書》，卷3，〈章帝紀〉：「（章帝元和二年二月）乙丑（十五日），帝耕

景、武之際災異記錄表

	後元年	五月，地震。
景		秋七月乙巳晦，日有蝕之。❿
	後二年	正月，地一日三動。❿
		春，以歲不登，禁內郡食馬粟，沒入之。❿
帝		秋，大旱。❿
	後三年	十月，日月皆（食）赤五日。
		十二月晦，雷。日如紫。五星逆行守太微。月貫天廷中。❿
武	建元元年	
	建元二年	春二月丙戌朔，日有蝕之。
		夏四月戊申，有如日夜出。❿
	建元三年	春，河水溢于平原，大飢，人相食。❿
		秋七月，有星孛于西北。❿
		九月丙子晦，日有蝕之。❿
	建元四年	夏，有風赤如血。
		六月，旱。
		秋九月，有星孛于東北。❿
帝	建元五年	五月，大蝗。❿
	建元六年	六年春二月乙未，遼東高廟災。
		夏四月壬子，高園便殿火。❿
		秋八月，有星孛于東方，長竟天。❿

於定陶。」頁149。

❿ 《後漢書》，卷3，〈章帝紀〉：「（章帝元和三年正月）辛丑（二十七日），帝耕于懷。」頁154。

❿ 《後漢書》，卷9，〈獻帝紀〉：「（獻帝興平元年正月）丁亥，帝耕于藉田。」頁375。

❿ 《漢書》，卷5，〈景帝紀〉，頁150。

❿ 《史記》，卷11，〈孝景本紀〉，頁448。

〈武帝紀〉、〈公孫弘傳〉詔策比較表

	《漢書・武帝紀》詔策	《漢書・公孫弘傳》詔策
相類處	朕聞昔在唐虞，畫象而民不犯 北發渠搜，氐羌徠服 麟鳳在郊藪，河洛出圖書 何施而臻此與 著之於篇，朕親覽焉	蓋聞上古至治，畫衣冠，異章服，而民不犯 北發渠搜，南撫交阯 麟鳳在郊藪，龜龍游於沼，河洛出圖書 今何道而臻乎此 著之于篇，朕將親覽焉
相異處	今朕獲奉宗廟，夙興以求，夜寐以思，若涉淵水，未知所濟。猗與偉與！何行而可以章先帝之洪業休德，上參堯舜，下配三王	〔敢〕問子大夫：天人之道，何所本始？吉凶之效，安所期焉？禹湯水旱，厥咎何由？仁義禮知四者之宜，當安設施？屬統垂業，物鬼變化，天命之符，廢興何如

---

⑱　《漢書》，卷5，〈景帝紀〉，頁151。

⑱　同上，頁152。

⑱　《史記》，卷11，〈孝景本紀〉，頁448。

⑱　《漢書》，卷6，〈武帝紀〉，頁158。

⑱　同上，頁158。

⑱　同上。

⑲　同上，頁159。

⑲　同上。

⑲　同上。

⑲　同上。

⑲　同上，頁160。

後　記

　　1992年3月間，我在中國史課上講授漢武帝崇儒政策。至學期中，一年級徐聖凱同學以他在課餘搜集所得的論文，綜合整理出幾位學者的不同看法，以之相詢。當時即寫成一篇簡略答覆，隨堂派發，作為補充說明。未幾，諸學長有出刊《結網二編》之議，回想二十年前，修讀逯師耀東中國史學史課，深受啟發。及後忝為人師，復得教學相長之樂。遂以前此答覆短文，增衍而成本篇，奉賀逯師七秩壽慶，並誌此段教學因緣。

漢代豪族大姓的研究回顧

黎明釗

一、序論

楊聯陞在1936年發表的〈東漢的豪族〉是漢代豪族大姓的研究重要里程。此後，中外學者續有論著發表，其研究的重心環繞下列四個範疇：

一、豪族興起與血緣宗族和鄉里共同體的關係；

二、豪族與經濟的關係，特別是莊園自給自足的經濟；

三、豪族與皇權的互動關係，如帝國與豪強大地主、游俠在地方政府的角力，帝國如何吸納豪族大姓，豪族如何透過選舉制度進入帝國的官僚架構等；

四、豪族在地方社會所扮演的角色和地位。

一般學者都視豪族大姓、地方豪右，甚至豪強、游俠為阻礙皇權深化至基層社會的勢力，他們不止一人，而是一宗一族，並連結非血緣的個人或團體一起，往往也有眾多的徒附、賓客、佃農、奴隸等依附人物，組成一個擬血緣的鄉里共同體。繼楊聯陞之後，勞榦〈漢代的豪彊及其政治上的關係〉對漢代豪彊的出現、形成，其與經濟和宗族團結，豪彊與游俠、富豪及貴戚的關係等均有論述，他指出豪彊在政治

和社會上有支配的勢力。❶許師倬雲的〈西漢政權與社會勢力的交互作用〉分析豪族在士族化的過程是怎樣構成漢代一元政權的社會基礎,他也同時指出豪傑、豪俠之輩是漢代社會秩序中的地方領袖。❷余英時〈東漢政權之建立與士族大姓之關係〉較留意兩漢之際豪強大姓的宗族發展及地域分佈,從而分析光武集團崛起與士族大姓之關係。❸日本學者頗注意豪族、豪右大姓在地方社會所謂「鄉里共同體」的角色,如谷川道雄的〈世界帝國的形成〉指出豪族層已打開地方與中央政界相結合的途徑,對整個鄉里共同體有強大的影響力,甚至達至操縱的地步,使本來共同體性格很強的鄉里社會淪為受特定家族的支配而私權化。❹而東晉次〈後漢的選舉與地方社會〉更認為當時那些滲透入郡縣政府的豪族曾存在等級之差,大概可分為士大夫豪族即郡中士大夫,和非士大夫豪族即縣中士大夫兩級,他們長期在郡府和縣廷中任職並有特定的社會及政治影響力,而其社會階層序列則是:士大夫豪族—非士大夫豪族—小農民,與官僚等級序列:中央官僚、州郡吏—縣、鄉吏—庶人,是相應的。❺

---

❶ 勞榦,〈漢代的豪彊及其政治上的關係〉,收入慶祝李濟先生七十歲論文集編輯委員會,《慶祝李濟先生七十歲論文集》(臺北: 清華學報社,1965年),上冊,頁31–51。

❷ 許倬雲,〈西漢政權與社會勢力的交互作用〉,見氏著,《求古編》(臺北: 聯經出版事業公司,1982年),頁453–482。

❸ 余英時,〈東漢政權之建立與士族大姓之關係〉,見氏著,《中國知識階層史論: 古代篇》(臺北: 聯經出版事業公司,1980年),頁109–203。

❹ 谷川道雄,〈世界帝國的形成〉,收入伊藤道治、竺沙雅章、岩見宏等著,吳密察、耿立群、劉靜貞譯,《中國通史》(臺北: 稻鄉出版社,1998年),頁169–345。

❺ 東晉次,〈後漢的選舉與地方社會〉,收入劉俊文主編,《日本中青年學者論

　　二十世紀八十年代前的大陸學者都以馬克思唯物史觀和階級鬥爭理論為研究的指導原則，較重視探討上述範疇的第二項。八十年代開始，大陸學者多以社會經濟學的觀點去研究豪族作為帝國多元的社會力量之一，他們關注豪族地主的出現、發展與政治、經濟、文化及社會四者之間的關係。所不同者，他們不再強調馬列的觀點，而讓史料說話。各學者應用的史料除地上文獻，如正史、墓誌銘及碑刻外，還有地下出土的簡牘，而方法上則有些採用社會學的理論，有些以統計學去量化材料，以數據去說明豪族與政治及社會的關係。

　　筆者將漢代豪族大姓歸納為以下四類，其一、經濟大地主型豪族大姓，包括大地主及商賈豪族大姓；其二、官吏型豪族大姓，包括士族、世家、地方郡縣士大夫、掾吏等仕宦豪族大姓；其三、學術型豪族大姓，如儒宗、經學傳家等豪族大姓；其四、既不屬經濟或官吏型的豪右、豪強，如游俠等。屬此四種類型的豪族並非固定不變的，事實上文獻所顯示豪族大姓多屬某一時期的型態,如長期觀察一個家族，由發展、壯大、衰落至式微，不同階段可能呈現不同型態。

二、漢代豪族的定義和研究❻

　　楊聯陞1936年10月在《清華學報》發表的〈東漢的豪族〉可說是漢代豪族研究的奠基者，他對豪族的定義有指導作用。楊氏從經濟和政治兩方面分析漢代豪族的形成及發展，並以豪族內部分清、濁流互相對抗去解釋漢末兩次黨錮之禍。何謂「豪族」? 他以家族及結合政經

　　中國史：上古秦漢卷》（上海：上海古籍出版社，1995年），頁572–601。

❻　按本文綜述各家對漢代豪族研究的觀點，為免錯誤介紹各家之說，文字盡量
　　掇錄自原著，由於在講述各學者觀點時已述其出處，故頁數及引文符號皆從
　　略。

關係依附者所組成的集團來定義「豪族」，明確揭示豪族在兩漢發展至
定型與宗族擴展有不可分割的關係，並注意到這種豪族不是單一同姓
的宗族那麼簡單，而是結合其他姓氏的個人及家庭所組成的大集團。
這些豪族大姓、豪右是地方社會有影響力的人物和其宗族，他們可能
是富商、地主、郡縣掾吏、土豪惡霸，或以儒入仕的士大夫階層。余
英時〈東漢政權之建立與士族大姓之關係〉一文曾追溯士大夫名稱之
演變，認為士大夫在漢初主要是指武人，但往後便有較廣的社會涵義，
在概念上將士族、大姓、官僚、縉紳、豪右、強宗等等不同的社會稱
號統一起來。❼換言之，士大夫也是豪族大姓。何茲全的〈戰國秦西
漢的豪富家族〉把豪族大姓一類地方上有影響力的人物及其宗族稱為
豪富家族，此等人物包括如蕭何所謂的「豪家」、諸侯王、公主、列侯
等貴族，他們是和吏二千石及豪富民一起欺壓百姓的。《史記》裡稱作
豪猾或豪奸的也是豪富家族的一種，他們是地方上的大族，往往有數
百家，橫行鄉里而不遵法度。這些社會勢力自戰國至西漢都一直危害
帝國上而下的管治。❽楊聯陞認為豪族的依附者是因經濟及政治的關
係才結合成一整體，彼此利害相依，休戚與共。豪族內部除人口眾多
外，經濟膨脹和政治擴張也是其主要特徵。經濟膨脹類型的豪族來源
自商人轉化的地主，而政治類型的豪族則來自外戚、宦官及高級官吏

---

❼ 余英時，〈東漢政權之建立與士族大姓之關係〉，見氏著，《中國知識階層史
  論：古代篇》，頁181。有學者認為豪族也可指官僚與士族，如劉增貴，他認
  為「士族」、「世族」、「世家」等稱呼都表示他們在地方上是有名望的大族，
  他們不僅勢力大，而且為社會所羨慕，多世代為官，或歷為士門，這類豪族
  不只是地方性的，其勢力更影響及於京師。見劉增貴，〈從政府對豪族的態
  度論漢代豪族性質的轉變〉，載《史原》，第11期（1981年），頁35。

❽ 見何茲全，〈戰國秦西漢的豪富家族〉，見氏著，《中國古代社會》（鄭州：河
  南人民出版社，1991年），頁258。

三方面，顯然定義豪族，要考慮社會、經濟和政治各種因素。社會方面，個人及同姓宗族團體；經濟方面，大商人、大莊園、大地主以及政治集團，正如勞榦認為《漢書》所提及的「豪桀」、「豪族」、「豪猾」，都是豪強，都有違法之意。同時，豪族不是單一個人，而是背後有其家族與宗族所支持的血緣團體力量。❾這些違法的團體可構成巨大的社會力量，因而形成地方社會的政治勢力。

　　楊聯陞認為豪族之壯大與莊園經濟密不可分，漢代小農單獨生產會入不敷出，如把土地集中到大地主經營之下，依附的小農耕種就有種種生產及分配上的便利，耕牛種子都不缺乏，又可依照土地之宜選擇作物，他據崔寔《四民月令》證明這種大地主經營的莊園體制是可以促進生產和增加收入的，而且莊園內可以試用種種新耕種方法，如趙過的代田法及氾勝之區種法等，並利用水碓刺激生產。他肯定莊園經濟的進步意義並起到壯大豪族的作用。他指出那些大地主可以農而兼商，且與大牧畜主為三位一體，囤積貨物後以買賤賣貴的方法賺取豐厚的利潤。至於農地的耕作，他指出大概以地主家的男子及依附的小農為主。他們的奴隸多數只作手工業，只有少數參加農事。他又明確區分奴隸和徒附：奴隸是完全不自由人，可以買賣，而徒附則是半自由人。

　　豪族勢力的成長與政治也有千絲萬縷的關係。楊聯陞特別關注門生故吏和選舉請託的問題。富而未貴的豪族想取得政治地位來幫助他們經濟的發展，於是交結官府，運動選舉來爭取政治地位；而已經貴了的就運動選舉讓自己更貴，並使依附者也都貴起來，結果從東漢初

---

❾　上田早苗以襄陽豪族為例，認為豪族是一個由數十家或數百家組成的宗族，其族員身分有官僚、掾吏、學者、農民、商人及逸民等。見上田早苗，〈後漢末期の襄陽の豪族〉，載《東洋史研究》，第28卷第4期（1970年），頁19–41。

就鬧「選舉不實」，豪族不但請託地方而且請託中央，地方豪族與外戚宦官結合，使選舉的情形更壞。他認為漢朝選仕、辟除及任子三種方法都造成政治上的依附，即「門生故吏」的盛行，故吏與府主之間存有君臣之誼，長久保持著隸屬關係，這反映在長官死後故吏出錢替他立碑，並刻上自己的爵里名姓以為關係的證據；為府主服喪多者可至三年；未就任也願稱故吏，甚至肯為舉主服喪，而編織上述的關係網絡就是豪族勢力擴張的關鍵。

然而，豪族之間並不和諧，其鬥爭從地方蔓延至中央，終有黨禍出現，楊聯陞以為這是他們內鬥的結果。他把東漢的豪族分為急進和保守兩大類：急進的豪族包括外戚及宦官，他們是甚富而無知的濁流；保守的豪族包括士大夫及外戚，他們是不甚富而有知的清流，此兩派的衝突造成了「黨錮之禍」。

誠如毛漢光、黃今言之說，豪族不斷發展經濟力量，從土地、商業、手工業等獲利，其門下有眾多賓客、部曲、徒附。隨著漢武帝獨尊儒術，儒家思想成為了道德規範，政府以之為選舉用人的標準，社會上富而有德的豪族大姓也朝這方向進入地方郡縣的掾吏層。一些以儒家經典傳家的大族逐漸發展成累世公卿，在政治上縱橫捭闔。他們的社會地位不單以金錢衡量，文化和學術背景也是重要的較量要素。辟舉地方掾吏的舉主、故主，門下有眾多的門生、故吏，他們之間複雜的政治及文化關係，這都是漢代，特別是東漢時期豪族大姓的基本特徵。按豪族大姓有以個人身分出現，亦有以家族血緣團體見於史籍，更多是宗族團體再加非血緣的游俠、豪桀組成了大莊園地主的社會力量。他們在社會上是有頭面的人物，是影響力巨大的文化學術以及政治集團。像眾多學者所認為，地方長吏、郡縣掾吏，或者是長期任職的郡中士大夫、縣中士大夫的家人或賓客、門生、故吏以及其所編織關係網絡的人物，他們雄張閭里，財力智力、文化學術，以至政治網

絡都有過人之處。以血緣為中心的豪族大姓，以父家長為首，自上而下的家長式管理，組織十分嚴密。基於學術文化理念而結合的士大夫，組織較鬆散，但互通聲氣，集體意識也強，地域分佈以門生、故吏的文化及政治網絡開展，牽涉面可以很廣；相反，富豪地主受著土地或經商環境所約束，分佈地域只集中於某些鄉里。

日本學者稱以父老為中心的民間秩序為鄉里共同體或以士大夫豪族為中心的民間秩序為豪族共同體，這共同體在狹義上應當是組織性團體，內中人的意志和力量都有著相互的關係，這種意志和力量聯繫個人而形成族群，族群領袖以家長式管理，以家長意志為族群意志，帶領其所屬的群體人物統一地行動。這有機生命的結合基本上就是共同體的本質。❿無疑以血緣為中心的豪族大姓有類似上述共同體的性質，非血緣人物的結合也受共同體首領所約束，被擬家族的組織支配，但緊密程度當然不及同姓團體，不過，禍福與共、互通有無、賑濟贍恤是共同體的理念。

三、豪族大姓對帝國權力的挑戰

繼後的臺港學者都集中討論豪族興起與豪強的關係、豪族與同姓宗族擴展的關係、豪族的士族化、豪族的經濟力量、豪族作為社會勢力與政權的關係、豪族作為地方社會領袖的角色等，這些研究與明清士紳控制地方社會相呼應。

勞榦的〈漢代的豪彊及其政治上的關係〉一文指出《漢書》上有許多不同的名稱，例如「豪桀」、「豪族」、「豪猾」、「豪強」，都是指豪強。豪強有時也單稱做「豪」，皆含有一種違法的意義在內。為正法紀，

---

❿ 見林榮遠譯，裴迪南・滕尼斯著，《共同體與社會——純粹社會學的基本觀念》（北京：商務印書館，1999年），頁52–54。

政府的官吏是有責任對付這些豪族的。他意識到位於帝國核心的皇權和位於權力邊陲的豪族是兩種相對立的力量，認為政府不得不設法用徙民及刺史制度去對付他們。他指出漢高帝和漢武帝是繼承了秦代對於豪強加以限制的政策，當時豪強大都是比較願意遷徙到關中，尤其那些從偏遠之地遷到三輔地區的，在豪強眼中，犧牲原來土豪的地位，只是為了爭取更大的機會，因此遷徙並未能壓抑豪族，相反有利一些豪族的加速發展。勞榦認為構成豪強的因素是依靠兩種基礎：一是社會經濟的力量——私有財產；一是政治的背景——如任官與否。社會經濟力量和政治的背景兩種基礎配合適當是構成豪強在本地有支配勢力的主要條件，兩者比較，社會經濟力量更具決定性，而社會經濟力量的來源一定要依賴金錢和勢力，所以豪強背後的財富是一個極端重要的因素，而豪強的財產來自土地和經商上的收入，所以豪強和大地主、大商人是分不開的。

　　勞榦也論及豪強作為地方社會領袖人物的觀點，漢代豪強往往不只一兩個人，而是一個宗族，這是出於封建時期大夫合族的習慣。漢代豪族是繼承同族居住的風俗，族黨鄉里、父子兄弟合族發展整體利益，這是地區宗族發展成豪族的線索。他據《漢書》指出東漢時期確實有許多顯著而違法的豪族大姓，他們都是在社會上有領導能力卻並不太安分守己的人，每遇動亂就號召鄉里自保，尤其被遷去三輔地區原屬於關東的強宗右姓，結果成為了鄉里自保組織的新領袖。他又指出到了東漢平定天下之後，據地自雄的豪強被弭平了，但是地方性豪強的勢力卻並未消滅，京師的貴戚及南陽的功臣都成為豪強，所不同於西漢的只是地域性的變易而非實質上的變易。勞氏已注意到豪族作為地方領袖的角色，既可反抗政權，又可支持建立新政權。❶

───────────────

❶　勞榦也注意到豪強與游俠的關係，他認為任俠之徒至少是以游俠當做一種事業來看，他們的收入也是來自同情者的饋贈，代表富商和大地主的豪強是很

　　勞榦具識見的指出：西漢晚期的鄉舉里選制度，地方官吏往往給豪族以優先，鞏固了他們的政治地位，更加上政府的政策是根據封建時代的遺法，鼓勵兄弟同居，使豪族的勢力不易分散。在此他突出了選舉和宗族對豪族發展的助力。

　　許師倬雲有數篇論文談及豪族右姓的問題，尤要者〈試擬中國社會發展的幾個論點〉，以社會演變的觀點說明兩漢單純社群社會的發展。他認為整個漢初社會依然存在高度的多元性，包括中央政府、諸侯王、游俠豪族和富商巨賈，個人因此可各自循不同的階梯進身，但在漢初一個世紀內，這個「複雜社群」社會蛻變為巨大的「單純社群」社會，轉變的動力為：一是政治權力的集中；二是王國經過中央的武力行動逐漸消除而變為地方政府；三是督察制度把中央鎮撫地方的太守變成地方行政人員，而郡政府的督郵成為中央刺史的翻版，於是中央對基層的地方單位也可收節制之效；四是政治權力運用暴力、重稅、專賣，以及賣爵等手段把商業資本吸收盡淨，使商業的發展受到了限制；五是游俠與豪族勢力的削弱，各派不同的觀念由混合、交錯，而最終產生了正統；六是文職人員的世家是執行權力與傳襲正統的人，氏族力量也因此再度抬頭，而這種氏族就是中國歷史上維持甚久的士大夫階層。他以兩漢由多元社會轉變為接近一元社會，及由複雜社群改變為單純社群去解釋士大夫階層發展為士族，並維持甚久的原因。

　　許師繼而在〈西漢政權與社會勢力的交互作用〉一文以豪族為社會勢力的觀點分析豪族在士族化的過程是怎樣構成漢代一元政權的社

　　　容易和游俠相結合的。漢初游俠犯禁有「言必信」，「行必果」，「諾必誠」，「赴士之阨困」等正面意義，但從反面言，游俠可說成是「奸偽」，〈游俠傳〉內的「豪桀」二字也作游俠的代名詞，無疑豪桀和游俠有一定相關的意義，兩漢之間許多大族都交通游俠，互相聲援，揭示了游俠的俠奸兩面。見勞榦，〈漢代的豪彊及其政治上的關係〉，頁45–51。

會基礎。許師是由各個時期的政權性質、社會秩序及地方政府結構三個角度考察西漢「士大夫」的逐漸形成為一個特殊的群體，以及士大夫構成西漢政權之社會基礎的過程。許師認為西漢初年，社會秩序基本上是固定的，到了武帝時期才有變動。**⑫**其時皇權直接干涉地方社會秩序，這既見之於皇權人格化的「酷吏」，又見之於制度化的部刺史制，而中央勢力的伸張及於地方基層是漢初放任政策下所未見的。他又指出漢初郡國守相把日常行政事務如賦斂、解紛、捕賊一類的小事都交託給鄉亭組織的三老，使這些鄉官和低級官吏成為了政府與人民之間的中介，並引用了居延漢簡去說明三老和卒史在老百姓心目中都有很高的地位，他們具有「假借的權威」，而上級對他們也愈具依賴性。他還指出地方社會秩序的領導權另有一個非正式的結構，就是地方上的豪傑與游俠，漢之郡二千石，甚至酷吏都必須藉這些豪傑為耳目爪牙，這種游俠集團是由智勇之士集合一群人所構成，他認為漢初社會秩序的基礎結構就是由這種個人結合的集團來維持的。

豪族大姓如何擴張其政治力？許師謂中央與地方間的主要橋樑是孝廉和博士弟子員的察舉，漢初豪傑一類的人物透過這種選拔方式變成中葉以後的士大夫，而昭宣以後郡國守相嚴格實行迴避本籍的規定，長吏必須依賴掾吏，掾吏就成了察舉的對象。西漢中葉以後士大夫、察舉到中央的人士及地方掾吏群，合成一個「三位一體」的特殊權力

---

⑫ 許師認為兩漢各個時期政權的性質可從統治者，例如丞相的出身來考察，他認為丞相來源由漢初的功臣集團，發展至元帝以後丞相多是經學之士，反映兩漢政權的性質逐漸儒家化。社會秩序方面，他指出漢初用人以軍功、蔭任、貲選諸途登進，限於已參與政治者，對於從全國普遍的吸收新血仍缺乏制度化的途徑，因此武帝以前的中央政權並不能在社會的基層紮下根，同時也沒有改變或擾動原來的地方性社會秩序。見許倬雲，〈西漢政權與社會勢力的交互作用〉，頁454–462。

社群，士大夫無論在中央與地方都以選舉而參與帝國政治結構，因而構成漢代政權的社會基礎。昭帝以後，地方大姓往往與「三位一體」的權力分子有關。許師強調選舉使豪傑、士大夫及掾史群合一而為特殊的權力社群。而研究豪族大姓透過選舉，例如孝廉等名目進入政府以擴展其政治影響力的學者，較早期者要算勞榦的〈漢代選舉制度考〉一文，勞氏以碑刻為證說明東漢大家族成員通過孝廉選舉由郡守薦至朝廷。他分資歷、家世及任用三方面去分析被舉孝廉的人物，認為在劇烈競爭當中，對於被選者的標準，除個人能力外，其所屬的家族是世家大族與否也是關鍵，顯然他是想突出孝廉的世族背景。**⓭**接踵而來是邢義田的〈東漢孝廉的身分背景〉，文中認為孝廉不僅是東漢官僚的重要來源，而276位被舉者的家世背景就代表著一定的社會勢力。為了爭取進入權力中心，千方百計干預孝廉選舉的競爭者包括在中央的權臣貴戚和地方州郡的豪族。邢義田認為豪族是平民中上層少數擁有特權的一群，名之曰貴族亦無不可，他們是土地財富的貴族，也是擁有知識和仕宦機會的貴族，以他們為基礎的政府可名為貴族政府，傳統中國的政治權力可以說是一直是信託在這些富有恆產的少數貴族手中。**⓮**何茲全〈東漢的豪富家族〉也認為東漢豪族強宗進入仕途一般是通過選舉，而所謂「選舉不實」就是選舉為豪族強宗所「壟斷」，由於刪敵的貧民在選舉面前是無分的，結果選舉便由閥閱家族獨佔了，這種發展使東漢世家豪族有「知識化」的特性，實際就是儒化，豪族強宗便逐漸成為儒學士族。他又指出西漢後期漸有以地方屬吏起家的，而東漢的官也多從地方屬吏起家，再經選舉辟召而出任地方長官或朝

⓭ 勞榦，〈漢代選舉制度考〉，見氏著，《漢代政治論文集》（臺北：藝文印書館，1976年），頁629–664。

⓮ 邢義田，〈東漢孝廉的身分背景〉，見氏著，《秦漢史論稿》（臺北：東大圖書公司，1987年），頁145–211。

廷官員，因此認為這和東漢地方豪強勢力的增長大有關係。東漢的豪族強宗，他認為多數是世家，這些世家豪族都能世代為官，世代保其家業。**⑮**

四、士族大姓與帝國的互動及其與學術文化的關係

注意兩漢士族大姓發展的學者余英時，他的〈東漢政權之建立與士族大姓之關係〉一文探討兩漢之際豪強大姓的宗族發展、豪強大姓的地域分佈及士族化的深淺程度。余氏從宗族的角度分析光武集團崛起的原因，他指出在西漢末葉士人是具有深厚社會基礎的士大夫，而這種基礎便是宗族，士與宗族的結合就產生了中國歷史上著名的士族。他認為士族的發展一方面是強宗大姓的士族化，另一方面是士人在政治得勢後，再轉而擴張家族的財勢。他留意到統治階層與士族的互動關係，認為武帝以後強宗豪族因逐漸「士族化」而與統治階層發生聯繫，勢力日益鞏固及浩大，政府官吏要對付豪強便要採取分化與利用的政策，再不能單憑殺伐。

豪族大姓接受儒家教化，終致成功轉變為士族，余英時以地方教化是否成功去判斷社會士族化程度的深淺，並揭示出地方官吏與士族在維持社會秩序及管理地方事務時的依存關係。另外，他根據地理分佈列有「兩漢之際各地豪傑起事表」，分五地域論述十二集團，他指出漢代移徙強宗大姓多在長安附近的諸陵，因此三輔大姓特多，在洛陽政治中心的四周也有許多強宗大姓的勢力，光武集團最初即發端於南陽一帶，雖不在政治核心，但在政局動盪不定時，往往也是各方起事

---

⑮ 何茲全，〈東漢的豪富家族〉，見氏著，《中國古代社會》，頁378–387。

者爭奪的對象，所爭者已不止一人而是整個宗族，由光武帝起事後舉宗從征的事尤為普遍可證之。至於地方社會的型態，他認為宗族關係尚不止於一姓，父族之外，往往擴大至母族與妻族，而士人與其宗族的關係自武帝以後便日深一日，這種密切的宗族關係在動亂之世表現得更為顯著，宗族即有不參加者，事敗亦受牽連。**⓰**

　　另一位研究地方社會和國家互動關係的是毛漢光，他的〈中古統治階層之社會基礎〉也以社會勢力的觀點去看士大夫家族，並以此解釋政權與士族合作的原因。他認為士族是中國中古社會上的一股最有力量的社會勢力，政治統治者為了要穩定其政權，若無法摧毀這股力量，則必須覓取這股勢力的合作以獲得他們對政權的支持，也就是引用社會領袖參與統治階層，分享政治地位與政策，士族與帝國統治者的互動就是這樣發生，而擁有社會勢力者一旦參與政治統治階層，既可以保持其現有的社會地位，還可以增強自身的利益，這兩者之間的合作，是古代政治和社會安定的重要基石。他認為西漢前期政治階層與社會階層之間的拉力是相當緊張的，宣帝以後逐漸任用儒生為相，顯然找到了溝通雙方的媒介，但這時的士大夫只以個人參政，後來東漢政權成立及其性質都與豪族有較密切的關係，特別是參與帝國統治的逐漸趨向士族化。

　　至於士族擴張其社會影響力方面，毛漢光認為其中一個方法是結合部曲、奴隸成一整體，是上下關係的社會聯繫。他認為部曲在東漢初年開始轉為私兵，由佃農組成，而佃農本為自由民，除交納田租，每常為豪族作雜役，受人身與經濟雙重約束，當社會有變亂時，他們很自然亦屬豪強勢力的一分子。簡言之，地方豪族有三項特點：一為經濟性：從土地上獲利，比一般人較多財富；二為社會性：以土地為根本的豪族，因各地物產環境不同而具有不同的地方性色彩，並以家

族血緣為聯繫力；三為武質團體：平時為自衛團體，而戰時就轉成戰鬥團體。兩漢士族的凝聚為偏離帝王權力的一大社會勢力，漢帝國為增強其社會基礎，自西漢昭宣以降，採取吸收社會勢力參與政權的辦法而啟其端，對象是地方豪族，一端是代表政治力的皇帝，一端是代表社會勢力的地方豪族，官僚與士大夫就是居於這二極之間的媒介人物，他們一直扮演著中間角色的功能，後來逐漸構成一個特殊的團體與社會階層，一方面是地方豪族士大夫化，另一方面是士大夫之豪族化，一同走向了中古士族的道路。⓱

何茲全另一文〈兩漢豪族發展的三個時期〉從社會勢力的觀點論述兩漢豪族與帝國互動的情況。他認為豪族是一股強大的地方社會勢力，兼併農民，武斷鄉曲，干擾吏治，構成社會上和皇權對抗的不安因素。豪族的性質和作用在兩漢可分三個時期：㈠漢初到武帝：豪族以殘存下來的六國舊貴族、游俠及豪傑兼併之家較突出，他們的氣息、精神面貌都和戰國時世家豪族相同，招養賓客成風，多為不法，擾亂吏治，而漢初皇帝採取打擊政策，其中重要的一項作法就是徙關東世家豪族於關中，另外用酷吏就地鎮壓。㈡武帝至王莽朝：豪族以富商大賈為主，武帝採取強硬經濟手段來奪取富商大賈的財富，而王莽改制時則限田限奴。㈢東漢：豪族的世家性比較顯著，來自官僚、商人和儒家學者，在他們下面團聚了成千上萬的賓客、部曲、門生、故吏、徒附，成依附隸屬關係，和主人構成一個集團，禍福與共，而門生、故吏是東漢豪族勢力的一大支柱。⓲

兩漢至魏晉士族不只是富而有勢的地方土豪，毛漢光亦認為中古

⓱ 毛漢光，〈中古士族性質之演變〉，見氏著，《中國中古社會史論》（臺北：聯經出版事業公司，1988年），頁75–77。

⓲ 何茲全，〈兩漢豪族發展的三個時期〉，收入《秦漢史論叢》，第三輯（西安：陝西人民出版社，1986年），頁96–116。

家族頗多偏重學術，特別是以經學傳家的大族，其社會影響力在時間上是更具韌力，社會地位更有恆久的生命力，他在〈中古家族之變動〉以家族在東漢至魏晉的變動去說明經學與大族的關係，他指出東漢的鄧氏、馬氏、竇氏、耿氏、梁氏都具有外戚身分，但絕少在經學上有特殊地位，可評為政治性家族，政治性的家族會隨政局的變動而盛衰，故在魏晉以後已非大族。袁氏自袁良、袁安習孟氏《易》，以致東漢後期有四世三公，漢魏之際與曹操爭天下失敗才開始衰落，另一支陳郡陽夏袁氏則盛行於中古。弘農華陰楊氏習歐陽《尚書》，楊震有關西孔子之稱，至唐不衰。京兆杜陵韋氏、河南開封鄭氏、博陵安平崔氏，亦屬東漢大族，由北朝而隋唐，成中古名族。太山平陽羊氏、潁川潁陰荀氏、沛國龍亢桓氏，在東漢亦以經術傳家，享盛名於魏晉而衰於南朝。他認為由經學而成的士族比政治性家族更經得起朝代的更替而延續性較強。換言之，學術文化的持續使家族在地方社會中有綿延恆久的生命力。**⑲**與利用社會學方法考察不同，毛氏以史料考證為主。毛氏認為士族性質的改變是由區域性進入中央性，地方豪強演變成士族需要包涵學業品德，有的甚至兼具官吏資格，所以除部分脫穎而出外，大部分仍然保留在各地方繼續成為地方領袖，而縣級地方豪強則絕大部分都未進入士族。這說明了士族性質改變後仍存有大小等級之差。他又認為黨錮前後令士大夫有進一步交流的機會並超越區域界線而構成一體，漸成為全國性大社會領袖而注意全國性利益。

日本學者東晉次的〈後漢的選舉與地方社會〉認為地方的豪族通過選舉成為中央及地方官僚，這是政府與地方豪族互動的一種重要形式。士大夫通過選舉長期任職州郡、或縣級行政單位而形成級別等差。他指出當時地方的豪族可分為士大夫豪族和非士大夫豪族兩個等級之差，而社會階層序列（士大夫豪族—非士大夫豪族—小農民）與官僚

---

⑲ 毛漢光，〈中古家族的變動〉，見氏著，《中國中古社會史論》，頁60。

等級序列（中央官僚、州郡吏─縣、鄉吏─庶人）是相應的。所謂士大夫豪族是指「擁有為數眾多的修習儒學的儒生（士大夫），又繼續不斷地產生出員數非寡的中央官僚的地方州郡吏」；所謂非士大夫豪族是指「也擁有士大夫，但為官範圍大致限於縣廷」，而這種階層構造在前漢後半期即已顯出端倪，後漢初、中期官僚輩出的三輔、河南、潁川、汝南、南陽等郡就是這樣的代表地區，而在後漢中期巴蜀、關東（尤其是黃河下游的右岸）、江淮等地區也出現了此種階層構造，到後漢末期則已發展到了全國，此二分「郡中士大夫」及「縣中士大夫」兩階層，大體也近於漢代歷史真相。❷⓿

　　按國內學者唐長孺先生也認為漢代，特別是東漢，地方州郡吏長期由某些大姓出任，他的〈東漢末期的大姓名士〉據史籍有關大姓、著姓、冠族、甲族及單家的記載推論大約在東漢最多，而各級地方行政機構通常是由地方大姓中代表人物所組成，既然州郡大吏照例由大姓、冠族充當，而大姓、冠族每郡只有數姓，例如汝南許氏、潁川荀氏等，因而州郡大吏就帶有世襲性，這揭示郡姓促成郡吏的世襲。❷❶簡修煒〈封建門閥制度簡論〉以等級性和宗法性去分析兩漢的地主世家。所謂等級性，他認為是隨著地主階級內部力量發展的不平衡而不斷分化出特殊的等級，而軍功地主、官僚地主、宗室外戚及名儒（儒宗）這四種勢力就以經濟力量強和社會政治地位高作為特殊等級高踞於統治地位，他們的出現可說是門閥特權形成的第一個前提條件。所謂宗法性，他認為世襲特權是按血緣家族或宗族繼承的，從而形成冠族、望族、甲族、著姓的高貴門第。當宗法制度滲透到官僚制度中，門閥特權也就世襲化了，這種滲透表現在任子制、選士論族姓門閥和選舉

---

❷⓿　東晉次，〈後漢的選舉與地方社會〉，頁582–595。

❷❶　唐長孺，〈東漢末期的大姓名士〉，見氏著，《魏晉南北朝史論拾遺》（北京：中華書局，1983年），頁25–29。

權落入名士手中及標榜門第上，顯然壟斷選舉用人制度是形成所謂封建門閥制度的關鍵。❷研究宗族發展的馮爾康，他的《中國宗族社會》也指出秦漢時期包括地方豪強和高貲富人的平民宗族，他們與官僚結合便擁有更大的政治、經濟和社會勢力而成為豪族，他們積極出仕為官，尋求政治上的發展，豪族官僚化，結果大大增強了宗族的凝聚力。同時豪族越來越儒質化，士林的仕宦由個人的活動演化而成家族的活動，士大夫家族也開始豪族化，士林、豪族之間這些因素的相互滲透，使得他們集政治地位、文化背景和經濟財力於一體，從而形成延綿長久的世家大族。❷

　　地方豪族用甚麼方法滲透入公家社會之中？東晉次上引文也指出後漢時期，即使同是豪族也會因儒學修養及能力的差異來決定其有無進入縣廷、郡府、中央各級官府為官的可能，這種情況累世延續，結果在豪族內出現了持續出任中央官僚和州郡吏的單一或複數的家庭，在強化儒家價值觀念的後漢社會，對於郡及中央級人物和門第的評價，終究還是要根據其儒學功底的深淺、能力的高低以及累世所出州郡吏、中央官僚的比率來進行的。❷士大夫豪族和非士大夫豪族之間存在的

---

❷　簡修煒，〈封建門閥制度簡論〉，收入《中國古代史論叢》，第九輯（福州：福建人民出版社，1985年），頁50–57。

❷　馮爾康，《中國宗族社會》（杭州：浙江人民出版社，1994年），頁91–96。

❷　上引唐長孺先生一文也提及大姓與選舉的關係，他指出大姓、冠族會累世通過察舉和徵辟跨出地方，為朝廷登用，舉自州郡吏的孝廉、茂才也是大姓、冠族，而非舉自郡吏的多半也是大姓、冠族，因為連主管選舉的功曹也即是這一階層的代表人物。東漢末年主持鄉里清議的「名士」，曾操縱選舉，隱操政局，唐氏推測此等名士雖不一定從大姓、冠族中產生，但出於大姓、冠族的恐怕要佔頗大的比例，可見選舉與豪族大姓有千絲萬縷的關係，顯然唐氏與勞榦、許倬雲及日本學者有一致的看法。見唐長孺，〈東漢末期的大姓

差異，以及對非士大夫豪族出身的冷遇，其結果就是使太守、縣令不得不任用當地的士大夫豪族為郡縣右職，尤其是郡縣功曹所具有的「於外白署」的權限，斟酌、定奪對郡縣吏的任免，進一步加強士大夫階層對官僚層的壟斷。❷⑤

學習儒家學術文化無疑是有利豪族大姓之發展。金發根〈東漢黨錮人物的分析〉一文分析東漢黨錮人物時認為豪族是由累世的經學，累世的卿相和宰州臨郡，累世的樹恩與通婚而形成的，察舉、辟召、薦舉和從學尤其是其中最大的關鍵。❷⑥豪族士大夫既浸淫儒學典籍，久而久之便會對士大夫階層認同，儒學理念也就是凝聚豪族作為社會力量的媒介之一。逯師耀東在他的〈荀粲與魏晉玄學〉一文認為潁川荀氏是累世傳經的儒學世家，荀氏家族自荀淑時代，以好儒但不恪守章句而為俗儒所非，惟當世名賢如李固、李膺等宗之，其子孫荀爽以《易傳》，荀悅以《漢紀》、《申鑒》光耀家族。❷⑦陳啟雲的專著《荀悅與中古儒學》也對以儒學傳家的地方精英——荀氏家族作了深入研究，並認為東漢末年地方領袖都與中央的儒士圈子和帝國官僚有聯繫，參與帝國的政治變亂（黨錮之禍、黃巾之亂等）和學術思想由儒入玄的傳變。❷⑧

名士〉，頁27–29。

❷⑤ 見東晉次，〈後漢的選舉與地方社會〉，頁588。

❷⑥ 金發根，〈東漢黨錮人物的分析〉，載《中央研究院歷史語言研究所集刊》，第34本（1963年）下冊，頁505–556。

❷⑦ 逯耀東，〈荀粲與魏晉玄學〉，見氏著，《魏晉史學及其他》（臺北：東大圖書公司，1998年），頁35–39。

❷⑧ 陳啟雲，《荀悅與中古儒學》（瀋陽：遼寧大學出版社，2000年），頁1–62，或其英文原著Chen Chi-yun, *Hsun Yueh (A.D. 148-209): The Life and Reflections of an Early Medieval Confucian* (Cambridge: Cambridge University Press,

馬彪〈試論漢代的儒宗地主〉也沿儒學方向探索地方宗族的發展，他認為漢代地主中有一個文化素養最高、政治生命力最強、歷史作用最大的政治集團，他稱之為「儒宗地主」，「儒宗」是指那些為儒者所尊仰的人物，他們在西漢社會已形成獨立的政治集團。儒宗的形成原因在於武帝「獨尊儒術」和帝國實行「明經取士」，儒宗地主形成的模式是先通經後入仕再成為地主。馬彪指出兩漢史書中有傳的經學世家不下七十餘家，而「累世經學」的結果是累世做官，豪族既壟斷文化，於是出現「累世公卿」的現象。儒宗累世公卿的發展具有政治勢力家族化的特點，其「兩漢公卿一級官吏中儒者所佔比例表」顯示公卿大吏儒者所佔的比例不斷增長。通過儒家學術文化的薰陶是豪族大姓提升本身的社會及政治地位的方法。❷⑨儒宗地主的發展是經學勢力世襲化、政治勢力家族化及經濟勢力莊園化，而與其他豪族地主比較，儒宗地主是具有最高文化素養的階層，他們掌握大量的書本知識，並具備了豐富歷史和實踐經驗，所以儒宗家族的延續性也較長。❸⓪

五、宗族紐帶與豪族大姓的社會網絡

豪族大姓之能成為地方社會有勢力的群體，血緣關係作為紐帶是它的起點，杜正勝就從家庭人口開始分析，他的〈傳統家族試論〉列有「歷代戶口數表」、「湖北江陵鳳凰山墓十貸穀賬表」及「居延戍卒的家屬表」等表，指出傳統中國戶口總平均數大約五人，屬所謂的小

1975), pp. 1–39。

❷⑨ 馬彪所言「儒宗」的另一面就是經營土地，他稱之為儒宗地主莊園經濟，其勞動者主要是依附民，見馬彪，〈試論漢代的儒宗地主〉，載《中國史研究》，1988年4期，頁69–70。

❸⓪ 見馬彪，〈試論漢代的儒宗地主〉，頁70。

家庭型態。漢代的家庭結構承襲秦制,雖不限於父子兩代的核心家庭,兄弟通常是分居的,平均家庭人口數不超過五口,居延和江陵的簡牘資料皆說明漢代家庭是以夫婦及其子女所組成的核心家庭為主體。他指出劉邦一家只有四人,不但沒有和兄弟同居,也未與父母共爨,像他這種地方豪傑的家庭結構與戍卒、貧農並無大異。而東漢之世,全國平均家口數比西漢晚期略高,杜正勝認為是儒家倫理普及後,矯正「生分」之俗的結果,家庭結構逐漸從「核心家庭」轉為「主幹家庭」,而不是「共祖家庭」。❸

　　杜氏認為族是家的延伸,一群人雖不同居,不合籍,也不共財,但仍以某些因素聯繫,在現實的政治、社會或經濟層面中或多或少地成為一體,這就是族,而以血緣聯繫的,親者為家族,疏者為宗族。秦漢以下之族應以喪服傳為本,三族應如張晏「父母、兄弟、妻子」的說法,而秦漢之法雖酷,並不波及父母族和妻族。秦漢之際宗族凝聚似不甚強,揭竿起義的豪傑大多是利用地緣關係結合知識分子而成集團,很少血緣因素,劉邦功臣集團絕少劉姓宗族可證之。漢統一天下後,東方的六國遺族因「宗強」成為地方的豪強,挾持郡守縣令魚肉鄉里,他們的力量部分來自宗族。西漢宣帝以降,儒學復興,古代宗族的社會功能也有所恢復,豪強也投入帝國行政體系中,開始吸收古代經典文雅化,脫離地方和草莽的色彩,於是形成東漢的大族,這

---

❸　見杜正勝,〈傳統家族試論〉,載《大陸雜誌》,第65卷2期(1982年),頁62–70。關於漢代家庭型態可參考許倬雲,〈漢代家庭的大小〉,見氏著,《求古編》,頁515–541。筆者之博士論文亦以漢代家庭型態為討論中心,並主張漢代家庭是多樣性的,不同地區有不同的類型,「核心家庭」轉為「主幹家庭」是兩漢的趨勢,但必須考慮區域上的差異, Lai Ming-chiu, *Familial Morphology in Han China*: 206 *B.C.-A.D.* 220 (Dissertation, Department of East Asian Studies, University of Toronto, 1995)。

過程學者稱之為「士族化」，東漢大族進而為魏晉南北朝的世家，一直延續到唐代中葉。他指出宗族凝聚在西漢晚年已不罕見，反對王莽末年起義群雄仰賴於宗族者遠比秦漢之際深厚得多，宗族聯繫力強，平常往來頻密，有事容易互通聲氣，終東漢之世，大族著姓的社會力量有增無已，這個階級構成東漢政治的支柱，一旦有亂，他們或聚結自保，或集體流亡，雖然包含鄉里鄉黨和部曲附從，但核心成員卻是宗族。無疑宗族是兩漢地方豪族大姓的出現和發展的核心。❷

國內學者認為豪族大姓的地主與佃農或依附農民之間，往往籠罩著一層宗族關係的色彩，例如張傳璽在他的〈兩漢地主土地所有制的發展〉指出西漢末年至東漢整個時期，隨著土地兼併和租佃關係進一步發展，人身隸屬關係也日益形成為一種社會性的制度，因此反映不同身分的名稱也出現了，一端是郡姓、大姓、名門、世族，另一端則是徒附、部曲、賓客、家兵。他認為所謂世族、門閥、門生、故吏、部曲、家兵等等以及他們之間的主從或隸屬關係，是「地主封建等級身分制」的早期形態，而地主與佃農或依附農民之間，掩飾著一層濃厚的宗族關係，宗族、九族、同宗、宗人等就成了地主與農民的集體名稱。這種宗族關係，他認為是在地主土地所有制下「族權」獲得進一步發展的具體表現，雖有一定的血緣或宗親關係，但實質只是一個掩飾階級對立的幌子而已。❸他所說的門生、故吏、部曲、家兵實際上並無嚴格的血親關係，只是擬血緣關係而已。

唐長孺〈東漢末期的大姓名士〉一文認為東漢末年的地方宗族很多都是武裝化的。他認為宗族、鄉里組織在地方政治和經濟都起重要

---

❷ 見杜正勝，〈傳統家族試論〉，載《大陸雜誌》，第65卷3期（1982年），頁134–137。

❸ 張傳璽，〈兩漢地主土地所有制的發展〉，見氏著，《秦漢問題研究》，頁49–50。

作用，大姓、冠族的代表人物都有能力組織武裝隊伍，名士和武裝隊伍的豪帥有時相兼；也有出自同族而名士與豪帥卻各有其人，當成為族內首領後，他們就憑藉其財富權勢控制宗族，並收納和庇護外來逃亡者所謂「賓客」。他指出宗族成員和賓客的身分是不同的，但對於宗族首領都存在著從屬關係，大姓的武裝隊伍即是由宗族、賓客組成的，而宗族首領對於族內成員和族外賓客處於父家長的地位。他們的武裝力量，對地方割據有舉足輕重的作用，可見大姓、冠族不但是控制地方的力量，也是漢末割據政權的階級基礎。❸

田餘慶在〈秦漢魏晉南北朝人身依附關係的發展歷程〉指出漢武帝以後至東漢之末是人身依附關係的顯著發展階段，在西漢的主要形式為「豪杰役使」及「逋流」兩種，至東漢這兩種依附者則稱為「宗族」及「賓客」。他認為這些豪傑、豪民是漢武帝以後形成的新地主，即豪強地主，他們以土地假民耕種，使之成為自己的依附農民，而他們一般都是宗族強大，武斷鄉曲的。他又指出部曲、佃客與其主人人身依附的程度雖不緊密但卻相當穩固，這主要是由於多數部曲、佃客與其主人還有宗族紐帶相連，因此認為東漢時期的依附關係是依托宗族勢力而迅速發展的。❸

田餘慶認為東漢所見的世家大族是魏晉士族發展序列中的中期型態，而西漢的豪強大族就是較早的一種型態。他指出東漢著名的宗族，特點就是「世」和「大」，即世代承籍和聚族而居，他們在地方有勢力，不論居官或不居官，社會影響都比較強大，但居官者即使是累世公卿，在朝廷也不一定都有很大的實權。他又指出東漢宗族一般處在皇權控制之下，如果皇權穩固，他們就是皇權的支撐者；如果皇權式微，他

---

❸ 唐長孺，〈東漢末期的大姓名士〉，頁29–31。

❸ 田餘慶，〈秦漢魏晉南北朝人身依附關係的發展歷程〉，見氏著，《秦漢魏晉史探微》(北京：中華書局，1993年)，頁59–88。

們便力圖匡復；如果皇權已經瓦解，他們則會成為新皇權的角逐者，他們會盡可能團結強大宗族，爭取支持，甚至轉化為強大宗族的政治代表。❸東漢豪族為保護自己階層的利益而積極擴充自身政治及社會的網絡，上面提及的門生、故吏關係就是其中之一，金發根〈東漢黨錮人物的分析〉一文分析東漢黨錮之禍中士大夫的社會成分，他們明顯是門生故吏的中堅分子。金發根認為東漢黨錮人物的出身以來自選舉的佔多數。黨人與門生故吏方面，他據《後漢書·黨錮列傳》指出當時的門生是有一種錄牒的，門生與宗師的關係較諸故吏與府主似乎要嚴格些，在東漢，每當府主宗師死後，他的門生故吏就為他服喪和立碑，現存漢碑之中，門生故吏的名字通常是書在一起的。❸張鶴泉〈東漢故吏問題試探〉一文也集中探討府主與故吏的問題，他認為漢代舉主、府主與故吏最重要的關係就是君臣之義，此君臣之義實際上是一種主從關係，內中有著兩種特點：一是兩者有不可分離的牢固性；二是故吏對舉主、府主表現出卑微化的傾向，即使兩者脫離關係，其相對低微的地位仍不會改變，就是對他們的子弟也是如此。在社會網絡的角度看，首先是君臣之義和主從關係影響及於東漢選舉制度，傾向任人唯親，地方郡太守察舉孝廉多推舉其親近屬吏，因此察舉在很大程度上以舉主、府主的意志為轉移，造成選舉出現種種弊病。其次是促使官僚階層編織以舉主、府主為中心的大小不同政治集團。❸

婚姻關係也是社會各階層建立相互網絡的媒介，劉增貴在《漢代婚姻制度》一書認為西漢中葉以後豪家之勢大盛而漸尚門第，東漢更

---

❸ 見田餘慶，《東晉門閥政治·後論》（北京：北京大學出版社，1989年），頁329–335。

❸ 金發根，〈東漢黨錮人物的分析〉，頁512–516。

❸ 張鶴泉，〈東漢故吏問題試探〉，載《中國古代史（一）》（先秦至隋唐），1995年11月，頁44–50。

為明顯,而婚媾上強調家風、門風,重於官爵。他指出地方同郡豪族間的婚姻是一種血緣、地緣的結合,他以《華陽國志》統計兩漢蜀地豪族之婚姻關係,說明大抵以社會地位相當為準則,若任高官,則不限同郡縣,有超越地域之色彩。在東漢大士族間的婚姻方面,他指出主要為外戚家相互通婚和清流士族通婚兩種。顯然,地方豪族相互間之婚媾是一種關係網絡的構組,對提升自身的社會地位十分有幫助,但劉氏也強調德行是東漢門第的主要特質,尤其社會對家族的評價愈來愈重要,這是政治黨派與婚姻關係圈以外另一劃分士族門第高下的標準。❸⑨

　　地方豪族大姓利用郡縣掾吏的網絡來開展和擴張自身利益的問題,筆者的一篇論文也曾論及,〈漢代東海郡的豪族大姓:以《東海郡下轄長吏名籍》及《贈錢名籍》為中心〉是以豪族大姓在地方的發展為討論中心,兼述豪族大姓進入漢帝國之地方行政架構,從而擴展其家族的影響力。筆者引用新出江蘇連雲港簡牘作為證據,進一步肯定上引東晉次非士大夫豪族和士大夫豪族兩社會階層之說,筆者認為西漢東海郡這些長吏基本上可以劃分兩階層:「郡中士大夫」和「縣中士大夫」,兩者因長期出任郡縣官職,於是有更多機會擴大其家族在地方上的政治和社會影響力,按此劃分是以新出史料為證據,觀點基本上與東晉次的見解吻合。❹⓪而同出的《贈錢名籍》是墓主師饒的同僚和

❸⑨　劉增貴《漢代婚姻制度》(臺北:華世出版社,1980年),頁163–206。

❹⓪　東晉次的觀點見〈後漢的選舉與地方社會〉,頁572–601。筆者的觀點見〈漢代東海郡的豪族大姓:以《東海郡下轄長吏名籍》及《贈錢名籍》為中心〉,載《中國文化研究所學報》,新第9期(2000年),頁47–96。另外高村武幸的〈前漢末屬吏の出張と交際費について──尹灣漢墓簡牘『元延二年日記』と木牘七・八から──〉(載《中國出土資料研究》,第3號,1999年,頁49–72),認為木牘七・八《贈錢名籍》所記人物大都是東海郡地方有力階層的

戚友因不同原因以錢贈予墓主的紀錄，這些屬於「縣中士大夫」的人物，其「贈予」的行為，其實顯示某些大姓意圖通過受惠者「回報」之心，又或者拉攏在任的郡縣掾吏，冀建立人際關係的網絡以達到相互援引的目的。另外，渡部武研究認為《四民月令》:「謁賀君、師、故將、宗人父兄、父友、友親、鄉黨者老」的「君」、「師」、「故將」是指郡縣的長官，崔氏家族在《四民月令》中特別提及在正月時向他們謁賀，顯示地方豪族在郡縣掾吏之中有重要的交際關係。❹

六、地方領袖與鄉里共同體的民間秩序

關於豪族與地方社會研究方面，日本學者首重帝國形成與豪族維持地方社會秩序的問題。糸山明指出地方豪族勢力一方面對漢朝中央權力起到輔助作用，但另一方面卻又對中央權力互相對立，若想深入了解漢代的政治、經濟和文化，就要探究國家、豪族與農民三者的關係。❷西嶋定生強調春秋戰國時代氏族脫離諸侯支配趨向解體，秦漢帝國建立皇帝體制後，皇帝進行全國由上而下的直接統治，所謂「個別人身支配」，他是從這前提下對鄉里共同體進行分析。❸東晉次認為豪族阻礙皇權的貫徹是由於豪族內部成員的構成方法是採用模擬家族成員或家內奴隸的形式被編入豪族共同體集權之內，❹雖然說天子以

人，當中很多是同姓的，推測都是同族的人，頁59–62。

❹ 見渡部武，〈《四民月令》に見える後漢時代の豪族生活〉，見氏譯注，《四民月令：漢代の歲時と農事崔寔》(東京：平凡社，1987年)，頁193–197。

❷ 糸山明，〈漢代豪族論への一視角〉，載《東洋史研究》，第43卷第1號(1984年)，頁165–173。

❸ 西嶋定生，〈中國古代統一國家的特質——皇帝統治之出現〉，收入杜正勝編，《中國上古史論文選集》(臺北：華世出版社，1979年)，下冊，頁729–749。

天下為一家，但是官吏及士族階層又是獨立的一家，天子能支配的對象僅限於一般庶民階層，例如有功勳者就賜予民爵來加以肯定，由於漢代君主權力不如想像中的強大，不得不採取與地方豪強合作的形式。❹西嶋定生的〈關於中國古代社會結構特質的問題所在〉認為豪族是阻礙皇權貫徹至民間基層的社會勢力。他認為當時的豪族是大土地所有者，並不斷追求商業利潤，豪俠糾集黨徒於其私門形成任俠的集團，成為閭里之雄，他們藉其社會勢力阻礙皇權的貫徹，然而，有時在官民妥協的情況下，他們成為皇權滲透地方的媒介者，被引進至地方的下層僚佐，或擢升為中央官僚。在一些豪族、豪俠勢力強大的地區，中央常常遣來官僚把服從的豪俠吸納，否則對其徹底鎮壓。❻

　　西嶋定生另一篇論文〈中國古代統一國家的特質——皇帝統治之出現〉指出秦漢在新君主體制下，其統治廣及六國地域，可是這些土地舊有的族制尚未解體，只是鬆散而已，為結合鬆散的民間秩序，代之而起的是新的社會集團，即是地方豪族，如大土地所有者，在維持族制結合的同時並吸收流民，構成龐大的社會勢力，他們以信義而結合，構成了游俠之徒的非血緣集團。惟帝國並不全力彈壓他們，反而透過他們所形成的地方秩序來統治。❼漢代郡縣下級官僚多採用地方

---

❹　見東晉次，〈秦漢帝國論〉，收入劉俊文主編，高明士、邱添生、夏日新等譯，《日本學者研究中國史論著選譯・第二卷・專論》（北京：中華書局，1993年），頁330–336。

❺　見東晉次，〈秦漢帝國論〉，頁343–345。

❻　西嶋定生，〈關於中國古代社會結構特質的問題所在〉，收入《日本學者研究中國史論著選譯・第二卷・專論》，頁44–45，亦見氏著，武尚清譯，《二十等爵制・序章・關於中國古代社會結構的特殊性質問題》（北京：國際文化出版公司，1992年），頁33–34。

❼　西嶋定生，〈中國古代統一國家的特質——皇帝統治之出現〉，頁747–748。

豪族子弟,顯示他們可以發揮媒介的功能把國家的權力傳達到地方上。
西嶋定生顯然以地方新秩序的出現去看豪族的發展。這裡帶出游俠為
地方社會領袖的問題,西嶋定生的〈中國古代帝國形成史論〉認為秦
漢的游俠是代表當地殘存的氏族權力,不完全受到皇權的「個別人身
的支配」,但後來卻結合皇權一起支配地方。他以游俠維持社會秩序的
觀點認為社會中存在的游俠習俗,是氏族制解體的結果,人們在喪失
所依存的秩序時,相互之間以自律性作為民間秩序而出現的,這種互
相依存的關係,實際上讓游俠形成帝國律令以外的另類禮法——「不
軌於正義」、「私義廉絜退讓」的游俠道德守則,但這非血緣游俠的集
團是社會領袖,抑或是地方社會的私人勢力還是值得探討的。

　　研究共同體的谷川道雄和川勝義雄認為中國古代至魏晉南北朝社
會曾經歷重大演變,即先秦時期以血緣關係為中心的「氏族共同體」
發展到漢代以「父老」為中心的「里共同體」,漢末群雄逐鹿,「里共
同體」又轉變為「豪族共同體」。❹谷川道雄的〈世界帝國的形成〉思
考如何把地方鄉里社會整合帝國權力之中,使中央和地方,政府和民
間形成一體以達成完全的國家形態,谷川道雄認為豪族層在整個鄉里
共同體的地方社會有強大的影響力,甚至達到操縱的地步,使本來共
同體性格很強的鄉里社會淪為受特定家族所支配,谷川道雄頗留心帝
國如何支配這一豪族層。

　　谷川道雄指出漢代的鄉里社會是主要以血緣關係為原理而構成的
社會,基本單位為家族(家戶),三族制(父母、妻子、兄弟)是基本
日常生活互助的團體,❹大約一百個家族就構成一個名為「里」的地

---

❹　多田狷介對此三階段的時代劃分稍有不同,他認為秦至前漢時代是「里共同
　　體」,東漢為「豪族共同體」,到了魏晉六朝是「貴族共同體」時代,見氏著,
　　《漢魏晉史の研究》下篇第二章〈後漢ないし魏晉時期以降中国中世」說
　　をめぐつて〉(東京:汲古書院,1999年),頁329–333。

緣共同體。他認為由於大土地逐漸私有化，豪族大地主階級抬頭，而小農貧困化淪為佃客、奴隸，結果造成鄉里社會趨於瓦解，於是血緣主義的社會結合原理鬆弛不張而有新的結合，此種嶄新的結合方式可從「塢」集團的結合原理去了解，就是一種人格主義的共同體原理。❺此外，儒家思想深入里共同體，其孝悌觀念成為豪族地主倫理精神的核心。操縱鄉里的豪族層似乎是由下階層來規劃領導層應有的表現，要求豪族層成為人格高潔的指導者，因此豪族不得不對自我擴充加以抑制以圖重建秩序，結果他們採取了以道德力讓民眾自立的方式，而豪族階級的地位亦得以安定下來。他認為在各地所形成的「村」，可說是當時迅速普及的道教與佛教生根發芽的場所，而五斗米道與太平道之努力目標都是要求人去除過度的欲望，這正是社會共同體重建之基礎。他又認為自漢代以來共同體秩序是表現於鄉論上，此鄉論基本上以儒學為媒介，並被納入貢舉制當中，而此傳統即使在漢末以後的集

❹ 谷川道雄，〈中國的中世——六朝隋唐社會與共同體〉，收入《日本學者研究中國史論著選譯·第二卷·專論》，頁330–336。或Tanigawa Micho, *Medieval Chinese Society and the Local* "*Community*", translated by Joshua A. Fogel (Berkeley, Los Angeles, London: University of California Press, 1985), pp. 80–81，亦可參閱上節許師倬雲、杜正勝前引文。

❺ 谷川道雄在其〈世界帝國的形成〉一文指出在漢代聚落的基本單位是「里」，但除「里」之外，當時的史料中散見著新的被稱為「村」的聚落，而「村塢」一詞就屢屢被使用。他從居延漢簡說明漢在當地設置了「塢候」以防備外敵，認為「塢」不單只是國家為防備外敵而設置，當內亂之際亦有一般民眾為自衛而設立，而這類「塢」的生活方式，自成一個獨立的世界，帶著濃厚的理想鄉的形象，在「塢」的內部必須由大家共同維持理想的秩序，並配合個人的出身，將經驗老成、賢能優秀的人推舉為指導者，而確立了領導體制之後，命令遂能順利推行，成員之間也各守其分，節度有禮。見谷川道雄，〈世界帝國的形成〉，頁211–215。

團形成時也繼續發揮作用。

如前所說有學者主張游俠是地方社會的領袖，也有日本學者認為父老發揮溝通中央與地方的功能，正如上面所提及以「父老」為中心的「里共同體」，守屋美都雄認為作為「鄉官」之一的父老是中央和地方的中介人物。他在〈父老〉一文以居延漢簡及相關文獻去追尋秦漢父老的職能，他認為納入了漢官制系統的最末級（鄉官）父老並不是根據政治意志而設置的，而應是里中出於共同自營的需要，自行選出的有經驗者。他以劉邦得沛父老之助作為例證，當父老承認某個政權的時候，父老規制下的里民也將保證其政權所必要的一切經濟負擔。他據《漢書》及漢簡的記載認為三老是代表民眾輿論與利益而出面與官方進行磋商和協調的人。❺那麼，父老是政府有意培植的地方領袖之說是可以相信的，筆者的〈西漢中期之三老與豪強〉認為漢帝國希望透過地方組織的鄉三老、有秩嗇夫、游徼來凝聚個人和核心家庭（編戶齊民）於帝國統治結構的基層內，三者都是政府刻意培育的地方領袖，其中三老尤其受重視，目的是使政令得到地方德高望重者的支持，當然他們很可能出身自地方的豪姓大族，而出身於地方豪姓的游俠和豪吏基本上代表阻礙滲透中央權力下達基層的地方勢力，不可能代表政府利益。❻

如何把非法和公然違反朝廷旨意的游俠、豪強大姓引導和納入政府的秩序之中是建立統一政權的重要問題之一。增淵龍夫的〈漢代民間秩序的構成和任俠習俗〉就從維持民間秩序的觀點去分析豪吏的出現，他認為民間豪俠一般要和郡縣掾吏以下的下級役人相結而成「豪吏」。游俠結合諸家而成秩序的維持者，豪俠不僅在地方勢力雄厚，還

❺　見守屋美都雄，〈父老〉，收入《日本學者研究中國史論著選譯・第二卷・專論》，頁570。

❻　拙文載《新史學》，第8卷2期（1997年），頁59–91。

通過和中央高官的結交，阻礙郡縣太守、令長權力的滲透。他指出漢政府是採用利用矛盾的方法去對付郡中相互對立的豪俠、土豪，即利用一方而誅滅一方。可惜政府任用游俠如亭長多以好勇者充任，結果卻反受其制約而使中央的統制力鬆懈下來。❺❸筆者很同意增淵氏之見，酷吏對豪強的打擊只會使豪強出現更替而不會完全消除豪強，因為政府的酷吏一面打擊豪強，一面亦塑造了新的豪強。

七、結語

綜觀上述各學者已發表的研究成果，雖然論點各異，但在史料方面，無論是臺灣、香港、日本，還是大陸的學者，在早期所用的一般都是正史和文論，正史主要有《史記》、《漢書》、《後漢書》、《三國志》、《漢紀》及《後漢紀》，而文論則有《鹽鐵論》、《潛夫論》、《風俗通》及《全漢文》，後期還應用墓誌銘及碑刻的資料，最近則運用地下出土的簡牘，以結合地上文獻及地下文物的二重證據法去研究。❺❹另外在方法上他們都用了統計學去量化史料，並製成統計表，以數字為據論證觀點；有學者亦使用社會學、經濟學理論以分析豪族大姓的社會基礎和經濟實力。

楊聯陞在〈東漢的豪族〉以正史資料指出光武帝的建國是地主政權即豪族政權的確立，而他的左輔右弼，雲臺二十八將，差不多都是豪族出身的，另外還有馬援、李通和鄧晨。他以陶希聖《中國政治思

---

❺❸ 見增淵龍夫，〈漢代民間秩序的構成和任俠習俗〉，收入《日本學者研究中國史論著選譯・第三卷・上古秦漢》，頁542–557。

❺❹ 上世紀初，王國維首先提出研究古史要結合紙上材料和地下之材料，方可得真實之歷史。其說見〈古史新證〉，見氏著，《王觀堂先生全集》，第六冊（臺北：文華出版社，1968年），頁2078。

想史》所列舉的豪族再補正史所闕,指出東漢豪族的地域分佈差不多
遍及全國,而豪族則各自在地方上形成及發展。他依據錢大昭的《後
漢書補表》,考查到六十一個諸侯王及三百四十四個王子侯,又以〈皇
后紀〉所載諸后及貴人,說明外戚許多本來已經是豪族,認為外戚在
東漢政治上勢力之大,遠過於宗室。至於宦官成為豪族是東漢後期的
事,宦官的養子及其本宗都是地方的豪右猾桀。

　　許師倬雲在〈西漢政權與社會勢力的交互作用〉列有〈丞相來源
統計表〉,認為兩漢各個時期政權的性質由丞相來源可看出其不同,愈
後期的丞相越多是經學之士。他主要運用王先謙《漢書補注》、《後漢
書集解》及《漢書》的資料。另外他在〈漢代家庭的大小〉一文大量
採用居延漢簡的戶籍資料以證明漢世戌卒的家庭佔戶數最多的是一家
四口,並以此說明漢世家庭是以核心家庭為主。

　　基層社會上的豪族大姓以至經學傳家的世家,他們在地方想出人
頭地,最直接的方法就是加入郡縣政府的掾吏行列,或參與選舉。勞
榦、邢義田、東晉次等學者便注意及此。中國大陸學者一般都強調地
方大姓為莊園大地主,以邱漢生為例,他的〈從《四民月令》看東漢
大地主的田莊〉根據《四民月令》的資料作東漢大地主田莊經濟的分
析,詳細論述了田莊經濟的生產規模和生產關係。又如楊一民〈漢代
豪強經濟的歷史地位〉除根據崔寔《四民月令》外,更用新出材料如
漢代牛耕畫像磚、壁畫及農耕具考古等資料說明漢代豪強經濟已使用
「二牛抬杠」。他也利用居延漢簡、漢碑、江陵鳳凰山漢簡及《鹽鐵論》
去說明豪強經濟的勞動力包括依附農、私奴婢和僱用勞動者三種,主
要勢力是前兩種人,而依附農是佔居主導地位的勞動者。可說是結合
文獻及新出土資料的研究成果。

　　上面介紹中港臺日學者,自二十世紀三十年代到近十年,漢代豪
族大姓兼及世家大族在地方社會的形成、發展、等級分化、以及影響

的研究概況，筆者分別從豪族大姓對帝國權力的挑戰；豪族大姓與帝國的互動及其與學術文化的關係；宗族紐帶與豪族大姓的社會網絡；地方領袖與鄉里共同體的民間秩序等幾個方向作不完全的介紹。他們分別利用文獻史料去論述，自五十年代後，更多學者以金石碑刻、考古文物等材料分析豪族大姓之出身和分佈。許師倬雲亦利用社會學的方法分析漢代史料，他認為地方包括游俠、豪族很可能是地方領袖，這都是自成一家之言的觀點。由諸家所論，我們可以歸納漢代地方社會的豪族大姓有以下各類，其一、經濟大地主型豪族大姓，包括大地主及商賈豪族大姓；其二、官吏型豪族大姓，包括地方郡、縣士大夫、掾吏等仕宦豪族大姓；其三、學術型豪族大姓，如儒宗、經學傳家等豪族大姓；其四、既不屬經濟或官吏型的豪右、豪強，如游俠等。四者之中以前三類為主要類型，東漢士大夫以儒家經典緣飾者在文獻上似佔最多，但這些豪族也同時兼營土地和商業。

最後筆者欲藉此說明豪族大姓以宗族為其有機體的核心，他們雖然包括非血緣的人物，❺但其核心應當是以同血緣或有姻親關係的血親為主。❻按血親(consanguineal relative)是指凡出於同一祖先有血緣關係者，包括父系子女及同胞兄弟。❼豪族一詞的「豪」源自希，《說文》：

---

❺ 舉例言，《三國志‧步騭傳》云：「會稽焦征羌，郡之豪族，人客放縱。騭與旅求食其地，懼為所侵，乃共脩刺奉瓜，以獻征羌。」此處的「人客」可能指焦氏的徒附、賓客，當不是同姓的兄弟叔伯。見《三國志》，卷52（北京：中華書局，1995年），頁1236。

❻ 正如余英時所說宗族關係當不止於一姓，父族之外，往往擴大至母族與妻族，見余英時，〈東漢政權之建立與士族大姓之關係〉，頁164。

❼ 見陳國強、石奕龍主編，《簡明人類學詞典》（杭州：浙江人民出版社，1990年），頁207。按有學者對血親(consanguinity)的看法較為嚴謹，認為必定有生物關係(biological relationship)（如Thomas Barfield, *The Dictionary of Anthro-*

「豨，脩豪獸」，指長毛的豕。顏師古注《漢書》曰毫豬，一名豨」。段注云：「（彖），本是豕名，因其鬣如筆管，遂以名其鬣」，段注又云「凡言豪俊、毫毛又皆引伸之義也」。[58]《說文》及段注說豪的本義是「豕豪」，「豪有長義，故人之傑出者儕豪傑」，[59]即段玉裁引伸為豪俊之意也。在正史上的「豪」如《漢書・趙充國傳》說「先零豪言願時渡湟水北」，顏師古注引孟康的解說是「豪，帥長也」，[60]但「豪」亦有指為依仗權勢橫行鄉里的驚桀。[61]本文所說的豪族一詞，取乎豪有脩長之意，表示⑴家族成員眾多；⑵家族源遠流長，且有光輝的仕宦和經商歷史；⑶家族成員為地方社會之表率，有可能是地方鄉紳領袖；⑷或者其成員橫行鄉曲、為非作歹、魚肉鄉民。不過，他們的基礎都

---

pology, Oxford, UK: Blackwell Publisher, 1997, p. 84)，亦有學者認為血親不同於姻親(persons related by marriage)，血親的後裔能上溯其同出一祖先，無論其為生物性或虛構性的（如Roger Pearson, *Anthropological Glossary*, Malabar, Florida: Robert E. Krieger Publishing Company, 1985, p. 55)，較寬鬆的定義可能基於不同的習慣而來，血親必須是父母和同胞兄弟以生物紐帶(biological ties)為基礎的親人，人類學者研究親屬關係(kinship relation)時可能對親屬(kin)與親屬分類制度(the system of kin classification)和血親有不同看法，但親屬定義是聯繫生物關係的，把姻親或收養子女都視為血親是不同文化的習慣而已（參考Charlotte Seymour-smith, *Macmillan Dictionary of Anthropology*, London: The Macmillan Press, 1987, pp. 51–52)。

[58] 許慎撰，段玉裁注，《說文解字注》，上海古籍出版社影印經韵樓藏版（上海：上海古籍出版社，1988年），頁456-上下。

[59] 見徐鍇，《說文解字筬》，轉引自蔣人傑編纂、劉銳審訂，《說文解字集注》（上海：上海古籍出版社，1996年），頁2014–2015。

[60] 見《漢書》，卷69（北京：中華書局，1962年），頁2972–3。

[61] 勞榦指出豪強有時也單稱做「豪」，皆含有一種違法的意義在內，見勞榦，〈漢代的豪彊及其政治上的關係〉，頁31。

是以血緣團體為本，一家一戶以至百家的大族，上面學者亦指出他們基本上是聚族而居。本文論及的豪族大姓就是以同姓宗族為中心的，他們互相照顧自身利益，因其成員眾多，故在地方社會上有強固的凝聚力，而其影響的力量非常大，因此足堪稱為「豪」。

參考論著

㈠臺灣及香港

1. 楊聯陞：〈東漢的豪族〉，載《清華學報》，第11卷第4期，1936年，頁1007–1063。

2. 金發根：〈東漢黨錮人物的分析〉，收入《中央研究院歷史語言研究所集刊》，第34本下冊，1963年，頁505–558。

3. 勞榦：〈漢代的豪彊及其政治上的關係〉，見慶祝李濟先生七十歲論文集編輯委員會，《慶祝李濟先生七十歲論文集》，上冊，臺北：清華學報社，1965年，頁31–51。

4. 勞榦：〈漢代選舉制度考〉，見氏著，《漢代政治論文集》，臺北：藝文印書館，1976年，頁629–679。

5. 勞榦：〈論漢代的游俠〉，見氏著，《勞榦學術論文集》，臺北：藝文印書館，1976年，頁1021–1036。

6. 許倬雲：〈西漢政權與社會勢力的交互作用〉，見氏著，《求古編》，臺北：聯經出版事業公司，1982年，頁453–482。

7. 許倬雲：〈試擬中國社會發展的幾個論點〉，見氏著，《求古編》，臺北：聯經出版事業公司，1982年，頁1–8。

8. 許倬雲：〈漢代家庭的大小〉，見氏著，《求古編》，臺北：聯經出版事業公司，1982年，頁515–541。

9. 許倬雲：〈中國古代社會與國家之關係的變動〉，見氏著，《尋路集》，River Edge,N.J.U.S.A.：八方文化企業公司，1996年，頁49–84。

10. 許倬雲著，程農、張鳴譯，鄧正來校：《漢代農業：早期中國漢代經濟的形成》，南京：江蘇人民出版，1998年。

11. 余英時：〈東漢政權之建立與士族大姓之關係〉，見氏著，《中國知識階層史論：古代篇》，臺北：聯經出版事業公司，1980年，頁109–203。

12. 劉增貴：《漢代婚姻制度》，臺北：華世出版社，1980年。

13. 毛漢光：〈中古統治階層之社會基礎〉，見氏著，《中國中古社會史論》，臺北：聯經出版事業公司，1988年，頁3–31。

14. 毛漢光：〈中古統治階層之社會成分〉，見氏著，《中國中古社會史論》，臺北：聯經出版事業公司，1988年，頁31–50。

15. 毛漢光：〈中古家族之變動〉，見氏著，《中國中古社會史論》，臺北：聯經出版事業公司，1988年，頁51–67。

16. 毛漢光：〈中古士族性質之演變〉，見氏著，《中國中古社會史論》，臺北：聯經出版事業公司，1988年，頁69–103。

17. 杜正勝：〈傳統家族試論〉，載《大陸雜誌》，第65卷2期，1982年，頁62–70，及3期，頁134–137。

18. 邢義田：〈東漢孝廉的身分背景〉，見氏著，《秦漢史論稿》，臺北：東大圖書公司，1987年，頁145–215。

19. 逯耀東：〈荀粲與魏晉玄學〉，收入氏著，《魏晉史學及其他》，臺北：東大圖書公司，1998年，頁35–52。

20. 陳啟雲：《荀悅與中古儒學》，瀋陽：遼寧大學出版社，2000年。

21. 陳啟雲：〈潁川荀氏家族〉，見氏著，《漢晉六朝文化・社會・制度——中華中古前期史研究》，臺北：新文豐出版公司，1997年，頁75–88。

22. 陳啟雲：〈中國中古「士族政治」淵源考〉，見氏著，《漢晉六朝文化・社會・制度——中華中古前期史研究》，臺北：新文豐出版公司，1997

年，頁129–169。

23.黎明釗：〈兩漢石刻史料之應用〉，載《大陸雜誌》，第70卷第6期，頁27–46。

24.黎明釗：〈西漢中期之三老與豪強〉，載《新史學》，第8卷2期，1997年，頁59–91。

25.黎明釗：〈漢代東海郡的豪族大姓：以《東海郡下轄長吏名籍》及《贈錢名籍》為中心〉，載《中國文化研究所學報》，新第9期，2000年，頁47–96。

26.楊聯陞：〈從《四民月令》所見到的漢代家庭的生產〉，載《食貨》半月刊，第1卷第6期，1935年，頁8–11。

27.王國維：〈古史新證〉，見《王觀堂先生全集》，第六冊，臺北：文華出版社，1968年，頁2078。

28.劉增貴：〈從政府對豪族的態度論漢代豪族性質的轉變〉，載《史原》，第11期，1981年，頁31–81。

(二)日本

1.西嶋定生：〈關於中國古代社會結構特質的問題所在〉，收入劉俊文主編，高明士、邱添生、夏日新等譯，《日本學者研究中國史論著選譯·第二卷·專論》，北京：中華書局，1993年，頁1–47。

2.西嶋定生：〈中國古代帝國形成史論〉，收入劉俊文主編，高明士、邱添生、夏日新等譯，《日本學者研究中國史論著選譯·第二卷·專論》，北京：中華書局，1993年，頁48–87。

3.西嶋定生：〈中國古代統一國家的特質——皇帝統治之出現〉，收入杜正勝編，《中國上古史論文選集》，下冊，臺北：華世出版社，1979年，頁729–749。

4.西嶋定生著，馮佐哲、邱茂、黎潮合譯：《中國經濟史研究》，北京：

農業出版社，1984年。

5. 西嶋定生著，武尚清譯:《二十等爵制·序章·關於中國古代社會結構的特殊性質問題》，北京: 國際文化出版公司，1992年，頁1-36。

6. 谷川道雄:〈中國的中世——六朝隋唐社會與共同體〉，收入劉俊文主編，高明士、邱添生、夏日新等譯，《日本學者研究中國史論著選譯·第二卷·專論》，北京: 中華書局，1993年，頁104-153。

7. 谷川道雄:〈世界帝國的形成〉，收入伊藤道治、竺沙雅章、岩見宏等著，吳密察、耿立群、劉靜貞譯，《中國通史》，臺北: 稻鄉出版社，1998年，頁169-345。

8. 守屋美都雄:〈父老〉，收入劉俊文主編，高明士、邱添生、夏日新等譯，《日本學者研究中國史論著選譯·第三卷·上古秦漢》，北京: 中華書局，1993年，頁564-584。

9. 增淵龍夫:〈漢代民間秩序的構成和任俠習俗〉，收入劉俊文主編，高明士、邱添生、夏日新等譯，《日本學者研究中國史論著選譯·第三卷·上古秦漢》，北京: 中華書局，1993年，頁526-543。

10. 東晉次:〈後漢的選舉與地方社會〉，收入劉俊文主編，《日本中青年學者論中國史: 上古秦漢卷》，上海: 上海古籍出版社，1995年，頁572-601。

11. 鶴間和幸:〈漢代豪族の地域性格〉，載《史學雜誌》，第87編第12號，1978年，頁1-38。

12. 鶴間和幸:〈漢代における關東·江淮豪族と關中徙民〉，收入中嶋敏先生古稀記念事業會記念論集編集委員會，《中嶋敏先生古稀記念論集·上卷》，東京: 中嶋敏先生古稀記念事業會，1980-1981年，頁1-26。

13. 鶴間和幸:〈秦漢期における水利法と在地農業經營〉，收入《歷史學研究》，1980年第5期，頁40-42。

14. 石田德行：〈北地・傅氏考──漢・魏・晉代を中心に──〉，收入中嶋敏先生古稀記念事業會記念論集編集委員會，《中嶋敏先生古稀記念論集・下卷》，東京：中嶋敏先生古稀記念事業會，1980–1981年，頁21–44。

15. 渡部武：〈《四民月令》に見える後漢時代の豪族生活〉，見渡部武譯注，《四民月令：漢代の歲時と農事崔寔》，東京：平凡社，1987年，頁180–231。

16. 東晉次：〈東漢的鄉里社會及其政治變遷〉，載《中國史研究》，1989年第1期，頁75–80。

17. 多田狷介：〈「後漢ないし魏晉時期以降中国中世」說をあぐつて〉，見氏著，《漢魏晉史の研究》，東京：汲古書院，1999年，頁315–335。

18. 宇都宮清吉：〈漢代の豪族〉，見氏著，《中國古代中世史研究》，東京：創文社，1977年，頁351–388。

19. 宇都宮清吉：〈劉秀與南陽〉，收入劉俊文主編，高明士、邱添生、夏日新等譯，《日本學者研究中國史論著選譯・第三卷・上古秦漢》，北京：中華書局，1993年，頁618–645。

20. 上田早苗：〈後漢末期の襄陽の豪族〉，載《東洋史研究》，第28卷第4號，1970年，頁19–41。

21. 籾山明：〈漢代豪族論への一視角〉，載《東洋史研究》，第43卷第1號，1984年，頁165–173。

22. 高村武幸：〈前漢末屬吏の出張と交際費について──尹灣漢墓簡牘『元延二年日記』と木牘七・八から──〉，載《中國出土資料研究》，第3號，1999年，頁49–72。

(三)中國大陸

1. 邱漢生：〈從《四民月令》看東漢大地主的田莊〉，載《歷史教學》，

1959年第11期，頁11-17。

2.鄭欣：〈關於魏晉南北朝隋唐門閥政治的幾個問題〉，收入《中國古代史論叢》，第一輯，福州：福建人民出版社，1981年，頁16-41。

3.楊一民：〈漢代豪強經濟的歷史地位〉，載《歷史研究》，1983年第5期，頁103-114。

4.唐長孺：〈東漢末期的大姓名士〉，見氏著，《魏晉南北朝史論拾遺》，北京，中華書局，1983年，頁25-52。

5.李孔懷：〈東漢世家地主的形成及其特點〉，收入《秦漢史論叢》，第一輯，陝西人民出版社，1984年，頁190-207。

6.簡修煒：〈封建門閥制度簡論〉，收入《中國古代史論叢》，第九輯，福州：福建人民出版社，1985年，頁50-71。

7.馬彪：〈試論漢代的儒宗地主〉，載《中國史研究》，1988年4期，頁64-74。

8.馬彪：〈淺論東漢西北豪族地域性諸特徵〉，收入《何茲全先生八十五華誕紀念文集》，中國社會科學，1997年，頁177-193。

9.何茲全：〈兩漢豪族發展的三個時期〉，收入《秦漢史論叢》，第三輯，陝西人民出版社，1986年，頁96-116。

10.楊生民：《漢代社會性質研究》，北京：北京師範學院，1993年。

11.馮爾康：《中國宗族社會》，杭州：浙江人民出版社，1994年。

12.邱少平：〈東漢門閥士族的形成〉，載《中國古代史（一）》（先秦至隋唐），中國人民大學書報資料中心，1994年第11期，頁73-76。

13.張鶴泉：〈東漢故吏問題試探〉，載《中國古代史（一）》（先秦至隋唐），中國人民大學書報資料中心，1995年11月，頁44-50。

14.陳長琦：〈論世家貴族地主階層的形成〉，見氏著，《戰國秦漢六朝史研究》，廣州：廣東人民出版社，1997年，頁191-206。

15.陳明：《儒學的歷史文化功能——士族：特殊形態的知識分子研究》，

上海：學林出版社，1997年。

16. 黃今言：〈漢代庶民地主經濟的形成及其歷史地位〉，見氏著，《秦漢經濟史論考》，北京：中國社會科學出版社，2000年，頁1–20。

17. 何茲全：《秦漢史略》，上海：上海人民出版社，1955年。

18. 何茲全：《中國古代社會》，鄭州：河南人民出版社，1991年。

19. 何茲全：〈談耦耕〉，見氏著，《讀史集》，上海：上海人民出版社，1982年，頁110–117。

20. 張傳璽：〈兩漢大鐵犁研究〉，見氏著，《秦漢問題研究》，北京：北京大學出版社，1985年，頁249–274。

21. 張傳璽：〈兩漢地主土地所有制的發展〉，見氏著，《秦漢問題研究》，北京：北京大學出版社，1985年，頁32–54。

22. 田餘慶：〈秦漢魏晉南北朝人身依附關係的發展歷程〉，見氏著，《秦漢魏晉史探微》，北京：中華書局，1993年，頁59–88。

23. 裴迪南・滕尼斯著，林榮遠譯：《共同體與社會——純粹社會學的基本觀念》，北京：商務印書館，1999年。

24. 田餘慶：〈後論〉，見氏著，《東晉門閥政治》，北京：北京大學出版社，1989年，頁324–356。

25. 馬新：《兩漢鄉村社會史》，濟南：山東齊魯書社，1997年。

26. 崔向東：〈日本的兩漢豪族研究〉，載《中國史研究動態》，2002年第5期，頁8–28。

27. 蔣人傑編纂，劉銳審訂：《說文解字集注》，上海：上海古籍出版社，1996年。

28. 許慎撰，段玉裁注：《說文解字注》，上海古籍出版社據經韵樓藏版影印，上海：上海古籍出版社，1988年。

㈣英文論著

1. Hsu, Cho-yun, "The Changing Relationship between Local Society and the Central Political Power in Former Han: 206 B.C.-8 A.D." ,*Comparative Studiesin Society of History*, 7.4(1965): 358–370.

2. Hsu, Cho-yun, *Han Agriculture: The Formation of Early Chinese Agrarian Economy, 206 B.C.-A.D. 220*, Seattle: University of Washington Press, 1980.

3. Ebrey, Patricia Buckley, *The Aristocratic Families of Early Imperial China: A Case Study of the Po-ling Tsui Family*, Cambridge; New York: Cambridge University Press, 1978.

4. Micho, Tanigawa; translated by Joshua A. Fogel, *Medieval Chinese Society and the Local "Community"*, Berkeley, Los Angeles, London: University of California Press, 1985.

5. Lai, Ming-chiu, *Familial Morphology in Han China: 206 B.C.-A.D. 220*, Dissertation, Department of East Asian Studies, University of Toronto, 1995.

6. Chen Chi-yun, "Han Dynasty China: Economy, Society, and State Power: A Review of Cho-Yun Hsu, Han Agriculture: The Formation of Early Chinese Agrarian Economy" , *Toung Pao*, 70(1984): 127–148.

7. Chen Chi-yun, *Hsun Yueh(A.D. 148–209): The Life and Reflections of an Early Medieval Confucian*, Cambridge: Cambridge University Press, 1975.

北魏代、洛二京的寺院興衰
——兼論中古時期的佛教施捨*

陳識仁

一、前言

　　北魏孝文帝的漢化政策與遷都洛陽，一直是史學界所津津樂道的
課題，❶而北魏洛陽城在中國都城史上，也一向是研究豐富的園地。
當然，楊衒之所撰的《洛陽伽藍記》（以下簡稱《伽藍記》）能夠完整
地保留下來，是研究成果豐碩的主因之一。

　　楊衒之當初撰著《伽藍記》，是因北魏政權分裂，洛陽城內「金剎
與靈臺比高，廣殿共阿房等壯」的佛教狀況日頹，「恐後世無傳，故撰
斯記」。因此，對於北魏定都洛陽的42年間(493–535)，以佛教寺院為主
體的記載方式，將其盛況透過文字記錄留諸後世。

＊　本文獲萬能技術學院校內研究案補助，計畫編號：VIT–92–GC–02。

❶　這方面可參考之文章甚夥，如勞榦，〈論魏孝文之遷都與華化〉，載《中央研
　　究院歷史語言研究所集刊》8：4(1939)；孫同勛，《拓跋氏的漢化》，臺北，
　　《臺大文史叢刊》，1962；逯耀東，《從平城到洛陽——拓跋魏文化轉變的歷
　　程》，臺北，東大圖書公司，2000。

　　或許是受限於《伽藍記》的關係，歷來論及北魏佛教者，多將注
意力集中於「北魏—洛陽」這個固定的時間與地點，討論其傳播或影
響等面向。例如日人服部克彥在其《北魏洛陽の社會と文化》一書中，
便闢有一個專章（共5篇論文）討論當時當地的佛教狀況，其中〈北魏
洛陽における捨宅寺院の成立過程〉一文，乃是根據《伽藍記》全書
中關於寺院的記載，一一整理出佛教寺院的成立原由——特別是「捨
宅為寺」的狀況。並與當時的政治背景做結合，說明528年河陰之役後，
洛陽一地「捨宅為寺」風氣大盛的現象。❷

　　但由於服部氏只論及一時一地的佛寺創建，不易看出遷洛前後佛
教在都城發展的差異。故此，本文首先以同樣的觀察點切入，將平城
時期北魏佛寺的創立經過加以整理，❸將之與洛陽時期作一比較。換
言之，將觀察的時間軸線拉長，或許能稍補上述研究不足之處。惟須
說明的是，洛陽時期的資料有《伽藍記》這一較集中的資料做為基礎，
但平城時期就沒有如此幸運，只能儘量運用片斷簡略的史料。

　　復次，本文將進而討論「捨宅為寺」現象背後的思想意涵。換句
話說，到底是佛教文化中的什麼理論支持這個行為？「施捨」的行為在
中國本土文化中原義為何？「施捨」的範疇包括那些？是否完全受佛教
文化的影響？而佛教的教義裡面又是如何解釋這種行為？佛教史或佛
教義理非筆者所長，但論及中古時期「捨宅為寺」的現象時，卻不得
不論及此現象背後的思想理論，故以下的討論當然不夠成熟，只是嘗
試提出一些看法而已。

---

❷　參見服部克彥，〈北魏洛陽における捨宅寺院の成立過程〉，收入氏著，《北
　　魏洛陽の社會と文化》（京都，ミネルヴァ書房，1966），頁216-231。
❸　《魏書》中常以「代京」一詞指稱平城，大陸學者李憑稱之為「平城時代」，
　　「洛京」一詞則自漢代以來即為洛陽之代稱，故本文以「代、洛二京」為題。

二、平城時期的佛寺創建

《魏書·釋老志》在述及拓跋氏這支北亞游牧民族對佛教的信仰時，開章明義便說道：

> 魏先建國於玄朔，風俗淳一，無為以自守，與西域殊絕，莫能往來。故浮圖之教，未之得聞，或聞而未信也。❹

皇始二年(397)，拓跋珪平定後燕都城中山（河北定縣），「經略燕趙，所逕郡國佛寺，見諸沙門、道士，皆致精敬，禁軍旅無有所犯」，這是拓跋族首次與佛、道二教的接觸。當時北魏正忙著與北燕、赫連夏、北涼等諸國征戰，雖無暇顧及宗教信仰之事，但拓跋珪本人卻對僧道頗為禮遇。❺

天興元年(398)，北魏遷都平城，營建宗廟、宮室、社稷，開始近一世紀以平城為都的歷史。同年，拓跋珪下詔築建佛寺：

> 夫佛法之興，其來遠矣。濟益之功，冥及存沒，神蹤遺軌，信可依憑。其敕有司，於京城建飾容範，修整宮舍，令信向之徒，有所居止。

從此段詔文可以看出，北魏佛教寺廟的興建與遷都平城及都城規劃建築相始而生。這些佛寺包括五級佛圖、耆闍崛山及須彌山殿，另外又築構了講堂、禪堂和沙門座等僧侶的講道修習場所。

其後，明元帝拓跋嗣、太武帝拓跋燾時代，佛教繼續發展。特別是拓跋燾時期，因為平滅了奉佛甚篤的北燕及北涼，許多僧道隨著大

❹ 《魏書》，卷114，〈釋老志〉，頁3030。

❺ 俱見《魏書》，卷114，〈釋老志〉，頁3030。

規模徙民而遷往平城，使得平城一帶的佛教事業呈現長足的進展。❻

然好景不常，拓跋燾在位後期，因寇謙之、崔浩等重臣篤信道教，以及關中蓋吳叛亂等因素，佛教遭遇到中國史上的第一次大規模迫害，❼此即佛教史上的「三武法難」之首。雖然當時太子拓跋晃頻頻上表進諫，且緩宣滅佛詔書，讓沙門僧侶得以亡匿獲全，金銀寶像及經論典籍得以祕藏，但平城一地的佛教寺院，卻幾乎全被夷為平地，近半世紀以來的佛寺經營打擊甚大。

建文成帝拓跋濬即位，下令諸州郡縣皆可建佛圖一所以居佛僧，佛教才從廢墟中重新站起。北魏佛法的復興，僧侶師賢及曇曜居功厥偉，曇曜所提議設置的「僧祇戶」、「佛圖戶」，無疑為佛教復興所須的經費開拓出一大財源。❽佛教復興後，不僅平城一地佛寺大量修建，寺內的大型釋迦金像亦相繼出現，耗功費時的供養愈來愈顯侈靡。❾孝文帝即位後，奉佛愈甚，據〈釋老志〉記載，自文成帝興光元年(454)到孝文帝太和元年(477)的25年之間，平城內佛寺已有百餘所，四方諸

---

❻ 《魏書》，卷144，〈釋老志〉謂：「涼州自張軌後，世信佛教。敦煌地接西域，道俗交得其舊式，村塢相屬，多有塔寺。太延中，涼州平，徙其國人於京邑，沙門佛事皆俱東，象教彌增矣」，頁3032。

❼ 近年，劉淑芬特別注意到太武滅佛與蓋吳的叛亂事件，並進而從民族的角度推論北涼沮渠王室與這次滅佛事件的潛藏因素，跳脫以往國家政策、佛道爭論的層面，頗具新意；參見氏著，〈從民族史的角度看太武滅佛〉，載《中央研究院歷史語言研究所集刊》72：1，2001，頁1-46。

❽ 關於北魏「僧祇戶」、「佛圖戶」的研究，可參見塚本善隆，〈北魏の僧祇戶・佛圖戶〉，載《東洋史研究》2:3，1938。

❾ 例如文成帝興光元年(454)，在五級大寺內鑄釋迦立像五尊，各長一丈六尺，共用赤金25萬斤；獻文帝皇興元年(467)，在天宮寺內造釋迦立像，高43尺，用赤金10萬斤，黃金600斤；見《魏書・釋老志》，頁3036-3038。

地更達6,478所之多，佛教發展之迅速，甚為驚人。

在平城內百餘所的佛寺中，究竟是那些人築造了這些寺宇，如果能對此稍加整理，相信對佛教在北魏遷洛前後的影響層面，能有一定程度的了解，請參下表。

北魏平城寺廟一覽表

寺　名	創建人	創建年代	史　料　摘　錄	位　置
五級浮圖等❿	道武帝拓跋珪	天興元年(398)	天興元年下詔曰：「夫佛法之興，其來遠矣。濟益之功，冥及存沒，神蹤遺軌，信可依憑。其敕有司，於京城建飾容範，修整宮舍，令信向之徒，有所居止。」是歲，始作五級佛圖、耆闍崛山及須彌山殿，加以繢飾。別構講堂、禪堂及沙門座，莫不嚴具焉。(《魏書》，114：3030)	
皇舅寺	太師昌黎王馮晉國⓫	太和十九年(495)以前	(如渾水)又南逕皇舅寺西，是太師昌黎王馮晉國所造。有五層浮圖，其神圖像，皆青石為之，加以金銀火齊，眾綵之上，煒煒有精光。(《水	平城南，(左)如渾水東。

---

❿ 佛圖（或作浮圖）一詞為梵文漢譯，陳橋驛認為是「佛塔」，見氏著，《水經注研究》（天津：古籍出版社，1985），頁252–261。由於當時之佛寺常在寺上另築有佛塔，故本文將之納為廣義的佛寺建築。

⓫ 馮熙字晉國，文明太后之兄，《魏書》，卷83上，〈外戚·馮熙傳〉謂：「熙為政不能仁厚，而信佛法，自出家財，在諸州鎮建佛圖精舍，合七十二處，寫一十六部一切經。……精勤不倦，所費亦不貲。而在諸州營塔寺多在高山秀阜。」頁1819。依上文推測，太和初年平城內有寺百餘所，其中為馮熙所建者應該不少；至於馮熙與當時的寫經事業，可參見饒宗頤，〈北魏馮熙與敦煌寫經〉，收入氏著，《饒宗頤史學論著選》（上海：古籍出版社，1993），頁

			經注》，13：169）❷	
紫宮寺			太和殿之東北，接紫宮寺南，對承賢門。（《水經注》，13：169）	平城太和殿東北。
永寧寺	文明太后	皇興元年(467)	（如渾水）又南逕永寧七級浮圖西，其制甚妙，工在寡雙。（《水經注》，13：169） 其歲，高祖誕載。於時起永寧寺，構七級佛圖，高三百餘尺，基架博敞，為天下第一。（《魏書》，114：3037）	平城南，（左）如渾水東。
三層浮圖			（如渾水）水右有三層浮圖，真容鷲架，悉結石也，裝制麗，質亦盡美善也。（《水經注》，13：170）	平城東，（左）如渾水西。
祇洹舍	宦官宕昌公鉗耳慶	太和中(477–500)	東郭外，太和中閹人宕昌公鉗耳慶時立祇洹舍於東皋，椽瓦梁棟，臺壁櫺陛，尊容聖像，及床坐軒帳，悉青石也，圖制可觀，所恨惟列壁合石，疎而不密。庭中有祇洹碑，碑題大篆，非佳耳。然京邑帝里，佛法豐盛，神圖妙塔，朳跱相望，法輪東轉，茲為上矣。（《水經注》，13：170）	平城東郭外
八角寺			世祖初平赫連昌，得沙門惠始，姓張。……統萬平，惠始到京都，……	

481–490。

❷ 本表引用《水經注》為戴震注本，臺北，世界書局，1983。

			太延中，臨終於八角寺。(《魏書》，114：3033)	
五級大寺		興光元年(454)以前	興光元年秋，敕有司於五級大寺內，為太祖已下五帝，鑄釋迦立像五，各長一丈六尺，都用赤金二十五萬斤。(《魏書》，114：3036)	
天宮寺		皇興元年(467)以前	又於天宮寺，造釋迦立像。高四十三尺，用赤金十萬斤，黃金六百斤。(《魏書》，114：3037)	
三級石佛圖	獻文帝	皇興中(467–471)	皇興中，又構三級石佛圖。椽棟楣楹，上下重結，大小皆石，高十丈。鎮固巧密，為京華壯觀。(《魏書》，114：3038)	
鹿野佛圖	獻文帝	延興初(471–476)	高祖踐位，顯祖移御北苑崇光宮，覽習玄籍。建鹿野佛圖於苑中之西山，去崇光右里，巖房禪堂，禪僧居其中焉。(《魏書》，114：3038)	平城北苑西山
建明寺	孝文帝	承明元年(476)八月	是月，又詔起建明寺。(《魏書》，114：3039)	
思遠寺	孝文帝	太和元年(477)❸	又於方山太祖營壘之處，建思遠寺。(《魏書》，114：3039)（太和三年八月）乙亥，幸方山，起思遠佛寺。(《魏書》，7上：147)	
報德寺	孝文帝	太和四年(480)春正月	（太和四年春正月）丁巳，罷畜鷹鷂之所，以其地為報德佛寺。(《魏書》，7上：148)	

---

❸ 《魏書》，7上，〈孝文本紀〉作「太和三年八月」。

			承明元年，尊曰太皇太后，復臨朝聽政。……於是罷鷹師曹，以其地為報德寺。❶（《魏書》，13：329）四年春，詔以鷹師為報德寺。（《魏書》，114：3039）	
靈巖寺			景明初，世宗詔大長秋卿白整準代京靈巖寺石窟，於洛南伊闕山，為高祖、文昭皇太后營石窟二所。（《魏書》，114：3043）	
石窟佛寺			（太和）七年夏五月戊寅朔，幸武州山石窟佛寺。（《魏書》，7上：152）（太和八年）秋七月乙未，行幸方山石窟寺。❶（《魏書》，7上：154）	平城北
大道壇廟（道教）	寇謙之議建	始光二年(425)	（右如渾水）又南，逕平城縣故城東。……水左有大道壇廟，始光二年，少室道士寇謙之所議建也，兼諸嶽廟碑，亦多所署立。（《水經注》，13：169）	（右）如渾水東
靜輪宮（道教）		神䴥四年(431)	（大道壇廟靈壇）之東北，舊有靜輪宮，魏神䴥四年造，抑亦柏梁之流也。……太平真君十一年又毀之。（《水經注》13：170）	大道壇廟東北

　　雖然平城內有佛寺百餘所，但由於資料的缺乏與零亂，僅剩少數幾座較重要的佛寺有片羽麟爪的記載，無法作較詳細的列表。但經由

---

❶　承明元年(476)尊文明太后馮氏為太皇太后，但報德寺是在太和四年(480)所修築。

❶　此處石窟寺為二，參見顧祖禹，《讀史方輿紀要》，卷44，頁1844。

上表的整理，仍可從中觀察出一些訊息。

首先，在少數的平城寺廟記載裡，可發現有兩座道教廟宇座落在平城之內，這當然與寇謙之、崔浩等人奉道有密切的關係，也反映出平城時期佛道衝突並導致太武滅佛的史實。❿道教廟宇建築之宏偉並不亞於佛寺，《水經注》卷13如此記載：

> （太道壇廟）其廟階三成，四周欄檻上階之上，以木為圓基，令互相枝梧；以版砌其上，欄陛承阿上圓。制如明堂，而專室四戶，室內有神坐，坐右列玉磬，皇輿親降，受籙靈壇，號曰天師，宣揚道式，暫重當時。
>
> （靜輪宮）臺榭高廣，超出雲間，欲令上延宵客，下絕囂浮。

「臺榭高廣，超出雲間」固為文人修飾之辭，但也可據此一窺道教廟宇的輝煌宏大，所耗費的人力、物力與金錢，亦不亞於佛教寺院。可見北魏平城時期雖以佛教為主要信仰，但道教也有一定的發展空間，這與後來洛陽時期佛教信仰力量獨大的情形是有所不同的。

其次，太和初年平城內已有佛寺百餘所，據《魏書·馮熙傳》記載，馮熙雅好佛法，在諸州鎮廣建佛圖精舍七十餘間，相信在平城內的佛寺可能也有不少為馮氏所修築。此外，就上表所臚列出來的佛寺來看，北魏帝王下詔築建者亦居多，特別是獻文帝、孝文帝與文明太后。除了帝王之外，宦官及外戚所建者各一，這多少反映出平城時期，北魏統治階層信佛之盛況。

平城的佛寺以永寧寺最為高大有名，不僅「其制甚妙，工在寡雙」，其上七級佛塔高達300餘尺，更為當時天下之冠，與洛陽時期的永寧寺（塔寺合高1,000尺）正好南北相輝映。另外值得一提的是孝文帝為文

─────────────

❿ 關於崔浩案的討論，歷來研究甚多，請參拙著，〈北魏崔浩案的研究與討論〉，載《史原》，第21期(1999)。

明太后所修建的報德寺，至於報德寺築建前後的過程，則頗令人玩味。

西元471年，孝文帝拓跋宏即位，5年後，尊文明太后馮氏為太皇太后，臨朝聽政，同時孝文帝下了一道詔書，語曰：

> 朕以虛寡，幼纂寶歷，仰恃慈明，緝寧四海，欲報之德，正覺是憑，諸鷙鳥傷生之類，宜放之山林。其以此地為太皇太后經始靈塔。**⑰**

大致是說仰懷祖母慈恩，**⑱**欲報其德，故於太和四年罷原有的「鷹師曹」，於其地修建「報德寺」，應有為文明太后祈福之意。事實上，在下此道詔書之前，孝文帝與其父獻文帝之間有一段含意頗晦暗不明的故事：

> （延興）三年十二月，顯祖因田鷹獲鴛鴦一，其偶悲鳴，上下不去。帝（孝文）乃惕然，問左右曰：「此飛鳴者，為雌為雄？」左右對曰：「臣以為雌。」帝曰：「何以知？」對曰：「陽性剛，陰性柔，以剛柔推之，必是雌矣。」帝乃慨然而歎曰：「雖人鳥事別，至於資識性情，竟何異哉？」於是下詔，禁斷鷙鳥，不得畜焉。**⑲**

由於鎩鷹截捕鴛鴦引發孝文帝感傷，使得孝文不僅下詔書禁畜鷹鷙、罷鷹師曹，以其地為報德寺以報文明太后之德；甚至在遷都洛陽後，也在城南開陽門外三里的地方，另建「報德寺」（見附表），以為文明

---

⑰ 《魏書》，卷13，〈皇后列傳・文明太后傳〉，頁328。

⑱ 根據《魏書》本紀及〈皇后列傳〉，孝文帝為文成帝之長孫、獻文帝的長子，生母為李夫人，親祖母則為李貴人。換言之，文明與孝文之間雖為祖孫輩份，卻無血緣關係。

⑲ 《魏書》，卷114，〈釋老志〉，頁3038-3039。

馮太后追福。孝文帝對文明太后深濡的感情，[20]在古代帝王家族彼此血腥相殘的事實中確屬少見。

　　然而報德寺的營建，可能也不單是佛教祈福思想的表現。如前所述，一般論及影響北魏佛教信仰的兩個源頭，不外北燕與北涼二地。從涼州一地徙入平城者多為僧侶人物，對佛教信仰的提倡傳播不遺餘力，如師賢等人的復佛即是，這是涼州佛教對平城佛教所造成影響的一個面向。至於平城佛寺的創建人，多為帝室人物，如馮熙、文明太后及孝文帝三人，對平城佛寺的修建最為有力。馮熙乃長樂信都人，原為北燕皇室人物，入魏後為貴戚。文明太后乃馮熙之女，二人皆與北燕皇室有直接的血緣關係，因此他們在平城一地廣築佛寺的行為，或可說是北燕佛教對平城佛教影響的遺緒。

三、洛陽「捨宅為寺」的現象

　　閱讀《伽藍記》對北魏洛陽佛教寺院的描寫，常令人在腦海中泛起一幅人間佛土的光鮮景象。就像西域高僧菩提達摩初抵洛陽，看到

---

[20] 呂思勉曾懷疑文明與孝文間的祖孫關係，提出孝文為文明私生子的說法，詳見呂思勉，《兩晉南北朝史》（臺北：臺灣開明書店，1968），頁510。鄭欽仁亦持呂說，參見氏著，〈北魏中給事(中)稿〉，載《食貨月刊復刊》3: 1(1973)。康樂則對此說存疑，並認為孝文對文明的舉動未必真出自親情，若從兩人皆政治人物的角度看，這些舉動都可獲得合理的解釋，參見氏著，《從西郊到南郊——國家祭典與北魏政治》（臺北：稻鄉出版社，1995），頁113–159。李憑則從拓跋氏有早育習俗及其他證據，證明孝文決非文明私生子，而是她從宮中見到保母與乳母干政現象而獲得的經驗，認為只有控制儲君才有機會攫取最高統治權力，詳見氏著，《北魏平城時代》（北京：社會科學文獻出版社，2000），頁194–280。

金碧輝煌的永寧寺，不禁歌詠讚歎，「口唱南無，合掌連日」一般。

除了佛寺的廣佈林立、佛塔的高聳入雲等描述外，《伽藍記》中最令人側目的不外乎是所謂「捨宅為寺」的普遍現象。日本學者服部克彥曾統計《伽藍記》裡「捨宅為寺」的佛寺數目，並藉以分析洛陽佛寺的創建者背景、捨宅為寺風氣的興衰等。但服部氏統計時所依據的分類有些問題，尤其是「佛寺創立者」與「捨宅為寺原因」兩者混淆不清和重疊，例如「北方實力者」與「官僚」是否可以歸為同類？而所謂「因妖怪消滅而成立者」一項，究竟指的是佛寺創立者，或是捨宅為寺的「原因」，尚待進一步確認。❹

後來另一位日本學者滋野井恬，針對服部氏的表予以修訂，修訂內容包括將創立者的社會地位加以分類並統計其數字。由於筆者認為滋野井氏的表較為切實，現徵引於下：❷

創建人身分背景	寺院數
皇帝及帝室關係者	21 ❷❸ （尼寺4）
官僚	8❷❹
宦官	6❷❺ （尼寺5）
江南王族來降者	1❷❻
西域胡人	2❷❼
漢人僧	1❷❽
一般士庶	14 ❷❾
北魏以前即創建者	2❸⓿
不明	15 ❸❶
總計	70

---

❹　見服部克彥，〈北魏洛陽佛教の特殊性〉，收入氏著，《北魏洛陽の社會と文化》，頁159–179。

❷　表見滋野井恬，〈北魏時代の洛陽寺院に關する若干の考察〉，收入橫超慧日

從上表可以看出，洛陽時代的佛寺興建者雖以帝王或勳戚貴族為主，但一般士庶所修建者亦不在少數，反映出洛陽時代的佛教信仰應較平城時代更加的平民化。此外，滋野井氏還將洛陽佛寺依創建年代作一年表，分為四期，㉜其中以第二、三期時間內建造的佛寺最多，共有19座之多。滋野井氏認為這反映出孝文遷洛以來的20年間，也就是宣武帝時代，佛寺的創建呈現出最活躍的氣氛。至於第四期也多達12個佛寺，這是因為528年，北魏發生了大規模的政治血腥風暴——河陰之役，北魏皇室分子幾被誅殺殆盡，形成「諸元殲盡，王侯第宅，

編，《北魏佛教の研究》（京都：平樂寺書店，1971），頁410。

㉓ 包括瑤光、胡統、永寧、景樂（卷1）、明懸尼、平等、秦太上君（卷2）、龍華、景明、報德、秦太上公（東寺）、秦太上公（西寺）、高陽王、追聖（卷3）、河間、永明、大覺、宣忠、追先、沖覺、融覺（卷4）等寺。

㉔ 包括願會、建中、光明（卷1）、建中、景寧、正始（卷2）、正覺、招福（卷3）等寺。

㉕ 包括長秋、昭儀尼（卷1）、景興尼、魏昌尼（卷2）、王典御、凝玄（卷5）等寺。

㉖ 即歸正寺（卷3）。

㉗ 包括菩提（卷3）及法雲二寺（卷4）。

㉘ 即靈僊寺（卷4）。

㉙ 包括慈善、暉和、通覺、暉玄、宗聖、熙平、崇真、因果、龍華、歸覺、靈應、瓔珞（卷2）、崇虛（卷3）、開善（卷4）等寺。

㉚ 包括白馬及光寶（或作寶光）二寺（卷4）。

㉛ 包括王南（序文）、修梵、崇明、景林（卷1）、般若、寶明、莊嚴、禪林、靈覺（卷2）、大覺、寧遠、三寶、大統（卷3）、崇立、禪虛（卷5）等寺。

㉜ 這四期的年代分別是：第一期，495–503年，7個佛寺；第二、三期，504–523年，19個佛寺；第四期，524–534年，12個佛寺。但滋野井氏並未說明何以將第二、三期合併計算。

多題為寺」的特殊現象。❸

服部與滋野井二氏的研究，是以寺院的創建者背景作為基礎加以分析，但是，即使是同一社會身分階層的人士，修建寺院的原因卻不盡相同。故此，筆者以滋野井氏的分類表為基礎，再將創建者修寺的情形列入考慮，則又可進一步表列如下：❹

創建人身分背景	寺院數	創建情形	寺院數
皇帝及帝室關係者	21	捨宅為寺	8
		為親人祈福	4
官僚	8	捨宅為寺	4
		為親人祈福	1
宦官	6	捨宅為寺	1
江南王族來降者	1	捨宅為寺	1
西域胡人	2		
漢人僧	1		
一般士庶	14	捨宅為寺	3
北魏以前即創建者	2		
不明	15		
總計	70	捨宅為寺	17
		為親人祈福	5
		其他	3

由上表可見洛陽佛寺的興建，以捨宅為寺以及為親人祈福的情形最為普遍，創建者仍多存在於帝室與官僚階層之間。同樣是捨宅為寺，與帝室有關係者，幾乎都是緣於河陰之役的殘殺，但也有少數其他特別的例子，例如陳留王元景皓，雅好人士，善玄言道家之業，曾經捨半宅以安置佛徒，雖未成立寺院，亦是供奉三寶的行徑之一。

❸ 楊衒之撰、楊勇校箋，《洛陽伽藍記校箋》（臺北：正文書局，1982），頁177。

❹ 本表依文後附錄詳表而製。

　　至於一般士庶捨宅為寺的三個例子，則都與神怪現象有關。如位於城東的歸覺寺，原為屠夫劉胡兄弟之屋宅，某日劉氏欲殺豬時，忽聞豬隻開口乞命，遂捨宅為寺，闔家信佛。❸由於是一般百姓的住宅，成寺後之規模，大概無法與統治階層所修建者相比擬。❻同樣位於城東的靈應寺，原為京兆人杜子休住宅，正光年間(520–525)有一名叫趙逸的隱士來到洛陽，看見杜子休宅後，直指其宅地原為西晉時的太康寺，後來杜子休果然在宅後園中掘出刻有銘文之塼數十萬，遂捨宅為寺，且將所掘之塼還造為三層浮圖。❼

　　位於城西阜財里的開善寺，原為京兆人韋英家宅，其捨宅為寺的過程更加神怪：

> 英早卒，其妻梁氏不治喪而嫁，更納河內人向子集為夫。雖云改嫁，仍居英宅。英聞梁氏嫁，白日來歸，乘馬將數人至於庭前，呼曰：「阿梁，卿忘我也！」子集驚怖，張弓射之，應弦而倒，即變為桃人。所騎之馬，亦變為茅馬。從者數人，盡化為蒲人。梁氏惶懼，捨宅為寺。❽

《伽藍記》內所記載之寺院，為一般士庶所興建者14座，其中捨宅為寺者共3例，不僅詳述其成立過程，且都與神怪奇異之事有關。如果說楊衒之這種筆法記載為巧合，毋寧說是要反映出一般百姓在信仰佛教

---

❸　《洛陽伽藍記校箋》，卷2，〈城東〉，頁115。

❻　《洛陽伽藍記校箋》，卷2，〈城東〉：「胡煞豬，豬忽唱乞命，聲及四鄰，鄰人謂胡兄弟相毆鬥，而來觀之，乃豬也」，頁115；毆鬥的聲音可聞於四鄰，可見劉氏所居住的地區(孝義里東市北之殖貨里)可能位於擁擠的市集附近，其屋宅也就不可能太大。

❼　《洛陽伽藍記校箋》，卷2，〈城東〉，頁83。

❽　《洛陽伽藍記校箋》，卷4，〈城西〉，頁178。

的過程中，教義經論的吸收學習速度，仍然不及一般民間信仰中神異鬼怪的成分。❸

至於宦官興造佛寺的部分，也有一些特別的地方。如《伽藍記》中所提及的李堅，曾造魏昌尼寺，《魏書》本傳謂其「所在受納，家產巨萬」。❹劉騰極受靈太后重用，「每引入內，受賞賚亞於諸主外戚」，❹曾主持修營洛北永橋、太上公、太上君及城東三寺。可見北魏洛陽時期宦官頗有財貨，對佛寺亦多有興建，更令人側目的是，宦者所修建之佛寺多為尼寺，常常引起當時人的批評：

> 太后臨朝，閹寺專寵，宦者之家，積金滿堂；是以蕭忻云：「高軒斗升者，盡是閹官之嬖婦；胡馬鳴珂者，莫不黃門之養息也。」❹

據此，不難看出宦官積財滿堂、廣建尼寺的情形。當時有一宦官王桃湯興造王典御寺，不過是一座極其普通的僧寺，卻因不同於其他宦官常建的尼寺，竟然為當時人所稱頌。❹

---

❸ 在官僚興造佛寺的人士當中，亦有兩個與異常現象有關的例子，一是城內的光明寺，原為苕信縣令段暉宅，「地下常聞鐘聲，時見五色光明，照於堂宇，暉甚異之。遂掘光所，得金像一軀，可高三尺，並有二菩薩。跌坐上銘云：『晉太始二年五月十五日侍中中書監荀勗造。』暉遂捨宅為光明寺」（《伽藍記》，1: 54）；另一則是位於城南的招福寺，寺南有三公令史高顯宅，「（顯洛）每夜見赤光行於堂前，如此者非一。向光明所掘地丈餘，得黃金百斤，銘云：『蘇秦家金，得者為吾造功德。』顯洛遂造招福寺」（《伽藍記》，3: 131）。
❹ 《魏書》，卷94，〈閹官・李堅傳〉，頁2026。
❹ 《魏書》，卷94，〈閹官・劉騰傳〉，頁2026。
❹ 《洛陽伽藍記校箋》，卷1，〈城內〉，頁53。
❹ 《洛陽伽藍記校箋》，卷4，〈城西〉：「宣忠寺東王典御寺，閹官王桃湯所立

四、中國本土的「施捨」原義與「施—報」 觀念

佛教文化當中，凡捐捨財物等對佛、法、僧三寶供養的行為，稱之為「布施」，對布施者敬稱為「施主」。❹上文所論北魏洛陽時期「捨宅為寺」的現象，當然就是佛教定義中「布施」的一種。這樣的行為在中國則通稱為「施捨」，一般解釋為將財物施予他人而不取償，其中「捨」字在古文中又常作「舍」，❹在古代的文意裡，還有以下幾層不同的意思：

(一)給與優惠的待遇

《墨子·非攻》中謂：「於是退不能賞孤，施舍群萌。」孫詒讓《閒詁》曰：「施舍，猶賜予也。《左傳·昭十三年》云『施舍寬民』，又云『施舍不捲』，杜注云『施舍猶云布恩德』。」❹《左傳·宣公十二年》：「老有加惠，旅有施舍。」杜預《注》云：「旅客來者，施之以惠，舍，

也。時閹官伽藍皆為尼寺，唯桃湯所建僧寺，世人稱之英雄。門有三層浮屠一所，工踰昭儀。宦者招提，最為入室」，頁171。

❹ 梵語稱「檀越」，唐僧義淨撰，《南海寄歸內法傳》，卷1，〈受齋規則〉：「梵云陀那缽底，譯為施主。陀那是施，缽底是主，而云檀越者，本非正譯。……舊云達觀者訛也。」收入《大正大藏經》，第54冊，《事彙部下》，頁221b。

❹ 許慎撰、段玉裁注，《說文解字注》，卷12上：「捨，釋也，從手舍聲。」段玉裁注曰：「釋者，解也，按經傳多假舍為之。」(臺北：黎明文化出版社，1991) 頁604。

❹ 孫詒讓，《墨子閒詁》，卷5，〈非攻中〉(高雄：復文圖書出版社，1985)，頁127。

不勞役」。❹

(二)猶興廢之意

《後漢書・王充傳論》：「若夫玄聖御世，則天同極，施舍之道，宜無殊典。」李賢《注》曰：「《莊子》曰：『玄聖，素王道也。』極猶致也。言法天之道，同其致也。施舍猶興廢也。」❹

(三)旅邸、客寓

《國語・周》：「國無寄寓，縣無施舍。」《注》云：「四旬為縣，縣方六十里。施舍者，賓客負任之處。」❹

(四)免役

《周禮・天官・小宰》：「令百官府共其財用，治其施舍，聽其治訟。」鄭玄《注》曰：「施舍，不給役者」。

可見古籍中「施捨（舍）」原有多重意思，與後世「給予他人財物而不求償」的單一認知有一段差距。與施捨行為對應的稱之為「報」——報應、報償或報還，❺是中國本土文化中的普世價值觀，並且有與之配合的一套行為與禮儀。不僅在古代生活文化中扮演一種社會平衡的角色，即使今人也同樣「行禮如儀」，未曾廢闕。

---

❹ 見《十三經注疏》本，以下所引凡《十三經》者皆同，僅注篇名，不再詳注卷數、頁數。

❹ 《後漢書》，卷49，〈王充傳〉，頁1660。

❹ 上海師範大學古籍整理組，《國語》（臺北：里仁書局翻印，1981），頁67。

❺ 關於中國古代「報」的研究，可參閱楊聯陞，〈報——中國社會關係的一個基礎〉，收入段昌國等編譯，《中國思想與制度論集》（臺北，聯經出版公司，1981），頁349–372。

在中國古代人的觀念中,「報」的觀念及行為一直是社會關係中的重要基礎,其間的互動性不僅介於人與人之間、人與自然之間,甚至也包括與超自然的關係。換句話說,當一個人有所舉動時,他會預期對方有所反應或還報。❺

在《禮記‧曲禮》中,有一段這樣的記載:

> 太上貴德,其次務施報。禮尚往來,往而不來,非禮也;來而不往,亦非禮也。人有禮則安,無禮則危;故曰:禮者不可不學也。

這樣的一段話出現在《禮記》中,可見得在以儒家思想為指導原則的中國社會,是將「施」與「報」看作一種交互對應的行為;同書中又謂:「樂也者施也,禮也者報也。樂,樂其所自生,而禮反其所自始;樂章德,禮報情,反始也。」而且這樣的行為是伴隨著施報雙方的心態——施者樂予,而報還者則是基於「禮」——應該是被納入禮法的範疇之內的。

即使在國對國的關係上,也應該遵守還報的行為,《左傳》中有不少例證:

1. (僖公十三年)冬,晉荐饑,使乞糴于秦。秦伯謂子桑與諸乎,對曰:「重施而報,君將何求?重施而不報,其民必攜,攜而討焉,無戰必敗。」謂百里與諸乎,對曰:「天災流行,

---

❺ 實際上,在每一個社會中,給別人的好處通常被認為是一種社會投資(social investments),以期將來有相當的還報,這種交互報償的原則都是被接受的。關於這方面的討論,西方學者中以Marcel Mauss(牟斯)之研究最為經典,參見氏著,汪珍宜、何翠萍譯,《禮物——舊社會中交換的形式與功能》,臺北,遠流出版社,1989。

國家代有，救災恤鄰，道也，行道有福。」鄭之子豹在秦，請伐晉，秦伯曰：「其君是惡，其民何罪？」秦於是乎輸粟于晉。

2. （僖公二十四年）夏，狄伐鄭，取櫟。王德狄人，將以其女為后，富辰諫曰：「不可，臣聞之曰：『報者倦矣，施者未厭。』狄固貪惏，王又啟之；女德無極，婦怨無終，狄必為患。」王又弗聽。

3. （僖公二十七年）冬，楚子及諸侯圍宋，宋公孫固如晉告急。先軫曰：「報施救患，取威定霸，於是乎在矣。」

4. （僖公三十三年）晉原軫曰：「秦違蹇叔而以貪勤民，天奉我也，奉不可失，敵不可縱；縱敵患生，違天不祥，必伐秦師。」欒枝曰：「未報秦施而伐其師，其為死君乎？」先軫曰：「秦不哀吾喪，而伐吾同姓，秦則無禮，何施之為？吾聞之：『一日縱敵，數世之患也。』謀及子孫，可謂死君乎？」遂發命。

這些例子可以說明，國與國之間的施報行為幾乎等同於個人與個人間的關係。

　　儒家重視現世群己關係，上述的「施—報」、「樂—禮」行為模式，顯然只是在人與人（或國與國）之間的關係，並未擴及人與自然或超自然的關係上。到了秦漢建立起統一的帝制國家之後，還報的觀念同時被應用到其他社會關係上，從五倫的君臣關係開始而及於其他領域。劉向在《說苑》中便曾闡釋這樣的觀念：

　　孔子曰：德不孤，必有鄰。夫施德者，貴不德；受恩者，尚必報。是故臣勞勤以為君，而不求其賞；君持施以牧下，而無所德。故易曰：勞而不怨，有功而不德，厚之至也。君臣相與，以市道接，君懸祿以待之，臣竭力以報之。逮臣有不測之功，

則主加之以重賞；如主有超異之恩，則臣必死以復之。……夫
禽獸昆蟲猶知比假而相有報也，況於士君子之欲興名利於天下
者乎？夫臣不復君之恩，而尚營其私門，禍之原也；君不能報
臣之功，而憚行賞者，亦亂之本也。夫禍亂之源，皆由不報恩
生矣。❺❷

施報的觀念被引申到君臣間的賞罰與盡忠，甚至將之比於自然界的禽
獸昆蟲，帝王專制的情形可想而知。更重要的是，還報的原則已被推
及於自然界，可見它被認為是一種放諸四海而皆準的自然律。漢代大
儒董仲舒將陰陽五行思想滲入儒家思想而發展出一套天人合一的理論
後，人與超自然間（天）的對應關係也就開始被重視，而不論這個所
謂的「天」是否被人格化，中國人仍相信必然遵循著還報的原則，❺❸甚
至相信報應會降在家族之上。❺❹

　　就遠古中國的宗教信仰而言，其實一直是相信自然或神的報應，
商代的占卜習性所表現出來的一種「相互給予」形式是：人與這些力
量（指祖先、神祇）的往來主要建立在人的獻祭和神明的賜福的交換
基礎之上，從甲骨文獻看來，這關係並不涉及情感或道德的因素。逮
商周鼎替後，周人則將天或上帝的地位提昇到一個具有道德判斷意志
的對人間世事的最高仲裁者，因而形成所謂「天命靡常」的說法。如
《尚書・商書・伊訓》中所謂「惟上帝不常，作善降之百祥，作不善
降之百殃」，總之，它顯示出一般人的宗教心態是：對於個人福祉而言，
天意不一定是盡如人願的。❺❺

❺❷　劉向撰、向宗魯校證，《說苑校證》（北京：中華書局，1987），頁116–117。

❺❸　如《尚書・商書・湯誥》：「天道福善禍淫」、「上天孚佑下民，罪人黜伏」。

❺❹　如《周易・坤》：「積善之家，必有餘慶；積不善之家，必有餘殃。」

❺❺　參見蒲慕州著，《追尋一己之福——中國古代的信仰世界》（臺北：允晨出版

　既然這種天人之間的還報，不見得真的是「善有善報，惡有惡報」，因此也就不時有人懷疑起這個天人還報的原則，例如東漢王充便提出一種幾近宿命論色彩的命運無定論：

> 凡人操行，有賢有愚，及遭禍福，有幸有不幸；舉事有是有非，及觸賞罰，有偶有不偶，……俱欲納忠，或賞或罰，並欲有益，或信或疑。賞而信者未必真，罰而疑者未必偽，賞信者偶，罰疑，不偶也。❺❻

對於這樣的質疑，早期的宗教家或思想家也未能提出合理的解釋。以道教為例，東晉葛洪可說是早期道教思想的集大成者，在他的名著《抱朴子》當中，也提出天命對於人類善惡禍福的掌握：

> 按《易內戒》及《赤松子經》及《河圖記命符》皆云：天地有司過之神，隨人所犯輕重，以奪其算，算減則人貧耗疾病，屢逢憂患，算盡則人死。……大者奪紀，紀者，三百日也；小者奪算，算者，三日也。吾亦未能審此事之有無也，然天道邈遠，鬼神難明。……況天地為物之至大者，於理當有精神，有神則宜賞善而罰惡，但其體大而網疏，不必機發而響應耳。……隨事輕重，司命奪其算紀，算盡則死，……若算紀未盡而自死者，皆殃及子孫也。❺❼

葛洪所說的「天地司過之神」根據人世間的作惡行為加以統計，而決定人的年壽。但文中所表達出來的訊息，似乎只令人感受到減壽的威

社，1995），頁32–59。

❺❻ 北京大學歷史系《論衡》注釋小組注釋，《論衡注釋》，卷2，〈幸偶〉篇（北京：中華書局，1979），頁63。

❺❼ 《抱朴子》，卷6，〈內篇・微旨〉（上海：商務印書館，1937），頁108–111。

脅，而且作惡多端可能殃及子孫。難道沒有趨吉避禍，增加福壽的機
會嗎？也不盡然，葛洪又提到：

> 其有曾行諸惡，事後自改悔者，若曾枉殺人，則當思救濟應死
> 之人以解之；若妄取人財物，則當思施與貧困以解之；若以罪
> 加人，則當思薦達賢人以解之。皆一信於所為，則可便受吉利，
> 轉禍為福之道也。能盡不犯之則，必延年益壽，學道速成也。
> 夫天高而聽卑，物無不鑒，行善不怠必得吉報。羊公積德布施，
> 詣乎皓首，乃受天墜之金；蔡順至孝，感神應之；郭巨煞子為
> 親，而獲鐵券之重賜。⑱

轉禍為福的方法，在葛洪的著作中並不佔最重要的地位，不作惡的消
極作法以及修煉，似乎才是增壽成仙的不二法門。至於文中所舉三個
獲天賜福的例子，特別值得注意的是羊公，其中所謂的「積德布施」，
不知是否就是佛教中的布施。⑲如果是，可能葛洪在撰著《抱朴子》
的過程當中，多少已有佛教的思想滲入。⑳

---

⑱ 《抱朴子》，卷6，〈內篇‧微旨〉，頁112。

⑲ 湯用彤在闡釋漢代佛道間的關係時認為，漢代佛教特重屏除私欲，勸人捐財
　貨、樂施與，此雖為印度所常行，卻在中國相當罕見。但在漢代成書的道教
　經典《太平經》中，卻經常言及樂施好生，頗與佛家所言相契合；詳見氏著，
　《漢魏兩晉南北朝佛教史》（臺北：駱駝出版社，1987），頁87–120。看來，
　「布施」在道教經典中的出現，當為道教吸納佛家教理的痕跡之一，《抱朴
　子》中提到「積德布施」也就不足怪了。

⑳ 根據《抱朴子》與《晉書‧葛洪傳》的記載，葛氏與佛教根本毫無關連。但
　葛洪世居丹陽，而丹陽早在漢末即為佛教傳入且流行的地區之一，且葛洪自
　幼多習儒家經典與「諸史百家之言」，早期佛教傳入時，中土多半視之為仙
　道數術之流，甚至於道教之一支流，則葛洪所遍覽的「百家之言」也可能包

　　總之，關於天命對於福禍還報不定的疑惑，在佛教傳入之前，或影響未臻深刻的時候，似乎還沒有一個完滿的解釋，直到佛教「輪迴」說經過佛典的翻譯傳入中國後，才對上述問題有較完整的理論體系。

五、原始佛教的「施捨」與寺院

　　究竟佛教未傳入中國之前，也就是古印度時期的原始佛教，呈現出來的「西方淨土」是怎樣的一個面貌，這是在討論佛教對中國文化影響之前，理應著手去做的一個功課。在此，本節將對原始佛教——特別是「施捨」與寺院形制——作一個簡單的回顧，看看在中國佛教史上所碰到的問題，是否原始佛教也曾發生過，又如何面對。

㈠佛教創始故事與最初的僧團

　　在回顧古印度佛教創始之初的情況，不得不先說說一段佛教草創的故事：據說佛教創始人喬答摩·悉達多在悟道成佛之前，曾經歷各種極端嚴酷的苦修，以致身體羸弱、瀕臨死亡，他感覺到苦修並不能獲得真理，因此改變生活方式，重新進食，後來接受牧女贈送的乳糜，經過一日的深思，在菩提樹下頓悟，證得正道。據此看來，喬答摩·悉達多在頓悟成佛之前，即曾受過俗人的「施捨」應當是沒有疑問的。

　　雖然佛陀在修行期間認為嚴酷的苦修無助於證道，但仍認為修行者應當精簡生活的方式，足資維持生命延續的基本生活即可，這就是所謂的「四依住」——依乞食、依糞掃衣、依樹下住以及依陳棄藥。❻這是佛陀心目中最理想的比丘生活，所以佛陀常讚「四依頭陀最為

　　含當時所翻譯的佛經。

❻　「四依住」的「依」是依靠，「住」是生存、生活的意思。大致內容如下：
　　(1)依乞食，佛教比丘每日午前行乞食一次以充腹。(2)依糞掃衣，佛教比丘去

第一」。此外，依佛陀看來，有八種事對比丘來說是不清淨的，它們分別是田宅園林、種植、儲積穀物、蓄養僕人、蓄養禽獸、捉持錢寶貴物、蓄毯褥釜鑊，以及蓄象金飾床。因這八種事對於比丘的修道是障道法，徒增長貪愛心，自擾擾人。

　　但佛陀這種清修的求道方式並沒有維持太久，當佛陀在鹿野苑初轉法輪，吸收五比丘而組成最簡單的僧團時尚能嚴守「四依住」；但第二次吸收耶輸伽童子等五十人為徒時，因耶輸伽童子父母請愛子回家供養，也請佛陀及諸僧供食施衣，佛陀受了請，也就第一次破了「四依住」之例——既是「受請供食施衣」，當然就不是「依乞食」、「依糞掃衣」了。此後，在佛陀宣講佛法的過程當中，不斷有國王或富商捐贈林園精舍，以供養佛陀及眾僧，其中最著名的即摩竭陀(Magadha)的瓶沙王(Bimbisara)施出竹園，後來更建造講堂及僧房，此即「竹林精舍」，為佛教史上的第一座寺院。另一個則是憍薩羅國(Kosala)富商給孤獨(Anathapindika)，在舍衛城(Sravasti)營造「祇園精舍」供養佛陀居住。

　　為何佛陀沒有堅持「四依住」與僧侶不得接觸八種不潔淨之事物的原則？一般認為是僧團發展的必然結果，❻假設佛陀當初將其悟道

塚間、尸林、糞堆等處拾得廢布製成衣以禦寒。(3)依樹下住，印度本來氣候溫暖而且到處有枝葉繁茂足以避露遮蔭的大樹，一般的修道士多住林間，所以佛教比丘依樹下住。(4)依陳棄藥，比丘的正常生活衣食住就如上簡單地解決，但是人受風寒暑濕會生疾病，病了就須醫藥，故比丘服用藥店裡已經不要了的藥末。

❻ 參見通一，〈試論早期佛教僧團制度中的幾個問題〉，收入張曼濤主編，《原始佛教研究》(臺北：大乘文化出版社，1978)，頁341–364；智華（譯），〈古代印度的佛教寺院〉，收入張曼濤主編，《印度佛教史論》(臺北：大乘文化出版社，1978)，頁69–79。

的經驗只當作個人的修行結果，沒有初轉法輪，則他個人的修行戒律當然可以維持。但當他決定向眾人說法後，隨著信仰者、追隨者的增加，宗教性的組織與大量信徒的起居飲食、經濟生活自然就必須加以考慮。

在中國佛教發展史上，寺院經濟的問題一直是學者們討論的焦點，❻但這並不是中國佛教獨有的狀況，早在佛陀弘法時期，就曾遇到類似的問題，在佛教經典《根本說一切有部目得迦》中曾有如下記載：

> 爾時佛在王舍城竹林園中，時影勝大王，以千畝田施與僧伽。時諸苾芻雖常食噉舍而不問，遂使良田並生茅荻。時影勝王，因自出遊見而問曰：此是誰田並生茅荻？大臣答曰：此是大王以千畝田奉施聖眾，彼收田實不為修理，由此荒廢。王曰：豈可僧伽不與他分？答曰：不與。諸苾芻聞，以緣白佛。佛言：應與俗人作其分數。時諸苾芻所有田穀，並與耕人不自取分。佛言：與准王法取分。即便取分。然諸作人既得己分，棄穀而去。佛言：應運稻穀令入寺中。時諸作人先持自分，後持寺分。佛言：先持寺分，己分方持。❻

故事中可以看出，佛陀聽受影勝王所施僧田，初礙於僧侶不得耕種的戒律而使得田園荒蕪，在受到國王與世人的責難後，佛陀只得妥協將

---

❻ 在大陸時期的《食貨半月刊》雜誌時代，陶希聖等人就注意此問題，其中如陶氏的〈唐代寺院經濟概說〉、鞠清遠〈唐宋元寺領莊園研究〉、何茲全〈中古大族寺院領戶的研究〉、〈中古時代之中國佛教寺院〉、〈魏晉時期莊園經濟的雛形〉、全漢昇〈中古寺院的慈善事業〉等文俱是討論此問題的重要著作。在臺灣則以黃敏枝的研究集中於此課題，著有《唐代寺院經濟的研究》、《宋代佛教社會經濟史論集》等。

❻ 《大正大藏經》，第24冊，《律部三》，《根本說一切有部目得迦》，卷9，頁452。

田園聽使俗人耕種。並且在分配上依照當時所在國家之法律以分收法
取得收成稻穀的權利，僧團佔有優先權，已具有租佃取息的意味。佛
陀也接受信徒所布施的錢財，律典中記載：「佛在舍衛國，僧布薩時，
末利夫人施錢，諸比丘不受。佛未聽受布薩錢，諸比丘不知云何，是
事白佛。佛言：聽受。」❻這則故事也同樣說明佛陀並未堅持出家人不
接觸八種不潔事物的原則。或許在佛陀看來，既然決定弘法，在普渡
俗眾的慈悲心下，又何忍對布施者的施捨心有所背違。

㈡雨安居與寺院

原來僧侶在修行時是沒有固定住所，他們可能暫住一般人家的屋
室，也可能在樹林中、山邊、洞穴、塚間、石窟，或是任何露天的草
地上。但在印度潮濕多雨的環境裡，畢竟不適合這種游移修行的生活。
因此，在瓶沙王、給孤獨供獻出竹林精舍和祇園精舍後，佛陀緣用其
他宗教的制度，在五種指定的地點為僧侶們舉行「雨安居」：❻寺院(Vi-
hara)、山舍(Addhayoga)、大夏(Pasada)、頂樓(Hammiya)和山洞(Guha)，
即使在這些地方安居修行，也只有在雨季的三個月時間裡是被允許的。

早先，僧侶們所住的是一種單獨小屋，梵語稱為毘訶羅(Vihara)，
大小通常只有12柞長、7柞闊（1柞約9吋），大多數是木材支架在石或
磚的矮基上。次一個階段的寺院則是一個長長的陽臺，其後才是屋舍，
組成一個長方形的毘訶羅。後來寺院組織漸次發展，許多附屬設備逐
一出現，其中北印度地區以磚造者為多，西印度則是石窟寺居多。根

---

❻ 《大正大藏經》，第23冊，《律部二》，《十誦律》，卷39，頁285。

❻ 佛教的規儀之一，印度及今東南亞地區，由於氣候的關係，僧侶們在每年的
五月至八月的雨季期間，必須在寺院或庵內靜修，接受供養，故稱之為「雨
安居」。在中國，僧人的安居期多半是陰曆的四月十六日至七月十五日，由
於時屆夏季，故稱為「夏安居」，亦稱「夏坐」或「坐夏」。

據 Fertusson 的意見，古印度佛教寺院可分為三種：

> 最古老的寺院只有一間小屋，很小的隱居之處，事實上即是一
> 個禁慾者單獨所住的隱所。其次一類，才擴而為一個長的陽臺，
> 在其後面便有一間小的屋舍。……因為有許多門都可以開往外
> 面，也許這裡面是分隔成許多小間的。第三種，也是最多的一
> 種，……那小屋擴而為一個大殿，通常是在中間有很多柱子的，
> 周圍才是僧住的小間，住持或上座通常是在陽臺的一端，另有
> 居舍。❻❼

這三種寺院，顯為其進展的三個階段，最後一種應是寺院趨於完備的
時期。石窟寺的建造發展也大約不出這三個階段，通常一個大的寺院，
其各部分建築並非同時建成，最先鑿出的是比丘們所住的石洞，此後
才增加塔樓、金剛壇等。後來更有正方形正殿的出現，前面是有柱子
的門堂，後面和兩邊才是小方洞屋。或許我們可以從今人描述現存印
度最大的迦爾里(Karli)石窟的文字中，遙想古印度石窟寺的樣子：

> 當你接近這個石窟時，你會看到左邊有一根精緻的石柱，頂上
> 有四個獅子，在右邊也應當有一根相似的石柱。現在那裡是一
> 個小悉瓦(Slva)廟。當我們進入頭一進的廟堂時，使人立即感覺
> 到的，就是整體構造的莊嚴。第一引人注意的是大門上菩提葉
> 形的大窗戶。在外牆上，有幾種精美的雕刻，兩尊大佛像和蓮
> 花手(Padmapani)等菩薩像刻在牆面上。……沿看牆旁，有成行
> 的象，而菩提葉窗戶也有好幾行從地面直到窟頂。這增加了進
> 門處的莊嚴。進入殿中，有三個門。中殿的一般布置主要是塔，
> 兩行排列著很好的柱頭和拱形窗頂。每一特殊的部分與其他設

---

❻❼ 轉引自智華，〈古代印度的佛教寺院〉，頁78–79。

置都非常相稱。當我們經過中門進入中殿之後，我們就與遠遠
盡頭的大塔面對面。這座塔通過大窗的光線，照得很亮，窟的
其他部分比較黑暗，這個情景，使遊覽者產生一種不可忘懷的
安靜和喜悅。……這個石窟……大約是在公元二世紀和三世紀
間完成的。……除塔窟以外，在這同一條石岩上，還有幾個石
窟。這些石窟曾被用作僧院。就在塔窟左邊的一個石窟，它有
三層，是最重要的一個，它一定是這裡僧團組織的領袖用過
的。**❻❽**

就印度的寺院而言，第三期的寺院固然成為最主要的階段，但石窟寺
仍然是印度佛教僧侶們主要的修道、居住處所之一。而佛陀在接受了
國王與富商的精舍捐贈後，寺院不僅成為僧侶們的安居之處，也逐漸
成為佛教的教育中心。

六、變容與融受

　　如上所述，中國本土文化中原有的「還報」思想，經過佛教傳入
後所帶來的輪迴觀念之洗鍊，提供了理論上的支持基礎。而原來印度
的佛教發展中，原本就充滿著「施捨」的例子，國王、富商們捐贈的
園林、精舍更是不少。可見得北魏洛陽城時代常見的「捨宅為寺」現
象，實在不是中國佛教所獨有的現象，只是在佛教傳入中國後，在寺
院制度與「施捨」行為、觀念上產生了不少的變化，或許我們可以將
之稱為中國本土文對佛教文化的「變容與融受」。以下，我們將再以中
國中古時代的「捨宅為寺」的例子，闡述這種文化的交融過程。

---

❻❽ 見方之，《印度佛教聖蹟簡介》，收入藍吉富主編，《現代佛學大系》第47冊
　　（臺北：彌勒出版社，1984），頁607–609。

㈠中古時期的「捨宅為寺」例

本文一開始所討論的「捨宅為寺」現象，僅集中於北魏洛陽城，隨著佛教在中國的傳佈從發展、鞏固到昌盛，**❻❾**「捨宅為寺」的內容也發生轉變。下表整理出北魏洛陽城以外的中古時期「捨宅為寺」例表，以茲進一步討論此問題。

史籍中所見中古時期捨宅為寺（觀）表

時代	地區	原　　文　　暨　　出　　處
晉	虎丘	桓溫主簿王珣及弟〔珉〕捨宅為寺。（《釋氏稽古略》，153）
晉	潯陽	釋慧永，初與遠公法師同依道安法師，至是，永公先至潯陽，刺史陶範留之憩廬山，捨宅棲止之，乃創寺曰西林。（《釋氏稽古略》，157）
晉	湘州	（竺法崇）嘗遊湘州麓山，山精化為夫人，詣崇請戒，捨所住山為寺，崇居之，化洽湘土。（《高僧傳》，**❼❶**4：171）
晉	建康	（王）坦之即捨園為寺，以受本鄉為名，號曰安樂寺。東有丹陽尹王雅宅，西有東燕太守劉鬥宅，南有豫章太守范寧宅，並施以成寺。（《高僧傳》，13：325）
晉	荊州	（曇）翼隨（道）安在檀溪寺，晉長沙太守滕含，於江陵捨宅為寺。安求一僧為綱領，安謂翼曰：「荊楚士庶，始欲師宗，成其化者，非爾而誰。」翼遂杖錫南征，締構寺宇，即長沙寺是也。（《高僧傳》，5：198）
晉	建康	（謝）尚嘗夢其父告之曰：「西南有氣至，衝人必死。行當其鋒，家無一全。汝宜修福，建塔寺可禳之。若未暇立寺，可

---

❻❾ 日本學者鎌田茂雄將佛教在中國魏晉到隋唐時期的發展，分別稱為「發展和鞏固」期及「完成和昌盛」期，參見氏著，鄭彭年譯，《簡明中國佛教史》，臺北，谷風出版社翻印，1987。

❼❶ 本表所引《高僧傳》卷頁數，均為湯用彤校注本，北京，中華書局，1992。

		杖頭刻作塔形，見有氣來，可擬之。」尚寵，懼，來辰造塔寺，遂刻小塔施杖頭，恆置左右。……遂於永和四年，捨宅造寺，名莊嚴寺。(《建康實錄》❼，8：169)
晉	彭城	昔東晉沙門法顯，屬節西天歷觀聖跡，往投一寺，小大承迎。顯時遇疾心希鄉飯，主人上坐親事經理，敕沙彌為取本鄉齋食。倐忽往還，腳有瘡血，云往彭城吳蒼鷹家求食，為犬所囓；顯怪其旋轉之頃而遊萬里之外，方悟寺僧並非常也。及隨船還，故往彭城訪吳蒼鷹，具知由委，其犬囓餘血塗門之處猶在。顯曰：「此羅漢聖僧血也，當時見為取食，何期犬遂損耶？」鷹聞懺咎，即捨宅為寺。(《續高僧傳》，❼❷29：692b08)
晉	荊州	有佛像現于荊州，……時江陵滕畯捨宅為寺，命法師曇翼主之。翼率眾拜請，……安奉本寺。(《釋氏稽古略》，❼❸149)
南朝宋	建康	唐〔永〕(丞相)祖，建康人也。宋孝武時，作大市令，為藏盜，被收。監〔收〕(牧)日，遇見相識道人，教其念□觀世音。丞相雖本不信向，而事急為之。在建康獄，經六日，晝夜存念。兩腳著鏁，忽然自脫。丞相益更取著，不復得入。其告獄司。建康令為啟孝武。孝武謂其昔肥今瘦，敕更為作急鏁。丞相既見靈驗，益增至到。復三日，言夜中遂漏屋有光，腳鏁一時寸折。獄中大驚。建康吏以事啟孝武。孝武嘆曰：「我欲殺偷，不知佛又何意念念。今亦害，違佛。」即敕

❼ 本表所引《建康實錄》卷頁數，均為孟昭庚等人之點校本，北京，中華書局，1987。

❼❷ 本表所引《續高僧傳》卷頁數，均為《大正大藏經》版本，第50冊，《史傳部二》。

❼❸ 釋覺岸撰，《釋氏稽古略》(揚州：江蘇廣陵古籍刻印社，據清光緒十二年刊本影印，1992)，以下所引頁數均為新編頁數。

		放出。〔永〕（丞）〔祖〕（相）出，即推宅為寺，請道人齋。（《繫觀世音應驗記》，**❼**43）
南朝宋	建康	初景平元年(423)，平陸令許桑，捨宅建剎，因名平陸寺。後道場慧觀，以（僧伽）跋摩道行純備，請住此寺，崇其供養，以表厥德。（《高僧傳》，3：118）
南朝宋	建康	元嘉四年，司馬梁王妃捨宅，為晉陵公主造，在中興里。（《建康實錄》，12：312）
南齊	建康	（道）慧以母年老，欲存資奉，迺移憩莊嚴寺，母憐其志，復出家為道，捨宅為福，建遠精舍。（《高僧傳》，8：305）
南齊	建康	太始六年(470)，佼長生捨宅為寺，名曰正勝，請（法）願居之。（《高僧傳》，13：518）
南齊	彭城	（釋曇遷）進達彭城，新舊交集，遠近欣赴。□為大眾有一檀越，捨宅栖之，遂目所住為「慕聖寺」。（《續高僧傳》，18：572b19）
南梁	建康	（到）溉家門雍睦，兄弟特相友愛。初與弟洽常共居一齋，洽卒後，便捨為寺，因斷腥羶，終身蔬食，別營小室，朝夕從僧徒禮誦。……蔣山有延賢寺者，溉家世創立，故生平公俸，咸以供焉，略無所取。（《梁書》，40：569）
南梁	建康	何氏（敬容）自晉司空充、宋司空尚之，世奉佛法，並建立塔寺；至敬容又捨宅東為伽藍，趨勢者因助財造構，敬容並不拒，故此寺堂宇校飾，頗為宏麗，時輕薄者因呼為「眾造寺」焉。（《梁書》，37：534、《南史》，30：799）
南梁	建康	是時，高祖（梁武帝）以三橋舊宅為光宅寺，敕（周）興嗣與陸倕各製寺碑，及成俱奏，高祖用興嗣所製者。（《梁書》，49：698、《南史》，72：1780、《魏書》，98：2187）
		（梁孝元帝）武帝第七子，封湘東王，為荊州刺史，嘗以高

---

❼ 齊·陸杲撰，《繫觀世音應驗記》，收入孫昌武點校，《觀世音應驗記（三種）》，北京，中華書局，1994；引文中校字同。

南梁	丹陽	（智）琳，……逮于德壯超然離俗，即事仁孝寺沙門法敦，……所居仁孝寺者，梁故征西諮議郗僧紹捨宅所造，殿堂肇構亂離遷及，（智）琳乃嗣興梓匠加藻飾，輪煥弘敞實有力焉。（《續高僧傳》，10: 504）
南梁	建康	（惠日寺）阮翻捨宅造之，在建西尉定陰里。（《建康實錄》，17: 476）
陳	建康	（一乘寺）西北去縣六里，邵陵王綸造，在丹陽縣之左。隔邸舊開東門，門對寺，梁末賊起，遂延燒。至陳，尚書令江總捨書堂於寺，今之堂是也。（《建康實錄》，17: 481）
周末隋初	不詳	李士謙字子約，趙郡平棘人也。髫齔喪父，事母以孝聞。……年十二，魏廣平王贊辟開府參軍事。後丁母憂，居喪骨立。有姊適宋氏，不勝哀而死。士謙服闋，捨宅為伽藍，脫身而出。（《隋書》，77: 1752、《北史》，33: 1232）
隋	鄜州	自爾佛教漸弘，（僧）明之力也，又尋下敕，以其所住為大像寺，⑰今所謂顯際寺是也，在坊州西南六十餘里。時值陰暗更放神光，（僧）明重出家，即依此寺盡報修奉，大感物心。（《續高僧傳》，29: 692a25）
隋	長安	（隋煬帝）……又捨九宮為九寺。（《釋氏稽古略》，257-258）
唐	益州綿竹	（釋惠寬）年三十還綿竹教化四遠，聞名見形並捨邪歸正，其俗信道，父母皆道歸佛，捨宅為寺，于今見在。綿竹諸村皆為立寺，堂殿院宇百有餘所，修營至今。（《續高僧傳》，25: 601a12）
唐	長安	1.（王）縉弟兄奉佛，不茹葷血，縉晚年尤甚。與杜鴻漸捨財造寺無限極。妻李氏卒，捨道政里第為寺，為之追福，奏其額曰寶應，度僧三十人住持。（《舊唐書》，118: 3417）

⑰ 本段文字雖未明言「捨宅為寺」，但從全文可知釋僧明是將原有宅室成立為佛寺，並在寺中修行，故應亦符合本文中所謂「捨宅為寺」的條件。

		2.寶應寺:道政坊,大曆四年正月二十九日,門下侍郎王縉,捨宅奏為寺,以年號為名。(《唐會要》,**⑦**48:847)
唐	越州永興	天寶中,賀知章自太子賓客度為道士,還鄉,捨宅為觀。玄宗賦詩贈別,時議榮之。(《通典》,**⑦**30:822)
唐	長安	九華觀:通義坊,開元二十八年,蔡國公主捨宅置。其地本左光祿大夫李安遠宅,開元初,為左羽林大將軍李思順宅。(《唐會要》,50:877)
唐	長安	玉芝觀:延福坊,本越王貞宅,為新都公主宅,公主捨宅為新都寺,廢為鄭王府,天寶二年立,名為玉芝觀。(《唐會要》,50:877)
唐	長安	華封觀:平康坊,天寶七載,永穆公主出家,捨宅置觀。其地西北隅,本梁公姚元崇宅,以東即太平公主宅;其後賜安西都護郭虔瓘,今悉并為觀,號華封。(《唐會要》,50:877)
唐	晉陽	(高祖)捨晉陽舊第為興聖寺。(《釋氏稽古略》,265)
唐	終南山	(太宗)捨終南山太和舊宮,為高祖置龍田寺,後為翠微寺。(《釋氏稽古略》,268)
唐	長安	1.(高祖武德六年)舊宅改為通義宮。(《舊唐書》,1:13) 2.(太宗)詔以通義宮皇家舊宅宜為尼寺,興聖為名。(《釋氏稽古略》,269) 3.興聖尼寺,在朱雀街西通義坊,本高祖龍潛舊宅。(《雍錄》,**⑦**10:27)
唐	泉州	(武后垂拱元年)泉州黃守恭宅園,桑樹忽生白蓮寺,因捨其宅為寺。(《釋氏稽古略》,290)

※本表所謂之時代與地區,是以史料中「捨宅」之時代及地區為準。

---

⑦ 本表所引《唐會要》卷頁數,均為武英殿聚珍本,北京,中華書局,1990。

⑦ 本表所引《通典》卷頁數,均為王文錦等點校本,北京,中華書局,1988。

⑦ 本表引用《雍錄》卷頁數,為文淵閣《四庫全書》本。

上表尚屬不完整的資料蒐集，⑦但仍能做為相關問題的討論基礎。首先，《洛陽伽藍記》的記載有特定的時空限制，從本表則可看出，同時代的南朝也有許多的捨宅為寺例，建康因為是都城，例子較多，可以想見，至於其他州郡也有同樣的情形。

再從捨宅者的身分分析，幾乎以曾任官職者居多，一般庶民的例子較少，這應當與財力的多寡有相當的關係。⑧洛陽一地的捨宅，由於河陰之役的關係，其中多數是王公貴臣，財力自然雄厚，屬於一般庶民者，也只有屠戶劉胡、京兆人韋英及杜子休三例而已。但當時庶民另有用以表達信仰的方式，例如合資建寺（南朝梁何敬容的例子）、造佛像以及隨之而行的各種慈善救濟事業。⑧

財力較為雄厚者，如帝王、大臣、富賈等，有時只是將部分宅院捨出建寺，如晉朝王坦之「捨園為寺」，大約只是將園邸中的一部分捐出，梁孝元帝則將曾居住的宮室捐出。至於陳朝尚書令江總，則因為

---

⑦ 本表所資料尚待繼續蒐集，目前所看到的資料實不止於此，例如在姜亮夫的《莫高窟年表》一書中，至少還有7個捨宅為寺的例子，但由於姜氏並未注明其原始出處，仍有待考證，故本表只是一個初步的蒐集，僅做本文論述時之參考。

⑧ 由於史料的不全，表中有些捨宅者的身分並不易分辨，如佼長生、某檀越（慕聖寺條）、吳蒼鷹三例，至於僧人釋道慧與釋惠寬二例，從上下文看來，其家族應屬一般庶民。

⑧ 關於這方面的研究，多以造像銘為主要資料，探討中國中古時期民間及鄉間佛教傳佈的情形；可參見劉淑芬，〈五至六世紀華北鄉村的佛教信仰〉，《中央研究院歷史語言研究所集刊》63: 3，1993；〈北齊標異鄉義慈惠石柱——中古佛教社會救濟的個案研究〉，《新史學》5: 4，1994；顏尚文，〈北朝佛教社區共同體的法華邑義組織與活動——以東魏「李氏合邑造像碑」為例〉，《佛學研究中心學報》1，1996。

宅邸的東門就正對著隔鄰的一乘寺，後來「捨書堂於寺」，說明只是將書房捐出，成為佛寺的一部分，到了唐代許嵩撰寫《建康實錄》時，還說「今之堂也」。

至於捨宅的原因，不外乎是緣於虔誠信佛的單純宗教因素，或是為家（族）人祈福。若進一步就資料的性質分析，當然是因為多數出自於有傳教目的的僧傳史籍，其中吳蒼鷹、謝尚與唐永祖的例子，更是藉由佛神的應驗故事，達到吸引信徒及突顯其因信仰而獲得的特殊「果報」。或者充滿著佛教神秘色彩的例子，如晉朝高僧竺法崇到湘州麓山，麓山山精竟然化為夫人，「捨山為寺」，竺法崇得以因此將佛教傳入當地，顯然是僧人為描寫佛教在中土的傳衍，進而予以舖陳的故事。

最後，到了唐代，「捨宅為寺」的情形影響到道教信徒的行為，而成為「捨宅為觀」。其中賀知章為當時大臣，且是知名文士，其他三例的捨宅者身分都是公主，其捐捨的宅院成為道觀後，其規模之大小可想而知。其中玉芝觀的情形又屬殊異，原來為新都公主捨宅為寺，後來才又改為道觀，多少也反映出唐代皇室對佛道二教崇信的程度。

㈡佛經中對布施者的還報

中古時期的佛教徒，不論是出家的僧尼還是在家的善男信女，他們之所以願意花費巨大的人力、物力與財力來宣揚佛法、從事各項社會慈善事業，甚至像本文所討論的捨宅為寺現象等，其主要目的仍在祈求所種之「功德」與「福田」能延續家族此世的福報並及於死後。

佛典裡頭是否「應允」或「提供」什麼樣的還報呢？以下僅舉針對不同的信徒——人君與一般信徒，摘錄幾則相關的資料：

1. 關於人君：

世尊。是金光明微妙經典。於未來世在所流布。若國土城邑郡縣村落隨所至處。若諸國王以天律治世。復能恭敬至心聽受是妙經典。并復尊重供養供給持是經典四部之眾。以是因緣。我等（四天王二十八部諸鬼神等）……亦當護念聽是經典諸國王等及其人民。除其患難悉令安隱。他方怨賊亦使退散。（《大正大藏經》,《金光明經·四天王品》）

以是因緣故。此閻浮提安隱豐樂。人民熾盛大地沃壤。陰陽調和時不越序。日月星宿不失常。風雨隨時無諸災橫。人民豐實自足於財心無貪吝。亦無嫉妒等行十善。其人壽終多生天上。天宮充滿增益天眾。

是諸人王。若能至心聽受是經。則為已能供養於我。若供養我則是供養過去未來現在諸佛。若能供養過去未來現在諸佛。則得無量不可思議功德之聚。以是因緣。是諸人王應得擁護。及后妃媒女中宮眷屬諸王子等亦應得護。衰惱消滅快樂熾盛。宮殿堂宇安隱清淨無諸災變。（《大正大藏經》,《金光明經·四天王品》）

爾時，舍衛國王白佛言：「世尊！我等云何而行布施？」佛言：「大王！若求勝妙福報而行施時，慈心不殺、離諸嫉妒、正見相應、遠於不善、堅持禁戒、親近善友、閉惡趣門、開生天路、自利利他、其心平等。若如是施，是真布施，是大福田。復次行施，隨自心願，獲其報應：……或以住處布施：而得樓閣田園。」（《大正新修大藏經》,《佛說布施經》）

2.關於一般信徒：

若有人能稱金光明微妙經典。為我供養諸佛世尊。三稱我名燒香供養。……當知是人即能聚集資財寶物。以是因緣增長地味。

地神諸天悉皆歡喜。所種穀米牙莖枝葉果實滋茂。樹神歡喜出
生無量種種諸物。我時慈念諸眾生故。多與資生所須之物。(《大
正大藏經》,〈功德天品〉)

爾時佛告地神堅牢。若有眾生。乃至聞是金光明經一句之義。
人中命終隨意往生三十三天。地神。若有眾生。為欲供養是經
典故莊嚴屋宅。乃至張懸一幡一蓋及以一衣。欲界六天已有自
然七寶宮殿。是人命終即往生彼。地神。於諸七寶宮殿之中。
各各自然有七天女。共相娛樂日夜常受不可思議微妙快樂。(《大
正大藏經》,〈堅牢地神品〉)

從佛經中看來,無論是國王或一般的善男信女,只要是信仰佛教而從
事的任何一種供養行為,都可以獲得種種不同的福報。其中對於一般
信眾的允諾,還分別照顧到此世與彼世的利益,福報不只報應在個人
或現世,更可以達於來世。當然,若以「財施」而言,所施的多寡因
身分能力的不同,福報也就有所分別。國王、貴施、富商們顯然財力
雄厚,對於這些信眾,佛經中也就特別提及「以住處布施」一項。因
此,佛典中所提及的各種福報——「慷慨的允諾」❽——顯然為信徒
的供養、施捨行為,提供了絕佳的立論基礎。誠如東魏時一位北方比
丘在造像銘中說道:「捨宅造寺,宿願□像,福不止已」,❽如此,對
於中古時期佛教中常見的「捨宅為寺」現象,也就不難理解了。❽

---

❽ 參見康樂,〈轉輪王觀念與中國中古的佛教政治〉,《中央研究院歷史語言研
　究所集刊》67: 1, 1996。

❽ 東魏天平二年(535),〈東魏比邱洪寶造像銘記〉,轉引自林保堯,〈東魏武定
　元年銘石造釋迦五尊立像略考——造像記文的造像誓願試析〉,收入《佛教
　的思想與文化——印順導師八秩晉六壽慶論文集》(臺北: 法光出版社,
　1991),頁372。

❽ 捨宅為寺的情形並非僅止於中古時代,後代仍可見其例,如《朱子語類》中

七、結語

　　北魏佛教的傳播與影響，從平城時期的樸素風貌，到洛陽時期的金碧輝煌、招提櫛比，從兩京佛寺興造的過程，正可看見其演變的跡象。

　　平城時期的佛寺，大多為帝室所詔建，規模雖未能與洛陽時期相比擬，卻也頗可觀。而平城佛教的二源，涼州僧侶的東徙，無疑為平城佛教帶來復興的契機。而北燕皇室入魏一源，則在寺院興建上提供了極大的力量，特別是馮熙與文明太后，不僅具有血緣關係，他們因自身信仰佛教而進一步提倡、廣建寺院，相信為平城首府加入佛教景觀的努力，當是彼時的一大功臣。

　　此外，道教信徒中諸如崔浩、寇謙之等乃是國之大臣，甚得帝王寵信，在他們的支持之下，也在平城內建築了大道壇廟及靜輪宮兩座道教宮觀，據載其規模也足以與佛寺相抗衡。北魏平城時期的宗教信仰，可以說是佛道二教並存的，這與後期洛陽時代佛教獨大的情況，不可同日而語——且最少就目前所能掌握的文獻資料看來，洛陽城內是沒有道教寺廟存在的記載。

　　洛陽時期的佛寺在經過快速的發展與經營後，呈現在眼前的是一幅安樂景象。以佛寺的興造而言，洛陽寺院的多元性及其背後的複雜性，則遠非平城時期的佛寺所能比擬。捨宅為寺的例子在洛陽城內外，俯拾皆是，修建者已不僅限於帝室貴戚階層，官僚與一般士庶也往往加入興造的行列。佛教雖在洛陽時期逐漸打入基層民眾的生活，但民

批評佛教，便舉出王安石的例子：「王介甫平生讀許多書，說許多道理，臨了捨宅為寺，請兩箇僧來住持，也是被他笑，你這箇物事，如何出得他！」見《朱子語類》，卷126，〈釋氏〉。

間信仰中原有的神異崇拜，卻仍然揮之不去。

在中國本土的觀念中，施捨不單是一種施財而不求償的個別行為，其後更有一套還報的觀念存在，而且是維繫著整個社會各種關係的重要依據。施予與還報，也介於天與人之間，但對於善惡報應不定的質疑，早期無論是宗教家或思想家，似乎都未提出一套使人信服的解釋。

逮佛教傳入後，輪迴果報的觀念彌補這個空隙，隨著佛教在中古時代的興盛，俗世對佛教三寶的供養，不惜花費鉅資，真個是「王侯貴臣，棄象馬如脫屣，庶士豪家，捨資財若遺跡」。❽

但這些現象並非中國佛教所獨有，早在佛教草創之初，便遇上不少的問題，因僧團的急速發展，佛陀不得不放棄或妥協一些原則與戒律。只是佛教傳入後，輪迴觀以及經典中對各種布施的允諾，加強、補足了本土原有的還報觀念，因而使得信徒們對三寶的供養，發展出各式各樣的布施行為，其中「捨宅為寺」就是中古時代常見的行為，而且後世仍見其行，幾乎無代無之。

附表：《洛陽伽藍記》所載寺院一覽表

寺　　名	創　建　人	創建年代	創建原因	備　　註
永寧寺	靈太后胡氏	熙平元年 (516)		
建中寺	尚書令樂平王爾朱世隆	普泰元年 (531)	爾朱世隆為爾朱榮迫福	本為宦官劉騰宅，後為胡太后所沒，宅賜高陽王元雍，建明元年爾朱世隆立為寺。

❽　楊衒之語，《洛陽伽藍記校箋》，頁1。

長秋寺	宦官劉騰	523		
瑤光寺	宣武帝	499–515		
景樂寺	太傅清河文獻王元懌	520		元懌弟汝南王元悅修復之。
昭儀尼寺	宦官等			
願會寺	中書侍郎王翊	528	捨宅為寺，原因不明。	
光明寺	苞信縣令段暉		宅前夜常有光，掘之得金像一軀，捨宅為寺。	原荀勖舊宅
胡統寺	胡太后從姑			
修梵寺				
景林寺				
明懸尼寺	彭城武宣王元勰	508		
龍華寺	宿衛羽林、虎賁等			
瓔珞寺				晉朝時白社地，董威輦所居處。
宗聖寺				
崇真寺				
魏昌尼寺	宦官瀛州刺史李次壽	515?		
靈應寺	崇義里民杜子休	正光初(520–525)	時有隱士趙逸指其地原	

			為晉朝太康寺，杜氏遂捨宅為寺。	
景興尼寺	宦官等所共立			
莊嚴寺				
秦太上君寺	胡太后	熙平初(515–523)	當時太后正號崇訓，母儀天下，號父為秦太上公，母為秦太上君，為母追福。	
正始寺	百官等	正始中(504–508)		有石碑一枚，背上有侍中崔光施錢四十萬，陳留侯李崇施錢二十萬，自餘百官各有差，少者不減五千已下，後人刊之。
平等寺	廣平武穆王元懷	517	捨宅為寺，原因不明。	永熙元年，元懷子平陽王元脩始造五層塔一所。
景寧寺	太保司徒公	太和年間	孝文遷洛，椿	

	楊椿	(495)	創居此里，分宅為寺（當亦是捨宅之一種）。	
建中寺	楊椿弟楊慎、楊津族人	普泰中(531)	楊氏兄弟為爾朱世隆所殺，後捨宅為寺。	
歸覺寺	太常民劉胡兄弟	永安年中(528–530)	劉氏兄弟殺豬為業，豬忽唱乞命，遂捨宅為寺。	
景明寺	宣武皇帝	景明中(500–503)		正光年中，太后始造七層浮圖一所。
大統寺		502以前		
招福寺	三公令史高顯洛	520?		
秦太上公二寺（雙女寺）	西寺—太后；東寺—皇姨	515–523	為父追福	
報德寺	孝文帝	493–499	為馮太后追福	
正覺寺	尚書令王肅	501		
龍華寺	廣陵王元羽	500		
追聖寺	北海王元詳	504		
歸正寺	西豐侯蕭正德	523–526	捨宅為寺，原因不明。	
菩提寺	西域胡人	528		

高陽王寺	高陽王元雍	528？	元雍為爾朱榮所害，捨宅為寺。	
崇虛寺				原漢之濯龍園
沖覺寺	太傅清河王元懌	520	為文獻追福，捨宅為寺。	
宣忠寺	侍中司州牧城陽王元徽	永安中(528–530)	北海入洛，莊帝北巡，自餘諸王，各懷二望，唯獨徽獨從莊帝至長子城。大兵阻河，雌雄未決，徽願入洛陽捨宅為寺；及北海敗散，國道重暉，遂捨宅焉。	
王典御寺	宦官王桃湯	528		時閹官伽藍皆為尼寺，唯桃湯所建僧寺，世人稱之英雄。
白馬寺	漢明帝			
寶光寺				原晉石塔寺
法雲寺	西域烏場胡			

	沙門曇摩羅			
開善寺	京兆人韋英妻梁氏		韋英妻梁氏捨宅為寺	
靈僊寺	比丘道恆	景明中(500-503)	洛陽大市東南有漢大將軍梁冀所造皇女臺，景明中，比丘道恆立靈僊寺於其上。	
河間寺		建義元年(528?)	原河間王元琛宅，河陰之役，諸元殲盡，王侯第宅，多題為寺（故此當為捨宅）。	
追先寺	侍中尚書令東平王元略	建義元年(528)	元略死於河陰，贈太保，謚曰文貞，嗣王景式，捨宅為寺。	
融覺寺	清河文獻王元懌	520		
大覺寺	廣平王元懷		捨宅為寺，原因不明。	
永明寺	宣武帝	499-515	時佛法經像，	

			成於洛陽,異國沙門,咸來輻輳,負錫持經,適茲樂土,世宗故立此寺以憩之。	
無名	陳留王元景皓		元景皓立性虛豁,少有大度,愛人好士,待物無遺。凤善玄言道家之業,遂捨半宅,安置佛徒。	
禪虛寺				寺前有閱武場,歲終農隙,甲士習戰,千乘萬騎,常在此寺。
凝玄寺	宦官濟州刺史賈燦	500?	遷京之初,創居此里,值母亡,捨以為寺(應為為母追福)。	

北魏正朔與崔浩國史之獄

范家偉

一、引言

崔浩國史之獄是魏晉南北朝史上的大事，陷落北方的中原世家大族，橫遭重大的打擊，也是胡漢兩種文化融合過程中，激盪而成的悲劇。近世學者研究崔浩之死，眾說紛紜，形成的看法是崔浩編修國史，只是導火線，背後充斥著各種各樣的原因，既有宗教衝突，也有政治鬥爭成分在內，以及胡漢勢力的推移。崔浩因編修國史下獄受死，背後無疑具有種種因素在內，前人研究已揭開了崔浩下獄致死的謎底。崔浩因修國史遭禍，中原世家大族多被牽連在內，株連甚廣，前所未有，「清河崔氏無遠近，范陽盧氏、太原郭氏、河東柳氏，皆浩之姻親，盡夷其族」。❶不過，崔浩之死涉及到編修國史，觸怒北魏朝野上下，必欲誅之而後快，究竟崔浩所修國史，如何開罪以代人為首的政敵，尤其北魏世祖拓跋燾。在史料有缺情況下，反而常常被人忽略。本文撰寫的目的，嘗試就史料所透露訊息，推測編修國史如何燃點崔浩之獄的導火線。最終歷史真實情況，千百年後，已無法稽考，本文旨在討論崔浩《國史》可能致禍因由，增加對崔浩國史之獄了解而已。

❶ 魏收，《魏書》，卷35〈崔浩傳〉（北京：中華書局，1974），頁826。

二、研究回顧

　　崔浩國史之獄一事，牽涉漢人世家大族在胡人政權下種種問題，受到史家重視。有關崔浩國史之獄研究，筆者粗淺地分為兩期。第一期可說開端於陳寅恪〈崔浩與寇謙之〉一文，繼後有周一良、牟潤孫、王伊同、孫同勛、逯耀東。❷諸位前輩從崔浩之死背後原因出發，探索北魏時期政治、文化、宗教、民族關係，以及崔浩政治理想，國史只不過是導火線。在前人努力下，崔浩國史之獄研究，已取得豐碩成果，亦可說是題無剩義。這一期研究成果及貢獻，在研究崔浩論文中必定提及，故此不贅。❸

---

❷ 陳寅恪，〈崔浩與寇謙之〉，收入氏著，《金明館叢稿初編》（上海：上海古籍出版社，1980），頁107-140。周一良，〈北朝的民族問題與民族政策〉，收入氏著，《魏晉南北朝史論集》（北京：北京大學出版社，1997），頁127-189。牟潤孫，〈崔浩與其政敵〉，收入氏著，《注史齋叢稿》（北京：中華書局，1987），頁80-93。王伊同，〈崔浩國書獄釋疑〉，載《清華學報》第1卷2期，1957，頁84-101。孫同勛，〈北魏初期胡漢關係與崔浩之獄〉，載《幼獅學誌》第3卷1期。逯耀東，〈崔浩世族政治的理想〉，收入氏著，《從平城到洛陽》（臺北：東大，2001），頁65-100。有關崔浩國史之獄研究回顧，可參陳識仁，〈北魏崔浩案的研究與討論〉，載《史原》第21期。

❸ 李書吉《北朝禮制法系研究》則認為拓跋燾想「一齊政化，布純德於天下」，而崔浩作為圖讖陰陽的代表而被誅。此說與本文討論方向頗為接近，但思考基調卻完全不同。李書吉認為太平真君五年，拓跋燾下令不許私養師巫，挾藏讖記、陰陽、圖諱、方伎書籍，而崔浩作為圖讖之學代表而被誅殺。此說有兩點可加討論：首先，拓跋燾下令不許私藏的，是有意一統五胡十六國以來紛亂圖讖，不代表其本人不相信圖讖，下文會再詳述。第二，拓跋燾下令不許私藏圖讖是在太平真君五年，而崔浩被殺則在太平真君十一年，兩者相

　　第二期是上世紀末開始，由於前人成果不易推翻，又缺乏新的資料，研究方向從政治史取向，一變而成史學史取向。換言之，過去討論崔浩之死，集中在北魏政治環境衝突當中，直到近十多年，則轉而集中探究崔浩編修《國史》如何觸犯忌諱。《魏書・崔浩傳》說：

> 初，郗標等立石銘刊《國記》，浩盡述國事，備而不典。而石銘顯在衢路，往來行者咸以為言，事遂聞發。有司按驗浩，取祕書郎吏及長曆生數百人意狀。浩伏受賕，其祕郎吏已下盡死。❹

《北史・崔浩傳》說：

> 浩書國事備而不典，而石銘顯在衢路，北人咸悉忿毒，相與構浩於帝。帝大怒，使有司案浩，取祕書郎及長曆生數百人意狀。浩伏受賕。❺

所謂國史「備而不典」，正是崔浩史獄的導火線。《魏書・高允傳》說著作令閔湛、郗標勸崔浩將所撰國史刊刻於石，目的是「用垂不朽，欲以彰浩直筆之跡」。❻周一良從《魏書》與《十六國春秋》、《晉書》

差六年左右，在此段時間，拓跋燾仍然對崔浩信任有加，因此就算拓跋燾殺崔浩的背後原因，正如李書吉所言，但在太平真君十一年，在甚麼原因觸發拓跋燾殺崔浩呢？李書吉，《北朝禮制法系研究》(北京：人民出版社，2002)，頁28–35。

❹　《魏書》，卷35〈崔浩傳〉，頁826。

❺　《北史》，卷21〈崔浩傳〉(北京：中華書局，1974)，頁789。

❻　《魏書》，卷36〈高允傳〉，頁1070。拓跋氏喜愛刻石紀功，《魏書・太祖紀》：「二月丁亥朔，諸軍同會，破高車雜種三十餘部，獲七萬餘口，馬三十餘萬匹，牛羊百四十餘萬。驃騎大將軍、衛王儀督三萬騎別從西北絕漠千餘里，破其遺逆七部，獲二萬餘口，馬五萬餘匹，牛羊二十餘萬頭，高車二十餘萬

記載相異之處，提出「不典」是崔浩直書鮮卑舊恥，根據《十六國春秋》、《晉書‧載記》所載，舉出苻秦滅代、道武帝放蜀、弒君暴崩，以及道武帝娶其姨母為妃諸事，暴露了鮮卑統治者祖先的羞恥屈辱。❼崔浩秉筆直書，揭露了鮮卑統治者祖先恥辱，是很可能的。另方面，陳識仁認為，崔浩父子歷仕北魏三朝，獲得諸帝信任與重用，侍君更以嚴謹著稱。而且隋朝魏澹奉命重修魏史，談及魏收著《魏書》錄自崔浩《國史》，對魏初史事有所「飾非」與「迴護」，並非真的完全直筆無諱。❽到此為止，出現了一個很關鍵的問題就是魏收《魏書》對魏初史事內容，是否錄自崔浩《國史》？周一良與陳識仁顯然持有不同的看法。由於崔浩《國史》不存，對此關鍵問題，難覓答案。

　　宋德喜〈試論崔浩國史獄事〉主要論崔浩「齊整人倫，分明姓族」一事，其中一小節談及唐代劉知幾《史通‧雜說中》說崔浩以拓跋之祖出於李陵之後而見殺，而目的則是「（崔）浩以漢人立場，似乎有意將胡人暗中導入漢人氏族的秩序中（按浩父玄伯於太祖時曾議以拓跋為黃帝後，似也有此意向）。此種宅心向漢的行為，自易引發胡族的不快。」❾在劉知幾之言可信的前提下，崔浩以拓跋氏出自李陵而惹怒北

乘，并服玩諸物。還次牛川及薄山，並刻石記功，班賜從臣各有差。」卷2，頁34–35。《魏書‧蠕蠕傳》：「（太延）四年，車駕幸五原，遂征之。樂平王丕、河東公賀多羅督十五將出東道，永昌王健、宜都王穆壽督十五將出西道，車駕出中道。至浚稽山，分中道復為二道，陳留王崇從大澤向涿邪山，車駕從浚稽北向天山。西登白阜，刻石記行，不見蠕蠕而還。」卷103，頁2294。

❼　周一良，〈崔浩國史之獄〉，收入氏著，《魏晉南北朝史札記‧魏書札記》（北京：中華書局，1985），頁342–350。

❽　陳識仁，〈北魏修史略論〉，收入黃清連編，《結網編》（臺北：東大，1998），頁233–273。

❾　宋德喜，〈試論崔浩國史獄事〉，載《興大歷史學報》第3期，1993，頁59–71。

人。陳識仁〈北魏修史略論〉將北魏修史分為四個時期，檢討崔浩史獄案影響，導致北魏史官的消極心態出現。❿

田餘慶〈《代歌》、《代記》和北魏國史──國史之獄的史學史考察〉是一篇十分出色的文章，考析北魏《代歌》、《代記》，注意到鄧淵之死才是國史之獄開端，而崔浩國史之獄則是鄧淵冤獄濫殤所及的結果。⓫可惜田氏對於「兩次獄事中究竟哪一具體問題形成道武帝和太武帝的痛點，是否每次還有更為直接的興獄的政治需要」，則不在討論之列。最後值得一提的是何德章〈北魏國號與正統問題〉，⓬此文雖非直接研究崔浩國史之獄，筆者卻認為涉及到北魏王朝正統看法，與修史有極密切關係。本文嘗試在前人基礎上，推測崔浩如何觸犯忌諱而獲罪致死。

三、拓跋氏出自李陵之後

在北魏初期，發生了劉潔事件，同樣遭禍人數不下百人。本來劉潔得魏高祖信任，但與崔浩政見不合，反對攻擊蠕蠕，世祖不聽。在世祖出兵攻蠕蠕時，與諸將約在鹿渾谷會合，劉潔因世祖不聽其計而矯詔，使諸將不能如期到達鹿渾谷，事後崔浩告發劉潔矯詔而被殺。《魏書·劉潔傳》記：

> 世祖之征也，潔私謂親人曰：「若軍出無功，車駕不返者，吾當立樂平王。」潔又使右丞張嵩求圖讖，問：「劉氏應王，繼國家

---

❿　陳識仁，〈北魏修史略論〉，頁233–273。

⓫　田餘慶，〈《代歌》、《代記》和北魏國史──國史之獄的史學史考察〉，載《歷史研究》2001年1期，頁51–64。

⓬　何德章，〈北魏國號與正統問題〉，載《歷史研究》1992年，頁113–125。

後，我審有名姓否？」嵩對曰：「有姓而無名。」窮治款引，搜嵩家，果得讖書。潔與南康公狄鄰及嵩等，皆夷三族，死者百餘人。⓭

劉潔矯詔，死罪不能免。史文提及到此次事件，死的不只劉潔一人，還禍及張嵩、南康公狄鄰，以及三族，受牽連者至百餘人。原因是劉潔妄求圖讖，有意借助圖讖以此自言應運，繼劉氏之後而王，此與造反無異，故夷其三族。崔浩下史獄，「自浩已下，僮吏以上百二十八人皆夷五族。」⓮可見崔浩罪狀可能也達到造反程度。⓯崔浩史案發生後，高允向太武帝求情，說到：「直以犯觸，罪不至死。」⓰《史通・直書篇》說：「崔浩犯諱於魏國。」⓱崔浩《國史》犯觸了甚麼忌諱而獲罪呢？甚至達至造反程度？由於崔浩國史之獄後，時人憶述此次事件，不願再提起觸犯的地方，因而相關記述都湮沒無聞。

崔浩編修國史究竟如何「不典」，只能從不同方面來推測。《史通・雜說篇》：

> 崔浩諂事狄君，曲為邪說，稱拓跋之祖，本李陵之胄。當時眾

⓭　《魏書》，卷28〈劉潔傳〉，頁689。

⓮　《魏書》，卷36〈高允傳〉，頁1071。

⓯　《魏書・高祖孝文帝紀》在太和九年春正月，下詔說：「圖讖之興，起於三季。既非經國之典，徒為妖邪所憑。自今圖讖、祕緯及名為《孔子閉房記》者，一皆焚之。留者以大辟論。又諸巫覡假稱神鬼，妄說吉凶，及委巷諸卜非墳典所載者，嚴加禁斷。」卷7上，頁155。可見私用圖讖，以大辟論罪，罪名不輕。

⓰　《魏書》，卷36〈高允傳〉，頁1071。

⓱　劉知幾著，趙呂甫校注，《史通新校注・內篇》（重慶：重慶出版社，1990），頁445。

> 議抵斥，事遂不行。或有竊其書以渡江者，沈約撰《宋書·索
> 虜傳》仍傳伯淵所述。❽

劉知幾認為崔浩編修《國史》，曲為邪說，說鮮卑拓跋乃漢李陵之後，
卻因此遭受抵斥，而「眾議抵斥」的結果可能就是國史之獄。崔浩稱
拓跋始祖為李陵之後，出了甚麼問題？《宋書·索虜傳》說：

> 索頭虜姓託跋氏，其先漢將李陵後也。陵降匈奴，有數百千種，
> 各立名號，索頭亦其一也。❾

拓跋氏乃李陵之後，為崔浩所造說法，而《宋書·索虜傳》又確實採
用其說，則證明劉知幾所言有據。《南齊書·魏虜傳》又說：

> 魏虜，匈奴種也，姓託跋氏。晉永嘉六年，并州刺史劉琨為屠
> 各胡劉聰所攻，索頭猗盧遣子曰利孫將兵救琨於太原，猗盧入
> 居代郡，亦謂鮮卑。被髮左衽，故呼為索頭。❿
> 是歲（隆昌元年），宏徙都洛陽，改姓元氏。初，匈奴女名託跋，
> 妻李陵，胡俗以母名為姓，故虜為李陵之後，虜甚諱之，有言
> 其是陵後者，輒見殺，至是乃改姓焉。⓫

拓跋氏是否為李陵之後，確實無法考證。然而，鮮卑避忌拓跋乃胡族

---

❽ 《史通新校注·雜說中》，頁944。從南北朝文化交流情況而論，崔浩《國史》
　　流至南朝，不無可能。有關南北朝文化交流情況，可參牟發松，〈南北朝交
　　聘中所見南北交流關係略論〉，收入《魏晉南北朝隋唐史資料》第14輯，1996，
　　頁30–38。吉川忠夫，〈島夷と索虜のあいだ——典籍の流傳を中心とした南
　　北朝文化交流史〉，載《東方學報》第72冊，2000，頁133–158。

❾ 《宋書》，卷95〈索虜傳〉（北京：中華書局，1974），頁2321。

❿ 《南齊書》，卷57〈魏虜傳〉，頁983。

⓫ 《南齊書》，卷57〈魏虜傳〉，頁993。

隨母姓的風俗遺痕，直到孝文帝改漢姓時，仍然存在，甚至有人說到鮮卑乃李陵之後，即會被殺，而改姓原因也在此。大約在西元二、三世紀，鮮卑遷入匈奴故地，或許是鮮卑乃李陵之後的說法來源。在《宋書》只說拓跋出自李陵之後，《南齊書》則說有言拓跋氏為李陵之後者，卻會被殺，此說可能受崔浩國史之獄影響而成。宋德喜認為崔浩以李陵為拓跋氏先祖，是將拓跋氏納入漢人氏族的秩序之中。何德章則認為崔浩強拉漢代名將作拓跋氏的先祖，旨在爭取北方世家大族對拓跋氏皇權的認可，因為李陵比傳說中的黃帝少子昌意更具可信性。❷❷李陵是否比黃帝少子昌意的說法更具說服力，可能連時人也不太清楚。拓跋氏出自黃帝之後，應有更深層的意義。

《魏書·序紀》敘述鮮卑來源，說：

> 昔黃帝有子二十五人，或內列諸華，或外分荒服，昌意少子，受封北土，國有大鮮卑山，因以為號。其後，世為君長，統幽都之北，廣漠之野，畜牧遷徙，射獵為業，淳樸為俗，簡易為化，不為文字，刻木紀契而已，世事遠近，人相傳授，如史官之紀錄焉。黃帝以土德王，北俗謂土為托，謂后為跋，故以為氏。其裔始均，入仕堯世，逐女魃於弱水之北，民賴其勤，帝舜嘉之，命為田祖。爰及三代，以及秦漢，獫狁、獯鬻、山戎、匈奴之屬，累代殘暴，作害中州，而始均之裔，不交南夏，是以載籍無聞焉。❷❸

此處值得注意的是，鮮卑是李陵之後，是南朝官方確認的說法，如果

---

❷❷ 何德章，〈北魏國號與正統問題〉，頁122。《史記·夏本紀》記：「夏禹，名曰文命，禹之父曰鯀，鯀之父曰帝顓頊，顓頊之父曰昌意，昌意之父曰黃帝。」此為黃帝子名昌意的來源。

❷❸ 《魏書·序紀》，卷1，頁1。

崔浩真的提出同樣的看法，顯然與魏收《魏書》對其「托跋」氏一詞
解釋有出入。又魏收《魏書》所作「托跋」一詞解釋根據北魏官方的
說法，則崔浩《國史》並不依從當時官方說法了，雖然此說不一定最
先由崔浩提出，㉔卻惹來別人攻擊的口實。拓跋氏乃李陵之後說法，
傳到南朝後瞬即被納入官方觀點中，足見此觀點符合了南朝利益立場。
究竟《魏書‧序例》敘說鮮卑來源具有甚麼意義？

　　其實，在拓跋氏早期歷史，記載模糊，只是草原部落牧民，以漁
獵為生，魏晉以來，漸次南移，才在漢文史料中開始記載，而拓跋氏
早期帝系不明，早期傳說只是口耳相傳，何以能知是黃帝之後？拓跋

㉔　《南齊書‧魏虜傳》載有仇池公楊盛上表說：「索虜勃勃，匈奴正胤。」卷
　　57，頁984。《高僧傳‧佛圖澄傳》說：「晉末朔方凶奴赫連勃勃破獲關中，
　　斬戮無數。」又姚薇元《北朝胡姓考》所考，南北朝時，拓跋自言鮮卑，中
　　國則謂之匈奴，並據《魏書‧鐵弗劉虎傳》推論匈奴與鮮卑的合種（胡父鮮
　　卑母），名曰「鐵弗」，拓跋亦譯禿髮。拓跋氏既號鮮卑，又稱匈奴，疑拓跋
　　即鐵弗之異譯，乃匈奴與鮮卑之混血族。胡俗重母，故拓跋氏自稱鮮卑，而
　　諱言匈奴，亦猶劉虎之曾孫屈子恥姓鐵弗，而改為赫連。參氏著，《北朝胡
　　姓考》（臺北：華世出版社，1977），頁6。馬長壽則認為拓跋鮮卑是鮮卑部
　　落與匈奴部落混種，是鮮卑父匈奴母相融合而產生的族名。參氏著，《烏桓
　　與鮮卑》（上海：上海人民出版社，1962），頁237–262。《晉書‧赫連勃勃載
　　記》說：「勃勃，匈奴右賢王去拜之後。」「其年，下書曰：『朕之皇祖，自
　　北遷幽朔，姓改姒氏，音殊中國，故從母氏為劉。子而從母之姓，非禮也。
　　古人氏族無常，或以因生為氏，或以王父之名。朕將以義易之。帝王者，係
　　天為子，是為徽赫實與天連，今改姓曰赫連氏，庶協皇天之意，永享無疆大
　　慶。係天之尊，不可令支庶同之，其非正統，皆以鐵伐為氏，庶朕宗族子孫
　　剛銳如鐵，皆堪伐人。』」卷130，頁3206。此條資料說明了胡人以母為姓，
　　漢化之後，即以此不合禮義。《宋書》、《南齊書》稱拓跋為李陵之後，即漢
　　父匈奴母，未知此說如此解釋拓跋由來。

氏為黃帝之後，只是後來追認。拓跋氏在甚麼時候追認為黃帝之後，
而意義又何在？❷此可先上溯至十六國時期的「五胡次序」問題。《晉
書·苻堅載記下》說：

> （姚）萇求傳國璽於堅曰：「萇次膺符曆，可以為惠。」堅瞋目
> 叱之曰：「小羌乃敢干逼天子，豈以傳國璽授汝羌也。圖緯符
> 命，何所依據？五胡次序，無汝羌名。違天不祥，其能久乎？
> 璽已送晉，不可得也。」❷

陳寅恪據《資治通鑑》胡注「無汝羌名，謂讖文耳。姚萇自謂次應曆
數，堅故以讖文為言」所說，指出「五胡次序，無汝羌名」其實五胡
最早出自苻堅之口，而次序也是苻堅講的。❷當然，苻堅應是根據當
時已有圖讖符文作論證，反對姚萇取得傳國璽。周一良踵繼陳寅恪，
再加引證，❷《晉書·苻登載記》記苻登討姚萇檄文便說姚萇：「於圖

---

❷ 有關拓跋氏早期歷史，只有《魏書·序紀》資料，近人研究多據此而推論，
孫同勛，《拓跋氏的漢化》（臺北：國立臺灣大學文學院，1962）。馬長壽，
《烏桓與鮮卑》。Jennifer Holmgren, *Annals of Tai: Early T'o-pa History accord-*
ing to The First Chapter of The Wei-shu, Canberra : Australian National Univer-
sity Press, 1982. 康樂，《從西郊到南郊——國家祭典與北魏政治》（臺北：稻
禾出版社，1995）。田餘慶，〈代北地區拓跋與烏桓的共生關係——《魏書·
序紀》有關史實解析〉上、下，分別載《中國史研究》2000年3期，頁59–85；
4期，頁17–45。張繼昊，〈由氏至家——婚姻關係與拓跋鬱律一系的崛起〉，
載《鄭欽仁教授榮退紀念論文集》（臺北：稻鄉，1999），頁123–139。另有
金榮煥，〈拓跋鮮卑早期歷史研究——以《魏書·序紀》之分析為中心——〉，
國立臺灣大學歷史研究所博士論文，1996，筆者未見此文。

❷ 《晉書》，卷114〈苻堅載記下〉（北京：中華書局，1974），頁2928。

❷ 陳寅恪，《魏晉南北朝史講演錄》（合肥：黃山書社，1987），頁82。

❷ 周一良，〈五胡次序、無汝羌名〉，收入氏著，《魏晉南北朝史札記·晉書札

讖曆數萬無一分。」❷換言之，五胡亂華時期，自漢代以來流行圖讖符
命四出，預言著新政權出現，其中有指五胡相繼應值其運。然而，五
胡確實指誰人能應運，現在已無法知曉了。❸圖讖之內，當列載承運
者姓名，例如《魏書・太宗紀》記太常元年常山民霍季，自言名載圖
讖，於是聚眾而起，入山為盜。❸又如前引《魏書・劉潔傳》更載劉
潔使右丞張嵩求圖讖，問：「劉氏應王，繼國家後，我審有名姓否？」
嵩對曰：「有姓而無名。」❸所謂姓名，不會直書某人真實姓名，當如

---

❷　《晉書》，卷115〈苻登載記〉，頁2952。

❸　《晉書・苻堅載記下》記：「新平郡獻玉器。初，堅即偽位，新平王彫陳說
圖讖，堅大悅，以彫為太史令。嘗言於堅曰：『謹案讖云：古月之末亂中州，
洪水大起健西流，惟有雄子定八州。此即三祖、陛下之聖諱也。又曰：當有
艸付臣又土，滅東燕，破白虜，氐在中，華在表。案圖讖之文，陛下當滅燕，
平六州。願徙汧隴諸氐於京師，三秦大戶置之於邊地，以應圖讖之言。』堅
訪之王猛，猛以彫為左道惑眾，勸堅誅之。彫臨刑上疏曰：『臣以趙建武四
年，從京兆劉湛學，明于圖記，謂臣曰：新平地古顓頊之墟，里名曰雞閭。
記云，此里應出帝王寶器，其名曰延壽寶鼎。顓頊有云，河上先生為吾隱之
於咸陽西北，吾之孫有艸付臣又土應之。湛又云：吾嘗齋於室中，夜有流星
大如半月，落於此地，斯蓋是乎！願陛下誌之，平七州之後，出於壬午之年。』
至是而新平人得之以獻，器銘篆書文題之法，一為天王，二為王后，三為三
公，四為諸侯，五為伯子男，六為卿大夫，七為元士。自此已下，考載文記，
列帝王名臣，自天子王后，內外次序，上應天文，象紫宮布列，依玉牒版辭，
不違帝王之數，從上元人皇起，至中元，窮於下元，天地一變，盡三元而止。
堅以彫言有徵，追贈光祿大夫。」卷114，頁2910。所謂「五胡次序」可能包
含帝王名臣，天子王后姓名，內外次序。

❸　《魏書》，卷3〈太宗紀〉，頁56。

❸　《魏書》，卷28〈劉潔傳〉，頁689。

魏晉南北朝時期流行「卯金刀」、「十八子」之類。《晉書·苻堅載記》記：

> 時有人於堅明光殿大呼謂堅曰：「甲申乙酉，魚羊食人，悲哉無
> 復遺。」堅命執之，俄而不見。祕書監朱彤等因請誅鮮卑，堅不
> 從。**㉝**

魚羊食人讖文，朱彤認為指的是鮮卑的「鮮」字。**㉞**可以肯定的是，胡人統主中原，受漢人政治意識影響，深信圖讖符命之說。《晉書·姚興載記上》記桓玄遣辛恭靖、何澹之來聘，姚興對辛恭靖說：

> 桓玄不推計曆運，將圖篡逆，天未忘晉，必將有義舉，以吾觀
> 之，終當傾覆。**㉟**

姚興審度時勢，推知桓玄必敗，在於天未亡晉，桓玄「不推計曆運」，即未獲德運次序。由此而論，「五胡次序」圖讖符命出現，即承認了胡人也可以是天命所歸，正統所在。

「五胡次序」確實內容為何？拓跋氏在五胡中次序如何？已不得而知，但從苻堅之言則可推知，在十六國時期，胡人爭相建立政權，都極力證明天命所歸。「五胡次序」圖讖符命被視為預言胡人相繼奪得統治權力理據。拓跋氏統一北方，建立北魏政權，同樣受圖讖符命說影響。《魏書·禮志》說：

㉝ 《晉書》，卷113〈苻堅載記〉，頁2897。

㉞ 又《晉書·佛圖澄傳》記石季龍曾作夢，夢中見到「群羊負魚從東北來」，夢醒後找佛圖澄解夢。佛圖澄說：「不祥也，鮮卑其有中原乎！」卷95，頁2489。

㉟ 《晉書》，卷117〈姚興載記上〉，頁2984。

天興元年，定都平城，即皇帝位，立壇兆告祭天地。祝曰：「皇帝臣珪敢用玄牝，昭告于皇天后土之靈。上天降命，乃眷我祖宗世王幽都。珪以不德，纂戎前緒，思寧黎元，龔行天罰。殄劉顯，屠衛辰，平慕容，定中夏。群下勸進，謂宜正位居尊，以副天人之望。珪以天時人謀，不可久替，謹命禮官，擇吉日受皇帝璽綬。惟神祇其丕祚於魏室，永綏四方。」事畢，詔有司定行次，正服色。群臣奏以國家繼黃帝之後，宜為土德，故神獸如牛，牛土畜，又黃星顯曜，其符也。於是始從土德，數用五，服尚黃，犧牲用白。祀天之禮用周典，以夏四月親祀于西郊，徽幟有加焉。❸

北魏拓跋珪定都平城，即皇帝位，立刻令群臣議「行次」、「正服色」。自漢代來，新王朝成立，首重訂立五德終始德運，以明正朔所在。北魏建國，引用了不少當時仍留在北方漢人，對他們而言，推定德運之類問題，並不困難。其中，崔浩父親崔宏便是為拓跋氏推定德運，《魏書‧太祖紀》記：「十有二月己丑，帝臨天文殿，太尉、司徒進璽綬，百官咸稱萬歲。大赦，改年。追尊成帝已下及后號諡。樂用皇始之舞，詔百司議定行次，尚書崔玄伯等奏從土德，服色尚黃，數用五，未祖辰臘，犧牲用白，五郊立氣，宣贊時令，敬授民時，行夏之正。」❹可能由於推斷土德的過程，十分順利，沒有經過重大的爭論；所以，當時為何推斷北魏為土德理據，不得而知。不過，到孝文帝改革時，曾經再議拓跋氏德運，卻引發了重大的爭辯，而中書監高閭主張魏為土德，他所說的理據，或許能反映開國之初崔宏推定得為土德的理據。《魏書‧禮志一》記中書監高閭，議說：

---

❸ 《魏書》，卷108〈禮志一〉，頁2734。

❹ 《魏書》，卷2〈太祖紀〉，頁34。

計五德之論，始自漢劉……自茲厥後，乃以為常。魏承漢，火生土，故魏為土德。晉承魏，土生金，故晉為金德。趙承晉，金生水，故趙為水德。燕承趙，水生木，故燕為木德。秦承燕，木生火，故秦為火德。秦之未滅，皇魏未克神州，秦氏既亡，大魏稱制玄朔。故平文之廟，始稱「太祖」，以明受命之證，如周在岐之陽。若繼晉，晉亡已久；若棄秦，則中原有寄。推此而言，承秦之理，事為明驗。故以魏承秦，魏為土德，又五緯表驗，黃星曜彩，考氏定實，合德軒轅，承土祖未，事為著矣。又秦趙及燕，雖非明聖，各正號赤縣，統有中土，郊天祭地，肆類咸秩，明刑制禮，不失舊章。奄岱踰河，境被淮漢。非若龌龊邊方，僭擬之屬，遠如孫權、劉備，近若劉裕、道成，事繫蠻夷，非關中夏。伏惟聖朝，德配天地，道被四海，承乾統曆，功侔百王。光格同於唐虞，享祚流於周漢，正位中境，奄有萬方。今若并棄三家，遠承晉氏，則蔑中原正次之實。存之無損於此，而有成於彼；廢之無益於今，而有傷於事。臣愚以為宜從尚黃，定為土德。**㊳**

高閭論說要點有二：第一，北魏上承正朔，相生次序，漢（火）→曹魏（土）→西晉（金）→趙（水）→燕（木）→秦（火）→北魏（土）。拓跋魏為土德又有圖讖符命相應，包括「黃星曜彩」、「合德軒轅」。第二，正統相承，以統有中土為憑。**㊴**根據高閭論點，崔宏在魏國初建

㊳　《魏書》，卷108〈禮志一〉，頁2744–2745。

㊴　《洛陽伽藍記‧城東景寧寺條》記梁朝陳慶之與魏朝楊元慎爭論南北正統。楊元慎謂「魏膺祿受圖，定鼎嵩洛，五山為鎮，四海為家」，即指明統有中土乃正統所在。又南北聘使，為了各自證明正統所在，相互比拚符命，《魏書‧李平傳》記東魏李諧使梁，梁主客郎范胥接待，兩人都自命正統所在，

時，推定土德的理據，極可能同出一轍，以五德相生推定，並配合圖讖。在《魏書‧禮志》便說土德推定理由在於「黃帝之後」、❹「黃星顯曜」，北魏開國之初的圖讖符文流行，而且頗為重視，❹在推定德運過程中，如何將先祖攀附為古聖賢王之後，是很重要的，例如漢為堯後、❹魏為顓頊後（與舜同祖）、晉為重黎後，而胡人政權立國，亦不例外，相繼確認源出，鮮卑慕容廆其先有熊氏苗裔、氐村洪其先有扈

范胥就說：「金陵王氣兆於先代，黃旗紫蓋，本出東南，君臨萬邦，故宜在此。」李諧則說：「帝王符命，豈得與中國比隆？紫蓋黃旗，終於入洛，無乃自害也？」卷65，頁1460–1461。

❹ 《宋書‧符瑞志》說：「黃帝軒轅氏，母曰附寶，見大電光繞北斗樞星，照郊野，感而孕。二十五月而生黃帝於壽丘。弱而能言，龍顏，有聖德，劾百神朝而使之。應龍攻蚩尤，戰虎、豹、熊、羆四獸之力。以女魃止淫雨。天下既定，聖德光被，群瑞畢臻。有屈軼之草生於庭，佞人入朝，則草指之，是以佞人不敢進。有景雲之瑞，有赤方氣與青方氣相連，赤方中有兩星，青方中有一星，凡三星，皆黃色，以天清明時見於攝提，名曰景星。黃帝黃服齋于中宮，坐于玄扈洛水之上，有鳳皇集，不食生蟲，不履生草，或止帝之東園，或巢于阿閣，或鳴於庭，其雄自歌，其雌自舞。麒麟在囿，神鳥來儀。有大螻如羊，大螾如虹。黃帝以土氣勝，遂以土德王。」此為五德終始說中，論證黃帝土德王，其中證據之一有三星皆黃色。《宋書》，卷27〈符瑞志〉，頁760。

❹ 《魏書‧崔浩傳》記神瑞二年，太史令王亮、蘇垣等言：「讖書國家當治鄴，應大樂五十年，勸太宗遷都。」卷35，頁808。可見一斑。

❹ 魏太祖在天興三年十月下詔說：「世俗謂漢高起於布衣而有天下，此未達其故也。夫劉承堯統，曠世繼德，有蛇龍之徵，致雲彩之應，五緯上聚，天人俱協，明革命之主，大運所鍾，不可以非望求也。」卷2，頁37。此詔點出德運相繼理據的重點之一，漢為堯後故為火德，此即「曠世繼德」，因此得為黃帝後為土德，同樣亦是「曠世繼德」。

苗裔、羌姚弋仲其先有虞氏苗裔、赫連勃勃自言大禹之後、宇文泰以其先出自炎帝神農氏。

《晉書·赫連勃勃載記》記赫連勃勃，本匈奴族人，自以匈奴夏后氏苗裔，後投靠姚興，又叛姚興自立。有一次，姚興鎮北參軍王買德投靠赫連勃勃，赫連勃勃對王買德說：

> 朕大禹之後，世居幽朔。祖宗重暉，常與漢魏為敵國。中世不競，受制于人。逮朕不肖，不能紹隆先構，國破家亡，流離漂虜。今將應運而興，復大禹之業，卿以為何如？❸

赫連勃勃乃匈奴族屬，在自立稱皇時，即自居大禹之後，此或與五胡應運圖讖有關係。拓跋氏稱為黃帝之後，以應土德之運，《魏書·衛操傳》記衛操早於拓跋猗盧死後，立碑歌頌說：「魏，軒轅之苗裔。」❹《通典·禮十五》說：「後魏初為土德，言繼黃帝之後也，故數用五，服尚黃，犧牲用白。」❺北魏王朝自認為黃帝之後，故立為土德。崔浩《國史》若不稱拓跋氏為黃帝之後，直指為李陵之後，豈不是否定拓跋氏應德運次序（即正朔）所在？

崔浩父崔宏助拓跋氏推定德運，對於圖讖之學，當是專家。不僅如此，北魏開國初期，有關種種禮樂制定，都出自崔宏之手。《魏書·太祖紀》說：「冬十月，起天文殿。十有一月辛亥，詔尚書吏部郎中鄧淵典官制，立爵品，定律呂，協音樂；儀曹郎中董謐撰郊廟、社稷、朝覲、饗宴之儀；三公郎中王德定律令，申科禁；太史令晁崇造渾儀，考天象；吏部尚書崔玄伯總而裁之。」❻甚至拓跋氏釐定國號曰魏，出

---

❸ 《晉書》，卷130〈赫連勃勃載記〉，頁3205。

❹ 《魏書》，卷23〈衛操傳〉，頁599。

❺ 唐·杜佑，《通典》，卷55〈禮十五·歷代所尚〉，第2冊（北京：中華書局，1988），頁1546。

自崔宏之議，崔宏說：「……國家雖統北方廣漠之土，逮于陛下，應運龍飛，雖曰舊邦，受命惟新，是以登國之初，改代曰魏。又慕容永亦奉進魏土。夫『魏』者大名，神州之上國，斯乃革命之徵驗，利見之玄符也。臣愚以為宜號為魏。」⑰何德章認為北魏取名曰魏，是為了表明自己是曹魏法統的繼承者。⑱首先，所謂「繼承」是指甚麼意思，絕不清楚，從五德終始說來看，繼承者指德運相承，曹魏繼漢為土德，北魏亦取土德，何來繼承。第二，何氏謂從崔宏家族歷史看，他心目中的神州上國之魏，也只可以承曹魏遺業相號召。此說並無確據，純為何氏揣測。崔宏推定魏為土德，證據是在天文。《魏書·天象志三》又說：

> 天興元年八月戊辰，木晝見胃。胃，趙代墟也，□天之事。歲為有國之君，晝見者並明而干陽也。天象若曰：且有負海君，實能自濟其德而行帝王事。是月，始正封畿，定權量，肆禮樂，頒官秩。十二月，群臣上尊號，正元日，遂禋上帝於南郊。⑲

《魏書·天象志三》記皇始元年：

> 先是有大黃星出于昴、畢之分，五十餘日。慕容氏太史丞王先

⑯　《魏書》，卷2〈太祖紀〉，頁33。

⑰　《魏書》，卷24〈崔玄伯傳〉，頁620–621。

⑱　何德章推算北魏有紀元，始於神元元年，正是曹魏黃初元年，以曹魏建國之年為紀年之始，因而認為北魏自認為曹魏的繼承者。此推算最早是王鳴盛，在《十七史商榷·追尊二十八帝》說：「神元元年，歲在庚子，係魏黃初元年，即漢獻帝在位之三十一年正月改元延康，十月曹丕魏漢，改元神元。」王鳴盛，《十七史商榷》，卷66〈追尊二十八帝〉，下冊（北京：中國書店，1987），頁1。

⑲　《魏書》，卷105〈天象志三〉，頁2390。

曰：「當有真人起於燕代之間，大兵鏘鏘，其鋒不可當。」冬十一月，黃星又見，天下莫敵。❺⓿

魏收在自注中再略加解釋：「是歲六月，木犯哭星。木，人君也，君有哭泣之事。是月，太后賀氏崩。至秋，晉帝殂。」❺❶魏收自注其實混淆了孝文帝重定德運前後的資料。崔宏及高閭以魏為土德，證據之一正是「黃星」發亮，故皇始元年「黃星見」是土德之應。魏收謂「晉帝崩」則是孝文帝改定德運為水德，承晉而來，晉帝崩後則魏承之。❺❷何德章又說崔宏定土德，至孝文帝時不為士人理解，實亦不明白孝文帝重定德運的意義，此點康樂的研究，言之甚詳，不再贅述。❺❸

四、魏世祖拓跋燾與崔浩兩次修史

崔宏崔浩父子，為北魏出謀獻策，制定禮樂，居功至偉。崔浩被誅於世祖武帝太平真君十一年，在朝樹敵眾多；魏世祖即位，政敵即展開排斥行動。《魏書・崔浩傳》說：「世祖即位，左右忌浩正直，共排毀之。世祖雖知其能，不免群議，故出浩，以公歸第。及有疑議，

---

❺⓿　《魏書》，卷105〈天象志三〉，頁2389。

❺❶　《魏書》，卷105〈天象志三〉，頁2389。

❺❷　北魏官方又否定晉元帝出自西晉司馬氏之裔，《魏書・司馬叡傳》說：「僭晉司馬叡，字景文，晉將牛金子也。初晉宣帝生大將軍、琅邪武王伷，伷生冗從僕射、琅邪恭王覲。覲妃譙國夏侯氏，字銅環，與金姦通，遂生叡，因冒姓司馬，仍為覲子。由是自言河內溫人。」此說本是沈約撰《宋書》時所造之說，以說明當時流行「牛繼馬」讖文。魏收採用此說，目的極有可能否定東晉承西晉之統的意思。《魏書》，卷96〈司馬叡傳〉，頁2091。

❺❸　康樂，《從西郊到南郊——國家祭典與北魏政治》，頁192–197。又可參程維榮，《拓跋宏評傳》（南京：南京大學出版社，1998），頁83–88。

召而問焉。」❼崔浩因編史而惹禍，政敵群相攻擊，固然是致死因由。若無惹怒拓跋燾，會否掀起大風波？拓跋燾大發雷霆，必誅崔浩而後快，甚至自言株連者數千人，❺❺其觸發點頗值得深究。

上文已論，五胡主控中原，已深受漢人天命正朔、圖讖符命觀念影響。魏世祖太平真君七年四月，「鄴城毀五層佛圖，於泥像中得玉璽二，其文皆曰『受命於天，既壽永昌』，其一刻其旁曰『魏所受漢傳國璽』」。❺❻魏世祖獲傳國璽，作為正統憑證。又太平真君五年二月，張掖郡上言有石文，石文「記國家祖宗諱，著受命之符」。魏世祖於是派人前往抄錄其文，石上刻錄：

> 國家祖宗以至於今。其文記昭成皇帝諱「繼世四六，天法平，天下大安」，凡十四字；次記太祖道武皇帝諱「應王，載記千歲」，凡七字；次記太宗明元皇帝諱「長子二百二十年」，凡八字；次記「太平天王繼世主治」，凡八字；次記皇太子諱「昌封太山」，凡五字。初上封太平王，天文圖錄又授「太平真君」之號，與石文相應。太宗名諱之後，有一人象，攜一小兒。見者皆曰：「上愛皇孫，提攜臥起，不離左右，此即上象靈契，真天授也。」❺❼

---

❼ 《魏書》，卷35〈崔浩傳〉，頁815。

❺❺ 《魏書・高允傳》記崔浩下史獄，世祖審問崔浩、高允，高允死諫，反而獲世祖免罪，世祖說：「無此人（指高允）忿朕，當有數千口死矣。」卷48，頁1071。

❺❻ 《魏書》，卷4下〈世祖紀下〉，頁101。李書吉認為獲璽此事，有些向太武帝打擊讖緯的詔文挑戰的意味，但此舉顯然有些弄巧反拙，大概也堅定了太武帝去除圖讖的決心。《北朝禮制法系研究》，頁333–334。此說實不明白不許私藏圖讖，只是整齊不利於北魏圖讖，防止如劉潔一樣利用圖讖。綜觀太武帝生平，並不見得有甚麼去除圖讖的決心。

❺❼ 《魏書》，卷112下〈靈徵志下〉，頁2954–2955。

先不論石文來源，以及偽作等問題，方式仍然採取圖讖上載錄其名，在帝皇名字之後，連帶一兩句吉利說話。❺❽石文出現作為大魏「記國家祖宗之諱，著受命歷數之符」的明證，而「禎祥之驗，未有今日之煥炳也」，因而宣告四海，目的旨在「令方外僭竊知天命有歸」。❺❾拓跋燾對於這些天變災異事情，極為敏感及重視。一方面證明天命歸己，另方面則否定敵對政權正朔所在。從上述事件可見，拓跋燾十分緊張證明天命所歸。在此情況下，崔浩編修國史，如何配合拓跋燾心中所想，當是重要關節處。《魏書‧崔浩傳》記拓跋燾下詔命崔浩編修《國記》說：

> 昔皇祚之興，世隆北土，積德累仁，多歷年載，澤流蒼生，義聞四海。我太祖道武皇帝，協順天人，以征不服，應期撥亂，奄有區夏。太宗承統，光隆前緒，釐正刑典，大業惟新。然荒域之外，猶未賓服。此祖宗之遺志，而貽功於後也。朕以眇身，獲奉宗廟，戰戰兢兢，如臨淵海，懼不能負荷至重，繼名丕烈。故即位之初，不遑寧處，揚威朔裔，掃定赫連。逮於神麚，始命史職注集前功，以成一代之典。自爾已來，戎旗仍舉，秦隴克定，徐克無塵，平逋寇於龍川，討華豎於涼域。豈朕一人獲濟於此，賴宗廟之靈，群公卿士宣力之效也。而史闕其職，篇籍不著，每懼斯事之墜焉。公德冠朝列，言為世範，小大之任，

---

❺❽ 何德章認為種種祥瑞（傳國璽及張掖郡石文）乃崔浩製造，此說只是何氏想當然，並無實據。以張掖郡石文為例，若是崔浩偽做，何以石文出現後，上奏言此符瑞及勸世祖接受者（衛大將軍、樂安王範、輔國大將軍、建寧王崇、征西大將軍、常山王素、征南大將軍、恆農王奚斤），崔浩不在其內，反而是一批代人。難道崔浩花了極大心思偽做的符命，最先發現者不是他自己本人，並白白地送給別人邀功。

❺❾ 《魏書》，卷112下〈靈徵志下〉，頁2954–2955。

　　望君存之。命公留臺，綜理史務，述成此書，務從實錄。❻

拓跋燾命崔浩修史，其實說明了兩個要點：第一，太祖道武帝興起，是「應期撥亂」，並據區夏中土；第二，祖宗遺志就是平定天下，故有四方征伐，而世祖自己功勳顯著，修史任務，著述「宗廟之靈」及「公卿士宣力效」。魏世宗時，李彪自薦擔任修史重責，《魏書・高祐傳》記李彪等奏說：「惟聖朝創制上古，開基《長發》，自始均以後，至於成帝，其間世數久遠，是以史弗能傳。臣等疏陋，忝當史職，披覽《國記》，竊有志焉。愚謂自王業始基，庶事草創，皇始以降，光宅中土，宜依遷固大體，令事類相從，紀傳區別，表志殊貫，如此修綴，事可備盡。」❻修史目的根本在於表彰祖宗功勳。正如《隋書・經籍二・霸史》說：「自晉永嘉之亂，皇綱失馭，九州君長，據有中原者甚眾。或推奉正朔，或假名竊號……後魏克平諸國，據有嵩、華，始命司徒崔浩，博采舊聞，綴述國史。」❻拓跋燾統一北方本著「居尊據極，允應明命者，莫不以中原為正統，神州為帝宅」心態而命崔浩修史。❻在同一心態下，拓跋燾遂有另一項任務交予崔浩，《魏書・律曆志上》說：「世祖應期，輯寧諸夏，乃命故司徒、東郡公崔浩錯綜其數。」❻崔浩修史如果不僅揭露拓跋氏祖先屈辱，更在有意無意間否定了北魏德運相承，後果可想而知。

　　田餘慶研究《代歌》、《代記》與北魏國史時指出，《代歌》是拓跋史詩，編撰目的是道武帝帝業的興論工具，而編撰次第諸事，魏初以

❻　《魏書》，卷35〈崔浩傳〉，頁823。

❻　《魏書》，卷57〈高祐傳〉，頁1260。

❻　《隋書》，卷33〈經籍二〉（北京：中華書局，1973），頁964。

❻　《魏書》，卷108〈禮志一〉，頁2744。

❻　《魏書》，卷107上，〈律曆志上〉，頁2660。

鄧淵首居其功。《魏書‧樂志》說：「掖庭中歌《真人代歌》，上敍祖宗開基所由，下及君臣廢興之跡，凡一百五十章，昏晨歌之，時與絲竹合奏。」❻❺鄧淵撰作《代記》，以及崔浩《國史》，整理了拓跋氏歷史資料，供以後李彪、魏收修史使用，尤其是〈序紀〉部分。田氏總結其看法是：第一，鄧淵一介書生，不涉權勢，要是真的有甚麼事引起道武帝猜疑的話，那可能是修史中出現了敏感問題；第二，國史之獄影響北魏100餘年，歷來這筆賬從崔浩之獄算起，應以鄧淵之獄為始。鄧淵是受命修史的第一人，其獄事內容與崔浩基本一致，崔浩之獄正是鄧淵之獄濫觴所及的結果。❻❻

田氏的說法，很具啟發，筆者略再加伸論。北魏初，編撰《代歌》、《代記》，應當有其源頭。《晉書‧石勒載記下》記太興二年，石勒稱趙王，「命記室佐明楷、程機撰《上黨國記》，中大夫傅彪、賈蒲、江軌撰《大將軍起居注》，參軍石泰、石同、石謙、孔隆撰《大單于志》」。❻❼石勒，上黨武鄉羯人，稱趙王後首要工作之一乃命人撰《上黨國記》，與拓跋氏修《代記》做法，同出一轍。至於以詩歌形式，歌頌先祖的功勳，魏晉時代已開其端。《晉書‧樂下》說：

> 漢時有《短簫鐃歌》之樂，其曲有《朱鷺》、《思悲翁》、《艾如張》、《上之回》、《雍離》、《戰城南》、《巫山高》、《上陵》、《將進酒》、《君黃馬》、《芳樹》、《有所思》、《雉子班》、《聖人出》、《上邪》、《臨高臺》、《遠如期》、《石留》、《務成》、《玄雲》、《黃爵行》、《釣竿》等曲，列於鼓吹，多序戰陣之事。❻❽

---

❻❺　《魏書》，卷109〈樂志〉，頁2828。

❻❻　田餘慶，〈《代歌》、《代記》和北魏國史──國史之獄的史學史考察〉，頁56–60。

❻❼　《晉書》，卷105〈石勒載記下〉，頁2735–2736。

在曹魏時，則改此十二曲。又說：「及魏受命，改其十二曲，使繆襲為詞，述以功德代漢。」其中述及功德至為明顯，如「改《有所思》為《應帝期》，言文帝以聖德受命，應運期也。」「改《上邪》為《太和》，言明帝繼體承統，太和改元，德澤流布也。」與此同時，孫權也不甘後人，「是時吳亦使韋昭制十二曲名，以述功德受命。」其中述及功德受命至為明顯，如「改《有所思》為《順曆數》，言權順籙圖之符，而建大號也。」「改《芳樹》為《承天命》，言其時主聖德踐位，道化至盛也。」及西晉一統，亦編定樂曲，《晉書·樂志下》載有「鞞舞歌詩五篇」，分別是「洪業篇」、「天命篇」、「景皇篇」、「大晉篇」、「明君篇」，以闡明晉室洪業開基，應期受命。❻曹魏命繆襲作詞，目的是「述以功德代漢」；而孫吳亦以韋昭作詞，目的同樣是「述功德受命」。有一個現象很值得參照，就是繆襲、韋昭被委作詞任務，同時也肩負修史，❼與鄧淵的情況甚為相似。若鄧淵見疑被殺，是崔浩國史之獄濫觴，兩人工作均牽涉到北魏正朔問題。

崔浩委任編修國史，實有兩次。《魏書·崔浩傳》記：「初，太祖詔尚書郎鄧淵著《國記》十餘卷，編年次事，體例未成。逮于太宗，廢而不述。神䴥二年，詔集諸文人撰錄國書，浩及弟覽、高讜、鄧穎、晁繼、范亨、黃輔等共參著作，敘成《國書》三十卷。」❼拓跋燾在神䴥二年命崔浩修史，高允《徵士頌》或可反映一二。高允《徵士頌》：「魏自神䴥已後，宇內平定，誅赫連積世之僭，掃窮髮不羈之寇，南摧江楚，西盪涼域，殊方之外，慕義而至。」❼拓跋燾自以功勳昭著，

❻ 《晉書》，卷23〈樂下〉，701–702。
❻ 《晉書》，卷23〈樂下〉，頁710。
❼ 《史通新校注·古今正史篇》，頁713。
❼ 《魏書》，卷35〈崔浩傳〉，頁815。
❼ 《魏書》，卷48〈高允傳〉，頁1081。

神廟年間命崔浩修史，目的旨在錄其功勳。崔浩在此時已完成《國書》三十卷，及後太延五年六月，拓跋燾討沮渠牧犍，侍中、宜都王穆善輔皇太子決留臺事，並下詔命崔浩留臺修國史，目的正如上引文所言記述神廟以來，「秦隴克定，徐兗無塵，平逋寇於龍川，討孽豎於涼域」，不致「斯事之墜」。魏世祖的功績，其實是由「據有中土」變成「統一北方」。魏世祖兩次委任崔浩修史，有關神廟以前國事，在第一次修成國史已記述，成果當然令拓跋燾滿意，才會再有第二次修史。

不過，在第二次編修時，崔浩卻另有所為。《魏書·高允傳》記：「後詔允與司徒崔浩述成國記，以本官領著作郎。時浩集諸術士，考校漢元以來，日月薄蝕、五星行度，并識前史之失，別為魏曆，以示允。」❼❸崔浩第二次參修國史，是以司徒身分，時高允助其編修，崔浩卻集術士，考校星曆，別為《魏曆》。《魏書·崔浩傳》記崔浩上《五寅元曆》，上表說：

> 太宗即位元年，敕臣解《急就章》、《孝經》、《論語》、《詩》、《尚書》、《春秋》、《禮記》、《周易》。三年成訖。復詔臣學天文、星曆、易式、九宮，無不盡看。至今三十九年，晝夜無廢。臣稟性弱劣，力不及健婦人，更無餘能，是以專心思書，忘寢與食，至乃夢共鬼爭義。遂得周公、孔子之要術，始知古人有虛有實，妄語者多，真正者少。自秦始皇燒書之後，經典絕滅。漢高祖以來，世人妄造曆術者有十餘家，皆不得天道之正，大誤四千，小誤甚多，不可言盡。臣愍其如此。今遭陛下太平之世，除偽從真，宜改誤曆，以從天道。是以臣前奏造曆，今始成訖。謹以奏呈。唯恩省察，以臣曆術宣示中書博士，然後施用。非但時人，天地鬼神知臣得正，可以益國家萬世之名，過於三皇、

---

❼❸　《魏書》，卷48〈高允傳〉，頁1068。

五帝矣。❼

文中說宣示中書博士，指的就是高允（高允在神廟四年為中書博士）。
《魏書・律曆志》說崔浩造《五寅元曆》，卻因崔浩史獄而不行：

> 太祖天興初，命太史令晁崇修渾儀以觀星象，仍用景初曆。歲
> 年積久，頗以為疏。世祖平涼土，得趙歐所修《玄始曆》，後謂
> 為密，以代《景初》。真君中，司徒崔浩為五寅元曆，未及施行，
> 浩誅，遂寢。高祖太和中，詔祕書鍾律郎上谷張明豫為太史令，
> 修綜曆事，未成，明豫物故。❼

《隋書・經籍志・子部》載有崔浩又撰有《曆術》一卷，《魏書・律曆
志》：「浩博涉淵通，更修曆術，兼著《五行論》。」❼崔浩明解曆術、
占驗之學。從崔浩與高允對話，知道《五寅元曆》雖為魏曆，所記及
考校日月五星之事，卻上溯至漢代。❼史獄之興，會否與造曆有關？
歷來研究崔浩史禍，對於一句話都不太理會，世祖命有司按驗浩，「取
祕書郎吏及長曆生數百人意狀」。北魏時，祕書省乃官方著史機構，查
問祕書郎吏是合理的，但為甚麼要找「長曆生」問明情況？❼

---

❼ 《魏書》，卷35〈崔浩傳〉，頁825–826。

❼ 《魏書》，卷107〈律曆志上〉，頁2659。

❼ 《魏書》，卷107〈律曆志上〉，頁2660。《隋書・經籍志》僅載有後魏護軍將
軍祖瑩撰《神龜王子元曆》一卷、《魏後元年甲子曆》一卷、後魏校書郎李
業興撰《壬子元曆》一卷、趙畋《甲寅元曆序》一卷。陳寅恪指出道家以曆
元當用寅，否則天下大亂，崔浩《五寅元曆》透過寇謙之而受道家影響。參
陳寅恪，〈崔浩與寇謙之〉，頁139–140。

❼ 歷代王朝修曆的目的，過去認為與農業有關。其實，各正史曆志涉及到農務
之事甚少，反而大部都在考校日月五星等問題，與占星學有密切關係。參江
曉原，《天學真原》（瀋陽：遼寧教育出版社，1991），頁133–167。

筆者檢王伊同〈魏書崔浩傳箋註〉，沒有解釋長曆為何。❼❾《新唐書・藝文二・史部・雜史類》載有《長曆》十四卷，與《長曆》並列的有《曆代紀》、《千年曆》、《千歲曆》。《新唐書・藝文三・丙部子錄・曆算類》又載有《大唐長曆》。所謂長曆，當是萬年曆。因此，每一時代所說長曆，意義相同，內容卻不一樣。而長曆，是古人考校前代日子的最重要工具。西晉時，杜預撰《春秋長曆》，成為後代檢核春秋日子的採用參考曆書。❽⓪《南史・王僧孺傳》記王僧孺說：「元興唯有三年，而猥稱四、五，詔書甲子，不與長曆相應。校籍諸郎亦所不覺，不才令

---

❼❽ 「長曆生」的「長」或可釋為掌管之意。但從現有史料所見，「長曆」多合為一詞，故本文姑以「長曆」為一詞看待，再待進一步研究。

❼❾ 王伊同，〈魏書崔浩傳箋註〉，載《中央研究院歷史語言研究所集刊》第45本4分，1974，頁689–729。

❽⓪ 例如《舊唐書・張柬之傳》記：「三年之喪，二十五月，不刊之典也。謹案《春秋》：『魯僖公三十三年十二月乙巳，公薨。』『文公二年冬，公子遂如齊納幣。』《左傳》曰『禮也』。杜預注云：『僖公喪終此年十一月，納幣在十二月。士婚禮，納采納徵，皆有玄纁束帛，諸侯則謂之納幣。蓋公為太子，已行婚禮。』故《傳》稱禮也。《公羊傳》曰：『納幣不書，此何以書？譏喪娶。在三年之外何以譏？三年之內不圖婚。』何休注云：『僖公以十二月薨，至此冬未滿二十五月，納采、問名、納吉，皆在三年之內，故譏。』何休以公十二月薨，至此冬十二月纔二十四月，非二十五月，是未三年而圖婚也。按《經》書『十二月乙巳公薨』，杜預以《長曆》推乙巳是十一月十二日，非十二月，書十二月，是《經》誤。『文公元年四月，葬我君僖公。』《傳》曰，緩也。諸侯五月而葬，若是十二月薨，即是五月，不得言緩。明知是十一月薨，故注僖公喪終此年，至十二月而滿二十五月，故丘明傳曰，禮也。據此推步，杜之考校，豈公羊之所能逮，況丘明親受《經》於仲尼乎？且二傳何、杜所爭，唯爭一月，不爭一年。其二十五月除喪，由來無別。此則《春秋》三年之喪，二十五月之明驗也。」卷91，頁2936–2937。

史固自忘言。」❽《舊唐書‧呂才傳》記呂才說:「案《春秋》,魯桓公
六年七月,魯莊公生。今檢《長曆》,莊公生當乙亥之歲,建申之月。
……又按《後魏書》云:孝文皇帝皇興元年八月生。今按《長曆》,其
年歲在丁未。」❽《新唐書‧柳璨傳》:「璨字韜玉,學不營仕。著《春
秋三氏異同義》,又述《天祚長曆》,斷自漢武帝紀元,為編年,以大政、
大祥異、侵叛戰伐隨著之,閏位者附見其左。」❽柳璨記述前代日曆,
關係到一個以上政權存在時,不被視為正統者,紀年附於左方。崔鴻撰
《十六國春秋》,自言「三豕五門之類,一事異年之流,皆稽以長曆,
考諸舊志,刪正差謬,定為實錄」。❽可見長曆乃記述日曆長編,考史
者不可或缺。「長曆生」可能就是負責長曆編修生員,❽問其意狀,即
是檢核崔浩罪證極大可能關於這方面。

　　崔氏父子在魏初總其機要,權傾朝野。而崔浩本身對天文星占、
圖讖之學,甚為熟悉。《魏書‧崔浩傳》說浩「少好文學,博覽經史,
充象陰陽,百家之言,無不關綜,研精義理,時人莫及。」又曾授魏太
宗「天文、星曆、易式、九宮」,而「太宗好陰陽術數,聞浩說《易》
及《洪範》五行善之,因命浩筮吉凶,參觀天文,考定疑惑」。❽翻開
《魏書‧崔浩傳》,十居四五關於崔浩占驗軍國大事,而《洪範五行》
更有關災異,❽顯示崔浩精於占驗學問。

❽　《南史》,卷59〈王僧孺傳〉(北京:中華書局,1975),頁1462。

❽　《舊唐書》,卷79〈呂才傳〉(北京:中華書局,1975),頁2722–2723。

❽　《新唐書》,卷163〈柳璨傳〉(北京:中華書局,1975),頁5025。

❽　《魏書》,卷67〈崔鴻傳〉,頁1504。

❽　《唐六典‧太史令局》說:「宋、齊、梁、陳、後魏、北齊皆有典曆,並史
　　關其員。」又載有「曆生」。

❽　《魏書》,卷35〈崔浩傳〉,頁807。

❽　《魏書‧靈徵志》多次引錄《洪範論》。

　　崔浩之死，有一個說法，就是華夷意識分辨。《宋書·柳元景傳》
說元嘉二十七年，拓跋燾南侵，崔浩密有異圖，事洩被誅。崔浩南通
敵國，雖無真憑實據，但空穴來風未必無因。《北史·崔宏傳》記：

> 始宏因符氏亂，欲避地江南，為張願所獲，本圖不遂。乃作詩
> 以自傷，而不行於時，蓋懼罪也。浩誅，中書侍郎高允受敕收
> 浩家書，始見此詩，允知其意。允孫綽錄於允集。❽❽

崔宏本欲避亂南遷，但被張願所獲而不果。崔浩一直保存其父自傷詩
文，崔宏自傷內容與民族意識有關，是很可能的。不論如何，崔浩父
崔宏為北魏推定德運，崔浩沒有可能不清楚，卻不以拓跋氏出於黃帝
之後，而出自李陵之後，他的心態似乎頗難明解。崔浩對於劉裕及南
朝政權，處處表現偏袒南朝之心，惹人懷疑，其實並不出奇。

　　崔浩對劉裕評價甚高，審度政治形勢，認為劉裕定必篡晉，情勢
使然。崔浩嘗對魏太宗談及劉裕，指出「劉裕挺出寒微，不階尺土之
資，不因一卒之用，奮臂大呼而夷滅桓玄，北擒慕容超，南摧盧循等，
僭晉陵遲，遂執國命。裕若平姚而還，必篡其主，其勢使然也」。並評
價劉裕平逆亂，為「司馬德宗之曹操」。❽❾魏太宗、世祖與群臣多次欲
趁晉宋喪亂而南進，崔浩每每反對，甚至借路劉裕伐姚泓，並主張先
破蠕蠕，討赫連晶、赫連定，出征沮渠牧犍。雖然事後證明崔浩所言
有理，卻難以避免偏袒南朝之嫌。《魏書·王慧龍傳》記：

> 初，崔浩弟恬聞慧龍王氏子，以女妻之。浩既婚姻，及見慧龍
> 曰：「信王家兒也。」王氏世齇鼻，江東謂之齇王。慧龍鼻大，
> 浩曰：「真貴種矣。」數向諸公稱其美。司徒長孫嵩聞之不悅，

---

❽❽　《北史》，卷21〈崔宏傳〉，頁791。

❽❾　《魏書》，卷35〈崔浩傳〉，頁811。

言於世祖。以其嘆服南人，則有訕鄙國化之意。世祖怒，召浩
責之。浩免冠陳謝得釋。❾⓪

崔浩政見與朝臣，特別是代人集團，固然格格不入，當然崔浩無南通
敵國之實，卻很容易招惹政敵攻擊藉口。崔浩向人讚美王慧龍，即招
來「訕鄙國化」罪狀，甚至世祖也出來責備崔浩，時人那可容下崔浩
對劉裕評價。從另一角度看，從「訕鄙國化」角度打擊崔浩，早見端
倪。正如王伊同所言：「魏主之圖南征也，浩獨持異見，以為諸將營私
作利，為國家生事。然於赫連蠕蠕涼州諸役，則又勸說多方，唯恐軍
行之不疾。是其宅心未嘗忘漢，有非北人所願聞者矣。」❾①

《魏書‧崔浩傳》記：

（泰常）三年，彗星出天津，入太微，經北斗，絡紫微，犯天
棓，八十餘日，至漢而滅。太宗復召諸儒術士問之曰：「今天
下未一，四方岳峙，災咎之應，將在何國？朕甚畏之，盡情以
言，勿有所隱。」咸共推浩令對。浩曰：「古人有言，夫災異之
生，由人而起。人無釁焉，妖不自作。故人失於下，則變見於
上，天事恒象，百代不易。《漢書》載王莽篡位之前，彗星出入，
正與今同。國家主尊臣卑，上下有序，民無異望。唯僭晉卑削，
主弱臣強，累世陵遲，故桓玄逼奪，劉裕秉權。彗孛者，惡氣
之所生，是為僭晉將滅，劉裕篡之之應也。」諸人莫能易浩言，
太宗深然之。五年，裕果廢其主司馬德文而自立。南鎮上裕改
元赦書。時太宗幸東南窊滷池射鳥，聞之，驛召浩，謂之曰：
「往年卿言彗星之占驗矣，朕於今日始信天道。」❾②

---

❾⓪ 《魏書》，卷38〈王慧龍傳〉，頁875–876。

❾① 王伊同，〈崔浩國史之獄釋疑〉，頁89。

❾② 《魏書》，卷35〈崔浩傳〉，頁811–812。

魏太宗對天變十分緊張,提出一個令群臣頗為尷尬的問題,「天下未一」
而災咎應在何方? 應於何國, 其實即得天命歸誰, 正朔何在? ❸這個
問題無人敢答, 大家都推崔浩出來回答, 以免因此而開罪太宗。崔浩
精解占驗,「明識天文, 好觀星變」, 沒有理由不明白, 魏太宗自言甚
畏此天變, 則心中答案昭然若揭, 自以為災咎在魏, 否則無須擔
心。❹《宋書・天文志》亦記是次天象:

> 癸亥, 彗星出太微西, 柄起上相星下, 芒漸長至十餘丈, 進掃
> 北斗紫微中臺。占曰:「彗出太微, 社稷亡, 天下易主。入北
> 斗紫微, 帝宮空。」一曰:「天下得聖主。」❺

崔浩驗辭相對《宋書・天文志》所載, 已較含蓄。不過, 無可否認,
崔浩將天變災咎應在劉裕身上, 豈不仍然肯定劉裕乃天命所在? 比較
《魏書・天象志》所記, 就會得到清楚答案。《魏書・天象志三》說:

> 十二月, 彗星出自天津, 入太微, 逕北斗, 干紫宮, 犯天棓,

---

❸ 《三國志・蜀書・黃權傳》裴注引《蜀記》記載了魏文明帝問黃權一段說話,
情況與魏太宗問群臣的很似, 可資參照。《蜀記》:「明帝問權:『天下鼎立,
當以何地為正?』對曰:『當以天文為正。往者熒惑守心而文皇帝崩, 吳、蜀
二主平安(《晉書・天文下》作「吳、蜀無事」), 此其徵也。』案三國史並無
熒惑守心之文, 疑是入太微。」卷43, 頁1045。

❹ 《魏書・太祖紀》說:「災變屢見, 憂懣不安, 或數日不食, 或不寢達旦。
歸咎群下, 喜怒乖常, 謂百僚左右人不可信, 慮如天文之占, 或有肘腋之虞。」
卷2, 頁44。由此證明, 確有北魏君主真的對天文災變, 到了深信不疑的地
步, 並產生鉅大的影響。相關研究又可見姜志翰、黃一農,〈星占對古代中
國戰爭的影響——以北魏後秦柴壁戰役為例〉, 載《自然科學史研究》18卷4
期, 1999, 頁307–316。

❺ 《宋書》, 卷25〈天文三〉頁738。

八十餘日，及天漢乃滅，語在〈崔浩傳〉。是歲，晉安帝殂，後
年而宋篡之。夫晉室雖微，泰始之遺俗也，蓋皇天有以原始篤
終，以哀王道之淪喪，故猶著二微之戒焉。……自晉滅之後，
太微有變多應魏國也。❾❻

魏收仍然以〈崔浩傳〉彗星天變為劉裕篡晉之應，明顯地對這種說法
很不安，豈不是承認了天象應在劉宋，魏收唯有加以解釋。孝文帝改
德運為水德，上承西晉，從北魏德運行次，承認西晉乃正統所在，而
東晉帝室衰微，因西晉遺俗，上天有原始篤終之意。❾❼故此，在晉滅
之後，天變則轉而多應在魏國了。《魏書·高允傳》說：

> 後詔允與司徒崔浩述成《國記》，以本官領著作郎。時浩集諸術
> 士，考校漢元以來，日月薄蝕，五星行度，并識前史之失，別
> 為魏曆，以示允。允曰：「天文曆數不可空論。夫善言遠者必先
> 驗於近。且漢元年冬十月，五星聚於東井，此乃曆術之淺。今
> 識漢史，而不覺此謬，恐後人識今猶今之識古。」浩曰：「所謬
> 云何？」允曰：「案《星傳》，金水二星常附日而行。冬十月，日
> 在尾箕，昏沒於申南，而東井方出於寅北。二星何因背日而行？
> 是史官欲神其事，不復推之於理。」浩曰：「欲為變者何所不可，
> 君獨不疑三星之聚，而怪二星之來？」允曰：「此不可以空言爭，
> 宜更審之。」時坐者咸怪，唯東宮少傅游雅曰：「高君長於曆數，
> 當不虛也。」後歲餘，浩謂允曰：「先所論者，本不注心，及更
> 考究，果如君語，以前三月聚於東井，非十月也。」又謂雅曰：
> 「高允之術，陽元之射也。」眾乃歎服。允雖明於曆數，初不推

---

❾❻　《魏書》，卷105〈天象志三〉，頁2397-2398。

❾❼　魏收《魏書》卷96至98，記載東晉南朝諸帝傳，固然以僭偽視之。同時，並
　　將天文災異對應的記載，全部刪去，藉此顯示東晉南朝政權，並非天命所歸。

步，有所論說。唯游雅數以災異問允。允曰：「昔人有言，知之甚難，既知復恐漏泄，不如不知也。天下妙理至多，何遽問此。」雅乃止。❾❽

高允參與第二次修史工作，❾❾也精於曆數，比較崔浩起來，懂得明哲保身，並不推論任何事情。游雅多次詢問有關災異事情，高允的態度是一方面難以明解，另方面又恐洩露天機，最好不知。高允態度與崔浩可說南轅北轍，或者此正是在國史之獄中，崔浩遭禍而高允能避過此劫的註腳。❿其實，所謂曆術，探究的是日月、五星等天文現象，此等天文現象最大作用在於占驗人事，引證正朔。文中謂「五星聚東井」，事見《漢書》，是漢高祖入秦之證，實無其事。⓫

太祖道武帝泰常元年崔浩以劉裕應天象，而世祖武帝卻甚為注重天變，曾命令高允收集天變災異。⓬《魏書·高允傳》記高允（與崔

---

❾❽ 《魏書》，卷48〈高允傳〉，頁1068。

❾❾ 高宗和平元年，高允領秘書，典著作，再次修撰《國史》。《魏書·高允傳》說高允編修國史「大較崔浩故事，準《春秋》之體，而時有刊正」，卷48，頁1086。刊正者或是崔浩致禍之處。

❿ 《魏書·術藝傳》記有孫僧化，「識星分，案天占以言災異，時有所中。普泰中，尒朱世隆惡其多言，遂繫於廷尉，免官。」《魏書》，卷91〈術藝傳〉，頁1954–1955。孫僧化多言，好說天占災異，而被免官，有時好言天占災異，不一定受人主賞識。

⓫ 參 Yi-Long Huang, "A Study of Five-planet Conjunctions in Ancient Chinese History", *Early China*, 15(1991), pp. 97–112。

⓬ 北魏帝皇對天文星占似乎特別感興趣，除了拓跋珪、拓跋燾之外，《魏書·太祖紀》記天興三年十月：「時太史屢奏天文錯亂，帝親覽經占，多云改王易政，故數革官號，一欲防塞凶狡，二欲消災應變。」卷2，頁37。《魏書·宣武皇后高氏》記：「神龜元年，太后出覲母武邑君。時天文有變，靈太后

浩共修國史，因恭宗力諫，才得免禍）上表說：

> 「往年被敕，令臣集天文災異，使事類相從，約而可觀。臣聞
> 箕子陳謨而《洪範》作，宣尼述史而《春秋》著，皆所以章明
> 列辟，景測皇天者也。故先其善惡而驗以災異，隨其失得而效
> 以禍福，天人誠遠，而報速如響，甚可懼也。自古帝王莫不尊
> 崇其道而稽其法數，以自修飭。厥後史官並載其事，以為鑒誡。
> 漢成帝時，光祿大夫劉向見漢祚將危，權歸外戚，屢陳妖眚而
> 不見納。遂因《洪範》、《春秋》災異報應者而為其傳，覬以感
> 悟人主，而終不聽察，卒以危亡。豈不哀哉！伏惟陛下神武則
> 天，叡鑒自遠，欽若稽古，率由舊章，前言往行，靡不究鑒，

欲以后當禍，是夜暴崩，天下冤之。」卷13，頁337。《魏書・衛王儀傳》：「天
賜六年，天文多變，占者云『當有逆臣伏尸流血』。太祖惡之，頗殺公卿，
欲以厭當天災。（衛王）儀內不自安，單騎遁走。」頁372。《魏書・許謙傳》：
「許謙，字元遜，代人也。少有文才，善天文圖讖之學。建國時，將家歸附，
昭成嘉之，擢為代王郎中令，兼掌文記。與燕鳳俱授獻明帝經。」卷91，頁
610。《魏書・晁崇傳》：「晁崇，字子業，遼東襄平人也。家世史官，崇善天
文術數，知名於時。為慕容垂太史郎。從慕容寶敗於參合，獲崇，後乃赦之。
太祖愛其伎術，甚見親待。從平中原，拜太史令，詔崇造渾儀，歷象日月星
辰。遷中書侍郎，令如故。天興五年，月暈，左角蝕將盡，崇奏曰：『占為
角蟲將死。』時太祖既克姚平於柴壁，以崇言之徵，遂命諸軍焚車而反。牛
果大疫，輿駕所乘巨犗數百頭亦同日斃於路側，自餘首尾相繼。是歲，天下
之牛死者十七八，麋鹿亦多死。」卷91，頁1943–1944。《魏書・張淵傳》記
北魏孝武帝，「永熙中，詔通直散騎常侍孫僧化與太史令胡世榮、張龍、趙
洪慶及中書舍人孫子良等，在門下外省校比天文書。集甘、石二家《星經》
及漢魏以來二十三家經占，集為五十五卷。後集諸家撮要，前後所上雜占，
以類相從，日月五星、二十八宿、中外官圖，合為七十五卷。」頁1954。

前皇所不逮也。臣學不洽聞，識見寡薄，懼無以裨廣聖聽，仰
酬明旨。今謹依《洪範傳》、〈天文志〉撮其事要，略其文辭，
凡為八篇。」世祖覽而善之，曰：「高允之明災異，亦豈減崔浩
乎？」⑩

　　由此可見，拓跋氏從道武帝到世祖武帝，雖為胡族，卻關心天變
災異。拓跋燾看到高允《洪範傳》、〈天文志〉，深加讚許。又世祖滅赫
連昌，獲其太史令張淵，張淵入魏任為太史令，世祖「數見訪問」，而
張淵亦明占驗，「專守常占」。⑩足證拓跋燾心態有如拓跋珪一樣，汲
汲於天變災異如何對應在己身。

　　在胡漢對峙時，漢人固然瞧不起胡人，只是武力勝人，文化水平
低下。漢人根本很難承認胡人也能取得上天眷顧，應值其運。古人在
天人感應學說下，相信天變反映人事，透過特殊天象的觀測，預警了
人事的變化，此與圖讖符命來自上天預告，同出一轍。⑩在分裂時代，
敵對政權爭相利用天文星占來引證本身乃正統所在。⑩在天文星占理
論當中，分野理論是其中支柱之一，即是天變應在地上何處發生事變，
在戰國以來地理劃分是按七國，秦漢以來設立郡縣制度，分野理論亦
隨之而改變。《晉書‧苻堅載記》說苻堅欲大舉攻晉，苻融力諫說：「知

⑩　《魏書》，卷48〈高允傳〉，頁1072–1073。

⑩　《魏書》，卷91〈張淵傳〉，頁1945。

⑩　正如中山茂所說，中國星占學屬於預警性系統，是利用天象觀察(尤其特殊天
　　象)來預測國家大事。參S. Nakayama （中山茂），"Characteristics of Chinese
　　Astrology", *Isis*,1966,57(4), pp. 442–454。

⑩　江曉原指出：中國星占學最根本的功能，是事先預測天命轉移；在政權爭奪
　　中，盡力昭示天命所歸；事後則闡釋天命何以拋棄前朝並轉而眷顧我朝。江
　　曉原，《歷史上的星占學》，第九章（上海：上海科技教育出版社，1995），
　　頁284。

足不辱，知止不殆，窮兵極武，未有不亡。且國家，戎族也，正朔會
不歸人。江東雖不絕如綖，然天之所相，終不可滅。」❿苻融表明正朔
不歸戎狄，晉室衰微，仍然是中華正統。唐・李淳風《乙巳占》是天
文星占重要著作，從華夷之辨指出天變不反應在夷狄身上，說：

> 或人問曰：「天高不極，地厚無窮。凡在生靈，咸蒙覆載，而
> 上分辰宿，下列侯王，分野屬擅於中華，星次不沾於荒服。至
> 於蠻夷，更稟英奇，並資山岳，豈容變化，應驗全無，是豈日
> 月私照歟？意有未詳，冀爾達人以祛所惑。」淳風答曰：「昔者
> 周公列聖之所宗也，夾輔成王，定鼎河洛，辨方正位，處厥中
> 土，都之以陰陽，隔之以寒暑，以為四方之中，當兩儀之正，
> 是以建國焉。故知華夏者，道德禮樂忠信之秀氣也，聖人所處
> 也，君子生焉。彼四夷者，北狄凍寒，窮廬野牧；南蠻水族，
> 暑濕鬱蒸；東夷穴處，寄跡海隅；西戎毡裘，爰居瀚海。莫不
> 殘暴狼戾，鳥語獸音，炎涼氣偏，風聲澆薄，人面獸心，宴安
> 鴆毒。以兆而言，豈得與中國同日語哉。」❿

華夏乃禮樂正宗，四方之中，四夷則否，不能與中國同日而語。這種
心態在梁武帝身上有很有趣的反映，《北史・魏紀》記永熙元年（此即
梁中大通六年）：

> 是歲二月，熒惑入南斗，眾星北流，群鼠浮河向鄴。梁武跣而
> 下殿，以禳星變，及聞帝之西，慚曰：「虜亦應天乎？」❿

---

❿ 《晉書》，卷114〈苻堅載記下〉，頁2935。

❿ 李淳風，《乙巳占・序》，收入《續修四庫全書・子部・術數類》（上海：上
海古籍出版社，1995），第1049冊，頁22–23，頁67–68。

❿ 《北史》，卷5〈魏紀・孝武帝紀〉，頁173。

當時有占文說：「熒惑入南斗，天子殿下走」，**⑩**梁武帝為了應此天變，證明正統所在，於是赤腳下殿走，但聽到北魏末帝元修西奔宇文泰，即發出「虜亦應天乎？」之嘆。在梁武帝看來，天變不當應在鮮卑胡人政權上。上文已述，《魏書・崔浩傳》多次記載崔浩從天變討論政事，後世又確實將崔浩視為占驗專家。李淳風在《乙巳占・序》評述前代專家時，說到：「沈思通幽，曲窮情狀，緣枝及幹，尋源達流，譙周、管輅、吳範、崔浩其最也。」**⑪**在此可以推想崔浩心中可能出現的衝突與矛盾，《北齊書・杜弼傳》記高歡言梁武帝，「專事衣冠禮樂，中原士大夫望之以為正朔所在」。**⑫**崔浩身在魏國不得不以魏為正統，在華夷民族意識下，亦如高歡時中原士大夫所具心態，而往往偏袒南朝？**⑬**

---

⑩ 邵伯溫，《邵氏聞見後錄》，卷8（北京：中華書局，1983），頁62。

⑪ 李淳風，《乙巳占・序》，頁20。

⑫ 《北齊書》，卷24〈杜弼傳〉，頁347。

⑬ 《魏書・毛脩之傳》說：「（崔）浩以其中國舊門，雖學不博洽，而猶涉獵書傳，每推重之，與共論說。言次，遂及陳壽《三國志》有古良史之風，其所著述，文義典正，皆揚于王廷之言，微而顯，婉而成章，班史以來無及壽者。」崔浩對陳壽《三國志》的評價，在於「微而顯，婉而成章」。《三國志》帝魏而紀吳蜀，與北魏相似的地方，正是統一北方。永嘉亂後，北方陷入分裂局面，政權興滅，人事變遷，既速且鉅。北方五胡十六國政權，基本上與南方立國東晉南朝，處於敵對狀態，此種狀況往往讓時人想及三國時期，魏蜀吳各據一方情形。高閭論北魏應土德提及：「又秦趙及燕，雖非明聖，各正號赤縣，統有中土，郊天祭地，肆類咸秩，明刑制禮，不失舊章。奄岱踰河，境被淮漢。非若齷齪邊方，僭擬之屬，遠如孫權、劉備，近若劉裕、道成，事繫蠻夷，非關中夏。」《魏書》，卷108〈禮志二〉，頁2745。高閭將北魏與南朝對立情況，比喻為三國時代曹魏與蜀吳對抗，而魏統有中土，是正統所在，劉裕、蕭道成偏居一隅，與中夏無涉。《晉書・石勒載記下》記：「（徐）

　　總而論之，崔浩編修《國史》招禍，若據劉知幾所述，在於以拓跋氏出於李陵之後，否定了拓跋氏乃黃帝之後的說法，結果是亦間接否定了拓跋氏應土德運，此與不承認拓跋氏為正朔所在無異。另方面，崔浩在第二次編修國史時，同時考校魏曆，最後製造了《五寅元曆》，重新上溯漢代以來日月五星行度。崔浩曾直言彗星之應是劉裕篡晉這種解釋當然合於南朝官方胃口，魏收撰《魏書》目的之一也就是東魏北齊承續北魏正朔，並不安於崔浩說法，加以申辯，以上天有始有終，此為西晉遺俗。換言之，北魏正朔觀點下其實不接受劉裕應彗星出現而篡晉。拓跋燾統一北方後，雄心壯志，下一步就是南進，崔浩既以劉裕得天命，又多次阻止南進計劃，開啟拓跋燾疑竇。問題是崔浩南通敵國，無確切證據，修史遂成惹禍導火線。本文推測的情況是崔浩在第二次修史中，同時重新考校天文災異，崔浩編修國史，直書其書，可能以部分天文災異對應之事，關涉到南方敵國時，仍然以南朝亦有上應天象。在查核崔浩案中，有司問長曆生意狀，目的應該向長曆生核對崔浩所言。拓跋燾一方面自誇功勳蓋世，另方面非常緊張天變災異，希望崔浩撰國史，記其功績，明其正朔，卻換來崔浩直書其事，

光復承間言於勒曰：『陛下廓平八州，帝有海內，而神色不悅者何也？』勒曰：『吳蜀未平，書軌不一，司馬家猶不絕於丹楊，恐後之人將以吾為不應符籙。每一思之，不覺見於神色。』光曰：『臣以陛下為憂腹心之患，而何暇更憂四支乎！何則？魏承漢運，為正朔帝王，劉備雖紹興巴蜀，亦不可謂漢不滅也。吳雖跨江東，豈有虧魏美？陛下既苞括二都，為中國帝王，彼司馬家兒復何異玄德，李氏亦猶孫權。符籙不在陛下，竟欲安歸？此四支之輕患耳。』卷105，頁2753。石勒、徐光以三國情況自比，石勒以吳蜀未平不能稱正統，徐光則謂曹魏未一統天下，仍不失為正朔帝王。陳壽撰《三國志》雖紀魏而傳吳蜀，卻隱然承認正朔有三。當然，崔浩是否這樣想，未敢輕下定論，所謂「婉而成章」可能指的是這方面。

勃然大怒而動殺機。拓跋燾或許因此才再命高允集天文災異，並感嘆地說：「高允之明災異，亦豈減崔浩乎?」❶❶表明高允所論深得拓跋燾歡心。

五、結論

本文思考方向有三個基調：第一，崔宏、浩父子歷仕北魏三世，深得魏君信任，雖然樹敵眾多，敵人讒構，是崔浩史獄原因之一。世祖即位，崔浩敵人已展開反攻，世祖唯有命崔浩歸第。崔浩樹敵不少，政敵雖排斥詆毀，但在整件事件當中，魏世祖拓跋燾擔當了重要角色。魏世祖在統一北方後，第二次命崔浩修史；而崔浩之獄，拓跋燾親自審問崔浩、高允，並自言若非高允死諫，可能株連千人。拓跋燾為甚麼如此大興問罪之師? 極可能觸及痛處有關。更奇怪的事，從現有史料所見，崔浩政敵無一人出來落井下石。第二，拓跋燾兩次命崔浩修史，崔浩在第一次修史完成後，沒有出事，為何在第二次卻翻起掀然大波? 在第二次修史時，崔浩做了甚麼令政敵有可乘之機呢? 第三，拓跋燾不是聽信了兩三句讒言就歸罪崔浩，而是命有司查崔浩事，除了審問崔浩及高允外，還有數百人，並特別查問「長曆生」情況，原因何在?

根據這三個思考方向，考察拓跋燾為何命崔浩修史，目的旨在述其功德，確實拓跋燾是一個甚有才能的君主，掃平北方，開啟南北朝對立。本文集中在兩點上討論：第一，劉知幾提及崔浩之死與拓跋氏出自李陵之後有關。若此說可信，拓跋氏出自李陵之後，從五德終始思想立場來看，否定了拓跋氏出自黃帝之後，此與否定北魏繼承土德無異。第二，崔浩在第二次修史時，同時展開了修曆工作，文史星曆

❶❶ 《魏書》，卷48〈高允傳〉，頁1073。

關係密切，此點不必多說。然而，考校漢代以來日月五星行度，並非單純今天視為科學的工作，而是建基於天人感應說上，如何利用天文星占確立皇朝正統所在，天命所歸。北魏數代君主，非常關心天變災異，拓跋燾也不例外，崔浩直筆之處，如果正是他認為天變也反應在晉宋政權身上，豈非否定北魏正朔。

　　筆者未敢自信在文中所論，解決崔浩修史遭禍源頭，只是嘗試從不同角度了解此次事件而已。

從《四庫全書總目‧史部‧史評類》所述分析明人的史評著作：

兼論明代的《史通》研究與史學*

張維屏

〔摘要〕本文討論的重點，在於透過《四庫全書總目‧史部‧史評類》所錄明代著作，分析明人史評類論著在學術淵源與時代因素影響之下，所呈現的若干特點。《四庫全書總目》站在特定的政治立場與學術觀點上，認為明人的史評論著多乏學術根柢，詞藻亦多浮誇。然而明人對於《史通》版本刊正的貢獻，以及在評釋詮解《史通》著作上的努力，成果豐碩。同時並將《史通》的研究提升至另一層專業討論的境地。另一方面，雖然普遍而言，明人史評論著依據的史實頗有不足。但是，在歷史淵源與學術傳承的影響下，司馬光《資治通鑑》

* 本文最初之寫作大綱曾是發表於國立政治大學歷史學系博士班「專題指導」課程的隨堂報告，當初得到參與研究討論之諸位師友的剴切指正，十分感謝。隨後並以〈從《四庫全書總目》〈史部‧史評類〉對於所錄明代著作的評述分析明人的史評論著〉為題刊登於《政大史粹》第四期（臺北，2002年7月，頁89-107）。今承蒙逯耀東老師厚意，將標題暨內容經若干修訂之後，復刊於此。對於逯老師的悉心叮囑與溫勉鼓勵，謹此致謝。

與朱熹《資治通鑑綱目》兩書的書法義例與立論精神，仍被明人史評論著的作者奉為圭臬，立為自身撰述之旨趣。此外，明朝由於私人撰寫當代歷史的風氣頗盛，又在明代中晚期時局日益動盪的雙重影響之下，晚明出版的史評著作中，也不乏運用藉古諷今的筆法來影射當世時局的著作。再者，明代史評論著因具史學的通俗形式與普及功能，不僅成為鄉塾童蒙與應試舉業教材中的一種，同時在晚明時期也逐漸影響了當時的社會與文化。

一、前言

從體例上來說，史學評論實為史學領域裡的一個重要體裁。因此，就歷代史學的演進成果而言，史學的發展確是離不開史學評論的。而且，史學評論的重要功用應是對於前代歷史或史家著作發揮闡明義例及揚榷利病的觀點。並進一步提出創新的詮解，以促進史學研究領域益趨於學術專業的發展。❶而明朝士人的史評著作亦正是明代史學的整體發展過程中最為重要的成就之一。❷本文討論的重點，即在於從《四庫全書總目・史部・史評類》對於所著錄明朝士人撰寫的史學評論著作的評述，分析明人史評論著在學術淵源與時代因素的影響之下，所呈現的若干特點。雖然，《四庫全書總目》（以下簡稱《總目》）是站在特定的政治立場與學術觀點上針砭明人的史評論著。然而，透過《總目》所標舉的明代史評著作的特性，可以進一步辨析明人史評論著內所蘊涵的學術淵源，及其在明代史學發展歷程中的定位。另一方面，

---

❶ 王錦貴主編，《中國歷史文獻目錄學》（北京：北京大學出版社，1997），頁192。

❷ 瞿林東，〈影印明刻珍本《史學要義》序〉，收入朱誠如、王天有主編，《明清論叢》第一輯（北京：紫禁城出版社，1999），頁121。

《史通》在明代士人賡續不輟的努力之下，方可卒讀。《資治通鑑》(以下簡稱《通鑑》)與《資治通鑑綱目》(以下簡稱《綱目》)兩書影響明代史評論著甚鉅。時局的因素與時代的風潮，同時也影響了明人史評著作的撰述方向。再者，透過明人史評論著顯現的史學通俗形式與普及功能，亦可略窺在學術與世變的雙重影響之下，明人史評著作所發揮的社會功用。❸以下分別由：《四庫全書總目》評述明人史評著作的基本立場，明代的《史通》版本的刊正及衍生之評釋著作，明清的《史通》評釋與《史通》研究，《資治通鑑》及《資治通鑑綱目》與明代的史評著作，明人編纂的本朝國史與明代史評及時論，明代史評著作的教化功能與普及效用，等六個主題分別加以論述。

二、《四庫全書總目》評述明人史評著作的基本立場

整體而言，在《總目》的視野中，對於明代史評論著的總體評價並不甚高。認為「明代史論至多，大抵徒侈游談，務翻舊案，不能核其始終」。❹窮其原因，大概是因為《總目》本身就是在清乾隆朝若干具有考證學背景的四庫館臣們所主持修纂。並且是在富有高度政治敏感與不時必須仰承上意所帶來的壓力與陰影下所完成的一部著作。同時，因為清朝初期的康熙(1662–1722)、雍正(1723–1735)與乾隆(1736–1795)三朝君主皆熱衷修史，所以也漸漸發展出一套以歷史編纂為史官

❸ 本文所謂的明人「史評類」論著，全依《四庫全書總目·史部·史評類》所輯錄的書目定之。其餘散見明代私人諸家文集、筆記等著作的史學評論意見，因不專為「史評類論著」，不在《四庫全書總目·史部·史評類》的蒐羅之列，所以本文均未加以論析。

❹ 《四庫全書總目》上冊 (北京：中華書局，1992)，卷88，頁755。

專業，以及筆削褒貶全由君主定奪的現象。❺因此，在《總目》裡呈現的政治立場與史學觀點，多是忠誠篤守清代欽定御製，如乾隆皇帝《御批通鑑輯覽》之類的史論思想。❻所以，在這種觀點的檢視之下，對明人史評論著中關於歷史上正統地位歸屬於誰之類的問題，在評述的態度上也顯得特別審慎。譬如《總目》提及商輅(1414–1486)撰寫的《蔗山筆麈》時說到：「是編雜論史事，僅三十三條，頗好持異論。如謂宋天書事亦有深意，不可盡加訾議，是何言歟？」❼對照商輅書中有關「宋天書事」的一段原文：

> 余嘗謂，真宗，宋室之英主；王文正，宋第一賢相。然天書事不免於訾議。愚意宋承五代之後，五代之君率一、二傳即易。宋到真宗時亦先朝鼎革之會，天下豪傑未必不興覬覦。此時契丹甚盛，亦安保無睥睨中國意。故假天書以示眷祐之意。所以內安人心，外警夷志。當時大臣之計必出於此，有不可對人言及形之史冊者。余窺之意外，似得其深也。❽

兩相比較之下，即使對於宋朝當時的歷史背景缺乏深入理解，也可以輕易發現其中《總目》所持立場之關鍵要旨所在。商輅本人熟諳歷朝史事，曾另撰有《通鑑綱目續編》一書，因此他的立論並非全然的無的放矢。但是在身處乾隆朝中期纂修《總目》的四庫館臣眼中，商輅

---

❺ 何冠彪，〈清代前期君主對官私史學的影響〉，《漢學研究》16：1（臺北，1998年6月），頁155。

❻ 喬治忠，《清朝官方史學研究》（臺北：文津出版社，1994），頁274–276。

❼ 《四庫全書總目》上冊，卷89，頁759。

❽ 〔明〕商輅，《蔗山筆麈》，收入《四庫全書存目叢書·史部》281冊（臺南：莊嚴文化事業有限公司，據清道光十一年〔1831〕六安晁氏木活字學海類編本影印，1996），頁197–198。

書中所言自然顯得頗為不合時宜。否則如果遽然認為商輅對於「宋天書事」的說法可以成立，那麼四庫館臣又該將當今天子乾隆置於何地？由此觀之，《總目》特別標明這一段敘述加以駁斥，其中所蘊涵的政治意味自然不言可喻。

　　除了政治因素的牽扯之外，《總目》對於明人史評著作的評斷之中，也包含了考證的專業學術眼光。清朝中葉，沿襲著明末清初以降漢學的興起，學術風氣逐漸由空返實。因此，《總目》也鮮明地表現出反對空疏，注重徵實的思想傾向和學術特徵。全書將「考證精核」奉為正宗。在評騭學術流變與典核古籍書冊時，也特別強調「謝彼虛談，敦茲實學」的立場。❾在這種評斷要求之下，明人史評著作中符合裴松之《三國志注》、劉知幾《史通》、吳縝《新唐書糾繆》以及司馬光《資治通鑑考異》等書的撰述原則或方法的著作方為《總目》所青睞。朱明鎬的《史糾》就是因為相當符合此一檢證標準，所以被《總目》讚譽為內容「參互考證，精核可取者甚多」。❿

　　相對而言，《總目》對於書名雖在標榜論析史書義例，然而實際上作者自我發揮居多的明人史評著作，也會站在學術評斷的立場上直率地加以批駁。譬如，明朝萬曆年間張之象(1496-1577)撰述的《太史史例》一書，其「史例」分類並未根據前人的說法，就逕自將《史記》全書的內容區分成二百八十九類「史例」。而《史記》每一卷的原文皆被割裂抄錄在書中作者自訂的各型「史例」的標題之下。其中無論分類方法與引文原則皆無定法。例如書中第一個「史例」的類型是「先世」，而緊接著「先世」此一標題之後的內容則是先摘錄《史記》〈五帝本紀〉帝顓頊、帝嚳以及堯舜的先世敘述。接著是〈夏本紀〉、〈殷本紀〉等篇

❾　黃愛平，《四庫全書纂修研究》(北京：中國人民大學出版社，2001)，頁372-375。

❿　《四庫全書總目》上冊，卷88，頁755。

以降至〈本紀〉、〈世家〉、〈列傳〉等各卷有關各世帝王的敘述。⓫這種
缺乏考證依據的創新說法自然是《總目》所難以認同的。所以，既然《總
目》認為「太史公書未可以定法拘之」，因此，張之象的「史例」分類
方式未免畫蛇添足，是「以說春秋家之窠臼移而論史」。⓬由此觀之，
在《總目》看來，《太史史例》實為一部缺乏學術根柢的史評著作。

　　再者，《總目》認為明代士人撰寫的史評類論著學術價值不高的另
一個原因是，《總目》認定明人的史論意見往往缺少真知灼見。其中有
些是因襲前人的議論，有些則是缺乏獨到的見解。例如，夏寅（1438
年進士）《政鑑》一書的書寫格式是每一段開頭先摘錄一段《尚書》、
《春秋》以及歷朝正史的原文，之後在末尾附加作者自己的按語。但
是其按語中全然不見徵引他書的說辭以為佐證，全憑個人的好惡縱論
古今。⓭因此，《總目》認定作者的按語，「皆前人緒言，無大闡
發」。⓮類似的評語也在《總目》中不乏數見。譬如，于慎行(1545–1607)
撰寫的《讀史漫錄》一書，《總目》認為其內容評論歷代史事，「無甚
乖舛，亦無所闡發」。⓯而范光宙撰述的《史評》一書，雖然作者自誇
其撰述主旨在「竊附溫公、晦翁微意」，⓰但是在《總目》的觀察中，

⓫　〔明〕張之象，《太史史例》，收入《四庫全書存目叢書・史部》283冊（臺
　　南：莊嚴文化事業有限公司，據明嘉靖四十四年〔1565〕長水書院刻本影印，
　　1996），卷1，頁100。

⓬　《四庫全書總目》上冊，卷90，頁762。

⓭　〔明〕夏寅，《政鑑》，收入《四庫全書存目叢書・史部》281冊（臺南：莊
　　嚴文化事業有限公司，據明成化十六年〔1480〕刻本影印，1996），卷1，頁
　　203。

⓮　《四庫全書總目》上冊，卷89，頁760。

⓯　《四庫全書總目》上冊，卷90，頁762。

⓰　〔明〕范光宙，《史評》，收入《四庫全書存目叢書・史部》281冊（臺南：

仍屬「多襲前人緒論，罕出心裁」之流的著作。❶此外，明萬曆年間
涂一榛（1604年進士）所寫的《尚友齋論古》一書，其書中內容是擇
取上溯自春秋時的范蠡，下迄至南宋年間的文天祥等六十八位歷史名
人做為評論的對象。而《總目》對於其書的看法則是，在內容上「去
取絕無義例，議論亦多陳因」，❸從體例與論述上雙重否定了該書的整
體價值。

　　由此觀之，在明朝人撰寫的史評類著作當中，某些純屬作者自以
為是的所謂獨創見解，在《總目》的視野中，實際上根本不值一顧。
譬如，陳懿典（1592年進士）《讀史漫筆》一書的內容是摘鈔《史記》
〈本紀〉、〈世家〉、〈列傳〉等各卷所述之歷史人物與事蹟，並隨附作
者個人的評語。有時評論僅僅是簡短的一、二句言詞，例如評論「樊
噲」曰：「排闥數語有大臣風節。」評「叔孫通」是：「魯兩生真儒，史
失其名可恨。」評「李廣」則云：「李將軍最不得意事，乃太史公極得
意之文。」❶評論內容既乏申論，也無引證。無怪乎《總目》評定其書
「皆陳因膚廓之言」，❷全面的否定了作者在書中所欲表達的自創性
見解。

　　依此而論，《總目》確是站在特定的政治與學術立場上，對其中所
「著錄」或「存目」的古籍展開評斷與論述的。因此，對於明人的史

　　莊嚴文化事業有限公司，據清順治十五年〔1658〕刻本影印，1996），〈凡例〉，
　　頁588。

❶　《四庫全書總目》上冊，卷89，頁760。

❸　《四庫全書總目》上冊，卷90，頁763。

❶　〔明〕陳懿典，《讀史漫筆》，收入《四庫全書存目叢書・史部》286冊（臺
　　南：莊嚴文化事業有限公司，據清道光十一年〔1831〕六安晁氏木活字學海
　　類編本影印，1996），頁166。

❷　《四庫全書總目》上冊，卷90，頁763。

評論著，或多或少仍帶有若干先入為主的成見。儘管如此，《總目》在分析明朝士人撰寫的史評類著述時，也並非全然採取否定的態度。《總目》所運用的方法，大體上先是依循著考證的目光，隨之很細膩地分析書中的細節之後，再對於書中內容分別給予不同的評價。例如《總目》對於洪垣（1532年進士）撰述的《覺山史說》書中個別章節的評價分別是：「頗能主持名教」、「不免文士好奇，務為新論」，以及「紕謬至極」三種南轅北轍的看法。㉑其中所謂「頗能主持名教」，毫無疑問的，是屬於正面肯定的評斷。「不免文士好奇，務為新論」一句則近乎是《總目》對於明人議論的總體評價。例如，「大抵好為異論，務與前人相左」，以及「務欲出奇勝人，而不知適所以自敗，前明學者之通病也」等評語皆是《總目》針對唐順之(1507–1560)的史評著作《兩漢解疑》與《兩晉解疑》提出的看法。㉒同時也包含了對明代士人議論的一般印象與意見。㉓而對於相同一本《覺山始說》的評述裡，《總目》

㉑　《四庫全書總目》上冊，卷90，頁762。

㉒　《四庫全書總目》上冊，卷90，頁762。此外，在《總目》的評斷裡面，顯然是將唐順之書中「學問文章」與「史學評論」兩個部分切割開來分別對待的，稱讚前者而批斥後者。(同上)同時，《總目》並逕將唐氏的「史學評論」和李贄的「狂悖」史論之間直接劃上了等號，認為唐、李二氏在史學評論方面的表現皆無足可取。(《四庫全書總目》上冊，卷65，頁580)

㉓　明代在心學思想的籠罩之下，士人基本上認為「心」才是知識最終的來源與根據。(王汎森，〈什麼可以成為歷史證據——近代中國新舊史料觀念的衝突〉，《新史學》8：2〔臺北，1997年6月〕，頁95)因此，在明朝的中後期，強調以自己的價值觀念重新評論歷史的學術思想傾向相當普遍。(向燕南，《中國史學思想通史・明代卷》〔合肥：黃山書社，2002〕，頁179)例如，晚明楊時偉所著《狂狷裁中》旨在摘取戰國至金、元間忠臣孝子與志士仁人的事蹟來評之。然其內容所述多蕪雜不倫。(《四庫全書總目》上冊，卷90，頁765)其中無論「狂狷」之選拔或「裁中」之定奪皆獨以己意斷之，亦頗

提出了全然否定的說法，認爲書中所含「紕謬至極」的原因應即在於：
一是認爲書中所展現的考證功夫距離《總目》的標準尚遠。二是原文
的敘述與清朝官方的修書立場顯然頗有違悖之處。❷由此看來，《總目》
爲同時兼顧自身修書的政治立場與學術觀點，在面對明人史評論著時，
是會非常細膩地分別評述書中內容。同時運用微觀的分析，方得以明
確的表達出《總目》對於明人史評論著評價的基本立場。

此外，在明朝嘉靖至萬曆年間之後，又有一些頗有影響力的史評
論著出現。其中雖然偶有卓見，卻都擺脫不了理學化史論那一種嚴格
的倫理綱常說教氣氛的束縛。例如，鄒維璉《史評》、朱明鎬《史糾》
與張溥《歷代史論》等著作皆未跳脫出理學的傳統框架。❷而邵寶《學
史》一書雖被《總目》評爲「詞簡意核」及「持論平正」，❷然其內容
是，「爲卷十有二，以象月。又餘其一，以象閏。每卷或三十條，或二
十九條，以象月之有大小。盡取程子今日格一物，明日格一物之義。
名之曰日格子。」❷附加在其每一條摘錄的史書正文之後的論贊「日格
子曰」純然多是作者個人論理之說，實際上少有旁例佐證。間有引用
經由宋儒朱熹(1130–1200)初訂之《綱目》的說辭，❷或依自身爲官經
歷之所見所聞衡度古代史事的評論。❷而這種書寫方式，在體例和性

　　符合晚明思潮之現實反映。其撰述宗旨請參看〔明〕楊時偉，《狂狷裁中》，
　　收入《四庫全書存目叢書・史部》289冊（臺南：莊嚴文化事業有限公司，
　　據明天啟刻本影印，1996），〈序〉，頁400–402。

❷　《四庫全書總目》上冊，卷90，頁762。

❷　尹達主編，《中國史學發展史》（鄭州：中州古籍出版社，1985），頁272–273。

❷　《四庫全書總目》上冊，卷88，頁755。

❷　《四庫全書總目》上冊，卷88，頁755。

❷　相關例證請參看，〔明〕邵寶，《學史》，收入《景印文淵閣四庫全書》688冊
　　（臺北：臺灣商務印書館，1983），卷2，頁353。

質上皆與明末清初大量浮現的「日史」、「自反錄」或「記過簿」一類的「省過簿」相似。此類書籍的出現，正是與明季社會風氣急遽惡化，士人因目睹王學末流狂禪的佚蕩之風而生的自我警醒有關。當時士大夫在面對嚴重的道德緊張以及疊加其上之樂觀的成聖思想交互影響之下，通過任何形式的省過方式來幫助自我達到成德境界的書面工具皆被廣泛運用。❸《學史》則是藉用歷代史事為媒介來扮演客觀監督的角色。尤其在「心即理」之說遭到普遍質疑，士人對於「心」是否能單獨肩負知識與道德的標準感到懷疑，且傳統內省論式道德哲學的信心亦漸動搖的時代裡，❸諸如《學史》之類具有史評性質「省過簿」的出現，也正是足以驗證當時士人為力求彰善糾過之道所曾經努力的片段足跡。

三、明代的《史通》版本刊正及衍生之評釋著作

《總目・史部・史評類》將唐朝劉知幾(661–721)撰寫的《史通》視為史評類論著的開山鼻祖，稱讚劉氏「於史學最深。又領史職幾三十年，更歷書局亦最久。其貫穿今古，洞悉利病，實非後人之所及」。❸書成於唐中宗景龍四年(710)的《史通》一書，❸除了對史學的源流與發展，

❷ 相關例證請參看，〔明〕邵寶，《學史》，收入《景印文淵閣四庫全書》688冊，卷6，頁387。

❸ 王汎森，〈明末清初的人譜與省過會〉，《中央研究院歷史語言研究所集刊》第63本第3分（臺北，1993年7月），頁688。

❸ 王汎森，〈「心即理」說的動搖與明末清初學風之轉變〉，《中央研究院歷史語言研究所集刊》第65本第2分（臺北，1994年6月），頁373。

❸ 《四庫全書總目》上冊，卷88，頁751。

以及史學的功能與體用，和史學著作的結構與形式，都作了系統的析論之外，並進一步對史書記載的紕謬提出批評。❸❹咸認是對史學展開批評討論的先驅，❸❺同時，對於後世的史家也影響至鉅。❸❻因此，《總目》的評語應該可以說是在一定程度上客觀地反應了《史通》一書的歷史定位。

《總目》所輯錄的幾部明朝及清初士人衍釋註解《史通》的著作，究其成書緣由，皆是和明代中期開始對《史通》版本展開一系列的刊正工作緊密相關的。此一《史通》版本刊正工作的形成背景，簡單地說，是因為從唐末至明初，《史通》的流通未廣，所以流傳至明代時，《史通》的許多通行刊本內容已經產生了許多漫漶不清之處。❸❼因此，

---

❸❸ 〔唐〕劉知幾撰、〔清〕浦起龍釋，《史通通釋》（臺北：里仁書局，1993），〈出版說明〉，頁1。

❸❹ 逯耀東，〈劉知幾《史通》與魏晉史學〉，收入氏著，《魏晉史學的思想與社會基礎》（臺北：東大圖書公司，2000），頁326。

❸❺ 李宗侗，《中國史學史》（臺北：中國文化大學出版部，1991），頁88。

❸❻ 林時民，《劉知幾史通之研究》（臺北：文史哲出版社，1987），頁153。

❸❼ 或許因為《史通》在〈疑古〉、〈惑經〉等篇中「妄誣聖哲」的部分受到質疑，所以自唐代以降即鮮有相關研究的著作。從唐末至宋代僅見唐朝柳璨撰寫的《史通析微》一部而已。（〔宋〕晁公武，《郡齋讀書志》第三冊〔臺北：廣文書局，1967〕，卷7，頁549-550）同時，由於在宋、元、明三代《史通》刊本的流傳未足以稱之廣泛，所以宋朝大儒朱熹猶以未見《史通》為憾。（〔唐〕劉知幾撰、趙呂甫校注，《史通新校注》〔重慶：重慶出版社，1990〕，張之象〈史通序〉，頁1127）明朝初年詔修的《永樂大典》雖然號稱網羅豐富，但仍獨遺《史通》一書。（《四庫全書總目》上冊，卷89，頁757）而明代曾經刊刻《史記百家評林》與《漢書百家評林》的文化名士凌稚隆，不識《史通》，甚至以為劉知幾是宋朝人。（〔清〕黃虞稷，《千頃堂書目》上冊〔臺北：廣文書局，1967〕，卷5，頁373-374。另可參看，趙呂甫校注，《史通新校注》，張之象〈史通序〉，頁1128）由此亦可明瞭《史通》在明代之所以罕見的一

明嘉靖十三年(1534)在四川任官左布政使的陸深(1477–1544)有感於當
時通行之《史通》版本文字脫落的情況嚴重，難以卒讀之處甚多。於
是取蜀中明代善本為底本與他本互校，❸開啟了刊正《史通》版本工
作的歷程。同時，也使得自明嘉靖十五年(1536)以後坊間始有文句清順
的《史通》版本可讀。❸接續著陸深對《史通》版本進行校勘的張之
象，於明萬曆五年(1577)在友人家偶見字整句暢的宋刻本後，細細比對
之下，認為宋版實較明代的蜀刻善本更勝一籌。❹遂取之與陸深已經
完成的校勘本《史通》相與銓訂，尋討指歸，因而對照校讎出另一部
更為精核嚴謹的《史通》版本。❹

　　到了明萬曆三十年(1602)，張鼎思又在陸深校本的基礎上，再一次
將《史通》全書進行了更加精密的校勘工作。此次校訂的主要成果，
是將〈曲筆〉篇增加了430餘字，〈鑒識〉篇增加300餘字，並刪去其他

般情況。整體而言，《史通》自宋代開始即已渺見善本。且僅存刊行之《史
　　通》版本訛字脫文之處所在多有，清通無誤的版本難覓。(趙呂甫校注，《史
　　通新校注》，頁1134)
❸　趙呂甫校注，《史通新校注》，陸深〈題蜀本史通後〉，頁1122。再者，陸深
　　平日即對古籍興廢的情況與各地坊刻板本的高下等問題頗有研究。因此，以
　　專業資格而論，陸深個人的學養在當時應適足以擔負刊正《史通》版本的工
　　作。(〔明〕陸深，《續停驂錄摘抄》，收入《紀錄彙編》15冊〔臺北：臺灣商
　　務印書館，1969〕，卷134，頁10a–16b)
❸　潘承弼、顧廷龍纂，《明代版本圖錄初編》(臺北：文海出版社，1971)，頁
　　384。
❹　《史通》的宋刻版本在明朝中葉已屬罕見，因此張之象的發現殊為難得。晚
　　近至民國時代，根據洪業先生的考訂，當時所知的宋刻版本《史通》幾已殊
　　絕殆盡，罕見流傳。王鍾翰，〈記半通主人藏半部《史通》〉，收入氏著，《清
　　史餘考》(瀋陽：遼寧大學出版社，2001)，頁345。
❹　趙呂甫校注，《史通新校注》，張之象〈史通序〉，頁1127。

篇中遭前代竄入的，共約60餘字的内容。❷可以說，《史通》版本的刊
正工作至此已經初步告成。從明萬曆三十年代以後才廣為流傳的新校
《史通》版本，❸至入清代，基本上在標題與内容方面再也沒有經過
太大規模的更動。清乾隆十七年(1752)初次刊行的浦起龍（1724年進
士）《史通通釋》二十卷共四十九篇的版本，亦正是迄今流傳最為廣泛
的一種刊本。❹此本與明朝中葉陸深初見的《史通》十卷共三十八篇
的版本，❺兩者相較之下，無論在篇幅數量與文字内容上都有很大的
區別。在十七至十八世紀中期的近百餘年之間，經過明、清兩代士人
的不懈努力，庶幾乎接近完整面貌的《史通》原著方得以賡續行世。

---

❷ 趙呂甫校注，《史通新校注》，張鼎思〈續校史通序〉，頁1123。明萬曆三十
年由張鼎思校勘的「江西按察司本」《史通》共分十卷，刊刻成八冊印刷出
版。（潘承弼、顧廷龍纂，《明代版本圖錄初編》，頁147）

❸ 在明萬曆三十年代前後，新校本《史通》方才普及至「通經學古之士，家有
其書」的境地。（趙呂甫校注，《史通新校注》，頁1130）而從明嘉靖年間以
降就已經出現的新校本《史通》，在萬曆朝中葉以前似乎流傳未廣。一般的
士人或有不知新校本《史通》已經刊刻行世，致有僅根據舊版《史通》的内
容而橫生議論的情況發生。例如，從焦竑(1540-1619)在其初刻於明萬曆八年
(1580)的《焦氏筆乘》卷三之中評論《史通‧雜說》篇說道「李陵與蘇武書，
觀其文體，不類西漢。遷史編於李傳中，斯為謬矣」的一段敘述來分析可知：
焦竑因《史記》中並未摘錄李陵原〈書〉，遂引此攻詰《史通》書中的說法。
然而根據現代學者的考證，焦竑應是依據校勘未為完備的《史通》版本而有
此說。如果按照新校版本的《史通》内容而言，焦竑的論證基礎就難以成立
了。（李劍雄，《焦竑評傳》〔南京：南京大學出版社，1998〕，頁82、246-247）

❹ 〔唐〕劉知幾撰，〔清〕浦起龍釋，《史通通釋》（臺北：里仁書局，1993），
〈目錄〉，頁1-3。

❺ 〔明〕陸深，《儼山集》，收入《景印文淵閣四庫全書》1268冊（臺北：臺灣
商務印書館，1983），卷86，〈題史通後〉，頁552。

　　明代士人在進行《史通》版本的刊正工作之餘，同時也會針對《史通》書中的內容表達些許個人意見，並且進一步將之輯錄成書。例如，《總目》所輯錄的陸深《史通會要》一書就是衍生自《史通》版本刊正工作的過程中所形成的一部著作。《總目》敘述其成書過程：

> （陸）深嘗以唐劉知幾《史通》刊本多誤，為校定之。凡補殘刊謬若干言。又以其因習上篇闕佚，乃訂正〈曲筆〉、〈鑒識〉二篇錯簡，類為一篇以還之。復採其中精粹者，別纂為《會要》三卷。而附以後人論史之語，時亦以己見參之。❹❻

《史通會要》的產生，不僅擴大了《史通》一書的社會影響力。同時對於明朝史學的發展而言，也饒富意義。❹❼稍後沿波而起的李維楨(1547–1626)則係依照張鼎思版本的《史通》略加上自我觀點的評論。但其評論內容在《總目》的視野中，「不出明人游談之習，無足置論」。❹❽爾後郭孔延接續著李維楨評本續作評釋，並雜引諸書證之，完成了《史通評釋》一書。❹❾郭孔延因為其父即曾根據陸深及張鼎思版本的《史通》做過文字校正工作的緣故。❺⓪所以家學淵源的郭孔延評釋本，在《總目》的評價中，也較李維楨《史通》評釋本的史評內容來得確切有據。❺①

---

❹❻　《四庫全書總目》上冊，卷89，頁757。

❹❼　錢茂偉，〈論明中葉史學的轉型〉，《復旦學報（社會科學版）》2001：6（上海，2001年11月），頁48。

❹❽　《四庫全書總目》上冊，卷89，頁757。

❹❾　《四庫全書總目》上冊，卷89，頁757。

❺⓪　〔唐〕劉知幾撰、〔明〕李維楨評、〔明〕郭孔延評釋，《史通》，收入《四庫全書存目叢書·史部》279冊（臺南：莊嚴文化事業有限公司，據明刻本影印，1996），郭孔延〈史通序〉，頁3。

❺①　《四庫全書總目》上冊，卷89，頁757。

　　時至晚明，王惟儉（1595年進士）又根據李、郭二氏的《史通評釋》重為釐正。將《史通》文句中重新校正了1142字（其中包括新增入的119字），並將其成果彙輯為《史通訓故》一書。❺到了清代，《總目》所輯錄的清人有關於評釋《史通》的著作，仍是延續著明人的評釋成果，接續著再做文字校對與評釋訓故的工作。清乾隆十二年(1747)，黃叔琳(1672–1756)完成的《史通訓故補》一書，即是繼王惟儉《史通訓故》而續成的一部專著。❺稍後，於乾隆十七年(1752)初次刊行的浦起龍《史通通釋》本問世。其中對黃叔琳《史通訓故補》的說法亦間有摭用之處，而在《總目》眼中，浦氏的《史通》註釋本顯較黃氏更為精核詳盡。❺

　　浦起龍的註釋雖然遠較明、清以降的各家評釋更加詳備，但是在精於考證的《總目》纂修者們的眼中，其中尚待改進的空間仍多。❺關於《史通》內容註解與詮釋部分的努力，猶待來者。而清代對於《史通》的研究，主要是集中在文字校讎方面的成果。❺同時，在評釋《史

---

❺　《四庫全書總目》上冊，卷89，頁757。而曾經校注過《文心雕龍》的王惟儉認為當時通行的《史通》版本已遠較《文心雕龍》之刊本為佳。（〔明〕王惟儉，《史通訓故》，收入《四庫全書存目叢書·史部》279冊〔臺南：莊嚴文化事業有限公司，據明萬曆刻本影印，1996〕，頁300–301）另一方面，曾經協助王惟儉校書者除了族人王惟讓、王惟佺之外，尚有隸籍於宗室的王氏門生朱釪及他人等共計二十四人。透過如許集眾隊伍的形成，方能很細膩地在前人的基礎上又校正出千餘字來，對於《史通》版本的刊正工作貢獻甚鉅。（〔明〕王惟儉，《史通訓故》，收入《四庫全書存目叢書·史部》279冊，〈校訂姓氏〉，頁304）

❺　《四庫全書總目》上冊，卷89，頁757。

❺　《四庫全書總目》上冊，卷89，頁757。

❺　《四庫全書總目》上冊，卷88，頁751。

通》書法方面的議論則顯得略為消沉。其中僅存紀昀(1724–1805)透過自己多年身處翰苑史局的親身體會，以及從考證學風掩映下之當代史學思維的立場出發，闡發其「撰史不可無例」的史論思想所編纂而成之《史通削繁》一部專書最為著名。**❺❼**

四、明清的《史通》評釋與《史通》研究

晚明以前，由於《史通》的版本在社會上流通未廣，所以明朝萬曆年間張之象與張鼎思兩種《史通》刊本的序言中，皆特別加意著墨於《史通》一書在史學發展的歷程中實具有崇高之學術地位的介紹。在這種時代背景環境的影響之下，《舊唐書‧劉知幾傳》所述：「時知幾又著《史通子》二十卷，備論史策之體。太子右庶子徐堅深重其書，嘗云：『居史職者，宜置此書於座右。』」**❺❽**以及，《新唐書‧劉知幾傳》說劉知幾供職史館因不見用於時，所以「著《史通》內外四十九篇，譏評今古。徐堅讀之，歎曰：『為史氏者宜置此坐右也。』」**❺❾**這兩段內容大同小異的敘述遂被特別引錄，用來做為佐證《史通》地位之重要的說帖。因此，張之象刻本〈史通序〉即曰：「當時徐堅重之云，諸史職者宜置座右。」**❻⓪**以及，刊載在張鼎思校刻本劉知幾《史通》原序之後的〈刊正史通序〉亦說道：「昔人謂《史通》一書宜置座右，史法存焉耳。」**❻❶**等敘述皆可視為是明代刊行出版者，為宣揚《史通》學術專

❺❻ 程千帆，《史通箋記》（北京：中華書局，1986），〈凡例〉，頁1。

❺❼ 張維屏，《紀昀與乾嘉學術》（臺北：國立臺灣大學文學院，1998），頁145–167。

❺❽ 《舊唐書》（臺北：鼎文書局，1976），冊4，卷102，頁3171。

❺❾ 《新唐書》（臺北：鼎文書局，1976），冊6，卷132，頁4521。

❻⓪ 趙呂甫校注，《史通新校注》，張之象〈史通序〉，頁1127。

業地位之崇高所做的說明。此外，在郭孔延評釋本〈史通序〉裡也依
然強調：「然則徐堅所云當置座右者，以義例言，良非虛譽。」[62]由此
而往，致力於《史通》評釋的明代士人才逐漸體會到，有必要透過劉
知幾個人追求史學學術專業的生涯歷程來進一步探討《史通》的撰述
宗旨。所以，《新唐書・劉知幾傳》引述劉知幾嘗自比漢朝揚雄者有四：

> 雄好雕蟲小伎，老而為悔；吾幼喜詩賦而壯不為，期以述者自
> 名。雄準《易》作經，當時笑之；吾作《史通》，俗以為愚。雄
> 著書見尤於人，作〈解嘲〉；吾亦作〈釋蒙〉。雄少違范逡、劉
> 歆所器，及聞作經，以為必覆醬瓿；吾始以文章得譽，晚談史
> 傳，由是減價。[63]

的一段敘述遂被李維楨與郭孔延所重視。在李、郭二氏的評釋本《史
通・自敘》篇的評論裡就專門針對這一點再加引申議論，述說實際上
劉知幾應該是「似雄者四，不似者三」：

> 《太玄》無主、無名，要合《五經》；《史通》疑《尚書》、惑《春
> 秋》，其不似雄一。《法言》降周迄孔，成于王道；《史通》罪周
> 駁孔，其不似雄二。《法言》謨學行、謨修身、謨周道；《史通》
> 無一語及於學道，其不似雄三。雖然，雄亦有不似子玄者三：
> 雄劇秦美新；子玄在則天時，有直言。修《則天實錄》，有所改
> 正，忤於三思，雄不如也。雄寂莫（寞）投閣；子玄作〈思慎
> 賦〉，見稱李嶠，屢求罷史職，不與肅宗之難，雄不如也。童烏

---

[61] 趙呂甫校注，《史通新校注》，張鼎思〈刊正史通序〉，頁1123。

[62] 〔唐〕劉知幾撰、〔明〕李維楨評、〔明〕郭孔延評釋，《史通》，收入《四庫
全書存目叢書・史部》279冊，郭孔延〈史通序〉，頁3。

[63] 《新唐書》，冊6，卷132，頁4521。

預玄，其後亡聞；子玄六子三孫，俱有名號，其鄉曰高陽里，雄不如也。**❻❹**

整體而言，李、郭二氏評釋本《史通》對於劉知幾及其著作的評價不惡，認為「《史通》考究精覈，義例森嚴。一團光彩，不可磨滅」。**❻❺**到了清代，又更進一步注意到《史通·自敘》篇劉氏自述其學史入門的一番經過：

> 予幼奉庭訓，早游文學。年在紈綺，便受《古文尚書》。每苦其辭艱瑣，難為諷讀。雖屢逢捶撻，而其業不成。嘗聞家君為諸兄講《春秋左氏傳》，每廢書而聽。逮講畢，即為諸兄說之。因竊歎曰：「若史書皆如此，吾不復怠矣。」先君奇其意，於是始授以《左氏》，期年而講誦都畢。于時年甫十有二矣。所講雖未能深解，而大義略舉。**❻❻**

以及相同記載於《新唐書·劉知幾傳》的說法是，當劉知幾「年十二，父藏器為授《古文尚書》，業不進，父怒，楚督之。及聞為諸兄講《春秋左氏》，冒往聽，退輒辨析所疑，歎曰：『書如是，兒何怠!』父奇其意，許授《左氏》。踰年，遂通覽群史」的一段敘述，**❻❼**亦皆為探究劉知幾學術生涯的重要參考資料。例如，黃叔琳《史通訓故補》序曰：「是書本傳謂知幾幼時受《古文尚書》，業不進聽，講《春秋左氏》，

---

❻❹ 〔唐〕劉知幾撰、〔明〕李維楨評、〔明〕郭孔延評釋，《史通》，收入《四庫全書存目叢書·史部》279冊，頁153。

❻❺ 〔唐〕劉知幾撰、〔明〕李維楨評、〔明〕郭孔延評釋，《史通》，收入《四庫全書存目叢書·史部》279冊，頁153。

❻❻ 〔唐〕劉知幾撰、〔清〕浦起龍釋，《史通通釋》，頁288。

❻❼ 《新唐書》，冊6，卷132，頁4519。

則心開異哉。」❻爾後浦起龍也認為唯有先通讀劉知幾的傳記,在徹底
瞭解了劉氏的著書奧旨之後,方才可能更深入理解其著作內涵。所以
浦氏在讀了《新唐書》劉氏本傳之後,對於以往認為《史通》書中「謫
之太過,至或失之褊以削,或失之泥以膠」的部分忽覺茅塞頓開,並
斷然裁定,「必知知幾之人者,乃可與知《史通》事」。❻

　　另一方面,《總目》所輯錄有關明代士人撰寫的史評論著之中,不
乏以奉司馬光(1019-1086)《通鑑》與朱子《綱目》二書的書法義例與
立論模式為著書宗旨的著作。❼李、郭二氏的評釋本《史通》就認為
朱子《綱目》正是史論褒貶之準繩。而劉知幾未及得見《綱目》的《春
秋》筆法:「《春秋》惟褒貶嚴也,故亂賊懼焉。馬遷《史記》帝紀似
法《春秋》,而無褒貶。朱子《綱目》法《春秋》,而有褒貶。而惜子
玄未之見也。夫褒貶豈易言哉!無暇之口可以戮人,佞人不可執筆。
古今論史,宗遷固,其次壽曄。遷黨於陵,固黨於憲,壽事二姓,曄
為戎首。何暇論褒貶?故後之論史者,取其辭焉耳矣。」❼誠為一大憾
事。並且,除了《綱目》之外,《通鑑》亦是史評論著的作者必須參考
的重要書籍。所以李、郭二氏也認為:「史之題目,當以編年為正。一
年之內主臣華夷諸事畢載,何其簡且晰也。《春秋》孔經,《左傳》為

---

❻　〔清〕黃叔琳撰,《史通訓故補》,收入《四庫全書存目叢書・史部》279冊
　　(臺南:莊嚴文化事業有限公司,據清乾隆十二年〔1747〕黃氏養素堂刻本
　　影印,1996),頁480。

❻　〔唐〕劉知幾撰、〔清〕浦起龍釋,《史通通釋》,〈附錄:新唐書劉知幾本傳〉,
　　浦起龍〈書本傳後〉,頁608-609。

❼　關於此一觀點的詳細討論,請參看本文《資治通鑑》及《資治通鑑綱目》
　　與明代的史評著作〉一節的敘述。

❼　〔唐〕劉知幾撰、〔明〕李維楨評、〔明〕郭孔延評釋,《史通》,收入《四庫
　　全書存目叢書・史部》279冊,卷1,頁14。

上，其次朱子《綱目》，經目法傳。又其次司馬文正公《資治通鑑》，皆題目之正者。」⓻其說法也正足以反映出明代史評著作每好以《通鑑》之體例與《綱目》之書法做為自我撰述之標竿的時代趨向。

再者，《史通》各版本間文句之通順與否，在《史通》研究的過程裡始終是一個引人關注的問題。所以，《總目》就是站在考證學的嚴格標準之上，說明《史通》一書，「自明以來，註本凡三、四家，而譌脫竄亂均如一轍」。⓼並且，「史通註本，舊有郭延年、王維（惟）儉二家。近時又有黃叔琳註補郭、王之所闕。遞相增損，互有短長。起龍是註，又在黃註稍後，故亦採用黃註數條。然頗糾彈其疏舛」。⓽對照當時的實際情況，《總目》的說法確有所本。像是郭孔延評釋本《史通》自刊刻出版後，雖已盛行於書塾蒙館之中。但是黃叔琳仍然認為其間「援引踳駁，枝蔓無益。又疏於考訂，每多紕繆」。⓾事實上，雖然明代士人自陸深之後對於《史通》版本的刊正工作迭有貢獻。但是，白璧之瑕在所難免。例如，明朝郭孔延《史通評釋》本就誤將〈鑒識〉篇中「夫史之曲筆誣書」至「盜憎主人之甚乎」的一段文字認定成〈曲筆〉篇的內容，因此遂將之直接植入〈曲筆〉篇中。爾後評釋《史通》的諸家版本相沿成習，直至清朝浦起龍的《史通通釋》版本亦復如是。⓫而浦起龍自己也早已察覺《史通通釋》版本的內容未盡完善。所以

⓻ 〔唐〕劉知幾撰、〔明〕李維楨評、〔明〕郭孔延評釋，《史通》，收入《四庫全書存目叢書·史部》279冊，卷4，頁54。

⓼ 《四庫全書總目》上冊，卷88，頁751。

⓽ 《四庫全書總目》上冊，卷88，頁751。

⓾ 〔清〕黃叔琳撰，《史通訓故補》，收入《四庫全書存目叢書·史部》279冊，〈例言〉，頁485。

⓫ 趙光賢，〈回憶我的老師援庵先生〉，收入白壽彝等著，《勵耘書屋問學記——史學家陳垣的治學》（北京：三聯書店，1987），頁161。

在乾隆十七年初版問世後，浦氏曾經多次加以修改。一般而言，《史通通釋》的初印本確有許多值得改進之處。⑦因此，在往後「求放心齋」所刊刻的三種《史通通釋》增訂版本之中，後印出刊版本《史通通釋》的文字校對工作顯然已較初印版本改善許多。⑧

　　一般說來，後世在研究《史通》一書的過程裡，關於書中〈疑古〉、〈惑經〉兩篇立意宗旨與敘述內容的討論，最受學者廣泛的注目。因此，從史學上求真境界的觀點而言，由〈疑古〉與〈惑經〉此二篇最可見劉知幾求真史學所達到的境界及其批判精神的橫溢。劉氏在〈疑古〉篇提出，以正經與諸子相參驗，是他求真的方法。而其〈惑經〉篇，為就孔子所修《春秋》提出批評。其內容係針對《春秋》的隱諱即為分辨史事真偽而發。並直斥後人虛美《春秋》之處。所以，〈疑古〉、〈惑經〉兩篇雖受盡批評，然在求真史學上的確達到了一個新境界。⑦另一方面，從批駁劉氏書中已貿然涉及「非經侮聖」的立場來說，則可謂「劉氏邃於史而疏於經。其所言，作論史觀則是，作論經觀則大非矣」。⑧所以，劉知幾〈疑古〉之意雖在通過古代經傳記事之荒誕不時提出質疑，進而說明史家揀選史料、評騭史事必須謹慎公允。但其中言詞之「非經侮聖」，自晚唐宰相柳璨所撰《史通析微》一書即開始抨擊之。同時，透過〈疑古〉、〈惑經〉兩篇所表現出來的懷疑與批判精神也顯得非常激烈。⑧

　　整體而論，明朝士人對於《史通》之〈疑古〉、〈惑經〉兩篇所涉

---

⑦　趙呂甫校注，《史通新校注》，周星詒〈史通通釋跋〉，頁1146。

⑧　〔唐〕劉知幾撰、〔清〕浦起龍釋，《史通通釋》，〈出版說明〉，頁3。

⑦　杜維運，《中國史學史》第二冊（臺北：作者自刊，1998），頁288-294。

⑧　呂思勉，《史通評》（臺北：臺灣商務印書館，1971），頁88。

⑧　林時民，〈紀昀與《史通削繁》——以史學批評為中心的探討〉，《臺灣師大歷史學報》30（臺北，2002年6月），頁68。

及「非經侮聖」部分的反應可說是相當強烈的。例如，焦竑在其《焦氏筆乘》書中即說道：「余觀知幾指謫前人，極其精覈，可謂史家之申韓矣。然亦多輕肆批評，傷於苛刻。」❽而對於明朝典章制度與社會經濟文化諸般狀況史實有深入了解的于慎行(1545–1608)，❽則說劉知幾《史通》「其罪有二而其失有三」的悖謬行為，實犯有叛經侮聖之罪。❽李維禎、郭孔延評釋本《史通》亦針對此點愈加發揮，書中〈疑古〉篇的評論曰：

> 子玄〈疑古〉并疑《論語》、《尚書》，竊所未解。❽
> 《史通》輕《尚書》、《孟子》而獨信《史記》，至証堯時善惡無分賢愚，其貫妄矣。❽

除了直率地橫加批斥之外，書中也進一步探討劉氏何以有如此這般大逆不道的想法。初步認定劉知幾因未能深入瞭解《春秋》的筆削大義，所以對於《麟經》的批評也多半所駁非是。經由李、郭二氏評釋本《史通》對於〈惑經〉篇的評論可以明白：

> 《春秋》之作，另有精意，游夏不能贊一辭。若如子玄所議，

❽ 〔明〕焦竑，《焦氏筆乘》，卷3，「史通」條，收入氏著，《焦氏筆乘（正續）》（臺北：臺灣商務印書館，1983），頁73。

❽ 〔明〕于慎行撰、呂景琳點校，《穀山筆塵》（北京：中華書局，1997），〈點校說明〉，頁1。

❽ 〔唐〕劉知幾撰、〔明〕李維禎評、〔明〕郭孔延評釋，《史通》，收入《四庫全書存目叢書・史部》279冊，于慎行〈史通舉正論〉，頁7–8。

❽ 〔唐〕劉知幾撰、〔明〕李維禎評、〔明〕郭孔延評釋，《史通》，收入《四庫全書存目叢書・史部》279冊，卷13，頁196。

❽ 〔唐〕劉知幾撰、〔明〕李維禎評、〔明〕郭孔延評釋，《史通》，收入《四庫全書存目叢書・史部》279冊，卷13，頁198。

夫人能作之矣，何以稱絕筆哉。**❽**

酒帳簿一經太史公筆削，便成佳構。《春秋》一經夫子筆削，乃
成完瑜。惟不能深研其妙，則以為（斷）爛朝報。科目不以取
士，經筵不以進講，如王臨川者，實子玄之論作之俑也。**❽**

《麟經》一書，傳信與傳疑者參半。信者固當遵，而疑者亦當
駁。但子玄之駁，駁其所不當駁耳。**❽**

王充〈問孔〉已亡忌憚，子玄〈惑經〉尤屬繆戾。**❾**

清朝黃叔琳在《史通訓故補》裡表達的看法則與明代士人迥異，並未
直接抨擊劉知幾「非經侮聖」之說。他是從另外一個角度出發，希望
能經由劉知幾的撰述動機來分析說明劉氏書中不得不「有為而發」之
衷曲。〈疑古〉篇黃叔琳的眉批說道：

知幾憤激而發，蓋與莊子聖人不死大盜不止同意，而悖又甚
焉。**❿**

〈疑古〉一篇，似是有為而發，不應悖繆至是。惜哉，為全書
之玷。**❾**

---

❽　〔唐〕劉知幾撰、〔明〕李維楨評、〔明〕郭孔延評釋，《史通》，收入《四庫
　　全書存目叢書・史部》279冊，卷14，頁207。

❽　〔唐〕劉知幾撰、〔明〕李維楨評、〔明〕郭孔延評釋，《史通》，收入《四庫
　　全書存目叢書・史部》279冊，卷14，頁213。

❽　〔唐〕劉知幾撰、〔明〕李維楨評、〔明〕郭孔延評釋，《史通》，收入《四庫
　　全書存目叢書・史部》279冊，卷14，頁216。

❾　〔唐〕劉知幾撰、〔明〕李維楨評、〔明〕郭孔延評釋，《史通》，收入《四庫
　　全書存目叢書・史部》279冊，卷14，頁216。

❿　〔清〕黃叔琳撰，《史通訓故補》，收入《四庫全書存目叢書・史部》279冊，
　　卷13，頁626。

同樣在〈惑經〉篇的眉批，黃氏也強調：

> 知幾具此深情，豈是非聖譏法者。吾故知〈疑古〉一篇有為而發也。❸

然而，黃叔琳本人並沒有為劉知幾的「有為而發」譜錄出一個具體的定調。直到清朝中葉，錢大昕方才對於劉氏的「有為而發」提出了自己的看法，認為劉知幾因長期參與唐代官修史書的工作，所以深切了解史局存在的許多問題。監修因人眾而意見不一，直接影響或干涉史書的纂修皆令劉知幾感到憤慨。但是如果直接批評這種先朝敕撰的制度，猶恐受誹謗招禍。於是藉著論聖非經，大言蔑古的依托，然後對於當時的官修史學進行嚴厲而系統的批判。所以，劉知幾對於儒家經典的評論，完全是言不由衷且有所為而發的。這種推論，對照劉知幾個人的為官生涯曾面臨的政治環境來看，顯然是非常可能的。❹由此當可深入理解，劉知幾《史通》書中〈疑古〉、〈惑經〉兩篇立意宗旨之真切緣由。

五、《資治通鑑》及《資治通鑑綱目》與明代的史評著作

　　從《總目》所輯錄的宋代史評論著看來，可以知道當時有一些史

❷　〔清〕黃叔琳撰，《史通訓故補》，收入《四庫全書存目叢書・史部》279冊，卷13，頁625。

❸　〔清〕黃叔琳撰，《史通訓故補》，收入《四庫全書存目叢書・史部》279冊，卷14，頁631。

❹　逯耀東，〈劉知幾《史通》與魏晉史學〉，收入氏著，《魏晉史學的思想與社會基礎》，頁279。

評著作，顯然是圍繞著《通鑑》的問世而出現的。**⑨⑤**譬如，《唐鑑》的
作者范祖禹(1041-1098)，**⑨⑥**本身就曾擔任過司馬光修纂《通鑑》時的
助手。《通鑑問疑》的作者劉羲仲，**⑨⑦**亦是曾經擔任過司馬光編撰《通
鑑》時的助手劉恕(1032-1078)之子。而《唐史論斷》的作者孫甫，曾
謄錄自己的作品進呈司馬光本人審閱。**⑨⑧**除了這些作者與司馬光和《通
鑑》有著直接或間接關聯的書籍之外，隨著《通鑑》的流傳愈廣，士
人的推崇愈高，後世讀《通鑑》而發論的史評論著也逐漸應運而生。
其中影響明代史評論著較深的是，南宋胡寅(1089-1156)「謫居之時，
讀司馬光《資治通鑑》而作」的《讀史管見》一書。**⑨⑨**此書抒發史論
的書寫風格，《總目》認為，在南宋當時即已影響了一批史評論著的撰
述方向。**⑩⑩**到了明代，唐順之《兩漢解疑》一書，曾摘引胡寅《讀史
管見》的說法，再加以自己的意見略加申論以立說。**⑩①**王志堅(1576-
1633)《讀史商語》一書，則是針對胡寅書中若干「誤讀通鑑」處加以

⑨⑤ 有關《資治通鑑》之「書法」部分的論述，請參看，張須，《通鑑學》(臺北：
臺灣開明書店，1958)，頁125-144。而有關於《資治通鑑》的「史學評論」
部分的論述，請參看，崔萬秋，《通鑑研究》(臺北：臺灣商務印書館，1967)，
頁97-101。

⑨⑥ 《四庫全書總目》上冊，卷88，頁751。

⑨⑦ 《四庫全書總目》上冊，卷88，頁752。

⑨⑧ 《四庫全書總目》上冊，卷88，頁752。

⑨⑨ 《四庫全書總目》上冊，卷88，頁757。

⑩⑩ 例如，南宋時代，錢時，《兩漢筆記》(《四庫全書總目》上冊，卷88，頁753)。
王應麟，《通鑑答問》(《四庫全書總目》上冊，卷88，頁754)。南宮靖，《小
學史斷》(《四庫全書總目》上冊，卷89，頁758)等書皆是。

⑩① 〔明〕唐順之，《兩漢解疑》，收入《四庫全書存目叢書・史部》282冊 (臺
南：莊嚴文化事業有限公司，據清道光十一年〔1831〕六安晁氏木活字學海
類編本影印，1996)，頁799。

批駁。⑩由此可知，明朝士人編撰的史評論著，確實受到了前人根據
《通鑑》敘述的史事，所酌加闡發之史評著作的影響。⑩

　　但是，實際上在明代，依照《總目》輯錄的史評類論著來分析，
明人直接針對《通鑑》敘述的史事內容而闡發的史評類著作並不甚多。
明人所注重的，是以《通鑑》的書法義例或立論精神做為自己著書旨
趣的標竿。⑩

　　除了《通鑑》以外，另一部明人極為重視的是，經由宋朝大儒朱
熹初訂的《綱目》一書。因元、明兩代士子推尊朱子，所以《綱目》

---

⑩　《四庫全書總目》上冊，卷90，頁763。

⑩　除了胡寅《讀史管見》一書之外，另一本由宋代江贄所編撰的編年類史書《少
　　微通鑑節要》在明朝也頗具影響力。（詳細內容請參看〔宋〕江贄，《少微通
　　鑑節要》，收入《四庫全書存目叢書·史部》2冊〔臺南：莊嚴文化事業有限
　　公司，據明正德九年〔1514〕司禮監刻本影印，1996〕一書的論述）此書在
　　明代曾經由李東陽、張元禎二氏校勘訂誤。（《四庫全書總目》上冊，卷48，
　　頁432）而田維祐在明正德十二年(1517)閱覽過江贄《少微通鑑節要》一書之
　　後，隨即在該書的基礎之上，更加斟酌，並附加己見而寫成《東源讀史錄》
　　一書。而《東源讀史錄》的內容，根據《總目》的看法，其中蹈襲《少微通
　　鑑節要》之處雖多，但仍被列入〈史部·史評類〉的著作之中。（《四庫全書
　　總目》上冊，卷89，頁761）

⑩　明代士人好讀《通鑑》的一個例證，如文徵明(1470–1559)家中所藏一部刻本
　　《通鑑》自明嘉靖六年(1527)起一連傳承了四代之久。而且每一代經手者據
　　瞭解都至少看過三、四遍以上。（陳光崇，《通鑑新論》〔瀋陽：遼寧教育出
　　版社，1999〕，頁161–168）此外，以《通鑑》的體例做為自己著書依據的例
　　如，明代鄭賢《古今人物論》的〈敘〉言即說道該書：「以諸史評贊為宗，
　　論者則次逾其後，其體例略做《通鑑》。」（〔明〕鄭賢，《古今人物論》，收入
　　《四庫全書存目叢書·史部》286冊〔臺南：莊嚴文化事業有限公司，據明
　　萬曆余彰德刻本影印，1996〕，頁526）

廣受當時士人重視，傳刻者極多。❿元代士人依據《綱目》所參校注釋，或闡發考訂而編撰的相關著作亦為數不少。❿而在明代，因為帝王獎掖提倡的緣故，朱熹的思想對學術思想界的影響十分巨大。連帶地，明朝士人模仿《綱目》的體例，形成了一般運用「綱目體」書寫史書的時代風潮。❿因此，對於《綱目》一書的評價最為崇高的時代，實屬明朝。可以說，是明朝將該書的地位推到了史學的頂峰。❿而早在元代，在這一波學術風氣與學術淵源的影響之下，《總目》輯錄的明

---

❿ 錢穆，《中國史學名著》（二）（臺北：三民書局，1988），頁238。

❿ 元代士人的相關著作中，最為著名的有二部。一是尹起莘撰寫的《通鑑綱目發明》一書。以及，全書模仿《綱目》之例，將「夷夏之辨」的正統觀貫串到闡釋宋、遼、金三朝史事字裡行間之中，經由陳桱所撰述的《通鑑續編》一書。（周少川，《元代史學思想研究》〔北京：社會科學文獻出版社，2001〕，頁65–71）而陳桱撰述的《通鑑續編》一書在明代曾引起當時學者廣泛的討論。例如，何喬新、陳耀文、黃溥等人皆曾對其內容有所駁正。而《總目》頗為推崇該書，認為明朝王宗沐、薛應旂等人的作品及才識皆遠不及陳桱及其撰述的《通鑑續編》一書。（《四庫全書總目》上冊，卷47，頁429）另有關陳桱的治史旨趣，請參看張偉，〈陳桱史學再探〉，《史學史研究》2000：3（北京，2000年9月），頁52–59。

❿ 湯勤福，《朱熹的史學思想》（濟南：齊魯書社，2000），頁321–325。作者根據《四庫全書總目》、《千頃堂書目》以及《兩浙著述考》統計其中運用「綱目體」寫史書者，計有宋代六人、元代九人、明代四十四人、清代十八人，另時代不詳者六人。（同上）由此可見，「綱目體」的寫作形式在明代可說是已達到了巔峰，而直至民國時代仍沿用「綱目體」從事撰述著作如柳詒徵《中國文化史》等書依然不時可見。嚴耕望，《治史經驗談》（臺北：臺灣商務印書館，1988），頁100。

❿ 倉修良，《中國史學名著評介》第二卷（濟南：山東教育出版社，1995），葉建華，〈資治通鑑綱目〉，頁126。

人史評論著之中，不乏以奉司馬光《通鑑》與朱子《綱目》二書的書法義例與立論模式為著書宗旨的著作。例如，胡一桂自述其《十七史纂古今通要》一書的纂述主旨即是：

> 李唐既亡，司馬氏《通鑑》直接朱梁繫年紀事，以唐晉漢周為次。歐陽公脩《五代史》亦然。而文公《綱目》自唐天祐四年丁卯迄于己（己）未五十餘年間，惟兩行分注以見其皆不預正統之列，而分注之中先後予奪有微旨存。先晉歧淮南稱唐天祐而後及梁開平。今愚雖本《通鑑》纂集，實折以《綱目》，且寓區區愚論焉。❿

此外，譬如明朝之戴璟（1526年進士）所編纂的《新編漢唐通鑑品藻》一書，在其〈凡例〉中作者即說明道：「史學之難尚矣。分香賣履之奸，非溫公不能知；蜀漢嗣聖之統，非晦翁不能定。」❿直接將《通鑑》與《綱目》二書的裁斷觀點，做為作者自身撰書的指導原則。范光宙《史評》一書，開宗明義即標榜是書以「竊附溫公、晦翁微意」❿為全書宗旨。再者，例如郭大有《新刻官板大字評史心見》一書中，其評論史事的取材，則皆以「通鑑為主，參以綱目」。並且包括了《春秋左傳》以及《史記》以降歷朝正史等書的文字敘述，亦為郭大有評論史事的參考資料。❿而熊尚文（1595年進士）《蘭曹讀史日記》一書更推崇歷

---

❿ 〔元〕胡一桂，《十七史纂古今通要》，收入《景印文淵閣四庫全書》688冊（臺北：臺灣商務印書館，1983），卷17，頁321。

❿ 〔明〕戴璟，《新編漢唐通鑑品藻》，收入《四庫全書存目叢書・史部》282冊（臺南：莊嚴文化事業有限公司，據明嘉靖十七年〔1538〕西安府刻本影印，1996），頁474。

❿ 〔明〕范光宙，《史評》，收入《四庫全書存目叢書・史部》281冊，〈凡例〉，頁588。

代以來品騭歷史記載者，未有出司馬光、朱熹二氏其右者。⑫另一方面，除了以《通鑑》與《綱目》兩書的撰述旨趣為倣效的對象之外，明人史評論著在寫作格式上，也直接或間接的受到了《通鑑》與《綱目》這兩本書的影響。唐汝詢《顧氏詩史》全書的標題，悉法朱子《綱目》。⑭以及，張溥(1601-1641)《歷代史論》其中第二編的二百三十九個標題，自「三家分晉」到「世宗征淮南」，全部一字不易的抄錄自《通鑑紀事本末》各篇的標題。⑮依此而論，唐汝詢與張溥撰述這兩部著作的初衷，或許是企圖從模仿篇目標題的層面上，重新體現前人的著作旨趣。

六、明人編纂的本朝國史與明代史評及時論

除了《通鑑》與《綱目》兩書的編撰體例以及著述旨趣之外，《總

---

⑫ 〔明〕郭大有《新刻官板大字評史心見》，收入《四庫全書存目叢書・史部》288冊（臺南：莊嚴文化事業有限公司，據明萬曆十二年〔1584〕周對峰刻本影印，1996），〈凡例〉，頁305。

⑬ 〔明〕熊尚文，《蘭曹讀史日記》，收入《四庫全書存目叢書・史部》286冊（臺南：莊嚴文化事業有限公司，據明萬曆四十三年〔1615〕刻本影印，1996），〈敘〉，頁169。

⑭ 〔明〕唐汝詢，《顧氏詩史》，收入《四庫全書存目叢書・史部》288冊（臺南：莊嚴文化事業有限公司，據明萬曆二十八年〔1600〕顧正誼刻本影印，1996），〈凡例〉，頁8-9。

⑮ 書中標題請參看，〔明〕張溥，《歷代史論》，收入《四庫全書存目叢書・史部》289冊（臺南：莊嚴文化事業有限公司，據明崇禎刻本影印，1996），〈目錄〉，頁132-142。以及，〔宋〕袁樞，《通鑑紀事本末》第一冊（北京：中華書局，1994），〈總目〉，頁1-22。

目》所輯錄的明人史學評論著作，同時也深受明朝當時編纂本朝史書
之風盛行與政局演變的影響。明代官方由於「重實錄而輕國史」，⑯並
且庋藏於禁中的列朝實錄准允傳抄，所以士人私自修纂的本朝史書數
量繁多。其史料取材，或官修實錄、會典；或私家碑傳、文集，不一
而足。⑰在明人修史的風潮中，數量最多，成就也最大應屬編年類本
朝國史的編纂。其中陳建(1497–1567)編撰的《皇明資治通紀》一書影
響尤大。⑱陳建《皇明資治通紀》記載的年代自明洪武、永樂朝迄至
正德朝而止。爾後陳建又續補嘉靖、隆慶兩朝的相關史料編輯成《皇
明從信錄》一書。這兩本書因為內容詳實且文順義明，因此覽者莫不
引為當朝典故之權輿。⑲當時仰望陳建作品為馬首而欲仿效續作者甚
多，其中較著名的包括有，卜世昌《皇明通紀述遺》、馬晉允《通紀輯
要》、陳仁錫《皇明實紀》、張嘉和《通紀直解》、鍾惺《通紀集略》，
以及作者不詳之《皇明十六朝廣彙記》等書皆是。⑳其他沿波而起且

⑯　瞿林東，《中國史學史綱》(北京：北京出版社，1999)，頁604。

⑰　李宗侗，《中國史學史》，頁155。

⑱　近代學者謝國楨先生嘗謂：「明代史學自陳氏《通紀》流傳宇內，人各操觚，
　　遂成一時風氣。其自作一書者，若薛應旂《憲章錄》、鄭曉《吾學編》、朱國
　　楨《皇明史概》、涂山《明政統宗》、王世貞《史料》之類，不可悉舉。」謝
　　國楨，《增訂晚明史籍考》上冊(臺北：藝文印書館，1968)，頁77。

⑲　謝國楨，《增訂晚明史籍考》上冊，頁77。亦可參看〔明〕陳建，《皇明從信
　　錄》，收入《四庫禁燬書叢刊‧史部》1冊(北京：北京出版社，據明刻本影
　　印，2000)，〈從信錄總例〉，頁6。而明朝士人岳元聲在重新校訂刊刻陳建《皇
　　明資治通紀》時也說道：「皇明典故諸書垂刻者無慮數十種，而獨東莞陳公
　　所輯《通紀》為海內宗實。」(〔明〕陳建，《皇明資治通紀》，收入《四庫禁
　　燬書叢刊‧史部》12冊〔北京：北京出版社，據明刻本影印，2000〕，〈凡例〉，
　　頁3)

⑳　謝國楨，《增訂晚明史籍考》上冊，頁77。例如，張嘉和即稱其《通紀直解》

體例相近，多由鈔撮實錄和邸報等材料編纂而成的私修編年體國史亦所在多有。例如，僅根據《總目》的記載就有，沈越《嘉隆兩朝聞見紀》、❷雷禮《明大政記》、范守己《肅皇外史》，❷以及譚希思(1574年進士)《明大政纂要》等多部著作。❷

逮至明萬曆二十一年(1593)九月，大學士陳于陛(1545–1596)奏請皇帝詔修國史之時，也特別強調除了官方檔案文書外，亦必須參考明朝士人私修的本朝史著，如此方有可能編纂出一部可靠的國朝信史。陳氏建議，譬如國史本紀部分的〈列聖大紀〉除了引用官方典藏的歷朝實錄、御製文集、寶訓、皇明詔制等文書外，也當須參照薛應旂《憲章錄》、高岱《鴻猷錄》、李賢《天順日錄》、李東陽《燕對錄》等私家筆記。而國史年表部分的〈累朝年表〉也必須以鄭曉《吾學編》與宮廷玉牒、公侯紹封、兵曹底簿、封爵考等檔冊相互參稽核考之後，方可撰述成篇。❷這次前後時間僅持續兩、三年的官修國史過程，❷雖

一書主要依據的史料以及撰述體例是模倣明代歷朝官修實錄、陳建《皇明資治通紀》，以及薛應旂《憲章錄》等書而成。〔明〕張嘉和，《通紀直解》，收入《四庫禁燬書叢刊・史部》55冊（北京：北京出版社，據明末刻本影印，2000），〈凡例〉，頁377。

❷ 《四庫全書總目》上冊，卷48，頁433–434。

❷ 《四庫全書總目》上冊，卷54，頁485。

❷ 《四庫全書總目》上冊，卷48，頁435。

❷ 李國祥、楊昶主編，《明實錄類纂（文教科技卷）》（武漢：武漢出版社，1992），頁627–628。鄭曉《九邊圖說》一書以及《吾學編》書中〈天文志〉、〈地理志〉、〈百官志〉、〈四夷志〉等各篇志書因內容詳實所以備受當時士人青睞。（同上）鄭曉學問淵博，經濟宏深。又久歷國家要職，諳悉明朝掌故。〔明〕鄭曉撰、李致忠點校，《今言》〔北京：中華書局，1997〕，〈校點說明〉，頁1）所以鄭曉在當時被視為是一個「不妄語」的學者，因此所言自有一定的公信力。（王汎森，〈明代後期的造偽與思想爭論——豐坊與《大學》石經〉，

然並未克竟全功，⑫但是也反映出明代由民間輿論與士人觀點的時論結合官私史編所匯集而成的當朝史著呈現之時代顯影，在晚明時期已經成為一股不可忽視的史學風潮。在此風氣牽引之下，明代中後期具有史學專業集眾修史的作品日增。⑫明人筆記、雜史之中針對本朝重大史案，如「靖難」之變一類敏感議題的史料梳理與議論評斷所纂輯而成的撰述文字亦不可勝數。⑫

《新史學》6: 4〔臺北，1995年12月〕，頁9–10）亦可參看，《四庫全書總目》下冊，卷177，頁1595。

⑫ 李小林，《萬曆官修本朝正史研究》（天津：南開大學出版社，1999），頁221。

⑫ 此次修書僅留存焦竑《國史經籍志》以及《國朝獻徵錄》等少數成果，但是其中敘述文字卻影響了包括傅維鱗《明書》、查繼佐《罪惟錄》、談遷《國榷》、王鴻緒《明史稿》與清朝官修《明史》等在內的許多史書。李小林，〈萬曆官修本朝正史對清朝明史館的影響〉，收入王春瑜主編，《明史論叢》（北京：中國社會科學出版社，1997），頁248。

⑫ 例如，涂山所編輯的《明政統宗》參與校訂者二、參閱者四、校正者十二、重訂者八。其中《天工開物》的作者宋應星也在重訂者之列。（〔明〕涂山，《明政統宗》，收入《四庫禁燬書叢刊・史部》2冊〔北京：北京出版社，據明萬曆刻本影印，2000〕，〈凡例〉，頁109）而參與沈國元《兩朝從信錄》一書校訂工作的就高達有七十六人之多。（〔明〕沈國元，《兩朝從信錄》，收入《四庫禁燬書叢刊・史部》29冊〔北京：北京出版社，據明末刻本影印，2000〕，頁581）

⑫ 經過明弘治、正德年間諸位史家的努力，建文朝這一段明朝前期最為隱晦之一段史事的部分真象，已經大致清晰浮現。因此，明朝嘉靖時期的史家們乃得以在此基礎上進一步著手探討明朝的當代歷史。吳振漢，〈明代中葉私修國史之風探析〉，《史匯》第6期（中壢，2002年8月），頁15。而在《總目・史部・雜史類》所收錄的一百一十七部明代史著當中，載述內容有關「靖難」史事的即達十五種之多。（《四庫全書總目》上冊，卷51–54，頁466–488）另

　　陳建除了致力於本朝史的纂修，同時也對於當朝史事提出自己的
評論。而《皇明資治通紀》一書每卷正文之後每以按語的形式所發表
的大量歷史評論即為此書的一大特點。《皇明資治通紀》書中的史學評
論很多，各卷皆有。少則四、五條，多則二十幾條。《皇明資治通紀》
書中史學評論所涉及的範圍也很廣泛，在整個歷史敘述的過程中隨處
而發。舉凡政治、經濟、軍事、文化以及人物臧否都有所涉及。**⑫**此
外，鄭曉除了編纂本朝史書外，同時亦著有專門的史評論著《刪改史
論》一書。內容敘述上自盤古開天闢地，下迄當代的明朝史實。舉凡
帝王、君公、世系、姓氏、禪代、統承、偏安、竊據等類史事罔不縷
悉。歷代之治亂興亡與君主之是非得失皆盡收於作者的方寸之間。**⑬**此
外，某些並非專以撰寫本朝國史聞名的明季文士如張岱(1579-1680)，
也耗費近三十年的心血編撰了一部屬於史部專業之《石匱書》，內容所
述正是一部明朝當代的紀傳體通史。上起洪武，下迄天啟末年。每篇
末的論贊「石匱書曰」在評論歷史事件和歷史人物等方面的論述，也
被時賢視為充滿了真知灼見。**⑬**

　　而明萬曆年間譚希思撰寫的編年類史書《明大政纂要》，《總目》
敘述「是書所記，自洪武元年(1368)至隆慶六年(1572)。凡大事皆編年
記載，每帝皆有論贊」。**⑬**直接針對明朝皇帝的行事作為，抒發個人的
史評意見。實際上，在明代中晚期出版的史評類著作中，也不乏運用

　　有關於明代出現建文帝遜國傳說的史著請參看，牛建強，〈明代中後期建文
　　朝史籍纂修考述〉，《史學史研究》1996：2（北京，1996年6月），頁41-47。

⑫ 向燕南，《中國史學思想通史・明代卷》，頁219-220。

⑬ 錢茂偉，《明代史學編年考》（北京：中國文聯出版社，2000），頁268-269。

⑬ 胡益民，〈張岱史學著述考〉，複印報刊資料《歷史學》2002：3（北京，2002
　　年3月），頁45-46。

⑬《四庫全書總目》上冊，卷48，頁435。

藉古諷今的手法來影射當世朝局的論著。⑬例如，明朝萬曆年間涂一榛撰寫的《尚友齋論古》一書，內容提及「呂誨彈王安石事」的一段敘述，在《總目》的眼中看來，即為針對當時朝局而發。⑭而明季陳繼儒(1558–1639)的《讀書鏡》一書，文中所稱「人主宮闈中事，臣子不可妄有攀援，亦不可過為排擊」的一段，從《總目》的觀點看來，理應正是作者針對明萬曆朝時，朝中大臣之間關於爭執「國本執立」之事所抒發的議論。⑮隨著晚明時局演變的日趨動盪，明人透過史評論著所抒發之對於當朝時局的議論尺度，也隨之愈形激越。例如，茅元儀(1594–1640)在明天啟三至四年(1623–1624)之間，在軍務倥傯餘暇與門人商榷論史而成的《青油史漫》一書，⑯通篇皆是作者為煩憂明季世局的紊亂紛擾而一時興發的讜論諍言。⑰由此觀之，史評與時論兩者之間的明確界限，在晚明時期的史評著作當中也愈發顯得難以釐清了。

---

⑬ 在明代中期以前也並非沒有類似的著述。不過相對而言，當時還是運用較為委婉含蓄的文字表達方式，提出作者自己對於當下時局的看法。例如，明成化年間，張邦奇撰寫的《兀涯西漢書議》一書，內容即多引述明代發生的本朝事例與《漢書》的內容互相印證，然未直接針對明朝史事抒發己見。《四庫全書總目》上冊，卷89，頁760。

⑭ 《四庫全書總目》上冊，卷90，頁763。

⑮ 《四庫全書總目》上冊，卷90，頁764。

⑯ 任道斌，〈茅元儀生平、著述初探〉，收入中國社會科學院歷史研究所明史研究室編，《明史研究論叢》第三輯（南京：江蘇古籍出版社，1985），頁246。《青油史漫》一書在清代雖曾遭致禁燬，但其鈔本迄今猶存。（〔明〕茅元儀，《青油史漫》，收入《四庫全書存目叢書・史部》288冊〔臺南：莊嚴文化事業有限公司，據清鈔本影印，1996〕，頁476–493）

⑰ 《四庫全書總目》上冊，卷90，頁764。

七、明人史評著作的教化功能與普及效用

雖然遠自宋代開始，坊市間具有商業性質的講史活動已開始逐步萌芽，促進了通俗性史學的發展。❸但步入明代，史學的通俗形式又愈加豐富。尤其是對於前代積累之史學撰述，在明朝經過節選、摘錄、重編之後所出版的各種「節本」、「選本」、「摘抄本」、「類編本」，以及「重編本」等等刊本形式往往皆是明代史書通俗與普及化過程中不可或缺的重要組成部分。❸透過《總目》的敘述，可以理解明人的史評類著作，在明代史學通俗化的時代趨勢中所發揮的功能及其扮演的角色。

明代由於史學獲得了更加豐富的通俗形式，從而使得此一時期的歷史教育也具有了嶄新的特色。❹因此，明人的史評論著，在明代已經普遍成為鄉塾童蒙教材當中的一種。❹例如，《總目》所輯錄，唐汝詢撰寫的《顧氏詩史》之內容即在汲引列朝正史的本紀以及列傳部分的史事，編撰為四句韻語，並各加以註解，以便記誦，充為幼童學習的讀本。❹此外，根據《總目》的說法，呂顯（1523年進士）所編纂的《世譜增定》在明嘉靖年間也是一本甚為普及，廣為鄉塾所採用的

❸ 李小樹，〈宋代商業性講史的興起與通俗史學的發展〉，《史學月刊》2000：1（鄭州，2000年1月），頁116–122。

❸ 瞿林東，〈明代史學特點二題〉，收入氏著，《中國史學散論》（長沙：湖南教育出版社，1992），頁253。

❹ 瞿林東撰稿，〈史學的通俗形式和歷史教育〉，收入《中國文明史・明代》中冊（臺北：地球出版社，1995），頁956。

❹ 瞿林東，《中國史學散論》，頁255。

❹ 《四庫全書總目》上冊，卷90，頁764。

歷史教材。⑭

　　而明朝最為著名的一本史評類童蒙課本，當屬張居正(1525–
1582)、呂調陽（1550年進士）二人專門為沖齡的萬曆皇帝（朱翊鈞，
1563–1620，在位1573–1620）編纂的《帝鑑圖說》一書。⑭張居正〈進
帝鑑圖說疏〉中曾說道是書編纂之主旨在於：

> 謹自堯、舜以來，有天下之君，撮其善可為法者八十一事，惡
> 可為戒者三十六事。善為陽為吉，故用九九，從陽數也。惡為
> 陰為凶，故用六六，從陰數也。每一事前，各繪為一圖，後錄
> 傳記本文，而為之直解，附於其後，分為二冊，以辨淑慝。仍
> 取唐太宗以古為鑑之意，僭名《歷代帝鑑圖說》，上呈睿覽。⑭

《總目》也同樣的敘述該書內容是「取堯舜以來善可為法者八十一事，
惡可為戒者三十六事。每事前繪一圖，後錄傳記本文，而為之直
解」。⑭並且，當時因為萬曆皇帝年幼，為使皇帝在學習時容易理解書
中提到的歷史事例，所以運用的文字頗為俚俗。⑭書中的每一項標題，

---

⑭　《四庫全書總目》上冊，卷90，頁761。

⑭　在明萬曆朝以前，宮中教育儲君的書籍就包括有《儲君昭鑒錄》、《聖學心法》、
　　《務本之訓》、《文華寶鑑》以及《帝訓》等書。繆咏禾，《明代出版史稿》
　　（南京：江蘇人民出版社，2000），頁135。

⑭　〔明〕張居正，〈進帝鑑圖說疏〉，收入張舜徽主編，《張居正集》（武漢：荊
　　楚書社，1987），冊1，卷3，頁104。

⑭　《四庫全書總目》上冊，卷90，頁761。

⑭　《四庫全書總目》上冊，卷90，頁761。此外，做為一本幼年皇帝歷史知識
　　教科書的《帝鑑圖說》，在清代也可以發現一個類似的例證可供相互參考。
　　即在清朝同治皇帝沖齡踐阼時，內廷侍講諸臣就採摭了歷代史事之可以為法
　　者編輯成《史鑑節要》一書，充為幼年皇帝的歷史知識教科書。其功能與《帝

雖然多半是正面讚揚的褒辭，但是也明白的顯示了此書對於歷史上某一位君主的歷史評價。例如，《帝鑑圖說》書中形容遠古傳說中的明君「唐堯帝」的標題是「任賢圖治」和「諫鼓謗木」。形容「虞舜帝」的標題則是「孝德升聞」。而《帝鑑圖說》書中篇幅最多的當屬述說唐太宗的十三則故事。❹其用意或許想藉此對初受啟蒙教育的萬曆皇帝有所啟發。事實上，在明萬曆五年(1577)以前，在張居正的諄諄教誨的解說之下，《帝鑑圖說》確是少年皇帝進德修身的範本教材。❹同時，張居正在面對萬曆皇帝解說與講讀此書之際，同時亦將歷史情境與當時政治實務相互結合，以期達到涵養聖德與啟迪聖心的功用。❺爾後到了清乾隆朝詔修《四庫全書》之時，張居正當年進呈的原本或許依然存留禁中。因此，《總目》特別注記此書的來源正是「內府藏本」。❺而今留存的清代刻本，顯然是後人傳抄該書副本，再行輾轉翻刻之後重加刊行的版本。由此亦可概見，《帝鑑圖說》一書在明季清初的時代裡，也是一部流通廣泛的通俗性史評著作。

此外，明人史評論著除了做為鄉塾童蒙的課本，同時，亦可充為舉

鑑圖說》的出現或有異曲同工之處。有關《史鑑節要》一書的編撰要義請參看，〔清〕鮑東里，《史鑑節要》(臺北：文海出版社，1973)，清同治元年(1862)翁心存〈序〉，頁1。

❹ 〔明〕張居正、〔明〕呂調陽，《帝鑑圖說》，收入《四庫全書存目叢書‧史部》282冊 (臺南：莊嚴文化事業有限公司，據清純忠堂刻本影印，1996)，〈目錄〉，頁307-309。

❹ 韋慶遠，〈張居正與《歷代帝鑑圖說》〉，《歷史月刊》115 (臺北，1997年8月)，頁24-29。

❺ 王一樵，〈明代帝王教育──以明神宗萬曆皇帝與《帝鑑圖說》為中心研究〉，《史薈》35 (臺北，2002年6月)，頁70。

❺ 《四庫全書總目》上冊，卷90，頁761。

子們應試舉業所應必備的講義。⓬譬如,郭大有編寫的《評史心見》一書,《總目》認為「是書取古人事蹟標題,每事為論」。⓭對照原書內容,可知該書評史的對象,是以《通鑑》的內容為主。並參以《綱目》以及《史記》以降列朝正史與「諸家詠史」等書的內容彙編而成。⓮而在作者所參考的各種書籍的內容裡,凡是作者認定可能成為策論考題者,無不逐一擇取,以便此書能夠成為應付科舉考試的利器。⓯如此看來,《評史心見》實為一本專門針對為應付科舉考試的士子們所特地準備的史評類書籍。同時,此類書籍的出現也正顯示了當時史部史評類著作已普及於社會的現象。

另一方面,在明代中、晚期,坊間也漸漸地出現了一些原本脫胎於〈史部・史評類〉,但是實際上《總目》卻將之歸類於〈史部・史鈔類〉的著作。這些書籍與史評類論著,兩者之間的區別即在於:凡是純粹輯錄歷代史書論贊,不摻以作者個人議論的,則歸於〈史部・史鈔類〉的範圍。相對而言,全篇充塞作者本人「品騭舊聞」或是「抨彈往迹」之類史評見解的著作,⓰方屬《總目》分類當中隸於〈史部・史評類〉的

⓬ 明朝僅福建建寧府一地,余氏一姓所主持的各書坊所刊刻出版之應試用《四書》類圖書就包括冠以「集注」、「大全」、「精義」、「會解」、「講義」、「說苑」、「圖解」、「句意句訓」、「名物考」、「拙學素言」、「粹談正發」、「披雲新說」、「夢關醒意」、「天台御覽」、「目錄定義」以及「兜要妙解」等種種名目通行問世。葉樹聲、余敏輝,《明清江南私人刻書史略》(合肥:安徽大學出版社,2000),頁135。

⓭ 《四庫全書總目》上冊,卷90,頁764。

⓮ 〔明〕郭大有,《新刻官板大字評史心見》,收入《四庫全書存目叢書・史部》288冊,〈凡例〉,頁305。此書原名即為《評史心見》。

⓯ 《四庫全書總目》上冊,卷90,頁764。

⓰ 《四庫全書總目》上冊,卷88,〈史評類敘〉,頁750。

著作。簡言之，凡是僅「摘錄於諸史」，而「非所自評」的論著，**⑮**皆
被納入《總目‧史部‧史鈔類》的輯錄範圍。

明代純粹摘錄諸史論贊而成篇的著作，在《總目》〈史部‧史鈔類〉
之中所輯錄的，首見有項篤壽（1562年進士）編輯的《全史論贊》一
書。此書是專門摘錄由《史記》至《元史》之歷朝正史的各篇「論贊」
所輯成的一部著述。**⑱**晚明萬曆年間，彭以明《二十一史論贊輯要》
一書，同樣也是一部採錄諸史論贊而成的著作。**⑲**其成書旨趣，在於
因作者有感於二十一史篇帙浩繁重大，覽不易竟，因此僅摘取其中論
贊的部分，俾使三數千年評騭義例犁然在目。**⑯**稍後出版之沈國元《二
十一史論贊》的內容，除了依然沿襲《二十一史論贊輯要》的體例，
摘錄二十一史的論贊內容外，並且在書中正文之旁附加以圈點評釋，
全依批點時文的格式行之。**⑯**由此觀之，《二十一史論贊》顯然也是另
一部專門為適合士子應試舉業的需要所刊行的著作。因此，相關類似
著作的社會普及效用，在晚明時代也進而愈加顯著。

除此之外，也可以發現另一類作者直接將個人的史學評論觀點植
入書中的〈史鈔類〉著作。〈史鈔類〉與〈史評類〉之間的界限在格式
與體例上的區分因此愈發不易辨別。例如，方瀾摘引漢唐間諸家史書
而成的《讀書漫筆》，與茅坤裁截《左傳》、《國語》、《戰國策》、《史記》
等四部史書文字而成的《史記鈔》，以及穆文熙《四史鴻裁》和吳士奇

⑮ 《四庫全書總目》上冊，卷65，頁580。

⑱ 《四庫全書總目》上冊，卷65，頁580。

⑲ 《四庫全書總目》上冊，卷65，頁581。

⑯ 〔明〕彭以明，《二十一史論贊輯要》，收入《四庫全書存目叢書‧史部》147
冊（臺南：莊嚴文化事業有限公司，據明萬曆三十七年〔1609〕彭惟成等刻
本影印，1996），頁236。

⑯ 《四庫全書總目》上冊，卷65，頁581。

《史裁》等書的正文敘述之旁皆附有作者自己「批點」或「評點」的
文字。❿雖然這些屬於作者自我發揮的「批點」或「評點」文字皆當
歸於〈史評類〉的範圍，但是《總目》卻將之併入〈史部·史鈔類〉
之中。而張毓睿《三國史瑜》則是另闢蹊徑，運用鈔撮的筆法將〈史
鈔類〉與〈史評類〉的體例合而為一。其中〈史鈔類〉的部分是取《三
國志》中事蹟較著者，條列分繫於正文之間。而〈史評類〉的部分則
是逕取鍾惺《史懷》的史評論述附加於正文之旁。❿陳仁錫《史品赤
函》除了同樣兼具〈史鈔類〉與〈史評類〉的體例之外，其著作之主
要社會普及功能依然還是在於「有裨舉業」。❿

　　此外，明代在體例上倣效〈史評類〉與〈史鈔類〉書籍的「綱鑑
體」史書也甚為風行，在社會上的影響力頗為廣泛。根據瞭解，這些
書籍的普遍出現所顯示的意義有二：一是在社會上可以傳播簡要的史
學知識。二是希望讀者能從中粗略知道史學的表現形式。❿晚明時期
社會上通行的「綱鑑體」史書不下百種，❿其中或多遵「左綱右鑑」
的書法，並斟酌諸先正所摘採者彙集成篇。❿其中「眉批」的內容或

❿　《四庫全書總目》上冊，卷65，頁580–581。

❿　《四庫全書總目》上冊，卷65，頁581。

❿　〔明〕陳仁錫，《史品赤函》，收入《四庫全書存目叢書·史部》148冊（臺
　　南：莊嚴文化事業有限公司，據明末刻本影印，1996），〈凡例〉，頁3。

❿　瞿林東，《中國史學散論》，頁255。所謂「綱鑑體」中的「綱鑑」二字是分
　　別取《通鑑》與《綱目》兩書中的各一字組合而成。（同上）

❿　〔明〕張蕭，《新鐫張太史註釋標題綱鑑白眉》，收入《四庫禁燬書叢刊·史
　　部》52冊（北京：北京出版社，據明李潮刻本影印，2000），〈凡例〉，頁8。

❿　〔明〕蘇濬，《重訂蘇紫溪先生會纂標題歷朝綱鑑紀要》，收入《四庫禁燬書
　　叢刊·史部》52冊（北京：北京出版社，據明崇禎刻本影印，2000），〈序〉，
　　頁625。

為解題，或為議論，也是史學評論另一種形式的呈現。⑯

　明朝中晚期以降由於江南地區的商品經濟蓬勃發展，使得民間社會有餘力消費書籍之類文化商品的人口數量增多。伴隨著經濟發展而來之生活水平的上昇，政治社會制度中科舉考試風氣的歷久彌新，以及民眾識字水平的提昇，皆有助於書籍商品大量生產的外部配合條件。⑯當時南京、蘇州、杭州等地都是私營出版業頗為發達的地方。除此三處之外，明代福建的建寧府，特別是其中所轄屬的建陽縣，自南宋以來就以「麻沙本」聞名於世。⑰並且，建寧地區自宋、元以來就是重要的刻書中心。明朝時，當地的書坊規模遠勝於前代。根據統計，在明朝當時僅書坊堂號聲名較著者就有四十七家之多。⑰而其中尤以余氏各堂從事刻版印刷的事業世代相沿最久。⑰晚明萬曆年間在該地出版的僅「綱鑑體」一類書籍就包括了有，《鐫王鳳洲先生會纂綱鑑歷朝正史全編》（萬曆十八年〔1590〕）、《鼎鐫趙田了凡袁先生編纂古本歷史大方綱鑑補》（萬曆三十八年〔1610〕），以及同樣刊刻於萬曆時代的《新刊補遺標題策論指南綱鑑纂要》、《鼎鍥纂補標題倫表策綱鑑正要精抄》等書。⑰相較而言，在

---

⑯　相關例證請參看，〔明〕張鼐，《新鐫張太史註釋標題綱鑑白眉》，收入《四庫禁燬書叢刊・史部》52冊，頁11。以及，〔明〕王世貞，《鐫王鳳洲先生會纂綱鑑歷朝正史全編》，收入《四庫禁燬書叢刊・史部》53冊（北京：北京出版社，據明刻本影印，2000），頁349。

⑯　邱澎生，〈明代蘇州營利出版事業及其社會效應〉，《九州學刊》5：2（臺北，1992年10月），頁151。

⑰　〔日〕井上進，〈出版文化と學術〉，收入〔日〕森正夫等編，《明清時代史の基本問題》（東京：汲古書院，1997），頁539–540。

⑰　李瑞良，《中國古代圖書流通史》（上海：上海人民出版社，2000），頁365。

⑰　葉德輝撰，劉發、王申、王之江校點，《書林清話》（瀋陽：遼寧教育出版社，1998），卷2，「宋建安余氏刻書」條，頁34–38。

明正德、嘉靖朝以前，在建寧府地區刊刻的史書還是以《通鑑》與《綱目》兩書以及由其中衍生的節本為多。例如，明弘治十一年(1498)「慎獨齋」以中箱本形式刊刻的《綱目》一書，造成士人爭相購讀的盛況。因此在嘉靖八年(1529)為因應市場需要，遂又將《綱目》重新刊刻出版了一次。**⓱**此外，在明代前期大量刊行的還有，《資治通鑑綱目發明》（洪武二十一年〔1389〕）、《通鑑節要》（宣德年間）、《增修附注資治通鑑節要續編》（宣德九年〔1434〕）、《資治通鑑綱目集覽》（景泰元年〔1449〕）、《資治通鑑節要續編大全》（弘治年間）、《歷代通鑑纂要》（正德十四年〔1519〕）、《續編資治宋元綱目大全》（嘉靖年間）、《少微先生資治通鑑外紀節要》（嘉靖三十二年〔1553〕）等書。**⓲**然而到了正德朝以後，描述明朝當代歷史的私人著作開始逐漸大行其道。其中較為暢銷的私修本朝史書則包括了有，《皇明政要》（正德十二年〔1517〕）、《新刻暗然堂類纂皇明新故事》（萬曆年間）、《新鋟抄評校正標量皇明資治通鑑》（萬曆四十年〔1612〕），以及《皇明名臣言行錄繹》（崇禎十六年〔1643〕）等書。**⓳**由此亦可略窺學術思潮與時代風氣移轉趨向之一端。

八、結語

　　透過《總目》對於明人史評論著評述，可以瞭解明朝士人撰寫的史評類型著述的學術淵源與時代影響。《總目》基於自身政治立場與學術觀點的考量，認為明代的史評類著作多乏學術的根柢。然而，分析《總目》所輯錄明代有關評釋《史通》著述的成書背景，可以清楚的

⓭　葉樹聲、余敏輝，《明清江南私人刻書史略》，頁73–82。

⓮　葉樹聲、余敏輝，《明清江南私人刻書史略》，頁79。

⓯　葉樹聲、余敏輝，《明清江南私人刻書史略》，頁75–85。

⓰　葉樹聲、余敏輝，《明清江南私人刻書史略》，頁76–80。

得知，若無明代中、晚期士人對於《史通》版本刊正工作所做的貢獻，
則明、清兩代的《史通》評釋著作以及對於《史通》的研究亦難提升
至專業討論的境地。更不待言有如清代《史通通釋》一類被公認為詳
備可考著作的出現，同時也就缺乏了一股由歷史成因所凝斂而出的推
波助力。另一方面，根據《總目》所述，明人史評論著對於歷史材料
的掌握，既不如司馬光「臣光曰」以歷史事實為依據的論贊形式，**⑰**也
比不上朱子「皆是根據歷史情實而加以評述」的裁斷格局。**⑱**但是從
歷史淵源的脈絡來分析，可以發現明人史評論著當中不乏以司馬光《通
鑑》與朱熹《綱目》二書之書法義例與立論精神為撰述宗旨的著作。

依據《總目》的評述，參照明朝的歷史發展過程，可以發現明人
史評論著受到時代影響與影響時代的若干例證。明朝由於私人撰寫當
代歷史的風氣盛行，又在明代中、晚期世局動盪的雙重因素影響之下，
晚明時期出版的史評論著中，也不乏運用藉古諷今的手法來影射當世
朝局的著作。陳建《皇明資治通紀》因風靡一時，屢遭竄改並流布坊
肆，**⑲**加之後來者眾。**⑳**遂被視為一部具有經世思想的著作。其內容

⑰ 逯耀東，〈「臣光曰」些什麼〉，收入氏著，《魏晉史學及其他》（臺北：東大
圖書公司，1998），頁292-293。

⑱ 錢穆，《朱子學提綱》（臺北：素書樓文教基金會，2001），頁180。

⑲ 陳建《皇明資治通紀》一書經後人增刪重訂而刊行者計有：高汝栻《皇明通
紀法傳錄》、李贄《皇明通紀統宗》、江旭奇《皇明通紀集要》等等，內容顯
非陳氏原書。明季刻書者，每好改竄前人著作而更列己名，以求延響。陳氏
書在當時甚為風行，遂屢遭改竄。郭立暄等整理，〈上海圖書館善本題跋選
輯‧史部〉，收入上海圖書館歷史文獻研究所編，《歷史文獻》第二輯（上海：
上海科學技術文獻出版社，1999），頁96。

⑳ 例如，明崇禎十一年(1638)尹守衡編纂的《明史竊》全書係依紀傳體史例分
為〈帝紀〉、〈志〉、〈世家〉、〈列傳〉等共計有105卷。當時論者以為尹氏書

以明朝當世的現實政治做為史料依歸，以明代政治興衰為考察歷史的主軸，探究國家因革治亂之故。在體裁上做造朱子《綱目》，而在歷史價值判斷上繼承司馬光《通鑑》的書法。**⑩**此外，明代史學由於取得了愈形豐富的通俗形式與普及功能，從而使得此時的歷史教育也具備了嶄新的時代特色。因此，明人的史評著作也開始影響時代社會，成為鄉塾童蒙與應試舉業教材中的一種。再者，隨著晚明時代小說與戲曲的興起，受到了社會上廣泛的歡迎。**⑫**無論是在明朝流行的通俗小說，**⑬**或是在戲曲創作的編排之中，**⑭**都不時可以發現創作者想要運

是「陳建以後一人而已」，甚為推崇該書之史學價值。〔明〕尹守衡，《明史竊》，收入《四庫禁燬書叢刊‧史部》64冊（北京：北京出版社，據清刻本影印，2000），頁17–23。

⑪ 向燕南，《中國史學思想通史‧明代卷》，頁216–218。此外，在晚明時代，通俗性史學著作逐漸普及的浪潮中，刊刻於明萬曆三十八年(1610)的經世史學著作《新刊皇明經世要略》因內容有圖有說，加上文句清朗易讀，所以受到普遍的歡迎。葉樹聲、余敏輝，《明清江南私人刻書史略》，頁84。

⑫ 余英時，〈明清變遷時期社會與文化的轉變〉，收入余英時等著，《中國歷史轉型時期的知識分子》（臺北：聯經出版事業公司，1993），頁39–42。

⑬ 例如明代小說《警世通言》之中即曾條列若干「本朝事勝前代」一類擬似攸關「朝代間的比賽」之史論意見。（楊聯陞，《國史探微》〔臺北：聯經出版事業公司，1984〕，〈附錄：朝代間的比賽〉，頁45–47）此外，明代小說中，「時事小說」類的圖書多將明朝當世所發生的重大史事，如「開國時戰事」、「劉伯溫事」、「鄭和下西洋事」、「王陽明征宸濠事」、「胡宗憲平倭寇事」、「戚繼光事」、「熊廷弼事」等都及時寫成了一本本的長篇小說，反映迅速。（繆咏禾，《明代出版史稿》，頁217）又例如，明代坊間流傳的小說有直接以《女通鑑》為名聞世者，亦可見當時通俗形式的史書和大眾文化的密切關聯。（〔明〕葉盛，《水東日記》〔北京：中華書局，1997〕，卷21，頁213–214）

⑭ 譬如明末清初的戲曲家李漁嘗撰有百餘篇的史論，以及《綱鑑會纂》與《古

用史學評論的諷世張力貫串其作品之中，以期能發揮畫龍點睛作用之例證。史論、時論與通俗文化的遇合，亦可視為晚明思潮的發展過程中，未可輕忽的一項時代特徵。

根據《總目》的評述，也可以發現清朝初年的史評論著，在內容與格式上都受到了明人史評論著的明顯影響。僅直接襲用明人史評書中內容的就有，孫廷銓(1613–1674)《漢史億》、華慶遠《論世八編》、黃鵬揚《史評辨正》、賀裳《史折》，以及仲宏道《增定史韻》等數種。⑱其中所顯現的，在世變與學術的雙重影響之下，明代史評著作與清代史評著作兩造之間分別具有的時代特性，則猶待進行另一層面的探討。

今史略》等史學專書。李漁的創作思緒悠遊於戲曲編排與史事品評之間的靈活交流，不僅豐富且深化了他在戲劇創作中描繪歷史與社會悲劇的主題意識。同時，也更能掌握其中涉及之歷史人物與歷史事件的寫實原貌所蘊涵之深刻意義。(黃麗貞，《李漁研究》〔臺北：國家出版社，1995〕，頁66、142–150) 因此，這也成為了李漁作品表現突出，令人贊嘆不已的一大藝術特徵。(高小康，《市民、士人與故事：中國近古社會文化中的敘事》〔北京：人民出版社，2001〕，頁232–236) 此外，李漁的《古今史略》採編年體的敘述，上起西元前兩千多年的夏朝，下迄十七世紀中葉明代的滅亡。整本書與其說是通史，不如說是一部明史。因為全書接近三分之二的篇幅皆在闡述明朝的當代歷史。(徐保衛，《李漁傳》〔天津：百花文藝出版社，2002〕，頁130)

⑱ 《四庫全書總目》上冊，卷90，頁766–767。

道脈綿延話藏霞
——從清遠到香港先天道堂的傳承

游子安

一、前言

　　香港粉嶺有公共屋邨名曰祥華邨，因其所在早年建有藏霞精舍，用「藏霞」二字諧音「祥華」為新邨名。藏霞精舍創辦於1920年，創辦人朱翰亭。朱翰亭是廣東清遠藏霞洞創立人林法善再傳弟子，半個多世紀，先天道在廣東及海外各處創建百餘支洞道堂，均以藏霞洞為祖洞。❶現所見，藏霞精舍正門有1920年朱汝珍題「藏霞精舍」匾額，及「藏神聚氣，霞蔚雲蒸」對聯；通廊兩側掛滿廣州九大善堂和各地道堂送贈的楹聯，其一聯曰：「藏紫氣，接廬山，清遠遺風，五十餘年，仰望前人跋跋艱難，藉賴平心留裕後；霞庚星，朝粉嶺，新安組織，千萬億眾，同欽後果維持統緒，永垂道脈繼光前」，由永安堂等18間道堂敬賀。及後印尼、越南等地也建有藏霞精舍。

　　正如藏霞精舍源於清遠藏霞洞，香港道堂一脈相承於國內者，多

---

❶　詳見本人主編，《道風百年》，「藏霞精舍」部分，香港利文出版社、蓬瀛仙館道教文化資料庫出版，2002，頁91–93。

接源自廣東祖堂。經過多年傳揚，既維持其對道教統緒的延續，也有它的開展和創新。香港道堂不再是早年道侶清修之所，嗇色園、蓬瀛仙館、雲泉仙館、青松觀、圓玄學院等道館在近四十年更蛻變成為慈善團體，著重社會服務與教育工作，以弘揚道教為本，復而濟世利人，興學育才。近年筆者探究香港與廣東道教的歷史、現況及其承傳關係，先後前往羅浮山、惠州、梅州、廣州、花都、澳門、清遠等地宮觀考察訪問。這兩年因緣於主編《道風百年——香港道教與道觀》一書，採訪了40多所香港道堂，更引發筆者到嶺南地區繼續追尋香港先天道堂的道脈源流的志趣。

二、謁拜或建設祖庭

　　自1984年全真派祖庭北京白雲觀重新向國內、外開放後，香港信善紫闕玄觀率先參訪白雲觀（時為1985年），香港宮觀展開謁拜或建設祖庭的活動，如蓬瀛仙館、青松觀先後赴京「朝拜」此龍門祖庭。此外，有道內人認為：「改革開放的二十年，可以說是廣東道教恢復、發展的二十年。」❷迄至2002年初，廣東省依法登記的宮觀有60多間，僅在2001年已有12間道觀相繼登記開放。❸每個地方原建有廟觀的，可予恢復和重建。這二十年香港對中國內地道教「復興」的支持和參與，大致可分為五類：

1. 建設祖庭：如香港通善壇源自南海市茶山慶雲洞，所謂「道接茶宗脈傳香海」，因祖洞凋蔽，近年捐資修建慶雲祖洞，1997年工程完成。❹雲泉仙館原為南海縣西樵山雲泉仙館下院，1990年代初香港

❷　鍾標發，〈廣東道教二十年回顧〉，《中國道教》1999年第5期，頁13。

❸　鍾標發，〈廣東省道協二屆二次理事會工作報告〉，《廣東道教》2002年第1期，廣東省道教協會主辦，頁7–8。

雲泉仙館與西樵山中國旅行社合力修繕祖庭。❺此外，也有海外華僑建設祖庭，如梅州贊化宮，另擇市東郊重建，1985年泰國呂祖信徒組成「回祖國祖庭參拜進香團」，參加復宮及呂祖殿開光慶典。❻

2. 參與祖師誕辰活動或參觀祖堂，如1995年香港嗇色園組團訪問黃大仙故里——浙江蘭溪和祝賀黃大仙宮開光，翌年嗇色園組團參加浙江金華及蘭溪市紀念黃大仙師誕辰1668週年慶典活動，及捐建普濟堂。❼另如金蘭觀源自潮州達濠，2002年亦組團參觀祖堂。

3. 興建慈善與宗教結合或慈善與教育結合的道觀，如香港圓玄學院出資，廣東道教協會協助興建位於花都的圓玄道觀。以敬老扶幼、興學育才為宗旨，在花都市建小學、安老院。❽又如青松觀支持重建博羅黃龍觀，內建有華南道教學院，培訓道教科儀人才。

4. 基於鄉梓之情，或基於對道教文物的保存。如1991年由德士活集團主席譚兆先生倡議和策劃設立的譚兆慈善基金會，捐款重建家鄉新會市紫雲觀，2002年開光，使家鄉與宮觀建設合而為一。❾

5. 多個道堂道長以「個人串連」方式對中國內地道堂發起重建和參與

---

❹ 《慶雲洞聖像開光特刊》，1997年6月13日，南海市道教慶雲洞管理委員會出版，這份資料由志賀市子博士提供。

❺ 馮宏奮主編，《道教洞天福地西樵山雲泉仙館》，2001年出版，頁4。

❻ 詳參拙文，〈梅州道觀贊化宮考察記〉，載於《臺灣宗教研究通訊》第2期，2000年12月。

❼ 《嗇色園七十五週年紀念特刊》(1996年)，頁70–73。

❽ 香港圓玄學院在花都市及順德市建立圓玄學院福利中心，使公益與崇奉道教聖神合而為一。《花都市報》1998年11月6日第二、三版，圓玄道觀於翌日開幕。

❾ 《新會市重修紫雲觀募款緣簿》，香港德士活集團1999年印，及參考《中國道教》2002年第4期，頁13。

活動，如藏霞精舍、桃源洞等堂的道長重修清遠藏霞洞，組織經生
做盂蘭。

三、香港先天道堂的道脈源流

香港先天道派出自嶺南道脈，道堂多源自清遠藏霞洞、飛霞洞或
南海紫洞善慶堂，而以藏霞洞為最先之祖洞。**❿**「現今遍佈港澳與海
外各地之乾坤道侶，十九出自嶺南道脈，蓋可謂源遠而流長矣。」**⓫**十
九世紀末二十世紀初香港先天道堂紛紛建立，其中藏霞精舍、萬佛堂、
桃源洞、尚志堂、永勝堂等14所道堂，即源自清遠藏霞洞。**⓬**1968年
香港先天道總堂建立，全盛時期堂宇七十餘所。明白此道脈源流，有
助瞭解香港道堂的歷史和現況。藏霞洞不僅是粵港先天道祖洞，還是
東南亞道堂其中一脈源。林萬傳指出，「泰國先天道隸屬萬全堂廣東教
區，……（林法善）於同治十年(1871)在清遠隅山峽伯公坑創辦藏霞洞，
為廣東之洞祖。……民國三年，朱存元開荒泰國，設復陽堂於曼
谷。」**⓭**

建於同治二年(1863)的清遠藏霞洞，由林法善創洞，是先天道嶺南
道脈發源地。咸豐年間先天道由湖北傳入廣東，時湖北祖師陳復始入

---

❿ 有關粵港先天道概況，參考志賀市子，〈先天道嶺南道派の展開〉，《東方宗
教》第99號，2002年5月；拙文〈香港早期道堂概述——以先天道為例說明〉，
載於《臺灣宗教學會通訊》第5期，2000年5月。

⓫ 曾道洸，〈藏霞古洞源流紀略〉，《大道》第2期，香港先天道會，1957年，頁
34。

⓬ 詳見《道風百年》，頁20–22。

⓭ 林萬傳，〈泰國先天道源流暨訪問記實〉，《民間宗教》第1期，1995，頁140–
141。

粵闡道，度化清遠宿儒林法善並集資興建此洞，再經朱翰亭（號平心，
仙師乩示賜曰應彪，別號廣霞）擴建，奠定日後之基礎。❹由於陳復
始與林法善師徒的努力，遂啟嶺南之道脈，其中藏霞洞與錦霞洞的創
立尤為關鍵，「北藏南錦，性命雙修」，可說是香港先天道堂的脈源。
可惜的是，錦霞洞於1963年被拆毀，僅存石刻二處，❺可資考察者僅
藏霞洞、飛霞洞而已。同治年間李植根開錦霞洞於石角鎮，錦霞一支，
衍派八賢，即化、育、敬、愛、習、禮、錦、載等八賢。其中禮賢堂
主巫明濟，傳紀培道、田邵邨，紀培道再傳麥長天、談德元；談氏又
傳張善豪；張善豪以道再傳羅煒南，張、羅兩人在佛山設成善堂、成
慶堂，1915年在南海紫洞墟開善慶祖堂（由成善成慶兩堂同門而設）；
羅氏再傳葉華文等人，羅煒南師徒先後開香港福慶堂、九龍龍慶堂、
屯門善慶堂等。❻此後「省港澳星四鄉，道務大展」，香港以「慶」字
為堂名聯繫道統至今。❼其中龍慶堂是香港道教聯合會初創時的骨幹，
並參與籌設先天道安老院。

四、藏霞洞、飛霞洞的創立及其時代

　　清遠禺峽山西距清遠市23公里，南距廣州120公里。茅山派祖師茅

---

❹　參見曾道洸，〈藏霞古洞源流紀略〉，《大道》第2期，頁34；陳月桂，〈名山
　　洞府話藏霞〉，《清遠文史資料》第6期，1987年，頁25–26。

❺　《清遠縣志》，清遠市地方志編纂辦公室主編，1995年版，頁854。

❻　詳見《賓霞叢錄》，賓霞洞編，1949年刊，頁45–47；《道脈總源流》，1924年
　　田邵邨著，1982年重印，頁17、20、31–33；《道緣摘錦》第二集，〈羅煒南
　　先生自述入道修道辦道之始末〉，1933年彭能源輯，頁14–17。

❼　佛山成善堂刊《明道寶箋》，1937年第1次刊，1959年第5次刊本，封面內頁
　　〈慶字堂略歷：由清遠藏霞洞八賢盧禮賢堂〉，及頁55。

盈對峽山視作「仙人得道之所」，是道教七十二福地的第十九福地。⑱在
廣慶寺前建有第十九福地牌坊，始建於明朝，崇禎十三年重修。⑲飛
霞洞後山上建有軒轅黃帝祠，傳說軒轅黃帝二子仲陽、大禹來到峽山
居住，據「天開清遠峽」神話，清遠峽又稱「禹陽峽」，即為了紀念大
禹開發嶺南的功績。⑳山上還有飛來寺、達摩談經石、葛壇煉丹石，
及三霞洞院（藏霞洞、飛霞洞與錦霞禪院）等仙佛名勝古蹟。藏霞洞、
飛霞洞。藏霞洞位於飛來峽東段北隅的伯公坑，總建築面積為13000多
平方公尺；飛霞洞在藏霞「右肩」，位於黃牛坑，總建築面積為24000
多平方公尺。藏霞洞始創者林法善，是一位贈醫施藥的中醫師，咸豐
年間到飛來峽李家莊，「徵得明末遺臣李濱的後人同意，出讓其所屬管
業部分山林」創建此洞。㉑據碑文記載：「今李承樑將伯公坑稅山送出
建造廟宇……同治二年十月初五日刊立觀前曉諭。」㉒同治十二年
(1873)林法善逝世，由黃道初接辦藏霞洞，有徒曾昌立，曾氏又傳道於
朱應彪。據《賓霞叢錄》載：「（林法善）乃清遠廻瀾市人，……與同
人創建峴峽山藏霞洞。林公有兩賢徒，一位黃運恆老師，又一位後覺
曾昌立，徒孫朱翰亭，……後由朱平心老師擴大洞宇，增建彌勒佛殿、
玉皇樓、頭門客廳、報本祠……均是朱老師發起，同人贊助，……俱

⑱　《雲笈七籤》，卷27〈洞天福地部〉：「第十九清遠山，在廣州清遠縣，屬陰
真人治之。」

⑲　《清遠縣志》，1995年版，頁856、984。

⑳　參考王建勛等編，《羊城人仙神──廣州市民間故事選》，「天開清遠峽」條，
1989年，頁21-22。

㉑　〈藏霞洞創始人林法善〉，《清遠文史資料》第5期，1986年，頁63。

㉒　石碑現嵌於藏霞洞頭門左側牆上，碑文以〈清遠縣正堂告示〉為篇名，收錄
於《藏霞集》卷1，1915年刊本，藏霞洞藏板，葉21。桃源洞蘇慕潔道長借
閱此書，謹致謝忱。

以藏霞洞為最先之祖洞也。」❷藏霞洞經過林法善開創、朱翰亭營建，
40多年才有其規模。最早建築物是同治二年(1863)的三仙殿，及後多項
建設，包括：光緒十四年(1888)闢建碼頭；光緒十九年建觀音殿；光緒
二十五年建報本祠；光緒二十八年建三元寶殿；光緒三十二年建三官
廟；❷宣統元年(1909)、二年建玉帝樓、灶君廟、❷古佛聖真殿等
等。❷有關藏霞洞的建設，可參考朱廣霞集著、朱汝珍編輯《藏霞集》，
收錄詠藏霞景物和記藏霞事蹟之詩文、碑刻、遊記等。

　　藏霞洞始創緣起，可從清遠城遠安堂藥材舖設壇開乩、士子卜問
功名說起。禺峽位於北江中下游，北江河有船可南下清城、廣州，北
上至韶關、南雄，是廣州士子北上考取功名的要道。《藏霞本源集》記
述咸豐二年科名大舉，時有劉、楊、廖諸君「以卜榜花為樂」，乃於清
遠城置一舖，「名曰遠安堂，舖面賣藥材，內進則設壇開乩」。紅兵之
亂後，咸豐十年又大開科舉，卜問功名，三田祖師臨壇：「(咸豐二年)
唐朝杭州三田祖師，偶經此地臨壇察視。……宜先立一神位，用硃紙
書『三田和合樟柳榆祖師』九字」，同治二年書「『三田和合樟柳榆師』
八字，安奉正中宮」，嗣後每年六月廿四日慶祝三田祖師寶誕。❷《道
脈總源流》記曰：「其洞奉祀唐朝大仙、樟柳榆三田祖師。」❷據蘇棪

---

❷　《實霞叢錄》，頁44下–45上。

❷　現存有光緒三十二年〈乙巳年倡建三官廟碑記〉，捐資者包括一些公司商舖，
　　如招商局、協安公司、太平戲院等。

❷　現存有〈倡建玉帝樓、灶神廟碑記〉。

❷　詳參〈創建清遠禺峽山藏霞洞記〉，宣統三年梅福槐撰，《藏霞集》卷1，葉
　　54–55；《清遠縣志》卷17，〈寺觀〉，1935年序刊，頁56；《清遠縣志》，1995
　　年版，頁853–854。

❷　《藏霞本源集》，1945年序，頁1–3、7、35及38。

❷　《道脈總源流》，頁17。

明先生說，樟柳榆樹神，是廣州市北、花縣等地流行的土地神，是藏
霞洞的開山始祖。㉙因此，鎮此洞者為三田祖師，而三仙殿也是藏霞
洞的最早建築物。

與藏霞洞主靜修不同，飛霞洞較為「入世」。飛霞洞由麥長天(1842–
1927)開創，始建於宣統三年(1911)，至1928年建成。麥氏三水人，早
年經商，中年得遇紀培道，受其真傳。據《三水縣志》載：「(麥長天)
創辦齋堂，招收無所倚靠，或想擺脫塵俗的人入住。以代做法事、化
緣募捐、種菜種果、做手工業等方法聯取得經濟收入，解決生活費用。」
㉚麥長天頗懂得順應時局人心，開山時「各處盜賊如毛，片地無淨土」，
㉛而飛霞洞建築形制，頗具防禦功能。在社會動盪的年代，不少官紳
軍商家眷、普羅大眾為尋求安身立命之所，都成了其信徒。入道者眾，
緣募甚豐。㉜在「破除迷信」時尚的年代，藏霞洞、飛霞洞與紫霞洞
同時受「奸徒」侵擾和政府保護。「社會上之人士打破迷信神權之口號，
轟動一時。舉凡我國之叢林中，如洞也寺也觀也，……無不汲汲焉處
危疑震慴之中。」㉝1929年至1937年紫金縣政府多次頒令保護紫霞洞等
洞觀：「現據高劍父等以羅浮之丹霞、清遠之飛霞、藏霞、飛來錦霞、
翠雲、紫金之紫霞諸洞，自吾粵變亂之後，多被廢壞，所植樹木盡被

㉙　蘇梀明先生，2002年時84歲，自幼在藏霞洞長大，曾任乩首，後來移居香港，
　　2002年10月25日口述。
㉚　《三水縣志》，三水縣地方志編纂委員會編，廣東人民出版社1995年出版，
　　頁1331。
㉛　《賓霞叢錄》，頁47。
㉜　《賓霞叢錄》，頁47。據蘇梀明先生口述，陳濟棠夫人到飛霞洞，即居於無
　　極宮右側房舍，並捐資建洞。1921年陳濟棠題贈飛霞洞「闡揚性道」匾額，
　　現存於飛霞歷史陳列館。
㉝　張開文，〈故主持麥長天先生行述〉，《飛霞洞誌》上集卷2，1931，頁33。

樵蘇任意砍伐呈請,明令民政廳轉飭各縣遵照保護以存名勝等情」,「對
于紫霞洞,不得肆意騷擾及砍伐附近林木,以保存名勝」。❸

　　先天道創辦的道堂、齋堂,在二十世紀上半葉有顯著的擴展。麥
長天「又往星洲、仰光、安南、上海各處,設立道堂不下數十處」,❸他
在南洋各埠創建道堂,其中多屬齋堂形式。❸據《廣東年鑑》載,廣
東道教團體之形式,包括道觀、善社和齋堂。其中齋堂「更流行於淪
陷前之廣州市,據民國廿七年所調查不下二百所,……廣州市齋堂大
略可分為二類:一為道教成分極濃厚者,二為採取佛教形式者;前者
曰『仙天道』(應為先天道)奉侍神人,後者曰『三寶道』奉侍佛
界」。❸M. Topley 研究新加坡的齋堂,指出「這些齋堂是一些可以居
住的宗教建築,居住者須禁欲素食。這些齋堂大多由未婚女子居住和
管理」,他所接觸到「大部分齋堂都聲稱是先天道的『真正信徒』。」❸藏
霞洞以前貞烈居、守仁堂、養真廬等坤道居所,現已改建,只存1925
年題字石額。1960年代初,飛霞洞還住有幾位七、八十歲老婦,她們
原是順德繅絲女工,老了入洞養老。❸我們在飛霞歷史陳列館內展廳

---

❸　〈紫金縣政府保護紫霞洞佈告〉(1929年)及〈紫金縣政府佈告〉(1937年),
　　見李耀堂輯集、李寅初編集,《紫霞洞集》,1937年,頁1–3。按:紫霞洞由
　　八賢其一育賢堂主陳昌賢於光緒間所創,為嶺東惠潮嘉三州之道祖。

❸　《賓霞叢錄》,頁47。

❸　飛霞洞弟子於1929年在清遠逕口創建明霞洞,有三百多弟子,建洞資金來自
　　港澳信士與華僑,捐款入洞為「齋公」、「齋姑」的人,以順德、南海等縣居
　　多。詳參高慶保,〈明霞紀述〉,載於《清遠文史資料》第6期,頁62。

❸　《廣東年鑑》,1942年刊,頁167,這份文獻由志賀市子博士提供,謹此致謝。

❸　M. Topley,〈先天道──中國的一個秘密教門〉,王見川、Philip Clart主編,
　　《民間宗教》第2輯,臺北:南天,1996,頁20。

❸　莫復溥,〈廣東仙、佛真身探秘〉,香港《大公報》,2000年11月21日。

〈導語〉看到：「這裡曾是女人們的天下，……女人們從南番順清遠及整個嶺南地區慕名而來，放棄了戀愛、婚姻、生育、家庭和私有財產。」早年香港不少齋堂，皆有「媽姐」入「份」，在堂內生養死葬。❹如源於藏霞洞的尚志堂，1920年代成立，由順德「媽姐」成立。❹齋堂可說是早期的安老院，沒婚嫁的女傭，付出一筆費用，以求茹素和生養死葬。先天道是道教團體中最早主辦安老院的，有解釋說因為先天道有許多為婦女傭人而設的齋堂，無兒無女，退休後由齋堂負責生養死葬，再進而發展而成安老院。❹1943年各先天道堂籌設先天道安老院，以收容茹素修真的老人，1948年後在沙田自建院舍。❹現時先天道安老院也成了先天道堂聚集議事場所，一些先天道堂結束，老人也會入住此安老院。

五、藏霞洞、飛霞洞的現況與考察

　　1999年8月及2002年10月，筆者先後兩次考察清遠藏霞洞、飛霞洞。2002年10月跟隨四十多位藏霞精舍、桃源洞、潮音佛堂、行德堂、永勝堂等道堂的道長、姑婆，前往清遠參拜其祖庭。

---

❹ 曹玄思訪問了七位來自珠江三角洲自梳女，移居香港後，均立刻找家齋堂加入，「在內可找到團體的支持、保護及安全感，以及個人價值之認同」。詳見〈先天道的自梳女〉，載馬建釗等編，《華南婚姻制與婦女地位》，廣西民族出版社，1994，頁128-129。

❹ 蘇慕潔道長（2002年時81歲）訪問，2002年12月17日。

❹ 羅汝飛，〈香港道教的過渡與變遷〉，載於黃紹倫編，《中國宗教倫理與近代化》，香港商務印書館，1991，頁168。

❹ 有關齋堂與先天道安老服務，詳參拙文，〈香港道教的認識〉，《學步與超越：十年華南研究》，華南研究出版，2002，頁52。

　　藏霞洞山門門樓，可看到黎元洪題、朱廣霞立「名山洞府」石額
（1919年題）；正門「藏霞古洞」四字，為清代末科榜眼朱汝珍題。其
結構為三進四層，守護神為王靈官，現所見舊有殿宇皆有重修，如三
仙殿、玉皇樓、灶君殿、三官殿，早於1999年重修，黃大仙殿和瑤池
殿則於2000年修建，還有觀音殿、報本祠等。洞內現存十多塊碑刻，
引證同治至民國初年不斷興修。現存最古老的碑文，是同治二年〈告
示〉碑，還有同治八年〈捐建藏霞古洞碑記〉等。不說不知，神像背
後也有很多故事和來歷，如三仙殿側室內所祀觀音像，2000年從香港
聯和墟同仁堂移奉於此。據蘇慕潔道長告知，二十多前菩薩神像不存，
沒有馬路通往，多年來重修，主要仰賴藏霞精舍、桃源洞等香港幾所
道堂集貲，如早年在港塑像，送三田祖師神像返祖洞也要「打稅」。^❹此
行使人感受殊深的，是番禺石井浮山蘇氏三代致力重修祖洞。這次參
拜祖庭活動組織者——蘇慕潔，在桃源洞「落名」，番禺石井人，其祖
父蘇冬壽，五品軍官頂戴，父親蘇景和，兄蘇棪明皆在藏霞洞入道。
據《重修藏霞古洞碑記》：「香港蘇慕潔、蘇英華二大姑，……招集香
港各地善信弟子及社會各界仁人善者，…….於一九九七年至今，對藏
霞古洞進行基本修葺及改建。」^❹1978年藏霞洞、飛霞洞、太和洞等公
佈為清遠縣重點文物保護單位，^❹藏霞洞現由飛來峽風景名勝區管理
處管理，也有向外界募捐。如三仙殿內王重陽、丘處機神像，分別由
香港新安實業有限公司及澳門金基實業投資有限公司善信捐助恭請安
奉，但開光儀式、神壇配置則由香港的道長做「善後」工作。

　　飛霞洞四進六層，頭門守護神為韋陀，內設務本家塾、報本祠，

---

❹　近年神像在中國內地如廣州藝術學院訂造，免過關「打稅」。訪問於2002年
　　11月6日進行。

❹　《重修藏霞古洞碑記》，位於藏霞洞頭門前左牆，2000年立。

❹　《清遠縣文物志》，清遠縣文物志編纂組編印，1987年出版，頁115。

及福壽居、康寧居等房舍，現福壽居改建成元辰六十甲子殿；第二層為三教聖真殿、呂祖殿、北帝殿、報本祠等；第三層為古佛聖真殿（殿內中奉彌勒、左奉關帝、右奉岳王）、地藏皇殿、修身舍、麥長天先生祠，第六層為奉瑤池金母的無極宮（殿內左奉玉皇大帝，右奉鴻鈞老祖）。先天道主張三教合一，即行儒者之禮、持釋家之戒、修老子之道，崇奉的主要有觀音、呂祖及三教聖神，瑤池金母在先天道具最崇高的地位。❹因此，飛霞洞內三教聖真殿，並祀佛祖、孔子和老子三教諸神，而瑤池金母則奉祀在飛霞洞最高的無極宮。飛霞洞後山上還有長天塔，1934年建，為青磚八角形三層塔，全洞最高建築物，麥長天真身原奉在第三層，據說其真身在「文化大革命」期間受到毀壞。❹長天塔再往前建有紀公亭，亭內有紀公墓，1934年立，墓碑書「紀公諱培道先師太祖之墓」。紀培道乃清遠縣人，以道傳麥長天和談德元，麥長天建飛霞洞、省港澳開八德堂；談氏弟子建善慶祖堂，「由此發祥之地，而產生慶字道堂八十餘處」。❹因此，藏霞洞與紀培道可說是港澳道堂祖洞和祖師。

與藏霞洞有別，飛霞洞近年有更多內地捐貲重修者。1998年無極宮內供奉瑤池金母新的神像，及重修其他殿宇，由佛山市等信眾捐貲。2000年呂祖殿修建，也由中山小欖北村等村善信捐貲。近年重修還依賴募捐，據〈修善飛霞古洞事〉：「凡捐資50元以上者，刻碑留名，以彰大德。」

考察所見，兩天儀式如下：

2002年10月26日上午：藏霞洞靈官像開光，灑淨、唸《開光咒》、三仙

---

❹ 羅智光，〈代先天道答美國密西根大學人類學系講師桑安碩士問題十三則〉（1975），《香港道教聯合會新廈落成特刊》，頁74。

❹ 莫復溥，〈廣東仙、佛真身探秘〉，香港《大公報》，2000年11月21日。

❹ 《明道寶筏》，頁55。

　　　　　　殿上表拜神；在瑤池金母殿舉行思親勝會（名
　　　　　　為思親勝會，實為盂蘭）開壇拜懺，超渡祖先；
　　　　　　在藏霞洞頭門放生（雀鳥）。

10月27日上午：飛霞洞思親勝會開壇，在洞前橋底放幽，同日結壇；
　　　　　　　藏霞洞結壇。

　　　　　下午：藏霞在北江江邊放水幽，燒萬多份幽衣以超渡水陸孤
　　　　　　　魂。

這次考察有一些觀感和想法：(1)首先是藏霞弟子對傳統和道統的繼承、綿延。據《藏霞集》載：「本洞年例功德，自夏冬兩季道場，以及中元勝會，施幽超渡，普救眾生。其陸幽設於本觀階前，而水幽則前傍澗流，臨江而祭。」❺⓿百多年後的今天，藏霞弟子仍在北江江邊放水幽以超渡孤魂。(2)道長重視的是禮儀，如上表拜神和誦經，參與的民眾則喜湊熱鬧。如靈官像開光後剩下的硃砂，信眾一窩蜂地請道長用硃砂點身上的玉器（如手鐲）、戒指、耳環、鏡（可辟邪）、觀音卡等，意即點硃砂得神靈庇佑賜福。放生後柚葉水灑淨，善信趨之若鶩一沾聖水，以示驅衰氣求平安，使我感到一度鼓吹「無神」到現在「泛神」的轉變。民眾最有興致的，也是放生時百鳥歸林的一幕，數百人同感雀躍。(3)宗教「專才」缺乏帶來的問題。廣東道觀在恢復過程中，常見「有廟宇無道人」，據廣東省道教協會理事會報告指出，「為改變我省道教人才缺乏、素質不高的不利局面」，一方面舉辦培訓班培養人才，另一方面引進人才，以致「近年來，外省籍道士湧入廣東」。❺❶以科儀為例，藏霞洞思親勝會開壇當天，已是農曆九月廿一日，距香港做盂蘭有一段日子。當地懂科儀的二人曾在黃龍觀受訓，若沒有香港經生參與，則當地人手不足以開壇。❺❷2000年修建瑤池殿和黃大仙殿開光，

❺⓿　《藏霞集》，卷1〈藏霞洞超幽亭碑序〉，光緒十年郭祺撰，葉75。
❺❶　〈廣東省道協二屆二次理事會工作報告〉，頁7及9。

曾有步罡踏斗的儀式，這次靈官像開光，此儀式亦因其中一人身體不適而略去。⑷宮觀發展成旅遊區的問題。據瞭解，飛來峽風景名勝區管理處為開展旅遊，提供海鮮船和古樂表演，建設商場和滑索（現兩皆丟荒）等消費娛樂項目，及在春節舉辦「飛霞廟會」，但惹來甚多批評。清遠太和洞亦因旅遊收入的經濟考慮，由清新縣旅遊局的太和洞旅遊區管理處管理，1990年代一些香港道堂捐資重建，但因規劃問題差強人意。㊾

六、文化傳承與傳統再造

　　香港道堂不論是先天道派，還是全真道派，皆扮演薪火相傳的角色，嗇色園是另一明顯的例子。1915年普慶壇負責人之一的梁仁菴將黃大仙的畫像帶來香港，1921年設嗇色園普宜壇。廣東原有三間黃大仙祠：芳村普濟壇（1899年建）、西樵稔崗普慶壇（1901年建）、芳村普化壇（1930年建）。1919年在「破除迷信運動」下，當時的政府充公了普濟壇，改建為孤兒院，1970年再改為工廠。1958年的「反迷信運動」蔓延到農村，普慶壇被封閉、拆毀，1967年「文化大革命」把一切遺跡破壞。1949年後普化壇受破壞，1958年整座廟掉丟。半個世紀內多次「反迷信運動」，廣東三間黃大仙的仙祠破壞殆盡，九龍普宜壇成為碩果僅存的供奉黃大仙的祠。當文化傳統逐漸遺失時，香港的黃大仙祠香火不但持續不斷，1960年代以後更見鼎盛，近年再度興盛於

㊽　近兩年藏霞洞建思親勝會，經生分別為12人和9人，之前沒辦勝會，僅燒衣拜懺。

㊾　道觀復興與地區旅遊開發掛鉤，還見於茶山慶雲洞等例子，詳參志賀市子，〈廣東省へ進出する香港道教〉，《アジア遊學》No.24，2001年2月，頁85-87。

廣東沿海一帶，❺再而傳到海外。❺廣東各地宮觀所見，黃大仙信仰
風靡。藏霞洞原供奉三田祖師、瑤池金母、玉皇、灶君諸神，近年加
奉黃大仙、呂祖、王重陽、丘長春、斗姆元君、齊天大聖和天后諸神，
這與民眾信仰有關。一些地區黃姓神仙，也有混淆為黃初平者，如沖
虛觀祀黃野人，本晉代葛洪弟子，卻誤認為浙江金華的黃初平，觀內
還懸「赤松黃仙祠」，出現錯配現象。

　　宮觀重建有時也是「傳統再造」，捐獻者或管理者直接影響祠觀的
發展方向。筆者於2002年11月往新會市紫雲觀考察，此觀在清代原是
祀呂祖之子孫廟，易地重建後三主殿分別祀三清、玉皇、靈官，呂祖
殿與斗姆殿卻成了山門與靈官殿之間的東、西偏殿。北廡供奉王重陽、
黃大仙和李涵虛三位神像；南廡供奉北帝、關帝、文昌三位神像。李
涵虛是清代西派開創者，西川嘉定樂山縣人。嶺南宮觀甚少供奉李涵
虛，箇中因由，從「香港大江西派仝仁」致贈三清殿匾額可見端倪。
此觀重建發起人之一譚兆，是大江西派弟子，玉皇殿內磬上銘文亦載：
「譚兆先生系鎮西宗李涵虛祖師門下傳人，……承全真龍門之衍，納
終南武當之隱，……紫雲洞天于此名。」為何南北各地道派兼容並包？
細究之下，第四代祖師徐海印曾入武當山還丹，現任住持又是武當三
豐派傳人，因此以太極拳為其弘道重點。又以藏霞洞的主神為例，《清
遠縣志》清楚記載：「藏霞仙觀供奉三田和合諸仙像。」❺但管理處沒

❺　自1987年至2000年，浙江與廣東多處地方新建十間供奉黃大仙的祠廟，詳參
　　Graeme Lang 等著，*The Return of the Refugee God: Wong Tai Sin in China*，香
　　港中文大學崇基學院宗教與中國社會研究中心，2002年出版，頁13–16，41–
　　42。

❺　黃大仙信仰亦隨移民傳至世界各地，如1970年代從潮州移民香港，1996年移
　　居澳洲悉尼的陳氏，1999年在當地發起修建黃大仙祠，見《中國道教》1999
　　年第4期，頁46–47。

考究，不懂三仙即樟柳榆三田祖師。現在三仙殿供奉呂祖神像，左右分別祀奉王重陽及丘長春，呂祖神像前不顯眼地供奉三田祖師像，以致產生諸如藏霞洞主神是呂祖或三仙是呂祖、王重陽及丘長春的誤解。越三數年，咸認呂祖為藏霞洞主神矣！這是重修過程中，欠缺詳細探究所帶來的失誤。

二十世紀前半葉廣東道侶移鶴香江，二十世紀後半葉則「文化回流」。除了三田祖師、觀音等神像「回歸」祖洞外，《藏霞集》這部原始文獻在祖洞也失傳了，現從香港帶回以作保存。還有經懺科儀等例子，在此不作贅述。❺藏霞洞報本祠內有一塊同治己巳年(1869)潘衍桐題「樹之風聲」的匾額，提醒人們樟柳榆三田祖師為「開山洞主」，使我想到返港後與老道長的一席話，提及道堂應不忘根本。每年六月廿四日三田祖師寶誕，香港道眾亦會返祖洞賀誕。❺祖洞的三田祖師神像毀於文化大革命，現所見神像，是二十年前香港道長幾經轉折地揹返祖洞供奉。清末民初朱廣霞設施茶亭，施茶者自稱「洞內三田祖師之弟子」。《藏霞集》記載朱氏「為本洞造宮殿、修橋路、置海岸、放生靈、送善書、種樹木、施茶湯、濟幽魂、渡眾生」，❺百年後其再傳弟子仍力行不輟。可是，今天藏霞洞一脈的香港先天道道堂再找不到以三田祖師為主神，奉祀三田祖師者，如牛池灣萬佛堂，內供奉「三田和合樟柳榆祖師」神位而已。

❺ 《清遠縣志》，卷17〈寺觀〉，1935年序刊，頁56。

❺ 詳見拙著，《道風百年》，頁38–40。

❺ 蘇慕潔道長訪問，2002年12月17日。

❺ 〈遊藏霞古洞記〉，1914年彭蘚鏊撰，《藏霞集》卷1，葉31。

七、小結

有云:「山不在高,有仙則名」,藏霞洞位處禺峽,遠離塵喧,樹林茂密而不晦暗,使人感到其「靈氣」,誠是渾忘物慮、潛心修道的名山福地。相反,一些近年重建規模宏大的宮觀,卻感受不到宗教氣氛。藏霞洞不僅是粵港先天道的源頭,也是先天道發展的縮影。粵港先天道一百多年的傳承,經歷了草創,進而發揚光大,繼而凋零,再而恢復的轉折過程。跟隨四十多位道長前往清遠參拜其祖庭,他們已屆耆耋之年,仍然利濟群生,在粵港做盂蘭以安陰利陽;仍然努力不懈,支持祖庭建設殿堂。眼見科儀演繹、經書庋藏、神像雕塑等文化遺產,經歷了歲月的洗禮,究竟如何保存? 又會否失傳? 使我沉思良久⋯⋯。

後 記

論文寫成後,曾於2002年12月廣州中山大學「華南研究年會」上作報告,現經修訂後發表。

從《讀書雜誌》到《食貨》半月刊

——中國社會經濟史研究的興起

梁庚堯

一、前言

　　中國社會經濟史作為中國史學的一門專史，興起於抗戰前十年間，而其興起則與現實的政治論爭有關。民國十六年，中國國民黨在北伐途中實施清黨，終止與中國共產黨的合作，逐出中共黨人，中共面對這樣一種險峻的形勢，內部有發展路線的爭論。就共產黨所依據的馬克斯主義來講，革命的性質和歷史發展的階段是密切相關的，於是由發展路線的爭論進而爭論中國社會性質的問題，又再進而爭論中國社會史發展的分期問題。參加這一場所謂「中國社會史論戰」的，除了中共內部不同的派系之外，也有一部分國民黨人。

　　中國社會史論戰的高潮，在民國二十年《讀書雜誌》創刊之後出現。❶這份刊物由王禮錫主編，在第一期就刊有「中國社會史的論戰」

---

❶ 關於中國社會史論戰及其與《讀書雜誌》的關係，見鄭學稼，《「社會史論戰」的起因和內容》(臺北：中華雜誌，民國五十四年)，此書後輯入其《社會史論戰簡史》(臺北：黎明文化事業股份有限公司，民國六十七年)，作為上卷；

專欄，然後到民國二十二年為止，又先後出過四輯「中國社會史論戰」
專號，每一專輯都有幾十萬字，專號以外各期也刊有一些論戰文字。
第一輯在出版之後僅十日就已銷盡兩版，接著又印第三版，至少印到
第五版，❷可見當時社會對此一問題的關注，「中國社會史」作為一個
歷史研究的範疇，也自此為知識界所認知。由於在馬克斯的歷史階段
論中，社會形態的劃分是以生產力和生產關係為基礎，所以當時對於
中國社會史的討論，實以經濟為主要內容。《讀書雜誌》創刊時曾設置
神州讀書會中國社會史研究組，研究範圍的第一項就是「中國經濟史
的發展」；❸王禮錫在〈中國社會史論戰序幕〉的第一句話說：「關於
中國經濟性質問題，現在已經逼著任何階級的學者求答覆。」❹胡秋原
在讀了《中國社會史論戰》專號第一輯後，在給編者的信中，也說自
己最近準備寫一篇〈中國社會經濟史輪廓〉。❺實際上，在這兩年多前，

逯耀東師，〈從「五四」到中國社會史大論戰〉，收入其《中共史學的發展與
演變》（臺北：時報文化出版事業有限公司，民國六十八年）；吳安家，《中
國社會史論戰之研究（一九三一一一九三三年）》（臺北：國立政治大學東亞
研究所博士論文，民國七十五年）；桂遵義，《馬克斯主義史學在中國》（濟
南：山東人民出版社，1992），第四章；趙慶河，《讀書雜誌與中國社會史論
戰（一九三一一一九三三）》（臺北：稻禾出版社，民國八十四年）。英文著
作有Arif Dirlik, *Revolution and History: The Origins of Marxist Historiography
in China*, 1919–1937 (Berkeley・Los Angeles・London, University of Califor-
nia Press, 1978)。

❷ 王禮錫、陸晶清編輯，《中國社會史的論戰》（收入《民國叢書》第二編）第
一輯，〈第三版卷頭語〉。鄭學稼說他所見到的是第五版，見其《社會史論戰
簡史》，頁23。

❸ 《讀書雜誌》第一卷「特刊號」，頁448。

❹ 文載《中國社會史的論戰》第一輯。

❺ 〈中國社會史論戰第一輯出版以後——通信十一則〉，頁33，載《中國社會

陶希聖在〈封建制度抑資本主義〉一文中，已經使用了「中國社會經濟發達過程」的詞句。❻

這一場論戰雖然以「史」為題，但是卻以改變當前的現實為目標，政治的性質遠大於學術的性質。同時參加論戰的人都運用馬克斯的理論來探討中國歷史，而他們對於這一項理論的認識，以及這一項理論應該如何與中國歷史結合的看法，卻互不相同，甚至針鋒相對，這顯然是引起爭論的重要緣由之一。其中一部分參戰者，經過反省之後，發現馬克斯的歷史階段論並非放之於四海而皆準的真理，要把握中國社會歷史的特性，必須從中國本身的史事與史料下手，腳踏實地去研討問題。陶希聖主編的《食貨》半月刊在民國二十三年十二月一日創刊，代表了這一個轉向。❼這份刊物的封面有「中國社會史專攻刊物」的副題，不過陶希聖在創刊號的「編輯的話」及封底內頁的「食貨學會會約」中，都使用了「中國經濟社會史」的名稱，《食貨》刊名所要說明的就是「社會的基礎和歷史的動力是經濟」。❽這份刊物出到第六卷第一期，在抗

史的論戰》第一輯。

❻　陶希聖，《中國社會與中國革命》（臺北：食貨出版社，民國六十年），頁6。

❼　關於陶希聖對中國社會史的看法，及其對中國社會史研究的推動，已有的討論見鮑家麟師，〈中國社會經濟史的奠基者──陶希聖先生〉，收入逯耀東師編，《拓墾者的畫像》（臺北：中華文化復興月刊社，民國六十六年）；杜正勝，〈通貫禮與律的社會史學──陶希聖先生學述〉，《歷史月刊》第七期（民國七十七年八月）；陳惠芬，〈抗戰前陶希聖的中國社會史研究〉，《國立僑生大學先修班學報》第三期（民國八十四年）；陶晉生師，〈陶希聖論中國社會史〉，《古今論衡》第二期（民國八十八年）。英文著作有Arif Dirlik, "T'ao His-sheng: The Social Limits of Change", in Charlotte Furth, ed. *The Limit of Change: Essays on Conservative Alternatives in Republic China* (Cambridge, Harvard University Press, 1976)。

戰爆發後停刊。陶希聖多年後回憶,《食貨》半月刊的銷路始終不大,而且有百分之六十在日本,而其影響則比銷路大些。❾所謂影響,亦即他在另一篇回憶中所說的「轉變此一部門之學風,亦是無可否認之事實」。❿

《讀書雜誌》和《食貨》半月刊兩份刊物的先後出刊,是抗戰前中國社會經濟史研究興起的重要契機,此一契機對中國社會經濟史研究來講,既是發展,也是轉變。所謂發展,是指經過這兩份刊物的討論,中國社會經濟史逐漸成為史學界所接受的一門專史;轉變則是指這門專史在《讀書雜誌》中成為焦點,原本出自於政治現實的爭論,而《食貨》半月刊則將其轉而導引往學術的方向。這項改變,學者已曾指出,⓫但是在過程與脈絡上,仍然可以作較為細緻的討論,本文希望能在這方面增進學界對此一問題的了解。

---

❽ 陶希聖,〈搜讀地方志的提議〉,《食貨》半月刊第一卷第二期(民國二十三年十二月)。

❾ 陶希聖,《潮流與點滴》(臺北:傳記文學出版社,民國五十九年),頁130;陶希聖,〈編者的話〉,《食貨月刊》復刊第一卷第一期(民國六十年四月)。

❿ 陶希聖,〈八十自序〉(上),《傳記文學》第三十三卷第六期(民國六十七年十二月)。

⓫ 顧頡剛在抗戰勝利後出版的《當代中國史學》一書中,已如此指出。見《當代中國史學》(香港,龍門書店,1964),頁100–102。晚近學者的討論,中文著作有羅炳綿,〈近代中國社會史研究和史學趨勢〉,《大陸雜誌》第五十五卷第一期(民國六十六年七月);黃寬重,〈陶希聖與食貨雜誌〉,《歷史月刊》第七期(民國七十七年八月);徐素貞,《「食貨半月刊」研究(一九三四—一九三七)》(臺北:國立臺灣師範大學歷史研究所碩士論文,民國七十八年),第一章;杜正勝,〈中國社會史研究的探索——特從理論、方法與資料、課題論〉,載國立中興大學歷史學系主編,《第三屆史學史國際研討會論文集》(臺中:國立中興大學歷史學系,民國八十年)。英文著作見Arif Dirlik, *Revolution and History: The Origins of Marxist Historiography in China*, 1919–

二、社會史論戰中的理論演繹

中國社會史論戰的主要爭議，是中國當前究竟是封建社會或資本主義社會，以及中國歷史上的社會階段依據馬克斯的理論應該怎樣劃分。這是一個源於馬克斯歷史階段論的問題，而參戰者也幾乎都認為，討論此一問題必須以唯物史觀與唯物辯證法為依歸。正如王禮錫在〈中國社會史論戰序幕〉中所說：「這不能不使一般有思考工具——唯物史觀——的人，沉入更深刻的思考，從行動動向的懷疑，而考察社會的動向；從社會的動向，而考察社會的本質；從社會的本質，而就流動中考察社會的史的生成。堅認其行動的絕無錯誤者，亦從這步驟與方法去作他們的辯護。」「在中國社會史的論戰裡，都是唯物內部的鬥爭，……各方都是以唯物辯證法為武器。」❷於是參戰者多以馬克斯的理論來解釋中國的史實，引用馬克斯的著作及闡釋馬克斯理論的論著來作為立論的依據。不僅引用，而且是長篇大幅地引用，孫倬章在〈中國經濟的分析〉文中曾引用長達五頁。❸李季在〈對于中國社會史論戰的貢獻與批評〉文中，特別以「馬克斯對于經濟發展分期的指示和亞細亞生產方法的內容」為題，立了長達七頁的一節。用了「指示」一詞，足見作者認馬克斯的理論對於問題的討論有無比的重要性，也因此在這一節的末尾，作者表示在對馬克斯的意見「既認識清楚」之後，才「進而討論中國經濟發展的各時期」。❹有些作者還開出了歷史唯物

1937, pp.221–222。

❷ 王禮錫，〈中國社會史論戰序幕〉，頁5、6，《中國社會史的論戰》第一輯。

❸ 孫倬章，〈中國經濟的分析〉，頁51–55，《中國社會史的論戰》第一輯。

❹ 李季，〈對于中國社會史論戰的貢獻與批評〉，頁7–14，《中國社會史的論戰》第二輯。

論的古典著作或唯物史觀、各國革命史的書單，建議有志參加論戰之士應該先去閱讀。❺而在「中國社會史論戰」專號第四輯的第一篇文章，主題竟不是中國的歷史，而是〈馬克斯的社會形式論〉，這正顯示馬克斯的社會形式論對於這場論戰所具有的指導地位。就如李季在前引文中說，要解決爭議，除必須具有充分的社會科學常識外，第一個條件就是要「深切了解馬克斯主義」。❻

　　〈馬克斯的社會形式論〉所以會出現在「中國社會史論戰」專號第四輯中，應該是由於經過一段時間的論戰，卻發現各人對於中國歷史上社會階段劃分的不同，原因之一竟是對馬克斯理論認識的差異，於是不能不對馬克斯的社會形式論作比較完整的討論，而不只是片言隻語的引述。所以作者季雷在文末說：「要正確的了解馬克斯關於社會形式而特別是關於東方社會的學說，然後才能把握住雜亂無章、五花八門的中國社會。」❼怎樣才是「正確的」了解馬克斯的理論，確是論戰中最基本也最令人困擾的一個問題。王禮錫在〈論戰第二輯序幕〉中，一開始便引述一位讀者的信，這位讀者表達他在讀第一輯之後的煩悶：「論戰中各人都以自己是唯物的，他人全都是唯心的；自己是辯證的，他人全都是機械的」；到了文末，王禮錫說：「如果誰把握了正確的唯物辯證法，誰就能解答中國社會形式的史的發展如何？中國現在是怎樣的一個社會，並且還可以解答『中國的改革路向如何？我們應當怎樣走?』」而在「這一輯中，方法論依然成了主要的爭辯，依然

---

❺　杜畏之，〈古代中國研究批判引論〉，頁14–15，《中國社會史的論戰》第二輯；任曙，〈怎樣切實開始研究中國經濟問題的商榷〉，頁55，《中國社會史的論戰》第三輯。

❻　李季，〈對于中國社會史論戰的貢獻與批評〉，頁6，《中國社會史的論戰》第二輯。

❼　季雷，〈馬克斯的社會形式論〉，頁70–71，《中國社會史的論戰》第三輯。

各自以為把握『唯物辯證法』的武器。」⑱可見要「正確的」了解馬克斯的理論，實在是一件困難的事。即使自民國八年《新青年》出版「馬克斯號」專刊，李大釗等人撰文介紹唯物史觀以來，馬克斯主義在中國傳播已有十幾年，⑲馬克斯及其詮釋者的一些著作已翻譯或改寫為中文，⑳而參加這場論戰的人又有許多是留蘇、留日、留德歸國的學生，可以看到更多的馬克斯主義文獻，㉑然而他們對於如何「正確的」認識與運用馬克斯理論仍然有著很大的歧見。其實他們所以有歧見，根源之一正是由於他們是從蘇聯、日本或德國回國的留學生，特別是人數較多的蘇聯和日本，因為相關問題的爭論有相當的成分就源自這兩個國家，而蘇聯史達林派與托洛茨基派的對立尤其是關鍵。㉒

---

⑱　文載《中國社會史的論戰》第二輯。

⑲　逯耀東師，〈從「五四」到中國社會史大論戰〉；桂遵義，《馬克斯主義史學在中國》第一章第二節。

⑳　尹達主編，《中國史學發展史》（臺北：天山出版社），頁496–497、501–502；又如在《中國社會史的論戰》第一輯所附的神州國光社刊行經濟歷史書目廣告中，有葉啟芳譯馬克皮爾著《社會鬥爭通史》、高素明譯庫斯聶著《社會形式發展史大綱》；經濟書目廣告中，有郭沫若譯馬克斯著《政治經濟（學）批評》、洪濤譯石川準十郎著《資本論概要》、汪馥泉譯考茨基著《馬克斯的經濟學說》。

㉑　鄭學稼，《社會史論戰簡史》，頁117–118。

㉒　有關中國社會史論戰的蘇聯與日本根源，可參考何幹之，《中國社會史問題論戰》（收入《民國叢書》第二編）。又見林甘泉、田人隆、李祖德著，《中國古代史分期討論五十年》（上海：上海人民出版社，1982），第三章；白鋼編著，《中國封建社會長期延續問題論戰的由來與發展》（北京：中國社會科學出版社，1984），第一章。關於蘇聯史達林與托洛茨基兩派理論爭執及其對中國社會史論戰的影響，參考Arif Dirlik, *Revolution and History: The Origins of Marxist Historiography in China*, 1919–1937, pp.63–67；吳安家，《中國

　「中國社會史論戰」專號刊載的一些著述，不僅如上引一位讀者和編者王禮錫所言，爭辯如何才是「正確」地了解馬克斯主義，而且有時這種爭辯竟成為著述的重點甚或主題。例如孫倬章在〈中國經濟的分析〉文中，先是幾次批評別人「不自覺地陷於反馬克斯列寧主義而立於小資產階級的民粹派的地位」、「修正了馬克斯主義」、「只算是機械的唯物論，不是辯證法的馬克斯列寧主義者」，然後又以題為「機械唯物論的經濟學批判」的一長節，指責「中國現在的馬克斯主義經濟學者，無論封建經濟派，無論資本主義派，都不免陷於機械的唯物論」。❷❸由於胡秋原在與編者的通信中，批評孫倬章自己正犯了機械論的毛病，孫倬章撰文辯駁，題目是〈秋原君也懂馬克斯主義?〉；胡秋原以〈略覆孫倬章并略論中國社會之性質〉回答，稱對方是「冒牌的馬克斯主義者」，而重點則在於辨明唯物辯證法與唯物史觀的關係，以及應該如何應用於歐洲與中國的歷史。❷❹李季在〈對于中國社會史論戰的貢獻與批評〉文中，先是指出陶希聖和朱其華兩人在爭論時，都徵引馬克斯的學說做理論的根據，而所得的結論卻完全相反；然後又以九頁的篇幅，批評陳邦國不懂馬克斯的歷史階段論；再以長達八十頁的篇幅，批評郭沫若對於馬克斯的經濟發展公式及其所依據的摩爾根學說「了解極不充分」，甚至「完全錯誤」。❷❺為反駁李季的批評，

社會史論戰之研究（一九三一－一九三三年）》，第二章第一節；趙慶河，《讀書雜誌與中國社會史論戰（一九三一－一九三三）》，頁45–56。

❷❸　孫倬章，〈中國經濟的分析〉，頁20、47、71、75，《中國社會史的論戰》第一輯。

❷❹　胡對孫的批評見〈中國社會史論戰第一輯出版以後——通信十一則〉，頁29–31；〈秋原君也懂馬克斯主義?〉與〈略覆孫倬章并略論中國社會之性質〉均載《中國社會史的論戰》第二輯。

❷❺　李季，〈對于中國社會史論戰的貢獻與批評〉，頁4–5、59–149，《中國社會史

陳邦國發表〈「關于社會發展分期」并評李季〉，這篇文章分兩次才刊
完，主題就在於如何了解馬克斯的社會發展分期學說才確當，以及這
項學說要如何應用到中國歷史上才切合實際。㉖有些文章在作這一類
爭辯時，派性十分明顯。例如張橫〈評陶希聖的歷史方法論〉一文，
認為「陶希聖的唯物論在本質上不是真正的唯物論」，而這「正反映他
所代表的派別底社會背景」；㉗朱其華的〈動力派的中國社會觀的批
判〉、劉蘇華的〈唯物辯證法與嚴靈峰〉，余沈的〈經驗主義的，觀念
主義的和馬克斯主義的中國經濟論〉，則都是站在幹部派的主場，批評
托洛茨基派修正、曲解、不懂馬克斯主義，而嚴靈峰是這三篇文章的
共同箭靶。㉘

　　這樣的爭辯，其實只是爭辯應該如何將馬克斯的歷史階段論套用
在中國歷史上，中國歷史本身並不是爭辯的主體。正如王宜昌所說：
「在一九二七年以來，人們都利用著歷史的唯物論研究所得的結論作
為根本的指導原理，而將中國史實嵌進去。」㉙中國史實不過是「嵌進」

　　的論戰》第二輯。李季在〈對于中國社會史論戰的貢獻與批評（一續）〉中
　　又再指責陶希聖與朱其華兩人「近年來大談其馬克斯主義，並且辯論不休」，
　　然而「都不懂馬克斯主義」，見該文頁51，文載《中國社會史的論戰》第三
　　輯。郭沫若在王伯平〈中國古代社會研究之發軔〉文中也遭到「沒有自己宣
　　佈成為馬克斯主義者就其能成為馬克斯主義者的事」的批評，見該文頁24，
　　文載《中國社會史的論戰》第三輯。

㉖　陳邦國，〈「關于社會發展分期」并評李季〉，《中國社會史的論戰》第三輯；
　　陳邦國，〈「關于社會發展分期」并評李季（續）〉，《中國社會史的論戰》第
　　四輯。

㉗　張橫，〈評陶希聖的歷史方法論〉，頁3、20，《中國社會史的論戰》第二輯。

㉘　朱文載《中國社會史的論戰》第二輯，劉文、余文均載《中國社會史的論戰》
　　第四輯。

歷史唯物論公式的材料而已。由於主體是歷史唯物論，所以如何「正確的了解馬克斯關於社會形式而特別是關於東方社會的學說」，才會成為這場論戰中的一個基本問題。對參戰者來講，只有這個問題獲得解決，才能確定中國歷史上那一時期可以鑲嵌入馬克斯所講的那一個社會階段。而季雷所謂東方社會亦即亞細亞社會的爭議，正是歷史唯物論才是論戰主體的最好例證。馬克斯站在歐洲人的立場看歷史，提出亞細亞生產方式及建築在這種生產方式上的社會形態，作為歷史演進的一個階段，含義並不明確。然而中國社會史論戰的參戰者，以中國人的身分，竟也為中國歷史上是否有「亞細亞社會」，以及這一個社會應該相當於中國歷史的那一時期，而作激烈的爭辯。❸

　　由於爭論主體是歷史唯物論，所以在論戰中對於史實的徵引與討論明顯不足，尤其以自秦漢至晚清之間的二千年為甚。對於這一段長時間，大多數爭論者視之為一個沒有明顯變化的歷史階段，其社會形態有各種不同的意見，或稱之為亞細亞的社會，或稱之為封建制度，或稱之為商業資本主義社會，或稱之為前資本主義社會，或稱之為專制主義。性質雖然不同，其缺乏變化則一，但是為什麼會有這樣長的一個不變的社會？面對這一個問題，王禮錫稱之為「謎的時代」。❸這幾種說法中，前兩種都明顯出自馬克斯的歷史階段論，後三種則是發

❷⁹　王宜昌，〈中國社會史短論〉，頁2，《中國社會史的論戰》第四輯。

❸⁰　此一爭辯其實源於蘇聯共黨內部理論的爭辯，見何幹之，《中國社會史問題論戰》，上編；林甘泉、田人隆、李祖德著，《中國古代史分期討論五十年》，上編，第三章；吳安家，《中國社會史論戰之研究（一九三一─一九三三年）》，第四章；桂遵義，《馬克斯主義史學在中國》，第四章第一節；趙慶河，《讀書雜誌與中國社會史論戰（一九三一─一九三三）》，第三章。

❸¹　王禮錫，〈中國社會形態發展史中之謎的時代〉，《中國社會史的論戰》第三輯。

現從封建社會到資本主義社會的歷史階段演變，無法和中國歷史密切吻合，而提出過渡階段的觀點。商業資本主義與前資本主義的名稱固然很清楚，所謂專制主義，則是指商業資本與封建經濟的結合支持了專制政權，這些實際都是為了能讓馬克斯的歷史階段論適用於中國歷史而作的修正，三種說法也都可以從馬克斯及其詮釋者的著作中找到依據。❸一方面由於認為這樣長的一段歷史缺乏變化，另一方面也由於對這段歷史的史料與史實認識有限，所以論戰的各方都甚少涉及。

在《讀書雜誌》所刊載的社會史論戰作品中，討論得最多的是近代和古代。近代的問題焦點是當時的社會究竟是封建勢力或資本主義勢力佔優勢，但不論持那一種看法，都可以把近代以前的社會視為封建社會。例如以封建勢力在當時仍然佔著強大優勢的朱新繁（即朱其華）說：「我們還可以從事實上理論上證明在春秋戰國以後，一直到帝國主義入侵中國（十九世紀四十年代開始）以前，中國依然是一個封建國家，封建制度並沒有破壞。」而主張當時資本主義在中國已有相當程度發展的孫倬章，也同樣說：「中國數千年都處於黑暗的封建勢力之下，封建勢力異常濃厚，⋯⋯在帝國主義未入侵以前，資本主義未發展以前，中國的經濟，當然是建築（按：當是封建之誤）經濟，即自給的自然經濟，和家庭手工業的經濟佔優勢。」❸兩人對於近代以前的歷史，都輕輕以「封建」一詞帶過。

有關古代的討論則以郭沫若的著作為爭議的中心，有幾篇甚至形之於題目。例如周紹濂的〈對於「詩書時代的社會變革及其思想的反映」的質疑〉一文，質疑杜衎（郭沫若）對於奴隸制與封建制的歷史

---

❸ 參考吳安家，《中國社會史論戰之研究（一九三一—一九三三年）》，第六章第三、四、五節。

❸ 朱新繁，〈關於中國社會之封建性的討論〉，頁18；孫倬章，〈中國經濟的分析〉，頁56–57。兩文均收入《中國社會史的論戰》第一輯。

階段劃分，而引據方岳（陶希聖）的說法，認為由於商業資本的發展，封建制度在戰國以後已經破壞。❸王伯平的〈中國古代社會研究之發軔〉以指出郭沫若《中國古代社會之研究》一書內容的錯誤為主題，而以瓦解其歷史分期系統為宗旨；王伯平又撰有〈易經時代中國社會的結構〉，則旨在批判郭沫若的〈周易的時代背景與精神〉，認為《易經》時代不是由原始共產社會向奴隸社會推移的過渡時代，而是由氏族社會向封建社會推移的過渡時代。❸李麥麥的〈評郭沫若底「中國古代社會研究」〉指證郭沫若對中國歷史發展階段及其變革過程認識的錯誤，認為秦朝建立並不代表封建社會的確立，而是適應商人的要求開始了專制王權。❸另一些論及古代的作者，如陳邦國、王宜昌、李季、杜畏之、熊得山、梁園東、王禮錫、胡秋原等，則以討論郭沫若的觀點為其文中的重點或重點之一。❸這些作者，儘管對郭沫若的歷史分期方式有所批評，但是他們大多和郭沫若視春秋以後至近百年前

❸ 文見《中國社會史的論戰》第一輯。

❸ 文分見《中國社會史的論戰》第三輯、第四輯。

❸ 李麥麥文不載四輯「中國社會史論戰」專輯中，而見於《讀書雜誌》第二卷第六期（民國二十一年六月）；又另有〈中國封建制之崩潰與專制君主制之完成〉圍發從西周封建制到秦朝專制君主制的轉變，而認為專制君主制是秦以後最有永久性的政權形態。載《讀書雜誌》第二卷第十一、十二合期（民國二十一年十二月）。

❸ 如陳邦國，〈中國歷史發展的道路〉，《中國社會史的論戰》第一輯。王宜昌，〈中國社會史論史〉；李季，〈對于中國社會史論戰的貢獻與批評〉；杜畏之，〈古代中國研究批判引論〉，均收入《中國社會史的論戰》第二輯。熊得山，〈中國商業資本發生之研究〉；梁園東，〈中國社會各階段的討論〉；王宜昌，〈中國奴隸社會史——附論〉，均收入《中國社會史的論戰》第三輯。王禮錫，〈古代的中國社會〉；胡秋原，〈中國社會＝文化發展草書（上）〉，均收入《中國社會史的論戰》第四輯。

為封建制的觀點相似，不認為秦漢至晚清間的歷史有明顯的變化。例如陳邦國、王伯平都接受俄人拉狄克的說法，認為封建社會在東周時已因商業資本的發展而崩潰，但是秦以後的商業資本未能轉為工業資本，而是走向土地投資和高利貸，造成了歷史的長期循環；周紹漆引據陶希聖的說法，也認為春秋戰國以後，封建制度已因商業資本的發展而破壞，由於有士大夫的身分階級造成官僚政府，使得封建勢力既沒有完全消滅，也沒有完全造成資產階級的政府；杜畏之認為古代封建社會分解之後，繼之以一個被歷史拉長的過渡階段，其中有封建關係、奴隸勞動，也有資本主義關係；梁園東認為秦漢以後至近百年間，既非商業資本主義社會，亦非封建社會，而是經濟構造為「農村商業社會」的半封建社會；此外，李季、熊得山以前資本主義稱呼這段長時期的歷史，王禮錫、胡秋原、李麥麥則以專制主義或專制君主制稱之。惟獨王宜昌，不認為這一段歷史沒有明顯的變化。

還有一些作品企圖通貫中國歷史全程，可是對秦漢至晚清間的一段大多著墨甚少。例如陳邦國所作的〈中國歷史發展的道路〉，集中於封建社會和資本主義兩部分來談，封建社會發展的道路一部分討論到漢高祖之後，跳到元代作簡略的敘述便結束，資本主義發展的道路一部分，也只有寥寥數語述及近代以前中國商業資本對海外市場的探求，從秦以後到資本主義社會出現以前，就他看來既是「循環」，自然不必多談；❸李季在〈對于中國社會史論戰的貢獻與批評〉一文中，對於中國歷史作了經濟時期的劃分，對他來講，從秦到鴉片戰爭前也是沒有變化的「前資本主義的生產方法時代」，接著在此文及兩篇續篇中批評陳邦國、郭沫若、陶希聖等劃分中國經濟時期的方法，但在討論秦漢至清代的部分中，所引的竟主要是秦以前的史料；❹王禮錫支持自

---

❸ 文見《中國社會史的論戰》第一輯，續篇載《讀書雜誌》第二卷第十一、十二合期（民國二十一年十二月）。

秦至清為專制主義社會的說法，可是以春秋戰國和秦漢的史事論證了
專制主義政權是地主資本與商業資本的結合後，即不見下文；❹梁園
東討論中國社會的各歷史階段，全文二十四頁，秦漢以後的部分只有
四頁，而且只談及秦漢，這應該也是由於認為此後社會的經濟構造沒
有變化的關係；❹胡秋原的〈中國社會＝文化發展草書〉原本計畫寫
到鴉片戰爭以後，但是在《讀書雜誌》上只發表了上篇，寫到春秋戰
國，王莽以前的部分見於〈專制主義論〉，六朝以前的部分發表於其他
刊物，可是北朝以後的部分沒有繼續發表，他在〈專制主義論〉文中
認為，中國專制主義的歷史發展過程，是由暴動戰爭和蠻族入侵兩種
否定力量所造成的後退與反覆。❹對於秦漢至晚清間的史事討論稍多
的，只有熊得山的〈中國農民問題之史的敘述〉及其續篇、戴行軺的
〈中國官僚政治的沒落〉和王宜昌的〈中國奴隸社會史──附論〉、〈中
國封建社會史〉。❹不過熊得山認為中國歷史上縱有王朝興亡，「而社
會之停滯不前仍如故」，所述從秦漢到明末的歷史，只是重覆的農民暴
動；戴行軺發揮陶希聖士大夫官僚階級的觀點，稱秦至鴉片戰爭以前
為封建社會與資本主義社會的過渡社會時代，官僚的命運與此時代相

❸ 李季，〈對于中國社會史論戰的貢獻與批評〉，〈對于中國社會史論戰的貢獻與批評（一續）〉，〈對于中國社會史論戰的貢獻與批評（二續）〉，分見《中國社會史的論戰》第二輯、第三輯、第四輯。

❹ 王禮錫，〈中國社會形態發展史中之謎的時代〉，《中國社會史的論戰》第三輯。

❹ 梁園東，〈中國社會各階段的討論〉，《中國社會史的論戰》第三輯。

❹ 〈中國社會＝文化發展草書（上）〉見《中國社會史的論戰》第四輯，〈專制主義論〉見《讀書雜誌》第二卷第十一、十二合期（民國二十一年十二月）；六朝以前部分發表於其他刊物，見鄭學稼，《社會史論戰簡史》，頁107–108。

❹ 分見《中國社會史的論戰》第一輯、第三輯、第四輯。

終始，互此時代，他們都同具奴性與奴行，其罪惡導致一治一亂的循環不已。而兩人對於這段期間的史事，又都有明顯的誤解或曲解。❹也惟獨王宜昌，對於中國歷史的分期有比較特殊的看法。

在這段期間對於中國歷史的分期有比較特殊看法的，除了王宜昌，還有陶希聖，他們都不認為秦漢至晚清間的歷史缺乏明顯的變化。王宜昌將周代至秦漢視為奴隸制度時期，五胡十六國到清末視為封建制度時期；陶希聖原本也強調商業資本的歷史作用，又曾將這樣長的一段稱為前資本主義社會，但是在《讀書雜誌》所發動的論戰期間，他的看法有所改變，認為西周是氏族社會末期，戰國到後漢是奴隸經濟占主要地位的社會，三國到唐末五代是一個發達的莊園經濟時期，宋以後則確為先資本主義時期。❺由於將歷史的變化的時間劃在五胡十六國時代，所以王宜昌深感人們「對於中世研究的不足」，以致於「從秦漢直到清末」這句話成為「千篇一律的圖式」，他認為必須「從中國社會史研究本身發現中國社會史法則，來證明和發展歷史的唯物論理論」。❻他雖然仍肯定歷史唯物論，卻已認為必須以歷史研究為本，這些話隱含了對於其他爭論者以理論為本的批評。更清楚的批評則來自陶希聖，他想要逐朝逐代細看，如此則「從前把春秋以降乃至清代劃

---

❹ 例如戴行軺將實為皇權一部分的宦官也歸之於士大夫官僚階級，熊得山將宋代屬於地方官俸祿性質的職田視為采邑，將民眾交給政府的賦稅視為農民對地主的貢賦，顯現的是自然經濟的生產關係，因而認為宋代仍是封建式的地方分權。分見戴行軺〈中國官僚政治的沒落〉，頁30–31，《中國社會史的論戰》第一輯；熊得山，〈中國農民問題之史的敘述（續論戰第一輯）〉，頁13–14，《中國社會史的論戰》第四輯。

❺ 王禮錫，〈中國社會形態發展史中之謎的時代〉，《中國社會史的論戰》第三輯。

❻ 王宜昌，〈中國封建社會史〉，頁77–78，《中國社會史的論戰》第四輯。

入一個時期的辦法便站不住了」。他自述看法所以有改變，是因為近來「材料較多一些」。也就是說見解應該依據材料來建立，而非公式，「用公式來收捨材料，這一方法最怕材料多。材料一多則公式主義便會崩潰」。❹所謂公式，正是明指馬克斯的歷史階段論。

三、陶希聖的走向史料建設

陶希聖是社會史論戰中的焦點人物，他對中國社會史的看法，則是論戰中爭議的一個中心。不過他對於社會史論戰中理論演繹的偏失，在論戰前期已有警悟。民國十七年底，他將一些參與論爭的文字輯成《中國社會之史的分析》，準備出版，為這本書撰寫緒論，談到中國社會史研究的困難，對於春秋戰國之際社會遞嬗過程的問題，感嘆「既沒有可靠及充分的史料，又沒有科學的採掘的考證」；而尤其困難的則是如何去認定春秋以前社會的性質，因為「更沒有確證去考查」。❹儘管收在這本書中的文章是論多於證，但是他顯然已在強調對於歷史過程的認識必須建基於史料之上。由於強調史料在社會史研究中的重要性，陶希聖對於如何運用論戰中人們所熱衷的理論，就有了特殊的見解。民國十八年秋天，他將另外一些參與論爭的文字輯成《中國社會與中國革命》，在題為「如何觀察中國社會」的緒論中，論及研究中國社會的幾點弊病，第一點就是「因襲歐洲學者解剖歐洲社會所得的結論，而漫加演繹」。他認為「中國社會的各個要素，雖大抵與歐洲社會史上曾發現的各個要素，不甚懸殊，但自要素的結構來說，卻自有特

---

❹ 陶希聖，〈中國社會形式發達過程的新估定〉，頁2–3，《中國社會史的論戰》第三輯。

❹ 陶希聖，《中國社會之史的分析》（臺北，食貨出版社有限公司，民國六十一年），頁3。

殊之點」。因此他反對抄襲歐洲社會的法則，但也不贊成完全拒絕歐洲社會所產生的社會學方法之應用。❹反對任意演繹理論的立場，使得他知道要去重視具體的歷史現象，去分辨史實的巨細差異，而不能隨意以空洞的名詞去涵蓋歷史。《讀書雜誌》創刊號登載了他和朱其華在民國二十年一月討論中國封建制度何時崩潰的通信，他在回覆朱其華的信中就以這樣的看法作總結。這些言論都寫於他尚在上海工作，而中國社會史論戰仍未趨向高潮之前。當《中國社會史論戰》第一輯出刊時，「編者的話」報導已經到北京大學任教的陶希聖，打算以後少寫文章，多搜材料，因為他認為「豐富的材料才是犀利的戰具，現在誰都感到缺乏材料的毛病」，編者加了一句按語：「北京圖書館是真夠滿足他這個要求了」。然而這並非陶希聖在民國二十年秋天到北平後突然的轉變，而是早有跡象可尋。

　　陶希聖注意到史料的重要性，其實和當時中國歷史學界的趨向正相呼應。中國社會史論戰出自政治爭辯，興起於歷史學界以外，而當時歷史學界無論在理論、方法的討論上，或在實際研究工作上，都已表現出對於史料作為史學基礎的重視，而且這種重視無論在新傳入的西洋史學或中國傳統史學都可以取得根據。德國蘭克(Leopold von Ranke)一派的史學，這時已經由法國朗格諾瓦(Charles V. Langlois)、瑟諾博司(Charles Seignobos)及德國班漢穆(Ernest Berheim)所著史學方法導論書籍的介紹，而傳到中國來。民國十年，梁啟超在南開大學講中國歷史研究法，次年聚結講稿出版成書，史料的性質、分類及搜集鑑別可以說是此書的一大重點，而且是在討論過史料之後，再談史蹟的論次。而此書的內容，與朗格諾瓦、瑟諾博司二人合著《史學原論》一書的關係至為密切，受班漢穆所著《史學方法論》一書的影響也隱約可見。❺留學法國並曾親聆瑟諾博司講課的李思純，於民國十二年

❹　陶希聖，《中國社會與中國革命》，頁2。

返國任教於東南大學時，已將朗、瑟二氏著作譯妥，❺並於民國十五年由商務印書館出版。在這段時期對譯介西方史學論著最有貢獻的何炳松，在民國十六年寫成《歷史研究法》，在民國十七年寫成《通史新義》，前書本於班氏及朗、瑟二氏的著作，後書則採自瑟諾博司另外一部名著《應用於社會科學上的歷史研究法》。於此前後，班氏著作也由陳韜譯出。❺民國十幾、二十年代各大學歷史系，已多有史學方法或歷史研究法一類課程，而常用班氏及朗、瑟二氏著作為教材，學生也有許多讀過他們的著作。❺新傳入的西方史學方法建立起史料與歷史研究的關係，即使提倡以社會科學研究歷史的論著，也沒有迴避這種關係。早在民國十年，何炳松翻譯美國魯賓孫(James H. Robinson)所著《新史學》，這本書提倡歷史的觀念應隨社會與社會科學而同時變更，並認為馬克斯的理論儘管有濫用之處，卻可以解釋許多過去的現象；然而也肯定慎選材料與據實記載是十九世紀史學的重要貢獻，雖然強調這只是史學的初步。❺何炳松所著的《通史新義》，導言是「歷史研究法與社會科學」，然後「社會史料研究法」和「社會史研究法」並列上、下兩編，而構成本書兩個基本部分。此書將馬克斯的理論視為社

---

❺ 杜維運師，〈梁著「中國歷史研究法」探源〉，收入其《與西方史家論中國史學》（新寫本，臺北：東大圖書公司，民國七十年）附錄（三）。

❺ 朗格諾瓦、瑟諾博司著，李思純譯，《史學原論》（臺北：臺灣商務印書館，民國五十七年），「譯者弁言」。

❺ 杜維運師，〈西方史學輸入中國考〉，收入其《與西方史家論中國史學》附錄（二）。

❺ 劉龍心，《學術與制度——學科體制與現代中國史學的建立》（臺北：遠流出版事業股份有限公司，民國九十一年），頁269–278。

❺ 魯賓孫著，何炳松譯，《新史學》（臺北：文星書店，民國五十四年），頁23、45–48、50。

會史系統之一，而批評其只重單一因素的錯誤；又認為社會史研究易
有錯誤通概的危險，因此較其他歷史研究更必須了解史料的狀況，而
將研究限制於知識的可能範圍中。❺

　　在西方史學理論、方法傳入的同時，中國傳統史學也成為強調史料
在歷史研究上重要性的依據，特別是在時間上距離當時還不遠的清代
史學。胡適的《中國哲學史大綱》出版於民國八年，第一篇「導言」旨
在提出可靠的史料對於寫作哲學史的重要性，指出要達到研究哲學史
明變、求因、評判的目的，必須要先做審定史料與整理史料的述學工夫。
審定史料須由內證與旁證著手，對於證據作這樣的劃分應來自西方史
學；整理史料的方法是校勘、訓詁與旁通，校勘與訓詁固然是中國傳統
學術的名稱，而他在這裡也舉出了一些清代樸學名家，稱譽他們的成
就。所以在所附的參考書舉要裡，既有朗格諾瓦、瑟諾博司合著的專書、
《大英百科全書》中有關西洋校勘學的條文，也有王念孫、王引之父子
和俞樾討論校勘學、訓詁學的著作。❺在寫於民國八年至十年間的〈清
代學者的治學方法〉一文中，他更明確地指出，「中國舊有的學術，只
有清代的『樸學』確有『科學』的精神」，並且分別從音韻、訓詁、校
勘幾方面舉例，總括清代學者的治學方法只是大膽的假設、小心的求證
兩點。❺胡適所以會從音韻、訓詁、校勘等方面來論證科學方法的精神，
實本於他在美國求學時所受史學訓練而得的領悟；❺而對他來講，這些

❺　何炳松，《通史新義》（臺北：臺灣商務印書館，民國五十四年），頁154–155、
　　190–192。

❺　胡適，《中國古代哲學史》（臺北：臺灣商務印書館，民國四十七年），頁9–
　　31。對於胡適《中國哲學史大綱》導言的討論，已見周予同，〈五十年來中
　　國之新史學〉，收入杜維運、陳錦忠編，《中國史學史論文選集（三）》（臺北：
　　華世出版社，民國六十九年）。

❺　文見胡適，《胡適文存》第一集（臺北：遠東圖書公司，民國六十年）卷二。

方面都是國學基本整理工夫的一部分，而國學的發展方向是要擴大到整個中國文化史的研究的。❺胡適不僅從清代的考據學者去尋找史料在歷史研究上重要性的依據，即使是在以申論一家著述發揮史意自期的章學誠身上，他也同樣找到了依據。他的《章實齋先生年譜》在民國十一年由商務印書館出版，到民國十八年又在姚名達訂補之後收入《萬有文庫》。在年譜六十一歲條中，述及章氏所修《史籍考》，引用其未刊〈史考釋例〉中有關史部占群籍三之一而三部多與史相通的議論，再證以其〈報孫淵如書〉所說的「盈天地間，凡涉著作之林，皆是史學」，而解釋《文史通義》第一篇〈易教〉首句「六經皆史也」的本意是「一切著作，都是史料」，指出章氏以六經皆先王政典，皆可視為史料。❻此一解釋，既消解了經書在群籍中的特殊地位，也肯定了史料在史學中的重要價值。

當時援引清代學術來申論史料為歷史研究的重要依據的，不限於胡適一人。梁啟超於民國九年為蔣方震的《歐洲文藝復興史》作序，寫成《清代學術概論》，先於《改造雜誌》上發表，以考證學為清代學術的正統，治學的根本方法則在「實事求是」、「無徵不信」，而認為此種方法是「科學的」。❻出版於民國十一年的《中國歷史研究法》，第五章題為「史料之蒐集與鑑別」，文中一再強調求真，結尾指出「求真」兩字正是前清乾嘉諸老所提倡的「實事求是」主義。❻民國十五、十

---

❺ 逯耀東師，〈胡適溯江河而行〉，收入其《胡適與當代史學家》（臺北：東大圖書公司，民國八十七年）。

❺ 胡適，〈國學季刊發刊宣言〉，收入《胡適文存》第二集（臺北：遠東圖書公司，民國六十年）卷一，此文發表於民國十二年。

❻ 胡適著，姚名達訂補，《章實齋先生年譜》（臺北：臺灣商務印書館，民國五十一年），頁136–138。

❻ 梁啟超，《清代學術概論》（臺北：中華書局，民國五十二年），頁4–5、33。

六年間，梁啟超在清華大學國學研究院又講歷史研究法，由學生筆錄
整理，在民國十九年出版。書中申論史家四長，史德一項發揮章學誠
《文史通義・史德》一篇心術端正之旨，而認為莫重於忠實，對於材
料的誇大、附會與武斷，就梁氏看來都是忠實的忌諱。史學一項重在
有專精的範圍來搜羅材料，下苦功的方法首要在勤於抄錄，他舉了清
代學者顧炎武、錢大昕、陳澧來作例證；另一項方法是逐類搜求，他
舉了孫詒讓來作例證。❻何炳松在民國十六年出版《歷史研究法》一
書，此書在理論上完全本於前述班漢穆及朗格諾瓦、瑟諾博司二氏的
著作，但是卻不斷引用一些清代考據學者以及章學誠的言論來互相印
證，在序言中更申論章學誠主張的撰述與記注分家就是著作與史料的
分家，而認為章氏所說的比次之功，實急於獨斷之學，指出「若有史
料，雖無著作無傷也，而著作斷不能不以史料為根據」。❻關於章氏撰
述與記注分家的主張，何炳松在採自瑟諾博司《應用於社會科學上的
歷史研究法》而撰寫的《通史新義》自序中，及胡適著、姚名達訂補
《章實齋先生年譜》的序言中，又一再提出。這兩篇序文都撰於民國
十七年，前文意在將章氏主張與瑟氏分編論社會史料研究法與社會史
研究法相提並論；後文則認為章氏此說的重大貢獻，在於能將中國二
千來材料與著作畛域不分的習慣和流弊廓清，而認為兩者有相需之益，
進而批評當時的史學界「要等到西洋史學原理介紹進來以後，纔滿口
高談史料，真有點不好意思呢」。❻在何炳松兩篇序言寫成的同年，傅

---

❻ 梁啟超，《中國歷史研究法》（臺北：臺灣商務印書館，民國五十五年），頁
149。

❻ 梁啟超，《中國歷史研究法補編》（臺北：臺灣商務印書館，民國五十五年），
頁17–27。

❻ 此書收入杜維運、黃俊傑編，《史學方法論文選集》（臺北：華世出版社，民
國六十八年）。

斯年也發表了〈歷史語言研究所工作之旨趣〉。⑥他認為歷史學不是著史,「近代的歷史學只是史料學,利用自然科學供給我們的一切工具,整理一切可逢著的史料」,直接運用史料來研究匯集事實的題目,已成為歷史學的主要內容。歷史學要追求進步,便必須直接研究材料、擴張所研究的材料以及擴充研究時所應用的工具;運用材料處理問題時,因解決之問題而得以更生新問題,因問題之解決而要求多項的材料。傅斯年所說的「近代的歷史學」,自然是指他所認識到的近代歐洲以歷史語言考證學為基礎的歷史學,但是他也要把這種研究態度追溯到清初的顧炎武、閻若璩。他對於著作的看法已與梁啟超、胡適、何炳松等人不同,⑥但其重視史料作為史學的基礎則並無差別。

在實際的史學研究工作上,一方面承繼清代的學風,一方面受到西方史學的影響,史料同樣深受重視。王國維的研究方向在民國建立後已轉向史學,到他在民國十六年自沈之前,「取地下之遺物與紙上之遺文互相釋正」,「取異族之故書與吾國之故籍互相補正」,而在中國古史與邊疆史地研究取得開創性的成果。⑥獲陳寅恪譽為「先生之精思

⑥ 何炳松,《通史新義》,頁4-5、14-15;胡適著,姚名達訂補,《章實齋先生年譜》,〈何序〉,頁8-12。

⑥ 收錄於傅斯年,《傅斯年全集》(臺北:聯經出版事業公司,民國六十九年),第四冊。

⑥ 梁、胡、何三人均以通體的史書作為史學著述的理想目標,所以梁啟超擬有中國通史目錄、中國文化史目錄,見其《國史研究六篇》(臺北:中華書局,民國五十年)附錄;胡適論理想中的國學研究,亦提出一個中國文化史總系統,而認為可先從各種專史著手,見其〈國學季刊發刊宣言〉;何炳松在幾篇序言中所說的著作與史料分家,著作所指就是通史。而傅斯年所說的「歷史學只是史料學」則是要研究題目,而認為「歷史學不是著史」。

⑥ 陳寅恪,〈王靜安先生遺書序〉,收入《陳寅恪先生文集之三:金明館叢稿二

博識，吾國學者，自錢曉徵以來，未之有也」的陳垣，其宗教史、元
史研究及輔助史料考證的校勘學、年代學、避諱學等論著，自民國六
年以來也陸續刊行。⑲陳寅恪自己在國外深受德國歷史語言考證學的
影響，民國十四年回國後，入清華大學任教，同時以他在國外所習得
的多種語文知識，從事邊疆民族史與佛教史的考證。⑳顧頡剛的層累
地造成的古史觀首次發表於民國十二年，引發了史學界辨偽史的風潮
與爭辯，集結有關爭論文字的《古史辨》第一冊在民國十五年出版，
到民國二十四年已出版到第五冊。當時的辨偽史，基本上是由辨偽書
進一步發展而來，亦即經由對史料的考辨而建立新的古史觀。顧頡剛
自述所以從事辨偽的工作，是「因為想做史學，所以極要搜集史料，
審定史料。為搜集史料，所以要做『目錄學』；為審定史料，所以要『辨
偽』」。㉑他後來又論及《古史辨》第三冊、第五冊內容所以是古書的
研究：「古書的研究其實就是古史的研究，因為古書是古史的史料，研
究史料就是建築歷史的基礎。」㉒在《古史辨》第一冊出版的同年，傅
斯年自德國返國，隨即出任廣州中山大學文科主任，並依據德國歷史
語言考證學的觀念，取法北京大學研究所國學門的規模，於次年在中
山大學創設語言歷史研究所，創辦《中山大學語言歷史研究所週刊》。

編》（上海：上海古籍出版社，1980）。

⑲　陳寅恪語見其〈陳垣元西域人華化考序〉，收入《陳寅恪先生文集之三：金
　　明館叢稿二編》。陳垣著作刊行時間見劉乃和，〈陳垣同志已刊論著目錄繫
　　年〉，收入《勵耘書屋問學記：史學家陳垣的治學》（北京：三聯書店，1982）。

⑳　汪榮祖，《史家陳寅恪傳》（臺北：聯經出版事業公司，民國七十三年），第
　　三章、第六章。

㉑　顧頡剛，〈論辨偽工作書〉，收入顧頡剛編著，《古史辨》第一冊（臺北：明
　　倫出版社，民國五十九年）。

㉒　顧頡剛，《當代中國史學》，頁138。

緊接著在民國十七年，他又籌設中央研究院歷史語言研究所，創辦《中央研究院歷史語言研究所集刊》，並且在這份刊物的第一本第一分上，執筆寫倡導「歷史學只是史料學」的〈歷史語言研究所工作之旨趣〉。兩所機構和兩份刊物，可以說是同根而生。[73]除王國維已先去世外，陳垣、陳寅恪、顧頡剛都先後與這兩所機構、兩份刊物發生關聯。[74]

陶希聖對於當時史學界的趨向，應不陌生。他對史學深感興趣，可以追溯到中國社會史論戰時期以前。少年時代即在家中讀《史記》、《前漢書》、《資治通鑑》、《讀通鑑論》、《宋論》之類，又喜作史論。在北京大學法科法律門求學時，曾在沈尹默指導下讀過一些文史舊籍，其中就有《史通》及清代學者《日知錄》、《十駕齋養新錄》、《文史通義》等著作。畢業後，由於教授親屬法與繼承法而研究禮學，民國十二年的暑假，因研讀禮學而尋求商周兩代社會組織之差異及其演變之軌跡，這是他由法學而轉入中國社會史學之樞紐。在商務印書館工作期間，薪俸一半用於購書，又經常向該館的東方圖書館借書來讀，所探究的幾個方向之

---

[73] 逯耀東師，〈傅斯年與《歷史語言研究所集刊》〉，《臺大歷史學報》第二十期（民國八十五年）。

[74] 顧頡剛和傅斯年同辦中山大學語言歷史研究所，主編《中山大學語言歷史研究所週刊》；又參與中央研究院歷史語言研究所的籌備，編輯《中央研究院歷史語言研究所集刊》第一本第一分，其後任歷史語言研究所特約研究員。陳垣亦受聘為歷史語言研究所特約研究員。陳寅恪則先任歷史語言研究所北平分所主任，其後任研究員兼第一組主任。陳垣與陳寅恪均有著作由歷史語言研究所出版，或刊載於《中央研究院歷史語言研究所集刊》。參考逯耀東師，〈傅斯年與《歷史語言研究所集刊》〉；以及顧潮，〈顧頡剛先生與史語所〉；陳弱水，〈一九四九年以前的陳寅恪——學術淵源與治學大要〉；陳智超，〈陳垣先生與中研院史語所〉。後三文均載於杜正勝、王汎森編，《新學術之路》（臺北：中央研究院歷史語言研究所，民國八十七年）。

一，是中國的思想流派及其演變，由於再加功力，窮源溯流，而在史學上有了進步。他曾述及宗法是周制，而殷則以弟繼兄，❼這正是王國維在〈殷周制度論〉中的講法，可見他應讀過王國維的論著。他也應該看過胡適的《中國哲學史大綱》和梁啟超的史學著作，在晚年的一次訪談裡，曾提到胡適這本書運用了史學方法，是很重大的發展，在史學上是一變，胡適本來跟著梁啟超，而在這本書出來後，梁啟超倒過來跟胡適。他又曾回憶在這段期間，北京大學同學對中國古代歷史提供兩大貢獻，其一是地質學與考古學家將人類歷史向前伸至數萬年甚至數百萬年，另一是考據學家將古代典籍及其記載向後拉至數十年至數百年。而顧頡剛《古史辨》第一冊在北京馬神廟出版，風行一時，「歷史學界『後，後，後』之呼聲，更震耳欲聾」。而這時他正著手於禮喪服的研究，「尋繹古代以婚姻與家族為根本的社會組織，由此推求神話與傳說中之史料，重建古代史」。❼他在《中國社會之史的分析》「緒論」中說：「西漢以前的史乘和典籍尤其是靠不住，大抵經過漢儒的變造和僞造」，❼這正是顧頡剛對於古史的觀點，可見他深切了解當時古史爭辯癥結與史料的關聯。他在商務印書館當編輯時，曾在一位學長家中，和剛從歐洲回國路過上海的傅斯年晤談，到北京大學任教後，又和當時主持北京大學史學系的傅斯年成為同事，❼亦應習聞其對史學與史料關係的看法。

---

❼ 陶希聖，《中國社會之史的分析》，頁15、35。

❼ 陶希聖，《潮流與點滴》，頁3、26、31、65–66、70、82；陶希聖，〈八十自序〉（上）；杜正勝、黃寬重訪談，王健文整理，〈風氣新開百代師：陶希聖先生與中國社會史研究〉，《歷史月刊》第七期（民國七十七年八月）。

❼ 陶希聖，《中國社會之史的分析》，頁3。

❼ 陶希聖，〈傅孟真先生〉，原刊民國三十九年十二月二十三日《中央日報》，收入國立臺灣大學紀念傅故校長籌備委員會哀輓小組編，《傅故校長哀輓錄》（臺北：臺灣大學，民國四十年）。陶希聖回憶此事在民國十四年除夕，時

儘管陶希聖說胡適、傅斯年等是考據學派，和他的社會史觀素不同派，**⓿**但是他顯然已接受了當時史學界重視史料作為史學基礎的觀點，用以支持他的社會史觀。不過他在上海期間，由於經濟能力與環境的限制，只能使用最低劣的中華書局本二十四史來搜輯社會史料，在每本書上塗抹甚至剪裁，以供參考之用，而不易看到更多的史料；到北平任教後，經濟能力與用書條件都有很大的改善，於是史料閱讀範圍大為拓廣。**⓿**前述他由於對材料看得較多而對歷史階段劃分的看法有所改變，就是到北平任教之後的事。同時也由於北平的學術環境與他的教學影響，使他得以創辦導正中國社會經濟史研究學風的《食貨》半月刊。

四、《食貨》半月刊的創刊

陶希聖在民國二十年秋天到北京大學政治系任教，又輪流在師範大學史學系、北平大學政治系、中國大學、燕京大學社會系、清華大學政治系講課，以中國社會組織或結構為骨幹，旁及政治制度與政治

間應有錯誤，因為傅斯年在民國十五年冬天才歸國。見芮逸夫，〈傅校長斯年先生年表〉，收入《傅故校長哀輓錄》；及傅樂成師，《傅孟真先生年譜》（臺北：文星書店，民國五十三年），頁23。

⓿ 陳存恭、蘇啟明、劉妮玲訪問，陳存恭、尹文泉總整理，《陶希聖先生訪問紀錄》（臺北：國防部史政編譯局，民國八十三年），頁24。陶希聖曾說明他的社會史觀，思想方法接近唯物史觀而不墮入唯物史觀的公式主義圈套，使用的方法是社會的歷史方法，與桑巴德的《資本主義史》、奧本海馬爾的《國家論》如出一轍。見陶晉生師，〈陶希聖論中國社會史〉，《古今論衡》第二期（民國八十八年）。

⓿ 陶希聖，《潮流與點滴》，頁112、117-118。

思想。㉛當時的學生由於受社會史論戰的影響，對於中國社會史的問題很感興趣，他分析深刻，引人入勝，因而與胡適、傅斯年、錢穆同為北京大學最受歡迎的教授之一，並且影響到一些學生走上研究中國社會經濟史的道路。㉜他善用環境多讀史料，對於中國社會史有了新看法；而在指引學生廣搜史料來研究中國社會史方面，也很快有了成果。

民國二十二年、二十三年間，由陶希聖校正的劉道元《兩宋田賦制度》、《中國中古時期的田賦制度》、鞠清遠《唐宋官私工業》及全漢昇《中國行會制度史》等書，已列為上海新生命書局的《中國社會史叢書》出版。㉝陶希聖在各書書前的「中國社會史叢書刊行緣起」中

㉛　陶希聖，《潮流與點滴》，頁127；陶希聖，〈八十自序〉。

㉜　何茲全，〈悼念我師陶希聖先生〉，《傳記文學》第五十三卷第二期（民國七十七年八月）。又全漢昇在訪談中也說到北京大學師長中影響他最大的兩位是陶希聖與傅斯年，陶希聖講授中國社會經濟史一課，使他決心研究中國經濟史。見黎志剛、林燊祿訪問，〈全漢昇院士〉，《漢學研究通訊》第五卷第一期（民國七十五年三月）。

㉝　民國二十三年十二月出版的《食貨》半月刊創號，刊有這幾本書的廣告（頁22）。食貨出版社在臺北再版各書版權頁所刊上海初版時間，劉道元《兩宋田賦制度》為民國二十二年；鞠清遠《唐宋官私工業》為民國二十三年；全漢昇《中國行會制度史》為民國二十四年，應誤，據《薪火集：傳統與近代變遷中的中國經濟／全漢昇教授九秩榮慶祝壽論文集》（臺北：稻鄉出版社，民國九十年）所附「全漢昇教授著作目錄」，為民國二十三年；劉道元《中國中古時期的田賦制度》為民國二十九年，亦誤，此書序文作於民國二十二年。附帶指出，食貨出版社在臺北再版的曾謇《中國古代社會》及鞠清遠《唐代財政史》，版權頁所刊上海初版時間均為民國二十三年，亦誤。陶希聖在民國二十四年三月出版的《食貨》半月刊一卷七期〈編輯的話〉中，說曾謇《中國古代社會》收入《中國社會史叢書》，將由新生命書局出版，可見此

說：「史學不能創造歷史。反之，歷史的研究產生史學。這個道理太顯明了，顯明到一般人多瞧不見。他們要憑他們的史學創造歷史。他們的史學是從歐洲歷史的研究產生的。他們拿歐洲歷史研究所產生的史學當作歐洲史的本身，這已經不大妥當了。他們更進一步，把那史學當做中國史。他們以為這就是中國史，不必他求。」這一些話，很清楚是針對社會史論戰中將馬克斯的歷史階段論套用於中國歷史之上而發的。而發刊《中國社會史叢書》，收羅通論、專論與史料集，其誓願則是：「寧可用十倍的勞力在中國史料裡去找出一點一滴的木材，不願用半分的工夫去翻譯歐洲史學家的半句子來，在沙上建立堂皇的樓閣」；「多做中國社會史的工夫，少立關於中國社會史的空論」；「多找具體的現象，少談抽象的名詞」。這幾個誓願，把史料與史實提升為社會史研究的首要前提，以之與傅斯年的〈歷史語言研究所工作之旨趣〉相比較，宗旨雖不一致，卻有可以接近之處。而這幾本書，也確實都能本於史料與史實，具體地講述歷史的演變，不發空論，而且所處理的時期都在社會史論戰時所忽略的秦漢至晚清之間，只有全漢昇的《中國行會制度史》稍微涉及先秦與近代。但是這些書的作者亦非完全撇開理論不顧，劉道元在《中國中古時期的田賦制度》序文中指出他所討論的這段時期，「在社會史上看是結束了奴隸社會，在奴隸社會的廢墟上建築起中世紀的封建社會」，而這階段的特色是「莊園自足生產」。這個看法，正來自陶希聖新近對於中國歷史階段的劃分。序文又提到：「在研究上，得到陶希聖先生的教正，及吾友何茲全、沈巨塵的幫助，尤其借用了茲全所搜集的許多材料。」可見陶希聖和他所指引的學生，已經形成一個相互切磋的研究群體。有了學術研究的環境，有了學問

書在這時尚未出版。在鞠清遠《唐代財政史》的序中，陶希聖說此書與《南北朝經濟史》及《劉晏評傳》，都是國立北京大學經濟史研究室的出品，經濟史研究室要到民國二十四年才成立。

上的追隨者，也有了研究成果，使得一份用以實踐學術理想的刊物在稿源上能夠獲得初步的支持，有可能出刊。《中國社會史叢書》的出版，可以說是《食貨》半月刊創刊的前奏。

　　其實在《食貨》半月刊創刊以前，以比較紮實的工夫從事中國社會經濟史研究的人，非僅陶希聖所引導的學生而已。各地的學校，甚至社會上，都已有一些人在做同樣的工作，而且其中不乏把目光注視到秦漢至晚清之間者。王志瑞的《宋元經濟史》應該出版於民國二十二年以前，❽這本書在史料上雖然僅使用了正史與《文獻通考》，卻在簡明扼要中頗能踏實。萬國鼎自民國十七年至二十二年間，已有多篇討論漢代至明代的農業史與土地制度史的論文，在《圖書館學季刊》與《金陵學報》發表，尤其以《金陵學報》為多。❽廣州中山大學文科研究所的陳嘯江專攻漢代三國經濟史，從《食貨》半月刊第一卷第三期起有論文發表，而在此之前，他已在《廣州中山大學文史研究所月刊》第二卷及《現代史學》第一、二卷各期發表過多篇論文，時間在民國二十二年、二十三年間。❽刊於《食貨》半月刊第一卷第三期的〈三國時代的人口移動〉，是他所著《補三國志食貨初稿》的第五節，而前四節已先刊登於《現代史學》第二卷第一、二期合刊。當他的研究成果結為《西漢經濟史研究》和《三國經濟史研究》兩書，在民國二十五年出版時，陶希聖評之為「材料的搜集、分析及方法的綿密，都是值得稱讚的」。❽《食貨》半月刊

---

❽　臺灣商務印書館於民國五十三年，在臺北重印的王志瑞《宋元經濟史》無初版年月，但王宜昌在刊於《中國社會史論戰》第四輯的〈中國封建社會史〉中已曾引用（頁50）。

❽　余秉權，《中國史學論文引得》（臺北：泰順書局，民國六十年），頁321。

❽　〈南方各大學雜誌中中國經濟社會史論文索引〉，《食貨》半月刊第一卷第六期（民國二十四年二月）；余秉權，《中國史學論文引得》（臺北：泰順書局，民國六十年），頁268。

第一卷第十一期刊登了武漢大學龔化龍的《明代採礦事業的發達與流毒》上篇，他是在李劍農指導下研究中國經濟史的，陶希聖認為「李先生指導下的學人，自有一種風氣。他們詳細的搜求資料，慎重的發言，他們沒有多少自己的話」，如果「能再加以經濟理論的陶冶，歷史哲學的引導，必能為了這門學問大張旗鼓的」，所展現的也是篤實的治學精神。❽馬非百的《秦漢經濟史資料》從《食貨》半月刊第二卷第八期開始連載，他在河南省政府服務，在寫給陶希聖的信中說，這部《秦漢經濟史資料》和另一部已由商務印書館出版的《桑弘羊年譜》都在民國二十年、二十一年寫成。❾當時也已經有一些史學期刊，比較多地刊載中國社會經濟史的論著。例如廣州中山大學史學研究會出版的《現代史學》，第一卷第三、四期合刊就是中國經濟史研究專號，共收了有十一篇中國社會經濟史的論文與譯文，涉及時間上自古代，下至現代，而半數以上在秦漢以後至晚清以前；❿在《食貨》半月刊創刊次月出刊的《現代史學》第二卷第三期，也有一欄是「經濟‧社會史」，共收有七篇論文。⓫中央研究院社會科學研究所（原北平社會調查所）的《中國近代經濟史研究集刊》，創刊於民國二十一年十一月，就以經濟史為刊名，

---

❽　陶希聖，〈編輯的話〉，《食貨》半月刊第四卷第四期（民國二十五年七月）。

❽　陶希聖，〈編輯的話〉，《食貨》半月刊第一卷第十一期（民國二十四年五月）。

❾　陶希聖，〈編輯的話〉，《食貨》半月刊第二卷第八期（民國二十四年九月）。
　　《桑弘羊年譜》於民國六十四年由臺灣商務印書館於臺北重印，著者姓名改為馬元材，自序作於民國二十三年，稱此書為民國二十二年冬所作。

❿　〈南方各大學雜誌中國經濟社會史論文索引〉，《食貨》半月刊第一卷第六期。

⓫　《食貨》半月刊第一卷第七期（民國二十四年三月）所刊廣告（頁49）。廣告誤作二卷二期，按所列各文，查余秉權，《中國史學論文引得》均在二卷三期，出版時間在民國二十四年一月。

第一卷第一、二期與第二卷第一期都刊有清代經濟史的論文。❾這些都是《食貨》半月刊創刊前後的事，反映了以比較嚴謹的態度來研究中國社會經濟史的風氣已在多處存在。由於秉持這種態度的人已不限於陶希聖和他的學生，所以《食貨》半月刊創刊後能夠有更多的稿源；而《食貨》半月刊創刊的意義，則在於以文會友，把許多原本散處各地的研究者聚集起來，讓他們的努力獲得學術界的注意。

　　《食貨》半月刊創刊於民國二十三年十二月，這份刊物與上述《中國社會史叢書》一樣，由上海新生命書局發行。而在這年的九月、十月，由南京中國經濟研究會主編兼發行的《中國經濟》月刊第二卷第九、十兩期已刊出了上、下兩輯的「中國經濟史專號」，第九期有何茲全討論中古時代中國佛教寺院的一篇作品，而陶希聖則在第十期加以評論，給予很好的評價。❾這兩期專號的編成應與陶希聖有密切關係，所以在專號中有「一分見解，一分材料；一分材料，一分見解」的話。❾《中國經濟》究竟不是專刊社會經濟史論著的雜誌，無法以較長的時間來推動陶希聖的理想，不過兩三個月後，就有標榜「中國社會史專攻刊物」的《食貨》半月刊創刊。陶希聖創辦這份刊物的的宗旨，見於他在創刊號上所寫的〈編輯的話〉。他批評社會史論戰中的風氣，「把方法當結論，不獨不是正確的結論，並且不是正確的方法」，這只是拿外國社會史來

---

❾　〈中國經濟社會史論文索引(2)〉，《食貨》半月刊第一卷第七期。

❾　何茲全，〈悼念我師陶希聖先生〉，《傳記文學》第五十三卷第二期。這兩期所刊中國經濟史論著篇名見〈中國經濟社會史論文索引(6)〉，《食貨》半月刊第一卷第十二期（民國二十四年五月）；〈中國經濟社會史論文索引(7)〉，《食貨》半月刊第二卷第一期（民國二十四年六月）。《中國經濟》由南京中國經濟研究會主編兼發行，見余秉權，《中國史學論文引得》，頁4。

❾　李秉衡，〈方法與材料〉（通信）所引，《食貨》半月刊第一卷第九期（民國二十四年九月）。

取代中國社會史,與中國社會史全不相干;「正確的方法是能夠把握中國歷史上社會現象內部關係的方法」,而「中國歷史上的現象並沒有明顯的擺在陳列室,還須大家去搜求」。所以這份刊物出版的用意,在於「集合正在研究中國經濟社會史尤其正在搜集這種史料的人,把他們的心得、見解、方法,以及隨手所得的問題、材料,披露出來,大家可以互相指點,切實討論,並且進一步可以分工進行」。不過他也認為,「有些史料,非預先有正確的理論和方法,不能認識,不能評定,不能活用;也有些理論和方法,非先得到充分的史料,不能證實,不能精緻,甚至於不能產生」。所以並非「心裡一點什麼也沒有」而「就史料論史料」,「總得有了疑問,有了假設」,「纔會去找證據」,「纔會找著別人沒有說出的證據」。以這些話和他稍早的「中國社會史叢書刊行緣起」相比較,他雖仍強調要從史料和具體現象去建設中國社會史,但是也提出了理論、方法和史料之間相互作用的關係,在方向上略微有所調整。陶希聖一直認為可以從歷史中尋出法則,[95]「中國社會史叢書刊行緣起」只是為矯正弊端而作較為強烈的表達,《食貨》半月刊創刊號的〈編輯的話〉則更能顯示他的想法。這項宗旨,成為此後《食貨》半月刊編輯的方針。

陶希聖曾提到《食貨》半月刊「第一個熱烈的發起人是顧頡剛先生。『食貨』這個名稱便是他提出的」,[96]顯然顧頡剛和這份刊物的創刊,關係十分密切。目前所見有關陶、顧兩人交往的記載,主要在民國二十四年以後,[97]顧頡剛是如何參與這份刊物的發起,已不得其詳。

---

[95] 直到晚年,陶希聖仍然認為「中國社會發展可與歐洲社會發展作一比較而發現其共同法則」,而追憶他當年創辦《食貨》半月刊的目的則是「鼓勵學生搜輯經濟社會史料,並從史料中尋找歷史法則」。見其《潮流與點滴》,頁130及頁144註5。

[96] 陶希聖,〈搜讀地方志的提議〉,《食貨》半月刊第一卷第二期(民國二十三年十二月)。

不過顧頡剛赴北平任教於燕京大學後，自民國二十年九月起亦於北京大學歷史系兼課，**⑨⑧**兩人同負聲名，早年又曾同一時期先後就讀北京大學，在史學界中不難有所交往。而且兩人之間，應有比一般交往更深一層的關係，這層關係建立在雙方對於史料與史學關係認識的接近上。

前已述及，陶希聖在早期社會史論戰的態度上，已有取資於顧頡剛的古史考辨之處。不僅古史考辨，顧頡剛所推動的民俗研究主要也是一項史料工作，要以民俗資料的搜集作為研究的基礎，進一步去了解較聖賢文化複雜許多的平民文化。所以他說：「我們能搜集文化的材料，才能批評文化的價值；能批評文化的價值，才能創造新文化的方式。」又說：「凡是一種學問的建立總需要有豐富的材料。有了豐富的材料方才可以引起人家的研究興味，也方才可以使得人家研究時有所憑藉。」**⑨⑨**他這些話都講在民國十七年，而與後來陶希聖認為必須先搜集中國社會經濟史資料才能建設起中國社會經濟史的看法，有互通之處。在《讀書雜誌》時期的社會史論戰中，顧頡剛雖然未曾參戰，也未曾對中國社會的發展形態提過任何看法，卻因為他對中國古史的觀點而飽受攻擊。陶希聖本來就是一個受抨擊的中心人物，而遭到批評的要點之一，則是他採用了顧頡剛的意見。**⑩**對於所受到的攻擊，顧頡剛只是消極地回應。

---

⑨⑦ 陶希聖曾回憶民國二十五年七月至二十六年六月間，顧頡剛以自用車順路接他同往燕京大學上課，又載他回家。見其〈顧頡剛之自覺與自課〉，載民國七十年五月七日《中央日報》的〈中央副刊〉。顧潮編著的《顧頡剛年譜》（北京：中國社會科學出版社，1993）則在一九三五年七月一日、十一月二十一日、一九三六年十二月一日及年末條下有關於陶希聖的記事。

⑨⑧ 顧潮，《顧頡剛年譜》，一九三一年九月條。

⑨⑨ 顧頡剛，〈聖賢文化與民眾文化〉，《民俗週刊》第五期；〈序閩歌甲集〉，《民俗週刊》第二十三、二十四期合刊。兩文均刊於民國十七年。

他說:「我何嘗不想研究人類學、社會學、唯物史觀等等」，可是他「決不能把這一科學問內的事項一手包辦」，而只能束身於打倒偽史這小範圍裡做深入的工作，如果不能大家分工，打好根底，而想一步登天，只有逼得作八股文章，「大家會說那一套，但大家對於那一套都不能有真實的瞭解」；⑩又說：「等到我們把古書和古史的真偽弄清楚，這一層根柢又打好了，將來從事唯史觀的人要搜取材料時就更方便了，不會得錯用了。」⑩他的意思其實是，即使談史觀，也不能不考慮史料的真偽。⑩而陶希聖則猛烈地反擊，並極力為顧頡剛的古史觀點辯護。他發表〈漢儒的僵屍出祟〉，說：「要知道翻印馬氏全集也替代不了中國史，只能代替漢儒腦力所造的中國史。」又說：「在材料的考究上，階級憎恨沒有用處。你恨顧頡剛、錢玄同，你便受了呂不韋和董仲舒一干人的騙。顧頡剛否定了漢儒的古史觀，可是，顧頡剛的否定，並不是《尚書》和《史記》，尤其不是《尚書》。」⑩顧頡剛說過自己理想中的成就，是在戰國

⑩ 李季，〈對于中國社會史論戰的貢獻與批評〉，頁19–21、35–37，《中國社會史的論戰》第二輯；李季，〈對于中國社會史論戰的貢獻與批評（一續）〉，頁8–10，《中國社會史的論戰》第三輯。對於顧頡剛的批評，又見王宜昌，〈中國社會史論史〉，頁14–15；杜畏之，〈古代中國研究批判引論〉，頁2–4。王、杜兩文均收入《中國社會史的論戰》第二輯。

⑩ 顧頡剛，〈自序〉，《古史辨》第三冊（臺北：明倫出版社，民國五十九年）。

⑩ 顧頡剛，〈序〉，羅根澤編著，《古史辨》第四冊（臺北：明倫出版社，民國五十九年）。

⑩ 劉起釪和劉俐娜討論顧頡剛的學術，都已論及此事。見劉起釪，《顧頡剛先生學述》（北京：中華書局，1986），頁79–81；劉俐娜，《顧頡剛學術思想評傳》（北京：北京圖書出版社，1999），頁262–264。但應注意顧頡剛的重點是在史料考辨的重要性，而非劉起釪所說的「承認歷史唯物論為應當信服的科學理論，應奉為古史研究的指導思想」。

⑩ 陶希聖，〈漢儒的僵屍出祟〉，頁5、7，《中國社會史的論戰》第四輯。這篇

秦漢時期「人們的思想和學術中尋出他們的上古觀念及其所造作的歷
史來」。❶陶希聖熟悉他的貢獻，可以說是以其立場來為其辯護。〈漢儒
的僵屍出祟〉的發表已在民國二十二年，這時顧、陶兩人都在北京任教，
這件事情或許有可能拉近他們的距離。更進一步講，顧頡剛從史料的考
辨來否定漢儒的古史觀，有促使史學脫離經學而獨立的用意，所以他會
主張推倒古史中帝繫、王制、道統、經學四種偶像；並指出這四種偶像
都建立在不自然的一元論上，四種一元論又以道統來統一，而經書就是
道統的記載，堅實的一元論使得歷史為其所攪亂。❶他從事並推動民俗
研究，則是想從民俗學的材料去印證古史，看出古史中的真相，而不為
學者所編定的古史所迷誤，❶也顯然是用來支持史學掙脫經學的籠罩而
走向獨立。在中國社會史論戰中，參戰者紛紛將中國的歷史事實嵌入馬
克斯的歷史階段論，已有使唯物史觀演化成一種新經學的趨勢；❶而陶

文章的題目，應取材自周予同，〈殭屍的出祟〉，見顧頡剛編著，《古史辨》
第二冊（臺北：明倫出版社，民國五十九年）。陶希聖一直到《食貨》半月
刊出版期間，仍在為疑古工作辯護，批評把古史記載隨意運用的人，見陶希
聖〈編輯的話〉，《食貨》半月刊第一卷第二期（民國二十三年十二月）；〈疑
古與釋古〉，《食貨》半月刊第三卷第一期（民國二十四年十二月）。

❶ 顧頡剛，〈自序〉，《古史辨》第二冊。

❶ 顧頡剛，〈序〉，羅根澤編著，《古史辨》第四冊。劉起釪和顧潮、顧洪都已
論及顧頡剛承繼了清代以來經學變為史學的趨勢。見劉起釪，《顧頡剛先生
學述》，頁10；顧潮、顧洪，《顧頡剛評傳》（南昌：百花洲文藝出版社，1995），
頁8–11。其他討論顧頡剛的論著亦多論及他的推倒四個偶像。如施耐德（Lau-
rence A. Schneider）著、梅寅生譯，《顧頡剛與中國新史學》（臺北：華世出
版社，民國七十三年），頁229–232；王汎森，《古史辨運動的興起》（臺北：
允晨文化實業股份有限公司，民國七十六年），頁236；彭明輝，《疑古思想
與現代中國史學的發展》（臺北：臺灣商務印書館，民國八十年），頁96–97。

❶ 劉起釪，《顧頡剛先生學述》，頁119–120。

希聖提倡擺脫社會史論戰中的風氣，以史料與史實為基礎來建設中國社會經濟史，正是追求史學脫離新經學而獨立，與顧頡剛的努力互相呼應。顧頡剛所以會成為《食貨》半月刊「第一個熱烈的發起人」，原因未必與此無關。

除了對於史料與史學關係態度的接近之外，更直接的原因應是陶希聖受到《禹貢》半月刊創刊的影響，他可能因此而產生創辦一份新刊物的念頭，並為此事而與顧頡剛商量。《禹貢》半月刊創刊於《食貨》半月刊創刊之前半年，顧頡剛創辦這份刊物推動歷史地理的研究，主要是以他在燕京、北京兩大學及譚其驤在輔仁大學講授中國地理沿革史的成果為基礎，發表學生的課藝，但也歡迎外面的投稿。⓽這時陶希聖到北平教書已近三年，《中國社會史叢書》的陸續出刊說明他的教學影響已經呈現，《禹貢》創刊可能啟發他以同樣的方式來擴大影響。顧頡剛和譚其驤合寫的《禹貢》發刊詞，指出辦這份刊物的目的之一，是要把「史學逐漸建築在鞏固的基礎之上」，搜集材料，實際勘查，恢復清代學者「刻苦耐勞而謹嚴的精神」；他們質問，如果「一般學歷史的人，往往不知禹貢九州、漢十三部為何物，唐十道、宋十五路又是什麼」，那不僅是「現代中國人的極端恥辱」，而且「還配講什麼文化史、宗教史，又配講什麼經濟史、社會史；更配講什麼唯心史觀、唯物史觀?」而具體的工作計畫，除了沿革地理本身外，還要把地理書籍、正史地志、

⓼ 逯耀東師指出，中共政權建立以後，以馬克斯思想為基礎形成的歷史解釋體系，使中國史學陷入另一個新經學的泥沼，見其《胡適與當代史學家》的代序〈現代史學轉折中的尋覓〉。這種趨勢，可以說早在中國社會史論戰時期已初現端倪。陶希聖在〈漢儒的僵尸出祟〉文中所說：「要知道翻印馬氏全集也替代不了中國史，只能代替漢儒腦力所造的中國史。」正有以當時人引據馬克斯之言解釋中國史和漢儒經說相提並論之意。

⓽ 顧頡剛，〈編後〉，《禹貢》半月刊第一卷第一期（民國二十三年三月）。

州郡記載中的文化史料、經濟史料、移民史料等,「輯錄出來,作各種專題的研究」。這種基於材料而作嚴謹研究的宗旨和工作,和後來陶希聖辦《食貨》半月刊的用心又何其近似。《禹貢》創刊還含有民族意識的因素,所以〈發刊詞〉中以對沿革地理的不瞭解為民族的恥辱;而《食貨》半月刊創刊的宗旨,在於反對以外國社會史來代替中國社會史,而要求以自力去搜求中國歷史上的社會現象,又豈無民族意識為動力?有這些共同的基礎和背景,也就難怪顧頡剛會熱烈地支持《食貨》半月刊的創辦。《食貨》以半月刊的方式發行,可能是受《禹貢》的影響;而《食貨》半月刊創刊的同時有食貨學會的發起,應該也是取法自《禹貢》之有禹貢學會,儘管兩者形式不盡相同。⑩因為《食貨》半月刊創刊應是受到《禹貢》的影響,所以後來兩份刊物關係密切。例如《食貨》半月刊倡讀地方志,既是出自顧頡剛的提議,其實也是《禹貢》半月刊已經在做的工作;⑪兩份刊物又互相交換稿件,《食貨》收到地理方面的

---

⑩ 　《食貨》半月刊創刊號版權頁載有食貨學會會約,禹貢學會的成立與演變,見彭明輝,《歷史地理學與現代中國史學》(臺北:東大圖書公司,民國八十四年),頁153–156。不僅食貨學會的設立可能取法禹貢學會,到民國二十五年五月禹貢學會召開正式成立大會後,食貨學會也有依法令組織,召開會員大會的想法。見陶希聖,〈編輯的話〉,《食貨》半月刊第四卷第七期(民國二十五年九月)。

⑪ 　陶希聖,〈搜讀地方志的提議〉,《食貨》半月刊第一卷第二期。按顧頡剛自民國二十年起已在推動研讀地方志,見顧潮,《顧頡剛年譜》,一九三一年二月條,載顧頡剛修改朱士嘉〈研究地方志的計劃〉,此文隨即以顧、朱兩人之名,發表於本年一月出版的《社會問題》第一卷第四期,見《顧頡剛年譜》所附著述目錄,所以如此,當是該期延後出版之故;又見鄭良樹,《顧頡剛學術年譜簡編》(北京:中國友誼出版公司,1987),一九三一年一月條。又《禹貢》半月刊第一卷第二期載有朱士嘉〈方志之名稱與種類〉,第三期載有徐家楣〈民國二十二年以來所修刻方志目錄〉,第五期載有朱士嘉〈中國

稿件轉給《禹貢》，《禹貢》收到經濟社會史的稿件轉給《食貨》，而經濟地理的稿件則兩份刊物都要「據為己有」；⑪陶希聖還曾建議聯合《食貨》、《禹貢》兩團體，合辦一份《史學月刊》，進行已有眉目，因時局變化而未成。⑬總之，在當時北平的學術網絡中，觀念、辦法都有很多交換的機會，志趣相近者不難因交往而互相影響，《食貨》半月刊也就在這樣的一種學術環境中誕生。

五、新學風的推展

《食貨》半月刊在北平的學術環境中創刊，使得原以上海為中心，主要由具有明顯政治立場的文化人參與，而且充斥著謾罵的中國社會史論戰，轉向主要由大學師生參與，以比較嚴謹的態度從事的中國社會經濟史研究，⑭這門學科的討論在作風上於是有所轉變。《食貨》半月

地方志綜錄例目〉，第十期載有傅振倫〈方志之性質〉。

⑫　陶希聖，〈編輯的話〉，《食貨》半月刊第二卷第七期（民國二十四年九月）。

⑬　《食貨》半月刊第二卷第九期（民國二十四年十月）、第十二期（民國二十四年十一月）所載陶希聖〈編輯的話〉中，都提到《史學月刊》，第三卷第十二期所載〈編輯的話〉中則說此刊物「因種種關係延遲創刊」；《顧頡剛年譜》民國二十四年十一月二十一日條載顧頡剛致稽文甫信說此事「商量初就，時局陡變」，於是延長籌備階段。所謂「時局陡變」，應指民國二十四年十一月十九日，宋哲元向北平各界人士宣布日本策動華北自治，事見《陶希聖先生訪問紀錄》，頁12。

⑭　《讀書雜誌》所發起的中國社會史論戰，其參與者資歷的討論見趙慶河，《讀書雜誌與中國社會史論戰（一九三一—一九三三）》，頁117–130；《食貨》半月刊作者的背景分析，見徐素貞，《「食貨半月刊」研究（一九三四—一九三七）》，頁25、28。

刊所展現出來的中國社會經濟史研究新學風，特色之一是以史料為基礎建設中國社會經濟史，而亦不廢理論、方法的探討。《食貨》半月刊提倡讀地方志、二十四史，討論整理明、清兩代中央政府的檔案，搜集其中的經濟史料。[115]社會經濟史料不僅來自書本和檔案，也來自對生活環境的觀察，所以陶希聖自己寫了一篇〈魯遊追記〉，刊於民國二十四年六月的《食貨》半月刊第二卷第一期，其中談及他所見的經濟社會狀況；隨後又期望讀者利用暑假回鄉時，作本鄉的經濟史調查；[116]這項呼籲得到王興瑞的響應，他搜集家鄉的資料，寫成〈廣東一個農村現階段的經濟社會〉，發表於半年後出刊的第三卷第二期。史料的整理與彙集，是《食貨》半月刊的重要內容之一，如馬非百的《秦漢經濟史資料》，前後分七期刊載；[117]如北京大學中國經濟史研究室將所搜集到的唐代戶籍、丁籍資料，編為「唐戶籍簿叢刊」專號刊出；[118]又如鞠清遠將幾種清代商業書中同有的一篇文字對勘，寫成〈校正江湖必讀〉發表。[119]這份刊物也藉經濟學者之口，指陳當前研究中國經濟史仍以搜集資料為首要；[120]又介紹用卡片搜集史料的方法，並以班漢穆及朗格諾瓦、瑟諾博司二氏的著作為歷史研究方法的指引。[121]至於許多針對歷史問題而寫

---

[115] 這方面的討論已見徐素貞，《「食貨半月刊」研究（一九三四－一九三七）》，頁32-40。

[116] 陶希聖，〈編輯的話〉，《食貨》半月刊第二卷第二期（民國二十四年六月）。

[117] 分別見《食貨》半月刊第二卷第八期（民國二十四年九月）、第十期（十月）、第三卷第一期、第二期（十二月）、第三期（民國二十五年一月）、第八期（三月）、第九期（四月）。

[118] 見《食貨》半月刊第四卷第五期（民國二十五年八月）。

[119] 見《食貨》半月刊第五卷第九期（民國二十六年五月）。

[120] 湯象龍，〈對於研究中國經濟史的一點認識〉，《食貨》半月刊第一卷第五期（民國二十四年二月）。

成的論文，大抵也都能基於史料而作探討，以致於陶希聖不得不針對外界的觀感辨正說：「因為本刊稍重材料，有不少人以為我們是實證主義者，其實我們正苦於理論方法之不充實，斷不敢也不願拒絕方法論的寫或譯的。」❿和內容重視史料相呼應，《食貨》半月刊也刊登了不少史料的廣告，例如在第一卷第九期的封底，商務印書館刊登了選印《委宛別藏》四十種的廣告，說這是「影印四庫全書珍本後，又一流通祕籍大貢獻」。另一項特色則是強調秦漢至晚清間的歷史研究，不忽略先秦，卻有意避開當代。大多數《食貨》半月刊上的歷史論文，涉及時間在秦漢至晚清間，❿少數涉及先秦或是通論，至於牽涉當代的作品，只有幾篇實地觀察的報導，而幾乎不論及時事。對於不論及時事，陶希聖曾發表聲明說：「本刊雖也載民國以來的經濟史」，但「實際發表的都是百年以來的史實。無論怎樣推敲，總與現實的政治沒有多大關係」。所以如此，應是刻意避開政治的紛爭，維持刊物的學術風格，因此聲明又說：「本刊是沒有理由與別的政治宣傳品一樣看待的。」❿

　　而重視史料與強調秦漢至晚清之間歷史研究兩者之間，又互相關聯。《食貨》半月刊倡讀地方志、二十四史，地方志為宋代以後史籍的一種類型，是探討自宋至清社會經濟的重要資源；二十四史則是西漢以來的作品，主要記述秦漢至明代的史事。陶希聖在這份刊物上發表了很多篇讀史隨筆，他說：「用意在把所得正史中材料收在一起，便

❿　吳景超，〈近代都市的研究法〉，《食貨》半月刊第一卷第五期（民國二十四年二月）；齊思和，〈研究歷史問題之方法〉，《食貨》半月刊第四卷第三期（民國二十五年七月）。

❿　陶希聖，〈編輯的話〉，《食貨》半月刊第五卷第十一期（民國二十六年六月）。

❿　杜正勝已指出這點，見其〈中國社會史研究的探索——特從理論、方法與資料、課題論〉。

❿　陶希聖，〈編輯的話〉，《食貨》半月刊第四卷第二期（民國二十五年六月）。

於查用。」⑮他所讀的除了唐、宋以來的正史之外，還有《齊民要術》、《元典章》、元人文集、《東華錄》等書，也都是這一段時間的史料。所以重視這一段時間的史料與研究，與陶希聖對歷史分期的看法有密切關係。他在提議搜讀地方志時，指出當時人們撇開廣州、泉州等大城市而談宋、元、明的社會，撇開內蒙的鹽場、牧場而談契丹，撇開有名寺廟的歷史而談封建時期，「也難怪一封建制度便從古到今，一資本主義便從今到古了」，他認為「我們固然要把理論應用到材料上去」，然而這樣的談法，「可惜材料是架空的」；⑯他又曾就中國社會經濟通史的問題，提出幾件必須注意的事，提醒人們「要謹防現在流行的病症」，就是「談罷了『先秦』時代，接下來便是鴉片戰爭，把中間的兩千年給截下來了」，而「最好把工夫花到唐宋以後的史書裡去」。⑰他這些話，無非是針對社會史論戰中大多數人對中國歷史分期的主張而發，這些主張套用唯物史觀，而以秦漢至晚清間為一個沒有明顯變化的歷史階段。他以民國二十一年發表於《讀書雜誌》「中國社會史論戰」專號上的新見為基礎，於民國二十四年以後發展成中國歷史的五階段論，第二段和第三段的分期點在東漢，第三段和第四段的分期點在中唐。⑱他又曾以古代社會、中古社會、近世社會稱呼中間三段，⑲這

---

⑮ 陶希聖，〈編輯的話〉，《食貨》半月刊第一卷第三期（民國二十四年一月）。

⑯ 陶希聖，〈搜讀地方志的提議〉，《食貨》半月刊第一卷第二期（民國二十三年十二月）。

⑰ 陶希聖，〈編輯的話〉，《食貨》半月刊第一卷第二期。

⑱ 前者見陶希聖，〈中國社會形式發達過程的新估定〉，《中國社會史的論戰》第三輯；後者見陶希聖，《潮流與點滴》，頁137、145，又參考陶晉生師，〈陶希聖論中國社會史〉。

⑲ 陶希聖，〈戰國至清代社會史略說〉，《食貨》半月刊第二卷第十一期（民國二十四年十一月）。

樣的稱呼是否意味他曾受日本學者內藤虎次郎的啟發，**⑬** 抑或因為是
在北平日本留學生會的一次演講中所提出，而借用日人的講法，則不
得而知。分期點的改變如他自己所說是因為多讀了一些材料而來，而
在對歷史分期看法有了改變之後，也導引他認為必須把研究的力量集
中在秦漢至晚清之間。《食貨》半月刊所刊登的論文，儘管作者各有己
見，**⑬** 甚至就某些課題相互爭論，但是有不少是在發揮陶希聖對於歷
史分期的看法，特別是與他有師生關係的一些作者。例如何茲全的〈魏
晉時期莊園經濟的雛形〉討論到當時自由民到農奴的轉變、交換經濟
破壞後的自給自足的莊塢；全漢昇在〈宋代都市的夜生活〉文中，認
為宋代以前都市的夜晚有如歐洲中古城市一樣悽寂荒涼，而宋代以後
都市夜生活則繁忙熱鬧，有驚人的發展；武仙卿在〈魏晉時期時期社
會經濟的轉變〉文中，指出由於戰亂，交換經濟重返自然經濟，在秦
漢奴隸社會的廢墟上重建起封建制度；劉道元〈商鞅變法與兩漢田賦
制度〉一文，認為「社會進化的分期，自商鞅變法，歷秦及兩漢可成
為一期。由田賦制度來看，這個階段是很完整的」；何茲全〈中古大族
寺院領戶研究〉一文，起首就清楚指出「從三國到中唐是本題所指的
中古時期。從生產關係方面看，這一時期，確實自成一個階段，與三
國前及中唐後者不同」。**⑬** 類似這種以漢末三國及唐宋作為分期點的論

---

⑬ 內藤虎次郎以後漢末至西晉為中國史古代至中古的過渡，唐末、五代為中古
與近世的過渡，但分期的依據與陶希聖不同。見其〈支那上古史〉，收入內
藤虎次郎，《內藤湖南全集》（東京：筑摩書房，1969）第十卷；〈支那上古
史〉為其在京都大學講課的講義，另有〈支那中古史〉、〈支那近世史〉兩種
講義，均收入《內藤湖南全集》第十卷。

⑬ 陶希聖也曾聲明：「本刊今後已成食貨學會的公共出版物。深願大家不以對
編者的見解來對本刊，寫了什麼拿什麼來，想著什麼說什麼話。」見陶希聖，
〈編輯的話〉，《食貨》半月刊第三卷第一期（民國二十四年十一月）。

文，在這份刊物中仍所在多有，也不限於陶希聖的學生才抱持這樣的看法。

除了重視史料與強調秦漢至晚清間的歷史研究之外，《食貨》半月刊再一項特色是視野的擴大。視野的擴大首先表現在「中國經濟社會史論文索引」的編製與刊載，用以了解當時國內各地有關這門學科研究的現況；其次是翻譯國外有關中國社會經濟史研究的論著，尤其以日本學者的研究為主。⓭值得注意的是所譯日本學者的作品，許多也是以史料與史實為基礎來探究具體的歷史現象，絕大多數集中於討論秦漢至晚清間的歷史，而連載兩期的加藤繁〈中國社會史概述〉，則基於具體的事實提供唯物史觀之外的另一種中國社會史分期方式，⓮和《食貨》半月刊的宗旨正相呼應。而更重要的是第三方面的表現，對於理論與方法的討論及歐洲經濟史的譯介。正如前述陶希聖所作的辯護，這份刊物在重視史料的同時，並沒有摒棄理論與方法的討論；而且也沒有走到「不願用半分的工夫去翻譯歐洲史學家的半句子來」的極端，像「中國社會史叢書刊行緣起」中所講的那樣。在陶希聖於民國二十四年所擬〈食貨本年六項工作草約〉中，有「搜羅參考資料」一項，指出「要想對中國經濟社會史精深研究，必須就外國的經濟史得到精確的知識」，因為「在比較參佐之下，中國經濟社會的現象的意義、特徵，及各種現象的相互關係，歷史發達的必然法則，纔看得出來」，並提出要介紹、翻譯或摘譯探討歐洲、日本、殖民地、半原始種

⓬ 各文分見《食貨》半月刊第一卷第一期、第二期（民國二十三年十二月）、第三期（民國二十四年一月）、第三卷第四期（民國二十五年一月）。

⓭ 徐素貞對兩項工作均已有討論，見其《「食貨半月刊」研究（一九三四—一九三七）》，頁49–68。

⓮ 見《食貨》半月刊第五卷第二期（民國二十六年一月）、第三期（二月），譯者為蕭正誼。

族相關問題的論著，供大家參考。❸幾個月之後，他又公布〈經濟史名著選譯計劃〉，以是否對研究中國經濟社會史具有「必需的比較或暗示」，作為選譯的標準。❸而從一卷五期起，已有「方法與技術」欄；從一卷八期起有「方法論」欄，並開始刊登西方著述的譯文；從二卷二期起有「理論與方法」欄，此後欄稱時有變化，但是有關理論、方法的作品與譯文，以及歐洲社會經濟史的譯作，一直存在，而且並不罕見，第五卷第十一期甚至是「經濟史理論與方法」專號。不過《食貨》半月刊登載這些方面的作品，已將視野擴大，不限於馬克斯一家之言，而及於其他各種觀點。

　　陶希聖雖然反對將唯物史觀作為公式套用，但他對唯物史觀仍有好評，他在討論冀筱泉的一本英文新書時，曾說：「物觀的方法，使著者得到很多可喜的論點。」❸所以《食貨》半月刊不會拒絕從唯物史觀的角度來討論理論與方法，或持此一觀點來撰寫歷史論文。王璵的〈研究中國經濟史的大綱與方法〉一文，就以李季在社會史論戰時的主張「深切了解馬克斯主義」，作為研究前理論準備的第一項條件。❸歐洲著名馬克斯主義者如盧森堡(Rosa Luxemburg)、考茨基(Karl Johann Kautsky)討論經濟史的作品，也都曾譯為中文在這份刊物上發表，又曾介紹恩格斯(Frederick Engles)在經濟史方面的業績。❸但是馬克斯主義

---

❸　陶希聖，〈食貨本年六項工作草約〉，《食貨》半月刊第一卷第六期（民國二十四年二月）。

❸　陶希聖，〈經濟史名著選譯計劃〉，《食貨》半月刊第二卷第一期（民國二十四年六月）。

❸　陶希聖，〈冀筱泉著中國歷史上的經濟樞紐區域〉，《食貨》半月刊第四卷第六期（民國二十五年八月）。

❸　文見《食貨》半月刊第二卷第四期（民國二十四年七月）。

❸　盧森堡著、李秉衡譯，〈對於經濟史底兩種見地〉，《食貨》半月刊第三卷第

以外的其他觀點的譯介，也同樣見於這份刊物。例如社會學者吳景超
在一封給陶希聖的信中，據歐美研究都市的理論，提出搜集資料的綱
要；⑭第一篇刊載的譯文是桑巴德(Werner Sombart)的作品，完全不提
馬克斯，也不提唯物史觀，而譯者連士升則在譯文前說，他將陸續譯
出外國經濟史家的研究法，「這些文章是包羅各家各派的方法，殊途同
歸」；⑭在鞠清遠所譯N. S. B. Gras一篇討論歐美經濟史發展成為一門
學科的論文中，則對亞丹斯密和馬克斯同樣給予正面的評價；連士升
所譯克拉判(John Harold Clapham)一篇相同題材的論文，也同樣給予兩
人重要的評價，而且兩篇作品都述及了眾多非馬克斯主義流派的經濟
史家。⑭儘管陶希聖本人認為亞丹斯密所主張的自由資本主義無助於
當時中國，只有社會主義纔是唯一的道路，《食貨》半月刊仍然以《原
富》結合了歷史與理論，是經濟學的基礎，也是經濟史學的先鋒，而
為紀念《原富》出版一百六十週年舉行徵文，先後刊登了三篇作
品。⑭而多篇有關西洋經濟史的作品，又呼應了《食貨》半月刊重視

八期（民國二十五年三月）；李秉衡，〈經濟史學上的恩格斯〉，《食貨》半月
刊第三卷第十二期（民國二十五年五月）；考茨基著、李麥麥譯，〈行會制度
的起源〉，《食貨》半月刊第四卷第十二期（民國二十五年十一月）。

⑭ 吳景超，〈近代都市的研究法〉，《食貨》半月刊第一卷第五期（民國二十四
年二月）。

⑭ 桑巴德著、連士升譯，〈經濟理論與經濟史〉，《食貨》半月刊第一卷第八期
（民國二十四年三月）。

⑭ 鞠清遠譯、N. S. B. Gras著，〈經濟史之興起〉，《食貨》半月刊第二卷第三期
（民國二十四年七月）；連士升譯、克拉判著，〈論經濟史的研究〉，《食貨》
半月刊第二卷第八期（民國二十四年九月）。

⑭ 徵文啟事見《食貨》半月刊第二卷第十二期（民國二十四年十一月），頁8。
三篇作品為連士升原作、陶希聖改寫，〈斯密亞丹論中國〉，《食貨》半月刊

具體史實的宗旨。連士升在《重商制度》譯本的序文中，批評當時在社會上鬧得很厲害的社會主義只是宣傳文字，一般青年沒有足夠的哲學、歷史、經濟學、語文和其他學問的素養，不能深刻瞭解《資本論》；他為了改善國內對重商主義認識的貧乏，翻譯德國歷史學派經濟學者(G. Schmoller)的《重商制度》一書，又因為此書是史論性質，因此參閱歐洲學者的論著，「將史實家豐富的英國重商制度略加敘述」，寫成序文，供此書讀者作為補充讀物。⑭連士升又翻譯了美國經濟史家格拉斯(N. S. B. Gras)的〈工業發達史〉，此一作品詳於史實，在《食貨》半月刊上分九篇，先後於八期刊載；其中第七、八兩篇刊於「經濟史理論與方法」專號，和李秉衡所譯〈「亞細亞的生產樣式」底意義〉、〈封建主義下都市的發生與發展〉兩文並列，而這兩文都譯自蘇聯學者雷哈特發揮唯物史觀的《前資本主義社會經濟史論》。⑮此外，這份刊物還刊登過一篇歐洲社會經濟史料的譯文，這是一份皇莊法令，譯者並以其與中國歷史上的法令相比較。⑯

第三卷第三期；費(C. R. Fay)著、連士升譯，〈論原富〉，《食貨》半月刊第三卷第四期（民國二十五年一月）；趙迺摶，〈斯密亞當國富論撰述經過與學說淵源〉，《食貨》半月刊第三卷第七期（民國二十五年三月）。陶希聖的看法見連士升原作、陶希聖改寫，〈斯密亞丹論中國〉。

⑭ 連士升，〈重商制度略說〉，《食貨》半月刊第二卷第五期（民國二十四年八月）。《重商制度》譯文有兩篇在《食貨》半月刊刊出，分別為載於二卷十期（民國二十四年十月）的〈由村落到都市的發達過程〉，及三卷一期（民國二十四年十二月）的〈由城市經濟到領域經濟的發達（上）〉。

⑮ 分見三卷九期（民國二十五年四月）、十一期（五月）、四卷一期（六月）、三期（七月）、六期（八月）、九期（十月）、五卷十一期、十二期（民國二十六年六月）。

⑯ 鞠清遠譯，〈沙利曼的皇莊法〉，《食貨》半月刊第五卷第八期（民國二十六

　　上述新學風的特色，特別是重視史料與強調秦漢至晚清間歷史研究兩點，不僅見之於《食貨》半月刊，也見之於與這份刊物關係密切的北京大學中國經濟史研究室的成果，及天津《益世報》之《食貨週刊》。陶希聖在北京大學任教期間曾創立了兩個研究室，一是中國經濟史研究室，從唐代史料搜集與整理入手；一是中國政治史研究室，專輯清代社會政治史料。⑭中國經濟史研究室的成立，得益自《食貨》半月刊。《食貨》半月刊起初由上海新生命書局發行，陶希聖以其兼課鐘點費每月捐助一百元。⑭創刊後在大學內頗受歡迎，例如梁園東在寫給陶希聖的信中說，在大夏大學成為最風行的讀物，得到同學們的愛好。⑭於是印刷量在半年內倍增，從創刊時只印兩千份，到一卷五、六期時每期印到四千份；而創刊兩三個月後，印刷、廣告、發行經費都歸出版人負擔，陶希聖因此得以將自己的計畫付諸實施，在北京大學創立了一個小研究室。⑮這個小研究室，應該是指搜集、整理唐代

年四月）。

⑭　陶希聖，〈夏蟲語冰錄（一七三）〉，《法令月刊》第二十五卷第一期（民國六十三年一月）。

⑭　陶希聖，《潮流與點滴》，頁130。

⑭　梁園東，〈中國經濟史研究方法之諸問題〉，《食貨》半月刊第二卷第二期（民國二十四年六月）。

⑮　陶希聖，〈編輯的話〉，《食貨》半月刊第三卷第一期（民國二十四年十二月）。陶希聖晚年回憶起初印一千五百份，後來印兩千份，銷路不大，見杜正勝、黃寬重訪談，王健文整理，〈風氣新開百代師：陶希聖先生與中國社會史研究〉，《歷史月刊》第七期，有可能是回憶錯誤。又所謂「銷路不大」應是與當時其他非學術性刊物的銷路比較而言，據陶希聖回憶，《獨立評論》當時每期銷一萬二三千份。見〈夏蟲語冰錄（三一）〉，《法令月刊》第十三卷第三期（民國五十一年三月）；又見《潮流與點滴》，頁136。

史料的中國經濟史研究室。其實在中國經濟史研究室創立前，陶希聖已在指導鞠清遠搜集唐代經濟史料，並自民國二十三年冬末至二十四年三月間，寫成了《唐代經濟史》。⑮中國經濟史研究室創立後，這項工作更擴大進行，大致可以分為前後兩個階段，前一階段自民國二十四年九月至二十五年六月，由北京大學法學院長周炳琳、經濟系主任趙迺摶共同指導，共同工作者有鞠清遠、武仙卿、賈鍾堯、李樹新，工作為搜集唐代經濟史料；後一階段自民國二十五年七月至二十六年六月，共同工作者除前一階段的鞠清遠、武仙卿外，尚有連士升、沈巨塵，工作為一面進行宋代史料的搜集，一面就唐代經濟及其他史料，加以分析、綜合，寫成論文或書冊多種。⑮搜集到的唐代史料，共編成唐代社會經濟的發展、唐代的農業與土地問題、唐代的交通、唐代的手工業、唐代的都市生活、唐代的商業、唐代的財政、唐代寺院經濟等八冊《中國經濟史料叢編・唐代篇》，交給北京大學出版部印刷，其中唐代寺院經濟、唐代之交通和唐代土地問題三冊已裝訂成書，均因對日抗戰爆發而散失。⑮也有一些唐代史料沒有輯入這八冊史料集中，而刊於《食貨》半月刊上，例如賈鍾堯的〈唐會昌政教衝突史料〉，內容不全在《唐代寺院經濟》中；⑮又如從中日文書籍雜誌中輯錄到

---

⑮ 陶希聖，〈自序〉，陶希聖、鞠清遠，《唐代經濟史》（臺北：臺灣商務印書館，民國五十七年）。

⑮ 陶希聖，〈序〉，鞠清遠，《劉晏評傳附年譜》（臺北：臺灣商務印書館，民國五十九年）；《潮流與點滴》，頁137。

⑮ 陶希聖，《潮流與點滴》，頁137、145；〈夏蟲語冰錄（一七三）〉，《法令月刊》第二十五卷第一期（民國六十三年一月）。其中《唐代寺院經濟》、《唐代土地問題》、《唐代之交通》三種在民國六十三年由食貨出版社在臺北出版。

⑮ 載《食貨》半月刊第四卷第一期（民國二十五年六月），又見該期陶希聖，〈編輯的話〉。

的燉煌戶籍、丁籍，也沒有輯入上述各冊，而是編為「唐戶籍簿叢輯」，在《食貨》半月刊上作為專刊發表。❺此外，陶希聖為《唐代寺院經濟》所寫的序文，武仙卿為《唐代土地問題》所寫的序文，也都刊於《食貨》半月刊上。❻除了編輯史料之外，中國經濟史研究室也已用所搜集到的史料寫成幾種專書，包括陶希聖、武仙卿合著的《南北朝經濟史》、鞠清遠的《唐代財政史》和《劉晏評傳附年譜》。❼在後一個階段，中國經濟史研究室又曾受德國學者威特福格爾(Karl. A. Wit-tfogel)的委託，以一個月一百元的代價，代為搜集遼、金經濟社會史料，威特福格爾在七七事變後攜帶這一批卡片到美國，撰成《遼代社會史》出版。❽

　　天津《益世報》之《食貨週刊》創刊於民國二十五年十二月六日，以一頁的篇幅，每週約刊一萬二三千字，❾和中國經濟史研究室的成果一樣，擴大了《食貨》新學風的影響力。其實早在中國經濟史研究室創立的同時，陶希聖已有擴大影響的的構想，他想成立一個食貨學會的指導部，引導各地會員相互討論，又想籌備一份經濟史季刊，刊登三四萬字以上的系統論文；這份經濟史季刊想與《中國經濟》、《食

❺　載《食貨》半月刊第四卷第五期（民國二十五年八月）。

❻　陶希聖，〈唐代寺院經濟概說〉；武仙卿，〈唐代土地問題概說〉。兩文均載《食貨》半月刊第五卷第四期（民國二十六年二月）。

❼　陶希聖，〈序〉，陶希聖、武仙卿，《南北朝經濟史》（臺北：食貨出版社，民國六十八年）；陶希聖，〈序〉，鞠清遠，《唐代財政史》（臺北：食貨出版社，民國六十七年）；陶希聖，〈序〉，鞠清遠，《劉晏評傳附年譜》。

❽　陶希聖，《潮流與點滴》，頁137；陳存恭、蘇啟明、劉妮玲訪問，陳存恭、尹文泉總整理，《陶希聖先生訪問紀錄》，頁47。

❾　陶希聖，〈編輯的話〉，《食貨》半月刊第四卷第十一期（民國二十五年十一月），第五卷第一期（民國二十六年一月）。

貨》做聯號，並且找到了出版家承印。⓰但是時局隨即有所變化，這
份經濟史季刊的出版計畫也就和前述的《史學月刊》一樣，暫時擱置。
到民國二十五年七月，時局已更緊張，發行《食貨》半月刊的新生命
書局週轉不甚靈活，停送稿費。⓰一個月後，甚至考慮從第五卷起改
為季刊，另議出版辦法。⓰不過困境隨即擺脫，先是計畫由食貨學會
自己出版，擬在北平發行；然後又改由上海雜誌公司發行，而有關贈
閱、交換事宜均由設在北京大學中國經濟史研究室的編輯部管理。就
在這同時，陶希聖不僅繼續籌劃《食貨季刊》，而且在天津兩大報之一
的《益世報》開闢了《食貨週刊》。⓰每星期日出刊的《食貨週刊》，
編輯部應該也在北京大學中國經濟史研究室，所以南方的《食貨》半
月刊讀者可以寫信向此研究室索閱。⓰於是以陶希聖所帶領的工作人
員為核心，中國經濟史研究室、《食貨》半月刊和《食貨週刊》三者有
了密切的關聯。從《食貨週刊》第一期至第八期的要目看，發刊詞為
陶希聖所撰寫，作者主要是陶希聖、鞠清遠、武仙卿、曾謇等《食貨》
半月刊的常見作者，前三人又在中國經濟史研究室工作；而各文所討

⓰ 陶希聖，〈編輯的話〉，《食貨》半月刊第二卷第七期（民國二十四年九月），
《食貨》半月刊第二卷第九期（民國二十四年十月）。

⓰ 見《食貨》半月刊第四卷第四期（民國二十五年七月），頁52所刊食貨學會
啟事。

⓰ 陶希聖，〈編輯的話〉，《食貨》半月刊第四卷第六期（民國二十五年八月）。

⓰ 見《食貨》半月刊第四卷第八期（民國二十五年九月），頁26所刊《食貨》
半月刊啟事；《食貨》半月刊第四卷第十一期（民國二十五年十一月），頁50
所刊食貨學會啟事，及該期陶希聖，〈編輯的話〉。自第五卷第一期（民國二
十六年一月）起，封底所刊發行者改為食貨社，總經銷改為上海雜誌公司。
又見陶希聖，《潮流與點滴》，頁138。

⓰ 陶希聖，〈編輯的話〉，《食貨》半月刊第五卷第一期（民國二十六年一月）。

論的是秦漢至晚清的史事，和《食貨》半月刊的偏重相符合。❻前述
《食貨》半月刊所載中國經濟史研究室編《唐代寺院經濟》、《唐代土
地問題》兩書的序文，其實原已先在《食貨週刊》第一期、第二期登
載，由於許多關心者沒有看到，而重刊於《食貨》半月刊。此後仍有
在《食貨週刊》發表過的作品，轉載於《食貨》半月刊各期，如武仙
卿〈南北朝色役考〉、周乾濚譯〈宋金貿易論〉、鞠清遠〈校正江湖必
讀〉、曾謇〈三國時代的社會〉，而這幾位作者、譯者多與陶希聖關係
密切。❻經由作品的轉載，更拉緊了《食貨》半月刊和《食貨週刊》
的關聯。至於籌劃中的《食貨季刊》，則始終未能實現。

當《食貨週刊》開始出刊時，陶希聖已感覺到幾年來的努力沒有
白費。他在撰於民國二十五年十二月的《南北朝經濟史》序中說，四
年以前，研究中國社會經濟史的人總把秦漢至滿清劃成一個段落，他
自己也是如此，而經過四年來的研讀，已看出東漢以後、中唐以前，
各方面都自成一個段落；此書的出版顯然是這項成果的展現，於是在
欣慰之餘，他又說，中國經濟史本是未開的生地，而「這兩三年來，
這個生地已經有了一星星的生機了」。

六、尾語

然而推展新學風的路途並不那麼平順，社會史論戰的夢魘仍在繼
續糾纏，未能完全擺脫。《食貨》半月刊創刊沒有多久，已收到有論戰
式文章，陶希聖感到猶豫，準備收到這類文字多時，再專以一期刊

登。⑯他倡導尊重史料與史實，其實也未嘗不是期望藉此以解決論戰中的爭議，所以他對於自己看法所受到的批評，仍從社會形態演變的的角度而有所駁辯。⑯創刊之初所收到的論戰式文章似乎一直沒有刊出，不過卻為了對中國社會形式發達過程作初步估定而徵文，準備以一期或兩期的特輯登載。這是一個社會史論戰的主要課題，可是徵文啟事中卻提出不同於過去定於一家之言式的思考，包括社會發達是否有一定的階段、世界各地社會發達階段是否同樣、中國社會發達是否各地又有不同的過程等問題。⑯徵文得到的稿件分兩期刊出，文章大多嗅不出過去論戰的味道，也大多不以馬克斯所主張的歷史階段論作立論依據，其中張家駒的〈中國社會中心的轉移〉，從地理重心的轉移來談中國歷史社會經濟的轉變，不僅擺脫唯物史觀的思考方式，而且是一篇史料紮實的論文。⑰

　　真正的論戰是由李立中的〈商業資本主義社會辯〉所引起，這篇文章認為在封建社會和資本主義社會之間有商業資本主義社會的過渡，而馬克斯的論述中原有此暗示，他用了社會史論戰時常用的一個名詞「機械論」，來稱呼反對有此一歷史階段的人，而撰文的主要目的即在「對于這些機械論，作無情的掃除」。⑰發表後引起了反駁，而李立中也答辯，在第三卷、第四卷有零星的爭辯，除以涉及李立中的觀點為主外，也牽扯到其他有關中國歷史上社會性質的觀點。⑰到了民國二十六

---

⑯　陶希聖，〈編輯的話〉，《食貨》半月刊第一卷第四期（民國二十四年一月）。

⑯　陶希聖，〈編輯的話〉，《食貨》半月刊第一卷第六期（民國二十四年二月）。

⑯　「中國社會形式發展史特輯徵文」，《食貨》半月刊第二卷第三期（民國二十四年七月）。

⑰　各文分見《食貨》半月刊第二卷第九期（民國二十四年十月）、十一期（民國二十四年十一月）。

⑰　文見《食貨》半月刊第三卷第五期（民國二十五年二月）。

年上半年的第五卷，這一類作品增多，除了第一期、第四期、第八期和第十二期外，幾乎每期都有一、兩篇。其中第三期是「中國社會形式發展史專號之三」，其中有強調理論的論爭作品，但是也有像加藤繁〈中國社會史概述〉這種偏重於史實的論文。第五期立了「中國社會形式史論爭」欄，第十一期的欄名更明白標出「論戰」。爭辯的課題除商業資本主義社會的觀點外，還涉及奴隸社會、中國歷史長期停滯與循環等問題，而爭論的對象也有時牽涉到其他刊物上的作品。⓱這類作品所以會在《食貨》半月刊上刊出，其實和陶希聖本人的觀點未必完全無關。例如李立中所提出商業資本主義歷史階段的主張，過去曾被人稱為陶希聖主義，雖然已是陶希聖的舊見，但他仍說因這篇文章而「得到的安慰是很大的」；⓮又如傅安華的〈關於奴隸社會理論的幾個問題〉，則是明白支持陶希聖秦漢是奴隸社會的見解。⓯不過第五卷的這種特色或許應視為平流中的一段波瀾，第六卷第一期所刊載的又全是立基於史料的紮實論述，這已是最後一期了，如果繼續出刊，是否仍會再擺向論戰的一端，則仍難逆料。

更大的阻力來自時局的變化，無論《讀書雜誌》所發動的中國社會史論戰，或是《食貨》半月刊的出刊，都是在日益緊張的時局中進

⓬ 傅安華，〈商業資本社會商榷〉；丁道謙，〈商業資本主義與專制主義的透視〉，均載《食貨》半月刊第三卷第十一期（民國二十五年五月）。李立中，〈關於商業資本主義社會——略覆傅安華、丁道謙兩先生——〉，《食貨》半月刊第四卷第四期（民國二十五年七月）。丁道謙，〈再論商業資本主義及其他〉，《食貨》半月刊第四卷第十期（民國二十五年十月）。

⓭ 關於論辯要點的摘錄，參考徐素貞，《「食貨半月刊」研究（一九三四─一九三七）》，第三章、第四章。

⓮ 陶希聖，〈編輯的話〉，《食貨》半月刊第三卷第五期（民國二十五年二月）。

⓯ 文見《食貨》半月刊第五卷第六期（民國二十六年三月）。

行的。陶希聖到北京沒有多少天，就發生九一八事變，不到幾個月，
又爆發一二八淞滬戰役，此後日本對華北步步進逼，短短幾年裡，接
連有長城戰事、成立冀東特區、推動華北自治等事件，北平處在一種
風雨飄搖的局勢中。❿民國二十四年十一月間，日本策動華北自治的
行動公開，使得他和其他史學界朋友計畫中的《史學月刊》和經濟史
季刊為之擱置。接著在十二月有一二九和一二一六學生遊行事件，並
一度罷課，反對冀察自治，學生被捕，他出面交涉釋放，⓱《食貨》
半月刊第三卷第四期是在北平各大學學生罷課時編的，特別表達了「莫
大的同情與感慨」。⓲緊張的局勢成為人們心中一股重大的壓力，民國
二十四年、二十五年間，他已有長期工作不大可能的感觸，認為「北
平的形勢未必容許我們長期工作下去」，因此「打算隨時趕著把一點點
工作成績整理發表出來」，同時一再強調「只要有一天的時間可以容許
我們工作」，就「總要以長期工作的精神去作的」。⓳他又將黃硯璠的
〈北宋亡後北方的義軍〉增補材料後登載於《食貨》半月刊，「當作民
族運動中的一點安慰」，⓴題目似已暗喻華北淪陷的可能。民國二十五
年三月出版的第三卷第八期，更以一篇短論〈民族運動的實在性〉載
於刊首，指出當時中國的「反帝國主義運動應當收斂並集中於對抗軍
事宰割這一點」，此文涉及政治現實，在《食貨》半月刊上可說極為罕

❿ 陶希聖，《潮流與點滴》，頁127；陳存恭、蘇啟明、劉妮玲訪問，陳存恭、
　尹文泉總整理，《陶希聖先生訪問紀錄》，頁1–2、12。

⓱ 兩次學生遊行事件見陶希聖，《潮流與點滴》，頁134–136；陳存恭、蘇啟明、
　劉妮玲訪問，陳存恭、尹文泉總整理，《陶希聖先生訪問紀錄》，頁13–18。

⓲ 陶希聖，〈編輯的話〉，《食貨》半月刊第三卷第四期（民國二十五年一月）。

⓳ 陶希聖，〈編輯的話〉，《食貨》半月刊第三卷第三期（民國二十五年一月），
　第三卷第六期（民國二十五年二月）。

⓴ 陶希聖，〈編輯的話〉，《食貨》半月刊第三卷第五期（民國二十五年二月）。

見。到了七月，新生命書局受時局影響而週轉不靈，《食貨》半月刊因此停送稿費。出刊的困境雖以改由上海出版公司發行的辦法而很快克服，而且還另外在天津《益世報》上開闢了《食貨週刊》，但六、七個月後，第六卷第一期出刊才沒幾天，七七事變發生，北平落入日軍控制，陶希聖和其他學界人士紛紛設法離開北平，《食貨》半月刊和《食貨週刊》都就此停刊，中國經濟史研究室的工作也就此停頓，已有的工作成果無法出版。

《食貨》半月刊在日益緊張的時局中，只出刊了兩年七個月，由於抗日戰爭爆發而停刊，但是對於當代史學的發展已有不可忽視的影響。陶希聖藉著到北京大學任教的機緣，將中國社會經濟史研究引進學術的中心，也把當時史學界嚴謹的研究程序注入中國社會經濟史研究。《食貨》半月刊在當時北平的學術環境中創刊，陶希聖善用學界資源，推展新學風。⑱由於是半月刊，出刊比較密集，可以刊出的作品較多，所以也容易引起人們的注意。這份刊物繼承了《讀書雜誌》對中國社會經濟史研究的提倡，也繼續討論中國社會史論戰所遺留下來的一些問題，卻將其導往以史料與史實為基礎的學術方向，並開拓了秦漢至晚清間的社會經濟史研究，而有助於學界更清楚地去認識中國社會經濟史的分期。陶希聖所主張秦漢是奴隸社會的觀點，如今或許沒有多少人會接受，然而東漢以後到中唐以前的社會經濟自成一階段的主張，已因這份刊物的努力而獲學界的肯定。⑱這份刊物的另一項

---

⑱ 陶希聖除了善用學界資源以取得稿件、擴大影響外，也藉助於學界的幫助以選擇及校訂譯稿。如北京大學法學院長周炳琳協助校正經濟方法論的譯文，並選擇適當的作品；任職中央研究院社會科學研究所的梁方仲為其主持翻譯日本學者的中國社會經濟史論文。見陶希聖，〈編輯的話〉，《食貨》半月刊第三卷第八期（民國二十五年三月），第三卷第十期（民國二十五年四月）。

⑱ 顧頡剛，《當代中國史學》，頁102。

貢獻，是培育出一些重要的中國社會經濟史學者。許多這份刊物的作者，因為時勢的影響，迫不得已停止他們的研究，令人感嘆地從史壇消失；不過也有一些作者，仍有機會得以繼續成長，發揮他們的才華，日後在中國社會經濟史學界佔有一席之地，例如全漢昇、楊聯陞、傅依凌等。特別是全漢昇，他對中國經濟史分期的看法來自陶希聖，他的唐宋經濟史研究業績也得益於《食貨》半月刊的作品。

30年代胡適和陳垣的幾次學術交涉

陳以愛

一、前言

　　1920–1930年代的中國學術界，是傅斯年（孟真，1895–1950）口中「頗具乾嘉之盛」的時期。❶傅斯年的這番評價，又特別指著北京（平）學界的發展來說的。30年代，胡適（適之，1891–1962）和陳垣（援庵，1880–1971），正是北平學界的兩位領袖。當時，胡適任北京大學文學院院長，這位新文化運動的導師，在思想上雖被青年人認為落伍，在學術上卻被普遍視為是中國的學術權威。至於陳垣，則任輔仁大學校長，以「專治中國宗教史，兼治校勘學、年曆學、避諱學」享譽學界。❷胡、陳同住北平，彼此來往頗密。兩人的學術交誼，過去曾引起一些研究者注意，先後為文有所勾勒。❸相關論文，多據胡、

---

❶　傅斯年，〈臺灣大學與學術研究〉，收入氏著，《傅斯年全集》，第6冊（臺北：聯經出版事業公司，民69），頁194–195。

❷　劉乃和等編，《陳垣年譜配圖長編》，1946年10月20日條下，下冊（瀋陽：遼海出版社，2000），頁515。

❸　季維龍，〈胡適與陳垣的學術情誼〉，收入耿雲志主編，《胡適研究叢刊》，第3輯（北京：中國青年出版社，1998），頁242–272。陳智超，〈陳垣與胡適〉，

陳的來往信函，指出兩人在1949年前私交頗洽，在學問上也是相互切磋、彼此欣賞的朋友。本文之作，擬在胡、陳的來往書信外，再廣泛利用各種新刊舊出的材料，予以參證互釋，致力將兩氏的學術論著，置諸30年代北平學界的特殊環境下考察。以幾件重大事件為例，來闡明胡、陳兩人的關係，並說明雙方的往來論學，究竟對他們的學術研究帶來甚麼樣的影響。

二、「友誼的比賽」

胡適和陳垣的學術交誼，始於20年代初。❹及至1926年，胡適為文公開評介陳垣的《二十史朔閏表》及其即將出版的《中西回史日曆》，復推崇陳垣已刊的幾種宗教史論著，謂已成史學界一致公認的名著，❺是胡、陳交誼廣為人知的開始。當時，中國學界尚處在新文化運動的餘波盪漾中。胡適以學界聞人的身分，對陳垣的論著作這樣的評價，當令後者心感不已。當陳垣編寫《二十史朔閏表》等論著時，他才由政界轉入學界不久。這時，北方學界正展開一場聲勢浩大的「整理國故」運動。❻陳垣的及門高弟孫楷第（子書，1898–1986）後來指出：陳垣處此「新思潮勃興」之世，對胡適「以科學方法整理國故」之說，雖是默契於心，只因向來不喜空言，故僅在行動上作具體實踐，

收入龔書鐸主編，《勵耘學術承習錄——紀念陳垣先生誕辰120周年》（北京：北京師範大學出版社，2000），頁226–267。

❹ 陳智超，〈陳垣與胡適〉，頁226–230。

❺ 胡適，〈介紹幾部新出的史學書〉，《現代評論》，第91期(1926：9.4)，頁15–16。

❻ 拙著，《中國現代學術研究機構的興起——以北大研究所國學門為中心的探討》（南昌：江西教育出版社，2002），頁30–48。

欲「以縝密之思，為不朽之業」。❼的確，20年代陳垣編定的兩部工具書《中西回史日曆》和《二十史朔閏表》，皆為響應「以科學方法整理國故」的呼籲而作。而胡適為後一部書所作的書評，也被陳垣取以印製廣告，希望能促進該書的銷路。❽

其後，經歷幾年人事變遷，到了1932年8月，胡、陳先後來到北平米糧庫四號和一號住下。直到戰爭全面爆發前，兩人做了近五年的鄰居。這段比鄰而居的時期，是他們論學最頻繁的時候。胡、陳的出身雖說迥異，家中卻都有經商的背景。這一背景，對兩人個性上的影響，似乎不容低估。胡適以善交朋友著稱，30年代以學界領袖自居時，家中週日門戶開放，來者不拒。陳垣交遊亦廣，新舊人物和他都有良好關係，與其通函論學者遍佈了大江南北。而兩人都以提攜後進，宏獎風流為己任；能在一起論學，本非偶然。不過，胡適的個性中，在隨和以外，尚有倔強、好勝的一面。❾至於陳垣，在謹慎、謙退之外，對自己的學問也頗為自負。❿且二人又都極重視外界對自己學問的評價。因此，他們在一起論學時，就不總是春風和煦的，而是不乏波濤

---

❼　孫楷第，〈評《明季滇黔佛教考》〉，《圖書季刊》，新第2卷第4期(1940：12)，收入氏著，《滄州後集》(北京：中華書局，1985)，頁356。

❽　陳垣，〈致胡適函〉(1926：11.8／手稿)，收入耿雲志主編，《胡適遺稿及秘藏書信》，第35冊 (合肥：黃山書社，1994)，頁5-6。

❾　劉復1934年3月8日的日記說：「去冬為研究所事，達羽來談，曾言及適之為人陰險，余與適之相交在十五年以上，知其人倔強自用則有之，指為陰險，當是達羽挑撥之言。」劉育敦整理，〈劉半農日記〉，《新文學史料》，1991年第1期(1991：2)，頁29。

❿　陳垣在學問上的自負，平常極少見諸文字，私下則是偶有流露。劉乃和的《日記手稿》，即記陳垣謂自己「學問好」。參見劉乃和等著，《陳垣年譜配圖長編》，1929年6月條下，上冊，頁274。

暗湧，互為較勁的一面。

先是1931年，也就是胡、陳成為鄰居前一年，胡適寫了篇〈辨偽舉例——蒲松齡的生年考〉。是文考定蒲松齡（留仙，1640-1715）的生年和年歲，並通過比勘三種《聊齋詩集》版本所生的疑竇，指出坊間流通最廣的石印本《聊齋詩集》，是一位不知名的文人所偽造，其中收錄的兩百多首詩，非出蒲氏手筆。⓫這篇文章，在30年代中，被胡適自許為「生平最得意的一篇考證學的小品文字」，以為「此文最可作初學考證者的教科書讀」。⓬故撰成後，即以〈辨偽舉例——蒲松齡的生年考〉為題，刊在《新月》4卷1號上。

1933年1月，也就是胡、陳比鄰而居後，胡適將這篇得意之作，送請陳垣閱覽。陳垣讀後，認為文中考定蒲松齡生年及年歲的部分，「精確不可移易」，並為胡適再添三項證據。但他認為，胡適因為三首詩的年歲不符，遽斷定石印本《聊齋詩集》全屬偽造，似乎太過，致函胡適商榷說：

> 惟先生所下判決書，斷定全集皆係捏造，愚見頗為被告抱冤。今欲效先生為魔的辯護士，希望能撤銷原判或延緩判決，再事偵查。⓭

⓫ 胡適，〈辨偽舉例——蒲松齡的生年考〉，收入氏著，《胡適論學近著》，第1集，上海商務印書館1933年12月出版，現引自：歐陽哲生編，《胡適文集》，第5冊（北京：北京大學出版社，1998），頁261-268。此書的寫作原委和經過，參羅爾綱，《師門五年記》（臺北：胡適紀念館，民65），頁11-15。

⓬ 〈胡適致記者函〉（作於1935年7月30日），《北平晨報》，1935年8月5日，頁8。

⓭ 陳垣，〈致胡適函〉（1933：1.17／手稿），收入耿雲志主編，《胡適遺稿及秘藏書信》，第35冊，頁9。此處及下文對胡、陳信函日期的確定，多採納陳智超的考訂成果。詳參陳智超編注，《陳垣來往書信集》（上海：上海古籍出版

函中並就胡適所舉的證據，以及相關推論，提出詳細的質疑。❹

　　上述信函，是今所見胡、陳比鄰而居後，陳垣寫給胡適的第一封論學書。函中提到「魔的辯護士」，其語出自胡適數日前送給陳垣的一篇〈評論近人考據《老子》年代的方法〉。胡適在這篇文章中，對顧頡剛（銘堅，1893–1980）、馮友蘭（芝生，1895–1990）、錢穆（賓四，1895–1990）諸氏討論孔、老先後的文章有所檢討，主要從方法論的角度，批評他們所提的證據以及推論方法。文末說：

> 中古基督教會的神學者，每立一論，必須另請一人提出駁論，要使所立之論因反駁而更完備。這個反駁的人就叫做「魔的辯護士」(Advocatus diaboli)。我今天的責任就是要給我所最敬愛的幾位學者做一個「魔的辯護士」。魔高一尺，希望道高一丈。我攻擊他們的方法，是希望他們的方法更精密；我批評他們的證據，是希望他們提出更有力的證據來。……懷疑的態度是值得提倡的。但在證據不充分時肯暫緩判斷(Suspension of judgement)的氣度是更值得提倡的。❺

陳垣讀後，乃戲引「魔的辯護士」一語，希望胡適能撤銷或暫緩其對《聊齋詩集》的判斷。

　　此信發出翌日，陳垣又補了一封短函給胡適。信上先用輕鬆的語調問說：「昨上一函，故為魔的辯護士，瞎說一通，未識能延緩判決日子否？」然後則對〈蒲松齡生年考〉的部分考證有所肯定，並謂自己已將〈評論近人考據《老子》年代的方法〉細讀數過，獲益不淺，促胡

社，1990）。

❹　陳垣，〈致胡適函〉（1933：1.17／手稿），頁8–12。

❺　胡適，〈評論近人考據《老子》年代的方法〉（1933年元旦改稿），收入氏著，《胡適論學近著》，第1集，現引自歐陽哲生編，《胡適文集》，第5冊，頁102。

早日發表。⓰那麼胡適接到陳函後，他是否接納了陳垣的意見，暫緩其對《聊齋詩集》的判決呢？從胡適1935年編定《論學近著》時，將〈蒲松齡生年考〉依原樣收入，未予更動一字來看，答案顯然是否定的。

至該年3至4月間，胡、陳為了佛教史上的問題，更進行了一場激烈的辯論。事緣1933年春，胡適為了續成其中國思想史，頗致力於佛、道典籍的搜讀。3月22日，胡適翻閱陶弘景的《真誥》，讀到〈甄命〉第二篇時，突然發現此篇是抄自一部佛教經典《四十二章經》。⓱這一發現，讓胡適非常興奮，立即為文詳加考證。3月29日，文章寫成，即送陳垣閱覽。陳垣讀後，4月1日致胡一函，對該文指出《真誥》抄襲《四十二章經》一點，認為可以成立，惟對胡適認為《四十二章經》有後漢譯本之說，卻表示不能無疑，而以審慎的語氣表示：

> 大著⋯⋯信《四十二章經》為漢譯，似太過。⓲

陳垣提出的理由是：他詳究過現存各種後漢史料，發現漢人「皆言浮屠，未嘗言佛」，而「今本《四十二章經》不言浮屠，或浮圖，而數言佛」，其非漢代初譯可知。⓳

這封論《四十二章經》的信送抵胡府後，胡適立即翻檢各書，最後寫成一篇〈《四十二章經》考〉。⓴這篇文章，一方面回應陳垣的質

⓰ 陳垣，〈致胡適函〉（1933：1.18／手稿），收入耿雲志主編，《胡適遺稿及秘藏書信》，第35冊，頁14。

⓱ 胡適，《胡適的日記（手稿本）》，1933年3月22日條下，第11冊（臺北：遠流出版事業公司，1989），無頁數。

⓲ 陳垣，〈致胡適函〉（1933：4.1／手稿），收入耿雲志主編，《胡適遺稿及秘藏書信》，第35冊，頁15。

⓳ 陳垣，〈致胡適函〉（1933：4.1／手稿），頁15–17。

疑，一方面駁正梁啟超（卓如，1873–1929）此前的相關考辨。文章先引用這時也在北大教佛教史的湯用彤（錫予，1893–1964）的研究成果，後面加上胡適自己的考證，力證「《四十二章經》有漢譯本，似無可疑」。文章並節錄了陳垣的來函，予以反駁說：他從來只認定漢代有《四十二章經》的譯本（或輯本），從未以為現存的本子即是漢譯本，陳垣於此不免理解有誤。然後，他又針對陳垣認為范曄（蔚宗，398–445）所搜集的後漢史料「皆言浮屠，未嘗言佛」，提出了四項證據反駁說：一，現存一切後漢、三國的譯經，「沒有一部經裡不是稱『佛』的，沒有一部經裡佛稱浮屠的」。二，作於漢末的《牟子理惑論》，其中亦稱「佛」。三，袁宏（彥伯，328–376）《後漢紀》引用了一條資料，裡面有「佛道」之稱；而據清人惠棟（定宇，1697–1758）的考證，這條資料是出自後漢人所作的《東觀紀》。四，陳壽（承祚，233–297）作於魏晉之間的《三國志》屢用佛字，可以作為此詞早已通行於後漢的旁證。❷

　　這篇文章在4月3日撰成後，立即送抵陳府。翌日夜裡，胡適點讀《弘明集》，見其中引及《三破論》處，可以助其解釋「佛」字何以漸被採用，遂於5日補一短函，指出：「浮屠之稱雖久為佛徒所廢棄，而教外人偏要沿用舊名，其中往往含有惡意的詆毀，如《三破論》所說。」胡適想要指出的是：後漢時期，教外人固沿用「浮屠」舊名，惟佛徒因此詞本含詆毀之意，已改採「佛」字，於是造成「浮屠」和「佛」這些新舊譯名同時流行於世的現象。胡適提出這條資料，是想為陳垣指出後漢史籍少見「佛」字，作一妥善的解釋。信寫成後，胡適在末尾附了一行字，請陳垣閱後將此函「與經攷一併賜還」，表示他打算公

❷　陳智超也認為胡適作〈《四十二經章》考〉，是受到陳垣4月1日來函的激發。
　　陳智超，〈陳垣與胡適〉，頁235。

❷　胡適，〈《四十二章經》考〉，收入氏著，《胡適論學近著》，第1集，現引自歐陽哲生編，《胡適文集》，第5冊，頁143–150。

開發表這些討論文字。❷

　　這封信送抵陳府時，陳垣早將《四十二章經》考〉細讀一過，並已撰就答函。陳垣閱讀文章時，心中大概頗感錯愕。他沒想到自己的一封短信，竟會引發胡適寫了篇長文回應。更沒想到胡適會在未徵得他同意前，逕自引用是函，欲作公開的糾駁。故接信後，即在4月5日寫一長函，以回覆胡適《四十二章經》考〉對他的質疑。信上一開始先說明：

> 關於《四十二章經》、《牟子理惑論》，及漢明夢感等問題，近二十年來，中東西學者迭有討論，垣何敢置一詞？……今來示謂欲為此問題結一總賬，甚盛甚盛。謹將前函未盡之意，再申明之。其有諸家已經論及之者，恕不復及。❸

此話雖是謙詞，卻無異提醒胡適：他在《四十二章經》考〉中，雖力圖為相關問題「結一總賬」，但這一番雄心，恐怕是未曾詳悉近二十年來中國、日本、歐美學者對於相關問題的聚訟，以致低估了這一研究的難度。

　　說過了開場白，陳垣接著列舉從漢末到南朝的史籍，指出「浮屠」

---

❷ 胡適，〈致陳垣函〉（1933：4.5／手稿），收入耿雲志主編，《胡適遺稿及秘藏書信》，第20冊，頁9–11。是書所收陳函，是胡適兩年後為編輯出版《論學近著》時，作為《四十二章經》考〉的附件彙集的。參見〈附件目錄〉，收入同前引書，頁8。是函末了，原有「將來乞與經玫一併賜還」一行字，被胡適自行塗去；函首頂端本來有十行字，也被胡適刪掉。取讀後來收入《胡適論學近著》第1集標題為〈寄陳援庵先生書〉的同函，作一比勘，即可知其刪削之跡。參見歐陽哲生編，《胡適文集》，第5冊，頁150–151。

❸ 陳垣，〈致胡適函〉（1933：4.5／自留抄件，有陳垣的改稿），收入陳智超編，《陳垣先生往來書札》，上冊（臺北：中研院文哲所，民81），頁76。

和「佛」稱謂的演變之跡。他強調：後漢時期，史籍確無「佛」的稱
號。基於這一事實，他認為後漢或許已有《四十二章經》譯本，但現
存的《四十二章經》卻絕對不是漢譯。不但《四十二章經》如此，其
他如《牟子理惑論》以及現存漢譯諸經，也不能信為漢譯。即便其中
真有漢代譯本，也經過後代佛徒的改竄，不復初譯原貌。上述論斷，
先否定了胡適所提出的四點證據的前二項。接著，陳垣續反駁胡適提
出的第三項證據說：胡適引述惠棟的考證，謂袁宏《後漢紀》引用了
作於後漢的《東觀紀》，其中已有「佛道」之稱。但惠棟之說，實無所
據。陳垣舉證歷歷，證明袁宏所引述者，其實是晉人司馬彪（紹統，？
－約306）的《續漢書》，胡適這條證據可以撤消。至於胡適所提出的最
後一項證據：即陳壽的《三國志》，其中屢用佛字。陳垣答覆說：陳壽
是三國末至晉初的人，當時正是「浮屠」與「佛」字參用時期，不能
作為後漢已用佛字的證據。❷

　　在逐一反駁了胡適提出來的各項證據和論點後，陳垣復在是函末
了，寫了一段頗含弦外之音的話說：

　　　考證史事，不能不縝密。稍一疎忽，即易成笑柄。❷

他更舉清末孫詒讓（仲容，1848–1909）所著《牟子理惑論書後》為例，
說孫氏「據《牟子》以證《老子河上公注》為偽」，係因其見今傳《老
子河上公注》分八十一章，遂在未嘗深考前，遽謂其與《牟子》所見
之《老子道德》三十七篇不合；而不知所謂八十一篇者，乃合《河上
注道經》三十七篇與《德經》四十四篇而言。❷由此可見：

---

❷　陳垣，〈致胡適函〉（1933：4.5／自留抄件，有陳垣的改稿），頁76–82。

❷　陳垣，〈致胡適函〉（1933：4.5／自留抄件，有陳垣的改稿），頁82。

❷　陳垣，〈致胡適函〉（1933：4.5／自留抄件，有陳垣的改稿），頁82–83。

> 一言以為智，言不可不慎。故垣更不敢多言矣。幸高明有以教
> 之。❷

這一番話，表面上是以孫氏的失誤來自我警惕；但細味之，相關段落
更具有與胡適共勉的意思。觀陳垣所舉的孫詒讓辨偽致誤之例，與胡
適此前考證蒲松齡《聊齋詩集》的取徑近似，頗令人懷疑陳垣之所以
舉此一例，或具有戒胡立言須慎的言外之意。

這封信撰就後，陳垣特別讓人謄抄一遍，再予親筆校改。改畢，
又讓人重抄一過，然後他再閱讀抄妥的信函，又作一處改動。❷這時，
門房送來胡適4月5日的短函，陳垣遂又作一短箋，回答胡適列舉《弘
明集》的各條資料說：「《弘明集》內好多文字，唯關於史的都不可靠，
奈何！」❷寫畢，即將長短兩函，以及胡適連日寄來的文章和函件，於
4月6日一併寄出繳還。是日晚間，陳垣又重檢當天發出的信函，發現
長信中有一處筆誤，遂又致函更正。❸遂使一天之內，胡適竟接連收
到陳垣的三封論學信札。❸

接信後，胡適也不甘示弱，當晚即撰就一封答函，逐點反駁陳垣
所提出的各項質疑和論點。是函一開頭，先表明他的立場說：他對陳
垣認為後漢未有「佛」之名詞及記載的看法，至今還不能完全贊同。

❷ 陳垣，〈致胡適函〉（1933：4.5／自留抄件，有陳垣的改稿），頁83。

❷ 此由比勘胡、陳各自保存的同一份信函之改稿筆跡得知。胡適所保存的陳函，
收入耿雲志主編，《胡適遺稿及秘藏書信》，第20冊，頁17。

❷ 陳垣，〈致胡適函〉（1933：4.6，第一函／手稿），收入耿雲志主編，《胡適遺
稿及秘藏書信》，第35冊，頁23。

❸ 陳垣，〈致胡適函〉（1933：4.6，第二函／手稿），收入耿雲志主編，《胡適遺
稿及秘藏書信》，第35冊，頁26。《胡適遺稿及秘藏書信》收錄陳垣4月6日的
長信，上面有胡適按陳垣來函所作的改動筆跡，第20冊，頁12。

❸ 陳智超，〈陳垣與胡適〉，頁236–239。

接著，胡適對陳垣4月5日來函的駁論，先就其中第三、四項有所辯解。他先感謝並接受陳垣指出司馬彪《續漢書·西域傳》才是袁宏《後漢紀》延平元年記西域事所引「本傳曰」真正出處的考證，改稱：依此論斷，則司馬彪和陳壽書中的「浮屠」與「佛」參用，皆屬三國末至晉初史料。但他認為陳垣堅持三國末至晉初，時人始以「浮屠」與「佛」參用，其說仍嫌過當。❷

接著，胡適又針對陳垣的論點，提出四項疑點說：一，凡一名詞之成立，非短時期所能做到；故迫考古史，不宜根據一二孤證，而即指定一二十年的短時期，為某一名詞成立的時期。陳垣「三國末至晉初」之說，即犯此病。二，某一名詞的用與不用，多由個人嗜好所決定，未必可用來證明名詞出現的先後。舉例來說：魚豢與司馬彪、陳壽雖是同時代人，其《魏略》即未用「佛」字，與彪、壽兩人的「浮屠」與「佛」參用有異。三，陳垣雖斷定魚豢較陳壽年代稍前，謂其所著《魏略》八稱「浮屠」而不言「佛」，歷舉「桑門」之異譯而從未一提「沙門」；惟考《魏略》本文，中謂「浮屠屬弟子別號合有二十九種」，則陳垣豈可僅據二十九種中之八種，遽謂其時定無「佛」之名稱及記載？四，陳垣所舉的「魚、陳、司馬與范皆是教外史家，其用浮屠而或不用佛，或偶用佛，皆未必即可證明其時佛徒尚未用佛為通稱」。如唐代已是陳垣所謂「純用佛」的時代了，但韓愈（退之，768–824）作〈送浮屠文暢師序〉，卻七稱「浮屠」而不一稱「佛」，可見陳垣「過信此等教外史家，而抹殺教中一切現存後漢譯經及《牟子》等」，其說未為平允。❸

論到現存後漢譯經以及《牟子》等書，胡適更從方法論的角度，

---

❷ 胡適，〈致陳垣函〉（1933：4.6／手稿），收入耿雲志主編，《胡適遺稿及秘藏書信》，第20冊，頁20–22。

❸ 胡適，〈致陳垣函〉（1933：4.6／手稿），頁22–25。

指出陳垣論斷之誤。他說：陳垣認為現存後漢譯經及《牟子》等，其中雖有「佛」之名稱，但此等書籍既在被告之列，在其訟事未了以前，沒有為人作證的資格。這一說法，貌似嚴謹，其實屬於「丐詞」，也就是一種循環論證。因為陳垣所依據的主要標準：「後漢至魏中葉，尚純用浮屠。」這一論斷，是建立在否認一切現存漢譯諸經及《牟子》之上始能成立的。而所謂「一切現存之漢譯諸經及《牟子》為偽」的論斷，本身就是一個有待證明的說法，若是據此為證，就成了「丐詞」了。❸❹

　　最後胡適又指出，《牟子》一書，經周叔迦(1899–1970)和他的考證，當屬後漢末年著作。至於現存漢譯諸經的考訂，「決非一二名詞即可斷案，我們此時尚無此能力，亦無此材料」。對於此等漢譯，他雖不能斷然否定其中確無經過後世佛徒的改竄，卻仍有一疑問，此即：設若後漢譯經中真無「佛」與「沙門」之譯名，那麼陳壽等人所用的「佛」字，卻又從何而來？故他仍從「歷史演變的觀點」，認為漢末三國時佛徒已漸用「佛」之名稱，影響所及，最後連教外史家也不能不改採「佛」字。❸❺

　　總括來看，胡適這封答書，對陳垣的反駁固多針鋒相對之論，但下筆之際，大體還算得上心平氣和。或許陳垣對他引用「惠棟」之說的反駁，以證據極為確鑿之故，令他由衷佩服，故是函一開頭所說的「甚佩」，❸❻並非全屬客套。再觀胡函末了，略謂自己這次來信，是因

────────────

❸❹ 胡適，〈致陳垣函〉(1933：4.6／手稿)，頁25–26。胡適在〈評論近人考據《老子》年代的方法〉中，曾對「丐詞」作一扼要說明。他說：「在論理學上，往往有人把尚待證明的結論預先包含在前提之中，只要你承認了那前提，你自然就不能不承認那結論了：這種論證叫做丐詞。」收入氏著，《胡適論學近著》，現引自歐陽哲生編，《胡適文集》，第5冊，頁85。

❸❺ 胡適，〈致陳垣函〉(1933：4.6／手稿)，頁27–29。

所論涉及陳垣素所注重的方法問題,「非是有意強辯,千萬請先生原
諒」,並乞陳垣「恕此『魔之辨護』」。❸這樣的措辭和語調,也不常見
諸胡適筆下。胡適所以作此謙詞,或許是因為他這時已感覺到:此前
所作之文,似已引起陳垣的不快,遂在遣詞用字上多加注意,有意顯
示他對收信者的尊重。惟因其在是函末了再三強調:「此是方法論的緊
要問題。」又說:「此一疑問亦是方法論的一個緊要問題。」最後再說:
「此次所論,問題雖小,而牽涉的方法問題頗關重要。」❸在陳垣讀來,
不免有咄咄逼人之感,故其4月8日回函,一開始即汰去客套之言,逐
一反駁胡適所提出來的各項詰難。

　　首先,陳垣針對胡適認為他的論點實屬「丐詞」的批評,聲明:
假定今日能在現存漢譯諸經及《牟子》以外,找出彼此公認的證據,
則他前函提出的「後漢至魏中葉,尚純用浮屠」一標準,即可取消。
只因目前尚未尋得此種證據,故他仍暫保守原標準,以待將來之發見。
接下來,陳垣更逐條反駁胡適的論點說:第一,胡適強調一名詞之成
立,非短時期所能做到,此說固然;但胡適所謂「歷史演變之旨」,有
時也不是那麼絕對的。第二,胡適認為魚豢與司馬彪、陳壽是同時代
人,其實不然。魚豢著《魏略》,當在彪、壽之前四、五十年。至於《魏
略》所記弟子別號問題,其未曾悉載者,當指其他譯名,未必即是「桑
門」之異譯。第三,胡適稱一名詞之用與不用,由於個人嗜好者居多,
這點他也不能同意。胡適以韓愈文章為例,尤為比擬不倫。蓋韓愈的
文章是文辭,豈能等同於魚豢、范蔚宗等記述之文。❸

---

❸　胡適,〈致陳垣函〉(1933: 4.6 / 手稿),頁20。

❸　胡適,〈致陳垣函〉(1933: 4.6 / 手稿),頁27。

❸　胡適,〈致陳垣函〉(1933: 4.6 / 手稿),頁27-29。。

❸　陳垣,〈致胡適函〉(1933: 4.8 / 手稿),收入耿雲志主編,《胡適遺稿及秘藏
　　書信》,第35冊,頁18-20。陳智超編輯《陳垣先生往來書札》,也收錄此函。

此外，對胡適所提出的疑問：設若後漢譯經中真無佛與沙門之譯名，那陳壽等人所用字眼，又是從何而來？陳垣認為答案很簡單，蓋由三國譯經中得來。最後，對胡適認為他過信教外史家，而抹殺教中一切現存後漢譯經，陳垣更直認不諱的宣示他的基本觀點說：「竊以為信供不如信證，故每在教史以外求證。……佛家記載如可信，吾何為不信，奈其可信者甚少何。故嘗謂研求教義，自當尋之內典，研求教史，不能不證之外典也。」❹

信寫到這裡，本來已可結束，惟陳垣仍意猶未盡的，又補上一段文字，針對胡適強調此次討論，涉及「方法論的緊要問題」數語，措辭強硬的回答說：

> 至承示方法論的緊要問題，敬謹受教。但前函意見，係研究未成熟以前一種假定，并未著論公表。倘無此次大著之賜示，此種假定，亦只蘊藏胸中，以待印證。似於方法，尚無大礙。且我近來並不是研究此等問題，平日對此等問題，亦無甚深研究。倘所賜示者係已經發刊之稿，當不置一辭。唯因賜示在未發表以前，故欲供給一點軍糧，俾大稿益加邃密。後復接第二次來函，故聊為友誼的比賽，非敢與大軍對壘也。❹

不難看出，陳垣撰寫這段文字時，心中是頗帶火氣的。❹陳垣為文作書，向來以老練內蘊見稱，如上面這等尖銳而略帶負氣之語，平常極少其流露筆下，可見這回確是動了氣。而細閱上函，又知陳垣之所以

見該書，上冊，頁85–87。

❹ 陳垣，〈致胡適函〉（1933：4.8／手稿），頁20–21。
❹ 陳垣，〈致胡適函〉（1933：4.8／手稿），頁21–22。
❹ 季維龍也認為這是一封頗帶不悅情緒的信。季維龍，〈胡適與陳垣的學術情誼〉，頁259。

動了肝火，是受到胡適4月6日來函強調「方法論」的段落所激。

不過，處事向來圓融周到的陳垣，即使執筆之時心中確有不悅，待寫到末後數語時，似又強抑心中的不滿，對他這次與胡適通函論學的動機，作了一點解釋。細味其言，可知陳垣執筆時，曾將這次論辯的原由與經過，從頭細想一遍。在作這番回想時，他更特別轉從胡適的角度設想。這樣轉變角色，設身處地考慮的結果，似讓陳垣萌生一念：或許他的去函商榷，一開始就引起了胡適的不快，以為他是有意挑戰而來，才會在接續的信函中，顯得如此咄咄逼人，寸步不讓。

三、胡、陳較勁

然則陳垣的這一猜想，是否洞悉了胡適的心事呢？要回答這類屬於心理層面的問題，或許可以從胡適的日記中，尋得若干蛛絲馬跡。可惜的是，1933年春間，胡適雖寫有日記，但今所見胡適日記的手稿本，從3月23日到5月27日，卻是全然從闕，讓人無從考知陳垣究竟是看穿了胡適的隱衷？還是錯估了對方的動機？雖然，胡適日記無法向我們揭開事情的底蘊，讓我們得悉胡適寫作時的心理狀態。惟若轉而考察平津地區出版的報刊，或可讓人於通曉當年北平學界的動態後，即便無法確知胡適的動機，至少可以明白陳垣何以會作那樣的猜測。

取讀1933年初平津地區發行的報刊雜誌，即知在1933年春間，北平學術圈的頭號大事，是國際漢學泰斗伯希和(Paul Pelliot, 1878–1945)的蒞臨中國。1933年1月15日，北平《晨報》「教育界」版面，以「法國漢學家伯希和蒞平」作為頭條新聞。相關報導，記述中央研究院歷史語言研究所所長傅斯年回答記者問及伯氏生平及其學術地位的介紹詞，盛推伯希和「在漢學及中亞文史學上之地位，在歐美公認為領袖」。[43]同版又詳載傅斯年和伯希和分別在史語所公宴上的歡迎詞和答

詞。《晨報》的上述報導,隨後又被《國立北平圖書館讀書月刊》全文轉載。北平圖書館是北平的重要學術機構,陳垣、傅斯年等皆為該館委員。伯希和來華前,《國立北平圖書館讀書月刊》已預先作了報導。伯氏蒞平後,館中同人既設宴歡迎,又在《國立北平圖書館讀書月刊》2卷5號上,轉錄了史語所的公宴紀事,以表達同人對伯希和的推崇。**❹❹**

伯希和在漢學界的顯赫地位,從其蒞平才一個多月,就先後參加了法國公使館、中研院歷史語言研究所、輔仁大學、北平圖書館、以及北平學界名流所舉辦的公私宴會,受到熱烈款待可見一斑。**❹❺**在各場宴會中,人們詢及伯氏對中國學界的看法,這位性情直率的學者毫無掩飾的表達了他對陳垣的推崇。他說陳垣是一位世界型學者,是王國維以後的第一人。**❹❻**論者指出,伯希和的公開品評,在北平學界引起極大反響。他在發言中的盛推陳垣而略過胡適,也讓剛剛獲贈德國普魯士科學院通訊會員榮銜的胡氏深感不快。**❹❼**就在這個時候,胡適寫下那篇反駁陳垣的文章。值得注意的是,胡適作〈《四十二章經》考〉

---

❹❸ 《北平晨報》「教育界」版,1933年1月15日,頁7。兩年後,傅斯年撰有〈論伯希和教授〉一文,推崇伯氏為「中國以外,全世界治漢學者奉為祭酒者也」。收入氏著,《傅斯年全集》,第7冊,頁6。

❹❹ 〈法國漢學家伯希和蒞平〉,《國立北平圖書館讀書月刊》,2卷5號(1933: 2),頁22–26。伯希和來華期間的活動,及其生平與中國學界的交往情形,詳參桑兵,〈伯希和與中國學術界〉,收入氏著,《國學與漢學——近代中外學界交往錄》(杭州: 浙江人民出版社, 1999),頁109–148。

❹❺ 〈法國漢學家伯希和蒞平〉,頁22。

❹❻ 桑兵,〈陳垣與國際漢學界〉,收入氏著,《晚清民國的國學研究》(上海: 上海古籍出版社, 2001),頁192–211。

❹❼ 桑兵,〈陳垣與國際漢學界〉,頁197。

時，裡面除了反駁陳垣的論點之外，尚欲全面論定《四十二章經》、《牟子》以及孝明夢感等問題。當時陳垣讀後，曾對胡適的輕率動筆不以為然，認為是文並未詳按相關學者的研究，不免低估了此課題的複雜性。不過，胡適撰寫此文時，他對相關課題的研究成果，也不是毫無所知的。因為1932年5、6月份刊行的《國立北平圖書館館刊》6卷1號，就刊登過一篇題目叫〈牟子考〉的文章，作者正是翌年來華訪問的伯希和，譯者則是精通法文的馮承鈞（子衡，1887–1946）。

〈牟子考〉刊出後，幾可確定胡適必曾細細讀過。因為這篇譯文刊出前一年，胡適才剛和研究佛教史的周叔迦，討論《牟子》的著作年代。胡、周的討論信函，後來也刊在該年的《國立北平圖書館館刊》5卷4號上。從胡函看，他當時似乎不太曉得有關《牟子》的問題，此前已有幾位歐洲及日本學者作過考證；至少在胡適的文字中，看不出他曾讀過相關論著。另胡適作於稍前的中古哲學史講義，其中論述佛教輸入一節，亦未顯示他曾讀過國外學者的相關考證。❹當時馮承鈞之所以起意翻譯伯希和的〈牟子考〉，或許就是在看過胡、周的討論信函後，覺得兩氏對於國外學者的研究成果，似乎頗有隔膜，遂決定要將伯希和這篇論證周詳的文章譯出，好讓中國學者可以稍減閉門造車之弊。

馮承鈞曾留學法國，故精通法文。其後因病癱瘓在家，以翻譯法國漢學界的研究成果維生。其譯作在20年代陸續發表後，很快引起了陳垣的注意。因為陳垣向來注意日本、歐洲漢學家的著作，常翻看日人所編的雜誌目錄索引，提醒學生宜留意國際學術行情，甚以閉門造車為大忌。❹當他聽說馮承鈞為了翻譯伯希和等人的著作，須參閱《通

---

❹ 毛子水謂這份講義寫於1931至1932年間。毛子水，〈跋〉，收入胡適，《中國中古思想小史（胡適手稿本）》書後附錄（臺北：胡適紀念館，民58），頁5。

❹ 牟潤孫，〈勵耘書屋問學回憶——陳援庵先生誕生百年紀念感言〉，收入氏著，

報》(*T'oung-Pao*)一類國外雜誌,卻未蒙收藏這些雜誌的北平圖書館允准後,即以北平圖書館委員會委員長身分,特為馮氏借出,❺⓿兩人關係可說非比尋常。故不排除馮氏這次翻譯〈牟子考〉,或即出於陳垣的建議。而馮譯完成後,《北平圖書館館刊》也即予刊出。胡適讀畢,自然瞭然於相關問題,原來在國際漢學界中聚訟已久,先後吸引了東、西學者的注意。又獲悉《牟子》的著作年代與《四十二章經》,以及漢明夢感等問題,彼此互相關聯,要為考察佛教輸入中國所須要詳加考證的關鍵性議題。

另一方面,胡適討論《牟子》的信函發表後,他和湯用彤的接觸也較前增多,❺❶並得讀其《漢魏兩晉南北朝佛教史講義》,發現湯氏早就注意到上述問題,並已作了細密的考證,得出令人信服的結論。❺❷從

《海遺雜著》(香港:中文大學出版社,1990),頁95。

❺⓿ 牟潤孫,〈發展學術與延攬人才——陳援庵先生的學人丰度〉,收入氏著,《海遺雜著》,頁88。陳垣與北平圖書館關係很深,久任該館委員,並一度出任委員長,常向館方有所建言。劉乃和,〈陳垣與北京圖書館〉,收入氏著,《勵耘承學錄》,頁100–104。

❺❶ 湯用彤本執教中央大學。1928年,湯氏曾就禪宗史上的問題,與胡適通函討論。1930年,新任北大文學院院長的胡適,延聘湯氏到北大哲學系任教。孫尚陽,〈湯用彤年譜簡編〉,收入湯用彤,《湯用彤全集》,第7卷(石家莊:河北人民出版社,2000),頁671–672。

❺❷ 胡適,〈《四十二章經》考〉,頁143–144。湯用彤的《漢魏兩晉南北朝佛教史》,目前流通的版本主要有兩種:一是臺灣商務印書館據胡適的私人藏本景印,其上有胡氏閱讀時留下的眉批和記號。此版根據的底本,是商務1938年印行的重慶版。二是大陸中華書局據1955年重印的版本,再予修訂印行。2002年出版的《湯用彤全集》第1卷所依據的1963年中華版,也是以此版為基礎。參湯一介,〈編者後記〉,收入湯用彤,《湯用彤全集》,第1卷,頁656。但須注意的是,1955年的中華版,是一個經過改削的版本。在這個本子中,商務

此以後，兩人時有往來，就佛教史上的問題往復討論。❸然而，湯用彤對佛教史所下的功夫，讓胡適在佩服之餘，也感到超越不易。就在這時，1933年2月20日天津《大公報・文學副刊》上，又刊出陳寅恪（1890–1969）的〈馮友蘭《中國哲學史下冊》審查報告〉〉。陳寅恪這時也治中古思想史，在清華大學哲學系開「中國中古哲學」課，與胡適的研究範圍恰好重疊。❹陳氏此前所發表的論文，多探討佛教經典的翻譯及流佈問題。其平常讀書，則甚關注儒、佛、道三家的關係。這次藉著審查馮著，陳寅恪提出他對中古思想史研究的意見，他深嘆：

> 《道藏》之秘籍，迄今無專治之人，而晉南北朝隋唐五代數百年間，道教變遷傳衍之始末及其與儒佛二家互相關繫之事實，

原版提及胡適的部分，皆因政治忌諱而遭刪去。今將1955年中華版與1938年商務長沙版稍作對勘，即可發現到：商務版第一分第三章「四十二章經考」頁41倒數第3行段末，本有「參看胡適近著第一輯之真誥考」兩行註文，而中華版無。另商務版第一分第四章「漢代佛法之流佈」頁76第6行的註文中，「周叔迦編牟子叢殘」下面，本作「胡適論學近著第一輯，與周叔迦書」，中華版也全予刪去，所留空白，填上「詳細考訂牟子理惑論一書確非偽造」。觀其刪補文字，連標點符號也計算在內，可謂既巧且密。由此可知中華版的版權頁上，雖註明「本書係用商務印書館原版重印」，該版頁數亦與商務長沙版全同，其實已不復舊版原貌，堪為「新史諱舉例」再添一例。再者，30年代以後，由於湯用彤一直增補修改其北大講義，故商務版的內容與胡適所引用的講義稿，其間差異頗大。

❸ 胡適和湯用彤對佛教史的討論，在胡適日記也留下了記錄。參胡適，《胡適的日記（手稿本）》，1931年7月20日／8月2日，1933年12月23日條下，第10–11冊，無頁數。

❹ 蔣天樞，《陳寅恪先生編年事輯（增訂本）》（上海：上海古籍出社版，1997），頁80。

> 尚有待於研究。此則吾國思想史上前修所遺之缺憾，更有俟於後賢之追補者也。㊺

陳寅恪的話，對胡適或許不無啟發，遂思取讀《道藏》，看看是否可以開拓出另一片可供馳騁的天地。

1933年3月22日胡適的日記，記其夜裡讀陶弘景的《真誥》，正是胡適第一次嘗試整理《道藏》的記錄。㊻不料這次夜讀，竟讓他發現到《真誥》有抄自《四十二章經》處，不禁雀躍萬分，馬上動筆寫成〈陶弘景的《真誥》考〉，意在揭穿這段古人作偽的歷史。當時胡適且在興高采烈下，於文末逕下「其實整部《道藏》本來就是完全賊贓」的論斷。㊼此文撰成後，胡適即將這篇自詡頗有創見的文章，送給數月來屢蒙伯希和公開讚揚的陳垣一覽。

當時胡適將文章送陳垣閱覽，也是因其曉得陳垣對於佛、道典籍涉獵已久。的確，陳垣以研治宗教史之故，早就注意到佛、道兩教的歷史。㊽其有關道教史的專著，發表時間雖稍遲，惟早在20年代初，就對《道藏》下過工夫，還編有《道藏目錄》，以便翻檢。其20年代初所編的《道家金石略》，也收錄了《道藏》中的有關史料，作為日後撰寫《道教志》的準備。㊾陳垣著書作文，向重積累之功，往往在撰寫

㊺ 陳寅恪，〈馮友蘭《中國哲學史下冊》審查報告〉，天津《大公報・文學副刊》，1933年2月20日，頁3。

㊻ 胡適，〈陶弘景的《真誥》考〉，收入氏著，《胡適論學近著》，第1集，現引自歐陽哲生編，《胡適文集》，第5冊，頁126。

㊼ 胡適，〈陶弘景的《真誥》考〉，頁139。

㊽ 1922年，陳垣撰〈摩尼教入中國考〉，即有數章專論摩尼教與道教的關係。《國學季刊》，1卷2號(1923：4)，頁203–240。

㊾ 劉乃和等著，《陳垣年譜配圖長編》，1924年條下，上冊，頁164–166。牟潤孫，〈敬悼先師陳援菴先生〉，《明報月刊》，6卷10期(1971：10)，頁18。

新的課題前，先做長期的準備，尤注意於工具書的編定。他的這一治學特色，及其對道教史料的熟稔，在友人和學生間也廣為人知。1926年，顧頡剛應胡適的邀請，要為《封神演義》作序，就特別致函「於道教史久事探討」的陳垣，詢以當「參考《道藏》中何種書籍?」⑩可知陳垣在道教史上的造詣，在學界早著聲響，這也是胡適將文章送給陳閱覽的原因之一。

不料陳垣讀畢胡文，卻去函商榷其中論及《四十二章經》真偽的部分。面對陳垣的質疑，胡適不敢輕忽以對。他重新檢視湯用彤的講義以及各種文獻，最後仍接受湯氏的說法，而不以陳垣的觀點為是。正當胡適考慮作函回覆時，他忽然念頭一轉，想到：何不就此對涉及《四十二章經》、《牟子理惑論》、以及漢明夢感等問題，寫一篇文章來「結一總賬」? 此念一生，「心靈手敏」的胡適馬上動筆。寫成的文章，題作〈《四十二章經》考〉。寫成的日子，就在陳垣來函質疑後第三天。

當胡適奮力寫成〈《四十二章經》考〉時，北平學界為伯希和舉辦的公私活動，還在持續進行中。(伯氏於是年4月15日始離平) 了解到這一背景，則胡適這時的撰寫此文，就顯得有點耐人尋味了。的確，詳考〈《四十二章經》考〉的寫作形式與內容，都讓人感覺其中頗藏玄機。就形式說，胡適這次面對陳垣的來函質疑，並未一如既往般作函回覆，而是寫了篇正式的論文。文章的內容，既摘引陳垣的來信，予以駁斥。論述的範圍，又都是佛教史上爭議已久的問題，要皆伯希和此前所曾論及者。如果說胡適撰寫此文時，伯希和是其心中潛在的讀者之一；其趕寫此文，也是為了想在伯希和離平前發表；似乎都是不無可能的事。

換一個角度看，不論胡適是否懷有上述動機，在1933年春季北平

---

⑩ 顧頡剛，〈致陳垣函〉(1926: 8.25／手稿)，收入陳智超編，《陳垣先生往來書札》，上冊，頁52。

學界的特殊氣氛下，陳垣都很容易朝上述方向推測和思考。觀陳垣4月8日致胡適的信函，其末段中說：「倘所賜示者系已經發刊之稿，當不置一辭。唯因賜示在未發表以前，故欲供給一點軍糧，俾大稿益加邃密。」這話就說得頗怪。因為按往例說，胡適送給陳垣閱覽的文章，向來不乏「已經發刊之稿」，如前述之〈辨偽舉例——蒲松齡的生年考〉即然。而陳垣讀後，也是照樣去函商榷，並未因其已然發表而「不置一辭」。故陳垣這回強調：「倘所賜示者系已經發刊之稿，當不置一辭。」或許是因為他揣測說：胡適這次撰寫是文，於學術求真的動機之外，似還有提升一己學術聲望之意，只怪自己一時不察，逕直寫了封反駁的信函，難怪他要感到不悅了。當陳垣隱約猜想胡適所可能懷有的動機後，其筆下似即緩和下來，信末提到「友誼的比賽」，又說自己「非敢與大軍對壘」，就具有開玩笑的意味，不復前面那樣具劍拔弩張之勢。**❻❶**

收到這封頗帶火氣的信函，胡適究竟作何反應呢？編注陳垣書信的人告訴我們：「現在沒有看到胡對此信的答覆。」只知道在4月9日，也就是陳函寄出當天，胡適將那篇引起爭端的〈陶弘景的《真誥》考〉末段重加改定，再送陳垣閱覽。**❻❷**從胡適收到信函，到他將文章再送陳覽，中間這段因史料有闕而造成的歷史的空白，後人只能從陳垣翌日發出的一封信函，略為揣想期間所可能發生的情節。

下面且看陳垣4月10日的信是怎麼說的：

> 《真誥考》定稿拜讀，敬繳。此書在《道藏》從未有人理會，

---

❻❶ 陳垣寫這封信，與他4月5日的長函一樣，都是先擬草稿，再請人謄抄。抄畢，陳垣又重閱一過，在上面作了改動，方始寄出。參見陳垣，〈致胡適函〉（1933：4.8／手稿），頁85–89。

❻❷ 陳智超，〈陳垣與胡適〉，頁243。

先生得此荒地，一經開採，即發見至寶，豈不可賀！以視《四
十二章經》、《牟子》等曾經多人採掘，不易見寶，迥不侔矣。
此次數承見教，獲益良多。先生絕頂聰明，是不可及的。先生
的研究態度及方法是亟當師法，而亦苦材力不逮的。能時時賜
教督促，則幸甚幸甚。❻

將陳垣4月8日及4月10日所寫的兩封信稍作對讀,即可發現兩者在語調
上所存在的絕大差異。細讀上函，知陳垣這時對胡適有關《四十二章
經》、《牟子》等問題的看法，雖然未能完全贊同；但他對胡適的聰明
才智，以及他的「研究態度與方法」，卻給予高度的評價和肯定。

問題是上函寄出前兩天，陳垣明明才撰就一封聲明：若胡適「所
賜示者系已經發刊之稿，當不置一辭」的信函，顯示他在不滿胡適的
咄咄逼人之餘，也擔心相關討論或已引起對方的不快。如今陳垣在4月
10日的信函中，竟轉過來對胡適的「研究態度」予以推崇，究竟期間
發生了甚麼事，讓陳垣的態度發生如此一百八十度的轉變呢？一個最
有可能的情況是：當陳垣4月8日的長函送出後，胡適以其敏感個性，
已經察覺到對方心中的不滿。為了避免雙方關係破裂，他立即登門拜
訪，向陳垣解釋自己只是就學論學，唯以求真為尚，心中別無他意，
請陳垣勿疑。兩人面談之後，最後冰釋前嫌，言歸於好，互表日後希
望仍能得對方「賜教督促」之意。隨後，胡適回家修改了〈《真誥》考〉
末段，對陳垣提出質疑的段落，改用「疑似」之詞出之，❻以示審慎，
兼示讓步。稿定之後，又送陳垣閱覽。

讀完這篇修訂稿，陳垣沒有再提任何質疑。只在還繳時，附了一

❻ 陳垣，〈致胡適函〉（1933：4.10／手稿），收入耿雲志主編，《胡適遺稿及秘
藏書信》，第35冊，頁24–25。

❻ 胡適，〈陶弘景的《真誥》考〉，頁138–139。

封重新示好、卑辭退讓的信。是函對胡適的聰明才智及其「研究方法」，固是備致推崇；惟其所最措意者，恐怕還在「研究態度」方面。今證以1939年，陳垣致其子的信上所說：

> 文成必須有不客氣之諍友指摘之，惜胡、陳、倫諸先生均離平，吾文遂無可請教之人矣。非無人也，無不客氣之人也。㊺

「胡、陳、倫諸先生」，分指胡適、陳寅恪和倫明幾位。觀陳垣提到幾位「不客氣之諍友」時，其中首舉胡適；又深惜如今諸友星散，請教無門。是則胡適在這次討論中，雖一度讓陳垣感到不快，但其論學時的「不客氣」，又使陳垣冷靜下來後，覺得此種態度其實有裨治學，故甚願將胡適視為其「為學問而交之友」，㊻希望日後可以經常往來，以添進益。

　就陳垣的個性說，他這次和胡適因論學而產生不快，實在是一次偶爾不慎的「擦槍走火」。陳垣在民初曾任眾議院議員，並一度出任教育次長兼代部長職，接觸各方人物甚多。20年代，曹錕（仲珊，1862–1938）賄選案爆發，陳垣未能置身其外，事後視為終身之玷，從此退出政壇。㊼其後，隨著著述的日見宏富，其學術聲望也日益提高。國際上，日本學界早已公開推崇之。國內則傅斯年、陳寅恪等以至於江南學人，對其史學造詣也都一致推許。進入30年代，就全國範圍說，陳垣的社會知名度雖不如胡適，但在學術圈內——尤其是北平學界——其聲望漸有超邁後者之勢。㊽1933年春，伯希和在北平所作的公

㊺　陳垣，〈致陳樂素函〉(1940: 1.7)，收入陳智超編注，《陳垣來往書信集》，頁650–651。

㊻　陳垣，〈致陳樂素函〉(1939: 10.15)，收入陳智超編注，《陳垣來往書信集》，頁650。

㊼　陳智超，〈陳垣與胡適〉，頁261。

開品評，更使陳垣的學術聲望急劇上揚。或許是連月來陶醉於伯希和的讚語，一時忘了深自謙抑，遂在這次與胡適的討論中寸步不讓，並因此留下那封難得一見的頗帶火氣的信函，使人得以一窺這位史學大家自負且好勝的內心世界。

固然，這次胡、陳發生齟齬，胡適或許得負更大責任。陳垣事後雖稱道胡適不客氣的研究態度，但他對胡適探討這一課題的內在動機，或許並未完全釋疑。雖然如此，這不妨礙他仍將胡適視為學問上的朋友。胡、陳發生爭論後一個月，陳垣曾撰一函，給粵籍後輩容肇祖（元胎，1897–1995），勉以：

> 吾人論學，求真非求勝。❻❾

所言或即經歷這次衝突後所得的教訓和結論。又30年代末，陳垣在與子書中，嘗論交友的重要性，強調「無友不可以成學」。❼⓿並以自己的經驗為例說：

> 前者文成必先就正於倫、胡、陳諸公，今諸公散處四方，無由請教，至為遺憾。❼❶

由上函看來，陳垣對他那位喜發指摘之言的老鄉居，這時倒是頗致懷

---

❻❽ 桑兵，〈陳垣與國際漢學界──以與伯希和的交往為中心〉，頁198–200。

❻❾ 陳垣此語，見其1933年5月11日致容肇祖函。此函今不存，僅能在容氏的回函中得見片言隻語。容肇祖，〈致陳垣函〉(1934：5.21)，收入陳智超編注，《陳垣來往書信集》，頁275。

❼⓿ 陳垣，〈致陳樂素函〉(1939：10.15)，收入陳智超編注，《陳垣來往書信集》，頁650。

❼❶ 陳垣，〈致陳樂素函〉(1939：1.14)，收入陳智超編注，《陳垣來往書信集》，頁643。

念的。同樣，40年代初胡適遠在美國時，對往日與陳垣論學切磋之樂，也有見諸文字的緬懷和想念。❼

　　另一方面，這次胡、陳衝突，似亦導致陳垣日後處世時，較前更加小心謹慎。這一點，在其致陳樂素(1902–1990)的家書中，最是表露無遺。1939年，陳垣寫信給其初執教鞭的兒子說：「對同事要注意，太生疏不好，太密亦不好，總要斟酌及謙讓，不可使人妒嫉，使人輕侮。交友原本要緊，無友不可以成學，但同事則又另一樣，與為學問而交之友不盡同，因有權利關係也。幸注意。」❼誡子之餘，亦反映出其處世之道。陳垣的處世謹慎，又表現在其1946年讀過方豪（杰人，1910–1980）文章後的反應。那時，私淑陳垣的方豪寫了篇〈愛國史家陳援庵先生〉，對陳垣的學問節操讚美備至。陳垣讀後不喜反憂，寫信告其子說：「標榜太過，恐惹人反感。……一有贊嘆，又為不贊嘆者生嗔，奈何？」❼翌年，孫楷第為文評介其《南宋初河北新道教考》。陳垣對孫楷第的書評，私下甚為激賞，以文章知己許之，卻又擔心這篇「似乎閑話多些，長些」的書評，發表後會引起人嫉妒，囑咐其子留意同事間有何批評。❼陳垣的幼子後來回憶：乃父生前，常將「鋒芒宜斂

---

❼ 胡適，〈讀陳垣《史諱舉例》論漢諱諸條〉（作於1943年）文末「後記」，《圖書季刊》，新第5卷第1期(1944：3)，頁22。

❼ 陳垣，〈致陳樂素函〉(1939：10.15)，收入陳智超編注，《陳垣來往書信集》，頁650。1946年春，浙江大學史學系有意聘陳樂素為主任，陳垣去函告其子說：「資望淺，令人妒，而且起眼。」力言目前不宜出任。「幾年後資歷稍深，則又當別論。」陳垣，〈致陳樂素函〉(1946：4.27)，收入前引書，頁693。

❼ 陳垣，〈致陳樂素函〉(1946：3.2)，收入陳智超編注，《陳垣來往書信集》，頁687。

❼ 孫楷第，〈致陳智超函〉（年份不詳）；陳垣，〈致陳樂素函〉(1947：2.17)；均收陳智超編注，《陳垣來往書信集》，頁409、703。

不宜露」一句話掛在嘴邊。❼堪稱近代學者中，最老於世故、最深諳退藏之道的一人。❼

另一方面，這次事件，對胡適似也頗有影響。翌年3月，有人邀胡適演講，題目定作「做學問的方法」，這本是胡適最擅長也最喜歡講的題目。不料胡適到會場後，卻逕自改了題目，聲明這次「不談方法，只談談做學問的必要條件」。先從「充分的工具」，即古人所謂「博」字講起。強調最要緊的，是「養成做學問的習慣」，就是「不懶惰」，「不苟且」，能「虛心」。他說：「有了這些必要條件，方法自在其中。」❼說到「不懶惰」，胡適以龜兔賽跑的故事為喻說：

有兔子的天才，加上烏龜的功力，可以無敵於天下。❼

「無敵於天下」，也就是當第一人，這無疑是長年潛藏在胡適心底的一個渴望。新文化運動期間，胡適固是「暴得大名」；但此「大名」，主要是社會上的名氣。論到學術上的成就，學界對胡適的評價，一直都是譭譽參半，未有定評的。對此，胡適本人也頗有自覺。他的考辨《牟子》、《真誥》和《四十二章經》，就懷有甚欲超勝並世學人之意。但是這次討論的結果，卻讓胡適深深感覺到：真要在學問上「無敵於天下」的話，單靠天才是不夠的，還得加上長年累積的功力方可。所以這次演講的內容，實在是胡適勉人兼亦自勉的一次演說。

❼ 陳慈，〈父親與我〉，收入劉乃和主編，《紀念陳垣校長誕生110周年學術論文集》（北京：北京師範大學出版社，1990），頁363。

❼ 逯耀東師對陳垣的處世之道，曾經為文有所勾勒。逯耀東，〈胡適溯江河而行〉、〈把胡適當成個「箭垛」〉，均收氏著，《胡適與當代史學家》（臺北：東大圖書公司，民87），頁83、91–106。

❼ 胡適，《胡適的日記（手稿本）》，1934年3月8日條下，第11冊，無頁數。

❼ 胡適，《胡適的日記（手稿本）》，1934年3月8日條下，無頁數。

事實上，就學術而言，這次爭論過後，陳垣對胡適的若干持論，也始終有所保留。觀其4月10日所發信函，雖肯定胡適能注意及向來少人理會的《道藏》，致能「發見至寶」；接下來卻說：「以示《四十二章經》、《牟子》等曾經多人開採，不易見寶，迴不侔矣。」即暗示胡適此前不免低估了相關研究的難度，並表明自己迄今未能完全同意胡適的論點。陳氏隨後撰寫的《中國佛教史籍概論》，❽論及「《牟子理惑》問題」時，就反對胡適認為「牟子」是「牟子博」的說法。又說：「佛之名稱，為後漢末所無，當時概稱佛為浮屠。」❽由此看來，胡、陳雖然重修舊好，但在學術問題上，陳垣顯然是持「和而不同」的態度，也就是在未有更多證據發現前，依然堅持自己原來的觀點。

不但如此，在胡、陳這次爭論中，胡適雖指摘陳垣不免「過信教外史家」，但胡適的責難，也未使陳垣改變其「研求教義，自當尋之內典，研求教史，不能不證之外典」的固有看法。不過，胡適的質疑，倒促使陳垣對運用教外典籍研求教史，作出較前深入的思考。1934年3月，陳垣撰成〈從教外典籍見明末清初之天主教〉。單看此文標題，即知這是一篇利用外典以證教史之作。是文分上、下兩編，上編先論教外典籍對研究教史的重要性，下編始就明清時期的教外典籍，論述天主教在中國的傳播情形。❽就標題和文章結構觀之，陳垣似有意藉這部著作，來對去年的那場爭論，作一迂迴的回應。

值得一提的是，陳垣此文撰成後，曾送給其素所推重的陳寅恪一覽。❽陳寅恪一年前得知胡適考證《真誥》的主要觀點後，曾特別讓

❽ 據陳垣1955年所寫該書〈後記〉，知《概論》是其「十數年前講課舊稿」。陳垣，《中國佛教史籍概論·後記》（北京：中華書局，1988），頁161。

❽ 陳垣，《中國佛教史籍概論》，頁52。

❽ 陳垣，〈從教外典籍見明末清初之天主教〉，《國立北平圖書館館刊》，8卷2號(1934：3.4)，頁1–31。

傅斯年轉告胡氏：《朱子語錄》早已指出《真誥》有抄襲《四十二章經》之處。❽這次讀了陳垣的文章，卻去函肯定陳氏能用教外史料研治教史說：

> 頃讀大作訖，佩服之至。近來日本人佛教史有極佳之著述，然多不能取材於教外之典籍，故有時尚可供吾國人之補正餘地（然亦甚鮮矣）。今公此作，以此標題暢發其蘊，誠所謂金針度與人者。就此點言，大作不僅有關明清教史，實一般研究學問之標準作品也。❽

陳寅恪對陳垣運用教外史料治宗教史作如此高度的肯定，又謂此法當施之佛教史研究，當令後者萌生知音之感。

又陳垣在40年代撰成的《南宋初河北新道教考》，是其論述道教史的專門論著。書中論述全真教刊行《道藏》事跡的段落，也與胡適對《道藏》的評價截然相異。陳垣認為：

> 《道藏》雖不講「三綱五常」，而包涵中國固有雜學，如儒墨名法史傳地志醫藥術數之屬無不備，固蔚然一大叢書也。能寢饋於斯，雖伏處山谷，十世不仕，讀書種子，不至於絕，則全真家刊行《道藏》之意義大矣。❽

此書雖說撰成於特殊的時空環境下，是一部「以宋事言今事」之作，❽但從書中對《道藏》的肯定，知其必不以胡適斥《道藏》為「完

---

❽ 牟潤孫，〈發展學術與延攬人才——陳援庵先生的學人丰度〉，頁90。

❽ 胡適，〈陶弘景的《真誥》考〉文末「後記」（作於1933年5月10日），頁140。

❽ 陳寅恪，〈致陳垣函〉(1934：4.6)，收入劉乃和等編，《陳垣年譜配圖長編》，上冊，頁366–367。

❽ 陳垣，《南宋初河北新道教考》（北京：中華書局，1962），頁29。

全賊贓」的說法為然。至於胡適，則終其一生皆未改變其對《道藏》的輕視，晚年且曾極力反對重印《道藏》之舉。**❽**

再回過來看，1933年間，胡適讀過陳垣4月10日那封心平氣和，對其觀點卻仍有所保留的來信後，他了解到相關問題以其牽涉面之廣，確非一人一時所能論定。此時若倉促發表，恐將引來行家嘲笑，又可能導致陳垣不滿，遂決定姑置不發。惟到了1935年底，胡適要編輯出版其《論學近著》。經過一番考慮後，他覺得前年所寫的那幾篇信札、文章，部分觀點雖仍存爭議，惟其中論及「方法論」之處，卻不無發表的價值，乃決定要將相關文字收入書中。

今查《胡適論學近著》第一集卷二，在〈《四十二章經》考〉文後，附錄了三封胡、陳來往信函，依次是：4月5日分別發出的胡、陳兩函，以及4月6日的胡函。也就是說，胡適選錄這組論學信札時，並未收入陳垣4月8日那封逐一駁斥胡適論點的長信。這樣一來，《胡適論學近著》所收錄的胡、陳信函，便以胡適4月6日那封三次提到「方法論」的信函殿尾。這不能不令人好奇說：該書未收4月8日的陳函，究竟是胡適的主意，抑為陳垣的意思？關於這個問題，因史料有闕，今已無法考知。惟按常理推斷，胡適考慮刊登這組信札時，胡、陳關係雖已好轉，但前年的討論既曾引起兩人失和，如今胡適想要選刊相關信函，似不可能不先一詢陳垣的意願。

乍聞胡適的建議，陳垣大概頗不謂然。因為他先前早已聲明：這次寫給胡適的幾封書信，皆屬「假定」之見，並未想要「著論公表」。且其治學力主慎重，甚不以五四以後，時人往往「對一個問題沒研究

❽ 孫楷第，〈評《南宋初河北新道教考》〉，天津《大公報·圖書周刊》，第7期，1947年2月15日，頁7。

❽ 陳智超，〈陳垣與胡適〉，頁266。另參胡頌平編著，《胡適之先生年譜長編》，1959年5月13日條下，第8冊（臺北：聯經出版事業公司，民73），頁2898–2900。

成熟，就拿出去發表」的做法為然，一再告誡學生：「不可亂發文章」。[89]其撰《中國佛教史籍概論》，更藉著辨正古籍的機會，力陳近人「輕於立言」之非，指出「陳東塾嘗言：『吾黨切不可輕易立說，立說而誤，又煩後人駁正，此書籍所以日多也。』書多亦何妨，但本無事而自擾之，誠可不必。」[90]惟胡適既非其弟子，堅持不允恐過拂其意，只得同意刊出。

正當兩人洽商時，有一方提出4月8日的陳函是否不必收入？這個建議得到另一人同意。於是，《胡適論學近著》第1集所收的〈《四十二章經》考〉，就僅附錄了胡、陳的三封論學信札，而將4月8日的陳函排除在外。其實，4月8日的陳函，末段雖有情緒上的發言，胡適若是有意刊出，仍大可用節錄的方式，將前面全屬學術討論的部分發表。今觀胡適未作這樣的建議和考慮，或許是因為他心裡明白：一旦將他的信函作為壓軸，則讀者很自然會產生一種印象：此即陳垣在胡適「方法論」的連番質疑下，似無反擊之力。換句話說，這次論辯的結果，最後勝利是屬於胡適一方的。

四、胡、陳在校勘學上的歧見

30年代，胡適和陳垣的另一次重大學術交涉，無疑是胡適為陳垣的《元典章校補釋例》寫序一事。過去論者言及胡、陳交誼，多舉此事作為雙方互相欣賞之證。惟此事若細加考究，即知在胡、陳互相推重的表象後，不乏暗中較勁之跡，並顯示出兩人在校勘學上的若干歧

---

[89] 牟潤孫，〈勵耘書屋問學回憶——陳援庵先生誕生百年紀念感言〉，頁94。另參李瑚，〈勵耘書屋受業偶記〉，收入白壽彝等，《勵耘書屋問學記——史學家陳垣的治學》（北京：三聯書店，1982），頁117。

[90] 陳垣，《中國佛教史籍概論》，頁86–87。

見。

《元典章校補釋例》（以下簡稱《釋例》），是陳垣校勘《元典章》的副產品。事緣1930年5月起，陳垣集合了幾位助手，共同校勘《沈刻元典章》。翌年2月，校勘工作完成，訂出錯誤一萬二千餘條。❾❶陳垣隨即決定，要從這「一萬二千餘條」謬誤中，「復籀其十之一以為之例，而疏釋之」。換句話說，《釋例》之作，是為了「通於元代諸書，及其他諸史，非僅為糾彈沈刻而作也」。❾❷《釋例》完成後，陳垣作序指出該書的寫作原委說：

> 《元典章》為考究元代政教風俗語言文字必不可少之書，……
> 今幸發見元本，利用此以為校勘學之資，可於此得一代語言特
> 例，並古籍竄亂通弊，以較彭叔夏之《文苑英華辨證》，尚欲更
> 進一層也。❾❸

扼要的說，陳垣寫作《釋例》，是想通過「糾彈沈刻本」來達成兩層目的：一，說明元代「語言特例」，以「通於元代諸書」；二，指出「古籍竄亂通例」，以「通於諸史」。

以「古籍竄亂通例」言之，陳垣在《釋例》卷六即首論其校《元典章》的「校法四例」說：

> 昔人所用校書之法不一，今校《元典章》所用者四端：
> 一為對校法。即以同書之祖本或別本對讀。……此法最簡便，
> 最穩當，純屬機械法，……凡校一書，必須先用對校法，然後

---

❾❶ 陳垣，《沈刻元典章校補·緣起》，收入氏著，《勵耘書屋叢刻》，上冊，頁285–288。

❾❷ 陳垣，《元典章校補釋例·序》，收入氏著，《勵耘書屋叢刻》，中冊，頁1043。

❾❸ 陳垣，《元典章校補釋例·序》，頁1043–1044。

再用其他校法。……

二為本校法。本校法者，以本書前後互證，……此法於未得祖本或別本以前，最宜用之。……

三為他校法。他校法者，以他書校本書。……此等校法，範圍較廣，用力較勞，而有時非此不能證明其訛誤。……

四為理校法。……所謂理校法也，遇無古本可據，或數本互異，而無所適從之時，則須用此法。此法須通識為之，否則鹵莽滅裂，以不誤為誤，而糾紛愈甚矣。故最高妙者此法，最危險者亦此法。❿

這是陳垣對傳統校勘法所作的系統總結，反映了陳氏在校勘學上的功力和成就，該書後來改名《校勘學釋例》，即是為此之故。

考《釋例》的寫成，是在1931年7月。當初陳垣撰寫此文，是要提交中研院史語所，作為祝賀蔡元培（子民，1868–1940）六十五歲壽慶的文章。1933年1月，《國立中央研究院慶祝蔡元培先生六十五歲論文集》上冊率先出版，書前有一篇〈本書撰文人共上蔡元培先生書〉，推崇蔡氏創設中研院的功業，「其中置歷史語言研究所，以整理中國及四裔之文史材料。……溫故以求纂顧黃之舊統，知新以求樹文史之新宗。」❾又指出：

---

❿ 陳垣，《元典章校補釋例》，頁1219–1225。

❾ 〈本書撰文人共上蔡元培先生書〉，《國立中央研究院慶祝蔡元培先生六十五歲論文集》，上冊（北平：中央研究院，1933：1），頁1。五年前，傅斯年撰〈史語所工作之旨趣〉以號召同志，標榜的是「亭林百詩之風」。今以黃宗羲代替閻若璩，或許有以下幾個原因：一，那幾年間，傅斯年及史語所同人在史學觀念上，已遠離了顧頡剛所帶動的「古史辨」風氣。二，此時顧頡剛已脫離史語所，傅斯年不必顧及他的看法。三，此文撰寫時，華北政局極為緊張，傅斯年標榜「顧黃」，或有發揚民族精神之意。

> 惟先生以師儒之涵養，接受西土之學思，則同人亦志在持舊學
> 之造詣，質之國外，化以大同。惟先生知舊邦之命，必曰維新，
> 則同人亦願於顧黃長流之後，益以近世自然科學之助力，晚出
> 材料之憑藉，以為新學。**㊏**

這篇文章，當出史語所所長傅斯年的手筆。其所謂「新學」，是要在中
國建立起新的「文史科學」。**㊐**對於上述宣言，陳垣顯然是頗有共鳴的。
同年，史語所決定為其《釋例》出單印本。或許是有感於「持舊學之
造詣，質之國外，化以大同」數語，陳垣乃邀曾經留歐「接受西土之
學思」的傅斯年為《釋例》作序，**㊑**而未邀請替他向張元濟（菊生，
1867–1959）商借涵芬樓藏《元典章》的傅增湘（沅叔，1872–1949）
寫序。**㊒**後來傅斯年作序未成，才專由早已讀過《釋例》，又與史語所
關係密切的胡適撰序。**㊓**

　　1934年9月11日，《釋例》校樣刻成，陳垣親自送上胡府，請胡適
為作一序。**㊔**兩天之後，陳垣又書一函，重申作序之請說：

㊏　〈本書撰文人共上蔡元培先生書〉，頁1。

㊐　〈本書撰文人共上蔡元培先生書〉，頁2。

㊑　陳垣，〈致傅斯年〉（約1934年），收入陳智超編注，《陳垣來往書信集》，頁
　　556。並參劉乃和等，《陳垣年譜配圖長編》，6月份條下，上冊，頁373。

㊒　陳垣，《沈刻元典章校補·緣起》，頁286。

㊓　胡適，〈校勘學方法論〉，收入氏著，《胡適論學近著》，第1集，現引自歐陽
　　哲生編，《胡適文集》，第5冊，頁108。陳垣，〈致胡適函〉（約1934年秋／手
　　稿），收入耿雲志主編，《胡適遺稿及秘藏書信》，第35冊，頁33。

㊔　胡適，《胡適的日記（手稿本）》，1934年9月11日條下，第12冊，無頁數。陳
　　垣送來校樣時，又附了一封請胡作序的短函。陳垣，〈致胡適函〉（1934：9.10
　　／手稿），收入耿雲志主編，《胡適遺稿及秘藏書信》，第35冊，頁34。

此書剛剛刻好，既承金諾在前，知對此題目必有好些新議論，
足補土法之不足，亟所願聞也。⓲

陳垣之所以邀胡作序，不只因為兩人是近鄰，胡適也「愛讀他的
書」，⓳而是希望他的「土法」，能得到洋博士胡適的肯定。陳垣對胡
適說：他這部書，是用「土法」寫成的。胡適回答說：在校勘學上，
「土法」和海外新法並沒有多大分別。⓴陳垣自稱「土法」，牟潤孫(1908-
1988)認為是「慨乎言之」，係因陳氏「不是留學生，在崇洋派的心目
中並不十分受重視」。⓵的確，在近代歐風美雨吹拂下，陳垣對自己的
學問雖有自信，國內外學界也對他一致的推崇，然這位對西學懷有嚮
往之心的學者，⓶還是頗願得到胡適的公開肯定，以塞住社會上眾多
崇洋者的口。

　其實不待陳垣敦促，胡適也很樂意作此序文。因為他對校勘一事
早有看法，只是自己「提倡有心，實行無力」，⓷故對陳垣「死校」、「硬
校」的功夫，心中確感佩服。⓸這次能藉《釋例》的篇幅來宣傳自己的
主張，真是一次最難得的機會。所以，等陳垣將校樣送來，胡適馬上
就將《釋例》重讀一過。是日夜裡，又「翻看王念孫《淮南雜誌序》，
俞樾《古書疑義舉例》等書，預備寫一篇論校勘學的序文」。⓹

⓲　陳垣，〈致胡適函〉(1934：9.13／手稿)，收入耿雲志主編，《胡適遺稿及秘
　　藏書信》，第35冊，頁35。

⓳　胡適，〈校勘學方法論〉，頁108。

⓴　胡適，〈校勘學方法論〉，頁108。

⓵　牟潤孫，〈敬悼先師陳援菴先生〉，頁19。

⓶　桑兵，〈陳垣與國際漢學界〉，頁200。

⓷　胡適，《胡適的日記(手稿本)》，1930年12月6日條下，第10冊，無頁數。

⓸　逯耀東師，〈胡適溯江河而行〉，頁84。另參胡頌平編著，《胡適之先生晚年
　　談話錄》(臺北：聯經出版事業公司，民73)，頁113。

到了1934年10月8日,這篇長達八千字的專論校勘學的序文終於寫成, 裡面指出:

> 這部書是中國校勘學的一部最重要的方法論……。❿

對於陳垣校勘《元典章》的工作, 胡適也給予極高評價說:

> 陳援庵先生校《元典章》的工作, 可以說是中國校勘學的第一
> 偉大工作, 也可以說是中國校勘學的第一次走上科學的路。⓫

這樣的讚美, 無疑為陳垣的「土法」校勘, 進行了一次「科學」加冕。

對於這篇專論校勘學的序文, 胡適自己感到十分滿意。1935年初, 當其回顧上一年的學術成績時, 在日記中寫道:

> 此序長八千字, 實在是一篇〈校勘學方法論〉。(將來此文重登《國
> 學季刊》, 即改題此名。)大概中國論校勘學的方法的書, 要算這
> 篇說的最透闢的了。此文的意思是要打倒「活校」, 提倡「死校」,
> 提倡古本的搜求, ──是要重新奠定中國的校勘學。⓬

其得意之情, 可謂躍然紙上。這段文字表明, 胡適在公開發表的序文中, 雖稱道陳垣《釋例》「是中國校勘學的一部最重要的方法論」, 私下卻認為自己這篇文章較《釋例》要高出一線。其次, 這段文字也顯示, 「打倒『活校』, 提倡『死校』」, 乃是胡序的中心題旨。胡適所謂

---

❾ 胡適,《胡適的日記(手稿本)》,1934年9月11日條下, 無頁數。

❿ 胡適,〈校勘學方法論〉, 頁108。

⓫ 胡適,〈校勘學方法論〉, 頁114。

⓬ 胡適,〈1934年的回憶〉(寫於1935年1月2日),《胡適的日記(手稿本)》, 第
12冊, 無頁數。1943年, 胡適在美國憶及這篇序文時, 誤記為兩萬字。見胡
適,〈讀陳垣《史諱舉例》論漢諱諸條〉, 頁22。

「死校」，強調「校勘學必須建築在古善本的基礎之上」。這樣一來，搜求古本，自然就成為校勘學上的第一要事。離乎此者，都被胡適認為夠不上「科學的校勘」。在此標準下，王念孫（懷祖，1744–1832）、段玉裁（若膺，1735–1815）這些清代校勘大師的工作，都被胡適打入迷誤後學的行列中去了。❶❸

換句話說，這次胡適應邀為陳垣的《釋例》寫序，雖有助拉近兩人的關係；冠於書前的胡序，卻顯示出兩氏在校勘學上的若干歧見。先就《釋例》的題旨說，前面提到，《釋例》是陳垣及其助手合力校勘《元典章》的副產品。《元典章》校出後，陳垣更欲「借《元典章》言校勘學」，以「得一代語言特例，並古籍竄亂通弊」。這就是說，從《元典章》的校勘，到《釋例》的完成，陳垣先後要達成三項目標：一是為「考究元代政教風俗語言文字必不可少」的《元典章》，校出一個定本；❶❹二是由《釋例》講明元代語言特例，以通於元代諸書；三是透過《釋例》得知古籍竄亂通弊，以通於其他諸史。陳寅恪一年後為陳垣《元西域人華化考》的重刻本寫序，曾引「摯仲洽謂杜元凱《春秋釋例》本為《左傳》作，而所發明，何俱《左傳》」，來稱道該書的貢獻，❶❺其言本有針砭當時學風之意，並可挪用以概括陳垣這部著作的特色。

惟胡適為《釋例》寫的序言，雖長達八千多字，其對陳垣著書之旨，卻似頗有隔閡。首先，他對陳垣運用其元史知識，為《元典章》校出一萬多條錯誤，雖肯定其能用「淵博的元史知識，使我們得著一部比元刻本更好的《元典章》」，卻以為「那是個人的學問知識的問題，

---

❶❸ 胡適，〈1934年的回憶〉，無頁數。

❶❹ 陳垣，《元典章校補釋例·序》，頁1043–1044。

❶❺ 陳寅恪，〈重刻《元西域人華化考》序〉，天津《大公報·圖書副刊》，1935年3月7日，頁7。

不是校勘學本身的問題」。⑯其實陳垣詳舉沈刻本因不懂元代特殊的用字用語、名物制度而造成的錯誤，正說明校勘不僅僅是簡單校出文字異同，還須要掌握相關的歷史知識。⑰而《釋例》對這部分後人因元代特殊情況所造成的刻書錯誤，歸納為二十條「誤例」，又可作為校勘以及閱讀元代典籍之資。所以孫楷第就特別看重《釋例》對「讀元人書治元人學」的貢獻，認為「此書所示者，乃元人之語言常例及關於名物制度之特別用語，為後人所不能辨不能知者。此真卓然為專門之學，其有裨於讀元人書治元人學者，蓋至宏矣」。⑱胡適為《釋例》作序，卻對這點略過不談，顯示他未全面了解到陳垣作書的用意及其貢獻所在。

再就校勘方法論說，胡適的看法與陳垣所見也未盡相符。他對陳垣提出的「校法四例」，僅讚美其中的「對校法」，強調「用善本對校是校勘學的靈魂，是校勘學的唯一途徑」。⑲而對陳垣提出的另外三種校法，即「本校法」、「他校法」和「理校法」，都作了不同程度的貶抑，尤表不滿於「理校法」。不但如此，為了澈底「打倒活校」，「提倡死校」，胡適更將矛頭對準近代校勘學者最推崇的高郵王氏說：

> 古來許多校勘學者的著作，其最高者如王念孫、王引之的，也只是教人推理的法門，而不是校書的正軌……。⑳

又說：

---

⑯ 胡適，〈校勘學方法論〉，頁116–117。

⑰ 劉乃和，〈陳垣老師勤奮的一生〉，收入氏著，《勵耘承學錄》，頁16。

⑱ 孫楷第，〈致陳垣函〉(1932: 2.3)，收入陳智超編注，《陳垣往來書信集》，頁411。

⑲ 胡適，〈校勘學方法論〉，頁116。

⑳ 胡適，〈校勘學方法論〉，頁116。

王念孫、段玉裁用他們過人的天才與功力,其最大成就只是一種推理的校勘而已。推理之最精者,往往也可以補版本的不足。但校讎的本義在於用本子互勘,離開本子的搜求而費精力於推敲,終不是校勘學的正軌。……推理的校勘不過是校勘學的一個支流,其用力甚勤而所得終甚微細。⑫

胡適如此貶低「活校」,獨推「死校」,提倡搜求古本,是受他在美國康乃爾大學的老師布爾(George Lincoln Burr)影響。1916年7月,胡適去見布爾,談到他研究先秦諸子的心得,頗以缺乏善本為苦。布爾遂以歐美史學的發展為例,告訴胡適:當其初興之時,學者也枉費許多有用精神來作箋校工夫,至近世始以全力尋求古本,勉勵胡適此後「當著力訪求善本」。⑫五個多月後,胡適乃節譯《大英百科全書》中論「版本學」(Textual Critisism)的條目,寫成一篇「校書略論」,⑬結論是:

校書以得古本為上策。求旁證之範圍甚小,收效甚少。……歸國之後,當提倡求古本之法耳。⑭

然而回國之後,胡適仍多用「活校」校讀古書,並未真正提倡和實行「求古本」之法。1919-1921年間,他作〈清代漢學家的科學方法〉,就說古本訪求不易,「有些古書并沒有原本可用來校對」,而甚推崇清

⑫ 胡適,〈校勘學方法論〉,頁114。
⑫ 胡適,《胡適留學日記》,1916年7月5日追記(海口:海南出版社,1994),頁253。
⑬ 胡適、唐德剛譯,《胡適口述自傳》(作於50年代),現引自歐陽哲生編,《胡適文集》,第1冊,頁295-298。
⑭ 胡適,《胡適留學日記》,1916年12月26日條下,頁329。

人王念孫、段玉裁的校勘學，認為具有科學的精神和方法，並特別稱道王念孫〈讀《淮南子》雜誌〉的長篇〈後序〉，認為該篇「真可算是校勘學的科學方法論」。⑫

　　胡適在〈清代漢學家的科學方法〉中，對清儒作這樣的推崇，當是陳垣邀他作序的主要原因，希望胡適能對他的「土法」多所肯定。沒想到胡適見陳垣運用善本對校，為《沈刻元典章》校出了一萬二千多條訛誤，佩服之餘，想起布爾當年的一番議論，覺得自己二十年中所做的工夫，還夠不上「科學的校勘」。遂藉這次作序之機，將當年日記中那篇「校書略論」加以擴大，「提倡活校，打倒死校」，強調古本搜求的重要性。⑫所以，這篇序文在肯定陳垣能用善本對校之餘，亦如他在日記中所說：是他的「糾謬之作，用誌吾過而已」。⑫

　　然而，胡適對「活校」的貶抑，強調只有「善本對校」，是「校勘學的唯一途徑」，所論恐不能為陳垣所贊同。因為陳垣在《釋例》卷六提出「校法四例」時，即表明其校勘方法不侷限於「對校」。卷中論及「理校法」時，又引用段玉裁的話指出：「校書之難，非照本改字，不訛不漏之難，定其是非之難。」提出所謂「理校」，就是要在「遇無古本可據，或數本互異，而無所適從之時」運用。⑫胡適卻在序中，以「至於如何定其是非，那是無從說起的」一句話，⑫將這點一筆帶過。足見兩人的看法，確實是存在差異的。

⑫　胡適，〈清代漢學家的科學方法〉（後改題〈清代學者的治學方法〉），收入氏著，《胡適文存》，上海亞東圖書館1921年12月出版，現引自歐陽哲生編，《胡適文集》，第2冊，頁296–302。

⑫　逯耀東師，〈把胡適當成個「箭垛」〉，頁97–98。

⑫　胡適，〈1934年的回憶〉，無頁數。

⑫　陳垣，《元典章校補釋例》，頁1224–1225。

⑫　胡適，〈校勘學方法論〉，頁116。

再者，胡適對「王念孫、段玉裁諸大師」的批評，也與《釋例》推尊王、段的段落意趣迥異。陳垣論「理校法」時，固明白指出此法的危險性，但他對清儒錢大昕（曉徵，1728–1804）運用「理校」所得的結論，卻是至表欽佩說：

> 今《廿二史考異》中所謂某當作某者，後得古本之證，往往良是，始服先生之精思為不可及。**⑩**

又說：

> 經學中之王段，亦庶幾焉。**⑪**

而陳垣及其助手合校《元典章》時，也偶用此法於「最顯然易見之錯誤」，**⑫**並不是像胡適所說的：「完全不用這種方法。」**⑬**

尤有進者，陳垣寫作《釋例》，為前人校書的「致誤之由」，歸納出四十二條「誤例」，本欲使讀者可以由這些「誤例」，舉一反三，「將以通於元代各書，及其他諸史」。惟胡適對此卻也有所保留，他貶低「誤例」的作用，警告讀者不可過恃「誤例」為證據，強調：

> 所謂「誤例」，不過是指出一些容易致誤的路子，可以幫助解釋某字何以訛成某字，而絕對不夠證明某字必須改作某字。前人校書，往往引一個同類的例子，稱為「例證」，是大錯誤。……例不是證，不夠用作「據依」。……中國校勘學所以不上軌道，多由於校勘學者不明「例」的性質，誤認一個個體的事例為有

---

⑩ 陳垣，《元典章校補釋例》，頁1225。

⑪ 陳垣，《元典章校補釋例》，頁1225。

⑫ 陳垣，《元典章校補釋例》，頁1225。

⑬ 胡適，〈校勘學方法論〉，頁116。

　　普遍必然性的規律……。⑬

上述說法，是要嚴格限制「誤例」的證據作用，以免遭人濫用。惟其所論，與陳垣《釋例》的作意，顯然是有相當差距的。

　　總而言之，胡適為《釋例》寫的序言，顯示他未充分了解陳垣是書的作意，也不完全同意於陳垣的校勘學方法論。深受陳垣賞識的孫楷第，後來在其所撰評論陳垣論著的文中指出：

> 著作之事固難，品題人之著作，其事亦不易。蓋非學力與著書者等，則無由知其得失；非修養與著書者等，則無由知其甘苦；非識見與著書者相去不甚遠，則無由知其旨意也。⑬

其說或非無因。近有論者指出，胡適所歸納的陳垣的校勘學方法論，與陳氏的方法論並不完全一致，認為胡、陳的校勘學方法論，不論在淵源、內容、還是表達方式上，都有頗大差異。⑬質諸上文所述，所言要非無據。

　　的確，在校勘學方法上，陳垣雖始終堅持「理校不如死校穩當」之見，⑬但他不像胡適那樣，斷然否定「理校」的價值。其1938年撰成的《釋氏疑年錄》，就在既無版本作依據，又無他書供參考的情況下，用「理校」訂正多處古籍訛誤。⑬其隨後撰寫的《通鑑胡注表微·校勘》篇中，也稱道胡三省（身之，1230–1302）能用「理校法」注《資

⑬　胡適，〈校勘學方法論〉，頁118。

⑬　孫楷第，〈評《明季滇黔佛教考》〉，頁360。

⑬　陳智超，〈陳垣與胡適〉，頁247。

⑬　王重民，〈致陳垣函〉(1962: 6.5)，收入陳智超編注，《陳垣來往書信集》，頁316。

⑬　卞孝萱，〈工具書之典範，做學問的指南——讀陳垣先生《釋氏疑年錄》〉，收入劉乃和主編，《紀念陳垣校長誕生110周年學術論文集》，頁179–181。

治通鑑》。他說胡氏校書:

> 以理校為多，他校次之，用本校對校者較少。然其所謂理校，
> 非只憑空想，而多由追憶，故以現存宋本勘之，往往奇中，與
> 對校無異。**⑬**

可見陳垣仍充分肯定「理校」的價值。同時，這樣的論述，也無異間接回應了胡適十年前的觀點，表達出其對胡適堅決排拒「理校」的不能贊同。

五、思辨社學人的考訂之業

那麼陳書及胡序在30年代發表後，北平學界究竟有甚麼樣的評價呢?總括來說，《釋例》出版後，學界輿論幾可用「一致推崇」來形容。眼界素高的傅斯年讀過《釋例》後，私下通函即以「校勘大師」呼陳垣。**⑭**在北京大學講校勘學的趙萬里（斐雲，1905–1980），是王國維在清華研究院時的助教，平日自視甚高，有「目中無餘子」之概，**⑭**《釋例》出版後，卻即採作教本。**⑭**另在北京大學、清華大學授校勘學的劉文典（叔雅，1889–1958），讀過《釋例》後，也去函表示佩服說:「凡研究元代典章者固當奉為南針，即專攻版本校勘之學者，亦當謹

---

⑬　陳垣，《通鑑胡注表微》（香港: 廣角鏡出版社，1978），頁37。

⑭　傅斯年，〈致陳垣函〉（1934: 9.15／手稿），收入陳智超編，《陳垣先生往來書札》，下冊，頁331。

⑭　倫明，《辛亥以來藏書紀事詩（附補正）》（上海: 上海古籍出版社，1999），頁68。

⑭　王利器，《往日心痕——王利器自述》（太原: 山西人民出版社，1997），頁79。

守先生所用之法則也。」❸可見該書在學界中眾口交譽的情形。

　　在外界如潮水般的佳評中，特別值得注意的，是精於校勘之業者的看法。30年代的北平學界中，熟治校勘者頗不乏人；而其中最精於此道者，又莫如以思辨社為中心的一群學者。思辨社成立於1922年5月，其成員多以樸學植基，熟於版本、目錄、校勘之學。該社初名「思誤」，蓋取北齊邢邵「日思誤書，亦是一適」之意。❹草創成員吳承仕（檢齋，1881–1939）、邵瑞彭（次公）、尹炎武（石公，1889–1971）、楊樹達（遇夫，1885–1956）、孫人和（蜀丞，1895–?）、朱師轍（少濱，1879–1969）、程炎震（篤原）、洪澤丞八人，皆喜校訂古書。❺其後，又有新成員陸續加入，包括：高步瀛（閬仙，1873–1940）、陳匪石、徐鴻寶（森玉，1881–1971）、席啟駉（魯思）、孟森（蒓蓀，1868–1937）、黃節（晦聞，1873–1935）、倫明（哲如，1875–1944）、張爾田（孟劬，1874–1945）、余嘉錫（季豫，1884–1955）等，陳垣亦其中之一。❻

　　思辨社學人氣類相近，平日兩週一集，私下也時有往來。❼入社

---

❸　劉文典，〈致陳垣函〉（1934：11.18），收入陳智超編注，《陳垣來往書信集》，頁610。

❹　白吉庵整理，〈楊樹達《積微居日記》（節錄）〉，《文獻》，1985年第3期（1985：7），頁126–128。楊樹達，《積微居回憶錄》，1922年2、5月條下（上海：上海古籍出版社，1986），頁16。

❺　楊樹達，〈《鹽鐵論校注》自序〉（作於1924年1月30日），收入氏著，《積微居小學金石論叢（增訂本）》（北京：中華書局，1983），頁259。楊樹達，《淮南子證聞·自序》（作於1942年3月3日）（上海：上海古籍出版社，1985），頁3。

❻　桑兵，〈陳垣與國際漢學界——以與伯希和的交往為中心〉，頁193。

❼　楊樹達，《積微翁回憶錄》，1922年2、5月條下，頁16。尹炎武與陳垣交誼甚厚，其歷年致陳垣的信函中，常提及社中同人相聚聊園的往事。尹炎武，〈致

諸人，或治考訂，或通詩詞，或精金石鑒賞。⑱社友既熟讀清儒著作，乃效乾嘉學者習尚，常用函札往來論學。⑲治學則以「求真」為尚，甚重服善的風度和雅量。⑳楊樹達晚年謂其所撰論著，往往寄呈友人請教。諸友閱後，亦頗有「貢獻己意，加以商榷」者，楊氏「遂據以芟薙或改正」，以此「得益甚宏」，㉑頗能道出社中同人的素習。陳垣喜用函札與胡適論學，也是此風推而廣之的表現。社友平日相聚時，則又各出所作，共事研討。吳承仕的《淮南舊注校理》，孫人和的《論衡舉正》，楊樹達的《淮南子證聞》，就採納了其他人以及邵次公、吳承仕、陳匪石、程炎震等的校讀成果。㉒這些學者之間的頻繁論學，漸漸在北平造成濃厚的學術空氣。㉓部分成員執教北平諸校時，亦以樸學為教，開設「古籍校讀法」、「校勘學」、「目錄學」等課，在學生中帶動起校讀古書的風氣，如孫楷第、王重民（有三，1903–1975）等，就是在他們的影響下，逐漸走上考訂古籍的道路。㉔

陳垣函〉，收入陳智超編注，《陳垣來往書信集》，頁87–131。

148 尹炎武，〈簡陳援庵〉(1962)，頁130–131。

149 梁啟超著、朱維錚校注，《清代學術概論》（上海：復旦大學出版社，1985），頁52。

150 楊樹達曾與胡適討論《詩經》「于以」問題，後來胡適改從楊說，楊樹達即公開稱道其「服善」之美。楊樹達，〈與胡適之論《詩經》于以書〉文末「按語」（1930年2月記），收入氏著，《積微居文錄》，上冊（上海：商務印書館，1934年國難後第1版），頁11。

151 楊樹達，《積微翁回憶錄・自序》，頁1。

152 孫人和，《論衡舉正》（臺北：廣文書局，民64。）楊樹達，《淮南子證聞》。楊樹達，《積微翁回憶錄》，1925年1月條下，頁24。

153 王欣夫，《文獻學講義》（上海：上海古籍出版社，1986），頁470。

154 楊樹達，《積微翁回憶錄》，1924年10月條下，頁23。楊鐮，〈孫楷第〉，收入劉啟林主編，《當代中國社會科學家》（北京：社會科學文獻出版社，1992），

正當思辨社學人共為考訂之業時，部分成員在「整理國故」風氣
感染下，有意用歸納的方法，為古人的著述作系統整理。楊樹達的《史
記釋例》、《漢書釋例》，就歸納出班馬著書的條例。其所釋諸例，「或
通於各史」。❺胡適撰〈評論近人考據《老子》年代的方法〉一文，曾
由《呂氏春秋》的引書問題，引申指出：古人「沒有甚麼引書的律例
可說」，並認為「替古人的著作做『凡例』，那是很危險的事業，我想
是勞而無功的工作」。❻楊樹達的上述著作，卻正是「替古人的著作做
『凡例』」。20-30年代，楊氏又有《古書句讀釋例》、《古書疑義舉例續
補》等作，其體例仿俞樾（蔚甫，1822-1906）的《古書疑義舉例》，
要皆採掇諸書，分條比輯，再陳己見，以為讀古書之助。❼至於陳垣
的《史諱舉例》，其體裁亦「略倣俞氏《古書疑義舉例》」，將散見於前
人論著中論「避諱」的材料，廣搜博採，作「系統之董理」，使得應用
於「校勘學及考古學上」，以「解釋古文書之疑滯，辨別古文書之真偽
及時代」。❽

頁43-44。孫楷第與王重民私交甚篤，30年代兩人常同詣勵耘書屋問學，對
　陳垣的學問至為推崇。相關事跡，見陳垣和孫楷第的往來信函，均收陳智超
　編注，《陳垣往來書信集》，頁409-413。
❺　楊樹達，〈《史記》釋例〉，收入楊家駱主編，《新校本史記三家注并外編二種》
　　（臺北：鼎文書局，民68），頁1-51。楊樹達，〈《漢書》釋例〉（1928年3月
　　26日撰成），收入氏著，《積訂積微居小學金石論叢（增訂本）》，頁282-291。
　　孫楷第，〈致陳垣函〉（1932：2.3），頁411。
❻　胡適，〈評論近人考據《老子》年代的方法〉，頁95。胡適的批評，主要是針
　　對顧頡剛而發。
❼　楊樹達，《古書句讀釋例》（1934年印行）、《古書疑義舉例續補》（1925年刻
　　成），均收氏著，《馬氏文通刊誤·古書句讀釋例·古書疑義舉例續補》（上
　　海：上海古籍出版社，1991）。

　　再者，思辨社學人又有意將傳統的校勘方法予以條理化。邵瑞彭講「古籍校讀法」，即對清儒理董古籍的方法，舉例以闡明之。❺❾楊樹達更思繼俞樾《古書疑義舉例》之後，將俞書所兼備的「修辭校勘二事」，加以擴充，「令各成專科之學」。惟至1933年初，僅就「修辭」方面，撰成《中國修辭學》；「其涉校勘者，起草才及半，未能卒業。」❻⓿這時，陳垣的《元典章校補釋例》卻告完成。陳垣治學素重校勘，強調「校勘為讀史要務，日讀誤書而不知，未為善學也。」❻❶其作《釋例》，誠如陳寅恪所說：「發凡起例，乃是著作，不僅校勘而已。」❻❷這一部書，藉《元典章》言校勘學，既為傳統的校勘方法作了系統總結，又參酌了並世學者之說，加以概括推廣，而更造精微，❻❸堪稱思辨社學人在校勘學方面的代表作。

　　《釋例》出版後，思辨社學人群表推重。張爾田就當面稱許《釋例》為一「極佳」著作。❻❹朱師轍謂是書「探賾鉤稽，精審無匹，豈

❺❽　陳垣，《史諱舉例·序》（作於1928年2月16日），收入氏著，《勵耘書屋叢刻》，中冊，頁1257–1259。

❺❾　傅振倫，〈陳援庵先生與古籍、檔案整理〉，收入劉乃和主編，《紀念陳垣校長誕生110周年學術論文集》，頁14。

❻⓿　楊樹達，〈《中國修辭學》自序〉（作於1933年1月13日），收入氏著，《積微居小學述林》（北京：中華書局，1983），頁296。

❻❶　陳垣，《通鑑胡注表微》，頁37。

❻❷　〈二陳筆談遺墨〉，收入陳智超編，《陳垣先生往來書札》，下冊，頁249。另參陳智超，〈史學二陳的友誼和學術〉，收入《紀念陳寅恪教授國際學術討論會文集》（廣州：中山大學出版社，1989），頁246。

❻❸　傅振倫，〈陳援庵先生與古籍、檔案整理〉，頁14。

❻❹　陳垣，〈張爾田遺札跋〉，收入陳智超編注，《陳垣來往書信集》，頁407，註1。

獨有禪《元典章》，而於校勘學亦另闢門徑，良用佩服」。⑯倫明則推
崇《釋例》「闡明校書新法，視前人精密」。⑯高步瀛也讚賞陳垣「勘
誤」之功，認為陳著「堪為模楷」。⑯不過，部分學者在推崇《釋例》
之餘，卻對冠於書前的胡序頗致不滿。其中，尤以張爾田的反應最為
激烈。他在坊間購得《釋例》，一見胡序即予撕毀。⑯至於楊樹達，今
未見其對胡序有若何批評，但在十多年前，楊氏對胡適的校勘學造詣，
早已作過一次間接而公開的批評。

1922年，正是胡適大力提倡整理國故的時候。那一年，他讀過北
大同事劉文典的新著《淮南鴻烈集解》，覺得劉著是書，「確然費了一
番很嚴密的功夫」，「用的方法極精密」，最終作成「一部可以不朽之作」，
⑯遂欣然答應劉氏之請，破例用文言文為該書撰序。序中指出，「集解」
之作，即他此前所謂「總賬式的國故整理」。他讚許劉文典說：「叔雅
治此書，最精嚴有法」。其於唐宋類書，既「採輯無遺」。且「斷制有
法」，下筆「矜慎」。讀者閱後，「自能辨其用力之久而勤與其方法之嚴
而慎」。⑰此序一出，劉文典及其《淮南鴻烈集解》身價驟增，劉氏也

⑯ 朱師轍，〈致陳垣函〉(1932：9.30)，收入陳智超編注，《陳垣來往書信集》，
頁243。

⑯ 倫明，《辛亥以來藏書紀事詩（附補正）》，頁81。

⑯ 高步瀛，〈陳援庵先生六十壽序〉（作於1939年），引自劉乃和，〈淺釋援師六
十壽序〉，《中國典籍與文化論叢》，第1輯（北京：中華書局，1993），頁143。

⑯ 1947年，陳垣應陳樂之邀，為張爾田的遺札寫跋。追念亡友之際，憶及此事，
因抒發感嘆曰：「人各有所好，不能強同。」陳垣，〈張爾田遺札跋〉，頁407，
註1。

⑯ 胡適，《胡適的日記（手稿本）》，1921年9月24日條下，第2冊，無頁數。

⑰ 胡適，〈《淮南鴻烈集解》序〉，收入氏著，《胡適文存二集》，上海亞東圖書
館1924年11月出版，現引自歐陽哲生編，《胡適文集》，第3冊，頁143–147。

因此對胡適極為感激。

1923年，在胡適推薦下，《淮南鴻烈集解》由商務印書館印行。楊樹達因過去曾治《淮南子》之故，一見是書即予購閱。不料才讀數卷，就發現「頗多私心不愜之點」，遂作〈讀劉叔雅《淮南鴻烈集解》〉刊諸《太平洋》雜誌，詳列六條以糾其失。此六條者，一曰「所據本之失擇」，指劉書未用最優的《道藏》本作底本，卻採用坊間通行而錯誤甚多的莊逵吉本。二曰「本文之失校」，指劉氏於唐宋類書及《文選注》所引《淮南》之文，搜討雖勤而猶有遺脫。三曰「高注之失校」，指劉氏於訛誤至多之《淮南》高誘注未加細勘。四曰「成說之失勘與失引」，指劉氏於前人校書疏失處未細加檢校，於前人成說引及《淮南》處亦未遍搜採入。五曰「體裁之失」，指劉氏在形式體裁上，犯了三種失誤：(1)隔斷正文；(2)引成說前後倒置；(3)交代不清。六曰「標題之失」，指劉氏未注意到自來以「集解」名書者的標題方式，提出：「前人校書方法本極精密，幾乎盛水不漏，劉君偶未注意，故吾特縷析言之，欲令今後有志校書者知所取法耳。」[⑰]觀是文對校書方法的詳細論列，既批評了胡適和劉文典兩人，也展示了思辨社同人在校勘學上的功力。

據楊樹達《積微翁回憶錄》記載，這篇尖銳的書評發表後，胡適在一次公開場合中與他碰面時，曾特別向其「有所辨解」。[⑫]今不審胡適所辯為何，然就其1930年寫成的《淮南王書》推斷，他大約是就劉書「收羅清代學者的校注最完備，為最方便適用的本子」一點申辯。[⑬]但胡適的解釋，恐怕未能令楊氏全然滿意。[⑭]再者，楊樹達對劉著的看法，在

⑰ 楊樹達，〈讀劉叔雅《淮南鴻烈集解》〉（作於1924年1月1日），收入氏著，《積微居小學金石論叢（增訂本）》，頁222–228。

⑫ 楊樹達，《積微翁回憶錄》，1924年1月條下，頁21。

⑬ 胡適，《淮南王書》，上海新月書店1931年出版，後收入氏著，《中國中古思想史長編（手稿本）》（臺北：胡適紀念館，民60），頁319。

北平學界似也產生一定影響。1928年6月25日，天津《大公報‧文學副刊》刊登了趙萬里（署名「蠹舟」）的〈評陶鴻慶《老莊札記》〉，是文指出：「校勘之學盛於乾嘉而中興於光宣之際，每刊一書必會萃名家以讎校之，古書一部分之可解可讀，諸先哲之功也。」並品評近代治諸子校勘之學的著作說：

> 近歲之治此學者，如長沙楊樹達之於《鹽鐵論》，歙縣吳承仕之於《淮南舊注》，鹽城孫人和之於《論衡》、《抱扑子》，杭縣馬敘倫之於《老子》、《鄧析子》，瑞安李笠之於《墨子》、《史記》，所得之夥，均足與前人埒，而劉文典之《淮南集解》則草率平庸，要為例外。**⑰**

是文在針砭劉著的同時，對思辨社學人的校勘之業，無疑給了較高的評價。

　　就思想說，楊樹達本不排斥胡適所提倡的新文化。**⑯**就治學言，楊氏以早年師從葉德輝（煥彬，1864–1927）之故，為學一遵乾嘉諸老的軌則，再益之以條理化和系統化。整理國故運動初起時，胡適為文稱道清儒的治學方法，曾特別推崇高郵王氏父子，或許一度讓楊氏引為同道。惟隨著年月的推移，他對胡適的舊學素養，卻有越來越多的

---

⑭ 1931年，楊樹達彙集諸文出版《積微居文錄》，也收錄了這篇書評。《文錄》出版前，楊氏又將書評先付日人橋川時雄，刊諸1931年3月份的《文字同盟》上。

⑮ 蠹舟，〈評陶鴻慶《老莊札記》〉，天津《大公報‧文學副刊》，1928年6月25日，頁9。

⑯ 楊樹達日記1922年1月22日即云：「閱《學衡》多反對胡適之之文，頗覺烏煙瘴氣，惟反對新詩一文尚有中肯處耳。」白吉庵整理，〈楊樹達《積微居日記》（節錄）〉，頁125–126。

譏評，私下斥胡「不溫故而欲知新」。**⑰**30年代，其撰〈王葵園先生《管子集解》序〉，又批評了那些誤認「集解」至易為者，似亦暗斥胡適、劉文典等人。**⑱**

不但如此，30年代，楊樹達續治《淮南子》，撰成《淮南子證聞》。書中也屢糾劉文典《集解》之失，如謂：「《集解》既誤據莊本為底本，故凡莊本違失而王校糾之之說，皆避而不採，殊違實事求是之義矣。」另劉校以廣採唐宋類書為特色，楊樹達對此甚不謂然，屢言：類書「不足據依」。「類書不通古韻而妄改，豈可據也！多引誤文，不惟濫費筆墨，尤足疑誤後生矣。」又謂：「先儒校書，必他書足以校訂本文者則記之，否則不取也。《集解》惜未瞭此。」**⑲**諸如此類的糾駁，在書中比比皆是，不必一一具引。其中更有直接批評及胡適者，他說胡序對孫詒讓出言譏刺，然胡、劉似未一讀孫氏《札迻》。**⑳**要言之，楊樹達對校勘古籍的基本看法，是認為「不通小學音韻而矜言校勘，必不免謬妄」，故對劉書評價不高；而自認所校「皆根據小學，似非為專據類書作校勘者所能及也」。**㉑**

雖然，楊樹達在《淮南子證聞》中，對高郵王氏也多所糾摘。像

---

⑰ 桑兵，《國學與漢學·緒論》，頁4。另參楊樹達，〈溫故知新說〉（作於1939年7月12日），收入氏著，《積微居小學述林》，頁215。

⑱ 楊樹達，〈王葵園先生《管子集解》序〉（作於1937年8月22日），收入氏著，《積微居小學述林》，頁289。

⑲ 楊樹達，《淮南子證聞》，頁100、115、118、136。思辨社學人中，高閬仙對近人喜據唐宋類書校改古籍，也甚不以為然。程金造，〈霸縣高先生行狀〉，《國文月刊》，第69期(1948：7)，頁31。

⑳ 楊樹達，《淮南子證聞》，頁168。

㉑ 楊樹達，《積微翁回憶錄》，1935年11月22日／1936年12月14日條下，頁107、125。

他批評王念孫「過信類書，既不徵之群籍，又不顧文義之安，甚矣其蔽也！」⑱但他對高郵王氏的治學方法，仍然極表推崇。該書自序即云：「自謂精博不逮高郵王君，而意猶欲勝俞蔭甫；其於檢齋，殆欲與抗手矣。」⑱既是楊氏的自我評價，亦顯示其對高郵王氏的敬重。1936年，楊氏出版《積微居小學金石論叢》，自序就說：「生平服膺高郵王氏。」⑱40年代，又謂自己「平生私淑王氏」。⑱及至50年代，楊氏猶在其新著中表明：「平生喜為經史諸子校勘之學，私獨好高郵王氏所著書，歎為絕業。」認為「近代學人雖復力求踵武，亦步亦趨，然謹嚴審核，未能逮也」。並謂自己「妄欲用王氏校書之法治彝銘」。可見其對高郵王氏治古書之法，的確保持了終身的敬意。⑱

　　楊樹達所強調的是：就古籍整理言之，「訂訛誤賴乎校勘」。在這方面，清人中「成績卓絕者為高郵王氏父子」，其所著「犁然有當之處

⑱　楊樹達，《淮南子證聞》，頁148。

⑱　楊樹達，《淮南子證聞·自序》，頁3。

⑱　楊樹達，《積微居小學金石論叢（增訂本）·自序》（作於1936年10月25日），頁13。

⑱　楊樹達，《〈積微居金文說〉弁言》（作於1947年4月26日），收入氏著，《積微翁詩文鈔》（上海：上海古籍出版社，1986），頁89。

⑱　楊樹達，《〈積微居金文說〉自序》（作於1951年4月10日），收入氏著，《積微居小學述林》，頁298。此書出版後，楊樹達寄贈陳垣一部。這時陳垣的思想已有劇變，函告楊氏說：「來示謙欲法高郵，高郵豈足為君學！況我公居近韶山，法高郵何如法韶山〔按：指毛澤東〕?」楊樹達閱後頗為不悅，將是言轉告陳寅恪。陳寅恪回信戲云：「援老所言，殆以豐沛耆老、南陽近親目公，其意甚厚。弟生於長沙通泰街周達武故宅，其地風水亦不惡，惜藝〔按：應作「勩」〕耘主人未之知耳，一笑。」陳垣，〈致楊樹達函〉(1952：12.2)；陳寅恪，〈致楊樹達函〉(1953：1.2)，均收楊逢彬整理，《積微居友朋書札》（長沙：湖南教育出版社，1986），頁97。

最多」。⑱楊氏的意見，大抵反映了思辨社學人的共同看法。1934年，高郵王氏手稿流出書肆，索價甚高。思辨社同人即謀集資合購，最後由孫人和、余嘉錫、倫明、陳垣各購得一部分。⑱陳垣一向喜聚清人手稿，想由此考知前人治學軌跡。倫明30年代說陳垣「最服膺錢竹汀、王懷祖二先生，因而實愛其遺墨，所得二先生手稿甚多」。⑱因此，這次新購所得，讓這位欲由手稿「以見王氏治學家法」的學者歡喜不盡，將其前後所獲，合裝成卷，特囑時來觀賞的余嘉錫為作一跋。⑲

「王段風流感逝波，後生追步費編摩」。是楊樹達從陳垣獲贈景印王懷祖手稿當天所題的詩句。⑲從思辨社學人對高郵王氏的推崇看，他們恐難同意胡適在《釋例》序中對王、段的批評。觀《釋例》刻成後，陳垣將景印的王念孫〈段懋堂墓志銘〉原稿夾在書中，分贈友朋，⑲或亦表達了他對胡序的不能完全同意？

值得一提的是，十四年後，胡適埋首於《水經注》案考證期間，曾寫一篇〈《水經注》的校訂史可以說明校勘學方法〉，重申其「善本對校確是校勘學的靈魂」之旨。胡適在文章一開頭，先提及他十多前寫下的一篇泛論校勘學方法的舊文，也就是《釋例》的序言，他說那篇序文：

---

⑱　楊樹達，〈擬整理古籍計劃草案〉（作於1945年），收入氏著，《積微居小學述林》，頁312。

⑱　楊樹達，《積微翁回憶錄》，1934年5月27日條下，頁82。

⑱　倫明，《辛亥以來藏書紀事詩（附補正）》，頁81。

⑲　余嘉錫，〈跋王石臞父子手稿〉，收入氏著，《余嘉錫論學雜著》，下冊（北京：中華書局，1977），638-639。

⑲　楊樹達，〈題王石臞手稿〉（作於1934年12月8日），收入氏著，《積微翁詩文鈔》，頁4。另楊樹達，《積微翁回憶錄》，1934年12月8日條下，頁91。

⑲　劉乃和等，《陳垣年譜配圖長編》，1934年12月9條下，上冊，頁378-380。

在當時頗引起了一點抗議，因為批評王念孫、段玉裁，說他們不是校勘學正軌，那是正統學者不容易許可的。**⑲**

胡適所謂的「正統學者」，極可能就是指精於校勘之業，服膺高郵王氏的思辨社學人。胡適新撰的這篇文章，乃是想借《水經注》的校訂史，來答覆這些學者的責難。觀胡適於指出「正統學者」的非議後辯說：「但我說的校勘學方法實在是一切校勘學者公認的方法」，似其對自己的觀點頗為自信。但他緊接著所舉的例子，卻是陳垣校勘《元典章》的業績。顯然胡適在面對思辨社學人時，深知自己的校勘功力並不被這群學者所認可，只得又借重陳垣的校勘工作，來支持和證明他的觀點。**⑲**

不但如此，胡適的上述文章，也反映出其序文發表後，思辨社學人的非議和責難，確曾對他造成一定的心理壓力。40年代，胡適考證《水經注》案，由起初的欲為戴震（東原，1723–1777）辨誣，到後來的廣搜各種《水經注》詳究其版本源流，並一度想為該書校出定本。**⑲**這些戰火瀰漫下的舉措，如果獨立考察的話，的確很令人費解；惟若以30年代的學術史作為背景，則胡適的這些努力，或可視為是他對思辨社學人的非議所作的一種回應。**⑲**

---

⑲ 胡適，〈《水經注》的校訂史可以說明校勘學方法〉（作於1948年2月18日），上海《申報・文史週刊》，1948年2月28日，頁8。

⑲ 胡適，〈《水經注》的校訂史可以說明校勘學方法〉，頁8。

⑲ 王利器，《往日心痕——王利器自述》，頁78。

⑲ 胡適之所以耗費近二十年的時間來考證《水經注》案，箇中原因極為複雜，這裡僅是其中一項，其餘當另文詳探。

六、思辨社學人對胡適的學術評價

雖然，思辨社學人以居住北平之故，平常與胡適不乏交往乃至論學之機；但就治學的淵源、途轍、風格各方面看，他們與胡適都有不小的距離。

1936年，余嘉錫序楊樹達的《積微居小學金石論叢》，一開篇即提出：

> 凡學有端有委，有正有詭。有中庸，有偏倚。其治之也有序，其擇之也有道，故曰：操其本，萬物理；差之毫釐，謬以千里。蓋未有不致力乎本而能成學者也。**⑲⑦**

其言蓋有所為而發。余嘉錫稱道楊樹達的「治學之方」，謂其「先致力乎根柢，循序漸進，不陵節而施」，既指出楊氏治學的特色，也寄託了他對當時學風的不滿。是書出版後，楊樹達曾送張爾田一冊。張氏讀後，復又心生感慨，寄書楊樹達說：

> 凡學之立也，必先循軌道，而後方可言歧創。公之學精壿而又能自開戶牖，具創通之美不待言；而弟所尤佩者，則不墜乾嘉大儒家法也。今之綴學，知稗販而不知深研，知捷獲而不知錯綜，以此為異前輩，而不知適為前輩所唾棄。其私智小慧，偶然暗合者，則又皆在前輩籠罩之中。厄言日出，往而不返，則其能讀尊書也，恐亦無幾人耳。……天未喪文，延樸學之一線，其必在茲乎！**⑲⑧**

---

⑲⑦　余嘉錫，《積微居小學金石論叢·余序》，頁9。

⑲⑧　張爾田，〈致楊樹達函〉(1937: 2)，收入楊逢彬整理，《積微居友朋書札》，

余、張兩人的議論，既是思辨社同人治學路數的反映，也寄託了他們對當代學風的不滿。而其言論所隱約指向的對象，則為北平學界的聞人胡適。

過去論者多據梁啟超《清代學術概論》稱道胡適治學具有「正統派遺風」一語，認為梁氏的品評，確立了胡適在學界的地位，⑲其言並非無據。⑳只是梁啟超的樸學修養，在熟治考證學的思辨社同人看來，本身已成疑問。㉑而所謂乾嘉諸老的治學之道，亦當如余嘉錫所指出的：

> 析而言之，不通訓詁聲韻，不足以治經；不明制度禮俗，不足以治史；根柢之中又有根柢焉。㉒

此外，則版本、目錄、校勘之學，也是該社同人認為是研治文史之學所必備的知識。離乎此而空談「整理國故」，是難以被這群學者認可的。

推本溯源，清人考證之學在民初的復興，與胡適的大力提倡有密切關係。1919年，胡適撰〈清代漢學家的科學方法〉，盛道清儒的治學方法具「科學的精神」。這話在那崇拜「科學」的時代中，確實抬高了漢學的身價。1922年，胡適為《讀書雜誌》寫發刊詞，再次推崇高郵

頁35。

⑲ 例如：余英時，《中國近代思想史上的胡適》（臺北：聯經出版事業公司，民73），頁42。

⑳ 吳文祺在50年代即謂：「五四時期曾有人恭維胡適，說他有正統派遺風。所謂正統派，就是乾嘉學派。……這句話的影響很大。」吳文祺，〈批判胡適派的考證方法〉，收入《胡適思想批判（論文彙編）》，第2輯（北京：三聯書店，1955），頁198。

㉑ 思辨社學人對梁啟超的論著糾駁甚多，當另文詳論。

㉒ 余嘉錫，《積微居小學金石論叢·余序》，頁9。

王氏的治學精神，又說自己是「崇拜高郵王氏父子的一個人」。[203]這些推崇清儒的言論，思辨社部分學人或許還頗喜聽聞；惟不少人對胡適的治學成績，卻是一直嘖有煩言。如張爾田者，其人本不專重考據。20年代，張氏見國中考據之風大盛，特致函陳衍（石遺，1856–1937），表達他對時論專重考據的不滿。[204]函中就譏及胡適說：

> 有乾嘉大儒之學識，又何不可治考據。……近十年，有皖人某君者，提倡科學之法，語必東原高郵，尊其名曰國故學，學子靡然向風，而考其成績，乃反遜之。[205]

不難看出，函中所說的「皖人某氏」，指的就是胡適。

　　至於余嘉錫和楊樹達，其對胡適的學問，更不乏譏評之語。余、楊都是湘籍學者，彼此私交甚篤。陳垣認識楊樹達較早，對其學問向來推重。[206]1928年，陳垣趕作《史諱舉例》，草成即囑楊氏校閱。[207]楊氏讀畢寄書陳垣，盛推該書「搜采弘博，條理精嚴」，認為「自有此書，而避諱之學卓然成為史學之一專科，允為不祧之名著」。同時也指出陳著的不足，提出若干商榷意見，欲使該書更臻嚴謹。[208]陳垣接信後，多照其意見修改。後來陳垣應楊樹達之邀，為其書寫楣貼，即題曰：

---

[203] 胡適，〈發起《讀書雜誌》的緣起〉，《努力週報・讀書雜誌》，第1期（1922: 9.3），頁1。

[204] 錢仲聯，〈張爾田評傳〉，收入氏著，《夢苕盦論集》（北京：中華書局，1993），頁450–452。

[205] 張爾田，〈上陳石遺先生書〉，《學衡》，第58期（1926: 10），頁2–3。

[206] 楊樹達，《積微居回憶錄》，1933年4月6日條下，頁70。

[207] 楊樹達，《積微居回憶錄》，1928年7月6日條下，頁38。

[208] 楊樹達，〈與陳援庵論《史諱舉例》書〉（作於1928年7月12日），收入氏著，《積微居小學金石論叢（增訂本）》，頁268–270。

「能言奇字世已少，屢獲新篇喜可涯。」隨後，陳垣得讀楊樹達〈讀王氏《讀書雜誌獻疑》〉一文，又認為「精覈之至」。❷⓪❾反過來說，楊樹達對陳垣的學問也表示佩服，認為其「長於史籍」。❷❶⓪陳垣認識余嘉錫稍晚，在1927年。兩人初次見面時，談起彼此治學的經過和甘苦，咸有相見恨晚之感。當時，陳垣正主持輔大文學院，遂聘余氏往教。此後兩人共事一校，「研史論學，互有啟發，每談至深夜，不知疲倦」。❷❶❶

陳垣的弟子都說：乃師平日甚少批評人。弟子中有喜作評論文字者，也會遭其申戒，以「避免世俗嫉忌」為勸，❷❶❷故後人不易知曉陳氏對並世學人的評價為何如。蔡尚思（中睿，1928-）後來回憶陳垣曾親對他說：「像胡適的《中國哲學史大綱》之類的所謂名著，很像報章雜誌，盛行一時，不會傳之久遠。」❷❶❸是極少見的例外。不過，觀那些平日與陳垣來往頗密，在學問上也互相推重的楊樹達、余嘉錫等人，都對胡適作過或隱或顯的批評，卻能讓我們從側面得知陳垣對胡適學問的真實看法。

另一方面，我們也可從陳垣及其論學知交，平日對胡適大力推崇的前代學者的態度，從旁推知這位處世謹慎的學者，其對胡適究竟有甚麼樣的評價。

---

❷⓪❾ 楊樹達，《積微居回憶錄》，1929年11月28日／1931年6月27日／1933年4月6日／1935年7月3日條下，頁41、57、70、100。

❷❶⓪ 楊樹達，〈跋沈兼士藏費玉衡《窺園圖記》卷子〉（作於1937年4月6日），收入氏著，《積微居小學述林》，頁287。

❷❶❶ 陳垣，〈序〉，收入余嘉錫，《余嘉錫論學雜著》，上冊，頁1。

❷❶❷ 蔡尚思，〈致陳垣函〉（1934：12.20），收入陳智超編注，《陳垣來往書信集》，頁357–358。牟潤孫，〈勵耘書屋問學回憶——陳援庵先生誕生百年紀念感言〉，頁97。

❷❶❸ 蔡尚思，〈陳垣先生的學術貢獻〉，收入白壽彝等，《勵耘書屋問學記》，頁8。

在清人中，胡適最推崇的學者，主要是戴震、章學誠（實齋，1738-1801）、姚際恆（立方，1647-1715）、崔述（東壁，1740-1816）幾位。❷⓱其中，胡適對戴震的學問和思想最是推重，尊之為「當日樸學第一大師」。❷⓲20年代，胡適寫《戴東原的哲學》，就將戴震作為清學史的中心人物來表彰。對於章學誠，胡適也相當欣賞，20年代作《章實齋先生年譜》，來推崇這位生前潦倒的史家。對於姚際恆，胡適則在1920年11月致顧頡剛的短函中，稱道姚氏是「一個很大膽的人」，要顧頡剛留意尋訪他的著作。❷⓳由胡適這一封信，更直接引發了顧頡剛的「古史辨」。所以顧頡剛後來編輯《古史辨》時，即將是函置於卷首。姚際恆及其《古今偽書考》，也因此而蜚聲學界。至於崔述，20年代胡適也曾為其撰寫年譜，尊之為「科學的古史家」，提出中國的新史學，「應該從崔述做起，用他的《考信錄》做我們的出發點；然後逐漸謀更向上的進步」。❷⓴

然則陳垣對這幾位清代學者的看法，又是怎樣的呢？值得注意的是，對胡適最為推崇的戴震，陳垣從來未贊一辭，卻公開推崇另一位乾嘉學者錢大昕。倫明在30年代說：陳垣在學問上，最服膺錢大昕和高郵王氏。而錢大昕以考史之故，其治學軌則，尤為研治史學的陳垣所追步。60年代，陳垣的知交好友尹炎武，曾賦詩一首，追詠當年常集聊園的思辨社諸友，其中提到陳垣的那一句，正是「登壇述學首潛

---

❷⓱ 拙著，《中國現代學術研究機構的興起——以北大研究所國學門為中心的探討》，頁204–207。

❷⓲ 胡適，《章實齋先生年譜》，上海商務印書館1922年1月出版，現引自歐陽哲生編《胡適文集》，第7冊，頁52。

❷⓳ 胡適，〈詢姚際恆著述書〉(1920: 11)，收入顧頡剛編，《古史辨》，第1冊（上海：上海古籍出版社，1982），頁1。

❷⓴ 胡適，〈科學的古史家崔述〉，《國學季刊》，第1卷第2號(1923: 4)，頁267–268。

研」，後面注云：「先生教人，為從竹汀《考異》、《養新》入手。」⑱的確，1928–1931年留學北平的吉川幸次郎(1904–1980)，就印象深刻的記得陳垣在課堂上對錢大昕的推崇。⑲那時，是陳垣為學生「講嘉定錢氏之學」的時期。⑳陳垣1928年出版的《史諱舉例》，即為紀念錢大昕而作。㉑當時為了趕出該書，治學向求嚴謹的陳垣竟來不及核對原文，以致在引文上出現了疏失。㉒不但如此，陳垣撰寫該書序言時，更特別選在竹汀二百年誕辰紀念日那天。㉓將陳垣的「尊錢」舉措，與四年前胡適等北大教授為「戴震二百年誕辰紀念」大事慶祝之際，其置身事外作一對照，其中原因確是耐人尋味的。

---

⑱ 尹炎武，〈簡陳援庵〉(1962夏)，頁130。

⑲ 吉川幸次郎著、錢婉約譯，《我的留學記》(北京：光明日報出版社，1999)，頁78。

⑳ 陳垣，〈致席啟駧函〉(1950年初)，收入陳智超編注，《陳垣來往書信集》，頁216。一般論者多據陳垣本人的自述，認為九一八以後，陳氏的史學思想，由此前的「服膺嘉定錢氏」，一變而為「推尊崑山顧氏」。桑兵卻認為陳垣所言，僅指其揣摩風氣的變化而言，非謂其史學思想從此發生轉變。桑兵，〈陳垣與國際漢學界——以與伯希和的交往為中心〉，頁206。其言頗確。因周祖謨即曾憶述：1939年後，他常有機會向陳垣請教，記得陳氏言談之間對錢大昕最為佩服。周祖謨，〈懷念一代宗師援庵先生〉，收入劉乃和主編，《紀念陳垣校長誕生110周年學術論文集》，頁296。

㉑ 陳垣所以用《史諱舉例》紀念錢大昕，是因「錢氏《廿二史攷異》中，以避諱解釋疑難者尤多。徒因散在諸書，未能為有系統之董理」。《史諱舉例》之作，就是要在前人的基礎上，為中國特有的避諱史作一系統的總結束，「使考史者多一門路一鑰匙」。陳垣，《史諱舉例·序》，頁1258–1259。

㉒ 劉乃和，〈陳垣老師奮鬥的一生〉、〈從《勵耘書屋叢刻》說到中華書局——陳垣生前著作的出版情形〉，均收氏著，《勵耘承學錄》，頁17、136。

㉓ 陳垣，《史諱舉例·序》，頁1259。

　　陳垣對錢大昕的推崇，本來更符合乾嘉學者的一般意見。民初，
王國維談到乾嘉學術時，也以錢大昕和戴震並列，認為「乾嘉之學，
創于東原、竹汀」。⑳余嘉錫本是「服膺錢氏之學」者，其作《四庫提
要辨證》，因近人推尊戴震甚至，特將戴震和錢大昕作一比較，提出「錢
竹汀學問之精，不在戴氏之下，而精博過之」。㉕其推錢大昕在戴震之
上，亦隱寄不滿胡適等新文化派學人過度尊戴之微意。

　　20年代初，以胡適為代表的新文化派的整理國故運動，將戴震捧
為清學史的中心人物，本具思想革命之目的。在胡適等大力鼓吹下，
北京學界出現過一陣「戴學」熱潮。㉖惟幾年之後，熱潮消退，錢大
昕在北平學界的地位，漸取戴震而代之。30年代，傅斯年曾對外表示：
「我的朋友陳寅恪先生，在漢學上的素養不下錢曉徵。」㉗就表達了其
對錢大昕的尊重。傅斯年是胡適的學生兼諍友，也是胡氏在學問上所
自愧不如者。㉘有趣的是，傅斯年極為敬重的陳寅恪，為陳垣的《元
西域人華化考》撰序時，又把陳垣和錢大昕並舉，稱陳垣的「精思博
識，吾國學者，自錢曉徵以來，未之有也」。㉙其推崇陳垣之餘，也表
達了對錢大昕的推重。同時也因二陳私交頗洽，陳寅恪自甚瞭然於陳

⑳　王國維，〈沈乙庵先生七十壽序〉(1919)，《觀堂集林》，卷23，收入氏著，《王
　　國維遺書》，第4冊（上海：上海古籍書店，1983），頁26。
㉕　余嘉錫，《四庫提要辨證》，第1冊（北京：中華書局，1985），頁429。余嘉
　　錫，《疑年錄稽疑》，收入氏著，《余嘉錫論學雜著》，下冊，頁493。
㉖　侯外廬，《近代中國思想學說史》，上冊（上海：生活書店，民36），頁387。
　　當時北方學界的尊戴活動，是整理國故運動的一個重要環節，此事當另文詳
　　討。
㉗　傅斯年，《史學方法導論》，收入氏著，《傅斯年全集》，第2冊，頁23。
㉘　胡頌平編著，《胡適之先生晚年談話錄》，頁206。
㉙　陳寅恪，〈重刻《元西域人華化考》序〉，頁7。

垣對錢大昕的評價，故特言之如此。又從這幾位學界頭面人物對錢大昕都作這樣的推崇，而未言及數年前紅極一時的戴震，可知當時北平學界的風氣，較諸五四時期已大不相同，《新青年》的時代已經過去了。❷

下面再看胡適所推崇的章學誠。章學誠在世時，其人其學皆不顯。惟自胡適為章氏撰寫年譜後，「章學」頓呈顯學之勢。牟潤孫以時論尊章之故，嘗問陳垣：「章實齋學問如何？」得到的答覆是：「鄉曲之士！」牟氏晚年回憶此事，聯想到陳垣平日常說：「讀書少的人，好發議論」一語，揣摩乃師所斥，或即包括了章氏。❷論者認為陳垣此言，有譏刺力捧章氏的胡適之意，其言頗確。❷事實上，陳垣平日一再提到「讀書少的人，好發議論」，其心中所指斥的對象，似乎包含頗廣。他既斥章學誠為「鄉曲之士」，自然不以那些大力推崇「鄉曲之士」的近人為然了。

至於經常和陳垣一起「研史論學」，平日頗發「感慨時賢」之論的余嘉錫，❷其對章學誠的學問，更有見諸文字的譏評。1940年，余嘉錫作〈書《章實齋遺書》後〉，刊諸《圖書季刊》。是文一開篇就指出：「章實齋《文史通義》深思卓識，固有過人之處，所惜讀書未博，故立言不能無失。」他批評章學誠「不解古人文章法式」，故其書不無「臆決之言」。又說章氏「未嘗揣摩唐宋人書」，至有「無理取鬧」之語。其「性既健忘，又自視太高，除創通大義數十條外，他皆非所措意，徵文考獻，輒多謬誤」。其書內篇，「引證尚無大失。然考核不免鹵疏，

---

❷ 吉川幸次郎著、錢婉約譯，《我的留學記》，頁72。

❷ 牟潤孫，〈勵耘書屋問學回憶——陳援庵先生誕生百年紀念感言〉，頁97。

❷ 桑兵，〈近代中國學術的地緣與流派〉，收入氏著，《晚清民國的國學研究》，頁48。

❷ 孫楷第，〈致陳垣函〉(1932：1.25)，收入陳智超編注，《陳垣往來書信集》，頁410。

持論時近偏僻。外篇及文集，氣矜彌甚，其失彌多，持較內篇，抑又不逮。《校讎通義》最有名，然所言得者二三而失者六七，並《七略》、《別錄》逸文，亦不肯一考，而侈口論劉班義例，故多似是而非。」「若其他雜著，如信摭乙卯丙辰劄記之類，徵引群書，往往失之眉睫之前，屬辭比事，有絕可笑者。……其讀書亦太鹵莽滅裂矣。」此外尚有許多批評的話，在此不必一一具引。其文末，更對「後人尊實齋太過」者明加譏刺，並總結全文作意說：「欲使學者知讀書不可不熟，下筆不可不慎，庶乎知所戒慎云爾。」❷❸❹遂知余氏之所以對章學誠作如此嚴厲的批評，實是有所為而發。其矛頭所向，當包括了推尊章學誠的一眾近代學者在內。

至於姚際恆，今未見陳垣對其留下若何評語。但余嘉錫在《古籍校讀法》中，對姚氏也不乏譏評。余氏指出，近人好言古書真偽，卻不知古人著述之體，致以不偽為偽。他為此詳論「古書不皆手著」一特點，力斥後人因不明古書寫作通例，往往以一書雜有後人之詞，輒指其為偽作之非。而謂：清人如孫星衍（淵如，1753–1818）、嚴可均（景文，1762–1843）等，早已指出古書「不必手著」之特點，「此數人者，皆通儒，孫、嚴尤多讀古書，明於著作之體，而其言如此，勝於姚際恆輩遠矣。」他又以《管子》為例，謂姚際恆作《古今偽書考》，誤將此書「列入真書而雜以偽之內，不知此自古書之通例，非偽也」。❷❸❺

不難看出，余嘉錫對姚際恆的批評，也兼斥那些推崇姚氏的民國學者。因為像姚氏那樣因不明古書體例，輒指古書為偽的做法，在胡適、顧頡剛所帶動的「古史辨」潮流中，是極為常見的。胡適等人，要皆北平學界中領袖群倫的人物，余嘉錫與他們平時不乏見面之機，

---

❷❸❹　余嘉錫，〈書《章實齋遺書》後〉，《圖書季刊》，新第2卷第3期(1940：9)，頁331–337。

❷❸❺　余嘉錫，《古書通例》，頁119–130。

㉖故其心中縱對胡適等有所不滿，也未便直斥其非，僅藉糾駁姚氏的機會，暗寓其對當代學者的針砭。觀余嘉錫批評姚氏《古今偽書考》時，其所舉例子，是有關《管子》一書真偽的考證。熟悉近代學術史的人都記得，胡適在其《中國哲學史大綱》「引論」中，論到「史料的審定」時，特別舉了《管子》為例，根據書中有管仲生平功業及其死後之事的記載，斷定是書必屬後人偽造。㉗又其在〈諸子不出王官論〉一文中，也逕指《管子》為偽書。㉘如今余嘉錫特舉《管子》為例，又引及胡適認為屬於後人偽造及雜湊、附會的段落，似非偶然。換句話說，余嘉錫對姚際恆等不明古書體例者所作的批評，當具有現實上的具體指涉，意在針砭當代以疑古辨偽名世的一眾學人。㉙

　　的確，自從胡適的《中國哲學史大綱上冊》出版後，其後再經《古史辨》諸冊的陸續發行，疑古辨偽的風氣在學界一度非常流行。1932年，黃雲眉(1898–1977)的《古今偽書考補證》，也是這一潮流下的產物。黃書既遠紹姚氏辨偽之意，又嫌其書不免「淺薄」，而思為之「補證」。㉚該書出版後，胡適見其中有糾及余嘉錫處，特以《補證》持示余氏。

㉖ 據說30年代初，胡適一度有意聘余嘉錫主持北大史學系。周祖謨、余淑宜，〈余嘉錫先生傳略〉，收入余嘉錫，《余嘉錫文史論集》(長沙：岳麓書社，1997)，頁665。

㉗ 胡適，《中國哲學史大綱卷上》(1919年2月初版)(上海：商務印書館，民15年12版)，頁16–18。

㉘ 胡適，〈諸子不出王官論〉，收入氏著，《中國哲學史大綱卷上》書後「附錄」，頁5。

㉙ 余嘉錫另有《四庫提要辨證》一鉅著，對五四以後的疑古風氣糾彈至多。牟潤孫指出，《辨證》以及余氏的其他著作，多針對新文化派學人之詞。牟潤孫，〈學兼漢宋的余季豫先生〉，收入氏著，《海遺雜著》，頁129–138。

㉚ 黃雲眉，《古今偽書考補證‧序》(山東：齊魯書社，1982)，頁2–3。

余嘉錫讀後致胡一函，對這部欲助姚氏張目的書㉑批駁甚力說：

> 《偽書考補證》亦閱之。終卷駁雜之處，穿鑿之說，所不能免。
> 而其大弊，在不通考證之方法。夫姚氏書之不滿人意者，為其
> 聚斂無數之空言，毫無實據也。今為之作補證，又引錢謙益、
> 方苞、姚鼐、汪紱、王昶、楊椿、吳敏樹、吳汝綸之說，以附
> 益之。此輩原不懂考證，充其技亦只能使之乎者也位置妥貼耳。
> 其是非亦何足深論，而以取之充篇幅乎？……㉒

細味其言，似不乏指桑罵槐之意。由此觀之，余致胡函，雖不乏客氣
之辭，但上函在針砭姚、黃二書之餘，卻將頗推姚書的胡適一併罵進
去了。

　　值得一提的是，余嘉錫對近人好論古書真偽的相關批評，又與陳
寅恪的看法有共通之處。1930年，陳寅恪在〈馮友蘭《中國哲學史上
冊》審查報告〉中，特就學界正在熱烈討論的古書真偽問題指出：

> 中國古代史之材料，如儒家及諸子等經典，皆非一時代一作者
> 之產物。昔人籠統認為一人一時之作，其誤固不俟論。今人能
> 知其非一人一時之所作，而不知以縱貫之眼光，視為一種學術
> 之叢書，或一宗傳燈之語錄，而斷斷致辯於其橫切方面。此亦
> 缺乏史學之通識所致。㉓

牟潤孫早已指出，陳寅恪對五四以後的疑古風氣素不謂然。史學二陳

㉑　黃雲眉，《古今偽書考補證·序》，頁3。

㉒　余嘉錫，〈致胡適函〉（1934：1.18／手稿），收入耿雲志主編，《胡適遺稿及
　　秘藏書信》，第29冊，頁190–191。

㉓　陳寅恪，〈馮友蘭《中國哲學史上冊》審查報告〉，天津《大公報·文學副刊》，
　　1930年7月21日，頁11。

時相過從，彼此論學極為投契，⑳陳寅恪對近人的這些看法，陳垣必
定有所聽聞，知道這位表面上與世無爭的學者，心下對許多自稱研治
考據的學者，其實不滿殊深。⑳觀陳寅恪在為陳垣《元西域人華化考》
寫的序中，抒發自己對「競言古史」者的不滿，至有「不敢觀三代兩
漢之書」一語，⑳所言很可能就是二陳平日論學時對於相關問題的共
識。

　　當年常至勵耘書屋侍坐的牟潤孫指出，陳垣「對於五四時代疑古
學派過份地懷疑古書，甚不以為然」。嘗舉陳運溶的《太平寰宇記辨偽》
為例，告戒弟子不宜輕指某部古書是屬偽造。⑳陳垣對近人疑古辨偽
的風尚既持保留態度，他對崔述及其《考信錄》的評價，恐亦不甚高。
今觀1936年，陳垣曾作絕句一首，寄給來函問學的陳述（玉書，1911–
1992），其中詠及崔述。詩云：

　　　師法相承各主張，誰非誰是費評量。

---

⑳　牟潤孫，〈敬悼先師陳援菴先生〉，頁17。

⑳　陳寅恪對五四以後的疑古風氣不滿，近年頗為研究者注意，桑兵的近著對此
　　闡發尤詳。桑兵，〈陳寅恪與中國近代史研究〉，收入氏著，《晚清民國的國
　　學研究》，頁164–166。惟早在三十年前，私淑義寧之學的牟潤孫，就已為文
　　指出相關史實。牟潤孫，〈讀《陳寅恪先生論集》〉，收入氏著，《海遺雜著》，
　　頁80、83。

⑳　陳寅恪在〈劉叔雅《莊子補正》序〉中，又有「寅恪平生不能讀先秦之書」
　　一語，要皆有所為而發。陳寅恪，〈劉叔雅《莊子補正》序〉，收入氏著，《金
　　明館叢稿二編》，頁229。當時友朋之間，不少人都知道陳寅恪的話是別有深
　　意，不能照字面解釋。傅斯年後來就說：「寅恪先生言『書不讀秦漢而上』，
　　此或有激而作，然有至理存焉。」〈致岑仲勉函〉（1939: 4. 17），臺北：中研院
　　史語所傅斯年檔案，Ⅰ：1318。

⑳　牟潤孫，〈敬悼先師陳援菴先生〉，頁17。

豈因東塾識東壁，遂信南強勝北強。㉔⑧

此詩之作，是因陳垣曾向陳述示以陳澧（蘭甫，號東塾，1810–1882）
點讀過的崔述《考信錄》，其中時見「此何必辨」、「此何必注」的批語。
陳述後來憶及此事，每以下筆為難，陳垣遂作此詩以解之。㉔⑨這首絕
句，乍看之下，似陳垣對「北強」崔述的評價不低。然此詩之作，原
為一壯「北強」陳述作文的膽量。因陳述是河北人，與大名府人崔述，
可算同籍。這兩位名字相同的學者，與同屬粵人的二陳——陳垣和陳
澧——恰好分屬「北強」和「南強」。陳垣詩云：「北強」不必弱於「南
強」，本有遊戲文字的意味，未必能引為推崇崔述之證。倒是此詩的前
兩句：「師法相承各主張，誰非誰是費評量。」道出了陳垣處在那新舊
學問雜陳，舊學師法又復多歧的時代中，深深感到他們那一輩學者的
是非高下，恐怕不容易遽加論定，而是需要後人反覆評量，慎為考論
的。

七、結語

綜上所述，知30年代胡適和陳垣的交情雖不惡，後人仍不宜將他
們視為學問上相知相契的朋友。1934年，尹炎武從南方致函陳垣，追
想北平的「高齋促膝，娓娓雅譚。風月聊園，沉沉清夜」，謂陳垣「以
博雅宏深之學，精密湛邃之思，肴核百家，委懷乙部。冷交易集，起
冬至而消寒；版本搜奇，汲修綆之供給。左攬績溪之奇佹，右瞰藏園

㉔⑧ 陳垣，〈致陳述函〉（1936／手稿），收入陳智超編，《陳垣先生來往書信集》，
下冊，頁366。
㉔⑨ 陳述，〈致陳垣函〉（1935：12.22），收入陳智超編注，《陳垣來往書信集》，頁
621。

之珍秘。真率五簋，高談娛心。橫議華筵，抵掌快意」。❷⓪函中的「績溪」指胡適，「藏園」則指傅增湘。觀此可知陳宅、聊園的高談橫議，不乏陳垣對學界人物的指點品評。由「左攬績溪之奇俊」一句話觀之，陳垣將自己置於胡適之上，是毫無疑問的。

過去，論者因未深究陳垣1949年4月29日寫給胡適的那封公開信，誤信函中所謂：「我們的治學方法，本來很相近，研究的材料也很多有關係，所以我們時常一起研討，你并且也肯定了我們的舊治學方向和方法」幾句話，❷⓹以為這種當事人的自述，當屬可信。惟據上文的分析，知陳垣的治學方法，即使可用其所謂「實證主義的」來概括，❷⓹似與胡適的方法頗為接近，但這只是就大體而言。細考胡、陳兩人的學術論著，即知他們在治學的淵源、途轍、風格上，都存不少差異。蓋陳垣治學，是從揣摩和學習清儒的治學軌則入手；至於胡適，其對乾嘉諸老的為學之方，則是頗有隔閡。上引陳垣信函的最末一句話，就透露出陳垣其實心裡明白：胡適的治學方法，與他及其同輩學友的方向和方法，並未若合符節。而其所以在函中強調兩人治學方法和材料的接近，或是為了想藉此向新政權表白：過去自己之所以和胡適時相往來，純是出於學問上的考慮；雙方的討論，亦僅限於學術範圍；希望能見諒於當局。

---

❷⓪　尹炎武，〈致陳垣函〉(1934)，頁103。

❷⓹　陳垣，〈致胡適函〉(1949：4.29)，收入陳智超編注，《陳垣來往書信集》，頁193。

❷⓹　陳垣，〈致胡適函〉(1949：4.29)，頁193。

陳垣在世變下的宗教史研究

邵台新

一、前言

　　民國以來，中國史學研究受到西方思潮的衝擊，學者紛紛採用西洋的史學理論，作為治史的方法。然而陳垣卻是「自始至終，多倚賴土法土料」，❶是當時相當特別的史學家。陳垣少年時，得到張之洞的《書目答問》，又研讀《四庫全書總目提要》，成為他自學歷史的啟蒙讀物；❷以後受到乾嘉諸儒錢大昕、趙翼等影響，注重考證之術。但是他對於史料搜集的詳瞻，甚至到了「竭澤而漁」的地步，因而往往能使用無人用過的史料，得出前所未知的新結論。❸至於當代的其他學者，很難在史料應用上，如此地詳盡，這項優點成為陳垣為學者們推崇的重要原因。

　　陳垣雖然不同於當代的著名學者譬如陳寅恪、胡適與傅斯年等人

---

❶　許冠三，《新史學九十年》，上冊（香港：中文大學出版社，1989年二版），頁107。

❷　陳樂素，〈歷史學家陳垣〉，《揚州師範學報》，1981年1期，頁72。

❸　嚴耕望，〈史學二陳〉，收入《治史答問》（臺灣：商務印書館，1985年1月），頁85–86。

所具有留學歐美的背景，但是他得到這些學者們的接納，甚至引起國際漢學家的重視，諸如伯希和(Paul Pelliot)和桑原隲藏就對他頗為敬重。❹陳寅恪在1935年（民國二十四年）為陳垣重刻〈元西域人華化考〉以及1940年（民國二十九年）撰寫〈明季滇黔佛教考〉的序文之中，皆有讚揚之言。胡適與陳垣皆重視考據的方法，強調材料的收集、校勘與考證，然後再以正確的史料，發而為文。❺胡適在民國初年領導學術風潮，他所提倡的「科學方法」是將實驗主義與乾嘉考證相互結合；而其「尊重事實，尊重證據」與「大膽的假設，小心的求證」的主張，與陳垣的治學方法並無太大差異，因而陳垣雖無口號，但是他的工作可以說是胡適倡導科學方法來整理國故的實踐。❻1934年（民

---

❹　桑兵，〈陳垣與國際漢學界──以與伯希和(Paul Pelliot)的交往為中心〉，收入龔書鐸編，《勵耘學術承習錄》（北京師範大學出版社，2000年），頁191，引用梁宗岱的話，伯希和曾經稱呼陳垣為當時中國歷史學界的權威。

　　劉乃和等著，《陳垣年譜配圖長編》上（瀋陽：遼海出版社，2000年10月），頁136，引桑原隲藏對〈元西域人華化考〉的評論：「陳垣氏為現在支那史學中，尤為有價值之學者也。支那雖有如柯劭忞氏之老大家，及許多元史學者，然如能陳垣氏之足惹吾人注意者，殆未之見也。……氏之創作以〈元也里可溫考〉始，次如《國學季刊》所揭載之〈火祆教入中國考〉、〈摩尼教入中國考〉兩篇，資料豐富，考據精確，為當時學界所見重。其二，氏之研究方法為科學的也。」

❺　陳發春，〈陳垣與胡適國學研究之比較〉，《安徽大學學報》，1998年1期，頁9。

❻　蕭啟慶，〈推陳出新的史學家陳垣〉，發表於《二十世紀前半葉人文社會學術研討會》（臺北：東吳大學，2000年11月20日），頁7。

　　又，陳以愛，《中國現代學術研究機構的興起──以北京大學研究所國學門為中心的探討》（臺北：國立政治大學歷史系，民國88年5月），頁88，指出「胡適提出歐洲學者治學所用科學方法，像假設、驗證及歸納這些法則，其

國二十三年）陳垣出版的〈元典章校補釋例〉，由胡適為之作序，而胡適稱此為「土法」校書的最大成功，也就是新的中國校勘學的最大成功。❼以後，陳垣與胡適分隔兩地，在政治與學術觀念有所差異，然而二人在二十世紀前半葉的整理國故方面，卻有相同的理念。❽傅斯年在汲取西方史學理論後，從理性的角度認識史料學的地位，主張利用自然科學供給的工具，例如地質、地理、考古、生物、氣象等，用來整理史料；陳垣著重搜求傳統的文獻資料和文字材料的方法，雖然與傅斯年在史料的取捨上有所不同，但是原則仍然一致。❾傅斯年對陳垣相當尊重，1935年（民國二十四年）在中央研究院歷史所成立時，聘其擔任評議員。因此，陳垣雖然自學史學，以乾嘉諸儒為師，但其治學方法與當時歸國學者有相當程度的契合，並未被排除在時代潮流之外，況且陳垣在民國初年的北京大學研究所國學門擔任導師，又在北京大學《國學季刊》發表〈火祆教入中國考〉、〈摩尼教入中國考〉、〈摩尼教殘經一、二〉、〈元西域人華化考〉，以及在北京大學研究所國學門的叢書之中，出版《二十史朔閏表》與《中西回史日曆》等考證性的著作。❿如此多樣而且有意義的著作，使他得到北京大學研究所

實都已存在清代學者的考證著作之中，胡適並以清人在音韻、訓詁、校勘學上的研究為例，來具體說明」。

❼ 陳智超，〈陳垣與胡適〉，收入龔書鐸編，《勵耘學術承習錄》，頁247。

❽ 逯耀東師，〈把胡適當成箭垛〉，收入《胡適與當代史學家》（臺北：東大圖書公司，民國87年1月），頁91–97。

❾ 蕭啟慶，〈推陳出新的史學家陳垣〉，頁7–8。

李泉、江心力，〈陳垣與傅斯年史學思想異同論〉，收入龔書鐸編，《勵耘學術承習錄》，頁313–316。

❿ 劉乃和等著，《陳垣年譜配圖長編》下，附錄二，頁879–881。

〈火祆教入中國考〉，北京大學《國學季刊》，第1卷第1號，1923年1月。

國學門學者以及當代研究國故學人士的敬重，並且在學術界獲得重要
地位。⓫1946年（民國三十五年）10月，南京中央研究院在各大學、
各獨立學院、各學術團體、各研究院所推薦的人士之中，選出院士候
選人，接受學術界的公論。而陳垣當選為院士，其緣由為：

> 專治中國宗教史，兼治校勘學、年曆學、避諱學。⓬

其實就是以考據的方法，在上述幾方面表現較為突出。在中國傳統史
書之中，有關宗教史的記載，資料不甚完備。尤其外來宗教在中國的
傳佈，又與政治與文化相關，相當複雜，以致年久之後，模糊不明。
陳垣廣閱各種史料，彌補各教發展資料的不足，成為近代中國宗教史
研究的領航者。本文就其宗教史寫作的歷程與意義，作一探討。

〈摩尼教入中國考〉，北京大學《國學季刊》，第1卷第2號，1923年4月。

〈摩尼教殘經一、二〉，北京大學《國學季刊》，第1卷第3號，1923年7月。

〈元西域人華化考〉，北京大學《國學季刊》，第1卷第4號，1923年12月。

《二十史朔閏表》，《北京大學研究所國學門叢書》，1925年。

《中西回史日曆》，《北京大學研究所國學門叢書》，1926年10月。

⓫ 陳以愛，《中國現代學術研究機構的興起——以北京大學研究所國學門為中
心的探討》，頁8：「北大文科恰好是『整理國故』運動的發源地，而國學門
又是20年代第一個為響應『整理國故』理念而成立的研究機構。」頁12：「北
大整理國故的學者有：胡適、蔡元培、沈兼士、馬衡、周作人、錢玄同、朱
希祖、馬裕藻、陳垣、徐旭生、張競生、江紹原、林語堂、劉復、顧頡剛、
魏建功、常惠、董作賓、容庚、馮沅君等。」

⓬ 劉乃和等著，《陳垣年譜配圖長編》下，頁515。

二、致力學術研究的緣起

㈠辦報與從政

陳垣號援菴，廣東新會人。他在十二歲以前，在學館讀《四書》、《五經》，只是呆板地背誦；直到十三歲發現張之洞的《書目答問》，於是漸漸學會按著目錄買自己需要看的書。❸十八歲入京應試，因八股文不佳而失敗，於是聽人勸告而苦學八股文兩年，但是學好之後，科舉也就廢除了。然而在這段時間，養成刻苦讀書的習慣，也將《四庫全書總目提要》讀過好幾遍，❹奠下他日後研究史學的入門途徑。

1904年（光緒三十年），陳垣當時24歲，參與籌辦《時事畫報》，也從此展開辦報與參與政治的生涯。從1905年（光緒三十一年）至1917年（民國六年），陳垣的主要活動為：❺

1905年（光緒三十一年）

　　廣州、上海等地紛紛成立拒約會，反對美國實施具有種族主義色彩的《華工禁約》，而陳垣是廣州方面拒約會的負責人之一。而《時事畫報》也展開反美活動。

1907年（光緒三十三年）

　　考入美國教會所辦的博濟醫學院。

1908年（光緒三十四年）

---

❸ 陳垣，〈談談我的一些讀書經驗——與歷史系應屆畢業生談話紀要〉，收入吳澤主編，陳樂素、陳智超編校，《陳垣史學論著選》（上海：上海人民出版社，1981年5月），頁638-639。

❹ 陳垣，〈談談我的一些讀書經驗——與歷史系應屆畢業生談話紀要〉，頁639。

❺ 劉乃和等著，《陳垣年譜配圖長編》上，頁33-73。

　　　　春季，《時事畫報》被迫停刊。

　　　　夏季，與人共創光華醫學校，同時擔任董事與學生。

　　　　7月，參與創辦《醫學衛生報》。

　　1910年（宣統二年）

　　　　協辦《光華醫事衛生雜誌》。

　　1911年（宣統三年）

　　　　由廣州聖心大教堂副主教資助，創辦並主編《震旦日報》
　　　　及其副刊《雞鳴錄》。

　　1913年（民國二年）

　　　　以革命報人身分當選眾議院議員。

　　1914年（民國三年）

　　　　梁士詒出任稅務總督辦，聘陳垣為稅務會辦。

在這些年代之中，陳垣在《時事畫報》、《醫學衛生報》、《光華醫事衛
生雜誌》、《中西醫學報》、《震旦日報》等刊物發表許多與時事、醫學
方面相關的文章，但是其中亦不乏考證史事的小品。1907年（光緒三
十三年）到1908年（光緒三十四年）的《時事畫報》，每一期幾乎都有
陳垣以筆名發表的文章，有些是以史書中的人物為談論主題，有些則
涉及當時的情況。❶這些小品文章，透露出陳垣對於考證方面有所專
長，並喜好以人物作為評述的主題。這些表現與陳垣往後歷史研究的
方向，似乎已有脈絡可尋。等到陳垣參與創辦《醫學衛生報》，仍有相
關的考證文章，例如〈王勛臣像題詞〉、〈孔子之衛生學〉、〈論江督考
試醫生〉、〈牛痘入中國考略〉、〈洗冤錄略史〉、〈釋醫院〉、〈肺癆病傳
染之古說〉等；到了1910年（宣統二年），他又在《光華醫事衛生雜誌》
上發表〈中國解剖學史料〉。❷雖然陳垣受過西醫的訓練，又在介紹與

---

❶　陳垣，《陳垣早年文集》（臺北：中央研究院中國文哲研究所，1992年7月），
　　頁1–159。

討論西醫的刊物上撰文，但是仍然引經據典，將中國傳統的醫術寫出來，或許在他心靈深處，對於傳統文化的信仰，已經根深蒂固。這些早期的著作，可以顯示往後陳垣著作的意念。

1913年（民國二年）陳垣當選眾議院議員，於3月來到北京，從此定居北京。⓭1914年（民國三年）在梁士詒主持的全國稅務處、內國公債局任職。⓮1921年（民國十年）12月署理教育部次長，並於1922年（民國十一年）兼任京師圖書館館長，再於1922年（民國十一年）5月辭去教育部次長之職。⓴

陳垣自〈元也里可溫考〉發表之後，已經聲譽鵲起，而且在北京大學研究所國學門任職，已經傾向學術研究。1923年發表〈火祆教入中國考〉、〈摩尼教入中國考〉和〈元西域人華化考〉之後，又被燕京大學聘為講師，從此專以學術研究與教育為志業。1926年（民國十五年）9月先受聘為北京公教大學副校長，㉑以後一直擔任校長一職。在陳垣從政的期間，已經陸續發表一些學術著作，其中以天主教相關的論述居多，此與馬相伯、英斂之交往，受其影響所致。

(二)與教會人士的交往

馬相伯與英斂之為清末至民國初年的階段，在中國天主教與教育界皆為著名的人物，尤其在天主教教會方面，深具影響力。

馬相伯出生於江蘇丹徒（今鎮江市），中學即就讀天主教設立的伊

⓱ 陳垣，《陳垣早年文集》，頁166–167，173–177，181–191，217–224，225–237，238–242，262–265，362–369。

⓭ 劉乃和等著，《陳垣年譜配圖長編》上，頁60–61。

⓮ 劉乃和等著，《陳垣年譜配圖長編》上，頁65。

⓴ 劉乃和等著，《陳垣年譜配圖長編》上，頁108，119，123。

㉑ 劉乃和等著，《陳垣年譜配圖長編》上，頁214。

納爵公學，對於拉丁語、法語、英文都奠下良好基礎。❷1862年馬相伯進入耶穌會初學院，成為初學修士；1870年時，31歲的馬相伯獲得神學博士學位，被延請加入耶穌會，擔任司鐸。❸1876年12月，馬相伯退出耶穌會，開始仕途的生涯，並且娶妻生子。❹至60歲時，回到上海徐家匯，思考中國屢弱的原因，決心創辦一所新式大學，以作育人才，於是在1902年（光緒二十八年）組織「震旦學院」，並且於1903年（光緒二十九年）招生。❺馬相伯的教育理念為：

> 不能把震旦學院辦成宣揚宗教的學院，一切宗教教義的宣傳均應退出學校的領域。

並且定了三條規矩：崇尚科學、注重文藝、不談教理。❻這些馬相伯的教會學校創設目標，與教會在理念上有所差異，馬相伯於是退出「震旦」而另創「復旦公學」。

民國成立後，1912年（民國元年）10月應教育總長蔡元培之請，代理北京大學校長；後來辭去校長，擔任總統府高等顧問、參議院參政等職務。❼

---

❷ 宗有恆、夏村根，《馬相伯與復旦大學》（太原：山西教育出版社，1996年5月），頁9。

又，趙賓實，〈輔仁大學對培育教會人才的貢獻──為慶祝輔大建校五十週年金慶而作〉，收入《輔大五十年》（臺北：輔大出版社，民國68年），頁89：「按教會以往培育修士傳統的學制，有小修院，有大修院。小修院等於現在的初中、高中程度，大修院等於現在的大專程度。」

❸ 宗有恆、夏村根，《馬相伯與復旦大學》，頁11–12。

❹ 宗有恆、夏村根，《馬相伯與復旦大學》，頁13–14。

❺ 宗有恆、夏村根，《馬相伯與復旦大學》，頁17–24。

❻ 宗有恆、夏村根，《馬相伯與復旦大學》，頁25–26。

　　馬相伯在政界與教育界獲得相當的地位，但是他仍是虔誠的天主教徒，只不過他也堅持中國傳統的文化。他的入室弟子邵力子說：

　　相伯先生雖然是宗教家，可他不是出世的，而是入世的。❷❽

因而他關懷世事之外，沒有忘記對天主教的熱誠。他在1920年（民國九年）為中國北京教友王學臣、魏子軒、趙乘喆、艾達天、王子真、鄭景權等人代擬〈北京教友上教宗書〉，表達教會與傳教士在中國應當具有的傳教態度與方式，例如：來華教士改為中國民籍，才不會受該教士母國官員干涉；又來華教士要學中國普通語言與文字，如此往來禮俗不會隔膜，與士大夫可以交際有道；又如提高修道院的程度，否則何以開啟華人，維持教務？❷❾

　　這些本是1919年（民國八年）11月，教宗派遣使者至中國，有二十八條垂詢的問題。當時正值新的思潮對年輕人影響很大，以後社會上蔓延著反宗教進而轉成「非基」運動，也就是反基督教的運動。馬相伯以豐富的閱歷與熱愛教會的心態，一直想提出糾正與尋求可行之法。他與英斂之二人影響了天主教在華的教育方針，也影響了常向他請益的陳垣。

　　英斂之為虔誠的天主教徒，在1902年（光緒二十八年）英斂之創辦《大公報》之前，馬相伯與英斂之即有往來。❸⓿民國元年，馬相伯

---

❷❼　宗有恆、夏材根，《馬相伯與復旦大學》，頁36。

❷❽　宗有恆、夏材根，《馬相伯與復旦大學》，頁43。引用邵力子〈悼念馬相伯先生〉內容。

❷❾　朱維錚主編，《馬相伯集》（上海：復旦大學出版社，1996年12月），頁360，362。代擬〈北京教友上教宗書〉中第一問、十六問、二十一問。

❸⓿　許有成，〈關於陳垣與馬相伯交往的一些史實——兼談陳垣與英斂之訂交〉，《北京師範大學學報》，第2期（1988年），頁11。

來北京之後，二人過從更密；民國二年，英斂之在北京香山創辦「輔仁社」，得到馬相伯贊助，在馬相伯為英斂之的《萬松野人言善錄》序言上說：**㉛**

> 萬松野人者，與余同教，尤與道有宿契。

而萬松野人是英斂之自己所取的名號。馬相伯又說：

> 余傾歲，因病時往，往必與野人共晨夕，益用悉其生平。

可見二人交情甚篤。

陳垣與馬相伯的往來之始，據其姪輩陳珍幹所說：

> 陳垣未入京前，家居近法國天主教堂。因教堂以花崗石建築，故廣州市民稱之為「石室」。神父法國人，通粵語，知陳垣有才學，介紹他往上海徐家匯教堂認識馬良（相伯）。陳垣入京後，馬氏推薦他與英華（字斂之，號萬松野人），此為陳垣與宗教界知名人士關係之開始。**㉜**

此說無法在其他資料中證實，但是許有成認為陳垣與馬相伯相交，當在民國初年，因為陳垣為廣東省議員，馬相伯為江蘇省議員所以二人在此時相識。**㉝**再據陳垣自己在《馬相伯先生文集·序》上說到：**㉞**

㉛ 朱維錚主編，《馬相伯集》，頁226。

㉜ 陳珍幹，〈我所認識的陳垣〉，收入《中國當代名人錄》，第3集（香港：廣角鏡出版社，1988年），頁173。

㉝ 許有成，〈關於陳垣與馬相伯交往的一些史實——兼談陳垣與英斂之訂交〉，頁10。

㉞ 許有成，〈關於陳垣與馬相伯交往的一些史實——兼談陳垣與英斂之訂交〉，頁10。

> 余自民元北上，即與先生（按指馬相伯）暨英斂之先生過從甚
> 密。

而且馬、英二人：

> 先有香山輔仁社之創設，繼復聯名上書教廷，申請辦學；時則
> 二先生有所計議，余往往得先聞之；二先生有所刊布，余亦先
> 覿為快。

由此來看，民國初年左右，二人交情已經相當深厚。馬相伯與英斂之
對於陳垣在天主教史的研究，以及進入輔仁大學任職校長，發揮了極
大的影響力。

三、宗教史研究的成果與意義

㈠基督教史研究

1.教會史研究的開始

　　陳垣於1917年（民國六年）居住在北京時，想要撰寫《中國基督
教史》，於是搜求明朝基督教的遺籍。後來看到英斂之所著的《萬松野
人言善錄》，得知英斂之蒐藏此類書籍頗多，於是借閱其書，他說：

> 貽書野人，盡假而讀之，野人弗吝也。余極感野人，野人亦喜
> 有人能讀其所藏，并盼他日匯刻諸書，以編纂校之任相屬，此
> 余訂交野人之始也。❸❺

---

❸❺　方豪，〈英斂之先生年譜及其思想〉，《國立臺灣大學歷史學系學報》，第1期
　　（民國63年5月），頁4，說明《萬松野人言善錄》為鉛印，於民國五年夏季
　　刊行。民國七年秋季再版，則有陳垣所作〈跋〉。

兩人相識的時間或許在1916年（民國五年），❸❻而此時為兩人訂交之始。
由於研究天主教歷史成為兩人共同的目標，從此陳垣也就踏進宗教史
的範疇。英斂之甚至出示「輔仁社」的課題，其中徐希德的〈元代也
里可溫考〉，即由陳垣重新改作，成為他的成名之作。陳垣撰寫完成〈元
也里可溫考〉的初稿，在自序上說明：

> 此輔仁社課題也。輔仁社者，英斂之先生與其門弟子講學論文
> 之所。余嘗一謁先生，先生出示輔仁社課，其中題曰〈元也里
> 可溫考〉。余叩其端緒，偶有所觸。歸而發篋陳書，鉤稽旬日，
> 得佐證若干條，益以輔仁社諸子所得，比事屬詞，都為一卷，
> 以報先生。❸❼

可見英斂之對陳垣的提攜與敬重，而且在〈元也里可溫考〉跋：

> 僕與二三子立輔仁社於京西香山靜宜園中，抱殘守缺，日惟故
> 紙堆中討生活。數年中所擬考索之題曰「太古中西同源考」，曰
> 「唐景教碑考」，曰「元也里可溫考」，曰「清四庫總目評論教
> 中先輩著述辨」，皆東麟西爪，略得梗概。丁巳春，忽承陳援菴
> 先生以搜求教中三百年前之著述，走簡相詢。僕喜不自勝，因
> 傾筐倒篋，供其一得。乃承先生以敏銳之眼光，精悍之手腕，

又，所作的〈跋〉則見：劉乃和等著，《陳垣年譜配圖長編》上，頁71。
此段文字在《萬松野人言善錄》的〈跋〉之中，但為1919年（民國八年）4
月印行。

❸❻ 兩人相識時間，方豪在〈英斂之先生年譜及其思想〉，頁38，說明英斂之於
　　民國十五年一月十日逝世，門人為之印行《塞齋賸墨》，陳垣為之作〈跋〉，
　　其中有「……十年前，余識先生，得讀《萬松野人言善錄》……」，因而約
　　為民國五年。

❸❼ 劉乃和等著，《陳垣年譜配圖長編》上，頁71。

> 於也里可溫條，傍引曲證，原原本本，將數百年久晦之名詞，昭然揭出，使人無少疑貳。回視僕輩所挾，真兔園冊子矣。因亟商之馬相伯先生，為付手民，以公諸世。嗚呼，安得先生於鄙人所擬各題，一一為之針膏起廢，則截偽續真，發聾振聵，不獨鄙人之私幸矣。㊳

英斂之並且與馬相伯商議，出版該文以公諸世。馬相伯為〈元也里可溫考〉作序，更是讚揚有加：

> 向余只知有元十字寺，為基督舊教堂，不知也里可溫有福音舊教人之義也，知之，自援菴君陳垣始，……君真余師也。㊴

在1917年（民國六年），陳垣隨梁士詒出訪日本，於10月24日抵達上海，再由10月29日從上海乘船前往日本；在上海期間拜訪馬相伯，並用四天時間閱讀徐匯藏書樓的明末清初天主教的著作。㊵

1918年（民國七年）12月，陳垣將馬相伯所寄徐匯藏書樓的《鐸書》卷抄本校讎一遍，這是明朝韓霖所撰，是將明太祖聖諭六言，以中西古近聖賢之說，逐條分疏，而演繹詳解。㊶

同年，撰成〈休寧金聲傳〉，對於明末清初基督教人物徽州休寧人金聲的言行事跡作了考證。㊷

㊳ 劉乃和等著，《陳垣年譜配圖長編》上，頁73，為1917年印本。

㊴ 劉乃和等著，《陳垣年譜配圖長編》上，頁73，為1917年印本。

㊵ 劉乃和等著，《陳垣年譜配圖長編》上，頁75，為1917年印本。

㊶ 陳垣，〈重刊鐸書序〉，收入陳智超編，《陳垣學術論文集》，第1集（北京：中華書局，1980年6月），頁57。

㊷ 陳垣，〈休寧金聲傳〉，收入《陳垣學術論文集》，第1集，頁60–65。

又，黃一農，〈揚教心態與天主教傳華史研究——以南明重臣屢被錯認為教徒為例〉，《清華學報》，新24卷第3期（民國83年9月），頁287，黃一農考證：

1919年（民國八年），校勘《萬松野人言善錄》並作跋。這一年，陳垣對於天主教中的人物與書籍，作了不少考證與校勘。

1919年（民國八年）5月重新校勘《靈言蠡勺》，並且在〈重刊靈言蠡勺序〉之中介紹，此書為明朝畢方濟譯撰；畢氏於萬曆四十一年至中國，而此書為「余從萬松野人假得抄本，酷愛之」。**❸**

1919年（民國八年）8月，英斂之將再版《辯學遺牘》，請陳垣校勘訂正。**❹**

1919年（民國八年）8月，陳垣校勘《大西利先生行蹟》，而此書所指為艾儒略，其能博通漢籍與書寫流暢漢文，被閩中人士稱為「西來孔子」。**❺**

1919年（民國八年）的10月之前，陳垣完成〈浙江李之藻傳〉，在傳中提出李之藻為明朝杭州仁和人，且為萬曆二十六年會魁，其事蹟為：

> 其於聖教，未信時，不輕信，既信後，則拳拳服膺而弗失。其後半生精力……輸入西洋學術，以弘聖教，業亦偉矣……。**❻**

1919年（民國八年）10月，明朝湯若望所寫《主制群徵》二卷，第三次出版；陳垣在〈三版主制群徵跋〉上論及湯若望：

「金聲父女的種種事蹟，均明白顯示，他們應不為奉天主教之人。」

頁293，結論指出：「在陳垣和方豪等學者揚教的心態之下，天主教史的研究出現濃厚的移情現象，瞿式耜和金聲等曾與天主教有所接觸的殉國文臣，於是都被說成了教徒。」

❸ 陳垣，〈重刊靈言蠡勺序〉，收入《陳垣學術論文集》，第1集，頁66。
❹ 陳垣，〈重刊辯學遺牘序〉，收入《陳垣學術論文集》，第1集，頁68。
❺ 陳垣，〈大西利先生行蹟識〉，收入《陳垣學術論文集》，第1集，頁70。
❻ 陳垣，〈浙江李之藻傳〉，收入《陳垣學術論文集》，第1集，頁79。

> 綜其在中國四十餘年，其半在明，其半在清，實明末清初聖教會
> 絕續安危之所繫，所以與利瑪竇稱為耶穌會之二雄也……。**❹**

由前述得知，陳垣校勘天主教在明朝的傳教士的著作頗多，為〈元也
里可溫考〉之後一系列教會史的研究。他的校勘與研究，獲得英斂之
與馬相伯的讚譽，馬相伯在民國八年為重刊《靈言蠡勺》作序，他曾
寫信給英斂之稱陳垣實「可敬可愛」，又在另一封信說：

> 《真福和德里傳》，鄂省崇正書院梓（聖家會士郭棟臣松柏譯，
> 疑即嘗住培根者），倘得援菴重加考訂，亦元末聖教史也，亦歐
> 洲中世史也。**❹**

甚至馬相伯為「明《李之藻傳》」作序：

> 《聖教史略》所稱為中國開教三大柱石，俱一時挺生。徐光啟
> 傳，吾故友李問漁氏既輯於前。楊廷筠事，又有丁志麟志之。
> 獨之藻事，《明史》與《杭州志》俱無所傳，而時人又未之載。
> 其所譯《寰有詮》、《名理探》，至艱深而措辭之妙，往往令讀者
> 忘其為譯文，非博極群書，曷克臻此？
> 吾友陳援菴心志於古，敏求而強記，既考天教之興於元，復考
> 天教之興於明，異哉！既就之藻所著，鈎其要而為之傳。傳由
> 英君斂之寄讀一過，不禁報英君曰：吾與汝弗如也！惟其弗如，
> 則所盼盼，然期於陳君者，豈徒志古而已哉。**❹**

當時八十歲的馬相伯如此推崇陳垣，寫出「則所盼盼，然期於陳君者，

---

❹ 陳垣，〈三版主制群徵跋〉，收入《陳垣學術論文集》，第1集，頁81。

❹ 朱維錚主編，《馬相伯集》，頁368，與英斂之的書信。

❹ 馬相伯，〈明《李之藻傳》序〉，收入《馬相伯集》，頁349–350。

豈徒志古而已哉」。顯然對當時天主教方面的教史研究與發展,深所期待。

陳垣在1919年（民國八年）10月左右所寫〈浙江李之藻傳〉與〈三版主制群徵跋〉之中,皆稱天主教為「聖教」,可見他此時雖然剛踏入宗教史的研究,但是相當尊敬教會。甚至他在1927年（民國十六年）4月完成的〈華亭許纘曾傳〉,所寫明朝天啟年間的許纘曾,「建天主堂,所在扶翼聖教」,仍尊天主教為「聖教」。❺⓪

1924年（民國十三年）,陳垣在華北第十六次大學夏令會上講演〈基督教入華史略〉,並在1927年（民國十六年）另外講演〈基督教入華史〉。❺①

1925年（民國十四年）發表〈再論尊主聖範譯本〉與〈跋教王禁約與康熙諭西洋人〉。❺②

陳垣在擔任輔仁大學校長之前,有關天主教的著作,多集中於校勘舊籍與考訂,其間有些作品涉及傳教與文化交流方面,鮮少論及宗教信仰,僅於1927年（民國十六年）的〈華亭許纘曾傳〉的論曰提出：

> ……余因有感於幼年知識未定之人,其領洗不盡足恃,以其信仰非自動而被動也。夫李之藻、楊廷筠輩,其信教均在中年以後,用能終始不渝,為世法則。❺③

此時陳垣為47歲,已經是輔仁大學校長,由於不是天主教徒,所以才

❺⓪ 陳垣,〈華亭許纘曾傳〉,收入《陳垣學術論文集》,第1集,頁126。

❺① 陳垣,〈基督教入華史略〉與〈基督教入華史〉演講稿,收入《陳垣學術論文集》,第1集,頁92,116。

❺② 陳垣,〈再論尊主聖範譯本〉,收入《陳垣學術論文集》,第1集,頁117。陳垣,〈跋教王禁約及康熙諭西洋人〉,收入前引書,頁124。

❺③ 陳垣,〈華亭許纘曾傳〉,收入《陳垣學術論文集》,第1集,頁129。

舉例而言「信教均在中年以後，用能終始不渝」，或許對於宗教信仰有感而發。❺④

2.教會史研究

1919年（民國八年）以來，羅馬教廷曾經多次派人前來中國，了解中國教育的情況，並且多次與英斂之會面，商談在中國設立公教大學之事。❺⑤1924年（民國十三年），羅馬教廷在6月發佈敕令，確定在北京設立的天主教大學為一所教廷大學，並且賦予美國本篤會聖文森的總院長可以全權聘用教授，以及制訂學術計畫。❺⑥至於教廷賦予學校的責任為：

> 保存中國文學、藝術及哲學，並加以基督化。
>
> 在中國人心目中立下一個真正基督教文化的理想典範。

於是1925年（民國十四年），司泰萊(Rev. Aurelius Stehle)總院長任命奧圖爾(George Barry Otoole)神父前來北京，擔任北京天主教大學校長。❺⑦

1925年（民國十四年）3月發表的〈美國本篤會士創設北京公教大學宣言書稿〉指出：

> ……今之所創，一本斯旨，凡歐美新科，最精最確者，則以介

---

❺④ 此文於4月發表，而於6月13日陳垣回復方豪神父（《陳垣來往書信集》，頁288）：「……承詢予是否為耶穌教教友……近為輔仁大學校長，人又疑我為天主教徒。不知我實為一宗教史研究者而已，不配稱為某某教徒也。」

❺⑤ 「北平輔仁大學檔案三」，〈輔大成立之起源，情況報告及有關校史方面的材料〉，附錄〈輔仁大學簡史（1925–1952年）〉，頁219。

❺⑥ Jerome Oetgen著，張琰譯，《北京輔仁大學創辦史》（臺北：輔仁大學出版社，2001年12月），頁20。

❺⑦ Jerome Oetgen著，張琰譯，《北京輔仁大學創辦史》，頁24–25。

紹於中華，中華舊有之文學、道學、美術等，莫不善善從長，無敢偏棄，持此物此志以周旋而已矣。

秉彝之好，初不因東海西海而殊，未聞削足以就邯鄲，然後能步履也。今此大學初創之人，雖皆美產，但來華之意，非仿殖民，吸取人才，造成附屬品也。本會在一國，便為一國之會士，極願同志之人，同力合作，數十年後，會士為中國之會士，公教為中國之公教，大學為中國之大學，懿歟休哉！而本會之志願方告成。❺❽

可見本篤會至中國創設公教大學，與以往教會在中國興學的心態已有所不同，他們對中國傳統文化已知尊重而非一味歧視。

奧圖爾在1925年（民國十四年）先恢復英斂之的輔仁社，該社於1918年（民國七年）因為財務困難而關閉。❺❾1926年（民國十五年）英斂之因癌症去世，在此之前，英斂之推薦陳垣擔任副手，因此奧圖爾提名陳垣遞補英氏遺缺，先是擔任中國研究學院院長，之後又接任大學的副校長。❻⓿

1927年（民國十六年），大學正式立案，而文學院也在此年開學。❻❶

由於教育部規章明定，立案大學的董事會和學術行政方面，都必須以中國籍人士為多數，因此在1928年（民國十七年），由陳垣擔任大學校長，而奧圖爾神父擔任校監。❻❷

❺❽ 朱維錚主編，《馬相伯集》，頁458，見〈美國本篤會士創設北京公教大學宣言書稿〉。

❺❾ Jerome Oetgen著，張琰譯，《北京輔仁大學創辦史》，頁25。

❻⓿ Jerome Oetgen著，張琰譯，《北京輔仁大學創辦史》，頁29。

❻❶ Jerome Oetgen著，張琰譯，《北京輔仁大學創辦史》，頁31。

❻❷ 多賀秋五郎，《近代中國教育史資料──民國編（中）》（臺北：文海出版社，民國65年4月），頁428–430，中央教育法令的私立學校規程（民國十五年十

　　陳垣從此擺脫他的政治生涯，能夠專心地進入學術殿堂，對於他日後的研究工作，提供了良好的環境。

　　輔仁大學雖以陳垣為校長，實際上教廷另派神父為校長，掌握聘請本篤會士與學校預算的權力。1930年（民國十九年）時，教廷所指派北京天主教大學的新任校長為本篤會的法蘭西斯・高福德(Rev. Francis Clougherty O.S.B.)神父。❻❸所以陳垣在1952年（民國四十一年）3月6日的《光明日報》上談到他當輔仁校長時：

> 除文史兩系和例行公事，一切校務都不過問。
> 我正樂得清閒……於是就讀起書來。這三十年中我曾發表的論文，大約有八十六種，其中七十四種都是到輔仁以後作的……是說明我在輔仁主要工作就是讀書。❻❹

其實其他立了案的基督教大學，校長雖是中國人，學校的行政與財政權，仍然操在外國人手裡，並非輔仁大學而已。❻❺然而陳垣仍然聘了

月十八日公布)：

第一條　凡私人和私法團設立之學校，為私立學校，外國人設立及教會設立之學校均屬之。

第八條　私立學校，不得以外國人為校長，如有特別情形，得另聘外國人為顧問。

第十三條　外國人不得為校董，但有特別情形者，得酌量充任，惟本國人董事名額，須占多數，外國人不得為董事長或董事會主席。

❻❸　Jerome Oetgen著，張琰譯，《北京輔仁大學創辦史》，頁57，64。

❻❹　陶飛亞、吳梓明，《基督教大學與國學研究》(福州：福建教育出版社，1988年)，頁315–316。

❻❺　陶飛亞、吳梓明，《基督教大學與國學研究》，頁95–96，引用華中大學校長書卓民與金陵大學校長陳裕光的看法。

當時著名的文史學者，替輔仁大學奠下文史方面的基礎，㊻也致力於學術研究。

　　陳垣能夠擔任輔仁大學校長，固然是由天主教的兩位重要人士——馬相伯與英斂之的推薦。㊼但是陳垣本身在宗教史方面的傑出研究，以致擁有崇高的學術地位，正好符合當時設立公教大學以注重學術的宗旨，加以曾經擔任教育部次長，以及曾任職各重要學術研究機構，對於初設立的輔仁大學能夠有所裨益。㊽這些條件的組成，使他成為非天主教徒而任天主教大學的特殊狀況。㊾

㊻　陶飛亞、吳梓明，《基督教大學與國學研究》，頁159–165。陳垣所聘者有：沈兼士、余嘉錫、張星烺、劉半農、馬衡、朱希祖、于省吾、朱師轍、柯昌泗等著名學者。

㊼　臺靜農，〈北平輔仁舊事〉，收入《輔大五十年》，頁54：「馬相伯先生與斂之先生的信，我約略的看了幾封，都是商討如何創辦公教大學的事。有封信說：學校成立了，你我兄弟都不能擔任校長的，因為都老了。」二人皆不能任校長，因而推薦陳垣。

㊽　劉乃和等著，《陳垣年譜配圖長編》上，頁108，110，130，167，224，249。
　　1921年（民國十年）署理教育部次長
　　1922年（民國十一年）兼任京師圖書館館長、受聘北京大學研究所國學門導師和明清史料整理會委員
　　1923年（民國十二年）受聘為燕京大學講師
　　1925年（民國十四年）任故宮博物院理事會理事、圖書館館長、輔仁大學副校長
　　1927年（民國十六年）任燕京大學教授、西北拜學考察團理事
　　1928年（民國十七年）任燕京大學國學研究所長、中研院史語所特約研究員

㊾　臺靜農，〈北平輔仁舊事〉，收入《輔大五十年》，頁54：「斂之先生已逝世三年了(1867–1926)，校長是陳援菴先生，不是天主教而是耶穌教，天主教居然從教外物色校長，甚是開明。」又，謝扶雅，〈陳援菴受洗入教問題——五四

　　陳垣在擔任輔仁大學校長之後，在濃郁的教會環境之下，完成的天主教相關著作有：❼

　　1932年　〈雍乾間奉天主教之宗室〉

　　1933年　〈從雍乾間奉天主教之宗室說到石老娘胡同當街廟〉

　　1934年　〈從教外典籍見明末清初之天主教〉

1936年（民國二十五年）以後，陳垣撰寫一系列有關吳漁山的作品，在〈吳漁山生平〉一文之中，特別推崇這位清初由華籍主教祝聖為華籍司鐸者。❼在〈吳漁山生平〉的結尾，陳垣的結論有：

　　漁山明之遺民也，生瞿式耜之鄉，永曆之亡，漁山年三十矣。
　　《墨井詩抄》託始於無端，曰：「十年萍跡總無端，慟哭西台淚
　　未乾。到處荒涼新第宅，幾人惆悵舊衣冠。」漁山蓋有隱痛也。
　　晚乃超世，究心天人。❼

這篇文章原本的名稱為〈吳漁山晉鐸二百五十年紀念〉，❼但是時局緊

　　時代自由氣氛中的一個插曲〉，《傳記文學》，第22卷第5期（臺北：民國62年
　　1月），頁74。引述燕京大學校長吳雷川的祕書傅涇波所說，陳垣在1919年（民
　　國八年）冬與1920年（民國九年）春之間，由司徒雷登施洗入教。

❼　陳垣，〈雍乾間奉天主教之宗室〉，收入《陳垣學術論文集》，第1集，頁140–
　　182。〈從雍乾間奉天主教之宗室說到石老娘胡同當街廟〉，收入《陳垣學術
　　論文集》，第1集，頁183–186。〈從教外典籍見明末清初之天主教〉，收入《陳
　　垣學術論文集》，第1集，頁192–226。

❼　陳垣，〈吳漁山生平〉，收入《陳垣史學論著選》，頁395。

❼　陳垣，〈吳漁山生平〉，頁420。

❼　陳垣，〈吳漁山生平〉，頁420。本篇發表於《輔仁學誌》，第5卷1、2合期（1936
　　年12月），原名〈吳漁山晉鐸二百五十年紀念〉，後陳垣校訂改為〈吳漁山生
　　平〉。

迫，日本逐漸侵凌引起陳垣的感懷，而任結論另行抒發即將出現的情景。

1936年（民國二十五年）還完成〈墨井道人校釋〉以及〈《墨井集》源流考〉。**❼**

1937年（民國二十六年）完成一系列的〈吳漁山先生年譜〉、〈吳漁山入京之酬酢〉、〈清代學者像傳之吳漁山〉，同年另著有〈燕京開教略畫像正誤〉。**❼**

抗戰爆發之後，陳垣的學術著作大都發表在《輔仁學志》、《輔仁大學叢書》或是在輔仁大學演講。1938年（民國二十七年）12月撰成〈湯若望與木陳忞〉，發表於《輔仁學志》第7卷第1、2期合刊。**❼**

1941年（民國三十年），發表〈明末殉國者陳于階傳〉於《輔仁學志》第10卷第1、2期。此文表彰其殉國的氣節，主要目的在呼應其抗戰期間的民族主義。**❼**

---

❼ 陳垣，〈墨井道人傳校釋〉，收入《陳垣學術論文集》，第2集（北京：中華書局，1982年2月），頁263。本篇刊載於《東方雜誌》，第36卷第1號（1937年1月）。陳垣，《墨井集》源流考〉，收入《陳垣學術論文集》，第2集，頁268。本篇於1937年1月1日，刊載於天津《益世報》。

❼ 陳垣，〈吳漁山入京之酬酢〉，收入《陳垣學術論文集》，第2集，頁272–275。刊載於天津《益世報・人文週刊》13集（1937年4月2日）。
陳垣，〈吳漁山先生年譜〉，收入《陳垣學術論文集》，第2集，頁276–324。刊載於《輔仁學誌》，第6卷第1、2合期（1937年6月）。
陳垣，〈清代學者像傳之吳漁山〉，收入《陳垣學術論文集》，第2集，頁325–326。刊載於天津《大公報》（1937年5月6日）。

❼ 陳垣，〈湯若望與木陳忞〉，收入《陳垣史學論著選》，頁462。

❼ 陳垣，〈明末殉國者陳于階傳〉，收入《陳垣學術論文集》，第1集，頁254。刊載於《輔仁學誌》，第10卷第1、2合期（1941年12月）。

從此，陳垣有關天主教人物的考證，幾乎已告一段落。

㈡佛教史研究

陳垣於1918年（民國七年）撰寫〈記大同武州山石窟寺〉與1929年（民國十八年）於燕京大學校舍落成典禮所宣讀的〈雲岡石窟寺之譯經與劉孝標〉，[78]原則上仍屬考證性質的佛教作品。

對日抗戰開始，陳垣選擇留在北京，繼續擔任輔仁大學校長。在淪陷區嚐到亡國之痛，受到屈辱，其心境與著作為之改變。雖然著作之中仍舊考證縝密，但是加以議論，藉著中國朝代興替間的佛教與道教之事，暗喻自己的心境，並且充滿了民族主義的味道。

1940年（民國二十九年）3月，陳垣完成〈明季滇黔佛教考〉。他在寫給陳樂素的信中談到：

> 本書之著眼處不在佛教本身，而在佛教與士大夫遺民之關係，及佛教與地方開闢，文化發展之關係。若專就佛教言佛教，則不好佛者，無讀此文之必要。
>
> 惟不專言佛教，故凡讀史者不可不一讀此文也。三十年來所著書，以此書為得左右逢源之樂。[79]

陳寅恪為之作序，除了推崇陳垣在宗教史方面的貢獻，以及徵引資料蒐羅勤勞之外，並認為此書與政治牽連頗深，他說：

> 今日追述當時政治之變遷，以考其人出處本末，雖曰宗教史，未嘗不可作政治史讀也。[80]

---

[78] 劉乃和等著，《陳垣年譜配圖長編》上，頁277。

[79] 陳智超編注，《陳垣來往書信集》（上海：上海古籍出版社，1990年6月），頁655。1940年（民國二十九年）5月3日，陳垣致陳樂素信函。

後來，陳垣在1957年（民國四十六年）為〈明季滇黔佛教考〉所寫的重印後記上說：

> 此書作於抗日戰爭時，所言雖係明季滇黔佛教之盛，遺民逃禪之眾，及僧徒拓殖本領，其實所欲表彰者乃明末遺民之愛國精神，民族氣節，不徒佛教史迹而已。**❽**

這種風格已經不同以往專注於考證，轉而表達自己的觀念。在〈明季滇黔佛教考・遺民之逃禪〉的一節，其文末尾有：

> 明季遺民多逃禪，亦不仕決心也。永曆之時，滇黔實為畿輔，各省人文薈萃，滇黔不得而私，茲篇所舉，特遺民之關係滇黔者耳，非盡滇黔人也，若推而求之滇黔以外，所得更不止此。范蔚宗謂：「漢世百餘年間，亂而不亡，皆仁人君子心力之為」然則明之亡而終不同，豈非諸君子心力之為乎！

這一段文字的最後引用范曄之言，有比喻己身之意，意謂國之不亡，有賴「諸君子心力」，如同北平雖淪陷而知識分子繼續努力，而中國實不亡。

陳垣在〈明季滇黔佛教考・遺民之逃禪〉的一節之中，對於降人與遺民有深刻的評論。他認為出仕於敵人政府的說法，好像「則國無守臣，人無植節，反顏事讎，行若狗彘而不知媿也」。**❽**又說清朝以「薙髮」作為投降的標準，但是「薙髮可謂降志辱身矣，然苟不仕，君子猶以為逸也」。**❽**這篇佛教史的著作，已作為陳垣當時處境與心志的表

---

❽　陳垣，《陳援菴先生全集》（臺北：新文豐出版公司，民國81年）專著九，頁179，陳寅恪於1940年（民國二十九年）7月所作的序。

❽　劉乃和等著，《陳垣年譜配圖長編》上，頁444。

❽　陳垣，《陳援菴先生全集》專著九，頁433–434。

白。

　　陳垣的學生柴德賡在〈陳垣先生的學識〉一文說明，這篇著作反
映了陳垣的愛國思想，也就是從這本書開始，陳垣在自己的著作中，
大量發表議論，抒發自己的感情。❽陳其泰在〈陳垣先生學術思想的
昇華──〈明季滇黔佛教考〉的成就〉一文之中認為陳垣從這部著作
開始，在論著中大量正面發表富有思想性和政治意義的議論，為陳垣
的學術注入新的生命。❽

　　到了1941年（民國三十年），陳垣撰成〈清初僧諍記〉，發表於《輔
仁學志》第9卷2期。他在1941年（民國三十年）1月所寫的〈小引〉上
說：❽

> 　　不佞少讀儒書，不媚內典，年來老境侵尋，讀書不能久視，閒
> 閱僧家語錄，以消永晝，覺其中遺聞佚事，頗足補史乘之缺，
> 時復默而識之。
> 　　去歲撰〈明季滇黔佛教考〉，本有法門紛爭一篇，以限於滇黔，
> 未能論及東南各省，茲特擴為此篇，以竟其說。

這一篇著作主要記述清朝初期，在東南地區的法門宗派的紛爭。卷一
為臨濟宗與曹洞宗之諍，卷二為天童派之諍，卷三為新舊勢力之諍；
如同陳垣在〈小引〉上所述，可視為〈明季滇黔佛教考〉擴大之作，
但是其間仍具深意。在1962年（民國五十一年）重版的〈後記〉之中，

---

❽　陳垣，《陳援菴先生全集》專著九，頁442。

❽　柴德賡，〈陳垣先生的學識〉，收入《勵耘書屋問學記》（北京：三聯書店，
　　1982年），頁44–45。

❽　陳其泰，〈陳垣先生學術思想的昇華──〈明季滇黔佛教考〉的成就〉，收入
　　《紀念陳垣校長誕生110周年學術論文集》，頁46–64。

❽　陳垣，《陳援菴先生全集》專著九，頁7–8。

陳垣說明了當時著作的宗旨：

> 一九四一年，日軍既占據平津，漢奸們得意揚揚，有結隊渡海
> 朝拜，歸以為榮，誇耀于鄉黨鄰里者。時余方閱諸家語錄，有
> 感而為是編，非專為木陳諸僧發也。**❽**

他的學生柴德賡的評論指出〈清初僧諍記〉雖是一部宗教史著作，實際上寫的是清初東南一帶人民抗清鬥爭的歷史；文中對「投降」的問題作了解決，引申為凡是在敵偽大學教書，在敵偽機關工作的，那就是漢奸，而被迫打手印與領良民證等，不能算是投降。**❽**這也是陳垣對自己處境的解釋。王明澤認為〈清初僧諍記〉之中，主要敘述法門中故國派與新潮派之間的矛盾，雖為門戶之爭，卻藉抨擊變節仕清的僧人，以影射淪陷區媚事「新朝」之漢奸；方豪與柴田篤也都有論文提出類似的看法。**❽**

---

❽ 陳垣，《陳垣集》（北京：中國社會科學出版社，2000年10月1版），頁302。

❽ 柴德賡，〈陳垣先生的學識〉，收入《勵耘書屋問學記》，頁48–49。

❽ 王明澤，《陳垣事迹著作編年》（桂林：廣西師範大學出版社，2000年6月1版），頁145。又，方豪，〈對日抗戰時期之陳援菴先生〉，《傳記文學》，第19卷第4期（民國60年10月），頁66。文中指出：「援菴先生前撰〈湯若望與木陳忞〉及〈順治語錄與宮廷〉二文，似頗重木陳而對湯若望頗多微詞。」但是抗戰時期的〈清初僧諍記〉則對木陳忞盡情指責，實於木陳忞降清的緣故。又，（日）柴田篤著，孫昌智譯，〈評陳垣著、野口善敬譯注的〈清初僧諍記〉──中國佛教的迷茫與知識份子〉，《歷史文獻研究》，新2輯（北京：北京燕山出版社，1991年），頁393。文中指出：「他（陳垣）把在傀儡政權下為日軍效力的漢奸比作宦仕清朝的木陳等人。對木陳的強烈譴責和污蔑，實際上是指向漢奸們的。」又說：「陳垣寫作本書的目的就非常明確。他沒有脫離現實問題而從事單純的歷史考證。他解釋歷史是著眼於當代現實的。」

〈中國佛教史籍概論〉撰寫完成於1942年（民國三十一年）9月。在此篇著作的〈緣起〉，陳垣說明分為兩大目標，一是當作為一般史學者研究的介紹；一是考證《四庫提要》謬誤之處。他在〈緣起〉之處說明：

> 中國佛教史籍，恆與列朝史事有關，不參稽而旁考之，則每有窒礙難通之史蹟。此論即將六朝以來史學必須參考之佛教史籍，分類述其大意，以為史學研究之助，非敢言佛教史也。
>
> 本論所及，大抵為世人所常用，即《四庫》所錄存而為世所習見之書。先取其與中國史事有關者，故以《出三藏記集》、《高僧傳》等為首，而《釋迦氏譜》、《釋迦方志》等略焉。
>
> 尤所注意者，《四庫》著錄及存目之書，因《四庫提要》於學術上有高名，而成書倉猝，紕謬百出，易播其誤於眾。如著錄《宋高僧傳》而不著錄《梁高僧傳》、《續高僧傳》，猶之載《後漢書》而不載《史記》、《漢書》也。又著錄《開元釋教錄》而不著錄《出三藏記集》及《歷代三寶記》，猶之載《唐書・經籍志》而不載《漢志》及《隋志》也。
>
> 其弊蓋由於撰釋家類提要時，非按目求書，而惟因書著目，故疏漏至此。今特為之補正，冀助初學者於此略得佛教書之門徑云爾。**⑨**

這篇著作原本為陳垣在輔仁大學為研究生新開課程的講稿，同時也是一部專科目錄書；並且在1946年（民國三十五年）至1947年（民國三十六年）間，曾在報紙上發表單篇二十餘篇，直至1955年（民國四十四年）才由郭沫若推薦予科學出版社出版。**⑨**

---

⑨ 陳垣，《陳援菴先生全集》專著九，頁7-8。

⑨ 王明澤，《陳垣事跡著作編年》，頁157。

陳垣在卷一《歷代三寶記》指出，❷《三寶記》的紀年在晉朝之後，繼以宋、齊、梁，再繼以周、隋。雖然在卷八、九為前、後秦，北魏、高齊等錄；但是每有論述，必冠以晉、宋、齊、梁等，如晉簡文世、宋孝武世、齊武帝世、梁武帝世等，其意義為隋代繼承周代，而周代繼承梁朝，實為中國正統。周朝雖然不出於中國，則已將取之中國者還之中國，這不是僧人所知，而是當時一般人的心理。自晉室渡江後，南北分立二百六十餘年，中原士大夫留在北方者，始終以中國為未滅。因此，《歷代三寶記》紀年之意義，實在比《通鑑》紀年的意義更大。

在《開元釋教錄》二十卷，❸陳垣指出永嘉之亂後，中原淪陷，而張軌父子在涼土猶奉中朝正朔，最為難能可貴。張氏在涼土未曾建元，始終奉西晉愍帝建興年號。

1955年（民國四十四年）10月，陳垣在《中國佛教史籍概論·後記》上說：

> ……稿成於抗日戰爭時期，時北京淪陷，故其中論斷，多有為而發，看法與今不盡同。因曾費過一番功夫，其內容或尚有足資參考之處，特印出以為研究歷史及佛教史者之助，並藉此就正識者，以便將來之修改也。❹

他承認其中的論斷，都是有為而發，但是「看法與今不盡同」的意思，根據他在1957年（民國四十六年）6月在〈明季滇黔佛教考·後記〉，說他自己：

---

❷　陳垣，《陳援菴先生全集》專著九，頁15–16。

❸　陳垣，《陳援菴先生全集》專著九，頁23。

❹　陳垣，《陳援菴先生全集》專著九，頁169。

……又因限於當時思想認識，過於重視知識分子，看不見人民
大眾，致立論時有偏頗。

或許在抗戰時期的作品，是以傳統士大夫的執著觀念為基礎，而這也
是他當時所強調的；以後由於環境改變，以致立論基礎也有所改變。

㈢道教史研究

陳垣有關道教史的研究，主要的論著有《道家金石略》與《南宋
初河北新道教考》。

《道家金石略》在1923年（民國十二年）至1924年（民國十三年）
完成草稿，遲至1988年（民國七十七年）6月由文物出版社出版。**⑨⑤**文
中蒐集有關明朝道教的拓片、碑文、金石、道教諸書、文集、地方志
等的記載共一一九項，**⑨⑥**為一相當齊備的資料彙編，然而其中未有任
何評語。陳垣在〈南宋初河北新道教考〉一書中說：

> 余昔纂《道家金石略》，曾將《道藏》中碑記及各家金石志、文
> 集併藝風堂所藏拓片，凡有關道教者悉行錄出，自漢至明，得
> 碑千三百餘通，編為百卷，顧以校讎不易，久未刊行其金及元
> 初帙十之一屬道教舊派，十之二屬大道、太一，十之七屬全
> 真。元併江南，始有正一諸碑，與全真對峙，然河北大部仍屬
> 全真也。

顯然他是依照《道家金石略》的資料，而醞釀成〈南宋初河北新道教
考〉的著作。**⑨⑦**至於《道家金石略》的草稿，在1924年（民國十三年）

---

⑨⑤ 王明澤，《陳垣事迹著作編年》，頁40–41。

⑨⑥ 陳垣，《陳援菴先生全集》專著八，頁2643–2655，〈徵引拓片及書目略〉。

⑨⑦ 鄭瑞全，〈陳垣與古籍整理〉，收入《歷史文獻》，新9輯（北京：1998年8月），

已成，而〈南宋初河北新道教考〉撰成於1941年（民國三十年），中間
相隔十七年之久，可見他對道教方面的資料，收集已久，早就注意。

1941年（民國三十年）7月，〈南宋初河北新道教考〉撰成，並於
12月刊載於《輔仁大學叢書》第八種。❾❽在篇首的序文之中，陳垣已
先點出其意義，他說：❾❾

> 右三篇四卷廿三章，都六萬餘言，述全真大道太一三教在金
> 元時事，繫之南宋初，何也，曰三教主皆生於北宋，而創教於
> 宋南渡後，義不仕金，繫之以宋，從其志也。
> 靖康之亂，河北黌舍為墟，士流星散，殘留者或竟為新朝利用，
> 三教祖乃別樹新意，聚徒訓眾，非力不食，其始與明季孫夏峰
> 李二曲顏習齋之倫講學相類，不屬以前道教也。

這就是指三教祖不肯出仕金朝，有其氣節，而聚徒訓眾，顯示出知識
分子的守節方式。接著又述：

> 三教祖皆北方學者，而能以寬柔為教，與金元二代相終始，殆
> 所謂化胡工畢，於以西昇者耶，不然，何其適也。嗚呼，自永
> 嘉以來，河北淪於左衽者屢矣，然卒能用夏變夷，遠而必復，
> 中國疆土乃愈拓而愈廣，人民愈生而愈眾，何哉，此固先民千
> 百年心力艱苦培植而成，非倖致也。

這是他對淪亡於日本之下的中國北方領土，心懷期許，希望如同以往，
終能恢復。

陳垣自況於輔仁大學，並非隱居求志，而是盡到在淪陷區教學之

頁283。
❾❽ 劉乃和等著，《陳垣年譜配圖長編》下，附錄二，頁896。
❾❾ 陳垣，《陳援菴先生全集》專著八，頁2661。

責。何況其他重要大學多已南遷，僅存輔仁大學可以繼續維持正氣。
所以他在卷一〈全真篇上〉說：

> 或曰，全真教徒之苦行，吾聞之矣，隱居求志，獨善其身，於
> 世何補，仁人固如是乎。曰窮則獨善其身，達則兼善天下，此
> 仕者之言也，全真不臣不仕，無所謂窮達，能修道而行教，自
> 獨善而兼善，其說高於仕者遠矣。全真家亟亟立觀度人，消除
> 殺盜，固非獨善之教也。❿

但是他對出仕者一直不以為然，並以馮道為例而言：

> 然（馮）道自號長樂老，歐公斥為無廉恥，遺山乃以比處機，
> 其揚乎，其抑乎。平情論之，（馮）道為人刻苦儉約，和光同塵，
> 頗有合於全真，所異者一仕一不仕，易言之，即求富貴與不求
> 富貴耳。全真為遺民之淵藪，馮道為四姓之貳臣，其視喪君亡
> 國，未嘗一以介意，孔子所謂德之賊，烏可比全真哉。⓫

陳垣對馮道褒貶之處，一是褒揚馮道「頗有合於全真」；一是貶抑馮道
出仕而求富貴。

由於在抗戰時期的淪陷區，不便發表太明顯的民族意識強烈的論
說，所以陳垣往往在重印抗戰時期作品時，在〈後記〉之中說明當時
的心境，以解釋文章的用意。在1962年（民國五十一年）中華書局重
印〈南宋初河北新道教考〉的〈後記〉上：

> 此書繼〈明季滇黔佛教考〉而作，但材料則早已蓄之三十年前
> ……盧溝橋變起，河北各地相繼淪陷，作者亦備受迫害，有感

---

❿ 陳垣，《陳援菴先生全集》專著八，頁2676。
⓫ 陳垣，《陳援菴先生全集》專著八，頁2678。

> 於宋金及宋元時事，覺此所謂道家者，類皆抗節不仕之遺民，
> 豈可以其為道教而忽之也……故與明季遺民之逃禪者異曲同工
> 也。

顯然他藉著深厚的考證功夫與眼光，完成了六萬餘言的著作，說出宋
朝南渡後，留在北方不仕金朝的道教為新的道教。❿

㈣其他宗教史研究

1919年（民國八年）印行〈開封一賜樂業教考〉；而1922年（民國
十一年）4月25日完成〈火祆教入中國考〉，於1923年（民國十二年）
1月在《北京大學國學季刊》第1卷第1號刊登；1922年（民國十一年）
6月完成〈摩尼教入中國考〉，於1923年（民國十二年）4月在《北京大
學國學季刊》第1卷第25號刊登；另有〈摩尼教殘經一、二〉刊登於1923
年（民國十二年）7月的《北京大學國學季刊》第1卷第3號。❿

〈開封一賜樂業教考〉是以碑拓、匾額、楹聯以及相關記載，考
證猶太教與猶太人在中國的歷史。

〈火祆教入中國考〉是研究火祆教在中國的傳入、發展與衰微，
並且解釋唐宋時期對火祆教與摩尼教混同的情形。

〈摩尼教入中國考〉是以敦煌出土經卷中的漢文資料及基督教史

---

❿ 陳垣，《陳援菴先生全集》專著八，頁2678。朱師轍〈跋〉：「新道教者，全
真教主王喆重陽，大道教主劉德仁無憂，太一教主蕭抱珍一悟……讀史者忽
視為舊道教；而不知其為新剏。」「……故與昔之以符籙惑民而邀愚俗之利者；
實異其旨趣。非先生之巨識，烏足以知之。」

❿ 劉乃和等著，《陳垣年譜配圖長編》，附錄二，頁877，879。又，
〈火祆教入中國考〉上刊於《北京大學日刊》，1923年3月21日，1193期。
〈火祆教入中國考〉中刊於《北京大學日刊》，1923年3月23日，1195期。
〈火祆教入中國考〉下刊於《北京大學日刊》，1923年3月24日，1196期。

傳中的摩尼教資料，考證摩尼教在中國流傳與衰落的過程，一直敘述至明朝為止。

前述〈開封一賜樂業教考〉、〈火祆教入中國考〉、〈摩尼教入中國考〉與1917年（民國六年）完成的〈元也里可溫考〉，正是陳垣的「古教四考」。其重點皆在「考」字，也就是以考證資料來說明曾經在中國流傳的外來宗教，這些作品也是陳垣剛入學術研究門徑的論著，都獲得好評。

接著陳垣著手回教史的研究，換言之，他致力於中西文化的交流，而以宗教的傳播來表達。

陳垣曾經著手編寫《中國回教志》，並且擬好輪廓，立出總目，計有宗教、典禮、氏族、戶口、寺院、金石、經籍、人物和大事等十個志，並且計畫在最後附以〈中回曆對照表〉、〈歷代哈里發世系表〉、〈唐宋遼大食交聘表〉和〈元明清回回科第表〉等四表。❿但是在戶口、寺院、古跡、金石等部分，需要在各地實際調查才能動筆，而當時中國伊斯蘭教團體的組織不完備，調查殊感困難，何況沒有外力支援下，也無法進行調查，只好打算縮小範圍，改寫成《中國回教史》，但也因故未成。❿

陳垣將伊斯蘭教進入中國的情況，於1927年（民國十六年）3月5日在北京大學研究所國學門作〈回回教進中國的源流〉，其記錄稿經修改後在《北大研究所國學門月刊》第1卷第6號發表；1928年又以〈回回教入中國史略〉為題，在《東方雜誌》第25卷第1號發表。❿

陳垣在文章中反對清朝政府對回族人民的虐待，以及清朝學者一

---

❿ 劉乃和，〈試論陳垣同志的史學研究〉，《文獻》（北京：書目文獻出版社，1980年10月第3輯），頁4。

❿ 劉乃和，〈試論陳垣同志的史學研究〉，頁4。

❿ 劉乃和，〈試論陳垣同志的史學研究〉，頁4。

般對於回族採蔑視的態度。❿

在傳統史書以及檔案之中，對於回教的歷史缺乏有系統的編輯，而陳垣嘗試這項工作，雖然未完成《中國回教志》，但是已經難能可貴。白壽彝在1982年（民國七十一年）的〈要繼承這份遺產〉上寫著：

> 他對伊斯蘭教，雖只留下來〈回回教入中國史略〉這一篇演講詞，但他編纂中國回教志的設想，一直到今天，對中國伊斯蘭教史的研究工作，還具有重要的指導意義。⓱

四、陳垣宗教史研究的特色

㈠資料引用的完備與獨到

在陳垣第一篇宗教史的〈元也里可溫考〉卷首，他就說明自己資料收集與寫作的方式：

> 此書之目的，在專以漢文史料，證明元代基督教之情形。先認定《元史》之也里可溫為基督教，然後收集關於也里可溫之史料分類說明之，以為研究元代基督教使者之助。⓲

以後陳垣的著作都在漢文史料中尋找材料，大量地引用檔案、文集、筆記等教外史料來印證所寫的宗教，因此能有所新發現。在〈明季滇

---

❿ 王明澤，《陳垣事迹著作編年》，頁63。

⓱ 白壽彝，〈要繼承這份遺產（代序）——紀念陳援菴先生誕生一百周年〉，收入《勵耘書屋問學記》，頁2。又，「回回教」、「回教」與「伊斯蘭教」為同義。

⓲ 陳樂素、陳智超編，《陳垣史學論著選》，頁3。

黔佛教考〉有陳寅恪所作的〈序〉，他推崇陳垣在資料方面掌握的成就，
他說：

> 寅恪喜讀內典，又旅居滇池，而於先生是書徵引之資料，所未
> 見者，殆十之七八，其搜羅之勤，聞見之博若是。❿

陳寅恪恰是旅居雲南，又對佛教史素有研究，居然對陳垣徵引之書，
多所未見。嚴耕望也認為陳垣搜羅史料之方法與取材的眼光，另有獨
到之處。⓫方豪就稱讚陳垣在宗教史方面，善於發現題材，他說：

> 余嘗謂援菴先生最善讀書，讀天主教書，讀回教書，讀佛教書、
> 道教書，讀一賜樂業教書，讀摩尼書，讀火祆教書，讀中國任
> 何古今典籍，皆能見人之所未見，發人所未發，謂為別具隻眼，
> 當非過譽之詞；但善讀之外，由閃發顯應研究之題材，異言之，
> 擇善書名。以當時情況，身處北平，而以「滇黔佛教」為研究
> 對象，常人豈能見及？⓬

方豪以政府遷往西南，而陳垣選出滇黔佛教抗清事例來表達愛國反日
之情，在學識與心態方面，都作了恰當的呈現，真是「常人豈能見及」。

---

❿　陳寅恪，〈明季滇黔佛教考序〉，收入《陳援菴先生全集》專著九，頁179。

⓫　嚴耕望，《治史答問》，頁68–69。對於陳垣搜羅史料與取材細密的看法為：
　　「援庵先生治史特別重視目錄學，也精於目錄學，這有兩個原因：其一、他
　　治學的初步途徑是自目錄學書籍開始的……後來著作也頗多直接觀乎目錄
　　學的，如《中國佛教史籍概論》。其二、他特別注意史事專題研究，例如他
　　在抗戰時期所寫兩部有名的佛教史考證文字，〈清初僧諍記〉徵引書目，多
　　到八十種。〈明季滇黔佛教考〉徵引書目更多至一百多餘種，而且都是不常
　　見的書。」

⓬　方豪，〈對日抗戰時期之陳垣庵先生〉，頁66。

另一方面，也顯示其善於選材。

民國31年1月10日，陳垣在輔仁大學的司鐸（神父）書院，作一個小時的演講，雖然勉勵國籍司鐸要向外傳教，開闢新的園地，但是也提出他對宗教史選材的觀念。❶此時陳垣完成新著〈南宋初河北新道教考〉，因而每以此文為例解說。

陳垣述及宗教的史料，認為〈南宋初河北新道教考〉的資料，出自教內者，僅十之二三，餘皆採自各大家文集碑版；結果左右逢源，美不勝收，足見道家與當時社會，已經打成一片矣。南宋諸道流多能兼通儒學，廣結士林，其事蹟散見各名家集中，故雖欲毀滅其史蹟，勢有所不能。元朝初年，道藏曾經焚燬兩次，然道教史不絕，所謂百足之蟲，死而不殘者也。劉宋時期，王儉的〈七志〉附載道佛二類，共為九類；梁朝阮孝緒的《七錄》，佛道即為七錄之一，以後其書雖亡，而《廣弘明集》猶載其序目。〈隋志〉四部之外，附道經佛經；自此以後凡著目錄，莫不有釋家一類，足見佛教已深入社會中心，欲去之而不能，去之，則其記載即有殘闕之感。

至於天主教的史料，陳垣在演講中談到，公教漢文譯著過少，而留存教外著作中之史料尤少。雖然在故宮檔案之中，有不少天主教史料，然多係無賴之徒，假公教之名義，鬧出之教案，無關公教本質，且有礙教會令譽，不足稱道。求諸其他文獻，則乾嘉以後，公教非見擯斥，即被污衊；擯斥污衊，實可概二百年來中國學界對於公教之態度。如國內普通西洋史，論及中世紀，莫不謾罵公教，普通歷史教科書，除稱譽利、湯諸公外，對公教多無好感。普通書目，不載公教書；普通論文索引，載公教雜誌論文，例如《輔仁學誌》之〈彌撒祭考〉在《圖書季刊》之中雖載其目，但不加評述，僅以「從略」二字了之。

卅年前，陳垣發願撰寫〈乾隆基督教錄〉，曾與英斂之先生借閱公

❶ 民國31年1月10日，陳垣校長演講，龔士榮神父筆記。

教書籍，終因材料太少，久未著成。又明末瞿式耜為公教信徒，在公
教史中，言之鑿鑿；而陳垣在教外文獻中，探覓佐證，卅年未獲隻字。

　　以上是陳垣演講詞中，就宗教史史料方面所作的剖析，其中的原
因，他說「凡此種種，皆因公教與社會隔離過遠」。因此，他鼓勵司鐸
們向教外傳教，像學術界與教育界發展。

　　陳垣在1934年（民國二十三年）3、4月刊載於《北平圖書館館刊》
第八卷第二號的〈從教外典籍見明末清初之天主教〉論文之中，指出
研究教會史，在材料方面須採用教外典籍。❶他舉出的理由為：(1)可
補救史之不足；(2)可正教史偶誤；(3)可與教史相參證；(4)可見疑忌者
之心理；(5)反對口中可得反證，旁觀議論可察人言。他認為教史多譯
自西籍，故詳於西士，而於中國修士或略焉；至於教史譯自西籍，於
官名地名年月，尤亦舛訛，史以傳信，不能不慎；而教外典籍可證明
教史不著其名的信仰者；教外典籍有時詆毀教會，但是能得人攻擊，
亦必須有攻擊之價值，且每每可利用此攻擊，以警惕內哉，或團結內
部；若是教外之書稱許天主教，其史料價值比見於教內書者為大。陳
垣對於各項議題，都作了實例，以教外史料舉證說明，這是他關於宗
教史料應用的概念。

　　在陳垣的觀念之中，宗教史的資料不可全在該教中尋覓，應當向
外發掘。基於對目錄學的熟悉，陳垣在史料搜尋方面，有其獨到之處，
因此對宗教史的考據，能夠知道其他之所不及之處。

㈡以中國文化為本位

　　陳垣是一個傳統文化的支持者，他雖然曾經反對將孔教定為國
教，❶但是他對儒學卻是尊重。❶民國三十一年四月，他在輔仁大學

---

❶　陳垣，《陳垣學術論文集》，第1集，頁192–226。

❶　劉乃和等著，《陳垣年譜配圖長編》上，頁62。陳垣於1913年（民國二年）

返校運動會上，引用《禮記‧射義》的話來諷刺逃跑的將領和漢奸。❶又在1961年（民國五十年）5月27日，以北京師範大學校長身分對歷史系應屆畢業生的談話，提出治學經驗，一是從目錄學入手，一是專精一些書；其中經部的書籍，他就指出要讀《論語》、《孟子》。❶因此，他對中國傳統的儒家文化並不排斥，並且認為各種入華宗教，是否與中國的文化、制度相融，是該宗教在中國興亡的關鍵。

　　陳垣以文化為評比標準的宗教史觀，不僅出現於司鐸書院的演講，並且在民國十三年華北第十六次大學夏令會上，陳垣演講〈基督教入華史略〉，其中就以文化融合為入華傳教是否成功的關鍵。他說：

> 惟吾總覺得基督教文化未能與中國社會溶成一片。即以文學一端論《舊約》詩篇及雅歌等，皆極有文學興味，何以百年來，未見以此為詩料者，如寺、如僧、如禪，皆可入詩，何以福音堂、牧師、神甫等，不可入詩？❶

參加國會會議，反對陳煥章、梁啟超等將孔教立為國教的主張，認為信教自由，不當強定一教為國教。

又，馬相伯為陳垣所著〈元也里可溫考〉作序說：「君（陳垣）即民國二年反對孔子為國教，而狂夫某電京，噭明正典刑者之一也。」

❶ 牟潤孫〈敬悼先師陳援菴先生〉，《明報月刊》，第6卷第10期（1971年10月），頁17。指出：民初在眾議院裡，有人提出以孔教為國教，因為遭到反對，沒有能通過，我記得先師也是反對者之一。我知道五四時代新青年那派人打倒孔家店，反對孔子學說時，先師並沒有表示贊成和反對。在〈元西域人華化考〉中，他老人家所說的華化，正是指出西域人來到中國後，捨棄其原有的宗教、禮俗、學術而治儒家之學。華化一詞，其定義，顯然是接受孔子的學說……先師的中心思想是儒家，所崇拜的是孔子。」

❶ 劉乃和等著，《陳垣年譜配圖長編》下，頁472。

❶ 劉乃和等著，《陳垣年譜配圖長編》下，頁784。

陳垣並且論及基督教文化若不與中國文化相關，就會如同唐朝的景教與元朝的也里可溫教，雖然求人之讚許，故不可得；即使求人之攻擊，亦不可得；又何怪其隨時代而亡滅？ **⑫**

　　陳垣在上述的演講之中，還點出佛教與基督教在中國傳佈的不同點，就在於宗教與中國文化關連的深淺，畢竟到了明清之時，儒、釋、道已經混合在一起，此與基督教的情況不同。1938年（民國二十七年），陳垣撰寫〈湯若望與木陳忞〉，曾又將基督教與佛教在中國的傳佈，以實例作了檢討。湯若望與木陳忞同受順治知遇，但是湯若望尤勝一籌，他在順治議立嗣為皇子時，力主康熙曾出痘，遂一言而定；又受賜朝衣朝帽，尊榮一時；但是順治並未以教士對待湯若望，而以諍臣待之，猶如魏徵之於唐太宗。**⑫**若以世俗之學為外學，則湯若望以天文曆算為外學，雖然為國之所急，但非皇帝所好，故言之無味；至於木陳忞為僧人，以當時儒者之學為外學，而儒學為皇帝所熟悉，故話能投機；其結果是木陳忞在皇帝面前勢順，而勝於湯若望。**⑫**佛教與中國儒家的融合，是勝於基督教。

　　至於回教徒能在中國生存，不僅在元、明時期以武功著名者固多，其讀書應舉者也不少。他們與中國不同之處，陳垣在1927年（民國十六年）3月5日北京大學研究所國學門演講〈回回教入中國史略〉，引用陸容《菽園雜記》記載，說明回回教不供佛、不祭神、不拜屍，所尊敬者，為一天字，天之外，最敬孔聖人；甚至在雲南有回回人創建的孔廟。**⑫**由於回教徒讀書應舉，不便明顯違背孔教，因此之故，明朝

---

⑲　陳垣，〈基督教入華史略〉，收入《陳垣學術論文集》，第1集，頁90。

⑳　陳垣，〈基督教入華史略〉，頁91。

㉑　陳垣，〈湯若望與木陳忞〉，收入《陳垣史學論著選》，頁447–448；或《陳垣學術論文集》，第1集，頁502–503。

㉒　陳垣，〈湯若望與木陳忞〉，頁449；或《陳垣學術論文集》，第1集，頁504。

人對回教多有好感，明朝政府也未曾禁止回教，因此若與佛教、摩尼教、耶穌教之屢受政府禁止者相比較，而回教的歷史可謂特異也。[124]陳垣尚且認為回教能在中國傳播的重要理由，一為不傳教，因而不惹異教人的嫉視，所有六朝及唐代元代佛道相爭的歷史，在中國回教史上沒有發生，所以元氣不傷；二為不攻擊儒教，並且尊崇孔子，不會引起一般儒生惡感，而未聞回教受人攻擊，若非清朝官吏苛待，也不會有陝甘、新疆、雲南等事件。[125]

　　陳垣在〈回回教入中國史略〉的演講，說明回教在中國生存與勢力傳播的關鍵在於不攻擊儒教，並且尊崇孔子。換言之，談的仍是文化融合問題，這也是天主教在清朝傳教受阻的重要原因。因此，陳垣以文化融合為宗教傳佈的最大因素，這種觀念是一直持續不變的。

㈢沒有特定的宗教立場

　　清朝道光皇帝曾經下過諭旨，稱基督宗教為「天主教」，這也是中國人對羅馬公教的專稱。同時，在上諭說到其教特徵為供奉十字架及聖像；至於自羅馬公教分裂出來的新教，在中國為了與「天主教」有所區別，稱為「耶穌教」。[126]

　　1919年（民國八年），陳垣此時39歲，由燕京大學校長司徒雷登主持受洗入基督教。此基督教即清末以來俗稱的「耶穌教」，而非「天主教」。雖然如此，陳垣並未秉持特定的立場而排斥其他宗教。

　　陳垣在1927年（民國十六年）6月13日寫信給方豪，信中說明：

[123]　陳垣，〈回回教入中國史略〉，收入《陳垣學術論文集》，第1集，頁556。

[124]　陳垣，〈回回教入中國史略〉，頁557。

[125]　陳垣，〈回回教入中國史略〉，頁559。

[126]　顧衛民，〈近代中國的保教權問題〉，《近代中國》，第140期（臺北：民國89年12月25日），頁10。

承詢予是否為耶穌教教友，亦應有此一問。余數月前曾演講回
回教入中國歷史，人多疑余為回回教徒。近為輔仁大學（即公
教大學改名，現已報部立案）校長，人又疑我為天主教徒。不
知我實為一宗教史研究者而已，不配稱為某某教徒也。㉗

顯然是避談教徒的身分。後來陳垣也曾經回憶說：

在輔仁時，輔仁神甫屢次勸我信奉天主教，我堅決不信。我曾
說：離開輔仁則可考慮，在輔仁則不信。有知識份子之架子，
意謂我作天主教大學校長，不是因信天主教，乃是因自己學問
好。㉘

因此，陳垣有關基督宗教的著作，雖然都是早期的天主教及其人物，
但是陳垣僅述傳教與中外文化交流的教史，而不論及教義的本身。

　　陳垣在著作之中對於各宗教很少加以評論缺點，而且相當尊重，
例如民國十三年六月撰成〈書內學院新校慈恩傳后〉，中文考證唐玄奘
法師赴印度求佛法的出發之年為貞觀三年，而在文章最後的紀年，寫
成「法師寂后第二十一甲子六月」。㉙在民國十九年所寫〈敦煌劫餘錄·
序〉的篇尾署名為「圓菴居士陳垣序於北平」；㉚甚至在民國八年十一
月完成的〈開封一賜樂業教考〉，署名也是「圓菴居士」；㉛然而在民
國二十六年的〈吳漁山入京之酬酢〉一文，署名的時間寫成「民國二
十六年復活節後一日」；㉜從這些署名與標示年代的作法，可以看出陳

㉗　陳智超編注，《陳垣來往書信集》，頁288。

㉘　劉乃和等著，《陳垣年譜配圖長編》上，頁274，引用劉乃和《日記手稿》。

㉙　陳樂素、陳智超編，《陳垣史學論著選》，頁203。

㉚　陳樂素、陳智超編，《陳垣史學論著選》，頁290。

㉛　陳樂素、陳智超編，《陳垣史學論著選》，頁107。

垣似乎沒有很強烈的宗教意識型態，對於各宗教予以尊重。

　　然而在抗戰前的陳垣宗教著作，像是站在一旁的觀察者，用細密的考證來解說問題。抗戰時期的陳垣，用宗教著作顯示其愛國心與處境之艱困，因而像是利用考據來配合已定的觀點。他採用了一些佛、道愛國的例子，又在民國三十年十二月在《輔仁學志》發表〈明末殉國者陳于階傳〉，突顯天主教人物殉國之例，或許是為了均衡與揚教的緣故而特別寫作。[133]總之，在陳垣的宗教史著作之中，可以看到他對各宗教的比較，卻不見褒貶各教教義為主的論著。[134]

---

[132]　陳垣，《陳垣學術論文集》，第1集，頁275。

[133]　黃一農，〈揚教心態與天主教傳華史研究——以南明重臣屢被錯認為教徒為例〉，頁293。

　　　指出：「而孫元化、王徵、陳于階，和韓承宣等奉教人士自刎未遂或自殺殉國的舉動，也因違反十誡的教規，而不常被提及。」

[134]　牛潤珍，《陳垣學術思想評傳》（北京：北京圖書館出版社，1999年5月），頁164–167。

　　　文中列舉：

　　　(1)天主教與佛教比較研究——〈湯若望與木陳忞〉，〈耶穌基督人子釋義序〉，〈元也里可溫考·也里可溫被異教摧殘之一證〉。（第十二章）

　　　(2)古教之比較研究的著作——〈開封一賜樂業教考〉第五章，將一賜樂業教與回教異同進行比較。〈火祆教入中國考〉第九章，將火祆教與大秦、摩尼教作了比較。〈摩尼教入中國考〉又論述了摩尼教與道教、佛教與祕密教派之間的關係。

　　　(3)佛教與道教之比較——〈耶律楚材父子信仰之異趣〉，〈南宋初河北新道教考〉，〈通鑑胡注釋老篇〉，〈元西域人華化考·佛老篇〉等都是佛道相關。

五、結論

　　陳垣的宗教信仰與基督宗教的關係頗深，例如1907年入讀美國教會創辦的博濟醫院，1911年出任由教會提供經費的《震旦日報》編輯而主編副刊《雞鳴錄》，1917年（民國六年）結識教會人士馬相伯、英斂之等，並在他們協助下，撰寫〈元也里可溫考〉而走向史學研究之路。⑬⑤至於1917年（民國六年）時，陳垣立志撰寫《中國基督教史》，其子陳樂素亦認為應當與其教會背景有關，而說：

> 愛好史學研究的陳垣同志，既具有宗教信仰，因而研究宗教史。⑬⑥

但是陳垣的宗教史研究不是僅限於基督教與中國的關係，而是擴及各宗教。在中國傳統史書之中，幾乎沒有完善的宗教史，而陳垣開始補足這一方面的缺失。以往並非無人研究流傳於中國的宗教，例如「也里可溫」則有錢大昕、劉文淇、洪鈞、多桑、魏源和日本學者曾經研究；摩尼教則以伯希和、王國維、蔣伯斧等涉入探討；火祆教則有錢大昕、杭世駿、徐繼畬、俞正燮、朱一新等做過相關研究；但是均不如陳垣考證詳實與深入。⑬⑦至於陳垣的〈開封一賜樂業教考〉則為民國以來最先有關此教的創作。

---

⑬⑤　湯開建、陳文源，〈陳垣與中國基督教史研究〉，《暨南學報》，第24卷第3期（廣東：2002年5月），頁107–108。

⑬⑥　陳樂素，〈陳垣同志的史學研究〔I〕〉，《中國史研究》，1980年4期（北京：1980年12月），頁108。

⑬⑦　牛潤珍，〈陳垣與20世紀中國新考據學〉，《史學研究》，2000年第4期（北京：北京師範大學出版社），頁22。

陳垣對於各宗教的研究，主要在其興衰與各時代政治、社會的關係。柴德賡談到他的宗教史論述：

> 名義上是宗教史著作，而講的內容卻都是政治史，他是通過宗教史形式來講政治史的。**⓲**

陳寅恪在〈明季滇黔佛教考·序〉：

> 世人或謂宗教與政治不同物，是以二者不可參互合論，然自來史實所昭示，宗教與政治終不能無所關涉。
>
> 今日追述當時政治之變遷，以考其人出處本末，雖曰宗教史，未嘗不可作政治史讀也。**⓳**

也點出宗教與政治關係的密切。尤其陳垣在抗戰時期的「宗教專書」，更是有所比喻，無不與政治有關。

陳垣的一生歷經多次時代的劇變，在不同的政治環境下，其著作常有階段性的主題表現。例如在抗戰之前的宗教作品以天主教為主**⓴**，並且環繞著人物為主題；至於其他有關古教的作品，則偏重文化的交流與宗教的興衰。抗戰時期的宗教著作，主要顯示民族主義與愛國意識，因此多選已經與中國文化融合已久的佛、道二教，然後與中國的朝代淪替相結合，凸顯不降於異族的僧人與道士，以隱喻自己的節操。至於在民國二十八年所寫的〈湯若望與木陳忞〉是接續抗戰前的天主教人物，主要在於文化相異的比較方面。由於天主教尚未與中國在文化方面緊密結合，很難與民族興亡的主題結合，因此陳垣沒有材料顯

⓲ 柴德賡，〈陳垣先生的學識〉，收入《勵耘書屋問學記》，頁36。

⓳ 陳寅恪，〈明季滇黔佛教考序〉，收入《陳援菴先生全集》專著九，頁179。

⓴ 劉乃和等著，《陳垣年譜配圖長編》下，附錄二，頁1919–1920。
陳垣曾經發表與天主教相關的信函、序、跋、著作等，約47篇。

示他想表達抗戰愛國思想。但是他在民國三十年，仍然寫了一篇〈明末殉國者陳于階傳〉，提出天主教徒殉國的事蹟。

抗日戰爭結束之後，陳垣開始與輔仁大學代表教會的教士們有強烈的衝突。在1951年（民國四十年）3月17日的《光明日報》上登載陳垣〈對輔仁大學的天主教徒講話——節錄傳達北京市第三屆各界人民代表會議講話〉，認為以往的天主教常為帝國主義分子所利用，現在的天主教仍不免有一小部分為帝國主義分子所控制和把持，所以輔仁大學的教徒與神甫要覺悟，認清自己是中國人，要熱愛自己的祖國。接著在1951年（民國四十年）4月2日的《光明日報》又刊載陳垣〈天主教徒英斂之的愛國思想〉，是由英斂之的弟子徐希德所搜集的資料，說明英斂之在民國元年上書羅馬，反對教士在中國的愚民政策，以及為了教士排斥中國學問與阻止教徒愛國，特著《勸學罪言》。陳垣藉此呼籲：

> 我們任何一個中國人民，包括天主教在內，都不能再受帝國主義的欺侮和壓迫了。天主教徒們，更要認清反侵略就是愛國，只有發揮愛國主義思想，才是真正的天主教徒……用具體的實際行動，參加抗美援朝保家衛國……

在當時反美的潮流之下，陳垣希望天主教徒為「愛國的天主教徒」，與受帝國主義影響的教會分開。陳垣在此階段，又表達了強烈的民族意識，認為宗教與政治有所關連，因而具有濃厚的排外觀念。從此以後，他再也沒有與天主教史相關的學術論著。

陳垣由早期與教會的淵源，引發研究外來宗教的興趣；又因學習乾嘉考證之學，搜羅廣泛，沒有確證，不下斷語；這種求實的態度，解決許多宗教史上的問題，成為民國以來宗教史研究的碩學之士。在

他的著作之中，屢見以儒家文化與各外來宗教的融合，作為外來宗教
能否興起的關鍵，表現出他仍是民族意識相當強烈的傳統學者。他的
宗教史研究自初期幾乎全為考證的作品，到抗戰以後，轉為以史料支
持具有自己觀點的作品。

光復初期的臺大文學院(1945–1950)
——羅宗洛接收時期

李東華

一、前言：臺北帝大及文政學部梗概

　　臺北帝國大學創立於民國十七年（日本昭和三年，一九二八年），是日本繼東京、京都、東北、九州、北海道及京城之後設立的第七所帝國大學。臺北帝大初設文政與理農二學部，其後增設醫學部（一九三六年），一九四三年理、農二學部分立，並增設工學部。戰時又增設熱帶醫學（一九三九年）、南方人文及南方資源科學（一九四三年）三研究所，形成具有五個學部、三個研究所，規模龐大的完整大學。

　　與當時其他帝大一樣，臺北帝大採行講座制度，各學部雖分設各學科（系），但實際的教學研究則由學部下分置的講座執行。每一講座聘一教授主持，其下依次有助教授、講師、助手、副手等若干人（間有「囑託」，係約聘人員）。每講座各有獨立之空間、經費及圖書或實驗設備，構成基本之教學研究單位。學生入學後，除少數各科之必修科目外，即選擇專攻領域，進入講座研究室，接受教授之指導，撰寫卒業論文，是研究性質極強的組織型態。以帝大文政學部來說，設有

文學、史學、哲學及政學四科，開辦之初僅置七講座，其後逐年遞增至二十五講座，即：國語學、國文學（日本語文）第一及第二講座、東洋文學講座、西洋文學講座、言語學講座（文學科）；國史學（日本史）講座、東洋史學講座、西洋史學・史學・地理學講座、南洋史學講座、土俗學・人種學講座（史學科）；東洋哲學講座、哲學・哲學史講座、心理學講座、東洋倫理學・西洋倫理學講座、教育學・教育史講座（哲學科）；經濟學第一及第二講座、憲法講座、行政法講座、政治學・政治史講座、民法・民事訴訟法第一及第二講座、刑事訴訟法講座、法律哲學講座、商法講座（政學科）❶等。

　　當時日本所實行的學制，是小學（或公學）六年，中學五年，高等學校七年（前四年為尋常科，後三年為高等科。中學四年以後得插班高等學校高等科就讀）。帝大招收高等學校畢業生，除非名額不足，不用考試入學，可直接升入各學部就學。大學修業年限三年（醫學部四年）。臺北帝大後因招生不足（臺北高等學校畢業生多優先申請日本本土大學就讀，使臺北帝大常有缺額出現），於一九四一年創設豫（預）科，招收中學畢業生，修業年限三年（同於高等學校高等科），畢業後直接升入臺北帝大就讀。二次大戰末期，為因應戰時情況，日人縮短學制，中學縮短為四年，高等學校高等科及臺北帝大豫科縮短為兩年，此為接收前臺灣的學制大概。❷

　　臺北帝大文政學部之設立是出於伊澤多喜男總督的堅持。❸文政

<hr />

❶　見〈臺北帝國大學講座令〉，載《臺北帝國大學一覽》（昭和18年12月版），頁48-50。

❷　參臺灣省行政長官公署統計室編印《臺灣省五十一年來統計提要》（民國35年12月），第21類，教育類，1207-1208現行學制、光復前（31年至34年8月）學制表。

❸　有關臺北帝大之設立文、法科經過，詳參松本巍著，蒯通林譯《臺北帝大沿

學部設立後，文科入學就讀的學生人數始終不多，迄一九四三年底，文政學部畢業學生僅三二三名，其中政學科佔二一七名（內臺籍學生三十七名）。文科三科中，哲學科僅有十二名畢業生，無一臺籍；史學科畢業三十二名內僅柯設偕、張棨標二人為臺籍；文學科六十一名畢業生中，臺籍僅有陳欽鍂、田大熊、魏根宣、吳守禮、林啟東、黃得時及林龍標等七名。❹一九四五年四月三十日日本戰敗前夕，文政學部共有在學生徒（學生）三〇四名，臺籍僅十三名。❺整體而言，培育之臺籍文科研究人才並不算多。❻

　　自一九四一年底日軍突襲美國珍珠港後，大戰焰火逐漸影響臺灣，日本帝國出現困窘現象。除前述學制縮短外，所謂「行政簡素化」亦開始縮減編制員額。此外，徵兵亦漸及於生徒，尤以戰爭末期為然，一九四五年春季入學之豫科學生，入學後即全部開赴淡水水筧頭駐防，至戰爭結束後始返回學校，❼即為一例。戰爭末期，美軍優勢軍力直接空襲臺灣，臺北帝大校園亦不能免，各學部紛紛「疏開」至鄉間，文政學部避居景尾（今景美）及中和圓通寺山區。一九四五年五月三

革史》（民國49年油印本），頁1–3。

❹ 見《臺北帝國大學一覽》（昭和18年12月版），〈大學卒業生氏名表〉。

❺ 見文法學院《教務成績關係書類》檔案（編號335）。

❻ 日據時代，臺籍學生少習文學、政治及基礎科學的原因，在於畢業後的就業問題。文政學部畢業生很難擔任中學教員，有畢業即失業之虞。詳參華雲〈臺灣大學的回顧與前瞻〉，《臺大校刊》9（民國37年3月1日）。又羅銅壁之看法則認為「在選科時，他們（日人）鼓勵臺灣學生選擇醫生、律師等自由業為未來志業，不希望臺灣人攻讀理工學科而進入管理階層，因此帝大臺籍生以攻讀醫、法政者居多」。見〈我在臺大——兼談臺灣蛋白質化學研究的濫觴〉，《從帝大到臺大》（臺大，2002年），頁182。

❼ 見羅銅壁，上注文，頁181–183。

十一日，美軍大規模空襲臺北，校總區總圖書館（直接中彈五枚）及文政學部大樓均中彈損毀，總圖書籍因在書庫中未被洞穿，文政學部書籍則大部分散在木片與泥灰之中。❽大戰給臺北帝大帶來的殘害與創痛，深深影響戰後的臺大。

二、羅宗洛與臺北帝大的接收

　　一九四五年八月，日本戰敗投降，臺灣重回中國疆域。歷經八年艱苦抗戰的中國，雖然撐到侵略者最終投降的結果，但八年來失陷敵手有待復原重建之地區甚多，加上自甲午戰爭、九一八事變以來，久已淪陷日本之手的臺灣及東北地區，更立即面臨接收問題。對「慘勝」的中國而言，任務之繁重，頭緒之紛亂，可想而知。

　　該年九月，國民政府任命陳儀（公洽）為臺灣省行政長官，赴臺接收。同時，教育部長朱家驊亦借調中央研究院植物研究所研究員兼所長之羅宗洛氏，以臺灣教育復員輔導委員會主任委員（或稱教育部臺灣區特派員）之身分，前往臺灣接收臺北帝國大學。❾

　　前此，在抗戰末期日本敗局已定之時，流亡西南之有志之士，特別是曾經留學日本的知識分子，對戰後復員諸問題已有所思慮，時任中研院植物研究所所長的羅宗洛氏即為其中佼佼者。他曾向同時兼任中央研究院院長的朱家驊做過兩項建議。其一，日本人在上海設立之自然科學研究所已有二十餘年歷史，建築宏偉，設備精良，是一包含天文、物理、化學、地質、醫藥、動物、植物等基礎學科齊全的綜合

❽　見〈兩年來圖書館工作簡報〉，《臺大校刊》4（民國36年11月15日），頁3-4。醫學部損毀亦大。

❾　見《羅宗洛回憶錄》（以下簡稱《回憶錄》），〈三、臺灣之行(1945–1946, 1948)〉，載《植物生理學通訊》35:1（1999年2月），頁87–88。

研究機構，應由中央研究院接收繼承。其二，在臺灣臺北，日本設有臺北帝國大學，與日本本土之帝國大學齊名，學術水準甚高，也應由教育部直接接收，以辦成與北大、清華、中（央）大、浙大並列之著名大學。❿雖然，羅氏自謙其被派遣來臺接收臺大，是因朱家驊身邊無多餘人手，但朱氏以其教育部長兼中研院院長之雙重身分，借調羅氏前往臺灣接收教育系統之臺北帝國大學，應該是經過深思熟慮的決定。

羅宗洛(1898–1978)，字澗東，浙江黃巖人。一九一七年上海南洋中學畢業後，赴日留學。先後就讀東京第一高等學校預科（一年）、仙臺第二高等學校（三年）及北海道帝國大學（八年），最後獲得專攻植物生理學之農學博士學位，是受日本學制完整訓練的少見學人。一九三〇年二月羅氏返國，先後任教廣州中山大學（二年半）、上海暨南大學（一年）、南京中央大學（七年）及遵義浙江大學（四年）。羅氏在中大及浙大，均曾排除萬難，於艱困環境下建立植物生理學實驗室，培養研究團隊，成就深受矚目。一九四四年四月，為中央研究院延攬為新設之植物研究所所長，以迄戰後奉命來臺接收。❶

一九四五年九月中旬，羅氏接奉命令後，將植物所職務交待饒欽止先生代理，九月底即攜簡單行李到重慶待命（由美軍安排運輸機去上海）赴臺灣。在待命期間，他與朱家驊部長對臺大之接收有二、三次晤談。朱氏認為臺北帝大規模龐大，有文法、理、工、農、醫五個學院，一人恐難以接收，准許羅氏約人輔助，人數以十人為限。羅氏考慮到出發期已近，決定在重慶以及他所熟悉的遵義浙大物色人選。

---

❿　詳見黃宗甄《科學巨匠：羅宗洛》（石家莊：河北教育出版社，2001年），頁128。

❶　詳見《回憶錄》，〈一、留學日本十三年(1917–1930)〉及〈二、任教國內四所大學(1930–1944)〉，《植物生理學通訊》34:4–36:2(1998.2–2000.4)。

他聯絡浙大的蘇步青、陳建功、蔡邦華三人及在重慶的中大陸志鴻(筱海)、馬廷英等五人，⓬準備分頭接收理、農、工各院，諸人均願意效力，朱部長亦立予批准。對接收任務，朱部長交代：㊀要完整接收，避免損失。㊁接收後之籌備復課，可暫留日籍教師擔任功課，以後找到合適的人再替換。㊂暫時一仍舊慣，求得穩定，以後逐步按我國規章改正。羅氏也向部長提出要求：中研院植物研究所要遷上海復員，彼身為所長，不能久留臺灣，一旦接收完畢，請即派新校長來臺。朱部長表示同意。⓭

　　十月八日，羅宗洛得教育部通知，臺灣省行政長官公署前進指揮部將於次日啟程赴臺，請羅氏一行隨行。其時，遵義浙大蘇、陳、蔡三人尚不及趕來重慶，羅遂與陸、馬二人，加上部派秘書王泳⓮四人先行。一行於十月九日搭機飛至上海，轉乘美國軍艦於十月十四日開赴臺灣，中途停鎮海一日，於十七日抵基隆碼頭，受到臺灣同胞熱烈

⓬　蘇步青、陳建功皆浙大數學系教授，在學界夙有聲望，陳為國人在日本獲帝國大學博士學位之第一人（東北帝大）；蘇後來曾任復旦大學校長。蔡邦華，浙大農學院教授，曾任院長一職。陸志鴻(1897–1973)，字筱海，浙江嘉興人。1915年留日，經東京一高預科、本科後，入東京帝大工學部採礦科，於1923年畢業。在三井公司三池煤礦任職一年後返國，即入中央大學前身之一——南京工業專門學校任教，中大成立後任土木系教授，教授工程材料等課，並建立材料及金相學實驗室。後接羅宗洛任臺灣大學第二任校長。馬廷英(1899–1979)，字雪峰，遼寧金縣人，日本東京高師、東北帝大畢業，獲理學（地質學）博士，曾任職於中央研究院地質學研究所，後留任臺大地質系教授。

⓭　見《回憶錄》，〈三、臺灣之行〉，頁87。

⓮　王泳，字之垚，河南新安人，河南大學教育系畢業。隨羅氏來臺接收臺大，後任臺大文書組主任及秘書等職。1948年8月轉任臺北補習學校（建國中學補校前身）校長。

歡迎。轉乘火車抵達臺北車站時，長官公署先遣人員引杜聰明氏來見羅氏。杜氏係臺灣聞人，時任臺北帝大醫學部教授，係當時帝大教授中唯一臺籍人士。❺其後數日，杜氏向羅等四人介紹臺北帝大情況，令彼等對臺大有初步之認識。鑒於接收人員中沒有學醫者，而帝大醫學部規模甚大，且獨立設部，羅氏遂請杜氏加入接收團隊，負責醫學部接收事宜。至此，理、工、醫、農四院負責人均已齊備，唯文政學部缺人接收。羅氏打聽在臺籍同胞中有林茂生者，除在東京帝大專攻東洋哲學獲文學士外，並曾留學美國哥倫比亞大學得博士學位，❻在臺灣人中頗有名望，雖未晤面，決定請其負責文政學部之接收，林氏欣然接受。由於帝大接收工作屬於全臺灣接收工作之一環，受長官公署節制，因此二位新增聘委員之任命，除呈請教育部核可外，尚須由陳儀長官發給聘書。❼十一月初，陳長官發佈大學校務維持會委員名單，除羅、陸、馬、杜、林五人外，並加委長官公署前後兩任教育處

---

❺ 杜聰明(1893–1986)，臺灣臺北淡水人，1914年臺灣總督府醫學校畢業，1922年京都帝大醫學博士。自1921年起任總督府醫專助教授、教授，1937年臺北帝大設立醫學部，杜氏榮任藥理學講座教授職，至日本戰敗止。最近傳記，詳見楊玉齡《一代醫人杜聰明》（臺北：天下文化，2002年）一書。

❻ 林茂生(1887–1947)，字耕南，臺灣臺南人。京都三高(1913)、東京帝大哲學科文學士(1916)。返臺後，歷任長老教中學教務主任、臺南商業專門學校教授。1927年赴美國哥倫比亞大學攻讀，1929年獲哥大博士學位。返臺後任臺南工專教授，教授英、德文，並曾兼任圖書館館長。後不幸於二二八事變中被害。

❼ 光復時，臺灣省行長官公署制，長官權力甚大。1945年9月21日公佈之《臺灣省行政長官公署組織條例》第3條規定：臺灣省行政長官公署，受中央之委任得辦理中央行政。臺灣行政長官，對於在臺灣省之中央各機關有指揮監督之權。

處長趙迺傳與范壽康為委員，並以羅、范、杜三人為常委，羅為主任委員。⑱接收隊伍遂告組成。

其實，自十月十七日，羅氏等人到臺北後，羅氏已與陸、馬等人商議，決定接收步驟：㈠分頭參訪大學各部門，瞭解實際情況。㈡命令日人編造人員、圖書、儀器及藥品等清冊。㈢清點。㈣正式接收。因實際清點工作絕非少數接收人員所能盡查，羅氏動員當時在臺北帝大服務的臺灣同胞二十餘人，多數為年輕之講師、助手，再加上高年級的臺籍學生，分部門清點。如時任文政學部東洋文學講座講師的吳守禮氏，即在羅氏來臺後不久，到教育復員輔導委員會工作，⑲後又負責臺大圖書總館的接收工作。據羅氏自述，「他們懷著滿腔愛國熱情，廢寢忘食的進行細緻的清點，查出許多漏列的東西，窮月之久，才清點完了」。⑳十一月十五日，遂進行正式的接收手續。

是日上午十時，羅宗洛偕同陸志鴻、馬廷英、杜聰明、林茂生等委員，至大學總長室，臺北帝大總長安藤一雄率各學部長等在座等候。隨即由森本留治郎庶務科長（即總務長）交出各種印信、清冊，經羅氏檢點後，交由陳英湛先生㉑收下。各學部長對於往後職務略有詢問，由羅氏一一回答。隨即至學生課、農學部、會計科、南方資源科學研

---

⑱ 見羅宗洛〈接收臺灣大學日記〉，《回憶錄》夾載，（以下簡稱《日記》）11月2日則。原定接收委員蔡邦華、蘇步青及陳建功因交通問題，遲至11月19日始到臺北。

⑲ 羅氏到臺北次日（10月18日），林忠先生即介紹吳守禮氏到會幫忙。見《日記》，10月18日則。

⑳ 見《回憶錄》，頁87。

㉑ 陳英湛氏，係日本大正十二年(1923)臺灣總督府普通考試及格者，原為臺北帝大理學部會計系書記，似為帝大臺籍職員中職位最高者。接收期間任接收委員會總務工作。接收後改任臺大總務處事務主任。

究所、理學部接收，各單位出會計帳簿，由羅氏蓋章簽收。中午略事休息，下午一時半起，繼續接收圖書館、豫科、文政學部、南方人文研究所及工學部等處，至三時半完成。羅氏認為日方頗有誠意，使工作至為順利，唯編造各種清冊不無遺漏之處，擬再動員各部門臺籍職員詳細檢點。❷日後，此日即被定為國立臺灣大學校慶紀念日。

自羅氏等人來臺，迄十一月十五日正式接收，其間重大轉變與預定計畫不符者，以二事為最巨。其一，原先計畫在接收後，即籌備復課，暫時一仍舊慣，並可暫留日籍教師任教，求得穩定，以後再逐步按我國學制改正，直到找到合適人選。羅、陸、馬三先生皆為留東學者，對日本學制及學者十分推崇，皆主不能因接收使教育水準下降。並深知我國當時正值復員時期，想要找到足夠的人才來臺服務，利用並發揚臺北帝大之優良設備與傳統，十分不易，故堅定主張留用日籍學者，甚至願意留臺之日籍學生亦准其繼續讀書。但羅氏到臺灣後，始知臺灣之氣氛與行政部門之意見，均與此項決策大異。羅氏來臺次日（十月十八日），初與杜聰明氏談接收事宜時，即告杜氏：政府不願使大學停頓，決暫留用日籍教師。杜氏答以：臺胞學生不願再受日人之教，欲乘此機會將日人在臺勢力一掃而光。如人才不足時，寧延聘歐美學者，再不然亦不惜暫時停頓，甚至降低程度云云。羅氏答曰：臺灣青年有此等心理，吾人可以理解，但絕非臺北大學（當時暫定名稱）之福。陸、馬二氏亦從旁勸說，請杜氏轉告臺籍學生：請臺籍青年放寬心胸，不可因一時之情感，誤百年之大計。此為一例。十月二十一日，醫學部臺籍學生代表直接面見羅氏，將臺籍學生聯盟決議四點報告羅氏，內容與杜氏前述意見全同。文政學部臺籍學生二人亦來見羅氏，表明不可留用日籍教授。此為二例。十月二十六日，醫學部臺籍學者六、七人亦面見羅氏，表達無需留用日籍教授之想法。其理

由為：㈠當時在職之日籍教授著名者不多，而臺籍學者優秀者甚多，可取而代之。㈡日籍教授向來壓迫臺灣人，不使抬頭，留之亦未必肯熱心指導。此為三例。十月二十五日，臺灣省正式受降接收，二十九日羅氏偕陸、馬二委員晉見陳儀長官，報告臺大接收狀況，陳儀對文政學部日籍教授亦主張以不留用為原則，日本學生欲留臺者則應與臺籍學生隔離。此為四例。十一月五日杜聰明氏先行接收臺北帝大醫學部及其附屬機構，當日醫學部及醫專臺籍學生分別自行舉行「解放式」，命日籍學生從此不要來校上課。此事杜聰明無法處理，經羅、陸、馬三氏數日之說諭，最後決採嚴懲態度，學生始平息。此為五例。㉓這種環境及氣氛下，朱家驊、羅宗洛等苦心孤詣欲完成留用日籍教授、暫准日籍學生繼續讀書、並不使教學水準下降等計畫，難以遂行。其次一項大變化，則為羅氏原本只負接收之任，接收後教育部即派正式校長來臺主持校務的計畫生變。內定校長陳大齊（百年）氏遲遲未能履任，拖延至十二月，羅宗洛繼續被教育部委聘為國立臺灣大學代理校長，㉔負起新階段——國立臺灣大學的復員與再建工作。

㉓ 以上五例，詳見《日記》各該日記載。臺北帝大省籍師生亦有主張留用日籍教授者，如理、工學部及預科學生代表及劉盛烈博士等均有此議，但當時帝大學生以醫學部省籍學生（包括醫專）人數最多，故聲勢最大。

㉔ 羅氏原預定於完成接收工作後，即返回重慶。來臺後不久（11月6日）感受行政長官公署有干涉、控制臺大之意後（詳後），即於當日致函朱家驊，請內定校長陳大齊（百年，時任考試院考選委員會委員長）盡速來臺履任。11月15日完成正式接收手續後，再發電報催促。11月23日，陳大齊來電：校職未接受，乞察。羅氏接電文後，十分感慨。在日記中感嘆云：百年品學均佳，惜無勇氣，自以為既富且貴，無須從事於事業矣！（陳）建功云：「乞食一日，帝王亦不願為。」百年做懶惰官久矣，不肯做吃力不討好之事，無足怪也。陳既不來，次日上午，羅氏再電朱部長，建議從章鴻釗及陳建功二人中

　　羅氏接任代理校長後，先將大學校務維持會結束，各式文件正式
移交國立臺灣大學(行政院核定正式校名)。再謀正式聘任教務、訓導、
總務三長及各院院長，並積極函電各處延聘師資來校任教。他聘任陳
建功為教務長，陳兼善（達夫）為總務長，蘇步青為理學院院長，蔡
邦華為農學院院長，杜聰明為醫學院院長，陸志鴻為工學院院長，文
政學院在新院長未到任前，由林茂生教授暫時處理院務(林另兼任預
科改制之先修班主任)。隨後之工作即為恢復學校正常之運作：招生與
復課。按日本學制，學年始於四月一日，第一學期止於十月三十一日，
第二學期自十一月一日起至翌年三月三十一日。至於修業年限原為三
年，大戰末期，自一九四一年起，縮短修業年限，由三年而二年半而
二年，故與我國大學學制差異極大。羅氏依我國學制，恢復八月一日
至翌年七月三十一日之學年制，並立即展開招生作業。為維護臺大原
有水準，本科生入學資格全依日本舊制辦理，除接受帝大預科畢業生
外，亦招收舊日本高等學校畢業生（臺南工專及臺中農專等專校畢業
生亦能申請）。入學方式除非申請者超過預定招生人數，否則不採用考
試入學，而以審查方式辦理。原預定理（化學、動物、植物、地質四
系）、農（農學、農化、農經、農業土木及獸醫五系）、工（土木、機
械、電氣、化工四系）三學院每系各招十名，但因日籍學生決定全部
遣返，殆十二月二十六日放榜，實際僅招生36名。❷❺稍後，先修班（預

　　擇一任臺大校長，並請朱部長蒞臺指導。至12月4日接朱部長來電，謂臺大
　　重要，請羅氏留代校務，以待正式校長之來。羅氏基於責任感，遂回電同意
　　暫代校長。均見《日記》。陳大齊，號百年，1887年生，浙江海鹽人。1903
　　年赴日留學，1906年入仙臺二高，1909年入東京帝大文科大學哲學門，專攻
　　心理學。1912年獲文學士學位後返國。曾任北京大學教授，兼哲學系主任、
　　教務長，並一度代理校長。北伐完成後，任職考試院。
❷❺ 詳見〈國立臺北大學臨時招生廣告〉，載《新生報》民34年11月28日。及〈國

科）之招生亦隨之展開，招收日制中學畢業生或「修了」生，採筆試方式入學，考國文、英文、數學三科。預定招收文科生120名，理科生200名（理、農、醫、工類各50名）。報名投考學生1462名。三十五年一月五日放榜，實際招收人數文科生109名，理科生157名，合計246名。❷❻本科生及先修班先後於三十五年一月初及一月二十六日開始上課，在弦歌不輟上，羅氏及其領導下的團隊確實不負使命。其間，在政權交接、學制丕變時期，高等學校、專門學校、中學及女子高等學校等各類畢業生前來問詢及要求入學者，不勝枚舉，羅氏等人除耐心接見、仔細解釋外，均以維護臺大舊有之水準為原則考量其要求。至於由日返臺之各大學、專校及高校生，則由臺省教育處組織委員會審查其資料，決定是否接受插班入學。同時，對大陸學生要求插班入學臺大者，羅氏亦以維持舊有水準，暫不招收為辭，拒絕其入學。❷❼在此交接之關鍵時期，羅氏全以學術、教育為考量，有條不紊、妥善完成過渡階段的作為，值得吾人讚佩。

在留用日籍教職員方面，羅氏一貫主張盡量留任其優秀者。此乃緣於羅氏出身北海道帝國大學，臺北帝大首任理農學部長兼農林專門部主事大島金太郎出身札幌農校（北帝大前身），並曾任北海道帝大教授，故臺北帝大理、農學部北海道帝大校友甚多，皆羅氏前後期師友。❷❽羅氏到校後，與彼輩相晉接，或參觀各講座實驗設備，或參與同學

立臺北大學招生揭曉公告〉，《新生報》民34年12月26日。

❷❻ 先修班招生事，詳見《日記》12月23日、24日、26日、27日、29日、30日各日所載，自考試、巡視、閱卷及決定錄取分數、名額，羅氏皆親身參與。

❷❼ 35年5月1日有南京臨時大學學生四人，持王書林介紹書來要求插班臺大，羅氏告以現不招生，無法安插。次日，羅氏函電王書林，請勿介紹臨大學生來臺。均見《日記》。

❷❽ 34年11月24日「札幌同窗會」在大學農場以晚餐歡迎羅宗洛，依羅氏所記出

會酬酢，對臺北帝大理、農各院有深刻之了解，因此堅決主張儘量留用日籍優秀教授，不令教學研究水準降低。三十五年二月十二日，羅氏先函請部分日籍教授自三月一日起仍以原職到校工作，同時公函臺灣省日僑管理委員會，函送臺大須予留用之日籍人員名冊。三月十八日長官公署對臺大留用過多日人有意見，臺大再以公函說明必須留用日人之理由。㉙依三十五年九月十七日臺大公文，計先修班留用日籍教員12人，理學院24人，醫學院18人，農學院17人，熱帶醫學研究所12人，文學院7人，圖書館2人，合計99名。㉚在當時反日氣氛濃烈，日籍學者留臺意願不高的情況下，誠屬不易。㉛

席者，有教授16人，助教授2人。松本巍教授亦出身北海道帝大，是日因事赴臺中，未出席。臺北帝大北海道校友勢力之大可見。見《日記》。

㉙ 見35年2月12日臺大校人字第67號函，函：桑田六郎教授，奉校長諭請該員自3月1日起仍以原職到校工作。（類此書函甚多）函送本大學須予留用之日籍人員名冊，見2月18日校總㈠字85號公函。3月20日校總㈠字234號公函，則為「必須留用日人由」函。均見《國立臺灣大學發文歸檔簿》，第一冊。

㉚ 此人數按民國35年9月17日臺大校人字第723-731號函計算。惟依民國36年4月《國立臺灣大學概況》（似為光復後臺大公開發行之第一本概況）記載，36年2月5日臺大有專任教員355人，其中有日籍教員81人，德籍教員2人。似不包括留用日籍職員。由此推測，羅氏在35年初留用之日籍人員應遠在此數以上。

㉛ 在接收過程中，羅宗洛珍惜日人在臺成果，堅主留用日籍優秀學者，不使臺大水準降低之努力，值得吾人記取。羅氏與植物病理講座松本巍教授之相知相惜可為一例。34年10月19日（羅氏到臺大第三天），羅氏至理學部第一館（即今一號館）登三樓拜見松本巍教授。《日記》云：「先生為日本病毒研究者之第一人，與余別已十餘年矣。相見之下，悲喜交集。先生風采與十餘年前毫無二致。」11月9日羅氏參觀松本研究室，當日日記記曰：「此研究室設備新而完整。松本先生人品、學識均較優秀，將來宜招集優秀之青年從之學

三、羅宗洛在臺大與長官公署的交涉

　　對校內事務的接收與處理，接收團隊在羅宗洛領導下不負使命，均能按部就班、循序完成；但在對校外事務，特別是與省政當局的關係上，卻令羅氏遭遇困難與阻礙，且為其最終之去職埋下種因。

　　臺北帝大既於三十四年十二月奉行政院令改制為國立臺灣大學，理應由中央教育部直轄，與臺省政府當局無涉。但光復之初，臺灣省政府採行政長官制，長官有指揮、監督在臺中央機關之權。加以光復伊始，情況特殊，國幣未能在臺流通，臺大經費須靠省政當局支應。

習。」聘留松本之意，當時似已決定。日後，松本教授回憶羅宗洛云：「特別是擔任大學接收委員長而來臺之羅宗洛博士，性情溫和，他曾經長期間在日本留學，知悉日本的學者或研究者之性質底關係，予校內日本人感受到的印象極為良好。有一日，羅博士對筆者說：『我們切望日本的先生們儘可能的留在本校，將日本人在研究時所表現的戰鬥精神給中國的學生們看……云云。』中國人以往長期間身受「日本人的戰鬥精神」所苦惱，羅博士此語可以旁證渠如何深刻了解日本人的美點與弱點。」（松本巍著，蒯通林譯《臺北帝大沿革史》）松本後留任臺大教授，至其1965年8月退休為止。又如：同日11月9日羅氏參觀農藝化學科營養化學實驗室後，與該講座教授佐藤正一及三宅遷教授（帝大首任農學部部長）閒談。羅氏日記曰：「二人皆札幌出身，言臺北大學之農藝化學教室規模之大，設備之美，非札幌所可比擬，實為東洋第一云云。此為本大學特色之一，應宜保存，以為造成農藝化學人才之搖籃。」又如：35年1月8日植物生理講座教授日比野信一來詢羅氏未來行止，羅告以：「余不能久居臺灣，將來當令門生施耐教、朱維巧二人來此，師事日比野先生學習植物生理。」先生當即允諾。羅氏與日比野教授同習植物生理學，羅氏胸襟寬大，加以知己知彼之識見，以學術跨越種族、國界之態度處事，由此可見。

此外，臺大需賴地方當局幫助、處理之事極多，如：新聘教職員來臺，必須經由省府上海辦事處接待，並安排機、船。又如：政權交接時期，臺大警備、總務諸工作，亦需長官公署派人及車輛支援。在如此特殊境域下，臺灣行政長官公署竟欲干涉，甚或操控大學事務，給羅宗洛氏造成極大之困擾。

　　臺省行政長官陳儀對臺大校務之干涉，或從他想派任臺大校長起始。羅宗洛《回憶錄》言：

> 陳儀把臺灣視作他自己的獨立王國，他認為臺灣大學應由他接管，並已派好一位校長。今朱家驊的教育部派出接收人員，他敢怒不敢言。我去了之後果然和陳儀發生矛盾。❸❷

羅氏從事接收工作後，陳儀竟「推薦」文、法兩學院院長人選，形成二人間之重大衝突。一九四五年十一月六日，羅宗洛氏初聞臺省教育處處長范壽康（亦為大學接收委員）言，陳儀已招聘臺大文、法兩院院長。次日，陳儀召見羅氏，先云彼向教育部提出以羅為大學代理校長，已得朱部長同意，繼而提出朱□□及吳□□二人，請羅氏同意聘為大學文、法二院院長。羅氏聞言，要求給予考慮時間，旋即退出。其實，羅氏聞言後極為憤慨，當日下午即致函朱家驊部長，促朱速遣內定校長陳百年（大齊）到任，如陳不能來，羅氏推薦章鴻釗、陳建功二人為候補，❸❸請朱氏裁奪，決心去職之心甚明。其後數日，羅氏

---

❸❷　見《回憶錄》，〈三、臺灣之行〉。陳氏內定之人，一說為許壽裳(1883–1948)氏。《許壽裳日記》（東京：東京大學東洋文化研究所，1993年）1945年11月18日日記有「航快寄公洽（附履歷）」，12月27日日記有「航快寄公洽，為臺大校長人選」兩則，此說似非無稽。許氏後於1946年5月受陳儀氏聘為臺灣省編譯館館長，6月25日來臺。1947年5月編譯館撤廢後，任教臺灣大學中文系，並為系主任。1948年2月18日夜遇害。

避見陳儀。十一月九日，范壽康為說客來勸羅氏勿氣餒他去，但云：文政學院可暫停辦，招大學先修班學生若干，長官即可滿足。**㉞**先前，陳長官已主張不留用文政學部日籍教師，**㉟**此時更進一步欲迫文政學院停辦。衡諸日後事實，長官公署或已預謀自設省立文、法商學院。羅氏當然瞭解文、法各學科不同於自然應用科學，涉及立場、觀點問題，不止長官不容留用日籍教師，即文政學部臺籍學生亦主不可留用日籍教師。但羅氏於查訪瞭解文政學部情況後，十月二十三日日記記云：

> 四時，有文政學部臺生兩人來寓，陳述希望要點在於可不用日籍教授。但筱海、雪峰二兄回寓後言，據早坂一郎教授之談話，文政學部教授矢野（禾積）為一極好之英文學者，似此文政學部之日籍教授，未可一概遣歸。

似已為日後留用文政學部教師埋下伏筆。十一月十五日臺大正式接收當日，陳儀約見羅氏，再度謂彼推薦之法學院院長吳□□須至冬季方可來臺。羅氏原欲採拖延戰術，不予回應，留待新任校長決定，不想二十三日，羅氏接陳大齊「校職未接受，乞察」電報，**㊱**至此，羅氏難卸仔肩。

　　十一月二十八日，羅宗洛忽然接獲長官公署秘書長葛敬恩函，內云：

> 頃奉長官交下手條，為請吳□□為法學院院長，未到派伍□□

㉝　詳《日記》11月6日、7日則。

㉞　見《日記》11月9日則。

㉟　《日記》10月29日則，記與陳長官晤談要點。

㊱　《日記》11月15日、23日則。

代理一件。本擬趨教，適值事冗，不克分身，特以函奉，至祈
案收辦理為荷。

陳儀以地方行政首長，竟公然條派院長，藐視學術，莫此為甚。臺大
校務委員會群情激憤，當即派陸志鴻、蔡邦華二人前往公署，當面向
葛敬恩質詢。葛辯稱此僅為介紹性質，並非派任。羅氏乃草一函，致
葛敬恩抗議。函云：

> 弟等奉命接收臺北帝大，幸叨福蔭，順利完成，此後應行興革
> 事宜，亦勉竭駑鈍，盡力規劃。最近深感教部與公署雙方希望
> 不甚一致，而公署對於大學之指導亦間有異乎尋常者，弟等菲
> 才，無法效勞。除電請教部派員接管外，敢請代向長官予以搭
> 乘飛機之便利，俾得早日回部覆命。

信由羅氏與校務委員陸志鴻、馬廷英、陳建功、蘇步青、蔡邦華六人
聯合署名，雙方公然對立。❸次日，羅再致電教育部，報告種種困難
情形，並促速派員接管。十二月四日，羅接朱部長覆電，謂臺大重要，
請羅氏必須留代校務，以待正式校長之派任。次日，馬廷英氏代表羅
氏往見陳儀長官，忠告不應干涉學校行政，條派院長。謂苟不改變態
度，稍有骨氣者皆欲離去，❸維護學術獨立之精神表露無遺。十二月
二十一日，羅氏等人赴中南部考察歸來，見教育部臺大代理校長派令，
羅氏只得繼續奮鬥撐持校務。

其後，表面上長官公署之壓逼稍緩，實則另謀對付羅氏及臺大之
新策略。三十五年元月七日，陳儀推介陳禮節氏來臺大醫學院工作，
不敢再用條派方式，而由江練百、于百溪（臺省貿易局局長）等人前

---

❸ 詳《日記》11月28日則。

❸ 《日記》12月4日、5日則。

來說項，❸羅代理校長答允其請，聘陳為醫學院教授兼第二附屬醫院院長。其時，臺大經費問題已極嚴峻，中央無法匯款來臺，長官公署亦不願墊撥，日據時期臺大所餘經費已無多，預計不出三個月即將告罄，臺大同仁決定請羅氏親返重慶教育部交涉。❹正當此時，省府欲自行創設文、法商及農、工四獨立學院之計畫曝光，農、工兩院擬由臺中農林專校及臺南工專改制升格，❹無關臺大，但謀設省立文、法商學院，且內定周予同及周憲文二氏為院長❹事，則對臺大影響甚大。蓋其時臺大文政學部接收伊始，日籍教師既欲一概遣歸，新任教師之增補已極為艱困，何能再容新創一同質性甚高之獨立學院？此即羅氏所云：「以陳公洽部下之人才欲辦獨立學院，當然不會辦好，但對於大學則有極大之影響，真所謂成事不足，敗事有餘也。」❹

　　回溯此事之原委，去年十一月九日臺省教育處長范壽康代陳儀告羅氏云臺大文政學院可暫停辦時，此事即已現端倪。待來臺接任臺北商專校長之周憲文氏建議將商專升格改制為法商學院後，此事遂定調，成為對付羅宗洛不接受陳儀指派文、法二院院長最佳之工具。❹當然，

<hr>

❸　詳《日記》35年1月7日則。

❹　見《日記》35年1月16日則。

❹　接收時，有關臺中農林專校及臺南工專之歸屬問題，討論頗多，最後，決定升格為獨立學院。詳後文。

❹　詳見《日記》，35年元月21日記。當晚陳達夫（兼善，臺大總務長兼臺省博物館館長）來告羅氏，羅始知省府方面決定創辦四學院事。

❹　詳《日記》，35年1月21日則。

❹　周憲文與羅氏為舊識。其時受長官公署電邀來臺任臺北商專校長，34年11月27日周電羅氏告以此事，請羅電告應準備之事。35年初，周憲文到臺北，1月17日見羅氏，言已辭去商專校長職。羅勸其至臺大工作，彼含糊其辭。原來他建議省府將商專改制為法商學院，無形中成為對付臺大及羅氏代理校長

從省政當局的立場看，光復伊始，急須培養行政、教師等公務人才，縱與臺大合作，研究性格極強的臺大亦不可能全面配合，故設置此類實用性質之學校，自有其合理之考量。只是雙方對立，又掀波浪。

面對此一新形勢，羅氏除急電朱部長報告外，衡量輕重，決心讓步妥協處理。一月二十四日，臺大先由馬廷英教授晉謁陳長官，述明臺大對此事看法。次日，陳儀偕公署諸首長首次參觀臺大，氣氛甚佳。當晚，范壽康及周憲文先後拜訪羅氏，商談省府與臺大合作辦法，決定省方不辦法商學院，由臺大聘周氏為教授兼法學院院長，臺大並同意辦理培養公務員之相關訓練事宜，由周憲文主持。**㊺**原以為事已定案，不想，二月四日羅氏聽聞省立法商學院仍擬招生。詢之教育處，處長范壽康解釋謂省方初無意辦法商學院，經周憲文再三要求，始決定成立，但自一月二十五日彼此協商成功後，即決定不再辦，此次招生事彼毫無所知云云。當晚，周憲文來訪羅氏，言法商學院不能不辦。一則嫌臺大薪水太少，二則法學院不能獨當一面，難依其意佈置。最後，周氏同意讓步，唯要求兼任南方人文研究所所長，羅氏應允。為免再節外生枝，次日，即發聘確定。**㊻**二月六日，范壽康再來斡旋，

的工具。詳見《日記》，及周憲文〈悼念國立臺灣大學首任校長羅宗洛先生〉，載《中外學人年譜集刊》(臺北：聯經，民國75年)，頁25–26。

㊺ 詳《日記》，35年1月24、25日則。

㊻ 詳《日記》，35年2月4日則。周憲文〈悼念國立臺灣大學首任校長羅宗洛先生〉一文，僅輕描淡寫云：「我來臺灣，原受臺灣長官公署的電邀。……臺灣光復後，臺北高商改稱省立商業專科學校，當局原要我擔任專校校長。我到臺北以後，建議再改法商學院。我與宗洛兄，海外重逢，十分高興，他又加聘我為國立臺灣大學教授兼法學院院長(在我來臺以前，『公署』介紹某先生擔任此職，羅校長拒不接受；因此，引起兩方的微嫌，這是他不久『拂袖』的原因之一)。……我的法學院院長，『祇有其名』，不但沒有教授與學

提議省立法商學院大學部確定不招生，唯仍以大學附屬專修科名義號
召，招專修科學生，由周憲文主其事，將來可由臺大合併，羅氏亦同
意。❹三十六年一月，成立未幾的省立法商學院正式歸併臺大法學院，
同年八月，臺大法學院遷入省立法商學院院址（前臺北商業專科學校
校址，即今徐州路院址）。❹至於省欲自辦之「文學院」，於三十五年
六月改設省立師範師院，院址置於臺大始終力爭的前臺北高等學校舊
址（即今和平東路臺灣師大校址）。❹

　　除政策及人事外，臺大與省府交涉事尚有經費及各相關機構之歸
屬問題。此處先言後者。與臺大相關之機構，如附屬醫院、預科、各
帝大在臺演習林、熱帶醫學研究所、高等學校，及臺中、臺南二專科
學校等，因客觀局勢改變，成為大學與省政當局急須磋商解決之問題。
首先需面對解決的是臺大預科及相關之高等學校。臺北帝大原無預科
之設置，後因臺北高等學校畢業生多前往日本大學就讀，以致臺北帝

生，連院址都沒有；他在校本部的文學院，闢一室為我辦公，而法學院的『招
牌』，就掛在我的省立法商學院門口。當時，八年抗戰之餘，幣值日跌，『法
幣』近乎崩潰，局勢又復不安，人心浮動，大陸各地，學潮迭起，臺灣勢亦
不免，私心甚憂，他有同感。他深知我的個性，復聘我為國立臺灣大學人文
（作者案：應為南方人文）研究所所長，希望我能專任此事，期以大成。我
向無保留文件的習慣，文憑與聘書，都隨手丟棄。但是，這份聘書，我卻意
外的保留著，文號是『校人字第四十七號』（作者案：經查2月5日發出）。聘
書還是他的親筆……。」周氏旋即轉任臺灣銀行經濟研究室主任職，省立法
商學院併入臺大時已由陳世鴻氏擔任院長。

❹ 詳《日記》，35年2月5日則。

❹ 見《國立臺灣大學概況》（民36年4月），〈11.法學院概要〉，頁50–51。

❹ 省立師範學院首任院長李季谷（超英），正係羅代理校長欲聘其任臺大訓導
長不就者（《日記》4月13、27日），省方籌設學院之影響臺大者，此為一例。

大缺額甚多，昭和十六年（民國三十年，一九四一年）於士林芝山巖
設置預科，並於次年初期工程完成後遷入使用。光復後，因學制改變，
高等學校勢將廢校，或有主張同時廢大學預科，將學生併入高中者。
因羅宗洛之堅持，決定不廢預科（改稱先修班），並招收新生入學。但
芝山巖校舍於戰時為日本海軍6115部隊徵用，中置待修之飛機及汽車
器材甚多，光復後又由國軍第三飛機製造所籌備處接收佔用。❺羅氏
堅主士林預科校舍應歸還臺大，陳長官亦應允，❺但遲遲未實現。另
外，位於和平東路的臺北高等學校既因學制改變而廢校，高等學校學
生有併入或考入臺大先修班者，因此羅氏積極爭取高等學校校地由臺
大接收，以安頓無處上課的先修班新舊學生，未有結果。其後，羅氏
退而求其次，要求以士林預科校地與高等學校舊址交換，一度得陳儀
長官首肯。❺但最終省府仍將高等學校校地交由新設立之省立師範學
院。❺

　　其次，有關熱帶醫學研究所及附屬醫院之歸屬，此原不成問題，
但因熱帶醫學研究所能製造血清，有利可圖，省府民政處認為應由省
方接收，以增加政府收入。經羅氏與杜聰明氏先後晉謁陳長官說明後，
始得確立兩單位仍歸臺大，甚至原紅十字會醫院亦由臺大接收，成為
第二附屬醫院。❺

---

❺　見《日記》，35年1月14日則。該日羅氏視察士林預科校舍。

❺　見《日記》，34年11月19日則。

❺　見《日記》，34年12月5日，記馬廷英教授與陳儀之談話內容。

❺　35年4月19日，羅代理校長至省教育處訪范壽康處長，要求實現臺大以士林
　　預科校地交換高等學校校舍之承諾，范氏拒絕。僅答應暫借昭和國小校地予
　　臺大，供先修班之用。其時，省府已籌辦省立師範學院，不足二閱月（6月5
　　日）師範學院成立於高等學校舊址。

❺　臺大第二附屬醫院，後於35年12月交回省政府，改為省立醫院。見35年12月

　　至於原日本各帝國大學在臺演習林問題，源於日據時代東京、京都、九州、北海道及臺北等五所帝大皆有演習林分布於臺灣各處，分別在臺中州竹山郡鹿谷庄、高雄州旗山郡、臺北州文山郡乾溝、臺中州能高郡番地及能高郡霧社等地。原帝大農學部部長奧田彧教授對羅代理校長建議：應趁此機會全數加以接收，做為臺大所有。羅氏於十一月五日以此議呈陳長官，請求將四帝大演習林統交由臺大接收，之後除京都帝大在高雄州旗山郡之演習林外，餘均獲准由臺大接收，做為師生實習、研究之用。❺❺

　　另外，有關各專門學校之歸屬問題，也有一番周折。原臺灣總督府有專門（專科）學校四所，即附屬於臺北帝大的醫學專門部、臺北商專、臺中農林專校及臺南工專。臺大醫學院院長杜聰明力主廢醫專，❺❻羅氏尊重其意，遂定廢醫專之決策。此議一出，前臺北帝大安藤一雄總長及醫專學生父兄會代表等，先後來見羅氏。謂彼等自祖先來臺殖民，已歷二世，現雖戰敗，無意言歸，其子弟亦無法返日就學，希望能與中國人繼續同受教育，如中國學生可轉入臺大預科，希望對日本學生亦能同等對待。❺❼其時，反日氣氛甚烈，醫專終被廢，臺籍學生全數轉入預科（先修班），日籍學生則全被遣歸。❺❽臺南工專方面，

　　17日校秘字第1350號，「本校第二附屬醫院改組為省立醫院一議可予同意……」代電。

❺❺　見《日記》，34年11月4日、5日則。

❺❻　34年10月30日，馬廷英氏陪同杜聰明面見陳儀長官，談臺大醫學院有關問題，杜氏主廢附屬醫專，陳長官亦同意。杜氏亦主廢預科，以羅氏堅持維持舊有水準，未行。見該日《日記》。

❺❼　見《日記》，34年11月24、25、26日則。

❺❽　民國35年4月臺大為收容留日返臺之醫專學生，一度又設臨時醫學專修科。見《國立臺灣大學概況》，民36年4月版，頁3–4。

最早由工專臺籍教授潘貫來向羅氏遞陳情書，主張將該校改為單科大學，或併入臺大工學院。⑤十二月二十五、二十六日臺南工專教授、父兄會及學生代表來臺北向長官公署陳情，請將該校改為臺大工學院，長官不允其請，又來轉求羅氏向教育部陳情。羅氏親草呈文致教育部，說明臺大對處置臺南工專之意見。⑥臺南工專、臺中農林專校及臺北商專，後分別升格改制為臺南工學院、臺中農學院及省立法商學院，省立法商學院旋即併入臺大法學院。

　　至於臺大最嚴重的經費問題，始終延宕不得解決，最終更成為羅氏去職的關鍵因素。臺灣光復初期行長官公署制，故與一般省府職權有異。行政長官公署對在臺之中央機關有指揮、監督之權。其次，長官公署採長官制，由長官一人獨攬大權，頗有前臺灣總督之權勢，在財政金融方面亦自成系統，禁止大陸法幣在臺流通。時正值八年抗戰後，中央政府財政拮据，無法支應在臺中央機關之開支，因此臺大經費不得不依賴長官公署支應。但長官公署無以回應。接收初期，前臺北帝大因有餘款可供使用，尚能勉強維持，三十四年年底，羅氏正式就任代理校長後，此一問題便成為必須解決的常規性問題。羅代理校長於三十五年一月十六日擬就臺大概（預）算書，其時臺大所餘經費估計只能支撐三個月，因此羅氏行文教育部，除請求盡速核准預算外，並請求在正式預算未核准前，由中央速電臺灣省行政長官公署每月先行墊撥臺幣三佰萬元，以資維持。⑥同月二十九日，臺大得教育部覆電云，自三月後臺大經費每月臺幣三佰萬元，已電臺省公署照撥。但省方以臺大為國立大學，直屬中央教育部，有獨立之經費預算，不應

⑤　見《日記》，34年11月1日則。潘貫，出身臺北帝大化學科，後受聘回母校臺大任教，曾任理學院院長。

⑥　見《日記》，34年12月25、26日則。

⑥　見《日記》，35年1月16日則。觀1月17日臺大總字第27號呈教育部文。

由省支應，因而不予理會。以先前長官公署條派臺大文、法學院院長，意欲干涉臺大校務事來看，公署欲藉經費問題逼令臺大羅代理校長低頭就範之意圖，不言可喻。為此經費問題，羅氏特於三十五年二月九日返重慶向教育部述職，面請教育部解決。羅氏在重慶、北碚羈留二閱月，於四月九日返臺，期間朱部長除要求其續任艱鉅外，對經費問題仍未得要領。❻在羅氏公出及返臺後，臺大一方面電教育部催促將臺大預算表交提行政院院會討論，以徹底解決經費問題，另一方面亦屢出公函，請長官公署先行按月墊撥經費，公署仍然置之不理。❻四月二十五日，羅氏擬妥改善教職員待遇計畫，攜之往見陳長官，當面攤牌請求，陳儀提出：臺大經費不列入臺灣省預算，故款無所出，無法按月支付。如能請教育部呈准行政院，授權長官公署暫將臺大經費列入省府預算，則以後事事便利。❻此說表面看來至為合法、合理，但如將臺大經費列入省府預算中，則未來臺大之受制於省府更可想見。次日羅氏再發二電，一催教育部速請行政院授權長官公署核發臺大經費，二請教育部授權長官公署隨時審核、調整臺大經費。❻在遲未得教育部朱部長回覆、臺大經費已瀕告罄情況下，羅氏於五月六日再電

---

❻ 見1946年4月11日《人民導報》訪問羅校長文，轉見黃宗甄《科學巨匠：羅宗洛》，頁137引述。

❻ 臺大於3月27日、4月25日兩次分電教育部及長官公署請求解決經費問題。3月27日為校總㈢字第296號代電：長官公署，為本校需款孔急擬向貴署先行惠撥四月份經費300萬元，以應急需由。4月25日兩件，校總㈠字第362號電：教育部朱部長，臺大預算尚在部中未提出行政院，臺大已陷絕境，希即設法由。及校總㈠字第366號公函：長官公署，函請再墊本校四月份經費200萬元由。均見《臺大發文歸檔簿》。

❻ 見《日記》，35年4月25日則。

❻ 見4月26日，臺大校總㈠字第376、377二函。

朱部長,請教育部另檢賢能以接替其代理校長職位,彼只能負責到五
月十五日為止,希圖以去就力爭經費問題之解決。日記中且留下「前
途黯淡,獨木難支」之浩嘆!❻❻五月八日,羅氏再致電朱部長,云:
臺大瀕危,盼請胡適之先生出長臺大。❻❼其意蓋只有胡適之能壓服陳
儀,拯救臺大。五月九日,羅氏一面請總務長陳兼善準備移交事宜,
一方面通知省教育處范壽康處長,告以僅能負責至十五日為止,請轉
告長官,早作準備。當日下午范處長來傳長官意,勸羅氏再返京交涉
經費問題,如仍不得解決,再當面辭職,同時陳儀亦將電蔣委員長請
示云云。欲將經費問題責任全推予教育部及中央政府。至此,羅氏決
定再次晉京交涉,做最後之努力,同時決定不再向長官公署「申請」
五月份臺大經常費。❻❽次日,羅氏偕省教育處范處長見陳儀,面陳辭
職決心,並期望長官公署日後能寬籌經費,使臺大不致動搖。陳儀對
羅氏之去留不加議論,僅竭力說明不能墊款之理由。❻❾五月十一日,
羅氏出席省參議會,報告臺大接收後之校務,並備質詢。羅氏在如此
沉重心情下,仍窮數日之力,完成報告書,期為一己之臺大生涯劃下
完美的句點。❼⓿次日係週日,羅氏偕友朋作北投之遊,日記云:余不
久將離臺灣,此行為北投最後之遊,暮雲煙村似不勝情,回首雲山,
曷勝惆悵!❼❶十三日,朱部長來電慰留,並說明臺大預算遲遲未報行
政院之原因,希望羅氏繼續向陳長官請求。十四日,羅氏再見陳儀,

❻❻ 見5月6日,臺大校總㈠字第387號函。又見該日《日記》。

❻❼ 5月8日,臺大校總㈠字第394號電。

❻❽ 見《日記》,35年5月9日則。

❻❾ 見《日記》,35年5月10日則。

❼⓿ 《日記》,35年5月11日則。羅氏報告全文,以《今後之臺灣大學》為題,刊
5月12日《新生報》,第2版。

❼❶ 《日記》,35年5月12日則。

陳儀仍表示無法墊款。❼十五日，羅氏接到在南京代臺大接洽之陸志鴻教授來信云，行政院已指令臺省公署每月撥臺大經常費參佰萬元。臺大旋派陳兼善總務長及馬廷英教授晉見陳儀要求撥款，陳竟言：即有行政院之電令，苟無確言擔保，彼亦不允撥款。至此羅辭意更堅。十七日，羅氏宣佈組織校務委員會，以便在其公出時處理校務，以教務長戴運軌、總務長陳兼善及省教育處長范壽康三人為常務委員。❼十八日，羅氏搭機離臺。當日，陳儀派財政處處長嚴家淦等在機場送行，臨登機前，告羅氏陳長官已於昨日下午五時前簽發臺大三、四月份經費，並先送壹百萬元至臺大。❼羅氏於五月二十日抵南京，先後面見教育部朱部長及行政院蔣夢麟秘書長，力求徹底解決臺大經費問題。朱部長謂：臺大經費不能由國庫匯去，因陳儀扣留中央在臺灣的一切收入，故中央在臺各機關之經費，亦必須由臺省負擔。❼但為解決臺大之困境，部、院同意將臺大經費暫列入臺省預算，再由行政院指令

---

❼　《日記》，35年5月13、14日則。

❼　《日記》，35年5月15、16、17日則。羅校長原聘教務長陳建功、理學院院長蘇步青及農學院院長蔡邦華均於四月中返回尚在貴州遵義的浙江大學，從事浙大復原工作。羅氏改聘戴運軌為教務長。

❼　見《日記》，35年5月18日則。《回憶錄》，〈三、臺灣之行（一）接收臺灣大學〉。及黃宗甄，前引書，頁145。

❼　朱部長意見代表當時中央政府對臺大經費的看法。民國37年1月14日，朱部長首次來臺，向臺大同仁致詞時也說：臺省情形特殊，財政收支系統和幣制，異於他省，中央對於臺省，向以令其自給為原則，所以有些稅收，應屬中央的，中央也不令臺省解繳。臺大所呈預算，教部本已批准，但是呈送行政院後，即批交前長官公署核發；教育復員經費，也因為自給的原則而未發給臺大，就是這個道理。見《國立臺灣大學校刊》，第8期（民37年1月16日），第2版。

省公署核發。臺大經費由省府核撥，至此基本上解決了臺大經費問題
的困擾。

　　羅氏此行除解決臺大經費問題外，同時堅辭代理校長職，並於七
月一日離開南京，返上海植物所原職。❼朱家驊婉留羅氏不成，正著
手物色臺大新任校長人選時，據云：陳儀立即聽從其謀士沈仲九之建
議，以最迅捷之手腕推薦隨羅氏來臺接收之陸志鴻（筱海）委員承乏
校長職務（以其亦教育部所派人員，非長官公署之人員），並順利獲得
教育部核准。❼❼八月初，教育部宣佈以陸志鴻為臺灣大學校長，陸氏
於八月十三日抵臺履新。❼❽

四、接收時期的臺大文學院

㈠遲遲虛懸的臺大文學院長職務

　　羅宗洛奉命接收臺北帝大，所檢輔助人員（臺灣區教育輔導委員
會委員，即大學校務維持會委員），均為理、工、農諸領域學者。因此，
他到臺北後，經過打聽、諮詢，特聘省籍杜聰明與林茂生二人協助，

---

❼　詳參《日記》，35年5月19日–6月3日則。另參黃宗甄，前引書，頁145–147。

❼❼　此係王泳世伯應作者書面詢問，回覆作者之信函所書。王教授現居美國加州，
　　回憶隨羅氏來臺接收種種，史料價值極高。

❼❽　陸志鴻氏隨羅宗洛至臺大接收後，於35年2月返回重慶中央大學，先將其主
　　持多年之材料實驗室及金相學設備遷回南京本校，家眷於同年6月始離渝返
　　鄉。在南京時曾就近代表臺大向教育部交涉各項問題。詳見謝承裕〈陸志鴻
　　先生傳記〉（1993年10月），及周廣周〈當代師表陸志鴻教授〉，《中國一週》
　　336（1956年10月1日），頁8。該二文由陸校長哲嗣陸震來教授寄贈，特此致
　　謝。

分別負責醫學部與文政學部的接收工作。依其他例證看，接收委員其後皆分任國立臺灣大學各學院院長，如蘇步青之於理學院、陸志鴻之於工學院、蔡邦華之於農學院、杜聰明之於醫學院，惟獨林茂生於接收後未獲聘任為文（法）學院院長（僅任先修班主任），其原因頗值得深入探索。究其緣由羅氏在正式接收臺大（十一月十五日）以前，陳儀長官已公然推薦朱□□、吳□□二人擔任文、法二學院院長。初時，羅氏採拖延方法拒絕其人選，並決意於完成接收工作後即回原職。其後終因教育部內定校長不願來臺，羅氏不得已續任代理校長，對文、法學院院長人選勢必得多做考慮。此外，原臺北帝大文、法科合設文政學部，今長官公署逕自委派文、法二院院長，文政學部應如何劃分、如何安頓，俱成問題。當時臺灣反日氣氛濃烈，陳長官及臺大臺籍學生俱主盡去文政學部日籍教師，陳長官甚至主張暫時停辦文法學院，這些言論自然給予羅氏極大之壓力。因此羅氏強調：

> （文、法學院）與思想文化有密切之關係，自應招聘國內優秀學者來臺講學，以宣揚祖國文化。❼❾

故對文、法學院院長人選極為謹慎。

　　三十四年十二月十九日，羅氏正式就任代理校長，一方面續與長官公署交涉解決文法學院諸事，一方面積極物色有名望之教授出任臺大文學院院長。他先後電請柳無忌及樓光來二先生，❽❶均未如願。此

---

❼❾　國立臺灣大學《接收臺北帝國大學報告書》，臺北，1946年。

❽❶　羅氏先聘柳無忌氏，見34年12月29日臺大總字第10號急電。再聘樓氏，見35年1月30日臺大總字第38號電報，並參該日《日記》。柳無忌，江蘇吳江黎里人，1907年生。先後就讀上海聖約翰大學、北京清華學校。1927年留學美國，次年畢業於威斯康辛州勞倫斯學院。旋入耶魯大學研究院深造，1931年獲耶魯英文學博士。1932年夏返國，先後任教天津南開大學、長沙臨時大學、昆

時，長官公署更欲自行創辦文、法學院，並內定周谷城及周憲文二人
為院長。羅氏不得已，聘周憲文氏出長臺大法學院，一方面扼阻臺省
另辦法學院，一方面也給臺大法學院尋得新的空間。三十五年四月九
日，羅校長重慶述職歸來，曾面告記者云：文學院院長已聘定前中大
歷史系主任，不久後即可來臺，❸後亦未實現。羅校長看重的學者，
既不願來臺，終羅校長三十五年五月中旬離臺為止，文學院院長始終
虛懸，僅由林茂生教授以校務委員會委員等名義處理院務，直至三十
六年二二八事變發生，林氏遇害為止。

(二)臺籍教職員工之留任、擢昇與新聘

羅氏接收臺大，對原有臺籍教職員盡予留任，文政學部亦不例外。
在正式接收前，羅氏先調查全校各單位現任臺籍人員情況，十一月十
四日文政學部繳出文政學部判任、講師、囑託、僱員、職員及工友調
查表，計有臺籍教職員五名，履歷如下：❸
神島倉吉（舊姓名吳守禮），37歲，臺北帝大文政學部卒業，

<hr>

明西南聯大及重慶中央大學等校，任教授及系主任等職。辭任臺大教職後赴
美，最後任印第安那大學教授。樓光來，字石庵，浙江嵊縣人，1895年生，
為著名英語語言學家。歷任國民政府外交部秘書，南開大學、東南大學及清
華大學教授，抗戰期間任中央大學外文系主任、代理文學院院長等職。

❸ 見姚原（原名陳確實）〈訪問臺大羅校長〉，《人民導報》35年4月11日，轉見
於《日記》附錄文。前中央大學歷史系主任，似指沈剛伯氏。《日記》中記
載羅氏與沈剛伯通信，不止一次。4月20日並有沈來信云收到旅費30萬元之
記載。但終羅氏去職，沈未來臺。沈先生遲至37年8月始在莊長恭校長任內
來臺任臺大文學院院長。

❸ 見34年11月14日文政學部呈文，收入《35年1月起文學院雜書類》檔案，
編號329。另有傭工、雇員等不錄。

	講師，月俸130圓，教授國語（北京語）
石朝桂，	29歲，東京日本神學院卒業，
	囑託，月俸85圓，東西洋倫理學及哲學教室
山中彰二（舊姓名陳紹馨），40歲，東北帝大法文學部卒業，	
	囑託，月俸58圓，土俗人種學教室
陳炯澤，	39歲，高等小學校卒業，
	囑託，月俸50圓，教育學教室
鄭左鶴，	39歲，臺北商業學校商科，
	判任職員，月俸144圓

五名全予留任，並予不次之擢昇：

陳紹馨為教授，　薦任一級，月俸（底薪）400元

吳守禮為副教授，薦任四級，月俸340元

石朝桂為助教，　委任二級，月俸180元

鄭左鶴為事務員，委任三級，月俸160元（以上均自三十四年十二月起聘任）

陳炯澤為助教，　委任二級，月俸180元（三十五年五月一日起聘任）⑧⑬

再加上羅氏十一月一日聘自臺南工專之教授林茂生（簡任五級，月俸520元），共六人，組成光復以後臺灣大學文學院之最早成員。

　　除留任原有臺籍教職員外，羅氏並盡可能聘任臺籍學人來校任教。終三十五年七月羅氏正式卸職止，由羅氏聘定來校者計有：洪耀勳、曾天從（三十五年八月一日起聘為哲學系副教授，唯曾先生於十月一日始到校，次年一月一日起二人皆改聘為教授）、鄭發育（哲學系講師，三十五年二月起聘）及哲學系助教林素琴（三十五年五月一日到職）等人。另有黃得時（三十四年十二月一日）、陳友諒（三十五年二月一

⑧⑬　陳炯澤遲至35年5月1日始聘任，是否與其學歷有關，不得而知。

日)、林酒敏（三十五年三月一日）、蘇唯熊（三十五年五月一日）、曹
欽源（三十五年八月一日）等人，皆先聘為先修班副教授，先修班結
束後改隸文學院各系任教。由大陸新聘到職者，則有魏建功（三十五
年二月七日）、周學普（三十五年五月二十九日）、臺靜農、夏德儀（皆
三十五年八月一日到職）、張舜琴(三十五年八月七日到職，以上教授)、
許汝鐵（哲學系講師兼生活指導組主任，三十五年三月一日到職）及
助教余乃述（三十五年八月一日到職）等人。❽

㈢日籍教師之留任

由於臺大接收前後，排日氣氛極其強烈，對於日籍師生皆欲去之
而後快，尤以對文政學部教師為然。因此，羅氏原先盡量留用日籍教
師之想法產生困難。但羅氏到校後，聽聞日籍早坂一郎教授極為推崇
文政學部英文學教授矢野禾積之學問人品，❽遂堅持文政學部日籍教
師未可一概遣歸。羅氏接任代理校長後，曾於三十五年一月二十二日

---

❽ 詳參民國35年度《文學院教員名冊》，再比對35年8月份文學院員工及俸給印
　領清冊而成，當時人事不定，隸屬單位複雜，恐有疏漏、錯誤處。魏建功時
　任臺灣省國語推行委員會（35年4月2日成立）主委，此時在臺大或為兼任性
　質。

❽ 見《日記》，34年10月23日則。矢野禾積，字峰人，日本岡山縣久米郡人，
　1893年生。日本京都帝大文學士，專攻近代英文學，曾留學歐、美兩年。1928
　年臺北帝大初創，出任文政學部英文學講座教授。1935年獲京都帝大文學博
　士學位。1937年起任文政學部長三年，1941年任大學圖書館館長，夙為師生
　所欽仰。參看杜淑純〈臺北帝大第一位臺灣女學生的回憶〉，《從帝大到臺大》
　（臺灣大學，2002年），頁55。光復後臺大首任文學院院長錢歌川也對矢野
　教授敬重有加，見錢著〈海隅十年〉，《罕可集》（臺北：傳記文學出版社，
　民68年再版），頁208。

前往文政學部,由南洋史教授岩生成一引導參觀史學科各講座蒐藏史料。當日羅氏日記云:

> 大抵皆為臺灣之史料,如臺灣與荷蘭、西班牙、英、法等國之關係,多係領事、傳教士等之報告,可窺當時臺灣之情形者,頗為珍貴。又有《華夷變態》八十冊,係抄本,乃明末清初日人關於中國動態之情報。蓋當時滿人入關,囊括華夏,日人恐波及日本,注意其舉動,故派多人偵探,其結果編成八十冊之報告。本大學所有者即其抄本,與原本無二。

數日後又補記:

> 南洋史料中有《歷代寶案》,為琉球與中國之外交文書檔案,起自明永樂迄清康熙。尚有沖繩(疑有脫誤)。臺大派人抄寫一份,持歸後琉球即遭盟軍轟炸,原本當已歸烏有,僅有此一部矣!文皆漢語。 ❽❻

說明羅氏對文政學部教授過去之努力甚為讚賞,此時或已定留用日籍教授之決策。其後文學院留用日籍教師八人,即:西洋文學教授矢野禾積、東洋史學教授桑田六郎、南洋史學教授岩生成一、東洋哲學教授後藤俊瑞(原助教授,三十五年五月起改定為教授)、西洋哲學教授淡野安太郎(原助教授,三十五年三月起改定為教授)、日本史學(原稱國史學)副教授(原助教授,下同)小葉田淳、土俗人種學副教授宮本延人及哲學助教長岡新治郎, ❽❼ 自三十五年三月一日起重新聘任

---

❽❻ 《日記》,35年1月24日則。

❽❼ 見〈35年4月文學院員工薪俸印領清冊〉,所載日籍教員名冊。《文學院薪俸及生活津貼》檔案(34年11月起至36年12月底止),編號331。法學院方面亦留用日籍教員,茲不贅。

為國立臺灣大學教員。若非羅氏力排眾議，堅持學術超乎仇恨、國界之外，文學院是無法留任日籍學者的。

㈣研究、教學工作之延續

由臺北帝大過渡成臺灣大學，在學制上最大的改變是由帝大預科、大學制轉換成為當時我國所行之美式四年大學制。這不僅止於大學這一層面的改變，甚至牽涉到整個學制的改變。亦即由日人所行之小學、中學、高等學校（或大學預科）、大學——六、四、二、三之學制，⑱改變成為我國小學、中學、大學——六、六、四之學制。羅氏素持不能因接收而使臺大水準降低的看法，主張保留臺大預科（改稱先修班），以為緩衝。羅氏的做法是自民國三十五學年起，臺大修業年限，除醫學院改為五年外，餘均四年。即以原預科（先修班）之二年級為大學一年級，而原大學之一二三年級，改為二三四年級。此後，先修班之修業年限為一年，如此學制可與國內大學一致，⑲而臺大學生之程度亦不至於降低。

其次一項改變，為講座制向科系制轉變。日本帝國大學之特色為行講座制。以講座為教學研究單位，積若干講座為學科（即我國制度之科系），若干學科為學部（學院），各講座有其獨立之預算，學科反而有名無實，並無科（系）主任之名。由講座制向科系制過渡，在行政上自應建立科、系之主導性，減低各講座之獨立性。這方面的工作，各學院步調不一。在校總區方面，理、工、農各院進行較為順利，先後由校長聘任院長，再協力聘請各系主任，改各講座名為研究室，即

---

⑱ 日制原為六、五、三、三制，在大戰後期縮短修業年限為：中學四年，高等學校高等科（預科）兩年。

⑲ 詳見羅宗洛〈今後之臺灣大學〉，《新生報》35年5月12日，第二版〈學制之改制〉則。該文為羅氏離臺前夕向省參議會報告文。

能循序建立體制。但在文學院方面，因長官公署干涉文法學院院長人事，加以羅氏理想中之人選不願來臺，文學院院長遲遲虛懸，其下之系主任人選自亦無法考慮，因此終羅氏去職，臺大文學院大體仍係舊講座制之延續，所成立之文學、史學、哲學三系，亦僅有其名，系務全由院方辦理。好在接收後，原有日籍學生全數遣歸，文學院暫緩招生，❾所餘學生僅有四名，其中文學系、史學系各兩名。❾因此，幾無教學活動可言，故仍維持過去學生進講座研究室，注重研究之傳統。以光復後歷史系第一位畢業生張美惠為例，她於一九四四年十月由東京聖心女子學院轉入臺北帝大史學科，師事岩生成一主修南洋史學，先後修習岩生教授開授之荷蘭語等科目。三十五年岩生教授返日，張美惠改隨桑田六郎教授研習東西交通史，三十六年六月以《關於東西洋考中的明代中暹關係》論文畢業。從她受教過程看，可以窺知光復初期臺大文學院教研工作，基本上仍係舊制度之延續。❾

㈤文學院行政業務之運作

臺北帝大接收、改制為國立臺灣大學前後，文學院院長既虛懸未定，當時文學院行政運作情形如何，亦值得探索。參閱現有文學院檔案（藏臺大總圖書館）可約略看出，自國立臺灣大學正式成立（三十四年十二月十五日教育部高字第63242號代電），到三十六年二二八事

---

❾ 前引《接收臺北帝國大學報告書》云：文政學部必須徹底改造，內地教授因交通困難，暫時無法來臺，應暫緩招生。

❾ 見《國立臺灣大學概況》，36年4月版，〈24.學生人數〉，載二年級以上學生人數。學生姓名可考者，有文學系林宗毅（三年級）、張耀熙（二年級）及史學系張美惠（四年級）三人。

❾ 張美惠畢業後隨即留任歷史系助教，升任講師後於民國43年考取西班牙政府獎學金，辭職赴西班牙留學，後長居西班牙。

變發生，期間文學院是由林茂生教授實質處理院務。其名銜先後有文政學院校務委員、文法學院校務委員、文學院校務委員等不同稱謂。一般而言，在三十五年四月以前文學院所上之簽呈，均署名文政學院校務委員林茂生。三十五年四月九日為文學院三職工要求提昇薪水呈文時，則由文學院校務委員林茂生、法學院院長兼人文研究所所長周憲文二人共同署名，印證前述周憲文一度被聘為法學院院長的事實。但三十五年八月一日呈文，則又署名文法學院校務委員。❸此後，不再稱文法學院，代以文學院校務委員。文、法兩院似由此時分立門戶。無論名銜為何，文學院所上公文、校方發來公函，均由林茂生簽署及簽收。其間，凡要求晉用新職工、要求提昇職工薪水等事，均由林氏負責辦理。而實際處理各項業務者，則為留用之省籍事務員鄭左鶴先生（原帝大委派判任職員）。鄭氏在三十五年底以前，尚兼代法學院及華南人文研究所事務員，❹三單位業務均由彼處理。事實上當時三單位是一套行政人員，庶務全由鄭先生領導處理。

　　文學院以下，各系之行政體系付之闕如，遑論執行教學、研究工作。光復後，前帝大所置四科分別改設為文學、史學、哲學、政學四系。政學系屬法學院，並劃分為法律、經濟、政治三系。文學院三系因院長人選遲遲難產，新聘教師不多，且多屬低階教師，因此各系主任亦不曾聘定，三系業務均由文學院辦公室統籌處理。實際之教學、研究工作仍由留用之各講座教授分別負責，如文學系二學生，由矢野禾積教授之英文學教室負責指導，史學系學生則由岩生成一及桑田六郎教授負責。

---

❸ 詳見《文學院人事關係書類》檔案，編號338號，35年各類文件。

❹ 華南人文研究所（原帝大南方人文研究所）於35年11月18日奉校長通知暫停工作並速移交（校祕字第1118號箋函）。法學院則於36年1月與省立法商學院後合併，該年8月將院區轉設於徐州路省立法商學院舊址。

五、餘論

　　一九四五年日本戰敗，中國重臨日本統治達五十年之久的臺灣，此為歷史上少見的特殊情境。其中臺北帝國大學的接收，更是臺灣整體接收過程中，極為特殊的一環。由於教育部事先已預見臺北帝國大學的特殊性，因而特派臺灣區教育輔導委員會委員（或稱特派員）前來臺灣，負責接收相關事宜，在行事上不可謂不慎重。在人選上，特派曾留學日本十餘年，嫻熟日本學術倫理，並獲有日本博士學位，且以研究見長的羅宗洛氏，❾❺更是明智之舉。在羅氏的努力下，為臺北帝大的轉型、改制奠定下良好的基礎。由於羅氏堅持不可因學制的改變而使大學水準降低，因而盡量留用日籍優秀學者，並慎擇國籍教授以及保持新生入學水準，此些作為均令人感佩。無奈彼時之時空環境不但減損，甚或阻礙了他的堅持力道。他的留用日籍教師政策，受到當時反日人士的強烈不滿，❾❻他維護大學水準的做法，也受到急欲進入大學工作或求學人士的壓力。在萬難中，他還是留用了日籍教員近百人（甚至包括文政學部八人），並暫時維持預科。在這些事務上，他無愧於教育部之託付。

　　但是，原先單純學術機構之接收，因臺灣時空環境特殊，受到不當政治勢力干預，使羅氏在臺大的工作未抵於成。首先，陳儀以臺灣

---

❾❺ 37年3月中央研究院評議員選舉第一屆院士，羅宗洛獲選生物組院士，其學術成就可知。

❾❻ 34年11月15日臺大正式接收後，臺大青年學者徐水泉、劉盛烈諸人齊集校長辦公室，欲有所表達，他們對接收之方式甚不滿意。有「此大學究以日人為主，抑以中國人為主？光復的是臺灣，還是日本？」等憤激之語。當時反日情緒之激烈可想而知。見當日《日記》。

省行政長官身分，擬自聘接收臺大人選未成，對羅氏心存芥蒂。❼其次，陳儀長官公署兵多將廣，多為陳氏治閩時期舊部，彼輩在閩時期曾興辦各類學院，自認教育文化事業亦應由彼輩主導。自羅氏接收臺大初期，長官遽自決定臺大文、法兩學院院長人選，到公署謀自辦文、法學院，以及以經費問題刁難臺大等，決非出自陳長官一人之謀。❽反觀臺大方面，羅宗洛深知日人辦帝國大學的特殊性，以及其對聘任教員資格的嚴謹性，因而堅持不接受學官兩棲人士來臺大任教。加以接收以來身旁人手極為缺乏，早期只有陸志鴻、馬廷英二先生輔弼，稍晚則有陳建功、蘇步青、蔡邦華三氏，雖均一時精英，但見長官公署如此跋扈，多於接收完成後返回原任教學校，進行復員工作。羅氏勢孤力單雖於返回大陸述職期間，竭力邀聘傑出學者來臺，但亦只邀得戴運軌、沈潛及朱洗等少數學者，景況之淒涼，可以想見。羅氏嘗對親近友人云：

> 大學新聘人員因交通困難，無法來臺。而已到諸君或袖手旁觀，或專理私事，頗感人手不足。最好……拉朱洗兄同來，支撐場面，至少半年。❾

---

❼ 論者謂陳儀與政學系關係密切，與教育部系統之C.C派間向即對立，與中央政府孔、宋集團亦有舊怨，故彼此早有不和。見錢履周〈陳儀主閩事略〉及蕭授謙〈陳儀孔祥熙衝突的因果〉，皆收入《二二八研究三集》（臺北：李敖出版社，1989），頁41-56；119-124。

❽ 羅氏日記記載，彼晉見陳儀時，所提要求，長官常加首肯，但事後則常變卦，其身邊人之獻計、謀劃至為明顯。羅氏《日記》嘗感嘆云：如此凡事不由軌道，中國之軍人，仍不脫施公案、彭公案之色彩，臺灣前途甚可寒心。（34年11月6日則）又嘗氣憤云：「（陳儀）不知用人，徒好大喜功，不敗吾不信也。」竟不幸而言中。（35年1月7日則）

❾ 《日記》，35年1月14日則。

羅氏同樣是在艱苦流離八年、渴望返鄉復員之際，放下原機關及個人家庭的復員工作，隻身銜命由大陸來臺，為臺大服務，如非使命感及擇善固執之性格支撐，或早已放棄堅持，辭職歸去。三十四年十二月三十日歲暮，羅氏日記云：

> 晚間獨坐無聊，執筆作家書，拉雜寫來，已盡四紙，而鄉愁不盡。二、三年來奔走四方，屢與家人分離，自笑富貴於我如浮雲，何苦辜負錦衾也。

可以概見其傷感。臺北帝大之接收，被省籍人士及日人評為最完善、所有接收人員中亦以接收大學者為最廉潔。⑩逼走羅宗洛，固然大大地減損臺大維持高水準的理想，但受害最大的仍屬文、法兩學院。首先，陳儀長官任意任命文、法二學院院長，繼之又欲盡去文法科日籍教師，甚至主張暫時停辦亦無不可；再以培養實用法、政人員之任務，交予性質全然不同的臺灣大學來負責，不答應即以自辦文、法學院相要脅。羅代理校長在理想與現實的掙扎中，被迫在法學院方面讓步——任由省方推薦人員任院長，並答應辦理各類專修科。但在文學院方面則堅持理想——慎擇院長人選，堅持留用部分日籍學者，持續教學、研究工作。但羅氏仍然抵擋不住致命經費問題的糾纏，終在三十五年六月辭職不歸，留下未完成的臺大重建工作，交由新任校長繼續努力！

後 記

欣逢耀東師七秩華誕，得將拙文列入祝壽論文集中，至感榮寵。回憶三十年前在臺大選讀「中國現代史學」，初受逯師教誨，當時因學殖甚淺，領會不深。民國八十年逯師再返臺大任教，得稍親謦欬，於做人處事及中國史學史諸問題，浸淫稍深，始知逯師為學及「點撥」

---

⑩ 係臺大日籍日比野信一教授對羅氏之談話。見《日記》，35年1月8日則。

生徒功力所在。十載以還，受益於逯師者多矣！拙文原擬以〈光復初期的臺大文學院〉為題，對光復前後臺灣史學研究之繼絕問題有所探討，不意實際著手後，值得探討之問題超乎想像，未及接觸光復以後人文學術轉折之關鍵問題，而截稿時日已屆，爰以首任校長羅宗洛任期為限，撰成拙文，敬為逯師壽！

　　　　　　　　　　　　民國九十二年四月二十日東華謹識

讀大槻信良氏有關《中庸章句》典據的研究

陳榮開

　　大槻信良氏有關朱子《四書章句集註》出典的研究，行世的共有兩種：一為〈四書集註章句に現れたる朱子の態度〉一文（以下稱〈前文〉），❶另一為《朱子四書集註典據考》一書（以下稱《後書》）。❷論出版的形式以至於年代，兩者差距固多；若以關係而論，則又實出一源，都是出自大槻氏在昭和二十七(1952)年一項名為「四書集註章句典據考」的研究。❸更準確地說，前者是該項研究的結論部分，❹而後者則是研究所得的主體。如是者，合此二者當可窺見大槻氏該項研究

---

❶　文見《日本中國學會報》，五(1953)，頁80–94。此文有中譯本，見黃俊傑〈從四書集註章句論朱子為學的態度〉，原刊於《大陸雜誌》，60：6(1980.6)，頁25–39，後收入氏著《歷史的探索》（臺北：東昇出版事業公司，1981），頁176–220。

❷　此書於1976年由臺北學生書局出版，共668頁，前有毛子水序，又大槻氏所撰〈序文〉及〈凡例〉，皆有中譯。

❸　見《朱子四書集註典據考》，〈序〉，頁4。

❹　按大槻氏於出版此文時指出，因篇幅所限，無法將整個的研究公諸於世，不得已只將結論部分刊出。見〈四書集註章句に現れたる朱子の態度〉文首，頁80上。

的全豹。

首須注意者，當然是大槻氏此項研究背後的理念和構想。有關這點，從兩種論著的〈前言〉與〈序文〉中可見，大槻氏的看法是前後一貫的。他認為儒家一系的中國學人乃至所有的中國哲學家，都喜歡透過解經的方式來表述一己的哲學思想和為學立場。要瞭解他們的思想與立場，不得不研究他們對經書的解釋乃至體驗。❺朱子的哲學既然是中國哲學連峰中的巍然一大巨峰，則其人對解經與注經所持的態度，自不能不特加注意。❻基於此一看法，大槻氏乃著力研究朱子所苦心經營的「基礎作業」《四書章句集註》，企圖透過其中所表現的解經釋經的態度，考察朱子思想所以形成的過程。❼

可以想像，以大槻氏此項研究所牽涉考證工程的龐大，單憑他一人之力是勢難於一時之間卓見成效的。幸而，自朱子的《四書章句集註》行世以來，歷代有關方面的論著累積的已有不少。就是在前人業績的基礎之上，❽加上他自己的考索，大槻氏才會有這樣的一項成果。

然則，大槻氏的研究較諸前人業績有何獨到之處？按大槻氏言，

---

❺ 見上引文，頁80上、下，及《朱子四書集註典據考》，〈序〉，頁3。

❻ 見《朱子四書集註典據考》，〈序〉，頁3。

❼ 見〈四書集註章句に現れたる朱子の態度〉，頁80下。

❽ 按大槻氏所舉的前人論著，有趙順孫的《四書纂疏》、毛奇齡的《四書改錯》、翟灝的《四書考證》、金履祥的《論語孟子集注考證》、許謙的《讀四書叢說》和《四書大全》、戴大昌的《駁四書改錯》、楊希閔的《四書改錯平》、王掞的《四書集註發明》、李中培的《朱子不廢古訓說》、李滋然的《四書朱子集注古義箋》、吳昌宗的《四書經注集證》、梁章鉅的《論語集注旁證》、潘衍桐的《論語集註訓詁考》、簡朝亮的《論語集註補正疏疏》、焦循的《孟子正義》、陳澧的《東塾讀書記》、夏炘的《述朱質疑》和日人藤塚鄰的《論語總說》諸書。見〈四書集註章句に現れたる朱子の態度〉，頁80上。

前人的著述雖不乏卓拔傑出之作，卻都不夠全面，不是側重於發明朱子不廢古說的「學古」的一面，就是對二程以來宋代學者的說法措意之不足。❾這些自都無法充分地反映出朱子解經釋經的態度。有鑑及此，大槻氏的研究乃旨在補前人之偏，對朱子注經的依據，在可能範圍內作出全面的考查和綜合的研究。本文將集中於《中庸章句》的部分，❿對大槻氏研究的成果略加陳述並作檢討。

從作為結論而提出的〈前文〉可知，大槻氏對朱子為《中庸》作注時所採用的典據曾經作過相當詳細的調查，並對調查所得作出了如下表所示的仔細的分類。據大槻氏的統計，典據的總數共有二百五十七項。這二百多項的典據按「學古」與「革新」分為兩類。「學古」方面一百五十八項，包括經類三十九項、史類三項、子類三項、集類一項、音義訓詁的典據三十九項，和漢魏唐先儒的注解七十三項（此中包括以《禮記·中庸注疏》與《中庸注疏》以外的先儒的注為根據的兩個部分，分別為五十九和十四項）。這些都是朱子注釋《中庸》時所有採於漢魏以來古說的部分。這一百五十八項的典據，除了出自《爾雅》、《說文解字》和《經典釋文》一類重要的訓詁典籍之外，更多的是出自傳統經、史、子、集的四部之書。其中的《十三經》，除了《穀梁》之外，無不引據。另外，史類中有《史記》、《漢書》，子類中有《莊子》、《荀子》，集類中有《楚辭》，引據的範圍不可謂不廣。當然，四部之內，引得最多的仍然是《十三經》及其注疏，合共一百四十項，占總數的百分之八十八·六以上。又，在這一百四十項之中，以《中庸》古注（即由鄭玄的〈注〉、陸德明的〈音義〉和孔穎達的〈疏〉所

---

❾ 見《朱子四書集註典據考》，〈序〉，頁3。

❿ 按〈前文〉第四部分，自頁91上至頁93上，即為大槻氏對朱子《中庸章句》典據的統計與分析。同樣，《後書》最後的部分，起頁609，止頁654，也是〈中庸章句典據考〉之所在。下文的討論即以此兩處為據。

組成的《禮記注疏》中的〈中庸注疏〉）為據的，就有八十四項之多，恰恰是其中的百分之七十。此外，古注中以鄭玄所提供的最多。光他一人所做的注就有五十五項，超過了學古部分全數的三分之一。這可見得，朱注除了取材廣泛外，對於漢唐經學的成績，尤其是鄭玄的經說，是絲毫沒有掉以輕心的。

至於「革新」方面則有九十九項，當中包括朱子採自宋代先儒之說的三十四項和自標新義的六十五項。所謂宋代先儒，指的是周濂溪、張橫渠、二程、呂與叔、游定夫、侯師聖和楊中立諸人。❶他們都是所謂宋學的核心人物。朱子於「學古」之外兼採他們的說法，正是他的經說所以為「革新」的地方。然而，朱子之新尚不止此。他所自創的新義比採自宋儒的還要多。對於朱子六十多項的新義，大槻氏進一步將之分成兩類：一是與分章、章意、文意、語釋、舉凡與《中庸》文本的研究有關的三十四項；另一是與朱子哲學所賦與的新解有關的，包括與費隱、體用、道、中、誠、天理人欲、性情、尊德性、道問學、天道人道、鬼神與陰陽諸觀念有關的三十三項。除了分門別類之外，大槻氏還詳細地註明每一項目所牽涉的朱注原文及原文所在的章數，足見其徵實有據。❷

以上述的調查與統計為基礎，大槻氏作出了兩項主要的觀察。首先，就朱子的《中庸章句》與《四書章句集註》中其他三書的注的相通之處而言，大槻氏認為此書正正體現出朱子對經書尊奉和對漢魏以來舊說重視的態度。❸大槻氏指出，一般認為漢宋學風——前者重訓

❶ 有關這些說法的來源，誠如大槻氏所指出，絕大部分都已收錄於原為石子重所編纂，後為朱子所刪定的《中庸輯略》當中。於此亦可以見大槻氏翻查朱子《中庸章句》出典的過程中多有仰賴於前人業績之處。見〈四書集註章句に現れたる朱子の態度〉，頁91下–92上。

❷ 同上文，頁92上–93上。

詁，後者重義理──兩者乃處於一異質和對立的地位，而朱子的哲學作為宋學的大成，自與漢魏以來儒學的舊統多有扞格。殊不知實情非但並不如此，反而是：朱子在探索經義的過程中，除了參考了宋朝諸老先生的立場之外，還博稽漢魏以來諸儒的古說；而所建構出來的義理之塔，其實就是朱子沉潛於訓詁之學，在反覆推究的過程中，逐漸完成的。因此，在此一義理之塔之中，所看到的不是古今之間的矛盾，而是兩者表裡一體的折衷和綜合。⓮大槻氏對朱子此一解經態度的看法，即使至《後書》面世為止，歷經二十三年而未改。在《後書》的序文當中，他更強調，朱注每被稱為「新注」，然而朱注之新卻不能簡單地視作與古注相對而言的新。朱注之新乃是揉合了漢魏以來的古注和宋儒的近說的眾多要素而成的新。不瞭解這點，不足以言對朱子經解的「革新」性有恰切的掌握。⓯

　　此外，就朱子的《中庸章句》與三書之異而論，大槻氏指出朱子之注《中庸》，和他注《大學》一樣，其態度已由注《論語》、《孟子》二書所顯現的「客觀的解經」一變而為「斷然主觀的解經」。⓰在《論孟集註》之中，朱子表現出的是個忠實地「學古」的學徒乃至謙虛地遵循傳統的祖述家的一種態度。相反地，標誌著朱子個人的學術體系與治學方向的《學庸章句》，作為他的「新哲學」的據點之所在，所表現的自以「革新的主觀的」解經態度為突出。⓱不僅如此，大槻氏還指出，朱子之注《中庸》，縱或沒有像注《大學》般的指稱篇中存有錯簡甚或有補改經文之舉，他將《中庸》分成三十三章，又按費與隱、

⓭　同上文，頁80下。
⓮　見同上文文末的結語，頁94上、下。
⓯　見《朱子四書集註典據考》，〈序〉，頁3。
⓰　見〈四書集註章句に現れたる朱子の態度〉，頁91上。
⓱　同上文，頁94上。

體與用、天道與人道等成對的觀念，將全篇分析成整然而合理的體系，其主觀與大膽的程度，與《大學章句》中之所見，實不遑多讓。⓲

以上的兩項觀察，揭示了朱子注經事業乃至他整個的哲學體系融匯古今的特點，對於澄清人們對朱子學不過為宋學甚至程門一家之學的承繼一類的誤解甚有幫助。不僅如此，這些觀察都不是憑空的臆測，而是建基於對朱子的注釋逐條逐項的尋根究源的調查之上的。當然，正如上文所述，〈前文〉所載的只是調查所得的數字及其結論。然而，只要翻查《後書》，則朱注之出自何書或所據何人，都是可以一檢便知的。合二者而為用，對於研究朱子的《中庸章句》，提供了極大的方便。⓳

當然，要適當地運用《後書》中的〈中庸章句典據考〉（以下稱〈典據考〉），還須瞭解其中的義例。有關這點，《後書》中的〈凡例〉固已有所述及；然而，語焉不詳，除了略略提及在可能範圍內會簡潔地將確認為或推斷為朱注的典據注出之外，⓴對於典據的排列、著錄的內容與及其他相關的問題，都沒有再進一步的說明。有鑑於此，以下先就此諸方面，將〈典據考〉背後隱而未彰的義例表而出之，以增加對此篇結構的瞭解。

⓲　同上文，頁92上。

⓳　此處當附帶指出，近人陳鐵凡氏有〈四書章句集注考源〉一文，其中對大槻氏所曾處理過的典據問題也作出了詳細的調查。然而，由於所統計的對象只限於朱注中所指明的人物姓氏，範圍遠較大槻氏者為狹，所得的數字與結論也就不能無異。僅就《中庸章句》的統計而論，陳氏的發現是程頤六項、董仲舒一項、王肅一項、游酢一項、侯氏一項、張載四項、鄭玄四項、呂大臨五項，共二十三項，更不及源自漢魏古說的音讀訓詁及朱子自身所創之新義。而基於此一數字，陳氏乃有「四書集注，不只集宋學之大成；而且是傳伊洛一家之學」的結論。見氏文，刊於《孔孟學報》，四(1962. 9)，頁252–253。

⓴　見《朱子四書集註典據考》，〈凡例〉，頁3。

一、對〈典據考〉潛在義例的剖析

大槻氏的〈典據考〉既係為朱注而作，理所當然地，其書亦按照朱子《中庸章句》原有三十三章之次來編排。每章之內，分條只列朱子的注文；《中庸》的本經，則不另載。所錄朱注之文，或長或短，長者達五六行一段，短則僅三數字一句。注文之旁，先頂格標以（古）、（近）、（新）、（古）（近）或（新）（近）等不同標記，以顯示典據所屬的類別。㉑接著，騰空一格，再將典據的內容列出，以備檢者的參考。然而，這些典據或揭人名、或揭書名、或並載其文，而文之詳略又不一致，此中可有規律？其規律為何？此外，同一條的朱注，所據之典又往往並非單一，則典據之間是否排列有序？其序又為何？凡此都是瞭解〈典據考〉的義例所必須釐清的問題。

㈠學古之典

誠如上述，朱注的典據有多種類別。然而，最主要者仍為學古、宋代先儒之說和朱子新義——即（古）、（近）、（新）——三類。在此三類之中，引據次數最多、內容又最複雜的當數第一類學古之典。以〈典據考〉所列朱注的條數為準，全數二百五十九條之中，學古類的便占了一百六十六條之多，即總數百分之六十三以上。更重要者，所謂學古，其範圍在三者之中包羅又最廣，除了《中庸》古注之外，凡經引據的宋代以前經、史、子、集各部之書，無一不屬此類。如何處

㉑ 按〈前文〉原只分作「學古」與「革新」兩類；俟《後書》之出，後者又再分為宋代先儒之說和朱子新義兩類。這合共三類的典據分別以（古）、（近）、（新）三種不同的標記顯示。至於（古）（近）、（新）（近）等標記，則代表著所據之典並非單一而是兼有兩類之意。

理這批內容龐雜的古注之典，自然是〈典據考〉所首須解決的問題。

為了清晰起見，對學古之典，將分作四類討論。第一類是那些涉及辭書在內的典據。這類典據可分為二。其一是所涉者純為辭書的一種，如「均，平治也」一條所示：

《說文》云：「均，平徧也。」❷❷

此處，〈典據考〉只引《說文解字》原書。然而，也有兼引辭書的注的情況。就《說文》而言，其注便是〈段注〉。且舉「睨，邪視也」一條為例：

《說文》云：「睨，衺視也。」〈段注〉云：「衺，今字作『邪』。」❷❸

這裡所引段玉裁的注乃後出之書，當然不可能為朱子所據；而所以並引於此，相信是為了使檢者知道《說文》中的定義與朱注非不相關的事實。以上兩例所涉辭書都僅一種，涉及兩種或以上的，如「奏，進也」一條：

《說文》云：「奏，進也。」《廣雅・釋詁》亦同。❷❹

所引的兩種辭書，《說文》為東漢許慎所作，《廣雅》為三國魏張揖所撰，以時代先後論次序，故先列前者。其他辭書的序列亦如此例。至於引文方面，《廣雅》中所載的既與《說文》者無異，故也不另抄出。

第二種是那些既涉辭書，又涉他書的典據，如「率，循也」一條便是：

---

❷❷　見〈中庸章句典據考〉，頁617。又〈典據考〉中所引文字原來都是以傳統的句讀之法來作標點的；為便閱讀，本文所引一律代之以現行的標點法。

❷❸　同上，頁621。

❷❹　同上，頁653。

《爾雅·釋詁》文，〈鄭玄注〉亦同。❷⑤

明顯可見，排列的原則是以辭書為先他書為後的，即使所涉者乃《中庸》的古注——〈鄭注〉。也因為同樣的原理，「邇言者，淺近之言」一條的各種典據，其排列次序亦如下例：

《爾雅·釋詁》云：「邇，近也。」《說文》、〈鄭注〉亦同。❷⑥

當然，這條典據，其中的《爾雅》之所以在《說文》之前，也如上述，是因為著作年代更早所致。

然而，卻也有一些看似違反規則的例子，如「鉞，斧也」一條：

《廣雅·釋器》云：「鉞，斧也。」〈王念孫疏證〉云：「戉，今作鉞。」《說文》：「戉，大斧也。」《說文》：「戚，戉也。」〈大雅·公劉篇〉：「干戈戚揚。」〈毛傳〉云：「戚，斧也；揚，鉞也。」❷⑦

此處先辭書而後他書的做法固已切合既有的規則；但辭書之中，《廣雅》反在《說文》之前，便似與常規不符了。雖然如此，這樣的一種排列也不見得是出於任意的。首先，放在最前的《廣雅》，其中的定義通過王念孫的補充，便馬上與朱子的注呼應起來，儘管〈疏證〉後出，決非朱注之所據。此外，中間兩引《說文》，前者與前面的《廣雅》接續，後者與後面的〈大雅〉相連，一氣呵成，閱覽為便。也許因為這個緣故，在排列的次序上略有變異。

學古中的第二類是古注之典。這批典據自然包括《中庸》的〈鄭注〉與〈孔疏〉；要特別一提的是陸德明的《經典釋文》也都包括在內。

---

❷⑤　同上，頁611。

❷⑥　同上，頁615。

❷⑦　同上，頁653。

按《釋文》一書，在大槻氏〈前文〉的分類中，原屬「音義訓詁之典據」一類，與《爾雅》、《說文》為並列。然而，一方面《釋文》早已以〈音義〉的形成構成了〈中庸注疏〉中不可分割的部分，而另方面大槻氏〈典據考〉的本身實亦如是這般地看待《釋文》，㉘本文因亦將之納入於古注之典之內。

有關這類典據的著錄方法，其原則與上面的辭書並無兩樣。也就是說，典據的內容與朱注全同的，如「拳拳，奉持之貌」一條，〈典據考〉便簡單地著錄為：

> 用〈鄭玄注〉。㉙

要是與朱注文有詳略，則便將古注的原文一并錄出，如「衽，席也」一條：

> 〈鄭玄注〉云：「衽，猶席也。」㉚

這裡鄭玄的注與朱注之間不過一字之多寡，〈典據考〉也都將之注出；其他如「道，猶路也」一條，便著錄得更加詳細：

> 〈鄭玄注〉云：「道，猶道路也。出入動作由之；離之，惡乎從也！」㉛

「出入動作由之；離之，惡乎從也」兩句也連帶引在這裡，一則以見

㉘ 這一點可以從〈典據考〉的著錄方式得到引證。按〈中庸注疏〉中的〈釋文〉，在〈典據考〉的著錄當中，不是獨立成項，就是與〈鄭注〉、〈孔疏〉引在一起的。

㉙ 同上，頁617。

㉚ 同上，頁618。

㉛ 同上，頁611。

朱注與所據的〈鄭注〉間的異同，二則也可以提供檢者以瞭解朱注的
一種參考。

除了著錄簡單之外，在典據的排列上，原則也同樣地並不複雜。
實際上，由於〈鄭注〉、〈音義〉和〈孔疏〉在〈中庸注疏〉中早有既
定之序，這三者之間孰先孰後，便不必由〈典據考〉來費周張。舉例
而言，典據中兼涉〈鄭注〉、〈孔疏〉如「易，平地也」一條者：

> 〈鄭注〉云：「易，平安也。」〈孔穎達疏〉云：「言君子以道自
> 處，恒居平安之中，以聽待天命也。」㉜

則〈鄭注〉為先〈孔疏〉為後。兼涉〈鄭注〉和〈釋文〉的，如「鼓
瑟琴，和也。翕，亦合也。耽，亦樂也。帑，子孫也」一條：

> 〈鄭玄注〉云：「鼓瑟聲相應和也。翕，合也。耽，亦樂也。古
> 者謂子孫曰『帑』。」〈釋文〉云：「帑，音奴，子孫也。本又作
> 『孥』，同。」㉝

則先〈鄭注〉後〈釋文〉。兩者皆以〈鄭注〉居首。至於兼涉〈釋文〉
和〈孔疏〉的，如「罟，網也」一條：

> 〈釋文〉云：「罟，網之總名。」〈孔疏〉亦云：「罟，網也。」㉞

也是因為〈釋文〉在〈中庸注疏〉中原來就在前面，故先〈釋文〉而
後〈孔疏〉。此處，若不是引〈釋文〉在先，〈孔疏〉中的原文按例是
不必錄出的。

然而，也有看似違反此一次序的例子，儘管僅此一項而已。那就

㉜　同上，頁623。

㉝　同上，頁624。

㉞　同上，頁616。

是「抑，語辭。而，汝也」一條：

> 〈鄭玄注〉云：「抑，辭也。而之言，女也。」〈孔疏〉云：「抑，
> 語助也。女，子路也。」〈釋文〉云：「女，音汝。」❸

這裡的〈孔疏〉反在〈釋文〉之前，是因為所引〈孔疏〉前句解「抑」、後句解「女」，放在〈鄭注〉之後〈釋文〉之前，可使文意接續的緣故。實際上，〈孔疏〉中前後兩句之間還有「而之言，女也」的省文。這樣的省略顯然是經過安排的。

與古注之典之純粹以《中庸》古注為其典據的情況恰成對反，學古的第三類的典據只包括古注之外的其他典籍。當然，這中間包括各種的經、傳、注、疏，就連鄭玄、陸德明和孔穎達為這些經書所作的種種的〈注〉、〈音義〉和〈疏〉也都隸屬其中。這類典據為數雖然不及古注者之多──前者約為後者一半多一點；然而，由於所涉書種遠較後者為夥，而且除了傳注之外，還牽涉到典籍的本身，其複雜程度自非古注之典所可比。

大抵朱子作注，最先參考者當為〈中庸注疏〉。然而，朱子從來博學，平素涉獵之書固不在少，在注釋《中庸》的過程中參考及於其他眾多相關的典籍，也是可以想像的。對於這批典籍，朱子所據以為注的，除如上述，可以是典籍的注、疏、傳、箋和典籍的本身之外，還可以是兩者兼據的。以上的三種情況，引據的對象雖然各各不同，引據的方式一般而言是據經則引經、據注則引注、兼據經注者則經注並引，倒是頗為一致的。此外，引據的次序也有一定的通則可尋，那就是先經而後注。當然，通則也得視乎實際的情況而調整，並不是一成不變的，儘管調整也得有其理由，不可隨便或任意。

以下先舉所據在經的例子，如「齊之為言，齊也；所以齊不齊，

而致其齊也」一條：

> 《禮記・祭統》云：「齊之為言，齊也；齊不齊，以致齊者也。」**㊱**

此處，朱注與〈祭統〉之文略異，故將後者原文錄出，以資比較。又如「『為政在人』，《家語》作『為政在於得人』，語意尤備」一條：

> 《孔子家語・哀公問政篇》云：「待化以成，故為政在於得人。取人以身，修道以仁。」**㊲**

此因朱注既云另有他本較諸《中庸》本經之文語意尤備，〈典據考〉乃抄錄原文並其前言後語於此，以見朱子所言，其理據之所在。此外，又有如「大王，王季之父也」一條：

> 《史記・周本紀》云：「公叔祖類卒，子古公亶公（『父』之誤）立。古公亶父復修后稷、公劉之業，積德行義，國人皆戴之。」**㊳**

〈周本紀〉中所言的古公亶父，即是大王。〈典據考〉引〈周本紀〉原文，就是要為朱注「大王，王季之父也」的斷語提供歷史的佐證。然而，除了史事掌故之外，朱注中所言及古代宗教、政治、社會的種種作法與習尚，也是〈典據考〉尋根究源的對象，如「朝，謂諸侯見於天子」條：

> 《周禮・秋官》：「大行人，掌大賓之禮及大客之儀，以親諸侯。春朝諸侯，而圖天下之事；秋覲，以比邦國之功；夏宗，以陳天下之謨；冬遇，以協諸侯之慮；時會，以發四方之禁；殷同，

㊱ 同上，頁625。

㊲ 同上，頁632。

㊳ 同上，頁627。

以施天下之政。」❸⁹

此引一段〈秋官〉有關「大行人」職掌的文字，提供的除了典據的來源之外，還可以與檢者以瞭解簡潔的朱注所指陳的複雜的名物與制度的詳細的資料。最後，還有一種是要為朱注中所引述的觀念尋找出處的典據，如「乃天下之人通謂之孝，猶孟子之言『達尊』也」一條：

> 《孟子・公孫丑下》云：「天下有達尊三：爵一、齒一、德一。朝廷，莫如爵；鄉黨，莫如齒；輔世長民，莫如德。惡得有其一，以慢其二哉！」❹⁰

此即孟子「達尊」觀念所出自的原文，所以詳引於此，當非僅為指明出處，而是要透過原文的引載，使檢者對朱注所言「通」字之義有更切實的瞭解。

從以上的例子得知，為了增加檢者對朱注的認識，在不同的情況下，〈典據考〉都會將典籍的原文作出引錄，即使這些文字有時還會長達六行二百五十餘字之多。❹¹不僅如此，為了同樣的理由，雖則朱注的典據已在典籍之內，〈典據考〉也可以連傳注之文一并抄錄於上，如「〈王制〉：『比年一小聘，三年一大聘，五年一朝。』」一條：

> 《禮記・王制》：「諸侯之於天子也，比年一小聘，三年一大聘，五年一朝。」〈鄭玄注〉云：「比年，每歲也。小聘，使大夫。大聘，使卿。朝，則君自行。」❹²

---

❸⁹ 同上，頁637。

❹⁰ 同上，頁628。

❹¹ 如「往則為之授節，以送；來則豐其委積，以迎之」一條所引《周禮》的一例，見上所引書，頁636–637。

❹² 同上，頁637。

倘若以找尋典據為足，則朱注之典就在〈王制〉的原文之中，不必再假外求。這裡兼引鄭玄的〈王制注〉，顯然是要附帶地補充朱注所引〈王制〉之文的意思。這種為了補充朱注之意而引傳注的情況，表現得最突出者有「孔子曰：『其氣發揚於上，為昭明，焄蒿、悽愴，此百物之精也。』」一條：

> 《禮記·祭義》文。《鄭注》云：「焄，謂香臭也；蒿，謂氣烝出貌也。」❸

這裡朱注所據者就在〈祭義〉中孔子的話；然而，不引〈祭義〉的原文而反引鄭玄的〈祭義注〉，沒有別的理由，就是為了使檢者對朱注有更多的瞭解。

當然，在以上的一例中，〈祭義〉的原文原就不必引錄的。這是因為朱注所引與〈祭義〉之文並無不同的緣故。就好像「所謂『元者，善之長也。』」一條，〈典據考〉但記：

> 《易·乾卦·文言傳》文。❹

的情況一樣，凡與朱注文字絲毫無異的典據，都是不錄原文的。

以上是所據在經的例子。以下再舉所據在注之例。所據在經的以引經不引注為常，則所據在注的亦應以引注而不引經為常。如「柯，斧柄」一條：

> 《詩·豳風·伐柯篇》〈毛傳〉云：「柯，斧柄也。」❺

此處〈伐柯〉的經文不引，而〈毛傳〉之文則因與朱注小異而抄錄於

---

❸ 同上，頁625。

❹ 同上，頁632。

❺ 同上，頁621。

上。又如「鳶，鴟類。戾，至也」一條：

> 《詩‧大雅‧旱麓篇》〈鄭玄箋〉云：「鳶，鴟之類，鳥之貪惡者也。飛而至天，喻惡人遠去，不為民害也。」**⑯**

這裡朱注所據的也是注而不是經，故亦不引經。至於〈鄭箋〉的原文，顯然就是朱注之所採自而又與朱注文有不同者，故詳引於此。相反地，倘若作為典據的注與朱注之文全然無異的話，如「申，重也」一條：

> 《詩‧大雅‧假樂篇》〈毛傳〉文。**⑰**

則非但經文，就連注文也一并省下不錄。這個省略的做法，與上文所言的義例是如出一轍的。然而，相反地，也有一些情況是經注兼引的。如「踐，猶履也」一條：

> 《禮記‧曲禮上》云：「修身踐言，謂之善行。」〈鄭玄注〉云：「踐，履也，言履而行之也。」**⑱**

此條典據之在注是非常明顯的，所以引注，固然因為〈鄭注〉原文與朱注少異，也因為〈鄭注〉後半尚有補充朱注之意者在的緣故。然而，除了注文之外，經文也在引錄之列，這便有點特殊了。其所以如此，相信與經文所構成的一個語境，對於朱子所注「踐」字之義的瞭解有所幫助一點，不無關係。此外，又如「酬，導飲也」一條：

> 《儀禮‧鄉飲酒禮》云：「主人實觶酬賓。」〈鄭玄注〉云：「酬，勸酒也。酬之言，周，忠信為周。」**⑲**

---

⑯ 同上，頁620。

⑰ 同上，頁626。

⑱ 同上，頁630–631。

這一條兼引及經，其情況與上例一樣。所不同者，上例之引注是因為
朱注之文與所引之注文有少異；此例引注，則是因為朱注之所採者非
其辭乃其意的緣故。

　　最後舉所據者既在經又在注的例子。既然所據在兩者，按上述的
習慣推，自應兩文兼錄；除非原文與朱注並無不同，始不錄出。以下
且舉「禘，天子宗廟之大祭；追祭太祖之所自出於太廟，而以太祖配
之也」一條為例：

> 《禮記‧大傳》：「禮，不王不禘。王者禘其祖之所自出，以其
> 祖配之。」〈鄭玄注〉云：「凡大祭曰『禘』。自，由也。大祭其
> 先祖所由生，謂郊祀天也。王者之先祖，皆感大微五帝之精以
> 生。」❺⓿

此處可見，朱注之所據基本上已在〈大傳〉的經文之中。然而，由於
也有採自〈鄭注〉的地方，便不能不兼引注文。一般而言，朱注之於
典據不是撮取其意，就是採摘其辭。然而，上引一項卻可以說是朱注
既撮典據之意復又多採其辭的一個例子。

　　學古類中最後一類是那些兼涉《中庸》古注和其他經傳注疏的例
子。這批例子之中，著錄得最簡潔的當數「則，法也」一條：

> 用〈鄭注〉文。《詩》〈鄭箋〉亦同。❺①

前面的〈鄭注〉指的是鄭玄的〈中庸注〉，後面的〈鄭箋〉指的是《詩‧豳
風‧伐柯》之篇鄭玄的〈詩箋〉，兩者一是古注一是古注以外他經的箋
注。由於朱注之文與此兩注的原文無異，故兩文都不錄。相反地，如

---

❹⑨　同上，頁630。

❺⓿　同上，頁631。

❺①　同上，頁621。

「裒衣，先祖之遺衣服也。祭則設之，以授尸也」一條：

> 〈鄭玄注〉云：「裒衣，先祖之遺衣服也。設之當以授尸也。」
> 蓋此注本於《周禮·春官·守祧》：「守祧，掌守先王先公之廟
> 祧，其遺衣服藏焉。若將祭祀，則各以其服授尸。」❷

這裡朱注既採鄭玄的〈中庸注〉也採《周禮》的〈守祧〉，而其文又皆
有異，故與上例的做法不同，兼錄其文。

然而，著錄雖有詳略，在典據的排列上，以上兩例卻是完全一致
的。那就是先列古注，然後再錄他書。這一種做法在這類典據中幾乎
毫無例外，除了「經，常也」一條：

> 昭公二十五年《左傳》：「夫禮，天之經也。」〈杜預注〉云：「經
> 者，道之常也。」孔穎達〈中庸疏〉云：「有九種常行之事。」❸

這裡〈孔疏〉雖屬古注卻反引最後，可以說是一種破例。然而，倘若
考慮到《左傳》，尤其〈杜注〉，乃是直接以「經」字為解一點，〈典據
考〉作出的這項調動，也是不無理由的。

(二)宋代先儒之典

學古類的典據，如上所述，是（古）、（近）、（新）三類中占數最
多、內容又最複雜的一類。第二類——宋代先儒之說——的典據，雖
然所涉思想家共有八名之多，但由於〈典據考〉所據以查考這批典據
的主要還是《中庸輯略》一書，❹而典據的條數又僅占全數二百五十
九條中的二十五條，還不到十分之一，其中的義例也就較為簡單。且

---

❷　同上，頁629。

❸　同上，頁635。

❹　見朱熹，《中庸輯略》，《四庫全書》（上海古籍出版社影印），冊198。並參❶。

舉「子程子曰:『不偏之謂中,不易之謂庸。中者,天下之正道;庸者,天下之定理。此篇乃孔門傳授心法,子思恐其久而差也,故筆之於書,以授孟子。其書始言一理,中散為萬事,末復合為一理。放之則彌六合,卷之則退藏於密。其味無窮,皆實學也。善讀者玩索而有得焉,則終身用之,有不能盡者矣。』」一條:

> 程明道、程伊川之說。按程明道云:「中則不偏,常則不易。惟中不足以盡之,故曰『中庸』。」(《輯略》) 程伊川云:「猶言中者是大中也,庸者是定理也。定理者,天下不易之理也。」(《輯略》、《程氏遺書》卷十五) 程伊川云:「《中庸》之書,是孔門傳授,成於子思,傳於孟子。」程子云:「子思恐傳授漸失,故著此一卷書。」又云:「中庸是孔門傳授心法。」(《輯略》) 程明道云:「《中庸》始言一理,中散為萬事,末復合為一理。」(《輯略》、《程氏遺書》卷十四) 程明道又云:「《中庸》之言,放之則彌滿六合,卷之則退藏於密。」(《輯略》、《程氏遺書》卷十一) 程伊川云:「《中庸》之書,其味無窮,極索玩味。」(《輯略》、《程氏遺書》卷十八) 程伊川又云:「善讀《中庸》者,得此一卷書,終身用不盡也。」(《輯略》、《程氏遺書》卷十七) ⑤⑤

這已是〈典據考〉內所有出自宋代先儒之說的典據之中最長最複雜的一條。其他更簡單的,可以是僅出一人之說,甚或連該說法的內容也不會引錄出來,如同「張子所謂『以愛己之心愛人,則盡仁』」一條之但著:

> 張橫渠之說。⑤⑥

---

⑤⑤ 同上,頁609–610。

⑤⑥ 同上,頁622。

的情況一樣。上引一條之所以較為複雜，是因為其中的說法共有九條
之多，而且所出非僅一人。這樣的一種情況，自然要遇到各項典據該
作如何排列的問題。不過，只要稍為比較朱注和各條典據的原文，即
可發現朱注之文實由兼採諸說之辭與意加以剪裁連綴錘鍊而成。瞭解
了這點，也就知道〈典據考〉中各條典據的序列原來是按照著朱注文
意先後而加排比的。此外，所錄的典據在不同程度上又多經過大槻氏
的刪節。❺⁷這都可見，就連典據的摘錄也是以朱注的原文為中心的。

㈢朱子新義之典

第三類主要的典據是朱子的新義之義。這類典據條數較宋代先儒
之典為多，共六十四條，超過後者的兩倍半，接近總數的四分之一。
雖然如此，由於所據者都是朱子一人，在著錄上反更簡單。絕大部分
的典據都只著錄：

> 朱子新義。

四字便了，既無原文引錄在上，也就沒有次序的問題。較為特別的只
是其中少數加有按語的幾條。例如，「喜怒哀樂，情也；其未發，性也。
……此言性情之德，以明道不可離之意」一條：

> 朱子新義。按《禮記·樂記》云：「人生而靜，天之性也；感於
> 物而動，性之欲也。」朱注酌于此。❺⁸

所引〈樂記〉之文及所加「朱注酌于此」的按語，顯然是要指出上引
的朱注雖為朱子個人創新之義，卻也有參考舊說的地方。又如「子思

---

❺⁷　〈典據考〉中對各條典據作過何種剪裁與排比，只要將之與《中庸輯略》稍
　　作比較便知。見《中庸輯略》，頁560下–561上。

❺⁸　同上，頁612。

引此詩，以明化育流行，上下昭著，莫非此理之用，所謂費也；然其
所以然者，則非見聞所及，所謂隱也」一條：

> 朱子新義。以費隱、體用之說解經者，凡如此類。⑤

這裡的按語更直接指出朱子經說所以為創新的處所。至於如「知之者
之所知，行之者之所行，謂道（『達』字之誤）道也。……然能自強不
息，則其至一也」一條，〈典據考〉更不惜將宋末元初許謙《讀中庸叢
說》中的圖解錄出，其目的之在闡明朱子的新義，實已躍然紙上。

(四)混合之典

　　像上引兩個例子所分別看到典據的序列以朱注文意先後為次和附
加按語以闡明朱注之義的兩種做法，表現得最徹底的，莫過於〈典據
考〉中列為（古）（近）和（新）（近）的混合典據。這種典據為數甚
少，不過三四個之多。⑥然而，由於所涉之典跨越了（古）、（近）、（新）
的一般類別，各項典據的排列問題便顯得更加複雜。如「天以陰陽，
五行化生萬物，氣以成形，而理亦賦焉，猶命令也。於是人物之生，
因各得其所賦之理，以為健順五常之德，所謂性也」一條：

> 周濂溪〈太極圖說〉云：「無極而太極。太極動而生陽，動極而
> 靜。靜而生陰。靜極復動。一動一靜，互為其根。分陰分陽，
> 兩儀立焉。陽變陰合，而生水、火、木、金、土。五氣順布，
> 四時行焉。五行一陰陽也。陰陽一太極也。太極本無極也。五

---

⑤　同上，頁620–621。

⑥　按〈典據考〉標明為（古）（近）、（新）（近）的典據分別有二、一之數，見
　　頁610–611、619和651。然而，按本文的點算，全篇之中第一個的典據雖則
　　漏了標記，就性質而論，也應屬（新）（近）一類，見頁609。

行之生也，各一其性。無極之真、二五之精，妙合而凝。乾道成男，坤道成女。二氣交感，化生萬物。萬物生生，而變化無窮焉。惟人也，得其秀而最靈。形既生矣，神發知矣。五性感動，而善惡分、萬事出矣。」《易·繫辭傳下》云：「夫乾，天下之至健也，德行恒易以知險；夫坤，天下之至順也，德行恒簡以知阻。」〈鄭玄注〉云：「木神則仁；金神則義；火神則禮；水禮則信；土禮則知。」按朱子〈答呂伯恭別紙〉云：「近看《中庸》古注，極有好處。如說篇首一句，便以五行、五常言之。後來雜佛老而言之者，豈能如是之愨實耶！」（《文集》卷三五）❻❶

〈太極圖說〉屬（近）一類、〈繫辭傳〉和《中庸》的〈鄭玄注〉屬（古）一類，倘若按時序，則排列當以（古）為先（近）為後；要是按學古類典據兼涉古注及他經傳者先古注後他經的常規，則〈鄭注〉又應在〈繫辭〉之前。然而，實際的序列卻恰好相反。可見，〈典據考〉在這個例子中所按照的是以朱注文意先後為次的原則。按〈太極圖說〉中所言即為「天以陰陽五行化生萬物」的過程，而〈繫辭〉言乾坤健順、〈鄭注〉言五常之德，其次序之一以朱注的脈絡發展為依歸，至為明顯。至於最後所引〈答呂伯恭別紙〉的一段，則不過為〈鄭注〉的補充，其本身之不成其為典據，也是再明白不過的。

以上一例，乃係就典據的序列上著眼；以下一例，則是就典據的著錄方面言；兩者都可以看出〈典據考〉中上述的重要的特點。「隱，體之微也」一條載：

朱子新義。楊中立云：「道者，人之所日用也。故費雖曰日用，而至頤存焉。故隱。」（《輯略》）按費隱、體用之說，其源在於伊川、龜山，而朱子大成之。然與古義大異矣。〈鄭注〉云：「言

❻❶ 同上，頁610–611。

可隱之節也。費，猶佹也。道不費，則仕。」〈孔疏〉云：「言君
子依行中庸之德，若值時無道，隱遯於世。雖有才德，不為時
人所知，而無悔恨之心。」是專就進退之節而言。而朱子不令文
意接續于上章，以體用之說釋之。**❻❷**

這一條在〈典據考〉中被列為（新）（近）一類，意謂以費隱、體用的
觀念釋經的做法大成於朱子，固可視為朱子的新義。然而，由於這些
觀念溯源可至程頤與楊時師弟，朱子的新義實亦有其採自宋代先儒之
說的地方。這兩點意思都可以從典據前面的一段看到。異乎尋常的是，
典據的後半卻同時引了《中庸》的〈鄭注〉和〈孔疏〉。這於〈典據考〉
之只錄所據之典的做法而言，即使以為有歪義例，也不為過。然而，
從另一方面看，在不同的情況下附加長短不一的按語以增加對朱注的
典據的瞭解，既已是〈典據考〉的一項特色，則視此一例為其中之表
表者，實亦並無不可。**❻❸**

---

❻❷ 同上，頁619。

❻❸ 按〈典據考〉之屢加按語以豐富典據的內容並藉以增加檢者對朱注的瞭解的
例子，除了上文所引者外，尚有很多。例如：「朱子合二程與呂之說而釋『中』
字也……朱子云：『庸，平常也者』，據二程而修」（頁609）、「用〈釋文〉。
改經有所本，不敢擅改經文也」（頁613）、「朱子補侯說」（頁620）、「朱注酌
于鄭注」（頁622）、「朱注渾說此矣」（頁624）、「按《尚書・舜典》：『舜生三
十徵庸，三十在位，五十載陟方，乃死。』總計百有十歲」（頁626）、「朱子
改『徇人欲忘返』。朱注體例，少改經文，而以令接續己文意。凡皆如此」
（頁635）、「按大卜、卜師、龜人、菙人、占人，此五職皆掌龜卜；筮人，
掌三易。凡國之大事，先筮而後卜。蓋籤，與筮同。」（頁641）……。這些
都是〈典據考〉所加的按語。實際上，上文所言學古之典，那些所據在經而
並引注、所據在注而引及經等例子，在某一意義上言，也是一種附加的按語。
形式雖然有異，目的卻無不同，都在於幫助對典據和朱注的瞭解。

二、對〈典據考〉的檢討

上述的種種義例，雖然未為〈典據考〉所明確指出，卻都是隱然存在而且相當一致的。然而，〈典據考〉中所載條數既有二百五十九項之多，除了上引一些看似違規的例子外，其中有不符常規而又無特別理由的情況，也是在所難免的。例如上文曾經引過「奏，進也」的一條就是。❻❹這條所引《說文》的典據與朱注全同，按例實應著錄為：

> 《說文》文，《廣雅·釋詁》同。

然而，實際的情況卻並不如此。不過，這些畢竟屬極少數，而且無關宏旨，不足詬病。

問題較大的反而是〈典據考〉中一些捨近求遠的例子。如「致，推而極之也」一條：

> 《禮記·禮器篇》：「有放而不致也。」〈孔穎達疏〉云：「致，極也。」❻❺

按上文的分類，此條典據屬學古之典中《中庸》古注以外的經注類。再比較朱注之文與典據的內容，便知此條屬所據在注而兼引及經之類。然而，倘若翻查《中庸》古注，便會發現其中的〈孔疏〉就有這樣一句：

> 致，至也。……言人君所能至極中和，使陰陽不錯，則天地得其正位焉。❻❻

---

❻❹ 見❷❹。

❻❺ 見〈典據考〉，頁612。

此中的「致」雖訓為「至」，其義實包含「至極」在內。此「至極」之義，決不比〈禮器〉〈孔疏〉中的「極」字所涵者為少。更何況論與朱注的相關密切性，《中庸》古注中的〈孔疏〉又當在〈禮器〉的〈孔疏〉之上。此外，可再舉「厚往薄來，謂燕賜厚而納貢薄」一條：

> 文公四年《左傳》云：甯武子曰：「昔諸侯朝正於王，王宴樂之。於是乎賦〈湛露〉。則天子當陽，諸侯用命也。諸侯敵王所愾，而獻其功。王於是乎賜之：彤弓一、彤矢百、玈弓矢千，以覺報宴。」按《周禮·秋官·大行人》：侯服，歲一見，其貢祀物；甸服，二歲一見，其貢嬪物；男服，三歲一見，其貢器物；采服，四歲一見，其貢服物；衛服，五歲一見，其貢材物；要服，六歲一見，其貢貨物；九州之外，謂之「蕃國」，世壹見，各以其所貴寶為摯。**❻❼**

此處引述《左傳》及《周禮》，固可以見古時燕賜與納貢的情狀，卻始終比不上《中庸》〈孔疏〉之所言：

> 厚往，謂諸侯還國，王者以其財賄厚重往報之；薄來，謂諸侯貢獻，使輕薄而來。**❻❽**

將「厚往」和「薄來」兩詞的意思解說得更清楚明白、簡潔而貼切。〈典據考〉不採古注而取他經，不免有捨近求遠之嫌。

更嚴重的是〈典據考〉中一些引據不適切甚或錯誤的地方。例如「脩，品節之也」一條：

---

❻❻ 見《禮記注疏》，《四庫全書》（上海古籍出版社影印），冊116，頁351下。

❻❼ 〈典據考〉，頁637。

❻❽ 見《禮記注疏》，頁365下。

《禮記・檀弓下（「上」之誤）》：「品節斯，斯之謂禮。」〈鄭玄注〉云：「舞踊皆有節，乃成禮。」❻❾

這裡所引的〈檀弓〉原文和鄭氏的注，無論「品節」還是「節」，都在解釋禮的本質或特點，與朱注目的之在解釋「修」字之義，是不相侔的。從這一點言，〈典據考〉可謂引據不適切。更適切者其實就近在《中庸輯略》中即可找到。《輯略》引楊時之言如下：

道者，百姓日用而不知也。先王為之防範，使過不及者取中焉，所以教也。謂之修者，蓋亦品節之而已。❼⓿

此中所言的「品節」乃是以道——也即是禮——為準則來「品節」人的行為之意，其含義固不能無禮的成分，但卻不就是禮的本身。楊時以此解「修」當較〈檀弓〉或〈鄭注〉為貼切。然則，朱注此條所據便不是學古之典，而是宋代先儒之典了。

其實，〈典據考〉中往往也有如上一例將典據類別誤置的情況。如「明，則又有光輝發越之盛也」一條，〈典據考〉以典據出於程頤，並引：

程伊川云：「著則明，是有光輝之時也。明則動，誠能動人也。」（《輯略》）❼❶

其實，程頤之說最低限度還可溯源而至《孟子》「充實而有光輝之謂大」的說法。❼❷這條典據與其說是宋代先儒之（近），毋寧說是學古之（古）

---

❻❾ 見〈典據考〉，頁611。

❼⓿ 見《中庸輯略》，頁563下–564上。

❼❶ 見〈典據考〉，頁640–641。

❼❷ 按《孟子》此文出自〈盡心下〉，其中所謂的「大」乃篇中所言善、信、美、

更為準確。此外，又如「右第二章。此下十章，皆論中庸，以釋首章
之義。文雖不屬，而意實相承也」一條，〈典據考〉視之為：

> 朱子新義。**73**

誠然，主張《中庸》一書內部結構至為緊密均衡，確是朱子《中庸》
說的一大特點。**74** 然而，這不代表他的這個看法，靈感不可以有更早
的來源。按《中庸輯略》即載：

> 學者如《中庸》文字輩，直須句句理會過，使其言互相發明。
> （見《中庸輯略》，頁561上）

此外，《中庸或問》之中更有論及此說的答問：

大、聖、神諸境之一。（見朱熹，《孟子集注》，朱傑人，嚴佐之主編，《朱熹
全書》（上海：上海古籍出版社；合肥：安徽教育出版社，2000年），第四冊，
頁439）至於《中庸》所言「致曲」的過程，也有「曲能有誠，誠則形，形
則著，著則明，明則動，動則變，變則化」諸階段。（見朱熹，《中庸章句》，
《朱熹全書》，第四冊，頁38）兩者之間，按朱注的解釋，《孟子》所言的「信」
相當於《中庸》的「誠」；「美」相當於「形」和「著」；「聖」相當於「動」
和「變」；而「神」相當於「化」。然則，《孟子》的「大」便相當於《中庸》
的「明」了。按朱注解「充實而有光輝之謂大」為：「和順積中，而英華發
外，美在其中，而暢於四支，發於事業，則德業至盛而不可加矣。」（見《孟
子集注》，頁439）又解「形」、「著」和「明」為：「形者，積中而發外。著，
則又加顯矣。明，則又有光輝發越之盛也。」（見《中庸章句》，頁38）則朱
子之視「大」為由形、著而進入明的一個境界，當無可疑。因此，「明」字
之訓實以《孟子》為據一說，可謂雖不中，不遠矣。

73 見〈典據考〉，頁614。

74 參拙作，〈朱子《中庸》首章說試釋〉，黃清連編，《結網篇》（臺北：東大圖
書公司，1988），頁415–416。

曰:「張子之言如何?」曰:「其曰『須句句理會,使其言自相發
明』者,真讀書之要法,不但可施於此篇也。」**⑦**

這兩段文字雖有「互相」與「自相」的異文,但無論孰者為是,莫不
預設了《中庸》之書自成單元、首尾呼應的前提。此一前提當是朱子
「文雖不屬,而意實相承」一說靈感之所自的一個源頭。此一推測倘
若無誤,則朱注此條,所據者當以宋代先儒之(近)為是。

　　最後要指出的是,在仔細翻檢〈典據考〉的過程中,發現大槻氏
雖然銳意於窮盡朱注的典據,但〈典據考〉中所載的既未是朱注的全
文,其中所列的典據也因此而非所當翻查的全部。初步點算,還未查
考的約有二百零五條左右。其中有關字音的約四十六條、字義二十六
條、出典十二條,和長短不一的文節、文句以至於段落一百二十一條。
這些數字當然不可能是完全準確的。**⑦**儘管如此,卻也隱約可見其中

---

⑦ 見朱熹,《中庸或問》,《四書或問》,收入《朱熹全書》,冊四,頁45。

⑦ 其中原因十分簡單。這是因為要翻查典據,必先將朱注之文切成一個一個的
　單元。然而,朱注之文夾在《中庸》的原文之間,比較短的還可以按照《中
　庸》原文的分隔來計算單元之數,較長者如「《詩・大雅・皇矣》之篇。引
　之以明上文所謂『不顯之德』者,正以其不大聲與色也。又引孔子之言,以
　為聲色乃化民之末務。今但言不大而已,則猶有聲色者存,是未足以形容不
　顯之妙。不若〈烝民〉之詩所言『德輶如毛』,則庶乎其可以形容矣。而又
　自以為謂之『毛』,則猶有可比者,是亦未盡其妙。不若〈文王〉之詩所言
　『上天之事,無聲無臭』,然後乃為不顯之至耳。蓋聲臭有氣無形,在物最
　為微妙,而猶曰『無』之,故唯此可以形容『不顯』、『篤恭』之妙。非此德
　之外,又別有是三等,然後為至也。」(見《中庸章句》,頁47)偌長的一段,
　倘非純出朱子一人的新義,則當何以割切為不同的單元,實有待於典據之逐
　一查出,始能完全肯定。基於此一原因,文中所列的點算數字即使不是粗略
　的,也是初步的。

的脫略程度。

奇怪的是，這裡面的脫略，有不少者其典據是不難查考的。舉例而言，〈典據考〉在《中庸章句》第十三章介乎「睨，視也」和「張子所謂『以眾人望人，則易從。』」的兩條之間，**⑰**有以下的一段朱注是沒有著錄的：

> 言人執柯伐木以為柯者，彼柯長短之法，在此柯耳。然猶有彼此之別，故伐者視之猶以為遠也。若以人治人，則所以為人之道，各在當人之身，初無彼此之別。故君子之治人也，即以其人之道，還治其人之身。其人能改，不治。蓋責人以其所能知能行，非欲其遠人以為道也。**⑱**

朱子這段注文，是用來注《中庸》「《詩》云：『伐柯伐柯，其則不遠。』執柯以伐柯，睨而視之，猶以為遠。故君子以人治人，改而止」的一段原文的。**⑲**對於這段原文，〈鄭玄注〉以「故」字為界，將之分成兩節，然後給上一節做了如下的一個注：

> 言持柯以伐木，將以為柯，近以柯為尺寸之法。此法不遠人，人尚遠之。明為道不可以遠。**⑳**

在這個注文之上，孔穎達又加了一個疏：

> 言伐柯斫也，柯柄長短，其法不遠也。但執柯睨而視之，猶以為遠。言欲行其道於人，其法亦不遠，但近取法於身。**㉑**

---

⑰ 　見〈典據考〉，頁621。

⑱ 　見《中庸章句》，頁27。

⑲ 　同上。

⑳ 　見《禮記注疏》，頁356上。

對於後一節，鄭玄的注是：

> 言人有罪過，君子以人道治之。其人改則止赦之，不責以人所
> 不能。❽

而孔疏達又疏解如下：

> 言人有過，君子當以人道治此有過之人。改而止，若人自改，
> 而休止，不須更責不能之事。❽

〈鄭注〉和〈孔疏〉將經文分成兩段作解，前者釋詩本身，後者發明
其中的含義，都是十分清楚的。只要將此一注一疏與朱注略一比較，
不難發現朱子之解此詩，所據的正正就是鄭、孔之意。〈鄭注〉和〈孔
疏〉，即所謂的《中庸》古注，是學古之典中最為人所參考的材料，〈典
據考〉竟不引據，難免使人有大惑不解之感。

又舉一例。在《中庸章句》第二十章裡，介乎「來百工，則通功
易事，農末相資。故財用足」和「懷諸侯，則德之所施者博，而威之
所制者廣矣」兩條朱注之間，有以下的一段是沒有著錄的：❽

> 柔遠人，則天下之旅皆悅而願出於其塗，故四方歸。❽

這段朱注的典據其實並不難找，很可能就在《孟子》之中。〈梁惠王上〉
載：

---

❽ 同上，頁357上。

❽ 同上，頁356下。

❽ 同上，頁357上。

❽ 見〈典據考〉，頁636。

❽ 見《中庸章句》，頁35。

行旅皆欲出於王之塗。**❽**

而〈公孫丑上〉也載：

關譏而不征，則天下之旅皆悅而願出於其路矣。**❽**

將這兩段文字與朱注對校一下，便知道朱注倘若真以《孟子》為據，則所採者非但其意，實亦其辭也。以朱注與《孟子》原書的密切關係而論，此處〈典據考〉不為之注出，委實教人費解。

如是者有大量的典據未經查出，則這些典據之未知其為漢魏以來的古說、宋代先儒近說，抑為朱子本人的新說，勢必要影響到對朱注典據中（古）、（近）、（新）三者以至其他類別間比例之確實為何的判斷。然則，非但《後書》裡的〈典據考〉需要檢討，就連〈前文〉所做的一些統計與論斷，豈不也有重作評估的必要？

然而，在考慮此一問題之前，必須指出的是，大槻氏的〈典據考〉所列的典據與〈前文〉所統計出來的數字，本來就是不相符合的事實。這也不是蓄意造成的錯誤或出於人為的疏忽。原因在於大槻氏〈前文〉與《後書》的出版，如上所述，中間經過了二十三年的歲月。雖然按照原來的設計，前者為研究的結論，後者為所得的主體，兩者應是一體配合的。然而，由於二十多年間大槻氏對他的研究續有「檢討補訂」，**❽**而《後書》出版之時，又沒有另撰一文以反映最新的調查與研究，則〈前文〉與《後書》之間自不能毫無差距。為了確知此一差距，乃對《後書》的〈中庸章句典據考〉做了個頗為仔細的點算。點算的結果可於以下兩表見之。

---

❽ 見《孟子集注》，頁246。

❽ 同上，頁267。

❽ 見《朱子四書集註典據考》，〈序〉，頁4。

〈前文〉與《後書》典據統計數字對照表一:「學古」項⑧

學古項目	〈前文〉	《後書》	補訂後增長百分比
總數	共158	260	64.5%
A.經類:	共39	52	33.3%
禮記	11	19	
書	7	9	
周禮	6	8	
詩	4	3	
左傳	4	6	
易	3	3	
孟子	2	2	
公羊傳	1	0	
論語	1	2	
B.史類:	共3	8	166.6%
漢書	2	3	
史記	1	2	
司馬貞史記索隱	0	1	
顏師古漢書注	0	1	
宋史（沈括傳）	0	1	
C.子類:	共3	6	100%
孔子家語	1	2	
莊子	1	2	
法言	1	1	
楊倞荀子注	0	1	
D.集類:	共1	1	0%
楚辭	1	1	
E.音義訓詁之典據:	共39	63	61.5%
禮記（中庸）釋文	25	40	

說文	7	13	
爾雅	3	3	
廣韻	2	3	
玉篇	1	1	
廣雅	1	2	
集韻、韻會	0	1	
F.漢魏唐先儒之注解：	共73	129	76.7%
a.以禮記中庸注疏為據者：	共59	101	71.2%
鄭玄中庸注	49	78	
孔穎達中庸正義	10	23	
b.以中庸註疏以外先儒之注為據者：	共14	29	107.1%
鄭玄禮記注	4	6	
詩毛傳	2	4	
鄭玄詩箋	2	4	
杜預左傳注	2	2	
孔安國書傳	2	3	
包咸論語注	1	2	
孔穎達毛詩正義	1	2	
孔穎達禮記正義	0	1	
何晏論語注	0	1	
何休公羊傳注	0	1	
鄭玄周禮注	0	2	
鄭玄儀禮注	0	1	

(89) 以下的兩個對照表均顯示《後書》所實際註明的典據，較諸〈前文〉所標揭的數字為多。其原因固然主要在於上文所述的，大槻氏在〈前文〉發表之後，二十多年間續有增補的一點。然而，亦有可能——最低限度部分地——是由於本文的點算方法與大槻氏所採用的未必一樣所致。大槻氏是如何點算的，固未可確知；至於本文所用之法，則似有略加說明的必要。首先要指出的是項目計算的原則。有些連在一起的項目，如「鼓瑟琴，和也。翕，亦合也。耽，亦樂也。帑，子孫也」（〈中庸章句典據考〉，頁624）一條，雖然所據之

書或人並無不同，由於所有的項目都是各自獨立的，故以項數計算而為四。而另外有些項目，如「中者，不偏、不倚、無過不及之名。庸，平常也」（同上，頁609）一條，雖然項目已相同──即不是「中」便是「庸」，由於所據程明道、程伊川、呂與叔和朱子本人的各種說法相互補益，便以各人所提說法的實際數字計算而得七項。另一方面，也有些項目，如「則，法也」（同上，頁621）一條，由於說法並無二致，儘管提供說法的人或書並不相同，亦以朱注所直接引據的一種──即鄭玄的〈中庸注〉，作一項計算。這裡所謂的直接，乃係指在各種不同的書或各個不同的人之中，朱注所可能最先根據的一種而言。朱子為《中庸》作注，自然先參考《中庸》的古注（即上文所言鄭玄的〈注〉、陸德明的〈音義〉和孔穎達的〈疏〉）。基於此一假設，只要所引的其他典據的說法與古注者無異，則不論其為較早或較晚，亦一律以古注中的說法為最直接。不僅如此，即使古注中已明確指出說法乃引自更早的典籍，如「攡，機檻也」（同上，頁616）一條之原出於《尚書孔安國傳》一般，由於此一事實已為陸德明〈音義〉所指出，故所計算的乃《釋文》而非《書孔傳》。同樣地，「稱事，如《周禮·槀人職》曰：『考其弓弩，以上下其食』是也」（同上，頁636）一條，由於鄭玄之〈注〉早已引有《周禮》其書及其文，儘管朱注中明言《周禮》，亦只點算鄭〈注〉而不把《周禮》計算在內。這當然不是說朱子並未參考過《周禮》原書。可是，倘若朱注所引據者已超出了古注所引述的範圍，如「違，去也。如《春秋傳》：『齊師違穀七里』之『違』」（同上，頁622）一條，古注只注「違，猶去也」，而並沒有註明所據者為《左傳》的一種情況，則除了古注之外，朱注所引述的其他的書或人的說法，不論其出處經註明與否，也都在點算之列。至於那些並非以《中庸》的古注為據的項目，包括來自其他經、史、子、集諸書及其注疏者，則或計原書或計其注，端視乎朱注所採者乃為何者而定。例如「〈王制〉：『比年一小聘，三年一大聘，五年一朝。』」（同上，頁637）一條，朱注所採者顯然是《禮記·王制》的原文而不是鄭玄的注，故只計算原書。相反地，如「酬，導飲也」（同上，頁630）一條，朱注所採者既在鄭玄的注而不在《儀禮·鄉飲酒禮》原書，則只計算注而不算書。當然，也有一些情況是原書與

〈前文〉與《後書》典據統計數字對照表二:「革新」項

革新項目	〈前文〉	《後書》	補訂後增長百分比
總數	共99	117	18.2%
(一)宋代先儒之說:	共34	45	32.3%
程伊川	9	15	
呂與叔	8	8	
程子（明道、伊川不明）	4	5	
張橫渠	4	4	
程明道	3	6	
游定夫	2	2	
侯師聖	2	2	
楊中立	1	2	
周濂溪	1	1	
(二)朱子獨自的新解釋:	共65	72	10.7%
朱子新義	63	70	
愚謂	2	2	

點算倘無大誤，則「學古」的部分，包括經類五十二項、史類八項、子類六項、集類一項、音義訓詁類六十三項、漢魏唐先儒之注解一百二十九項（《禮記·中庸注疏》一百零一項、《中庸注疏》以外者二十九項），合共二百六十項，較諸〈前文〉所列的一百五十八項，增加的幅度達百分之六十四以上。至於「革新」的部分，包括宋代先儒四十五項和朱子新義七十二項，合共一百一十七項，所增者亦有百分之十八強。

這些更新的數字究竟有何重大意味？會否大大地影響到大槻氏在

注兼算的。如「素，按《漢書》當作『索』，蓋字之誤。『索隱行怪』，言深求隱僻之理，而過為詭異之行也」（同上，頁618）一條便是。這是因為朱注於原書與注均有所採的緣故。上述的計算原則和方法雖然各各不同，但目的仍不外乎兩點：以防遺漏和避免重複。

〈前文〉所作的兩項觀察的準確程度？首先可看「學古」與「革新」之間比例的轉變。大槻氏在〈前文〉中曾經指出，學古與革新之間比例為二‧四比一。❾然而，此一比例乃係以六十五為革新之數算出，實則革新之數連同宋代先儒及朱子自創之義當為九十九。❾倘以此九十九之數為準，則學古與革新之間比例當為一‧五九比一。再以此一比例與更新數字間的比例作一比較。因後者之比例為二百六十比一百一十七，即二‧二與一之比的緣故，後者學古與革新之間的差距較諸〈前文〉所統計者增加了百分之三十八強。如是者，大槻氏當初所作的觀察之是否仍然有效，便有待商榷了。此一未知之數，再加上上文所言〈典據考〉調查上的並未徹底，便顯得更難確定。這些問題要徹底釐清，恐怕還需要更多的工作。然而，不論工作如何開展，大槻信良氏所積累下來的業績，都會是這項工程所不可或缺的堅實基礎。

---

❾ 見〈四書集註章句に現れたる朱子の態度〉，頁92上。

❾ 此蓋因大槻氏將與分章設定、章意、文意、語釋舉凡與《中庸》文本研究有關的三十四項自九十九之數中剔出，故得六十五。此外，應當指出的是，此三十四項中與分章設定有關者實僅二十一。

但丁的歷史迷思：
全球化理論與世界史論述的評析

周樑楷

一、導論：從世界史到全球史

歷史的概念(concept)或用辭用語，常常因為時空的轉換而有所不同。中文裡所說的「世界史」、「世界觀」或「世界史觀」，指的都和「世界」有關，然而，古今對「世界」的概念已有顯著的差異。佛教的《楞嚴經》說：

> 世為遷流，界為方位，汝今當知，東、西、南、北、東南、西南、東北、西北，上下為界，過去、現在、未來為世。

《華嚴經》裡談世界，說得更具體：

> 四天下，共一日月，為一世界。有千世界，有小鐵圍山繞之，名曰小千世界。有十小千世界，有中鐵圍山繞之，名曰中千世界。有十中千世界，有大鐵圍山繞之，名曰大千世界。

除了佛經，宋代理學家邵康節也曾繪製世界史年表，表達天地陰陽消

長與萬物人事的變遷關係。❶雖然佛教與理學的「世界」在內涵上完全不同，而且各有所堅持，不過，值得留意的是，他們的「世界」都意味極大的空間和時間，所表達出來的史觀也都與形上學融會在一起。反觀我們今日所說的「世界」，一般都指地球表層上人們所居住和活動的空間。現代中文裡的「世界」，似乎喪失了昔日的時空內涵，並且也抽離了原有的形上學意義。

在英文裡，" universe "和" world "的涵意也和「世界」一樣，前後的用法已大不相同。" universe "通常指的是「宇宙」，它與佛教或理學所謂的「世界」未必同義，然而卻相當接近。至於" world "這個名詞較具現代意義，與現代中文裡的「世界」可以直接對等翻譯。從" universe "到" world "的辭意變化，人們不難初步理解" universal history "和" world history "有何主要的差別。本文第一節中，將從西方史學史的角度分析其演變的過程。

正當人們已經約定俗成習慣現代語彙中「世界史」及" world history "的用法時，近二十年來「全球史」(global history)卻應運而生，打亂了人們的思路。這不僅是個新詞彙、新觀念，而且也是種研究「世界史」的新取向。❷「全球史」的書寫雖然至今尚未有任何「典範」(paradigm)代表作；不過，這種論述(discourse)在史學發展的趨勢中，已值得人們的關切。本文無意綜合考察各種「全球史」的史學思想，不過，在全球化(globalization)的諸說之中，有種論述可稱為全球主義(globalism)。其觀點，依照德國社會學者貝克(Ulrich Beck)的說法，大致可歸納為下列十項：

---

❶ 參見馮友蘭，《中國哲學史》(臺灣版)，頁846–847。

❷ Bruce Mazlish, "An Introduction to Global History," in *Conceptualizing Global History*, Mazlish and Buultjens eds. (Boulder, Colorado: Westview Press, 1993), pp. 2–3.

1.世界市場形上學； 2.所謂的自由世界貿易； 3.經濟上還是國際化，而非全球化；4.風險舞臺劇；5.「無政治」作為一種革命；6.「線性迷思」(Mythos Linearitaet)；7.災難思想的批判；8.黑色保護主義；9.綠色保護主義；10.紅色保護主義。❸

貝克對於這十項論點曾經分別提出糾謬。他的批評是否完全合理？本文暫且不作全面性的深論。但是，在全球主義影響下，世界史論述潛藏哪些歷史思維上的弊病？這正是本文所留意的。貝克所列舉的十項中，嚴格地講，「線性迷思」一項與歷史思維最直接有關。這種「迷思」，其實也就是史學中所謂的「線型歷史解釋」(linear interpretation of history)；它一向視歷史的過程(process)為線型的時序，歷史事件從古到今綿延不斷地往前推移。這種歷史解釋顯然與「循環史觀」(cyclical interpretation of history)所強調的周而復始的時間觀大異其趣；同時這種歷史解釋也忽略歷史的多元性和斷裂性。然而，全球主義及其世界史論述的謬誤應該不限於「線性迷思」一項而已。本文有意進一步指出，全球主義的歷史思維基本上有哪些盲點。為此，本文寫作的策略，首先評析但丁(Dante Alighieri, 1265–1321 A.D.)的《論世界帝國》(De Monarchia)，指出他的歷史思維有何錯誤；接著，比較分析但丁和全球主義的世界史論述在歷史思維上有哪些共同之處？由此我們可以免除「不識廬山真面目，只緣生在此山中」的困窘，識別當今全球主義世界史論述的缺失。本文寫作的策略，並非指證全球主義世界史論述直接受但丁的影響；然而，跨越七百多年的時間，比較古今兩種史觀，反而讓人們更容易看清真相。本文不否認「全球化」(globalization)是股方興未艾的時代趨勢，但是，我們這一代的歷史論述應該如何迎接

---

❸ Ulrich Beck，《全球化危機》，孫治本譯（臺北：臺灣商務印書館，1999），頁154–155。

現實環境的變遷？這是值得深思的課題。這種情形就如同歐洲聯盟（European Union，簡稱歐盟，EU）已成形時，許多歐洲史家積極地反思：「未來的歐洲是什麼？」還有「應該如何重新書寫嶄新的歐洲史？」❹類似德國史家寇卡(Juergen Kocka)的提問，我們在「全球化」的趨勢下也應反思「未來的世界是什麼？」還有「應該如何重新書寫世界史？」這些問題當然不容易回答，也是短期內所無法回答的。然而，在獲得正確答案之前，我們不妨先檢討哪些論述已誤入歧途，如此可免重蹈覆轍。

二、世界史論述的困境和危機

㈠傳統「世界史」(universal history)的式微

就西方史學的發展而言，「世界史」的書寫與基督教史學密不可分。基督教的教義以《聖經》(Bible)為依歸，天主（上帝，God）創造宇宙萬物，包括時間在內。神意(God's Will; Divine Providence)是一切的主導，或者說，神意是整部歷史，從創世紀到世界末日的總因。基督教義雖然說是種宗教信仰，但卻呈現一套世界性的神意史觀。

基督徒中採用編年體(chronicle)來表達神意史觀，以攸栖比阿斯(Eusebius of Caesarea, 260–341 A.D.)最具權威性。他可能出生在巴勒斯坦(Palestine)地區。成年後，加入教士的行列，曾經遭遇宗教迫害，被捕下獄。到了君士坦丁大帝(Constantine the Great)寬容基督徒之後，攸栖比阿斯是位活躍的教父(church father)。他所撰寫的《編年史》(Chronicle)是部從創世紀到西元三〇三年的世界簡史。這部作品以希臘文寫

---

❹ Juergen Kocka, "Woliegst du, Europa?" *Die Zeit* (28, November, 2002), no. 49, p.11.

作，所以當時西方拉丁文世界鮮少人能閱讀。西元三七九年，經傑諾謙(Jerome)翻譯成拉丁文，並增補了一些西方拉丁世界的史實。於是這部譯本受到重視，不斷成為人們模仿的對象，直到十六世紀才被其他作品取代。❺

攸栖比阿斯以及其他中古時代的編年體世界史(chronicle universal history)，主要是文藝復興時代人文學者改以世俗的(secular)眼光來觀看這個世界。他們雖然沒有否認天主的存在，但卻不再以神意史觀來解釋歷史。不過，人文學者並沒有因此放棄世界史觀。他們繼承神意史觀之中的一項要素：即線型歷史解釋。按照人文主義學者的看法，歷史是否有個起頭（即「創世紀」之說）並不重要，然而歷史的過程是順著「古典」、「中古」和「現代」的軌跡往前移動的，至於未來是否有所謂的終點（即「世界末日」），則是難以置可否的問題，但也不必說清楚。換句話說，人文主義學者把歷史過程當作連續不斷(continuity)的線型軌跡來看待，並且進一步加以「斷代」，以三段分期法呈現歷史（或世界史）的過程。❻

文藝復興時代人文學者固然修訂的中古時代編年體世界史的觀點，但從另個角度而言，他們「除舊」的功效遠大於「佈新」（即提出一套自圓其說而且有體系的世界觀）。從十六世紀到十八世紀（甚至到十九世紀），西方有些學者竭力重建新的世界史(universal history)。例如維科(Vico)、孟德斯鳩(Montesquie)、伏爾泰(Voltaire)、涂哥(Turgot)、孔多塞(Condorcet)和黑格爾(Hegel)等人，都有各自的見解。儘管他們

❺ 有關攸栖比阿斯的生平，參見 J. Stevenson, "Eusebius of Caesarea," in *New Catholic Encyclopedia*；另有關攸栖比阿斯的史學，見 Harry Elmer Barnes, *A History of Historical Writing*（New York: Dover Publication, Inc., 1962），p. 47.

❻ Emst Breisach, *Historiography: Ancient, Medieval & Modern* (Chicago: The University of Chicago Press, 1983), pp. 159–162.

的見解體系博大深奧，各有所長，不過，他們都藉由哲學性推論的方式遠勝過經驗性實際的證據。或者說，他們以玄思性形上學體系為綱領，以史料證據為輔佐。❼

　　十九世紀日耳曼史家蘭克(Leopold von Ranke, 1795–1886)也竭盡心力，苦思世界史(universal history)如何書寫的問題。一般人只注意到蘭克治學重視史料，強調考證的一面，以為他是所謂「科學派史學之父」，其實，這種對「蘭克的印象」(image of Ranke)完全忽略了蘭克史學含有歷史主義(historicism)觀念論(idealism)的認知取向，尤其不知道他的歷史主義與路德派的宗教信仰有密切的關係。❽蘭克異於上述所謂的玄思性的世界史作者，在於蘭克比他們更重視歷史現象的「個別性」或「獨特發展」(individual development)。❾為此，他不辭艱辛，爬梳浩瀚的史料。然而，蘭克深深感覺到如果一味重視「個別性」，忽略整體性，歷史必然走向「專題」，形成零散的知識。為了兩全其美同時照顧整個世界和每個個體，蘭克在一八四〇年代的一篇手稿（即：Introduction to a Lecture on Universal History）中，一方面肯定歷史之「客觀」目標，一方面主張從「個體」找出世界精神的內在關連，並且以「神」為最終的依附。❿

　　蘭克的著作豐富，思想見解精深，對後世史家影響甚廣，不愧為一代宗師；然而，就「世界史」的書寫成果來評論的話，蘭克終其一生並未完成宿願。他的史學理論的確具有一套嶄新的世界史觀，並以

---

❼　Ibid., pp. 205–214.

❽　Georg Iggers, " Introduction" to *The Theory and Practice of History*, by Leopold von Ranke, ed. by Iggers （New York: Irvington Public, Inc., 1983）, xii–xiii.

❾　Ibid..

❿　Leopold von Ranke, "Introduction to a Lecture on Universal History," in *The Theory and Practice of History*, pp. 47–50.

此引導他的研究工作，但他並未能成功寫就一部世界史。而他「失敗」的原因，主要在於他並未放棄西方史學傳統中的「世界史」(universal history)。他的考證研究功夫和歷史主義的新見解中還是有傳統的「世界史」寫作理想。

自從十九世紀中葉以來，由於實證史學(positivist history)和科學派史學(scientific school of history)興起，這兩股學術取向本著科學及實證的精神否認了任何形上學及神學。或者說，在這兩股新史學趨勢下，任何形上學或神學的歷史解釋都難以進入學院派的場域。例如：二十世紀的史賓格勒(Oswald Spengler, 1880–1936)和湯恩比(Arnold J. Toynbee, 1889–1974)，儘管他們的作品暢銷全世界，名氣遠播，但總難正式進入歷史學院的領域。從蘭克到史賓格勒及湯恩比的史學，反映了傳統「世界史」已經式微。

(二)現代「世界史」(World History)的困境

自從傳統的「世界史」不再被重視時，現代西方史家轉而尋求「世界史」(world history)的書寫或世界史觀的建構。他們的取向大致可以分成兩大類：(a)以實證研究為基礎，逐步建構而成的世界史；(b)馬克思史家的世界觀。

以實證研究歷史（但不一定屬於實證史學）基本上對「世界史」，或通史性(general history)的國史(national history)避之唯恐不及，因為這類作品大而不當，不易受到學術界肯定。許多人執筆撰寫「世界通史」或「國史」都是為了當作教科書使用的，編著的成分遠過於個人之獨見和研究。近五十年來，西方史家之中視「世界史」為一種研究領域，並且實際上從事寫作的，最著名的可能就是麥克尼爾(William McNeill)。他的成名作《西方的興起》(*The Rise of West*)既可當作教科書使用，而且也被視為一本實證研究的成果。在此本人說它是實證的

作品，並非意味它沒有任何主觀，而是指這是一本根據實證研究態度而完成的著作。麥克尼爾本人不只個人以研究「世界史」為職志，而且還召集世界各地的史家成立「世界史學會」(World History Association)，並且發行《世界史期刊》(*Journal of World History*)。這份期刊雜誌每期大約有三至五篇論文，內容都是跨國的宏觀式的題目。由此可見，研究世界史的學者彼此之間已形成一個學術社群。

屬於馬克思主義陣營的史家，由於本著馬克思(Karl Marx)的觀點，所以他們幾乎人人都有世界史觀。然而，有些馬克思史家因為長期接受共產黨的領導，接受一套傾向唯物決定論(material determinism)的取向，把歷史的過程分成五個階段：原始共產社會、奴隸社會、封建社會、資本社會和共產社會。這些馬克思史家雖然自命自己的觀點是「科學的」，不過，他們的觀點到了一九五六年之後，卻被一批新馬克思史家所抨擊。例如，英國史家湯姆森(Edward P. Thompson)和霍布斯邦(Eric Hobsbawm)都公開批評共產黨官方的觀點是庸俗的馬克思主義(vulgar Marxism)。湯姆森和霍布斯邦企圖重振馬克思本人的思想，並且建構個人的世界史觀。他們兩人並沒有真正撰寫世界史；不過，他們的確有一套個人的世界史觀。

以實證研究為基礎的世界史觀和以新馬克思主義為本的世界史觀，近四十年來在國際間已受到肯定，樹立了學術上的地位。然而，這兩種取向都有共同的「內憂」與「外患」。所謂的「內憂」，是指這兩種取向都自我期許以嚴謹的研究為基礎；但既要步步為營、穩紮穩打，又要建構世界史觀，必然面臨「生而有涯，知而無涯」之嘆。世界史應當無所不包，任何人窮一生之力，都很難圓滿功成。這是現代「世界史」的最大隱憂，也是必然面對的困境。

至於所謂的「外患」，主要與近三十年來的後現代主義(post-modernism)有關。後現代主義雖然不是一種組織嚴密、思想內涵完全一致

的主張，但屬於這種觀點的學者幾乎人人都反對任何形式的大敘述
(grand narrative)和中心論(centericism)。「大敘述」這個概念最早起自李
歐塔(Jean-Francois Lyotard)，而後被米吉(Allan Megil)引用到歷史書寫
的評論之上。按照米吉的說法，「大敘述」是指一套有起頭、有中間歷
程，和有結局的全人類的故事。❶這種敘述方式意味歷史有一同質性
相當高的主軸（如：文化傳統、時代趨勢）連續不斷，順著時間往前
推移。後現代主義的學者強調歷史的斷裂性(discontinuity)、異質性和
多元性，進而質疑任何大敘述的歷史書寫，所以「世界通史」和「國
史」都成為抨擊的對象。以「美國史」的書寫為例，近幾十年來有因
後現代主義反大敘述的論調，而面臨被支解或撕裂的危機。❷

　　除了反對大敘述外，近幾十年來反對中心論也排山倒海，衝擊著
世界史的書寫。中心論以歐洲中心論為最醒目、最遭人非議。歐洲人
自從文藝復興時代以來，以「上古—中古—現代」三段分期法思索歐
洲及非西方世界的歷史。例如，黑格爾(Hegel, 1770–1831)曾表示「中
國沒有歷史」(Insofern nat China Eigentlich keine Geschichte)。❸這個觀
念即是以西方文明為歷史趨勢之主張，認為世界精神(Geist)之發展與
理性之開展相互配合，凡是愈成熟者愈文明。在黑格爾的觀念中，中
國尚未進入理性的時代，所以「沒有歷史」。這個觀念深深影響西方人
對中國的印象。蘭克的史學雖然和黑格爾的思想不同，但他們都把東

❶ Allan Megil, "Grand Narrative and the Discipline of History," in *A New Philosophy of History*, Frank Ankersmit and Hans Kellner, eds. (Chicago, 1995).

❷ Dorothy Ross, "Grand Narrative in American Historical Writing: From Romance to Uncertainity," *American Historical Review*, vol. 100, no. 3 (June 1995), pp. 673–677.

❸ Otto Franke, *Geschichte des Chinesischen Reicher*, I. Band (Berlin: Verlag von Walter de Druyten Co., 1930), vii.

亞地區當作世界的邊陲,沒有資格進入文明的殿堂,所以中國應該「臣服於歐洲精神之下」。❹近幾十年來,學術界已從反對歐洲中心論進而抨擊各種中心論,並且主張多元論的史觀。但是,如何實現理想,完成一部多元文化觀點,毫無中心論的世界史呢? 這是現代史家面臨的另一項困境。

㈢全球化挑戰「世界史」(World History)的書寫

除了反大敘述和反中心論不斷抨擊世界史的書寫,全球化的挑戰也來勢洶洶。按一般人的推理,全球化的結果可能促進全世界各地彼此之間的聯繫和文化融合,進而世界史或全球史的書寫益加容易及重要。這種推理固然可以接受,但是在嶄新的世界史或全球史問世之前,原有的「世界史」書寫已破綻百出,失去了學術上的公信力。其理由可依邏輯論證,敘述如下: ⑴全球化鬆動了「民族國家」的機制; ⑵「民族國家」是近二百多年來世界史和國史論述(national-history discourse)的基本歷史單位(unit of history); ⑶全球化鬆動了近二百多年來的世界史論述和國史論述。這段邏輯論證當然需要在下文加以舉例說明。

柏林圍牆倒塌的時候,許多人歡天喜地慶祝德國終於統一了。這條象徵東西柏林分離和共產社會、資本社會互不往來的界線,切割了原來統一的民族國家。可是當這座圍牆被拆除時,再度統一的德國國家機制卻面臨全球化的挑戰。國家的疆界在過去一、兩百年一向是條實線、清清楚楚地指明國界在哪裡。但是,近二十年或三十年來,國家的疆界有逐漸虛線化的趨勢。貝克表示:

> 「全球化」,指出的並非政治的終結,而恰恰是政治掙脫了民族

---

❹　Ibid., xi.

國家的明確架構，甚至掙脫了規範「政治的」和「非政治的」
行為的角色模式……。

為什麼全球化意味著政治化？因為，全球化使企業和企業協會
得以鬆綁並奪回被政治和社會國家馴服的，以民主方式組織起
來的資本主義……。

全球經濟挖空了民族經濟和民族國家的根基……。

全球化是個威脅因素，也就是說，全球化政治不僅企圖掙脫工
會的，也企圖掙脫民族國家的束縛，全球化正在剝奪民族國家
政治的權力。❶

民族國家的機制是否隨著全球化的趨勢而日沒西山？這是個言之
過早，而且有待長期觀察的問題。我們大可不必斷言未來的事物，尤
其更不應該從對未來事物的斷言推理我們現在必須如何如何。可是民
族國家的機制功能的確已經今不如昔了。學者不妨未雨綢繆，思考當
今許多公共政策的問題。例如，日後教育政策應該有何新的取向？全
球化的文化又該何去何從？對於前者，貝克曾回答說：

教育和知識社會的建立和擴展；延長（而不是縮短）教育時間；
放鬆或解除教育對工作位置和職業的針對性，使教育過程對準
能廣泛應用的關鍵能力培養；關鍵能力不只是「彈性」或是「終
身學習」，還有社會能力、團隊精神、衝突能力、文化理解、系
統思考、應付第二次現代的不安與矛盾的能力。❶

至於後者，法國民族誌及人類學教授尚——皮耶・瓦尼耶(Jean-Pierre
Warnier)指出：

❶ Beck，《全球化危機》，頁2-3。
❶ Ibid.，頁181-182。

就文化全球化的「全球」角度觀點而論，這些文化產品勢必要脫離其背景，並在全球規模的範圍內，依所屬類別相聚集，依其生產與分銷來進行量化；卻無法完整地掌握文化產品如何被接受、解碼、再次編碼，如何在地化及如何取得。全球的觀點無從了解中介者如何運作，中介者將這些文化工業產品予以挑選和重新進行背景再造。這些中介者包括家庭、地方社區、政治及宗教領袖、巫師及巫醫、教堂、俱樂部、學校等等。文化交融的衝擊一中介者運作的方式而出現極為迥異的方式。而「在地的」觀點，則重新將文化消費置於一個多層面及日常生活的背景下。因此只有透過這樣的觀點，才能評估出其影響程度。❶

由於現實意識(presentism)與史學思想經常交互影響呈現辯證關係，全球化對民族國家的鬆動勢必造成國史論述的危機。在此所謂的國史論述，指以英、美、法為主的西方國家，在西元一八〇〇年前後正式成為民族國家時，他們都把本國當作高度同質性的整體來看待。國家不僅長期以來有共同的血緣或族群關係，而且有共同的歷史文化傳統。基於這種史學思想與現實意識的結合，史家書寫國史的時候大都本著共同的模式。模式A–1的圖譜中，X軸表示血緣、族群或民族，Y軸表示文化和傳統。箭型的線條表示時間和歷史的方向。在這種模式的思維中，史家埋首苦思自己的「民族」大約在什麼時代正式形成？有何本質？還有史家也不斷研究舉證說明自己的文化傳統是什麼？在什麼時代形成？有何特色？

---

❶ Jean-Pierre Warnier，《文化全球化》，吳錫德譯（臺北：麥田出版，2003），頁134–135。

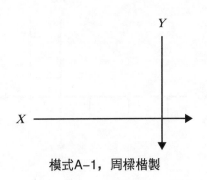

模式A-1, 周樑楷製

　　屬於模式A-1的史觀, 或者可以簡稱為「種族—文化」論。從十九世紀初到二十世紀六〇年代, 西方史家撰寫本國史多半依照這種模式。至於民國初期撰寫「國史」的中國史家, 如梁啟超、傅斯年和陳寅恪等人, 因直接或間接受西方史學影響, 也都採取這種歷史思維的模式。❶不過, 模式A-1只是個原型(arch type), 為了方便說明而已。屬於這種模式的史家中有的較具彈性, 頗能顧及史實的存在。他們一方面強調民族國家具備主流的民族（即X_1）和文化（即Y_1）, 另方面也承認: 隨著時間和歷史的變遷, 主流的民族和文化不斷同化融合其他次要的族群（即X_2）及其文化（即Y_2）。模式A-2（如圖示）雖然是A-1的變型, 但是屬於這兩種模式的史家都堅持: (1)歷史的軌跡是持續不斷的; (2)以某種民族及文化為主流的中心論; (3)民族國家是個整體的歷史單位; (4)以上三點不僅過去的歷史是如此, 未來國家的發展也勢必如此演變。

---

❶　參見周樑楷,〈傅斯年和陳寅恪的歷史觀點——從西方學術背景所做的討論 (1880–1930)〉《臺大歷史學報》（臺北: 臺灣大學歷史學系, 1996）。

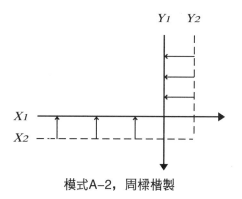

模式A-2，周樑楷製

不過，自從二十世紀六○年代以來，在後現代主義、反中心論和全球化論述的影響下，「民族國家」的族群及文化傳統逐漸被斷裂和分解。後現代主義和反中心論都否定歷史時序的連續性，進而肯定斷裂性、文化的非本質說及多元論。全球化論述則以「全球化－在地化」(globalization-localization)兩股力量，大大削減了「民族國家」及其傳統文化的存在事實。這種思維可以用模式B表示。圖譜中，X_1、X_2表示族群，而Y_1、Y_2表示文化。模式B的基本觀念呈現：⑴歷史時序的斷裂性，甚至沒有方向感；⑵族群和文化的多元性；⑶國家的異質性不容忽視，本質論之說值得懷疑。

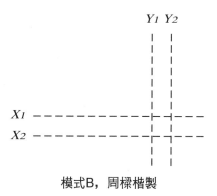

模式B，周樑楷製

　　近二百多年來，史家書寫歷史多半以國史論述模式A-1或A-2為基礎。撰寫本國通史的時候，一般都依照這個模式，頂多精緻化一點，敘述時加以「斷代」、「分期」。斷代史的研究，基本上是專業史家為了精益求精，加以分工，以歷史上某個朝代或時期為研究對象；然而，一般都公認上乘的斷代史家必須能「由小見大」，而且承先啟後綜觀國史脈絡的發展。專題史，不管研究政治史、經濟史或文化史，也是為了專精，才以某種特殊領域為焦點述說國史的特色和演變。外交史長期以來偏重政府之間的往來和活動，探討各國政要為本國利益而折衝的經過。這種以國際關係為重的外交史，表面上似乎跨越了國家的邊界，然而實際上「民族國家」依然是歷史的單位。至於世界史的書寫，幾乎都是先把整體歷史分成幾個重要的斷代，例如，上古、中古、前近代、近代和現代；而後，在每個斷代中，分別敘述幾個核心的國家。這種世界史的論述，說穿了還是以國史論述為單位，多少有點馬賽克式的味道。

　　近十年來，有些史家主張以「全球史」的書寫取代「世界史」。古特溫(Neva R. Goodwin)表示：歷史研究不應以個人為對象，而應從不同的族群、團體(groups)或者應從整個人類來觀看。他又說，史家應選擇某些主題(theme)，留意「全球化」和「在地化」的互動性關係及其不斷擴張的力量，同時採取全球的視野思考未來的方向。⓳除外，薛佛(Wolf Schäfer)也強調「全球史」與「世界史」應該有所區別。過去的「世界史」將世界當作整體，史家一方面有某種文明的優越感，另方面對許多地區卻又一無所知。他反對以資本主義的觀點論述「全球史」，主張以小敘述(little narratives, pettis récites)來從事「全球史研究」(global history studies)。⓴從這兩位學者的論點，我們可以得知，他們

⓳　Neva R. Goodwin, "The Rounding of the Earth: Ecology and History," in *Conceptualizing Global History*, pp. 39–41.

既反對國史論述，也不贊成「全球主義」的世界論述。從他們所持的理由來看，他們都考量「在地化」、「小敘述」等多元文化和邊緣社會；不過，本文有意進一步指出「國史論述」、「世界史論述」以及「全球主義」，在歷史思維上都是一丘之貉。

二、但丁的道德判斷和世界史論述

但丁於十三世紀中葉生於義大利佛羅倫斯(Florence)一個沒落的小貴族家庭。這個城市於羅馬帝國時代建立，然而日耳曼民族大遷徙期間，卻被東哥德人(Ostrogothes)摧毀。到了查里曼(Charlemagne)時代，才又重建起來，並且相繼由查里曼的後代統治。神聖羅馬帝國(Holy Roman Empire)成立時，佛羅倫斯屬於皇帝的統轄範圍。不過十一世紀亨利三世(Henry III, 1039–1056 A.D.)在位期間，由於教皇(Pope)的勢力增強，義大利各地幾乎都實行自治，不再尊重皇帝的權威，尤其各地的統治階層都分裂成教皇派(Guelfs)和皇帝派(Ghibelines)。[21]佛羅倫斯的居民自然也無法置身度外，直到但丁的時代，仍然深受黨派紛爭之苦。但丁的家族原屬於教皇派，但是自從一二九五年以後，教皇派內部由於對教皇博尼菲斯八世(Boniface VIII, 1294–1303 A.D.)的態度上有所歧異，因而分裂成支持教皇的黑黨和反對教皇的白黨。但丁本人選擇站在白黨一邊，結果當一三○二年黑黨取得政權時遭到革職，免除最高行政會議行政官的頭銜；同時他也被迫流亡，過了十九年顛沛流離的生涯，直到一三二一年過世。[22]

---

[20] Wolf Schäfer, "Global History: Historiographical Feasibility and Environmental Reality," in *Conceptualizing Global History*, pp. 48–52.

[21] Niccalo Machiavelli,《佛羅倫薩史》(*Istarie Florentine*)，李活譯（臺北：臺灣商務印書館，1998），頁55。

　　但丁在流亡期間奮筆疾書,先後撰寫幾本重要的著作。《神曲》(The Divine Comedy)大約於一三〇七至一三二一年間完成,以佛羅倫斯的方言書寫,是部西洋文學史上公認的偉大詩篇,一直傳頌於世。這本著作如果拋開文學的角度,也可以當作一本廣義的史書來看待。或者更明確地說,這是一本有關歷史人物評論的著作,內容直接反映了但丁的道德和價值判斷。

　　《神曲》的第一章以「幽暗森林」為題,一開筆便說:

> 一切都要從我三十五歲那年,無意間迷失在一座幽暗的森林開
> 始。
> 那座陰暗森林的廣大、荒涼與恐怖,直到現在,想要描述都有
> 點難以下筆,因為只要一想到它,我的心仍舊驚懼不已,全身
> 不寒而慄,面對那樣恐怖比面對死亡更甚呀! ㉓

但丁沒有明講「幽暗森林」是什麼? 位於哪裡? 然而, 很明顯的, 這是一段對時代批判的隱喻。三十五歲時, 他正擔任佛羅倫斯的行政官,身陷在教皇派和皇帝派、白黨和黑黨的政治惡鬥中。在官場中, 他終於體驗人性的善惡百態。而後再過兩年, 三十七歲時, 但丁離鄉背井,流亡在外, 除了一如往昔, 仍然關懷佛羅倫斯及義大利的政局, 他得此機會, 反而可以冷眼旁觀古今人物的種種是非曲直。

　　《神曲》並非按照時序的先後一一描述歷史的人物。相反地, 這本書是「以空間思維帶動時間思維」。筆者設定這個名詞, 主要用來說明: 有些著作 (包括史書) 以地理—空間移動的順序為敘述的先後,

---

㉒　朱虹,「出版說明」,《論世界帝國》(De Monarchia),朱虹譯 (臺北: 臺灣商
　　務印書館, 2000),頁2。

㉓　Dante Alighieri,《神曲》(The Divine Comedy),郭素芳編 (臺中: 好讀出版公
　　司, 2002),頁16。

並且在每敘述一個地理─空間時，才描寫當地在何時發生什麼事？何時曾經有哪些重要人物？換句話說，地理─空間的移動才是作品中敘述的主軸，時序和時間反而是次要的，甚至可以被抽離或錯置(anachronism)。近兩百年來，現代專業史家大多習慣順著時序的時間思維，以至於忽略或否定「以空間思維帶動時間思維」也是種歷史敘述的方法。其實，古代希臘時代希羅多德(Herodotus, ca. 484–425 B.C.)所寫的《歷史》(History)，在全書前三分之二的部分都是按照他個人的足跡，先旅行到哪裡就先記載當地過去所發生的事情。而後一步一腳印，隨著他再走到哪裡就描寫那裡的歷史及風俗民情。希羅多德的《歷史》可以說是本「以空間思維帶動時間思維」的典範。又如，羅馬時代的希臘學者普魯塔克(Plutarch, 45–120 A.D.)在《希臘羅馬名人傳》(The Lives of the Nobles Grecians and Romans)的每一卷裡，將一位希臘人物和一位羅馬人物一起並列比較。他雖然不是採取「以空間思維帶動時間思維」，但是他和希羅多德相似，都沒有完全依照時序敘述的框架。這兩位作者在西洋史學史上早已贏得一席之地，希羅多德有「西方史學之父」的美譽，普魯塔克則被尊稱為「西洋傳記學之父」，從他們的成就可以證明，歷史敘述沒有必要一成不變處處依照時序的思維取向。

在《神曲》中，但丁由維吉爾(Virgil, 70–19 B.C.)領路。他們從地獄(The Inferno)的第一層(circle)，按空間的順序，一層一層地往下到第九層。而後兩人（在地球的中心處）一起調頭，來到所謂的「淨界」(The Purgatorio)。這段遊歷故事的主角之一，維吉爾是羅馬帝國初期鼎鼎大名的詩人；他所著的史詩(epic)《伊尼特》(Aeneid)，毫無疑問地，也是種歷史敘述的文體。但丁因衷心崇拜維吉爾，以他為師，在《神曲》中，兩人初見面時，但丁便迫不及待地說：

啊！你是我的老師！我的先輩，是噴湧出豐富語言之流的泉源。

我長久學習，研究你的詩卷，我從你那裡取得了美麗和諧的風格……。❷

從這段情節可以證明，《神曲》的敘述完全脫離時序的先後。但丁安排自己在書中和維吉爾見面，這就如同普魯塔克將希臘人與羅馬人合傳書寫一樣，也是種傳達歷史的方式。在《神曲》中，但丁隨從維吉爾的帶領，在地獄的第一層中看到了荷馬(Homer)、荷拉斯(Horace)、蘇格拉底(Socrates)、柏拉圖(Plato)、亞里斯多德(Aristotle)等人。這些赫赫有名的人士所以一同住在這裡，只不過「因為他們生在基督之前，沒有受過洗禮」。❷其實，維吉爾本人也被判定住在地獄的第一層之中。從地獄的第二層以下，但丁看到了更多的歷史人物。例如，在第六層中，有佛羅倫斯皇帝黨的領袖法利那塔(Farinata)及古希臘哲學家伊比鳩魯(Epicurus, 341–270 B.C.)。❷值得注意的是，第六層地獄中又分為三個環(round)，理由是：「因暴力可施於三種人，一是施暴於他人，一是施暴於自己，最後是施暴於天主者。」❷其中，以施暴於天主者罪孽最重，施暴於自己者次之，施暴於他人者最輕。從描述中我們可以明瞭，《神曲》的地獄圖是一部以基督教為標準的道德和價值判斷。所有的異教徒（除了極少數外），包括生在耶穌之前的名人雅士在內，一律都被判定在地獄之中，只不過除了信仰，品德也是一項鑑別個人是非高下的考量要點。所以連基督徒，也有住在地獄、淨界和天堂(The Par-

❷ Dante，《神曲》，頁22。

❷ 同上，頁40。

❷ 同上，頁84；按法利那塔(Farinata degli Uberti)於一二三九年是佛羅倫斯皇帝黨領袖。他於一二四八年曾經將大批教皇黨人驅逐出境。但丁本人的遭遇與這批教皇黨人相同，由於感同身受，所以在《神曲》中，但丁把法利那塔放在第六層地獄裡。

❷ 同上，頁90。

adiso)的差別。例如,住在天堂的聖彼得(St. Peter)曾經當著但丁的面前,大肆抨擊教皇博尼菲斯八世。他說:

> 等一下你若看見我們的光芒由白轉紅時不要害怕,那是因為我們由歡樂轉為悲傷或惱怒的表示。唉!我看到那個博尼菲斯八世在地球上篡奪了我的位子,在上帝之子面前是虛位的位子,他使埋葬我的地方成為污血之溝,垃圾成堆。❷⁸

由此可見,《神曲》的空間設計,地獄、淨界和天堂各有層次,不僅適合「以空間思維帶動時間思維」的歷史敘述,而且也可以滿足但丁個人的道德和價值判斷標準。

　　《論世界帝國》可以說是本世界史論述的著作,以拉丁文撰寫的。"Monarchia"的原意為「一個人統治」,當作書名有「天下統一」的意涵,或者說是「統一為世界帝國」。這本書寫作期間,但丁仍然流亡在外。西元一三〇八年,以賢能聞名的盧森堡(Luxemburg)公爵被選為神聖羅馬帝國皇帝;但丁在政治上受到鼓舞,於是把統一國家的希望寄託在這位皇帝,即亨利七世(Henry VII, 1308–1313 A.D.)的身上,並且於一三一一年上書,表達他的心意。一般學者研判,《論世界帝國》可能就是在這段期間執筆的。❷⁹

　　但丁生於亂世之中,按照他的理想,人類需要統一與和平。因為:

> 人類只有身處安定的太平時代才能輕鬆自如地進行工作。❸⁰

由於這個願景,但丁免不了在內心深處營造個人的烏托邦。他說:

---

❷⁸　同上,頁462;在這裡,但丁流露了他個人對當時教皇的不滿和批評。

❷⁹　Dante,《論世界帝國》,頁3。

❸⁰　同上,頁13。

為了造就普天下的幸福，有必要建立一個一統的世界政體。㉛

然而，一統的世界政體其權力法源在哪裡？又應該如何實現呢？對於第一個問題，但丁的回答非常直截了當：「統一的真正基礎就是天主（上帝）本身。」㉜這種說法對於西方中古時代的讀者而言，並不需要太多的論證，只要簡單一提大家就立刻有共識的。所以，但丁根據《聖經》的經文表示：

> 人類本來是按照天主的形象造出來的，也應像天主那樣是個統一體。㉝

同時，他又指出：

> 天主的意旨就是公理的根據。㉞

至於第二個問題，但丁的答覆必然涉及他個人的歷史意識和現實意識。在此，我們假使有意分析這兩種意識的辯證關係，得先從但丁「對人的概念」(concept of man)說起。但丁強調人之所以為人，在於「人類的基本能力具有發展智力的潛力或能力」。㉟他說：

> 思辨的智力是最高級的功能，至善的天主（上帝）為了發揮這一功能而創造人類。㊱

㉛ 同上，頁15。
㉜ 同上，頁19。
㉝ 同上。
㉞ 同上，頁43。
㉟ 同上，頁12。
㊱ 同上，頁13。

不過，思辨的能力有上智和下愚的分別，並非普天之下人人一律平等。
但丁「對人的概念」含有菁英主義(elitism)的想法。他引用亞里斯多德
的名言：「具有智力的強者生而治人。」❸❼因此，為了實現統一的世界
政體，權力就得集中在君主或帝王之手中。他說：

> 在那包含著正義的世俗意志之中，世界君主的意志使最純正的。
> ……在世界上所有人之中，唯獨那世界君主最富有正義感。❸❽

但丁的菁英主義或「世界君主」之說，除了反映「天主的旨意」
與「人」之間的關係，同時也呈現但丁對「理性」和「自由」的嚮往。
他說：

> 只有服從理性，只有全心全意為實現人類的目標而奮鬥，人類
> 才有自由。這樣的自由只有在世界政治機構的治理下才有實現
> 的可能。❸❾

但丁從肯定人類的「思辨智力」到強調「服從理性」，在在都是為了控
制人類的慾念。而唯有人類「絲毫不受慾念的影響，那才是自由」。❹⓪但
丁的思想邏輯，如果就西方學術史來說，一方面往前直接繼承了亞里
斯多德的理念：「自由的意思就是為自己而生存，而不是為他人而生
存。」❹①另方面但丁往後開啟了十八世紀啟蒙運動(Enlightenment)的先
河。不過與啟蒙時代自由主義的學者相異的是，但丁的菁英主義一直
支配著他的政治理想。他不斷地強調：

---

❸❼　同上。
❸❽　同上，頁26。
❸❾　同上，頁28。
❹⓪　同上。
❹①　同上，頁29。

> 在世界君主的統治下生活是自由的。❷
>
> 最善治其身者亦善於治人。❸

但丁的政治烏托邦與他的歷史迷思(myth)互為表裡。他曾指出：

> 由於人類的始祖犯了原罪而墮落，人類就走上了迷途；如果我
> 們回顧一下自此以來人類世世代代的狀況，我們就會發現，直
> 到神聖的奧古斯都時代才出現了一個完整的和一統的世界政
> 體，天下才得以平定。在他那個時代，人類得享太平盛世，這
> 一點可以證之於各歷史學家，傑出的詩人，甚至於那體現了基
> 督和善精神的福音派人物〔聖路加〕。最後，聖保羅又把這個極
> 樂時代視作「完滿的時代」。❹

這段引文已經初步透露了但丁的世界史論述。他和早期基督教編年體
世界史的作家雷同，凡是書寫世界史必然從創世紀和人類的祖先亞當
(Adam)談起。至於綿亙不斷的歷史過程中哪個時期最令人嚮往？則是
見仁見智的問題。但丁肯定奧古斯都(Augustus, 27 B.C.–14 A.D.)的時
代是段「完滿的年代」。在《論世界帝國》的第二卷裡，他的論述無不
為了證明這種觀點。

奧古斯都在位時期所以是世界史上「完滿的年代」，理由主要有二：
第一，這是耶穌誕生的時代。但丁說：

> 在奧古斯都帝國時代，正當世界和平最大限度地得到實現之際，
> 基督投胎下凡一事證實了這些原理是神聖的；同時，人類在失
> 去那黃金時代以後的災難也同樣可以證實這一點。❺

---

❷　同上。

❸　同上，頁31。

❹　同上，頁39。

他又說：

> 基督降生表明羅馬的統治權是神授的。❻

對於但丁所持的上述理由，我們並沒有必要長篇大論加以反駁，因為
這是純屬信仰的問題，讀者是否接受基督教，便已決定了這個大前提
的是非了。倒是值得在此一提的是，但丁以基督教信仰和耶穌的降臨
世間為出發點，從這一點他建構了個人「對人的概念」(concept of man)
及「對歷史的概念」(concept of history)。而他的世界史論述，說穿了
就是這兩種概念交融之後所發展出來的結果。

第二，羅馬民族賦有一統天下的神聖使命。為了說明這項理由，
但丁首先提出一套邏輯論證：⑴最高貴的民族理應高踞其他民族之上；
⑵羅馬民族就是最高貴的民族；所以⑶羅馬民族應該高踞其他民族之
上。❼關於第一個前提，可以說是種菁英主義，根據於但丁的「對人
的概念」，本文在此已不用再贅述。第二個前提直接涉及但丁的「對歷
史的概念」，但丁本人曾經對此加以舉證說明。但丁以維吉爾所著的《伊
尼特》為根據，說明相傳中羅馬人的祖先伊尼厄斯(Aeneis)的血緣最高
貴，他「世襲貴族的身分，那是世上三大洲匯合起來促成的」。❽同時，
但丁還更進一步從伊尼厄斯的婚姻說明他的出身都來自貴族。❾基於
這兩個前提，於是但丁肯定地下結論：

> 小前提有了這些證據，誰還能懷疑羅馬人的祖先以及整個羅馬

---

❹ 同上，頁38。
❻ 同上，頁77。
❼ 同上，頁45。
❽ 同上，頁47。
❾ 同上，頁49。

民族是天下最高貴的人？誰還能不承認這三個大陸的血統的三重結合是天命所歸的神蹟？**㊿**

羅馬人以地中海為核心，建立了大帝國，其中血腥的征服史蹟斑斑可考。但丁必須合理化羅馬人大動干戈的種種行徑，否則光憑有高貴的血緣還不足以服天下人之心。為此，但丁說：

> 羅馬人所作所為證明了他們征服全球確實是為了追求這一利益；因為他們拋棄了那總是跟國民利益勢同水火的一切貪慾而去尋求普世和平與自由；這個神聖的、虔誠的和光榮的民族，為了促進公共利益以拯救人類，簡直不惜犧牲自己的利益。**㊶**

在《論世界帝國》中，但丁舉西元前五世紀左右的辛辛那圖斯(Cincinnatus)、西元前三世紀的法布里西尤斯(Fabricus)、西元前二世紀的伽圖(Marcus Cato)等人為例，說明羅馬憑著公理一統天下。

奧古斯都的時代羅馬人不僅完成了以公理一統天下的使命，而且耶穌也自願投胎於瑪麗亞(Maria)，降生在羅馬的政權下。但丁特別強調，耶穌所以誕生在這個時代裡，是為了可以作為「人」而登記在這個特殊時代的戶籍名簿中。由此可見，耶穌已承認了羅馬帝國統計世界人口的法令。但丁強調：

> 基督是承認羅馬皇帝的司法權的。**㊸**

這句鏗鏘有聲的結論，一則證明奧古斯都執政期間是世界史上「最完滿的時代」，另一則可以當作論點，說明皇帝的權力在俗世中是至高無

㊿ 同上，頁51。

㊶ 同上，頁55。

㊸ 同上，頁79。

上的，即使教皇也得尊重皇帝（神聖羅馬皇帝）的權威。

有了上述的結論，但丁在《論世界帝國》第三卷中更進一步地表示：

> 從歷史上說，羅馬帝國不僅先於教會，而且不受教會的約束。❸
> 體現世俗權力和神聖權力的「兩把刀」並不掌握在教會手中。❹

當然，俗世的皇帝若要贏得如此崇高的權威必須為基督徒而效命。在《神曲》的天堂裡，但丁保留一些空間給德行崇高的異教徒，因為「他們在天堂所得到的榮耀會遠超過虛偽的基督徒」。❺在天堂裡，但丁曾遇見了幾位俗世的帝王：大衛王(King David)、圖拉真(Trajan)、君士坦丁大帝(Constantine the Great)和查士丁尼大帝(Justinian the Great)。❻毫無疑問地，他們即使是異教徒，也衷心服務天主或為教會立功。但丁以「鷹」為象徵，比喻自古以來的這種文化傳統。查士丁尼大帝對但丁說：

> 那隻鷹跟隨古英雄伊尼厄斯往義大利飛去，君士坦丁又叫牠往回飛，兩百多年來牠棲息在小亞細亞的君士坦丁堡，在牠神聖的羽翼下，君士坦丁統治世界世世代代相傳後，鷹便傳到我手中。❼

不過，隨著歷史的變遷，以「鷹」為「正統」(orthodox)的精神逐漸變質。《神曲》敘述著：

---

❸ 同上，頁53。

❹ 同上，頁101。

❺ Dante，《神曲》，頁439。

❻ 同上，頁441。

❼ 同上，頁400。

> 最後，當教皇請法蘭克王加爾曼尼幫助，去攻擊入侵義大利的
> 倫巴王，演變成後來教皇派依靠法國的金色百合花反抗鷹旗，
> 皇帝派則佔領鷹旗，為自己的黨派利益著想。要分別他們誰的
> 過錯大，實在不容易，因為這兩個黨派皆為自己的私利打算，
> 棄國家前途不顧。❺❽

面對現實環境中教皇派與皇帝派的長期惡鬥，但丁相信當時的神聖羅
馬帝國應該可以重振鷹旗的雄風，展現羅馬的「正統」。所以，天堂裡
給亨利皇帝預留了大位。《神曲》說：

> 你注意看那些穿白袍的聖徒，他們的數目有多少啊！看我們的
> 城有多大，可是我們的座位剩下的位置不多了。現在只等待極
> 少數的人，你看那一個大座位，是為一個偉大的皇帝預備的，
> 他是盧森堡公爵亨利七世，他將去整頓義大利的秩序，可惜這
> 個國度不歡迎他。❺❾

　　以上綜合觀察但丁的道德判斷和世界史論述，可以將它化約成國
史論述的模式A–1或A–2。但丁的觀念中，X_1軸是羅馬人，他們自古以
來具有高貴的血緣，羅馬民族享有一統天下的使命與權力。至於被羅
馬所征服的民族屬於X_2軸，在歷史時間裡不斷被順服或同化。到了西
元十世紀以後，神聖羅馬帝國（包含義大利人）繼承這條主軸的核心
地位。Y_1軸以「鷹」為象徵，代表一種文化傳統，以天主的旨意為最
高原則，展現人的「理性」和「自由」。這種文化傳統先後由俗世的帝
王為代理人，其政績足於享譽史冊，留名萬世。X_1軸和Y_1軸的交會點
就是但丁的時代，其代理人應該是亨利七世。從但丁的時代到今日二

---

❺❽　同上，頁401。

❺❾　同上，頁471。

十一世紀初期，由於事隔七百多年，不僅非基督徒早已無法接受但丁的世界史論述，甚至連基督徒也都持質疑的態度。但丁在《神曲》和《論世界帝國》所舉的史實和人物評論既經不起現代專業史家的考證批判，甚至他的歷史思維模式也從理論根本處被挑戰。但丁的歷史迷思值得我們借鏡，因為二十一世紀的人們可能仍然採取同樣的思維模式，只不過在種種「現代性」(modernity)的粉飾下，讓許多人無法分辨而已。

四、全球化理論與世界史論述的微妙關係

以但丁的世界史論述比較全球化主義，乍見之下也許令人覺得唐突和驚訝。然而，人類思想史上往往有許多不可思議的事，經過了數百年或千年以上的演變，表面上古今許多理念似乎已經迥然不同了，其實骨子裡卻完全相同。我們可以說，思想史上有許多「換湯不換藥」的現象。

但丁的世界史論述和全球主義的異同，首先是：前者強調需要有一「世界國家」及「世界政府」；後者則表明沒有所謂的「世界國家」及「世界政府」，甚至連「國家機制」的功能也逐漸被削弱。不過，在這一層思維中，但丁和全球主義者都肯定「世界社會」的存在。但丁希望以基督教的文化傳統為基礎，建立一統的天下社會；全球主義者則堅持高度的或極端的個人主義(radical individualism)，發揮自由貿易的精神，共築現代性的社會。

其次，但丁以羅馬民族及羅馬皇帝（包括古羅馬時代及神聖羅馬帝國時代）為菁英統治階層，他們是歷史的代言人；全球主義者則以跨國公司的資本家為世界的新主人，他們所主導的世界市場將支配所有的優勢。這兩種論述似乎風馬牛不相及，無法加以類比。然而，但

丁的思維屬於模式A的*X*軸，全球主義者的思維也可以化約成模式A的
*X*軸。我們只要把羅馬民族換成跨國公司的資本家，就可以了，因為他
們都是主導世界歷史軌跡的「菁英」。

再其次，但丁以基督教信仰為文化傳統，全球主義以經濟至上為
時代精神。這兩種價值觀應該是背道而馳的；不過，但丁的思維屬於
模式A的*Y*軸，全球主義者的思維何嘗不是模式A的*Y*軸呢？古典「鷹旗」
下的宗教信仰與「世界市場形上學」（即貝克對全球主義的評語），都
是以「線性迷思」解釋歷史文化的傳統。但丁認為，唯有在基督教信
仰下，人們才得以有理性的思辨能力和充分的自由；而全球主義者則
堅信，在世界市場中，人們才能邁向現代性，享有理性的思辨能力和
充分的自由。

從全球主義發展而成的世界史論述似乎已形成風氣。所謂的「全
球史」及「全球史研究」未必人人以全球主義為根據；然而，全球主
義的確屬於一種全球化理論，並且可能發展成一套世界史論述。本文
從國史論述中的模式A指出世界史論述也有類似模式A者。七百年前但
丁的思維是如此，如今二十一世紀初全球主義的思維也是如此。當我
們有意擺脫「世界史」(world history)並迎接「全球史」(global history)的
書寫取向時，也應當留意模式A的「幽靈」可能「轉世投胎」，成為另
一種新的世界史論述。

新聞媒體、族群性與美國華人
——史學理論的探討

張四德

一、前言

近年來，隨著國際間共產世界的瓦解，跨國公司的成立，傳播媒體的無遠弗屆，尤其是網際網路的普及，促進了全球化運動的快速發展。❶更確切地說，應當是美、歐、亞洲地區富有的國家中，私人產業霸權式的支配下所造成的文化交融。對於某些族群而言，不同文化之間的交流，形成沛然莫能抵禦的衝擊，激盪起族群內部「全球化」與「在地化」的爭議。❷進而對「族群性」(ethnicity)以及族群認同(ethnic identity)產生了或大或小的型塑作用。

❶ 全球化的定義，不同學者提出各自的見解。參閱Malcolm Waters著，徐偉傑譯，《全球化》(臺北：弘智，2000)。如：E. Wallerstein的「世界體系」(world system)；Rosenau則從「跨國關係」的角度，探討全球化問題。此外，Marshall Mcluhar提出 "global village"；Anthongy Giddens則將全球化視為現代化的直接後果。

❷ 尚一皮耶・瓦尼耶著，《文化全球化》，吳錫德譯 (臺北：麥田，2003)，p. 92。

　　弱勢族群可能會比較擔憂本身族群特質的存續問題。面對強勢文化的衝擊時，尚一皮耶・瓦尼耶(Jean-Pierre Warnier)的說法，一針見血地解剖了文化「在地化」的情結。他指出，當傳統文化逐漸融蝕時，我們不應將過去理想化；而對於那些「日漸式微的社會階層」，如農民，或因技術更新而降級的專業人員、移民而言，他們只得去「拼湊自己的文化，且求助於想像中那些移花接木而來的基本認同，如出生地、血緣、語言、幻象式的過去、民族英雄等」。❸儘管這種說詞多麼冷酷無情，但是族群性面臨改變是無法避免的。

　　不過，即使在所謂快速的全球化之前的悠久歲月，族群的特質並非一成不變；隨著時空的轉換，族群的特質也隨之轉變；但是族群的存亡絕續以及認證的標誌端賴「族群分界」(ethnic boundary)的存續。Frederik Barth引用Narroll(1964)的說法，至今仍有參考的價值。❹簡單的說，族群必須能維持生物性上的自我延續；擁有共同基本的文化價值觀，而在外在文化的型制上有一致的表徵；彼此之間有內部的溝通和互動；最後，具有自我辨識以及供他人辨識的「成員資格」。換言之，族群的成員不僅忠於某些共同的特質或文化道德價值觀，即使時空轉移，某些共享的特質依舊是維繫族群的必要條件。不過，除了主觀上的自覺意識之外，族群的維繫更需要他族的認證和界定；也就是說在「我族」與「他族」之間必須有二元化的區隔(dichotomization)。❺他的說法，獲得其他一些學者的支持。❻

---

❸　Ibid., p. 154.

❹　Frederik Barth, ed., *Ethnic Groups and Boundaries* (Boston: Little, Brown and Company, 1969), pp. 10–11.

❺　Ibid., p. 14.

❻　比如M. Elaine Burgess, "The Resurgence of Ethnicity: Myth or Reality," *Ethnic and Radical Studies*, vol. 1, no. 3 (July 1978), p. 271.

　　因此，在面對異文化之際，作為一個文化的載體，族群成員是否能夠維繫「我族」「他族」的意識，直接關係到族群命脈的延續與否。尤其是在面對強勢文化入侵，或遷徙異地置身於他族之間，不同文化的抵制、交流、涵化(Acculturation)，甚或同化，經常導致內部的爭議：堅持傳統特質者憂心傳統的融蝕；開放派則欣然接納外來文化的元質(element)。此時，新聞媒體，作為文化傳遞的媒介，承擔了相當重要的角色；包括報紙在內，必須負責「理念的推廣、意識型態的選擇、政治的宣傳、資訊的傳佈」……等等。❼所以，傳統上，報紙一直在族群型塑上，有它的重要性；不論何種立場，均力爭掌控權，發揮對社會大眾的影響力。對於移民而言，面對外界社會的敵意困厄，報紙所使用的語言及內容，通常都有提供防衛、凝聚共識、延續傳統的作用。❽

　　本篇文章從史學的角度，討論美國的「新聞媒體與族群型塑之關係」，而以美國華人，尤其是國共鬥爭時期的美國華人為實例。美國的族群、移民研究，以韓德林(Oscar Handlin)開風氣之先。他潛心研究「遷徙、移民」，提出「移民即美國史」(The immigrants were American History)；❾一生著述等身，而能享譽史學界。❿自韓德林以後，族群研究成為社會史的重要課題之一，而除了進行田野訪查之外，許多學者也借重移民報紙，探討移民的族群性。比如，韓德林研究十九世紀上半葉的愛爾蘭人時，引用了大量的*Boston Pilot, Boston Catholic Observ-*

❼　瓦尼耶，《文化全球化》，p. 94。

❽　Jonathan D. Sarra, "From Immigrants to Ethnics: Toward a New Theory of 'Ethnicization,'" *Ethnicity*, vol. 5 (1978), pp. 374–375.

❾　Oscar Handlin, *The Uprooted* (Boston: Little, Brown and Company, 1973), p. 3.

❿　張四德，《移民、自由與美國的本質——韓德林史學思想的研究》（臺北：稻鄉，2001）。

er；**⓫**又如：Perry Miller研究十七世紀初期的清教徒移民時，也須追溯到J. Winthrop的日誌(Journal)。**⓬**而在討論美國反猶主義時，Arnold Forster & Benjamin R. Epstein也引用了大量的報紙。**⓭**這篇文章，是要討論國共鬥爭時期美國的華人的報紙，作為評量華人涵化程度的材料。當然，將華人視為美國移民／族群的時空背景之下，就不能將華人孤立研究；移民／族群與母國以及地主國（社會）(host society)之間的關係，在型塑族群性上有絕對的影響力。

二、美國移民／族群研究的史學與華人研究

在美國，二十世紀初期，學者才比較認真的注意社會上移民（族群）的現象。這些年來，為了研究幾乎涵蓋世界各族的國內族群，大致上採用了兩種相互矛盾的研究取向：即起初的同化論(assimilationism)，以及稍晚的多元論(pluralism)，而以一九六〇年代為轉捩點。

自十七世紀殖民時期以來，移民源源不斷地湧入美國。然而，第一次世界大戰爆發以前，美國的史家並沒有對移民／族群這項議題投注什麼心力。近世以來，站在全球人口遷徙的潮流來看，進入美國的移民實在不容等閒視之。**⓮**但是重要的史家似乎都將研究的重點放在

⓫ Leonard Dinnerstein, ed., *The Aliens* (N.Y.: Meredith Corporation, 1970), pp. 143–144.

⓬ Perry Miller, *Orthodoxy in Massachusetts, 1630–1650* (Massachusetts: Peter Smith, 1965), p. 15.

⓭ A. Forster & B. R. Epstein, *The Anti-Semitism* (N.Y.: McGraw Hill Book Co., 1974).

⓮ 根據美國在一七九〇年的人口調查資料顯示，英國的後裔在全部3,929,000人之中，佔百分之五十左右。其餘包括百分之二十的非洲黑人，蘇格蘭—愛爾

國史論述。比如：著名的喬治・班克勞夫(George Bancroft, 1800–1891)，被譽為「美國歷史之父」，投注畢生心血，從神意—民主的角度，研究美國及其憲法的形成。美國鍍金時代傑出的史家，也是科學派史家的亨利・亞當斯(Henry Adams)專注於由Thomas Jefferson至James Madison(1800–1817)的政府組織。**⑮**而所謂的進步派史家(the progressive historians)視美國歷史的發展為敵對力量鬥爭的結果，也未曾深入移民—族群的問題。舉例來說，Frederick Turner的心思著重在區域間的緊張關係，而特別強調邊疆對於民主成長的影響。Charles A. Beard則關注有權有勢者和無權無勢者間的緊張關係。他在《憲法的經濟解釋》中提出，美國憲法實質上是一項經濟文件，強調私有財產的優先性和優越性。**⑯**同時，Vernon Parrington從思想史的角度解讀美國歷史。在他的名著《美國的主流思潮》(*Main Currents in American Thought*)中，Parrington著眼於長久以來民主與反民主思潮之間的爭議。**⑰**

　　二十世紀初期美國的氛圍刺激之下，史家開始從同化的角度，通盤檢視移民／族群。首先，在世紀轉換之際，為數可觀的東歐和南歐農民成群結隊來到美國，他們以迥然不同的族群和文化色彩躋身於一般美國人之中。而在一九六〇年代之前，一連串的災難，包括兩次世界大戰以及冷戰氣氛的產生，敦策一些史家獻身研究移民／族群以及他們對於美國歷史的影響。**⑱**大致而言，這群出自主流(White Anglo-

---

蘭裔、日耳曼人、瑞士人等等。而從拿破崙戰爭結束到一九二九年經濟大恐慌之間，約有3,800萬人移入美國；單以一八八〇年代的高峰期而言，就有5,246,000移民進入美國。Mann Arthur, "From Immigration to Acculturation," from Luedtke, Luther S., ed., *Making America*, Forum Series, 1987.

⑮ Richard Hofstadter, *The Progressive Historians* (New York: Knopf, 1968), p. 30.

⑯ Ibid., p. 210.

⑰ Ibid., p. 398.

Saxon Protestant)的學者強調美國社會的同化能力，足以融化移民，而匯入主流生活。在這項前提之下是統領集團對於Anglo-America社會的自信，以及對舊世界(Old World)移民能在融爐(Melting Pot)中脫胎換骨的期待。

同樣的，針對移民適應美國生活的過程，芝加哥大學的社會學家提出一些相關的重要創見。例如，在研究歐洲和美國的波蘭農民時，William Isaac Thomas和Florian Znaniecki提出，波蘭的農民遷徙到工業的美國歷經脫序和重組的過程，會逐步由波蘭主義(Polonism)轉化成美國主義(Americanism)，而擷取了美國人的態度。⑲一九二一年，Robert Park和Ernest Burgess出版*Introduction to the Science of Sociology*，書中以「種族關係週期」(race relations cycle)解釋美國歐洲和非歐洲族群的關係。他們認為同化是指「一個個體或群體經由內在滲透或鎔鑄的過程，而取得他人或他族的記憶、感情及態度；而且藉著分享他人的經驗或歷史，揉合為一共同的文化生活」。⑳而在彼此互動的過程中必須經由競爭、衝突、適應而後同化。㉑換言之，Park和Burgess相信經過調適，移民終將融入美國的社會。

不過，Park於一九三〇年代補充提出「共生關係」(symbiotic relationship)的論點。他指出「種族關係週期」無法適用於不同種族、文化

---

⑱ Marc Ferro, *The Use and Abuse of History* (Boston: Routledge & Kegan Paul, 1984), p. 212.

⑲ Russell Kazal, "Revisiting Assimilation: The Rise, Fall, and Reappraisal of a Concept in American Ethnic History," *American Historical Review*, vol. 100, no. 2 (April 1995), p. 437.

⑳ 張四德，《移民、自由與美國的本質──韓德林史學思想的研究》，pp. 103–104。

㉑ Ibid., p. 444.

的成員。不同族群可能在地方性的經濟、住居環境中共同生活,但是在精神層面上多多少少維持隔離的狀態。㉒顯然,Park領略到某些移民／族群,尤其是非歐洲移民,是無法為主流社會欣然接納的。

　　第二次世界大戰以及戰後的日子,更強化美國人對於基本價值的自信。Rudolf J. Vecoli在〈回歸融爐〉(Return to the Melting Pot)提到,移民史家強調移民終會融入美國社會的論調。㉓就在此時,Oscar Handlin以兩本論述移民和族群的書而聞名:《波士頓的移民》(*Boston's Immigrants, 1790–1865: A Study in Acculturation, Cambridge*, Mass: Belknap Press of Harvard University Press, 1959)和《連根拔起》(1951)(*The Uprooted*, Boston: Little Brown and Company, 1973)。在《波士頓的移民》中,Handlin指出,愛爾蘭人因適應Anglo-America社會而在社區中獲得生機,然而他們卻彼此區隔。而《連根拔起》裡遷居的農民則同時自舊世界和新世界中逸出。「只有當農家成員外出時,各自單獨地適應他周遭的社會。」「男人和女人,男孩和女孩,各自尋找自己新的角色,建立新的關係。」㉔

　　Will Herberg稍後提出了「三個融爐」(triple melting pots)的說法,補充修飾同化觀點的不足之處。㉕依他之見,接受同樣宗派洗禮的信徒,如基督教、天主教和猶太教,同樣都有推動「美國風格」(American Way)之效。Milton Gordon也提出了他的同化觀;在*Assimilation in American Life*㉖他列舉七個步驟足以徹底同化美國境內的各族群,其

㉒　Ibid., p. 445.

㉓　See Roudolf J. Vecoli, "Return to the Melting Pot," *Journal of American Ethnic History*, vol. 5, no. 1 (Fall 1995), pp. 7–20.

㉔　Ibid., p. 207.

㉕　See Will Herberg, *Protestant-Catholic-Jew*: *An Essay in American Religious Sociology* (New York: Garden City, 1956).

中尤以文化結構以及婚姻最為重要。他認為,一個族群比較容易接受Anglo-America的文化風格,卻排斥其宗教組織的或制度的體系;因此,在婚姻方面要談同化,就更加困難。所以美國社會整體而言,在結構組織上仍舊保持多元並存的特質,文化上就日益融蝕。❷❻

總而言之,一九六〇年代以前,持同化論調的學者奉獻生命,研究居美國社會主流的歐洲族群。他們大都對Anglo-America的同化能力深信不疑。華人和其他亞裔移民的地位則有天壤之別。由於族群、文化上的差異,人數又不起眼,所以未能吸引主流學界的青睞;他們對於締造Anglo-America是無關緊要的。

一九六〇年代以前,當同化論盛行之際,很少學者從事美國華人研究。相較而言,十九世紀到達美國的兩個亞裔族群,華人所受到的注意就比日裔要少;更不用和歐洲裔來比。美國Montana出生的著名學者Rose Hum Lee為這種差別待遇提出詮釋。她於一九六〇年從社會學的角度探討美國華人的生活,證實:華人記載描繪自身的歷史,潛藏著危險、阻礙和偏頗的指責,遠比他人為甚。❷❽或許這就是華裔作者對自身歷史裏足不前,反而早期華人歷史多由族外人執筆之因。她的觀察在一九六〇年代頗有道理。就某種程度而言,至今或許仍有幾分真實性。此外,歷盡愴痛的滄桑不忍再去回顧,是否也是原因之一呢?❷❾結果,以研究的成果而論,華人的歷史就無法與日裔相比;當

---

❷❻ See Milton Gordon, *Assimilation in American Life* (New York: Oxford University Press, 1964).

❷❼ Kazal, "Revisiting Assimilation," p. 451.

❷❽ Rose Hum Lee, *The Chinese in the United States of American* (Hong Kong: Hong Kong University Press, 1960), p. 2.

❷❾ Zenner認為,美國許多弱族都有自憐的習性,將自己的挫敗、愴傷及屈辱視為獨一無二、無可比擬的經歷。Walter P. Zenner, "Lachrymosity: A Cultural

然二者都無法吸引同化論者的注意力。更遑論與主流之間文化社會的互動？所以愴痛會深化文化的鴻溝。 **㉚**

一九六〇年代的民權運動喚醒了移民／族群的自覺意識。在這種氣氛之下，學者們熱烈地投入族群性的、族群認同的研究，而在理論上及現實層面上，都有可觀的成績。經過實地考察之後，他們發現族群性綿延不絕的特性，而為族群研究提供新的視野，並為多元文化觀奠下基礎。比如，一九六三年Nathan Glazer和Daniel P. Moynihan發表了「超越融爐」之說(*Beyond the Melting Pot*)。**㉛**所謂的同化論調，就是將美國人等同於盎格魯・撒克遜的白種新教徒——也就是不列顛群島所構成的社會主體，擁有某種思想架構，且體現於現實之中，而加諸於後來者身上。而移民則以自身所承載的舊世界(Old World)組織，協助適應美國的生活。膚色和宗教是決定其他移民／族群和主流社會親疏關係的要素。**㉜**而格林(Victor Green)更犀利地指出，所謂的「美國化」(Americanization)實際上就是「惡質的同化」，是移民／族群經由融爐，揚棄自身傳統的文化，而接受Anglo-America的文化。**㉝**John Bodnar強調故鄉和居住社會之間，移民經驗貫串其間，並未中斷。**㉞**同理，Vecoli則著重移民的本土文化跨越海洋，深深的影響他們適應美國

Reinforcement of Minority Status," *Ethnicity*, vol. 4, no. 2 (1997), p. 156.

㉚ Ibid..

㉛ Nathan Glazer & Daniel P. Moynihan, *Beyond the Melting Pot* (Mass: The MIT Press, 1963).

㉜ Ibid., p. 15.

㉝ Victor Green, *For God and Country* (Madison: The State Historical Society of Wisconsin, 1975), p. 2.

㉞ John Bodnar, *Immigration and Industrialization* (Pitts: University of Pittsburg, 1977).

文化的生活。❸上述這些學者質疑同化學說；包括Oscar Handlin在內，
都預期移民融入美國的主流社會。

　　幾乎就是這個時候，美國的華人開始注意到自己的族群和歷史。
比如：Him Mark Lai應雙語社區報(*East / West News*)之邀，撰寫華人的
歷史。一九六九年，美國的中國歷史協會將這系列的文章編輯成冊，
名為《加利福尼亞華人史》。❸從此，他熱忱地努力還原美國華人歷史
社會文化的面貌。Lai更進一步指出，單單舉證說明他們的貢獻是不夠
的，他敦促學者「更認真檢視華人在美國的角色」。

　　儘管一九八〇年代，亞裔專家對於「鐵路和集中營」相關的歷史，
依舊難以釋懷。❸繼Rose H. Lee和H. M. Lai之後四十年間，以美國華
人為題材的作品大多出自華人之手，而且成果相當豐碩。許多學者以
中國城為研究對象，可以算是偏重社會經濟的地方史，頗有孤立於美
國主流社會(diaspora)的意味。例如：Kuo, Chia-Lin, *Social and Political
Change in New York Chinatown* (N.Y: Praeger, c. 1977)、Lee, Rose H.,
*The Growth and Decline of Chinese Communities in the Rocky Mountain
Region* (N.Y: Arno Press, 1978)、Kwong, Peter, *Chinatown, New York:
Labor and Politics, 1930–1950* (N.Y.: Monthly Review Press, c. l979)、
Lydon, Sandy, *Chinese Gold — Chinese in the Monterey Bay Region*

❸　See Rudolph Vecoli, "Contadini in Chicago: A Critique of the Uprooted," *Journal of American History*, vol. 51 (December 1964), pp. 407–417.

❸　Ruthanne Lum McCunne, *Chinese-American Portraits* (Seattle: University of Washington Press, 1988), p. 17.

❸　Arif Dirlik, "Mapping the Chinese Presence on the U.S. Frontier," in Dirlik, ed., *Chinese on The American Frontier* (New York: Rowman & Littlefield Publishers, Inc. 2001), xvi.集中營的經驗係指第二次世界大戰期間，美國以族群忠誠為理由，將日裔美國人幾乎全數拘禁在西部的集中營中。

(Calif. Capitola Books, c. 1985)、Kuo, John Wei Tchen, New York Chinatown History Project, *History Workshop Journal* (Great Britain) 1987 (24): 158-161、Gillenkirk Jeff, *Bitter Melon: Stories from the Last Rural Chinese Town in America* (Seattle: U. of Washington Press, 1987)、Chin, Thomas, *Bridging the Pacific: San Francisco Chinatown and Its People* (San Francisco: Chinese Historical Society of America, c. 1989)、Fong, Timothy P., *The First Suburban Chinatown: The Remaking of Monterey Park, Califorina* (Philadelphia: Temple University Press, 1994)、Kwong, Peter, *The New Chinatown* (New York: Hill and Way, 1996)，和Chen, Yang, *Chinese San Francisco, 1850-1943: A Trans-Pacific Community*(Stanford: Stanford University Press, 2000)。

其他重要的作品，包括：Chen, Jack, *The Chinese of America* (San Francisco: Harper & Row, Publishers, 1982)、Lai, Him Mark, *A History Reclaimed: An Annotated Bibliography of Chinese Language Materials on the Chinese in America* (Los Angeles: University of California, Asian American Studies Center, 1986)、*Chinese America: History and Perspectives*, ed. by Chinese Historical Society of America (San Francisco: Chinese Historical Society of America, 1987)、Daley, William, *The Chinese - Americans* (N.Y.: Chelsea House, c. 1987)、Daniels, Roger, *Asian America: Chinese and Japanese in the U.S. Since 1850* (Seattle: U. of Washington Press, c.1988)、Chan, Sucheng, ed., *Entry Denied* (Philadelphia: Temple University, 1991)、Rosenberg, Daniel and Philip S. Foner, ed., *Racism, Dissent, and Asian Americans from 1850 to the Present: A Documentary History* (Wesport, Conn.: Greenwood Press, 1993)，以及McClair, Charles, *In Search of Equality: The Chinese Struggle Against Discrimination in 19th century America* (Berkeley, Calif.: U. of California Press, 1994)。

除此之外，相關重要的文學作品有：Kingston, Maxine Hong, *China Man* (N.Y.: Knopf, 1980) 及其*Woman Warrior* （New York: Vintage Books, 1976)、Barlow, Jeffrey G., *China Doctor of John Day* (Portland: Binford & Mort, 1979)、Chin, Frank, *Chickencoop Chinaman and the Year of the Dragon* (Seattle: University of Washington Press, 1981) 及*The Chinaman Pacific & Frisco R. R. Co: Short Stories* (Minneapolis: Coffee House Press, 1988)、Lin, Alice Murong Pu, *Grandmother Had No Name* (San Francisco: China Books and Periodicals, c. 1988)、McCunne, Ruthanne Lum, *Thousand Pieces of Gold* (Boston: Beacon Press, 1988)、Larson, Louise Leung, *Sweet Bamboo: Saga of a Chinese-American Family* (Los Angeles: Chinese Historical Society of Southeast California, 1990)、Lee, Gus, *China Boy: A Novel* (New York: Dutton, c. l991）、Jen, Gish, *Mona in the Promised Land* （New York: Knopf, 1996)、McCunne, Ruthanne Lum, *Chinese-American Portraits, Personal Histories, 1828–1988* (Seattle: University of Washington Press, 1996)，以及Wang, K. Scott ed., *Claiming America: Constructing Chinese American Identities during the Exclusion Era*(Philadelphia: Temple University Press, 1998)。

有些作品能跨越種族、性別的藩籬，甚而賦予華人女性自主自覺的地位。例如：Tong, Benson, *Unsubmissive Women: Chinese Prostitutes in 19th Century San Francisco* (Norman: University of Oklahoma Press, 1994)；Yang, Judy, *Unbounded Feet* (Berkeley: University of California Press, 1995)；Ling, Huping, *Surviving on the Gold Mountain* (Albany: State University of New York Press, 1998)。

不論在種族歧視之下，或民權運動之後，華人並非完全閉關自守，而避退在中國城裡。有些華人確曾努力學習美國的作風，以適應美國的生活。因此，華人經由涵化的過程，擷取了主流的價值觀而型塑了

新一代的華人族群性，且與傳統有所不同。比如：*Sweet Bamboo* (Larson)；James Loewen, *The Mississippi Chinese* (Massachusetts: Harvard University Press, 1971)；Quan, Robert Seto, *Lotus Among the Magnolias* (Jackson: University of Mississippi, 1982)，以及Zhao, Xiaojian, *Remaking Chinese America-Immigration, Family and Community, 1940–1965* (New Jersey: Rutgers University Press, 2002)。

所以就以上列出的書籍而言，相較於美國自一九六〇年代興起的族群研究，華人研究起步稍遲；而自一九八〇年代以後，日益蓬勃發展，而且由華人執筆、研究，成果斐然。大致而言，在種族歧視的風潮之下華人保存了重要的文化特質，作為自我認同以及區隔他族的元質。近兩年的兩部作品，卻直接透析了華人對於美國民主、民權的認知及涵養。在*Remaking Chinese America*中作者突破傳統「社會孤島」的既定形象。他提出一九四〇至一九六五年在華人整個歷史上佔有相當關鍵的重要性，而定為本書的副標題。❸他認為一九四〇至一九六

---

❸ 本人於一九八六年，在《異鄉文化的接受與同化──一九四〇至一九六〇年之間美國華僑史研究》（臺北：文史哲出版社，1986）曾經提出個人的論點。該書的第二章，試著提出「華人處境與心境改變的原因」（請參閱pp. 67–90）。比如：第二次世界大戰期間，中美共同並肩作戰，以及華人子弟踴躍參戰(p. 75)，導致一九四二年美國國會廢止了一八八二年排華法案(p. 79)，使華人可以合法的進入美國；同時，過去不對華人開放的職業，自第二次世界大戰爆發之後，由於美國人力的缺乏以及華人的優異表現，進而開始任用華人。……，和一九四三年以前華人在美國的處境──孤獨、受歧視、麇集在中國城的一角相較之下，實在是大相逕庭。……。

一八八二年排外法案廢除之後，華人的處境自然獲得較大的改善，比如：除了餐館、洗衣業之外，華人也能被徵召，服務軍旅。根據太平洋週報(*Chinese Pacific Weekly*)於一九四八年九月三日的報導，第二次世界大戰期間，由一九

四〇年七月一日,至一九四五年六月三十日止,應召入伍的華人,總數有一萬三千四百九十九人,有些甚至於戰死沙場。所以,由於地主國一改過去拒斥華人的作風,華人自然願意參與美國的社會(pp. 88-89)。

又如:中共的興起,對於海外華人傳統的生活方式,造成相當大的衝擊。中共控制大陸以後,不論在東南亞或是美國及世界其他地區的華人,大都面臨了危機。由於中共當局擬將所有企業,納入國家管轄經營,即使是最卑微的零售商也難逃中共規劃的命運。對於大多數的海外華人而言,半生辛勞、刻苦經營、節儉積蓄、方能在故鄉購置田產,貽享天年。中共的措施對他們的「傳統的理想」下所因循、所企盼的生活方式,無異是一種無情的打擊、粉碎。因此,難以贏得僑胞的支持。尤其在一九五〇年整個自由世界慴於共產勢力的迅速擴張,而掀起「紅色的恐慌」(red scare),海外的華人受到「身為中國人」的牽連,因而常被懷疑是否為「第三國際的同路人」。為求自保,許多華僑不得不劃清他們與中共的界線,減少返回故鄉,探訪親友之行。至於「衣錦還鄉」、「落葉歸根」也都成為夢想,隨著共產勢力的興起而化為烏有(p. 89)。

以傳統型的「寄居者」為例,即可得到證實。他們過去傳統的生活模式——期盼最終落葉歸根而享有較高的社會地位,較舒適的生活,在中共的控制之下完全破滅,……華僑慴於中共的各種措施,大都裹足不前。然而,他們對於故鄉,對於親友,又持著一分難捨的情愛。因此,大陸淪陷徒然使這群「寄居者」陷入進退維谷的境遇,他們除了無限期的延宕歸期之外,也別無選擇的餘地。就另一方面而言,自第二次世界大戰以來,美國國內逐漸改善了對待華人的態度,這一批「寄居者」卻無法善加利用,一則由於他們大多數都是普通勞工,並無專業性的技術,二則由於他們不諳英語,以至於走出中國城,發展事業的可能性,實在非常的渺茫。然而,像這批「寄居者」同樣年齡的人,依照中國的傳統,理應在社會上,受到熱誠的推重;因為年長的人原來就是經驗豐富的代表,是智慧的化身。而今,由於時局的變動,他們被迫處身異國,不僅被剝奪了社會對他們的尊敬,更剝奪了他們含飴弄孫的天倫之樂。他們只得孤伶伶的住在中國城的一角,……。眼見逐漸老邁卻無以

依靠，無以為樂。對於他們的自尊，自然是無情的打擊。傳統的文化過去是他們找尋生命意義的泉源，而今徒然讓他們感到更深的怨嘆！更讓他們感到沮喪的是，中國大陸，鐵幕低垂；尤其在一九五〇年代，美國政府的反共情緒極端高昂。美國華僑不僅是有家歸不得；而且與親友之間也斷絕了音訊。甚至於連中國傳統上最重視的一項禮俗——將逝世者的遺骨歸葬祖塋，也完全成為泡影。這種禮俗在過去，一直成為大多數在海外「壯志未酬身先死」者的最終願望。而今，他們憂慮，當大限之日來臨時，他們的鬼魂仍無安頓之處。由於這種種的一切，致使老人問題成為「華埠」自大陸淪陷以後，一項愈來愈待解決的問題。比如：根據研究，舊金山中國老人的自殺率，就要比一般老人的平均比率為高(pp. 96–97)。而年輕的華人則因獲得公民權，可以合法地從事各種行業。

一九四九年，中國大陸的變色，對於當時正在美國受高等教育，或在職訓練，或接洽商務的一些中國人，發生了極大的影響。就留學生而言，自抗戰勝利開始，中國留美學生日益增多；他們之中，許多是由政府遴選，派送出國，由公費支持；有些是由天主教獎學金支持；也有由家庭供應在美國一切開支的自費留學生。他們雖然由不同的經濟來源支付在美國的生活，但是，這些支援者都在中國國內。大陸的淪陷，使他們頓時失去依靠。然而，持學生身分者，依法卻無權外出工作；他們的狀況，立即引起了各個學校的注意。最後，在美國國會，各州政府以及各個相關教育機構的通力合作之下，於一九四九年三月二十日通過了「緊急救助法案」，於四月一日正式生效。該項法案前後維持了六年多，至一九五五年六月三十日才告終止。依照該項法案，中國學生和學者除了獲得美國政府當局財物的支助之外，同時，也打開了方便之門，特別准許持學生身分的中國人可以兼職，以求其自立更生，完成教育。總計，在緊急救助法案之下，中國學生及學者，身受其惠者，高達三千六百四十一人(pp. 110–111)。

又比如：冷戰時期，華人處境又陷於困難。第二次世界大戰以來有益於華人的氣氛，固然一度將華人的經濟、社會地位，提高不少。但是，這樣的好景維持得並不長久。自第二次世界大戰結束，共黨勢力在全球各地迅速地蔓延，

五年間，華人社會儘管遭逢美、中兩國的遽變，引發內爭不斷。但是，
仍有某些動力凝聚共同的社群意識，以美國憲法的說詞，共同爭取自
身的權力。❸幾乎同時，Benson Tong駁斥同化論者對於傳統華人孤島
的既定形象，他強調自始華人即不斷突破種族、性別、階級、族群性、
民族主義的界線；因此絕不可以以僵化的單一族群性或者地點為理由

中國大陸也在短短的五年左右被中共佔據。面對著中共及世界上共產勢力的
擴張，美國政府當局雖然基於人道主義及長程外交利益的考慮，對於當時滯
留在美國境內的學生，伸出了援手。但是，國際共產勢力迅速擴展的陰影，
卻在美國境內激起了反共主義的情緒，終至形成了所謂極端公共的麥卡錫主
義(McCarthyism)。固然，華人的處境，雖然由於國破家亡而為人同情；美國
人對於中共的猜疑和恐懼，也為華人帶來不少不利的影響。畢竟，中共是中
國人，美國的華僑也是中國人；美國人對於中共的氣憤及不滿，往往會遷怒
到美國的華人；使後者常常遭到無妄之災，也促使後者不得不儘量提出證明，
表示他們和中共之間早已劃清界限，絕無任何往來。……。中共佔據大陸之
後，美國雖然對中國留學生伸出了援手，給予獎學金或工作權利，使之生活
無虞，完成學業；以後，又給予工作及居留權，使之能夠合法的在美國滯留，
免除他們返回大陸會遭到中共的迫害之慮。而在韓戰爆發之後，為防資敵起
見，乃禁止學習專門科技的學者離開美國。美國的種種作法，導致了中共的
抗議。一九五四年五月二十六日，中共的代表在日內瓦會議時，痛斥美國政
府，強行扣留了五千名中國留學生，根本違反了「國際法及人道主義原則」。
而事實上，這些學生多數不願回到中國大陸；願意回去的，美國政府也大都
給予旅費補助。真正遭到美國暫時性居留的，在一九五一年以後，只有一百
五十人。其主要原因是基於國防上的考慮，因為這些人身懷特殊的國防工業
技術，可能會有利於中共，比如錢學森(Dr. Tsien Hueh-sen)為其中之一，但
是他在一九五五年還是獲准離開美國(pp. 116–118)。

❸ Zhao Xiaojian, *Remarking Chinese America* (New Jersey: Rutgers University
Press, 2002), p. 4.

污衊華人。反而，華人將學習得來的民主及平等的精神，運用在生活之中，終而迫使美國必須謹守革命的誓言，讓美國共和的理念增色不少。❹顯然，這兩位作者都強調：華人經由學習而擷取了美國立國的基本精神——即對自由、民主的信念，涵化為本身的素養及族群特性。這種轉變不僅能增進華人自身的權益及福祉，也讓美國自由、民主益臻完美。

過去儘管有些學者對於華人研究不甚滿意，然而自一九九〇年代以來，當主流學界，如史學界泰斗Arthur Schlesinger Jr.重新檢視多元主義和同化論調時，華人的研究顯然已能並駕齊驅。Frank Chin的話至今仍有指引啟發的作用。他在一九八一年指出，美國西部英勇而充滿生機活力的歷史中，華人歷史佔有一定的分量。然而，面對白種種族主義的壓力，當華人熱切的期待融入主流文化之際，對於自身的歷史是忘之唯恐不及。❹同時，Him M. Lai敦促學者更嚴謹的檢視美國華人的角色；應該同時強調運用華人社群的中文資料，披露負面和正面的歷史面向。❹Ronald Takaki也對亞裔相關作品的欠缺，感到遺憾。依他之見，「對於亞裔，現存的歷史書若非負面的介紹，就是完全的忽略。」「我們應該瞭解亞裔（包括華人在內）是締造歷史中的要角，是值得尊敬的群體。」❹

自一九六〇年代以來的多元文化流行以來，學者於一九九〇年代重拾同化論，再度檢驗美國社會的本質。比如：Oliver Zuns和John Bod-

---

❹ Benson Tong, *The Chinese Americans* (Westport: Greenwood Press, 2000), xi.

❹ Frank Chin, *The Chickencoop China Man / The Year of the Dragon* (Seattle: University of Washington Press, 1981), ix.

❹ McCunne, *Chinese-American Portraits*, p. 117.

❹ Ronald Takaki, *Journey to Gold Mountain* (New York:Chelsea House Publishers, 1994), p.8.

nar即為其中的成員。而Kathleen N. Conzen，David Gerber，Ewa Morawska，George Pozzetta和Rudolf Vecoli則認為「競爭、復甦和再協調」對於民族性的型塑極為重要。他們也相信:「移民群體和主流族群文化之間的協調」終將導致同化。❹而Arthur Schlesinger, Jr.在其《美國的分裂》(*The Disuniting of America*)中，再度呼籲學者重視同化主義。❺所以就某種程度而言，Benson Tong等人的研究也有異曲同工的貢獻。只不過，華人是否會完全同化，則是另一項需要嚴肅討論之事。

即使如此，恢復華人歷史的原貌仍然有待努力。比如:有關他們渡海的艱辛以及／或者非法入境美國的經驗;面對種族歧視的椎心憂傷和痛苦等等。他們在西部邊疆歷史的重要性也要到二○○一年才由Arif Dirlik編輯的*Chinese on the American Frontier* (New York: Rowman & Littlefield)加以肯定。

三、移民、報紙、祖國情結

雖然說美國的多元族群觀至一九六○年代才大放異彩，但是在一九二○年代有些學者已經留意到多元的族群結構現象。Arthur Schlesinger, Jr.教授於一九一九年在University of Iowa首開先例，講授New Viewpoints in American History，以及一九二二年的Social and Cultural History of the United States，即已涵蓋了婦女和移民的歷史。日後他轉往Harvard University也講授類似的課程。❻同一時期，當社會學家

---

❹ Elliott R. Barkan, "Race, Religion and Nationality in American Society: A Model of Ethnicity—From Contact to Assimilation," *Journal of American Ethnic History* (Winter 1995), pp. 42–44.

❺ See Arthur Schlesinger, Jr., trans. by Ma Hsiao-hung, *The Disuniting of America*: *Reflection a Multicural Society* (Taipei: Cheng Chung Shuchü, 1992).

更深入探討移民／族群的問題時，有些人特別留意到報紙在移民生活中扮演了重要的角色。它不僅反映了非英語系移民的期待和痛楚，也在塑造他們的移民心性。**❹**

　　一九二二年，Robert Park在他的重要作品《移民報紙及其掌控》(*The Immigrant Press and Its Control*)中提到，移民發行的報紙能夠提供兩項重要的服務。依他之見，移民需要以母語撰寫的家鄉訊息。當移民感受到來自故鄉的牽連時，報紙則維護了「民族感情」(national feeling)，增進故鄉及其外移遊子之間的瞭解和接觸。**❹**然而，當移民要適應新的環境時，也需要地主國實用的消息，以「改變舊有的習俗，凝鑄新的意見。」**❹**所以，Park的含意是，評估一群移民是否已在美國紮根(take root)、是否適應美國的生活方式，報紙的內容和使用的語言具有相當重要的指標作用。**❺**換言之，移民報紙刊載的母國消息愈多，移民捲入母國的事務就愈深。在同化的過程中，移民報紙或可扮演「煞車」或「加速推動器」的作用。**❺**Park是位同化論者，他相信度過轉型期，移民報紙終將引領移民徹底融入美國社會。**❺**因此，移民終將退

❹ Arthur Schlesinger, Jr., "Introduction," in *Nothing Stands Still* (Cambridge: The Belknap Press of Harvard University, 1969).

❹ 研究美國移民報紙，不僅在披露許多不為人知的層面，更有助於釐清闡釋美國的歷史。

❹ Robert Park, *The Immigrant Press and Its Control* (New York: Harper and Brothers, 1922), p. 55.

❹ Ibid., p.10.

❺ Ibid., p. 307.

❺ Ibid., p. 86.

❺ Sally Miller, *The Ethnic Press in the United States* (New York: Greenwood Press, 1987), xvi.

去特有的習性，而透過本身的報紙，塑造成全新的美國族群性。因此，他也不曾為「族群報紙」(Ethic Press)費神操心過。

　　大約六十年後，Sally Miller出版了《美國的族群報紙》(*The Ethnic Press in the United States* (New York: Greenwood Press, 1987))。她認為美國的外語報紙通常會由移民報轉變為族群報。兩者同為某一特定族群所需。而移民報與族群報截然不同，前者涵蓋此特定族群特別關注的新聞和社論，也會重新刊印傳統文化的經典作品。❸所以移民報主要以故鄉及其事務為重。由於移民報的辦報目標就是要吸引讀者，關注留在故鄉的同胞，其讀者也就不太容易被美國社會融合。所以，Miller認為移民報刊主要是在維繫讀者與母國的認同。❹然而，這份外語報紙若以美國題材教導讀者時，也有協助適應的功效。❺

　　Miller將美國外語報紙的發展分段為兩個時期。依她之見，移民報紙於十九世紀結束之前達於鼎盛。當時大量移民來到美國，尤以中歐和東歐為最。他將注意焦點放在歐洲的移民，忽略報紙在塑造Afro-Americans以及非西方(non-western)移民／族群特性上的角色。

　　根據Sally Miller的說法，二十世紀前三十年「移民報紙」逐漸轉化成為「族群報」。第一次世界大戰爆發再度激起族群的祖國情懷，凝聚族群的意識。❻敵對的母國卻引發不同族群之間的紛爭。基於國家的安全考量，美國政府乃檢查這些外語報紙有關戰爭的報導，要求這些報刊及其讀者忠貞不二的忠誠。漸漸的，這些報紙為讀者報導更多的美國消息（尤其是某些對此族群有利之事），介紹更多的美國文化，例如時裝、笑話趣聞等。就在同時，這些報紙改善了印刷技術，分銷

---

❸　Ibid..

❹　Ibid., xvii.

❺　Ibid., xvi.

❻　Ibid., xvii.

網路以及廣告。雖然這些報紙仍以移民福祉為重，它比過去更為客觀而且更偏重於美國色彩。❺❼

對於Park的同化論，Sally不表同意。她認為，由於美國族群意識綿延不絕，族群報紙就會有其市場，以下是三項關鍵性的原因：第二次世界大戰後，移民大量湧入美國，說不同母語的人數大增，以及一九六〇年代民權運動中族群意識再度復活。

然而Park和Miller一致同意：「移民報紙」主要刊載故鄉的訊息，強化移民和故鄉的聯繫。當然，它也會協助移民了解美國的作風及理想，以適應美國的社會。❺❽只是，為了滿足移民的需求，移民報紙會從舊世界經驗中擷取較多的材料，而且將它與新世界的文化模式折衷協調。因此，它既在塑造、也在反映移民的族群性(ethnicity)。就另一方面而言，Sally Miller認為族群報紙為特定族群提供較多地主國的訊息。所以，一份報紙的內容及其使用的語言足以透露它是否為移民的報紙，或已發展為族群報，以及移民群體在美國土壤上植根的深度。

華人在美國的經驗和歐洲移民迥然不同。對於長期遭受嚴重種族歧視的華人而言，Park和Miller有關移民報紙的學說是否適用，必須謹慎的討論。檢視華人的報紙，是移民報紙？或是族群報紙？有助於了解美國華人的認同和特質。

種族歧視是早期華人生活的寫照，也強化華人對於中國的認同。美國社會的粗暴相向，致使華人勞工無法進入美國，也無法歸化為美國人。而大多數華人也選擇避居在中國城裡，減少和主流社會的接觸。在這些貧民窟(ghettoes)裡，他們自然因循傳統生活，克盡對於故鄉的職責。由於欠缺接觸和轉化的機會，這群「異鄉人」(Aliens)保留了「華人」的民族性。❺❾

---

❺❼ Ibid..

❺❽ Park, *The Immigrant Press and Its Control*, pp. 86–87.

有些學者專研飽受歧視的移民經驗與祖國情結的關係，而有所啟發。他們質疑Oscar Handlin的說詞，即自故鄉外移(emigration)讓移民「連根拔起」(uprooted)。**❻**Nathan Glazer證實，移民承載部分舊世界的機制，協助他們適應美國生活；美國並不是熔爐。**❻**同樣地，John Bodnar則強調移民在故鄉和地主國之間的經驗，有脈絡相承。**❻**R. Vecoli也強調舊世界的文化能飄洋過海，深深影響移民的生活。**❻**

事實上，美國華人也未曾「連根拔起」。他們將華南通行的組織，如同鄉會、宗親會移植過來，幫助他們度過艱辛的日子，提供必要的援助。所以在Vecoli發表 "Contadini in Chicago: A Critique of Uprooted" 前四年，Rose H. Lee已經提出，由於不受歡迎，美國華人乃以本身傳統的制度，因應充滿敵意的新環境；中國親友的福祉，盤據心頭，他們認同中國以及中國文化。中國城裡，中國傳統綿延不絕。比如，華人遵循中國傳統的宗教習俗，包括祭祖、喪葬禮儀、運送骨灰、歸葬祖墳等等。同時，他們以觀賞傳統戲曲為樂；男女演員則由中國南部聘請而來。華人也以麻將為消遣，也慶祝中國的農曆新年。更進一步，他們設立華文學校，教授中國的思想文化。大約到了第二次世界大戰，美國華人逐漸學習了美國的作風和生活方式，比如，拍製電影及觀賞電影，參加旅遊，或選美比賽。顯然大多數華人在一九四三年以前依舊維持著移民的心態。

---

❺❾ Dinnerstein and Jaher, eds., *The Aliens*: *A History of Ethnic Minorities in America*, p. 3.

❻⓪ See Oscar Handlin, *The Uprooted* (Boston: Little Brown and Company, 1973).

❻① See Glazer, *Beyond the Melting Pot*.

❻② See John Bodnar, *Immigration and Industrialization*: *Ethnicity in an American Mill Town, 1870–1940* (Pittsburgh: University of Pittsburgh Press, 1977).

❻③ Vecoli, "Acculturation of Chinese in the United States", pp. 225–239.

　　一九四三年以前,華人報紙大體上以維繫讀者與故鄉的連結為重,即是「移民報紙」。然而,第一份美國華人的報紙就不是「移民報紙」;它和歐洲某些移民報紙,比如:葡萄牙的、羅馬尼亞的和挪威的,均是由傳教士創刊。根據Him M. Lai的說法,第一份華文週刊,《金山日新錄》創刊於一八五四年四月二十二日。❻❹一八五○年代左右,加入加州一帶淘金熱的華人與日遽增,由一八四九年的八百人躍升為一八五二年的兩萬五千人。❻❺《金山日新錄》的發行人Howard於一八五四年六月十日的報上表示:教會和報紙的作用是要減輕宗教無知的壓力,解決法律糾紛,解說法律,提供他們的需求,改善他們的個性。❻❻《金山日新錄》於一年後停刊。一八五五年一月四日,長老會教士William Speer發行《東涯新錄》,提供宗教和一般知識、最新的消息,以期改善華人的民族性,而能融入美國潮流。❻❼一八五六年Speer因健康惡化,報紙停刊。

　　西方傳教士經營的報紙根本無法反映華人的故鄉情結。對歐洲移民而言,基督教(Christianity)長久以來已是他們生活的一部分,傳教士是社群中的成員。因此,傳教士經營的報紙比較能為移民代言。相對而言,大多數的中國人對基督教相當陌生。而西方宗教團體所經營的報紙是為了改善華人的個性,以便加入美國主流、高尚(decent)的社會。這類報紙自然會著重華人適應地主國的社會,而輕忽與華南故鄉的聯繫。

---

❻❹ H. M. Lai, "The Chinese-American Press," in *The Ethnic Press in the United States*: *A Historical Analysis and Handbook*, ed., Sally M. Miller (New York: Greenwood Press, 1987), p. 20.

❻❺ Ibid., p. 27.

❻❻ Ibid., p. 28.

❻❼ Ibid..

　　然而，一九四三年以前，美國的華人社區主要由男性組成，在社會、經濟和政治生活方面大都心向中國。為了改善經濟生活，支撐華南的親友，他們省吃儉用，從事艱困的工作。最終，他們盼望能退休之後，在故鄉貽養天年。❻❽結果，當主流社會以暴力相向，華人只得減少與主流社會直接往來；心繫華南則使他們更難認同美國。

　　Bocardus和Gordon於一八七四年七月十四日創刊的《舊金山唐人新聞》可以充分反應出華人的客居心態。這份報紙所刊載的詩、文章、故事，富饒傳統中國的風味。❻❾而在美國排華運動高峰時期，《舊金山唐人新聞》以中國文化打動華人，既能反映、又在塑造華人在文化上與祖國的認同。同一時期其他的報紙，還包括舊金山的《華記華洋新聞》（一八七五年由華記出刊）、紐約的《華美新報》（一八八三年由黃清福出版），和芝加哥的《華美新報》（一八九三年由黃清福發行）。然而，由於讀者多為文盲以及移民人口萎縮，典型的移民報紙大都無法持久。

　　十九世紀末，華人發行了另一性質的報紙，呼籲華人支持祖國的理想，強化華人認同中國。

　　美國華人心繫祖國並不是特例。歐洲移民／族群的「祖國情結」，不論是真實或是想像，已有深入的研究。在The Hyphenate in Recent American Politics and Diplomacy中，Louis Gerson認為，波蘭裔、日耳曼裔和義大利裔美國人是所謂的hyphenated Americans。世代以來，他們不論是自願的、或外在壓力之下，常會認為自己的族群性和先祖的土地息息相關。❼❿因此，他們往往在地主國積極爭取祖國的福祉。例

❻❽　Stanford Lyman, *Chinese-Americans* (New York: Random House, 1974), p. 141.

❻❾　Lai, "The Chinese-American Press," p. 29.

❼❿　Louis Gerson, *The Hyphenate in Recent American Politics and Diplomacy* (Lawrence: The University of Kansas Press, 1964), vii.

如，許多愛爾蘭裔自十九世紀開始熱切的投入愛爾蘭獨立運動。同樣，美國的波蘭人也為波蘭獨立而奮鬥。

Alexander P. DeConde在*Ethnicity, Race and American Foreign Policy*更進一步指出，美國獨立以後，也常為「國家忠誠」設定標準。**❼**而在美國歷史上，白種Anglo-Saxon新教徒掌控美國政府；一旦危機浮現，也支持他們的祖國（英國），比如，McKinley總統和國務卿Hays在波爾(Boers)戰爭中，即採取傾英的立場。**❼**

Gerson指出，移民／族群團體支持祖國最佳的手法，即是透過國會，尤其是眾議院，進而操控美國政府。第二次世界大戰之後，族群意識再度復活，許多美國人不僅關心自身，也關心祖國同胞的利益。由於主要的政黨都在選舉時爭取各個族群的支持，族群選票乃在美國外交事物中具有相當大的影響力。**❼**

當一個移民／族群為祖國奉獻心力時，常須為自己的行為辯護。他們通常宣稱，祖國的理想和美國一致，藉以激發對於美國以及困頓祖國的忠誠。例如，當波蘭的民族運動興起，為波蘭的獨立運動奮鬥時，Ignace Paderewski於Detroit鼓吹：熟知美國理念的波蘭人應為祖國獨立奮戰。**❼**

許多報紙宣揚祖國的理想。比如，Edward Gillespie於一八一〇年創辦*Chronicle*，為讀者報導故鄉愛爾蘭的事件。一八一四年以來，首屆一指的愛爾蘭期刊為*The Shamrock and Hibernian Chronicle*。其編輯

---

❼ Alexander P. DeConde, *Ethnicity, Race and American Foreign Policy* (Boston: Northeastern University Press, c. 1992), p. 16.

❼ Ibid., pp. 65–66.

❼ Gerson, *The Hyphenate in Recent American Politics and Diplomacy*, p. 30.

❼ Victor Greene, *American Immigrant Leaders, 1800–1910* (Baltimore: The Johns Hopkins University Press, 1987), p. 109.

Thomas O'Conner堅持愛爾蘭和美國原則相似,而且推崇後者是未來愛爾蘭的立國模範。**⑮**事實上,當 O'Conner為愛爾蘭理想奮鬥時,藉著為讀者說明美國和愛爾蘭共同珍惜的理念,他也在塑造愛爾蘭裔的族群性。另有一位編輯是伊利諾北部、威斯康辛南部的Francis Arnold Hoffmann。他於一八四〇年代在芝加哥推動日耳曼文化。他承認公民權(以及選舉權)是美國政治生活中最大的優點,而美國在這一方面的成就又無他國可比擬。然而,若以文化的成就而論,他認為日耳曼文化遠比美國文化優雅。因此他提出文化民族主義的說法。為此,他設立日耳曼學校,創辦日耳曼語文報紙,推動日耳曼語言。

美國華人也利用報刊激發熱愛祖國的情操。十九世紀末,滿清政府面臨內憂外患卻束手無策。立憲派與革命派因應而起,交相爭權;也各自發行報紙,宣揚理念,爭取美國華人的支持。比如,《文興報》支持君主立憲,《少年中國晨報》則屬革命派。其他尚有一九〇〇年發行的《中西日報》,曾經支持國民黨。

主流社會以暴力相向,導致華人更加心向祖國。Matthew Frye Jacobson的話頗能闡明這種現象:「移民/族群往往在困窘和歧視的激勵之下,轉而對祖國政治化的理想寄予厚望。」**⑯**排華的暴力行為和歧視性的法律,隔絕了華人與主流社會的接觸,他們轉而關注故鄉及親友。起初,華人對於立憲派及其報紙給予熱烈的迴響,但是由於清政府的遲滯無能,他們逐漸轉而支持孫中山的革命理念。他們相信,唯有支持孫中山的革命運動,建立新的政府,才能實現回歸故里、貽養天年的夢想。然而,當華人日益捲入中國事物的時候,相對而言,由於缺乏文化交流,華人涵化美國文化的過程因而受阻。不論如何,對中國

---

⑮ Ibid., pp. 27–29.

⑯ Matthew Frye Jacobson, *Special Sorrows* (Mass: Harvard University Press, 1995), p. 20.

政治的興趣使得二十世紀早期華文報紙能夠蓬勃發展。民國建立之後，共和年代裡，國民黨逐漸奠定在美國華人圈裡的地位；立憲派的影響力也不容忽視。這些黨派各自透過報紙，爭取讀者的支持。一九二七年的寧漢分裂，為原本紛擾的華人報界更添異議。每一派別都自詡為孫中山的真正信徒，也都經由報紙為自己辯護。比如，紐約的《中國日報》認同右派，支持南京的蔣介石。舊金山的《國民日報》支持汪兆銘的武漢政權，而《少年中國》僅強調與國民黨的淵源。

美國華人為祖國奉獻的熱忱與歐洲移民迥然不同。嚴重的歧視與迫害，讓華人很難了解美國民主社會的精髓。隔絕於主流社會之外，他們很難想像「民主的生活方式」，也無法透過選票，為祖國爭取美國的奧援。在美國，選舉是謀求自身福利，為祖國爭取奧援的利器，可惜華人很難透過選票施展影響力。所以，大致而言，華人欠缺將「美國的理念」引為「投效祖國」的理由。他們的祖國情結與美國公眾及政府沒有直接正面的關聯，而且只能在美國獨自為祖國的命運而努力。

第二次世界大戰以及戰後的國共衝突、中共建國之後，美國華人報紙嚴格說來依舊謹守客居的移民心態。雖然自一九四〇年代華人逐漸能有機會走出中國城，參與主流社會，但是中國的兩件重大事故：抗日戰爭及中共興起，卻對美國華人本身及故鄉親友產生重大的影響。故鄉的情勢持續佔據華人報紙的重要版面，強化華人對祖國的關懷。只不過，華人對於美國本土的情勢，如：第二次世界大戰以及戰後的反共風潮，也深表關注。

自第二次世界大戰開始，華人固守傳統的故鄉情開始有些轉變。「雙重效忠」(dual loyalty)曾經是十九世紀歐洲移民為祖國奮鬥的心境，而今也成為華人心態的寫照。由於中美並肩作戰，打擊共同的敵人；支持祖國的抗日戰爭，就等於支持美國。即使紐約左派的《華僑日報》，原是由傾共的華人衣聯集資而成，也於一九三九年七月七日，聲言「不

分立場,支持政府抗戰」。**⑦**這種說法,充分顯示出華人的移民心態。不過,並肩作戰的背後,也讓華人感受到美國的正義、英勇;也有助於華人了解美國的本質。此外,由Chinese American Citizen Alliance發行的*Chinese Times*以英文撰寫,爭取本身利益,更是涵化的有力證明。他們曾對美國給予華人一百五十個移民配額提出嚴重抗議。**⑧**當然,在文學方面,以美國華人社會為主題的文學作品更是涵化的例證。**⑨**

國共衝突是華人極度關切的焦點,也是華人報紙報導的重點,並且使得報紙依舊帶著移民報的色彩。國內的政爭,透過報紙爭取讀者的支持,強化移民的祖國情結,憑添華人社群的困擾和疑懼。

國際共產勢力迅速擴張的陰影,在美國國內激起了反共的情緒,終至形成所謂極端反共的麥卡錫主義(McCarthyism)。固然,華人由於國破家亡而令人同情;美國人對於中共的猜疑和恐懼,也為華人帶來了不利的影響。畢竟,中共是中國人,美國的華僑也是中國人;美國人對於中共的氣憤及不滿,往往會遷怒到美國的華人;使後者常常遭到無妄之災,也促使後者不得不儘量提出證明,表示他們和中共之間早已劃清界限,絕無任何往來。所以,支持國民政府的立場,與美國同時的反共風潮吻合,華人可以維持「雙重效忠」的心態。因此,像《三民晨報》、《少年中國日報》、《民氣日報》等較能獲得讀者的支持。**⑩**他們提出,國民政府推翻了滿清,力謀建立一個民有、民治、民享的新政權,這是美國和中國國民政府的共同理想。**⑪**比如,《民氣

---

⑦ 劉伯驥,《美國華僑史續編》(臺北:黎明,1981),p. 390。

⑧ Zhao, *Remaking Chinese America*, p. 23.

⑨ Lai, *A History Reclaimed*, p. 133.

⑩ 請參閱張四德著,《異鄉文化的接受與同化》(1986),以及Shih-Deh C. Chou, Ph. D. Thesis, *U.S. Journalism and Chinese American Identity during China's Civil War*, 1998, pp. 150–222.

日報》批評中共和蘇聯的陰謀。在蘇聯的卵翼之下,中國共產黨蓄意破壞中國的文化,並使中國淪為蘇俄的附庸。因此,共產黨徒是沒有血性、出賣中國人民的叛徒。而今,共產黨已遣送了第五縱隊的幹部,至世界各地,散佈共產主義的流毒,蠱惑華僑。❽由於華僑擁有優良的革命傳統,過去幾個世紀以來,一直在為獨立、自由及幸福努力奮鬥,從不懈怠。❽他們應當不會為共產黨的宣傳所迷惑。他們更應當堅定反共的立場和對於孫中山先生的三民主義之信心,將中國導入大同世界的境界。《民氣日報》呼籲國民黨清黨,以爭取美國華人的支持。因為,這是一項艱鉅的任務——是一場反侵略、反奴役、反極權的工作。中國共產黨是在蘇俄集權主義的唆使之下,進行顛覆國民政府的陰謀,其最終目標,乃欲使中國失去獨立和自由,而淪為蘇俄的附庸,接受蘇俄獨裁、專制的統治。因此,反共產的戰爭實際上是為了中華文化的延續、為了民主、為了自由、為了正義的戰爭。❽對抗共產侵略最有力的利器,乃是孫中山先生的三民主義;必須使全國百姓有了良好的心理建設、喚醒中國人的民族意識,增進他們的民權,提高人民的生活水準。如此,不僅共產黨將被掃蕩殆盡,中國也因此能夠臻於大同世界的境地。❽依該報社論主筆之見,僑胞具有優良的革命傳統;他們曾經熱忱地支持中國的辛亥革命,協助締造民國;同時,在北伐、抗日戰爭中,也不遺餘力地提供資助。而今,中國再一次的面臨危機,捲入了一場為自由、正義及民主而戰的鬥爭之中。海外的華僑都應該本著傳統的信念,支持國民政府,與中國百姓並肩作戰。他

---

❽ Ibid., p. 235.

❽ *Nationalist Daily News*, Jan. 11, 1950, vol. 24, no. 7, p. 2.

❽ Ibid., May 4, 1950, vol. 34, no. 101, p. 2.

❽ Ibid., July 23, 1949, vol. 34, no. 173, p. 2.

❽ Ibid., November 12, 1949, vol. 34, no. 260, p. 2.

們必須堅定信念，勝利必然是屬於代表公正、民主和自由的一方的。
⑧所以，華人涵化可見端倪。

　　以務實態度看待國共衝突的《太平洋週報》也必須面對「雙重效
忠」的問題。面對中共日益強大時，其立場顯得有些曖昧。如何能夠
保護故鄉親友，又能維護本身的利益呢？所以《太平洋週報》關注中
國情勢發展時，也提出了一套看法。美國的華僑多少總和中國有些關
係，就如同跨著兩隻船，一隻是美國、一隻是中國。若此二船分道揚
鑣或開了大距離，則要落水，無論墜入哪一邊水，都是不幸的。⑧該
報的社論建議中共絕對不要走國際路線，因為中蘇之間由於地緣關係，
本來應當維持親善的關係，但是實際上卻沒有平等的外交，中共是臣
服於蘇聯的。因此，為了中國能夠維持獨立的主權，並使中國避開冷
戰的漩渦，《太平洋週報》的社論建議中共，不要與蘇俄為伍。當然，
美國華僑也絕無理由加入蘇聯的陣營，與美國為敵。⑧一九四九年中
共勢力愈漸擴大之際，究竟應當採取何種態度呢？《太平洋週報》的社
論也一改過去反共的口吻，而力勸華僑保持超然的態度，不要介入其
間，以免對己不利。雖然，根據社論，海外華僑過去對於祖國的危難，
是義不容辭的伸出援手；他們曾經捐贈巨額的款項，贊助一九一一年
的辛亥革命、北伐以及抗日戰爭。但是，該報社論建議華僑，華僑支
援國民政府的傳統必須終止；⑧因為從過去的事實判斷，華僑的一片
熱忱，並沒有為中國帶來任何新的、進步的氣象。至於未來，仍是未
知數，華僑應當耐心的等待。不論在未來，發生了任何變化，華僑都
必須冷靜，不要聽信任何宣傳，而要耐心的觀察政府的所作所為。如

---

⑧　Ibid., July 23, 1949, vol. 34, no. 173, p. 2.

⑧　*Chinese Pacific Weekly*, April 9, 1949, vol. 4, no. 15, p. 2.

⑧　Ibid., April 16, 1949, vol. 4, no. 16, p. 2.

⑧　Ibid., April 9, 1949, vol. 4, no. 15, p. 2.

果「新政府」能夠照顧華僑，華僑就應當支持它；否則，華僑應當與之為敵，絕不妥協。❾如果，新政府要鼓勵華僑回國投資，也必須提供一些保障。換言之，政府和華僑之間，應當是彼此互惠的，而不只是一條單行道，只對中國有利，卻犧牲了華僑的利益。❾此外，該報還建議給予「新政府」三個月的時間以供實驗。實際上，《太平洋週報》將美國華人本身的利益當作重要的議題來處理。

至於傾共的《華僑日報》(*China Daily News*)則無法處理「雙重效忠」的困境。國共的衝突不僅是中國的內戰，而且還是第二次世界大戰以來國際上反共集團與蘇聯集團的衝突。中共和美國的敵對關係，不僅使美國華人無法維持「雙重效忠」，反而更使華人陷入忠誠「分裂」的尷尬局面。所以《華僑日報》支持中共的言論：「國民黨和中共的戰爭是反動的資本家和帝國主義對抗中共領導下的中國人民民主的力量。」❾必然更增加華人的疑慮；雖然它是一份移民報紙，也強化華人的祖國情；它的言論不太可能獲得讀者的迴響。

其他像*English China Monthly*和*California Chinese Press*以英文撰寫文稿，談論中國局勢，可見故鄉在華人社群中所佔的分量。不過*California Chinese Press*行文之際，與支持國民政府報刊的語氣不同，也很少引用中國文化、歷史作為論證的依據。

如此而來，第二次世界大戰以前，大多數華人報紙應當能反映他們移民的心態，以報紙的語言和內容而言，具有移民報紙的特色。他們幾乎都以中文撰寫，而且包括較多與中國相關的新聞、「文學古典作品」和廣告，並且藉此強化他們與祖國的聯繫。他們是在同化論調高

---

❾ Ibid., Feb. 5, 1949, vol. 4, no. 6, p. 2.

❾ Ibid., Feb. 12, 1949, vol. 4, no. 7, p. 2.

❾ Shih-Deh C. Chou, Ph. D. Thesis, *U.S. Journalism and Chinese American Identity during China's Civil War*, p. 255.

漲的時候，一群不被接納的移民。他們的「族群性」保有強烈的中國
特質，由他們的報紙可見一斑。

然而，抗日戰爭和國共衝突，透過報紙緊扣著華人的心弦。開放
的美國社會也提供了華人生活的契機。儘管華人報紙依舊以中國事務
為重，塑造移民的故鄉情和客居心；也有報紙提供些許實務的觀念，
呼籲華人重視自身在美國的利益。這種現象說明了華人涵化的現象，
但是依舊歸類為「移民報紙」。

四、結論

美國研究歐洲移民的學者自一九六○年代以來蔚為風氣，而且成
果可觀。Sally Miller對於移民／族群的研究，特別值得參考。她認為，
一份報紙所使用的語言及報導的內容，足以反映出讀者的心態。假如
它以外國語報導的祖國消息和傳統文化，而且企圖將讀者的心思繫絆
在祖國的事務之上，這種報紙即是移民報紙；其讀者通常維持對祖國
的忠誠。反過來說，族群報紙則特別投某一族群之所需，其報導的訊
息則主要來自地主國，包括新聞、娛樂等等。這類報紙主要的功能是
協助讀者適應地主國的社會。一般而言，移民群體會逐漸由接觸而涵
化，採行主流社會的某些文化特質。由移民轉化為族群意味著「族群
性」(ethnicity)的轉變，移民／族群的報紙可以視為評量涵化程度的指
標；對某些族群而言，同化顯然是迷思。

第二次世界大戰以前，華人在美國維持客居心態，以祖國故鄉為
念。地主國的仇視敵對與華人的祖國情結相互為因果。長期的隔離剝
奪了華人穿越「族群邊際」(ethnic boundary)與主流社會文化交流的機
會。華人也延續既有的生命型態——赴海外謀生、累積財富、供養故
鄉親友、終至告老還鄉，歸葬祖墳。在中國城中，依循中國的傳統。

因此之故，華人涵化的程度相當有限。華人的報紙肩負這批移民與祖國維繫的橋樑，以中文報導故鄉事以及傳統文學、習俗，是典型的「移民報紙」。它在維繫傳統「族群性」上作用甚大。華人身為邊緣的移民群體，其「客居」的心態幾乎始於十九世紀中葉，一直維繫到一九四〇年代，前後竟然持續了八十年左右！一般社會，包括學界在內，雖然相信主流社會的同化力量，卻很少將注意的焦點放在華人的身上。

民權運動風起雲湧之際，正是多元文化日漸流行之時。在此過去的二十年間，美國華人終於獲得參與主流社會、吸收美國文化特質的契機，顯然也還保留了相當程度的傳統特質。然而，族群特質終究難以避免涵化！所以在《異鄉文化的接受與同化》(1986)中，筆者已經提出一九四〇至一九六〇年為關鍵時刻；而Remaking Chinese America(2002)也持類似的見解。

自六〇年代起，即有華人加入族群研究的行列，而以R. H. Lee成效卓著。但是大量的作品要到八〇年代以後才出現。當然，不同時期華人涵化的程度必須透過通盤徹底的檢視，對於報紙內容及使用語文的評量，不失為可行之道；尤其需要作長時間的對比分析，與歷史時空作交叉研究，以掌握ethnicity的內涵。當然，華人經由涵化而同化似乎是一種迷思。

只不過，長期的邊緣經驗，是否需要弱勢移民群體不斷的自我辯解，是值得深思的問題。八〇年代以來，像是Jack Chen、劉伯驥，甚至Benson Tong(2002)的作品中，一再複誦華人對美國的貢獻。比如，華人從事水果種植，「使得加州一帶一躍成為美國蔬菜、麥類、水果的王國，為加州提供不少水果加工、運輸等工作機會，積存了財富，成為加州日後不可或缺的資本。」❾除外，華人還投入其他行業，「雖是廉價勞工，但是善良、誠懇而且身懷技藝的。」❾有些學者則特別強調

❾ Jack Chen, *The Chinese America* (San Francisco: Harper and Row, 1980), p. 84.

華人修築鐵路，功不可沒。甚至於到二○○二年Benson Tong除了強調華人對藝術、文學、影劇的貢獻，甚至於塑造共和理念，強制美國信守革命誓言，功不可沒。這些作品一面反映出華人歷史的豐富浩瀚，因而至今仍有取之不盡的題材？另一方面，是不是弱勢族群必須一再強調自身的貢獻，以期在揮不盡的陰影之下，徵求主流社會的肯定，化解長期以來華人或亞裔不願歸化的歧視性既定形象？

除此之外，族群特質受時空的影響甚大。上述的華人研究基本上是定位在「國史論述」的議題上，探討華人的傳統族群性，或者與地主國之間的涵化。然而，自二十世紀九○年代以來的全球化運動中，對於由移民轉化成族群的美國華人造成何種衝擊，也是值得關注的挑戰。在新一波的世局之下，中國大陸對外開放，成為全球資本家關注的焦點，跨國公司、網路的普及，致使「西潮」再度淹沒了中國沿海商業城市，沛然莫之能禦。這種情勢勢必造成「中國」的歷史文化與西方文化的矛盾或調適。不過，對於美國華人而言，自然也難以避免這種影響。大量的中國人，包括商人、留學生、遊客湧向美國，以及許多美國華人受跨國公司之禮聘，返回祖先所來之地僑居工作。顯然，美國華人缺乏了共同的歷史記憶與憂患與共的情懷，必然更趨多元。一九五○年代Francis Hsu曾經論述「美國人與中國人」的相異之處。[95]然而物換星移，六○年代的民權運動打破了美國融爐的迷思。華人不僅是美國多元族群的一支，其本身也日趨多元。要研究這樣的族群，報紙媒體或許依舊是非常珍貴而不可忽略的材料。

---

[94] Ibid., p. 85.

[95] Francis Hsu, *Americans and Chinese: Passages to Differences*（臺北：書林，1991）。

附錄:《結網編》目次

代　序
逯耀東教授簡傳
逯耀東教授著作目錄

逯耀東作品————

糊塗齋史學論稿

魏晉史學及其他

祇 有文化理想超越政治權威之時，史學才有一個蓬勃發展的空間，魏晉正是這樣的時代。魏晉不僅是個離亂的時代，同時也是中國第一次文化蛻變的時期，更是中國史學的黃金時代。

胡適與當代史學家

本 書除了討論胡適外，並論及和胡適有關的當代史學家陳寅恪、陳垣、顧頡剛、傅斯年、羅爾綱、錢穆、沈剛伯、郭沫若等。雖然是探討中國現代史學轉折的開始，但卻已為中國現代史學畫出了一個輪廓。

魏晉史學的思想與社會基礎

魏 晉處於漢唐帝國之間，是一個解構與重組的時代。史學主流的編年和紀傳二體之外，出現了一系列非儒家價值體系的新史學寫作形式。許多新史學寫作形式的思想根源與社會基礎，都深植在魏晉時代之中。逯耀東教授以其治魏晉史多年的經驗，結合中國傳統史學的發展與流變，對這個問題進行更深層次的探討與分析。

從平城到洛陽 拓拔魏文化轉變的歷程

邊 疆民族與漢民族常以長城為基線，不斷發生衝突與調和，對彼此的歷史與文化形成激盪。逯耀東教授以拓跋魏進入長城建立的首都平城，與孝文帝遷都後的洛陽為基點，討論與分析拓跋魏進入長城後，近一個世紀文化變遷的歷程，見解精闢，體系自成。

錢穆作品精萃

中國歷史精神

中國歷史源遠流長,其獨特的歷史文化,常令讀史之人望而卻步,無從把握。在本書中,錢穆先生以其淵博的史學涵養,將帶領讀者得窺中國歷史精神的堂奧。

中國歷史研究法

本書內容分通史、政治、社會、經濟、學術、文化等八部分,實可謂錢穆先生史學見解之本源所在,亦可謂其對中國史學大綱要義之簡述。

中國歷代政治得失

本書針對漢、唐、宋、明、清五代之政治組織、百官職權、考試監察、財經賦稅等大經大法,敘述其因革演變,指陳其利害得失,實為現代知識分子鑑古知今必讀之書。

古史地理論叢

本書彙集考論古代歷史、地理論文共二十二篇。其中由地理探求古史,為治史必通地理提出許多顯明之事例。

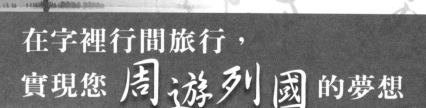

在字裡行間旅行，
實現您 **周遊列國** 的夢想

國別史叢書